U0489966

国际贸易实务与法律

侯淑波　编著

南开大学出版社
天　津

图书在版编目(CIP)数据

国际贸易实务与法律 / 侯淑波编著. —天津:南开大学出版社,2013.4

ISBN 978-7-310-04121-3

Ⅰ.①国… Ⅱ.①侯… Ⅲ.①国际贸易—贸易实务—高等学校—教材②贸易法—高等学校—教材 Ⅳ.①F740.4②D996.1

中国版本图书馆 CIP 数据核字(2013)第 037470 号

南开大学出版社出版发行

出版人:孙克强

地址:天津市南开区卫津路 94 号　邮政编码:300071

营销部电话:(022)23508339　23500755

营销部传真:(022)23508542　邮购部电话:(022)23502200

*

天津泰宇印务有限公司印刷

全国各地新华书店经销

*

2013 年 4 月第 1 版　2013 年 4 月第 1 次印刷

230×170 毫米　16 开本　35.375 印张　1 插页　652 千字

定价:56.00 元

如遇图书印装质量问题,请与本社营销部联系调换,电话:(022)23507125

前 言

在知识爆炸时代，知识总量呈非线性增长，如何使学生在有限的课时里学到多而有用的新知识，这是每个教师都在思考的问题。在错综复杂的法学知识体系里，如何拓展学生的视野，给学生一个清晰的法学坐标体系，使学生能够迅速而准确地了解本学科在法学整体知识结构中的定位以及与其他学科的相互关联，这也是专业课程教师在传授专业课程之前首先应该做的事情。

法学是以法这一特定社会现象及其发展规律为研究对象的一门社会科学，是由各分支学科组成的知识体系。按照系统科学的结构理论，参照华夏出版社1990年出版的《中国大百科辞典》第189页和北京大学出版社2000年出版的吴志攀和余劲松主编的《国际经济法》第10页，法学整体知识体系如下图所示：

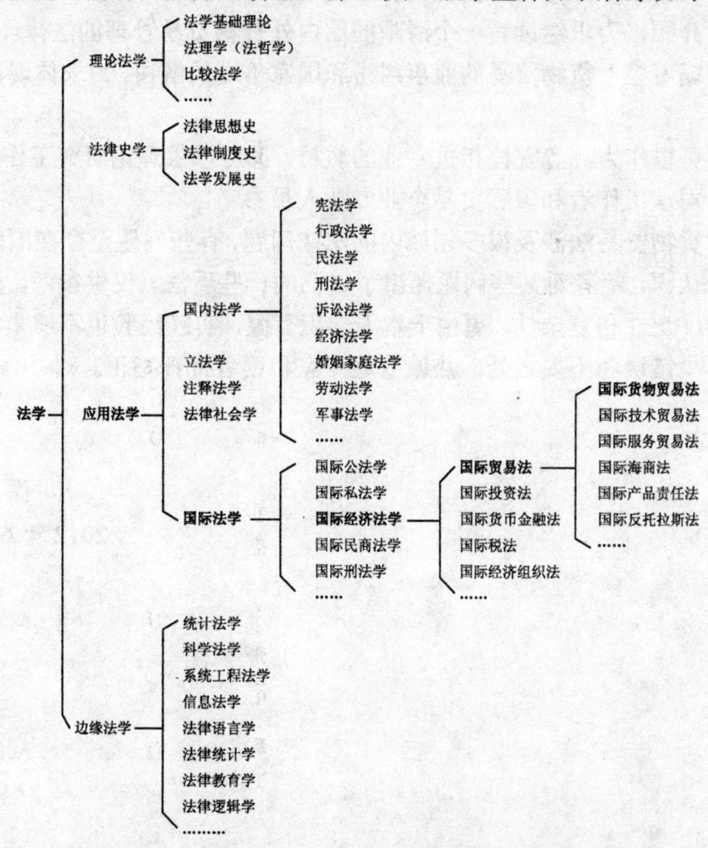

本书内容以国际货物贸易实务与法律为主，虽然也涉及了技术贸易法与服务贸易法等学科的内容，但所涉及的其他学科内容都是围绕货物贸易而展开的。

考虑到目前法学课程整体设计中的“国际技术贸易法”、“国际服务贸易法”、“国际海上货物运输法”以及“国际运输保险法”等课程之间的分工与关联，以及货物贸易在国际贸易中重中之重的地位，所以本书取名为“国际贸易实务与法律”。

本书共分四编。基于货物贸易实务操作性强这一特点，本书第一编重点介绍国际货物贸易的实务知识与运作流程，力求实务与法律紧密结合。

第二编以国际货物贸易的运作流程为主线，重点介绍每一运作程序中所涉及的商事法律知识，并结合国际上具有影响且广泛适用的国际公约和惯例的相关规定以及最新商事立法动态，力求实用而新颖。

第三编侧重于国际国内货物贸易管理的法律制度，对 WTO 货物贸易规则予以重点介绍，力求给读者一个清晰的国内外货物贸易管理的法律环境。

第四编着墨于货物贸易的商事纠纷和国家争端的解决，力求体现法学的社会功能。

本书可以作为高等院校相关专业的教材，也可以供理论研究工作者、国际经济贸易司法工作者和国际贸易企业专业人员参考。

国际货物贸易法涉及很多领域内的法律问题，有些问题至今在国际上尚未形成统一认识，笔者对某些问题提出了自己的一些看法，仅供参考。由于国际贸易法的广泛性和复杂性，更由于本人学识有限，实践经验也不够丰富，本书定会有不少错误和不妥之处，热诚欢迎专家和读者批评指正。

作　者

2012 年 6 月 12 日

目录

第一编　国际货物贸易实务与法律

第二编　国际货物贸易的商事法律制度

第三编 国际货物贸易的管理法律制度

第四编　国际贸易纠纷与贸易争端的解决

附　录

第一编
国际货物贸易实务与法律

第一章　国际货物贸易理论与实务

第一节　国际货物贸易及基本理论

一、国际贸易概念、基本形式及其他相关概念

（一）国际贸易概念及基本形式

国际贸易是国际经济活动的重要组成部分。所谓国际贸易（international trade），是指一个国家或地区与别的国家或地区之间所进行的商品交换活动。从不同角度来看，国际贸易有不同的叫法：从一个国家（或地区）来看，国际贸易通常被称为对外贸易（foreign trade）；从国际范围、世界范围来看，国际贸易被称为国际贸易或世界贸易（world trade）；一些海岛国家如英国、日本等，常将国际贸易称为海外贸易（oversea trade）；一个国家对外贸易通常由进口贸易和出口贸易两部分组成，因此对外贸易也被称为进出口贸易等。

传统上，国际贸易的基本形式是有形商品贸易，这种有形商品贸易具体体现为货物进出口，即国家（或地区）与国家（或地区）之间进行的货物买卖（通常称为货物贸易）。随着全球经济与科技一体化的发展，国际贸易作为国际经济发展的"引擎"，其形式发生了新的变化。二战后技术转让活动在国际上迅速展开，一些国际性服务，如国际货物运输、国际保险、国际旅游等服务行业在国际交易中大量涌现。国际贸易的形式也不再是单一的货物贸易，逐渐产生了国际技术贸易和国际服务贸易形式，国际贸易形式呈现出多元化的特征。近代国际贸易形式还具有集三种形式于一笔交易的特点。

需要说明的是，虽然现代国际贸易分为国际货物贸易、国际技术贸易以及国际服务贸易，本书内容也涉及国际技术贸易、国际服务贸易的相关内容，但本书的主要内容和体系均以货物贸易为中心，所涉及到的技术贸易与服务贸易内容也都围绕着货物贸易而展开，且本书以下内容所提到的国际贸易也主要是指国际货物贸易。

（二）对外贸易额及贸易差额

一个国家的对外贸易状况如何，可以通过其对外贸易数额来体现。国家对外贸易额，是指用货币来表示的该国在一定时期内的全部对外贸易数额。在货

物贸易方面，体现为该国出口货物数额和进口货物数额的总和，反映了该国在该时期内货物贸易的发展状况。

一个国家一定时期内出口货物数额和进口货物数额不可能完全相等，其差额被称为货物贸易差额。如果出口数额大于进口数额，其差额被称为贸易顺差，也称为盈余；如果出口数额小于进口数额，其差额被称为贸易逆差，也称为赤字。贸易顺差说明货物贸易处于有利地位；贸易逆差说明货物贸易处于不利地位。

（三）对外贸易的商品结构

进出口商品种类繁多，众多商品在一个国家货物贸易中所处的地位，通常可以用对外贸易商品结构来反映。对外贸易商品结构，是指一个国家在一定时期内，不同类别的进出口商品在全部货物贸易中所占的比重。货物贸易的商品结构如何，主要取决于该国的经济水平、科技水平、管理水平、自然资源状况及对外贸易政策等多方面因素。

货物通常被分为初级产品、工业制成品和高科技产品三大类。发达国家对外贸易商品结构具有共同特点：进口以初级产品为主，出口以工业制成品特别是高科技产品为主。发展中国家却相反，进口以工业制成品和高科技产品为主，出口以初级产品为主。随着世界科技和经济的发展，国际货物贸易商品结构正在发生变化，不论是发达国家还是发展中国家，工业制成品在其货物贸易中所占的比重、高科技产品在工业制成品中所占的比重越来越大，而初级产品所占的比重越来越小。这也是国际货物贸易商品结构的发展趋势。

（四）国际货物贸易额

国际货物贸易额，是指用货币来表示的世界各国在一定时期内的货物贸易出口数额或进口数额的总和，反映了世界贸易的发展状况。计算国际贸易额时需要把各国对外贸易额折算成同一种货币。美元长期以来一直是国际贸易的主要结算货币，所以，国际贸易额通常用美元来表示。

计算国际贸易额时应注意，不能简单地把各国出口贸易额和进口贸易额相加起来，这是因为所有国家的出口贸易额基本上就是所有国家的进口贸易额，相加起来是一种重复计算。但是所有国家的出口贸易额并不与所有国家的进口贸易额完全相等，因为目前大多数国家的货物出口贸易额都以装运港船上交货（FOB）价格计算，而货物进口贸易额都以成本、保险费和运费（CIF）价格计算。由于FOB价格不包括运费和保险费，而CIF价格却包括这两项费用，致使所有国家的出口贸易总额总是小于进口贸易总额。我们通常所说的国际货物贸易额在大多数情况下都是指所有国家的出口贸易总额。

二、国际贸易的基本分类

（一）根据国际贸易交换的对象划分

按照交换对象，国际贸易可分为货物贸易、技术贸易及服务贸易三种。

1．货物贸易（goods trade）

货物贸易也称有形商品贸易，是指以能够看得见、摸得着的具有物质形态的货物作为贸易对象的国际贸易。货物贸易又称国际货物买卖，或货物进出口。货物进出口都需要办理海关手续，在海关统计上能反映出来，也能反映出一个国家一定时期的对外贸易额。

2．技术贸易（technology trade）

技术贸易是指以专利技术、技术诀窍、商标的许可使用或转让等为内容的国际贸易。技术贸易中的大部分是技术转让与成套设备或关键设备器材的买卖结合在一起进行的。技术贸易主要有许可证贸易、咨询服务以及合作生产等形式。

3．服务贸易（trade in service）

服务贸易是指以国际间的服务的提供与接受为内容的国际贸易，服务贸易的内容十分广泛，将服务贸易作为国际贸易的一种形式，在国际上是近几年才提出的，尤其是关贸总协定的乌拉圭回合谈判以来，服务贸易才逐渐被世界各国所接受。

（二）根据国际贸易中货物移动的方向划分

国际货物贸易中，根据货物移动方向划分，国际货物贸易可分为出口贸易、进口贸易以及过境贸易三种。

出口贸易（export trade）是指将本国商品输出到外国市场上进行销售，也称输出贸易；进口贸易（import trade）是指将外国商品输入到本国市场上进行销售，也称输入贸易。

对同类产品，一个国家可能既有出口，也有进口。如果一个国家先进口某类产品，再出口该类产品，这种出口被称为复出口贸易（re-export trade）；同样，先出口某类产品、再进口该类产品被称为复进口贸易（re-import trade）。

对同类产品，如果出口贸易数额大于进口贸易数额，则称其差额为净出口贸易额；如果出口贸易数额小于进口贸易数额，则称其差额为净进口贸易额。在国际贸易中，就一项贸易活动而言，买方是进口贸易，卖方就是出口贸易；对一个国家来说，保持出口贸易数额和进口贸易数额的大致平衡，保持外汇收支平衡，对于该国国民经济的稳定、协调发展以及拥有良好的国际关系是至关重要的，这也是世界各国对外贸易政策所追求的最基本的目标。

过境贸易（transit trade）是指在货物贸易中，由于货物需要从卖方国家运到买方国家，运送货物时需要经过第三国国境，对第三国来说，这种贸易就是过境贸易。过境贸易可以分为直接过境贸易和间接过境贸易两种。直接过境情况下，货物到达第三国后，在第三国海关监管下，通过第三国的领土或领海或改换交通工具后立即出境；间接过境情况下，货物到达第三国后，先存放在第三国海关仓库里，以后再从第三国海关仓库里提出来，继续运往买方国家。

发生间接过境贸易的原因如下：第一，商品启运后，并未成交，因而不能运往另一国，只好暂时存放在第三国的海关仓库里等待销售；第二，商品需要在第三国进行分类或混合或重新包装等；第三，由于国际市场价格变化，卖方不想立即将货物售出，将货物暂时存放在第三国的海关仓库里等待销售时机；第四，由于一些特殊情况，比如进口国发生战争、罢工、港口冰冻及进口国颁布禁止进口命令等，货物不能按原计划运往进口国家。

（三）根据划分进出口货物的标准划分

国际货物贸易中，划分进出口货物的标准有国境和海关关境两种标准，据此可以把国际贸易划分为总贸易和专门贸易。

总贸易（general trade）是指以国境作为划分进出口货物标准的国际贸易。凡是进入一个国家国境的货物，全部列入进口，称为总进口贸易；离开一个国家国境的货物，全部列入出口，称为总出口贸易。总贸易是由总出口贸易和总进口贸易组成的。英国、加拿大、澳大利亚等国用这种方法统计对外贸易额。

专门贸易（special trade）是指以海关关境作为划分进出口货物标准的国际贸易，是由专门出口贸易和专门进口贸易两部分组成的。专门进口是指外国的货物只有进入一个国家的海关关境，才能被列入进口，也就是说，外国的货物只有办理海关手续，交纳了进口关税，经海关放行后，才能被列入进口；那些暂时存放在海关仓库里的货物，不能被列入进口。而专门出口是指本国货物只有办理了出口报关手续，或外国货物进口后未经加工又运出关境，经海关放行后，才能被列入出口。

我们通常所说的国际贸易应是以海关关境作为划分标准的，即专门贸易。德国、法国、意大利等国用这种方法统计对外贸易额。

（四）根据国际贸易有无第三者参加划分

根据国际贸易有无第三者参加，国际贸易可以分为直接贸易、间接贸易以及转口贸易三种。

直接贸易是指货物供应国与货物消费国的当事人直接进行的贸易。

间接贸易是指货物供应国与货物消费国的当事人通过第三国的中间商间接进行的贸易。

在间接贸易中，货物供应国的卖方首先与第三国中间商达成买卖交易，货物所有权由供应国卖方转移到第三国中间商，然后第三国中间商再与货物消费国的买方达成交易，所有权再转移到消费国的买方身上。对第三国中间商来说，这种贸易就是转口贸易。中间商是第一个交易的买方，又是第二个交易的卖方，曾经拥有货物所有权，交易目的是为赚取差价。

（五）根据国际贸易参加国家的数量划分

根据参加交易的国家数量，国际贸易可以分为双边贸易与多边贸易。

双边贸易即生产国与消费国直接进行的交易。但一国的产品往往不能完全适应对方的需要，这样就会产生贸易差额，造成贸易不平衡和支付困难，这就需要其他国家的介入。

多边贸易即在多国之间、在较大范围内进行的交易，它容易使各交易国各得所需并达到贸易平衡。

（六）根据国际贸易中清偿工具划分

根据国际贸易的清偿工具不同，可以把国际贸易分为现汇贸易和易货贸易。

现汇贸易也称自由结汇贸易，是指以某种能自由兑换的货币作为清偿工具的国际贸易。在国际贸易中，能作为清偿工具的货币主要有：美元、英镑、日元、德国马克等。这些货币可以在国际市场上自由兑换。

易货贸易，也称为换货贸易，是指以贸易对象（即货物）作为清偿工具，进行计价和结算，贸易双方互相交换等值的货物。因直接换货有一定难度，所以往往采用一种形式更加灵活的广义的易货贸易，即规定在一定时期内用几种货物进行交换，分别结算，综合平衡，也有人称之为一揽子易货。易货贸易大多发生在一些外汇不足、无法与他国进行自由结汇的国家。

（七）根据国际贸易发生的地理或政治区域划分

根据国际贸易发生的地理或政治区域不同，可以把国际贸易分为边境贸易和区域性贸易等。

边境贸易是一种由历史传统习惯形成的贸易方式，通常是指在两国接壤的边境地区国境线两侧一定范围内，边境居民为了满足生产和生活的需要而进行的贸易活动。各国政府对边境贸易一般均给予减免关税的优惠待遇，并且此待遇不能成为第三国主张最惠国待遇的根据。

区域性贸易是指发生在区域性经济一体化组织成员国之间的贸易活动，比如自由贸易区、关税同盟、各种自由贸易联盟组织成员国之间的贸易活动。这种区域性贸易，在其成员国之间采取各种消除贸易壁垒的措施，以鼓励和保护成员国之间的贸易活动，而对非成员国贸易仍然保留关税、限额、配额以及其他方面的限制政策和措施。

除以上划分方法外，根据货物运输方式不同，可以把国际货物贸易划分为陆路贸易、海路贸易、空运贸易以及邮购贸易等。

三、国际贸易基本理论①

国际贸易的产生，西方经济学家和法学家曾提出多种理论来解释，诸如“资源的绝对匮乏”、“资源的相对匮乏”、“比较利益说”、“资源禀赋论”、“技术差异和产品生命周期理论”和“国家相互依赖学说”等。

（一）“资源的绝对匮乏”

由于各国地理位置不同，气候条件和资源分布存在巨大差异，资源绝对匮乏是难免的。在资源绝对匮乏的情形下，为了互通有无，国际间的商品交换必然会产生，因此就出现了国际贸易。

（二）“资源的相对匮乏”

“资源的相对匮乏”是英国古典经济学家亚当·斯密（Adam Smith，1723-1790）提出来的，也被称为“绝对成本论”或“地域分工论”。亚当·斯密认为，国际贸易的产生，在于地域、自然条件不同而形成的商品成本的绝对差异。他认为，分工可以提高劳动生产率。如果每个人都从事一种物品的生产，然后彼此交换，交换结果将对每个人都有利。他还认为，国际分工是最高的分工形式。如果外国产品比本国生产的产品便宜（生产成本绝对低），那么就用本国在有利生产条件下生产的产品去交换外国的另一种产品，而不要自己去生产。

亚当·斯密1776年的名著《国民财富的性质和原因的研究》中写道：“如果一件东西在购买时所花费的代价比家内生产时所花费的代价小，就永远不会想要在家内生产，这是每一个精明的家长都知道的格言。裁缝不想制作他自己的鞋子，而向鞋匠购买。鞋匠不想制作他自己的衣服，而雇裁缝制作。农民不想缝衣，而宁愿雇用那些不同的工匠去做。……如果外国能以比我们自己制造还便宜的商品供应我们，我们最好就用我们有利地使用自己的产品的一部分去向他们购买。”②

由于世界资源分布不均衡，资源丰富的国家向国外出口产品，通过规模经济以提高经济效益；资源相对匮乏的国家放弃高成本的生产，转向从国外购买产品，使得相对匮乏的资源得到了重新合理的配置。这也是国际贸易产生的另

①王传丽主编：《国际贸易法》（修订版），中国政法大学出版社，2003年版，第1-6页。

②亚当·斯密：《国民财富的性质和原因的研究》(Inquiry into the Nature and Causes of the Wealth of Nations)下卷，商务印书馆，1974年版，第28页。

一个主要原因。

（三）“比较利益说”

在斯密理论的基础上，英国经济学家李嘉图（David Ricardo, 1772-1823）提出了“比较利益（comparative advantage）理论”，在他的名著《政治经济学及赋税原理》中对这一学说进行了描述。他认为，任何一个国家，不论其经济实力强弱，都具有他国相对优势的产品。安排生产相对优势的产品并用以交换，将使贸易双方都可以用同样的劳动耗费，交换到比分工前所能得到的更多的产品。李嘉图的比较利益说，导致英国议会1846年废除了维护封建地主利益的谷物法，使英国成为一个实行自由贸易的国家。

李嘉图理论问世以来，一直被奉为西方国际贸易理论的经典。此后的国际贸易经济理论，均在李嘉图比较利益理论的基础上补充或发展而来。比较利益说的科学性在于它以劳动价值论为基础，推导出由两国劳动生产率的差异而产生的比较利益，揭示了通过国际分工实现这种比较利益即节省社会劳动的可能性。

（四）“资源禀赋论”

“资源禀赋论”是瑞典经济学家赫克歇尔（Heckscher,1879-1959）1919年首次提出、另一名瑞典经济学家俄林（Bertil Ohlin,1899-1979）1933年创立的理论，因此也被称为“赫克歇尔—俄林理论”（Heckscher-Ohlin theory）。

根据该理论，商品价格的国际绝对差异是国际贸易产生的直接原因。商品价格的国际绝对差异，是指同种商品在不同国家把用本国货币表示的价格都换算成同种货币表示的价格后的差异。当两国价格差异大于各项运输费用时，商品从价格较低的国家输往价格较高的国家就能带来利益，国际贸易因而得以发生。

该理论认为，价格的绝对差异源于成本的绝对差异，成本绝对差异的产生有如下两方面原因：一是生产要素的供给不同，即两国的资源禀赋不同；二是不同产品在生产过程中所使用的资源比例不同。因此，一个国家出口的产品，应是其生产过程中密集地使用了本国资源的资源性产品；进口的产品，应是本国最缺乏的资源性商品。

从经济学说史上看，国际贸易理论可追溯到15世纪末16世纪初的重商主义学说。斯密和李嘉图的贸易理论中，劳动是唯一的生产要素，生产技术是给定的外生变量。斯密与李嘉图的贸易理论是古典经济学理论体系的一部分，被称为“古典贸易理论”。20世纪初，瑞典经济学家赫克歇尔和俄林提出了“资源配置”或“资源禀赋”的贸易学说，他们的理论被称为“新古典贸易理论”。

（五）"技术差异和产品生命周期理论"

20 世纪 70 年代后期，由于国际贸易的迅速发展和结构变化，一部分经济学家开始用新的方法研究贸易的原因、结果、结构与政策，创立了一系列新学说，如哈佛大学教授弗龙（R.Vernon）于 1966 年在其著作《国际投资和产品周期中的国际贸易》中提出了"技术差异和产品生命周期理论"（technological-gap theory，product life cycle theory）。该理论认为，新产品在其发明阶段，企业拥有暂时垄断权，很容易进入国际市场，可以促进出口贸易增长。当产品在其他国家大量生产出来后，发明国享受着技术优势的比较利益，等到技术扩散后，发明国的绝对利益消失了，一个新技术的生命周期又开始了。根据产品生命周期理论，新产品的生命周期可以分为产品开发阶段、产品成熟阶段和产品标准化阶段。

（六）"国家相互依赖学说"

从国际贸易发展的历史来看，国际贸易的动机并非单纯地基于资源匮乏、绝对成本或比较利益而产生，国家之间的相互依存和合作的需要不可忽视。1974 年联大通过的《建立新的国际经济秩序宣言》中指出，20 世纪 70 年代以来世界的变化说明了世界大家庭的一切成员相互依赖的实际情况，发达国家的利益同发展中国家的利益不能再相互分隔开，发达国家的繁荣与发展中国家的增长和发展紧密相连。根据这一观点建立起了以国家相互依赖为基础的国际贸易学说，该学说反对以邻为壑（beggar-the-neighbor）的贸易政策。

20 世纪 90 年代以来，经济全球化、一体化成为世界经济发展的主流，各国、各地区经济在全球范围内日益融合，生产要素特别是资本在全球范围内全面而自由流动。经济全球化的迅猛发展，科技进步引发的信息革命、通信与交通的迅速发展，国际分工的逐步深化以及 WTO 的建立等，使得全球市场得以形成，各国、各地区经济的发展与外部世界经济的变动日益相互影响和相互制约，贸易与投资也越来越趋于一体化。利用本国在政治、经济、军事、文化、自然条件、科学技术发展以及社会人力资源等诸方面的优势，利用国际条件的差异，通过对外贸易，实现国家在政治、经济、军事、外交等各方面的综合效益，这种做法在第二次世界大战后开始显露。关贸总协定乌拉圭回合谈判等所反映出来的各利益集团之间的妥协和争斗，足以显现出国际贸易的各种动机和目的。经济全球化极大促进了世界经济和贸易的发展，同时也对传统国际经济贸易理论提出诸多挑战，给国际经济贸易理论的创新带来了机遇。

四、国际贸易战争发展简史

国际贸易历史可谓是一部贸易战争史。14、15 世纪时，因为没有冰箱，人们保存食物主要依赖香料。葡萄牙人以渔牧业为主，香料对葡萄牙尤其重要。突然崛起的奥斯曼土耳其帝国控制了东西方的陆上交通，香料贸易被阻断了。失去香料的欧洲人难以忍受，开始寻找打破贸易困境的出路。就这样，看上去毫不起眼的胡椒粒，开始创造世界贸易的新变局。为了获得香料，欧洲人克服了对大海的恐惧，葡萄牙王子——恩里克建立了人类历史上第一所国立航海学校，率先开始了征服大海的行程。葡萄牙船队绕过了非洲最南端，将其定名为好望角，打开了连接东西方的海上商路，占领了从大西洋到印度洋 50 多个交通要点，葡萄牙垄断了半个地球的商船航线。16 世纪初的前五年，葡萄牙香料交易量从 22 万英镑迅速上升到 230 万英镑，成为当时海上贸易第一强国。西班牙女王伊莎贝尔不甘落后，资助哥伦布远洋探险，哥伦布帆船队发现了北美洲巴哈马群岛，从美洲得到大量黄金白银。葡萄牙和西班牙就这样靠冒险精神征服了海洋，获得了大量世界财富。

葡萄牙和西班牙的挑战者出现了。1602 年，荷兰成立了荷兰联合东印度公司，为开辟东方和美洲航线，他们向全社会融资以筹集远洋航行资金，向海外派出商船队；船队规模超过西班牙和葡萄牙的总和。17 世纪中叶，荷兰成为全球商业霸权国家，荷兰东印度公司已经拥有 15000 个分支机构，贸易额占到全世界总贸易额的一半，成为一个让葡萄牙和西班牙都畏惧的海上强国。荷兰把印度尼西亚变成殖民地，在大洋洲用荷兰一个省名命名了一个国家——新西兰，在南美洲占领了巴西，在北美大陆荷兰东印度公司建造了新阿姆斯特丹城，也就是今天的纽约。

葡萄牙、西班牙和荷兰靠海外贸易暴富的故事刺激着英国，世界贸易战争越发激烈。

鸦片战争是中国经历的第一次国际贸易战争。主张自由贸易的英国向中国政府提出通商请求被拒绝后，开始了走私鸦片的勾当。鸦片战争前，英国从中国进口的商品主要有茶叶和生丝，对中国出口的商品主要是纺织品、金属制品和从印度运来的棉花。中英正常贸易中，英国处于贸易逆差。为减少贸易逆差，英国开始从印度向中国输入鸦片。1838 年，鸦片输入占到中英贸易的一半以上，英国实现贸易顺差。1839 年，清政府派林则徐前往广州禁烟。1840 年，英国发动了对华战争，中国以失败告终，从此走上了割地赔款、国门洞开的命运，英国占领香港，清政府被迫签订了丧权辱国的《南京条约》，同意实行所谓的自由贸易，开放了广州、厦门、福州、宁波、上海五港通商，英国获得协议关税和干涉司法的领事裁判权。英国在中国夺到的利益让西方列强垂涎欲滴，葡萄牙 1849 年强占澳门，美国 1856 年在英法支持下也提出同样要求，遭到拒绝后英国军队首先挑起战端，历史上的第二次鸦片战争全面爆发。英法美联合出兵，其他列强加入，中国再次战败，被迫分别与英法美俄签订了《天津条约》，鸦片贸易合法化。1860年，英法继续扩大侵华战争，进犯北京，洗劫、火烧圆明园，迫使清政府分别与英法签订了《北京条约》，赔偿英法军费、割让九龙。

可见，国家之间的战争烟火，起源于国际贸易，国际贸易的历史可谓是一部贸易战争史。

第二节　国际货物贸易运作流程

国际贸易法律是为贸易实务服务的。在介绍贸易法律之前，有必要对实践中贸易实务的具体运转有个初步了解。本节首先对货物贸易实务的整个流程做一概括介绍，所涉及到的具体内容将在以后的章节里做详细介绍。

一、国际货物贸易合同的磋商

交易磋商也称谈判，是买卖双方对买卖货物的各项交易条件进行协商以达成交易的过程，通常称为贸易谈判。交易磋商是国际货物贸易的重要环节，是签订合同的基础，直接影响到合同能否顺利签订及合同的履行，关系到双方的经济利益，没有交易磋商就没有买卖合同。在贸易实践中，交易磋商主要包括四个环节：询盘、发盘、还盘和接受。其中发盘和接受是合同成立必不可少的两个基本环节。

（一）询盘（inquiry）

询盘在法律上被称为要约邀请，是指交易一方准备购买或出售某种货物，向对方询问买卖该货物的有关交易条件。询盘内容可涉及价格、规格、品质、数量、包装、装运以及索取样品等，而多数只是询问价格。所以，业务上常把询盘称为询价。

（二）发盘（offer）

发盘也称报盘、开盘、发价或报价等，在法律上被称为要约。发盘可以是应对方询盘而发出，也可以在无询盘时直接向对方发出。发盘由卖方发出的多，贸易实务中也称为“递盘”。发盘中应包括交易货物的名称、数量和价格等交易的具体条件，一旦对方接受发盘，合同就成立了。所以，发盘人发出盘以后，受到发盘内容的约束，不得随意更改交易条件。

（三）还盘（counter-offer）

还盘在法律上被称为反要约，是受盘人在接到发盘后、不完全同意发盘的内容，对发盘内容提出修改或变更的意见。还盘应属于对发盘的拒绝，相当于向原发盘人提出了一个新的发盘。原来的发盘失去了效力，原发盘人也不再受到原发盘的约束。

（四）接受（acceptance）

接受在法律上被称为承诺，是指交易一方在接到对方发盘（包括还盘）后，向对方表示同意对方的交易条件。发盘一经接受后，合同即告成立。双方应遵守合同，按照合同约定履行义务，不得随意悔改，否则构成了违反合同的行为（即违约行为），应承担违约责任。接受和发盘既属于商业行为，也属于重要的法律行为，是国际贸易合同成立的两个必要环节。

（五）签订合同

经过交易磋商，一方的发盘被对方接受后，双方即达成交易，建立了合同关系。贸易实务中交易双方通常都要签订书面合同，用书面形式将交易条件、双方权利义务明文规定下来，便于以后执行。书面合同可以作为合同成立的证据、履行合同的依据。书面合同的内容，可分为首部、正文及尾部三部分。合同名称、买卖双方当事人的名称、地址以及当事人订立合同意图等内容放在合同的首部；正文是合同中心部分，具体列明交易的各项条件和条款，规定双方当事人的权利义务；尾部说明合同的份数、效力、订约时间、地点、生效时间及当事人签字盖章等内容。

根据我国目前有关合同法律的相关规定，书面形式合同还包括信件、数据电文（如电报、电传、传真、电子数据交换和电子邮件）等可以有形地表现所载内容的形式。另外，根据我国对所参加的国际贸易公约予以保留的具体情况，目前我国对外贸易达成的合同（与缔约国内当事人所达成的合同）必须是书面形式的合同，口头合同当属无效。

（六）合同的履行

买卖双方经过交易磋商、达成合同后，国际货物买卖合同就成立了。买卖合同一经依法有效成立，合同双方当事人就必须信守合同，全面地适当地履行合同规定的义务，否则将面临合同纠纷、遭到索赔，并承担违约责任。对一个国家来说，货物贸易合同的履行可以分为出口贸易合同的履行和进口贸易合同的履行。

二、我国货物出口合同的履行

我国货物出口合同的履行主要包括备货、催证、审证、改证、租船订舱、报关、报验、保险、装船和制单结汇等多个环节。其中又以货（备货）、证（催证、审证、改证）、船（租船订舱）、单（制单结汇）四个环节最为重要。

(一)备货、报验

1. 备货

备货是我国出口方根据合同和信用证规定,向生产加工及仓储等有关部门下达联系单(或称为加工通知单等),要求有关部门按照联系单对应交货物进行清点、加工整理、印制运输标志以及办理申报检验和领证等工作。联系单是各个部门进行备货、出运、制单结汇的共同依据。

我国出口方备货时应注意以下问题:第一,按照合同规定审核货物的品质和规格,必要时应进行加工整理,以保证货物的品质和规格与合同规定一致。第二,应保证满足合同或信用证对数量的要求,备货数量应适当留有余地,以备装运时可能发生的调换需要。第三,应认真检查和核实货物的包装和唛头,保证符合合同和信用证的规定,以及适应运输需要,如发现包装不良或损坏,应及时进行整修或调换。第四,根据合同和信用证的相关规定,结合船期妥善安排备货时间,做好船货时间上的衔接。

2. 报验

凡属国家规定或合同约定要经过中国进出口商品检验局检验的商品,备货后都应向商品检验局申请检验,只有取得商检局签发的合格检验证书,海关才准放行,货物才能出口。检验不合格的货物一律不得出口。

凡是需要法定检验才能出口的货物,我国出口方应填制"出口报验申请单",向商检局办理报验手续。"出口报验申请单"的内容一般包括品名、规格、数量(或重量)、包装、产地等项。"出口报验申请单"还应附上合同与信用证副本等有关文件,以供商检局检验和发证时参考。出口方报验后,如果发现"出口报验申请单"内容填写有误,或因国外进口方修改信用证以致货物规格有变动时,应填写"更改申请单",说明更改事项和更改原因。

货物经检验合格,商品检验局应发给检验证书,出口方应在检验证书规定的有效期内将货物出运。有效期内未装运出口的货物,应向商检局申请展期,并由商检局进行复验合格后才能出口。

(二)催证、审证和改证

国际贸易中,能否及时安全地收汇直接关系到出口方的经济利益。目前大多数贸易合同都规定买方应以信用证方式进行付款。在履行这种以信用证为付款方式的出口合同时,出口方使用和管理信用证至关重要。使用管理信用证主要包括催证、审证和改证等内容,是履行出口合同的一项重要工作。

1. 催证

信用证支付方式实际上是进口方委托银行向出口方支付货款。对出口方来说,确定银行是否愿意承担付款责任是能否安全收汇的关键。如果未接到银行开来的信用证，通常情况下，出口方都拒绝将货物装运出口。所以，进口方严格按照合同规定向银行申请开立信用证，这是卖方装运货物的前提。实践中常常发生国外进口方因市场变化或资金短缺而拖延开证的现象，对此，我国出口方就应催促对方迅速办理开证手续，特别是大宗货物交易或买方要求特制的货物交易，应结合备货情况及时进行催证工作，也可请我国驻外机构或中国银行协助代为催证。

2．审证

信用证是进口方所委托的银行开给出口方的表示在一定条件下愿意承担支付货款责任的证书。信用证是依据合同开立的，信用证内容本应与买卖合同条款一致，但实践中因为工作疏忽、电文传递错误、贸易习惯不同、市场行情变化或进口方有意利用开证主动权加列有利于自己的条款等种种原因，常常会发生信用证条款与合同条款的规定不一致的现象。

为确保收汇安全和合同顺利履行，我国出口方应对来自不同国家、不同地区及不同银行的信用证，依据合同规定进行认真核对与审查。一般来说，在审查国外来证时应考虑到政治上是否符合我国对外政策、对安全及时收汇是否有保障、与我国有贸易协定的国家的来证是否符合协定规定以及信用证条款是否符合合同规定等问题。

3．改证

审核信用证后，如果发现问题，应区别问题性质，做出妥善处理。凡属于不符合我国对外贸易方针政策，影响合同履行和安全收汇的情况，我国出口方必须要求国外客户通过开证银行修改信用证，并应在收到银行修改信用证通知书后才能对外发运货物，以免发生货物已发运而修改信用证的通知书未到的被动情况。对来证不符合规定的其他各种情况，应具体情况具体分析，只要来证内容不违反我国对外贸易政策并能保证我出口方安全及时收汇，我们就可以灵活掌握。

办理改证时应做到一次性提出所有的修改要求，以减少双方的手续和费用。对不可撤销信用证中任何条款的修改，都必须在有关当事人全部同意后才能生效，这是各国银行公认的惯例。

（三）租船订舱、出口报关、海运保险

1．租船订舱

当今国际运输业出现了越来越细致的专业分工，专业化很强的货运服务机构应运而生。出口公司在办理货物运输时，根据货运公司提供服务的不同情况，通常与国际储运公司、国际货运代理公司以及国际货运联盟的业务往来较多[①]。国际储运公司不仅为等待装运的货物提供仓储服务，还充当了国际货运代理人，办理国际货物运输。国际货运代理公司掌握着国际上四通八达的运输网络，其业务范围比国际储运公司更广，通常包括租船订舱、货物报关、转运及理货、仓储、集装箱拼箱拆箱、国际多式联运、物流管理及运输咨询等项业务。国际运输联盟是在国际上具有一定实力的大货运公司，凭借其在全世界各地的运输代理机构，与不同地区的货运代理公司结成运输战略联盟，为客户提供复杂、系统的大型工程项目的运输。三种类型的运输服务内容有所不同，需要出口公司根据情况进行选择。

在 CIF 或 CFR 出口贸易合同中，出口方负责国际运输，租船订舱是出口方的主要职责。出口合同中货物数量较大的，需要整船载运，就需要办理租船业务，与船公司签订租船合同。如果货物数量不大，无需整船装运的，出口方可以委托货运代理公司代为洽订班轮或租订部分舱位运输。

租船订舱的简单程序通常包括：第一，出口公司委托货运代理公司办理托运手续，填写托运单（shipping note），也称“订舱委托书”，给货运代理公司作为订舱依据。第二，货运代理公司收到托运单后，确定装运船舶，将全套装货单（shipping order）交给出口公司填写，然后代表出口公司向船公司办理货物托运手续。第三，货物经海关查验放行后，船长或大副签发“收货单”（也称大副收据），表明船公司已装妥货物，出口公司凭收货单向船公司交付运费并换取正式提单。

2．出口报关

报关是指出口货物装船出运前，向海关申报出口手续。按照我国海关法的规定，凡是进出国境的货物，必须经由设有海关的港口、车站、国际航空站，并由货物所有人向海关申报，经过海关放行后，货物才可提取或者装船出口。我国出口公司办理报关时，可以自行办理，也可以通过专业报关行或国际货运代理公司办理。办理报关时必须填写出口货物报关单，必要时还需提供出口合同副本、发票、装箱单或重量单、商品检验证书及其他有关证件等。

3．海运保险

按照 CIF 条件成交的出口合同，出口方在货物装船前应及时向保险公司（在我国通常是中国人民保险公司）办理海运保险手续，填制投保单。出口货物海运投保一般情况下是逐笔办理的，出口方作为投保人应将货物名称、保险

---

①黎孝先主编：《国际贸易实务》（第三版），对外经济贸易大学出版社，2001 年 8 月第 3 次印刷，第 334 页。

金额、运输路线、运输工具、开航日期、投保险别等内容一一列明。由于我国出口公司同中国人民保险公司的业务量较大，为简化手续，一般不用实际填写投保单，而是以出口货物明细单或货物出运分析单等替代投保单，保险公司凭出口货物明细单或货物出运分析单等接受投保、签发保险单或保险凭证。

出口合同的履行，需要货物、单证和船舶几个环节的适当衔接，是一项极其细致而复杂的工作，如果衔接不好将有可能造成货物损失、船舶滞留或费用增加等损失。出口公司应加强对出口合同的科学管理，建立起能反映出口合同执行情况的管理制度。

（四）信用证下的制单结汇

出口货物装运后，为了保证顺利收汇，出口公司应按照信用证规定，正确缮制各种单据，在信用证规定的交单有效期内，递交银行办理议付结汇手续。我国银行办理信用证下出口结汇主要包括收妥结汇、押汇和定期结汇等。

收妥结汇也称收妥付款，是指议付银行收到出口方提交的出口单据后，经审查无误，将单据寄交国外信用证上的付款银行索取货款，待收到付款银行将货款拨入议付银行账户的贷记通知书（credit note）时，即按当日外汇牌价，折成人民币给出口方。

押汇也称买单结汇，是指议付银行在审单无误的情况下，按信用证条款买入出口方（即信用证上的受益人）的汇票和单据，从票面金额中扣除从议付日到估计收到票款之日的利息，将余款按议付日外汇牌价折成人民币，拨给出口方。议付银行向出口方垫付资金买入跟单汇票后成为汇票持有人，可凭汇票向信用证上的付款银行索取票款。银行的出口押汇为外贸公司提供了资金融通，有利于外贸公司的资金周转。

定期结汇是议付银行根据向国外付款银行索偿所需的时间，预先确定一个固定的结汇期限，到期后主动将票款金额折成人民币拨交给出口方。

（五）出口合同的索赔和理赔

出口合同履行过程中，进出口双方都有可能发生不履行合同义务造成对方损失的情况。如果因为国外进口方不履行合同造成我国出口方损失的，出口方可根据不同对象、不同原因以及损失大小，向国外进口方提出索赔。如国外进口方因我国出口公司不履行合同向我方索赔时，我方应认真做好理赔工作。

处理国外索赔时，应注意认真审核国外买方提出的单证和出证机构的合法性，对其检验的标准和方法要一一核对，以防买方串通检验机构弄虚作假或国外检验机构检验有误。此外，针对货物损失情况，要做好调查研究，弄清事实，分清责任，会同生产部门和运输部门对货物品质、包装、储存、运输等各方面进行周密调查，然后结合单证材料和实际情况，进行分析研究，查清货物损失环节、原因，并确定责任归属方。如果属于船运公司或保险公司的责任范围，应由船运公司或保险公司处理；如确属卖方责任，我国出口公司应实事求是予以赔偿。

三、我国货物进口合同的履行

我国货物进口合同按照 FOB 条件并以信用证为付款方式的情况居多。我国进口方履行进口合同的主要环节包括申请开立信用证、租船订舱、催装监装、保险、审单和付汇、进口报关和接货、验收和拨交、进口索赔等方面。

（一）申请开立信用证

货物进口合同签订后，我国货物进口方应按照合同规定填写开立信用证申请书，向中国银行办理申请开证手续。信用证内容应与买卖合同条款一致，关于货物品质规格、数量、价格、交货期、装货期、装运条件及装运单据等相关内容，均应以合同为依据，并在信用证中作出明确规定。

申请银行开立信用证将产生开证费用。假如国外卖方不能交货，我国进口方已经申请银行开出了信用证，显然我方会遭受损失并处于被动境地。所以，我国进口方应按照买卖合同规定的时间申请银行开立信用证，迟于合同规定时间将构成违约行为。如果合同规定在卖方确定交货期后开证，我国进口方就应在接到国外卖方上述通知后再办理申请开证手续；如果合同规定在卖方领到出口许可证并支付履约保证金后开证，我国进口方就应在收到对方已领到许可证的通知或支付履约保证金后再申请开证。对方收到信用证后，如提出修改信用证的请求，需经我方同意，才可向银行办理修改信用证内容。常见的修改要求主要是关于展延装运期、信用证有效期和变更装运港口等方面的内容。

（二）租船订舱、催装监装

FOB 进口合同下买方安排货物运输，租船订舱应由我国进口方办理，我国进口方通常委托货运代理公司办理具体租船订舱工作。如果买卖合同规定，国外卖方在交货前一定时期内应将预计装船日期通知买方，我方应在接到上述通知后再向货运代理公司办理租船订舱手续。办妥租船订舱后我方还应按合同规定期限通知国外卖方有关船名和船期等事宜，以便对方安排备货和装船。我方也应随时了解和掌握国外卖方备货和装船的情况，注意催促对方按时装运以防止船货脱节、船等货等现象的发生。对数量大的重要进口货物，根据情况需要还可请我国驻外机构就地督促或派员前往装货地点监督装运，以防止不法商人弄虚作假，进行贸易诈骗。国外卖方装船后应按合同规定用电报通知我方，以便我方办理进口货运保险和接货等项工作。

（三）进口货运保险

国际货物买卖通常需要长时间、长距离的国际海上货物运输，海上运输风险很大，通常都需要办理海运货物保险。FOB 或 CFR 价格下的货物进口合同，货运保险应由我国进口方办理。办理货物保险主要有逐笔保险和预约保险两种方式。逐笔保险是指在接到国外出口方发来的装船通知后，我国进口方才向保险公司填写投保单，办理保险手续，保险公司出具保险单。预约保险是指我国进口方事先就同保险公司签订了预约保险合同，对各种货物保险险别等作了具体规定。在收到国外出口方的装船通知后，只要把装船通知的内容再通知给保险公司，保险手续就办理完毕。有的时候，在接到国外出口方的装船通知后，我国进口方需要填写国际运输预约保险启运通知书，将每批货物的船名、提单号、开船日期、商品名称、数量、装运港和目的港等内容通知保险公司，保险手续即告完毕。

（四）审单和付汇

我国开证银行在接到国外寄来的汇票及相关单据后，应对照信用证规定，严格审核单据的份数和相关内容。如果单据份数和内容无误，我国开证银行应对国外支付款项。同时，货物进口方用人民币按照国家规定折算的牌价向我国开证银行买汇赎单，再凭银行出具的“付款通知书”向用货部门进行结算。如果审核国外单据发现单证不符时应停止对外付款，并要求国外卖方改正。

（五）报关、接货、验收、拨交

进口货物运到目的港后，进口公司或委托货运代理公司根据进口单据填写“进口货物报关单”，向海关申报进口，并随附发票、提单及保险单等。对于属于法定检验的进口货物，还须随附商品检验证书。海关查验货物及相关单证无误后予以放行。

进口货物运达目的港卸货时，港务卸货理货部门应进行卸货并验收核对。卸货时如发现货物短缺应及时填制“短卸报告”并交由船方签认，并根据短缺情况向船方提出索赔声明。卸货时如发现货物残损，应将货物存放在海关指定仓库，待保险公司会同商检局检验后做出处理。货物残损损失应通过商品检验局检验并出具检验证书，我国进口方再凭检验证书进行对外索赔。对于合同规定在卸货港检验的货物，或已发现残损、短缺、有异状的货物，或合同规定的索赔期即将满期的货物等，都需要在港口进行检验。

检验完后，进口公司或委托货运代理公司提取货物并拨交给订货部门，货运代理公司通知订货部门在目的地办理收货手续。如果订货部门不在港口，所有关税及运往内地的费用由货运代理公司向进口公司结算后，进口公司再向订货部门结算货款。

（六）进口索赔及应注意的问题

进口的货物卸船后，可能被发现存在各种各样的损失，如货物的品质、数量、包装等方面在国外装船前就有可能不符合买卖合同规定，或装船前符合合同规定，但运输期间又因其他原因遭受损失等。面对这些损失，我国进口方需要向造成货物损失的有关责任方提出索赔要求。根据造成损失的原因不同，进口索赔的对象主要包括卖方、船方和保险公司等。

凡是属于装船前就已经存在的数量不足、品质规格不符、包装不良致货物受损等，或卖方未按期交货或拒不交货等，我国进口方均应向国外卖方索赔。凡是属于卸货数量少于提单所载数量、提单上未记载的货物残缺损失、根据租船合同有关条款应由船方负责的货损情况等，均可向船舶公司索赔。凡是属于海上自然灾害、海上意外事故或运输中其他事故的发生致使货物受损且属于保险公司承保险别的范围之内，船舶公司赔偿金额不足以抵补货物损失的部分且属承保范围内的，均可向保险公司索赔。

进口方在办理对外索赔时应注意以下几个方面：第一，关于索赔证据。对外索赔需要提供证据，首先应制备索赔清单，随附商检局签发的检验证书、发票、装箱单、提单副本等单据。其次，对不同索赔对象还要另附有关证件。如向卖方索赔时应在索赔证件中提出确切根据和理由；向轮船公司索赔时应另附由船长及港务理货人员签证的理货报告、船长签认短卸或残损证明等；向保险公司索赔时应另附保险公司与买方的联合检验报告等。第二，关于索赔金额，应包括受损商品的价值和有关费用，如商品检验费、装卸费、银行手续费、仓租、利息等。第三，关于索赔时间，应在合同规定的索赔有效期内，如果商检工作需要更长时间可向国外卖方要求延长索赔期限。

目前我国进口索赔工作，属于船方和保险公司责任的由外运公司代办，属于卖方责任的由进口公司直接办理。做好索赔工作需要进口公司、货运代理公司、订货部门、商检局等的密切协作，做到检验结果正确，证据属实，理由充实，赔偿责任方明确，并及时向有关方面提出，力争把货物损失程度降到最小。

课外阅读资料

一、国际贸易的重要性

International trade is the exchange of capital，goods，and services across international borders or territories.In most countries，it represents a significant share of gross domestic product （GDP）.While international trade has been present throughout much of history，its economic，social，and political importance has been on the rise in recent centuries.Industrialization，advanced transportation，globalization，multinational corporations，and outsourcing are all having a major impact on the international trade system. Increasing international trade is crucial to the continuance of globalization.International trade is a major source of economic revenue for any nation that is considered a world power. Without international trade，nations would be limited to the goods and services produced within their own borders.

二、国际贸易与国内贸易的差异

International trade is typically more costly than domestic trade. The reason is that crossing a national border typically involves additional costs such as tariffs，time costs due to border delays，and costs associated with country differences such as language，the legal system，or a different culture.

Another difference between domestic and international trade is that factors of production such as capital and labor are typically more mobile within a country than across national borders. Thus，international trade is mostly restricted to trade in goods and services.Then，trade in goods and services can serve as a substitute for trade in factors of production. Instead of importing the factor of production，a country can import goods that make intensive use of the factor of production and are thus embodying the respective factor.An example is the import of labor-intensive goods by the United States from China. Instead of importing labor，the United States is importing goods from China that were produced with Chinese labor.

International trade is also a branch of economics，which，together with international finance，forms the larger branch of international economics.

三、国际贸易的风险

Economic risks include the risk of insolvency of the buyer; the risk of the failure of the buyer to pay the amount due within six months after the due date; the risk of non-acceptance; the risk of exchange rate，and so on.

Political risks include the risk of cancellation or non-renewal of export or import licenses; war risks; risk of expropriation or confiscation of the importer's company; risk of the imposition of an import ban after the shipment of the goods; transfer risk — imposition of exchange controls by the importer's country or foreign currency shortage; and influence of political parties on an importer's company.

四、国际贸易的基本步骤

Any international transaction should start with market research. An importer/exporter must acquire good knowledge of the foreign market to which his products are to be sold so that he can trade with the customers successfully.

（1）Seeking customers

（2）Contact each other by sending inquiries

（3）Status inquiry

（4）Quotations or offers; acceptance or non-acceptance

（5）Order; contract

（6）Obtaining import/export license; opening L/C / receiving L/C，if any

（7）Preparation of goods by the seller

（8）Inspection or survey of goods

（9）Reserving shipping space either by the seller or buyer，depending on the trade terms

（10）Effecting insurance

（11）Customs clearance and loading

（12）Shipping advice

（13）Negotiation of export documents under L/C by the beneficiary

（14）Redemption of documents under L/C

（15）Customs clearance for import

（16）Delivery of goods

（17）Lodging and Settling claims （if any）

第二章　国际贸易术语

第一节　国际贸易术语概述

一、国际贸易术语的产生、含义、作用及解释

1．国际贸易术语的产生

在国际货物贸易中，买卖双方相距遥远，货物大多数都需要从卖方国家启运地运输到买方国家目的地，需要经过储存、装卸、运输、进出口许可、进出口报关以及报验等许多环节。买卖双方洽谈合同时，必然涉及以下问题：卖方交货时间、地点以及交货方式，风险由卖方转移给买方的时间，何方负责货物运输、保险、进出口报关手续及承担有关费用等。为了解决这些问题，在长期的国际贸易实践中，买卖双方逐渐形成了一些习惯做法，国际贸易术语就是对这些习惯做法的概括和总结。

2．国际贸易术语的含义和作用

国际贸易术语（Trade terms），是指用来表示货物的价格构成、买卖双方所承担的责任、费用、风险及不同的交货地点的术语，也被称为价格术语、价格条件或交货条件等。只要买卖双方确定了所采用的贸易术语，各自应承担的责任、费用等问题就随之明确。所以，国际贸易术语的产生，促进了国际贸易的发展，简化了交易手续，缩短了洽谈时间，也节省了费用和开支。

3．国际贸易术语的解释

国际贸易术语产生于长期的国际贸易中的习惯做法，这些做法毕竟具有一定的不明确性。一些国际组织及工商团体先后对贸易术语作出书面解释，通过这些解释，使得国际贸易的习惯做法更明确，形成成文的国际贸易惯例，被国际贸易界广泛承认并加以采纳。

目前，在国际上影响较大的对国际贸易术语的解释主要有三个：一是1932年国际法协会制定的《1932年华沙—牛津规则》，该规则主要解释“成本、保险费和运费合同”（CIF）贸易术语，包括序言和正文共21条，对买卖双方各项责任划分得比较具体。二是《1941年美国对外贸易定义修订本》，该修订本对美国经常使用的贸易术语下了定义，具体规定了不同贸易术语下买卖双方在

交货方面的权利和义务，在南北美洲各国有很大影响。三是国际商会（ICC）制定的《国际贸易术语解释通则》（简称 Incoterms），该惯例在世界上已得到包括我国在内的绝大多数国家的承认和采用，是目前影响最大的国际贸易术语的解释文本。

4. 国际商会的 Incoterms

为了统一对各种贸易术语的不同解释，国际商会很早就开始对国际贸易术语进行成文解释，并先后在 1935 年、1967 年、1976 年、1980 年、1990 年、2000 年和 2010 年分别出版了《国际贸易术语解释通则》，基本上是每十年出版一次新的贸易解释通则，以适应国际贸易的不断变化和发展。

虽然 Incoterms2010 于 2011 年 1 月 1 日正式生效，但并非 Incoterms2000 就自动作废。因为 Incoterms 属于国际贸易惯例，其本身并不是法律。国际贸易惯例在适用的时间效力上并不存在“新法取代旧法”的说法，即 Incoterms2010 实施之后并非 Incoterms2000 就自动废止，当事人在订立贸易合同时仍然可以选择适用 Incoterms2000 甚至 Incoterms1990。只有在贸易双方认可或在合同中约定适用某个版本的某个术语时，该版本下的该术语所规定的内容才对买卖双方有约束力。

Incoterms 本身不是法律，当然不具有法律上的约束力，其效力取决于当事人或法院或仲裁机构的认可和选择。只有被认可和选择了的 Incoterms，不论新旧版本，都对当事人具有法律上的约束力。当前，正是 Incoterms2000 和 Incoterms2010 新旧交替的时期，有必要对两个版本都了解和掌握。

当事人对贸易惯例的选择和认可有明示和默示两种方式。如果当事人没有在合同中明确选择某一个贸易术语，但根据《买卖合同公约》第 9 条（2）款的规定，作为国际贸易惯例的贸易术语也会被视为买卖双方默示接受而具有一定的约束力。《买卖合同公约》第 9 条（2）款规定，双方当事人应视为已默示地同意对他们的合同或合同的订立适用双方当事人已知道或理应知道的惯例，而这种惯例，在国际贸易上，已为有关特定贸易所涉同类合同的当事人所广泛知道并为他们所经常遵守。

二、2000 年国际贸易术语解释通则

Incoterms2000 共包括 13 个贸易术语，并按照每个贸易术语的第一个字母，把 13 个贸易术语分为 E、F、C 和 D 四组，如表 2.1 所示：

表 2.1　2000 年贸易术语简表

组别	缩写	英文	中文
E 组（启运）	EXW	EX Works	工厂交货
F 组（买方承担主运费）	FCA	Free Carrier	货交承运人
	FAS	Free Alongside Ship	装运港船边交货
	FOB	Free on Board	装运港船上交货
C 组（卖方承担主运费）	CFR	Cost and Freight	成本加运费
	CIF	Cost，Insurance and Freight	成本、保险费加运费
	CPT	Carriage Paid To	运费付至
	CIP	Carriage and Insurance Paid To	运费、保险费付至
D 组（到达）	DAF	Delivered at Frontier	边境交货
	DES	Delivered Ex Ship	目的港船上交货
	DEQ	Delivered Ex Quay	目的港码头交货
	DDU	Delivered Duty Unpaid	未完税交货
	DDP	Delivered Duty Paid	完税后交货

三、Incoterms2010 的主要修改内容和特点

与 Incoterms2000 相比，Incoterms2010 的主要修改内容或主要特点体现在增加了 2 个新术语、删除了 4 个旧术语，使得国际贸易术语由原来的 13 个减至 11 个。

该变化是通过使用两个可适用于任何运输模式的新术语，即 DAT（运输终端交货）和 DAP（目的地交货），取代国际贸易术语解释通则 2000 中的 DAF（边境交货）、DES（目的港船上交货）、DEQ（目的港码头交货）和 DDU（未完税交货）来实现的。

第一，新增加了贸易术语 DAT（运输终端交货），取代了旧贸易术语 DEQ。这两个术语的交货地都是在买方国家指定的运输终端（目的地或目的港），且卖方将货物运到买方国家运输终端后，都负责将货物从运输工具上卸下，再交由买方处置。不同的是，DAT 适合于各种运输方式，DEQ 只适合水运，所以 DAT 可以取代 DEQ。

第二，新增加了贸易术语 DAP（目的地交货），将货物运到买方国家运输终端后，都负责将货物从运输工具上卸下，再交由买方处置，取代了旧贸易术语 DAF、DES 和 DDU。这四个贸易术语的交货地也都在买方国家的目的地（或目的港），且卖方将货物运到买方国家目的地后，都不负责将货物从运输工具上卸下，在做好卸货准备之后将货物交由买方处置。DAP 适用于各种运输方

式，所以可以取代 DAF、DES、DEQ 和 DDU。

Incoterms2010 将 11 种贸易术语分成两大类，即适用于任何运输方式的贸易术语和仅适用于水运的贸易术语。第一类术语有 7 个，分别是 EXW、FCA、CPT、CIP、DAT、DAP 和 DDP；第二类术语有 4 个，分别是 FAS、FOB、CFR 和 CIF。

四、2010 年国际贸易术语解释通则

Incoterms2010 共包括 11 个贸易术语，按照每个贸易术语所适合的运输方式，把 11 个贸易术语分为两组，一是适合于各种运输方式或多式联运，二是适合于海运及内河水运，如表 2.2 所示：

表 2.2　2010 年贸易术语简表

适合于任何运输方式或多式联运	EXW	EX Works	工厂交货
	FCA	Free Carrier	货交承运人
	CPT	Carriage Paid To	运费付至
	CIP	Carriage and Insurance Paid To	运费、保险费付至
	DAT	Delivered at Terminal	运输终端交货
	DAP	Delivered at Place	目的地交货
	DDP	Delivered Duty Paid	完税后交货
适用于海运及内河水运	FAS	Free Alongside Ship	装运港船边交货
	FOB	Free on Board	装运港船上交货
	CFR	Cost and Freight	成本加运费
	CIF	Cost，Insurance and Freight	成本、保险费加运费

五、国际贸易术语所涉及的问题

1．关于排列顺序

无论 Incoterms2000 还是 Incoterms2010，其贸易术语的排列顺序都是按照卖方责任由小到大、买方责任由大到小排列的。

如 Incoterms2000，13 种术语从 EXW 到 DDP 按照卖方责任由小到大、买方责任由大到小的顺序排列。EXW 下卖方责任最小，卖方就在货物所在的工厂交货，不用办理出国报关。买方责任最大，连卖方国家的内陆运输和出口报关都需要负责办理。F 组术语下卖方责任增加了，卖方通常需要办理卖方国家的内陆运输和出口报关，买方负责国际运输。C 组卖方责任进一步增加，卖方需要负责办理国际运输和支付国际运输运费，甚至还负责国际运输保险和支付保险费。D 组下卖方责任最大，需要将货物运到买方国家才能完成交货。如果

货物在运输途中灭失损坏，卖方显然不能完成交货。DDP 是卖方责任最大的贸易术语，卖方不但要把货物运到买方国家，还要办理买方国家的进口报关，只有报关完税后才可以把货物交给买方。

2．关于交货地点

国际贸易下买卖双方分处两个国家，不可能面对面地交付货物。无论 Incoterms2000 还是 Incoterms2010，其贸易术语的交货地点或是卖方国家，或是买方国家。如无论 Incoterms2000 还是 Incoterms2010，其四组贸易术语中的 E 组、F 组和 C 组术语，交货地点都是在卖方国家的港口或内地，只要卖方在卖方国家的交货地点将货物交付出去，即使买方没有实际收到货物，卖方也完成了交货责任。D 组术语的交货地点是在买方国家的港口或内地。

需要特别注意的是，C 组术语有两个关键的地点：一是交货地点，另一个是运费（或者运费加保险费）付至的地点。C 组术语的交货地点是在卖方国家，交货地点也是风险转移的地点和费用分担的地点。C 组运费（或者运费加保险费）付至的地点是在买方国家。运输中假如发生风险造成货物灭失损坏的，都不影响卖方交货责任的完成。

3．关于合同性质

无论 Incoterms2000 还是 Incoterms2010，每一个术语都需要签订贸易合同。从卖方是否完成交货责任上来划分，可以把贸易合同分为装运合同和到达合同。

Incoterms2000 下，F 组和 C 组术语要求卖方在交货地将货物装运到运输工具上或交给承运人，即装运货物。当卖方将货物装运到运输工具或交给承运人时，其交货责任就已经完成。所以，根据 F 组和 C 组术语所签订的买卖合同常常被称为装运合同（Shipment Contract）。

D 组术语下交货地点在买方国家，要求卖方把货物运到买方国家目的地后交货，货物未能运到，卖方就无法交货。所以，根据 D 组术语所签订的买卖合同常常被称为到达合同（Arrival Contract）。

4．关于运输方式

每一个贸易术语下的货物交付，都需要安排运输，特别是安排国际运输。Incoterms2000 下的 13 种术语中，FAS、FOB、CFR、CIF、DES 和 DEQ 共 6 种贸易术语只能适用于水上运输方式，其他的 7 种术语适用于各种运输方式。Incoterms2010 下的 11 个术语直接按照运输方式来划分，使得各贸易术语所适合的运输方式更加明确。

5．关于风险转移

按照 Incoterms，每一个术语下的风险转移时间都以交货时间为准。卖方承担交货前货物灭失或损坏的一切风险，买方承担交货后货物灭损的一切风险，风险在卖方交付货物时转移给买方。

据此，Incoterms2000 的 C 组术语下，其运输过程中的风险属于买方承担，而 D 组术语下，其运输过程中的风险属于卖方承担。

此外，如果买方违约致使卖方不能按照约定时间交付货物的，风险将提前转移，即在约定时间届满之时就转移，而不是卖方实际交付货物之时。

6. 术语后的指定地点的含义

无论 Incoterms2000 还是 Incoterms2010，每一个术语后都有一个指定的地点，但该地点含义有所不同，有的是交货地点，有的是费用付至地点，有的是交货地点和费用付至地点。

如 Incoterms2000 下，E 组和 F 组术语都要求买方负责运输，该两组术语后所指定的地点是卖方交货的地点。C 组术语下要求卖方负责运输（甚至还负责保险）、承担运输费用（甚至还承担保险费用），该组术语后的地点是卖方承担运费和保险费的到达地点。D 组术语的交货地点在买方国家，卖方需要自付运费和保险费将货物运到该地点才能完成交付货物，所以 D 组术语后的地点表示交货地和运费保险费等的付至地点。

7. 关于进出口报关

按照 Incoterms，每一个术语下的进出口报关，原则上都是买卖双方各自办理各自国家的报关手续，实行"各办各的"原则，即卖方办理出口报关，买方办理进口报关。

但也有例外，如 EXW 和 DDP 两种术语。EXW 术语是卖方责任最小、买方责任最大的贸易术语，体现在卖方不办理本国出口报关、由买方办理卖方国家的出口报关。DDP 术语是卖方责任最大、买方责任最小的贸易术语，体现为买方不办理本国的进口报关，由卖方办理买方国家的进口报关。

六、Incoterms 下买卖双方的十项责任

1. Incoterms 下买卖双方的十项责任

Incoterms2010 和 Incoterms2000 一样，买卖双方的责任是对照列出的，分别规定了"卖方责任（The Seller Obligation）"的 A 栏和"买方责任（The Buyer Obligation）"的 B 栏，每一方的责任都分为 10 个方面，分别按照 A1—A10 和 B1—B10 的序号排列。如果某个方面没有责任，则用"无责任"（No Obligation）来表示，以保持结构的统一性，如表 2.3 所示。

表 2.3 Incoterms 下买卖双方责任

A．卖方责任（The Seller Obligation）	B．买方责任（The Buyer Obligation）
A1.卖方一般责任（General obligations of the seller）	B1.买方一般责任（General obligations of the buyer）
A2.许可证、授权、安检通关和其他手续（Licenses，authorizations，security clearances and other formalities）	B2.许可证、授权、安检通关和其他手续（Licenses，authorizations，security clearances and other formalities）
A3.运输合同和保险合同（Contract of carriage and insurance）	B3.运输合同和保险合同（Contract of carriage and insurance）
A4.交货（Delivery）	B4.领取货物（Taking delivery）
A5.风险转移（Transfer of risks）	B5.风险转移（Transfer of risks）
A6.费用划分（Allocation of costs）	B6.费用划分（Allocation of costs）
A7.通知买方（Notice to the buyer）	B7.通知卖方（Notice to the seller）
A8.交货凭证（Delivery document）	B8.交货证据（Proof of delivery）
A9.查对—包装—标志（Checking-Packing-Marking）	B9.货物检验（Inspection of Goods）
A10.协助提供信息与相关费用（Assistance with information and related costs）	B10.协助提供信息与相关费用（Assistance with information and related costs）

2．买卖双方责任可由第三人代理完成

这些责任可以由卖方或买方亲自承担，但有时也可以通过第三方中介，如承运人、货运代理人以及卖方或买方指定的其他人来承担。特别是涉及的运输、转运、仓储、装卸、保险和报关等事项，常常被买卖双方委托给货运代理人（Freight forwarder，简称货代）等办理。

按照我国 2004 年修订的《国际货物运输代理业管理规定实施细则》，货运代理企业可以作为进出口货物收货人和发货人的代理人，也可以作为独立经营人，从事国际货运代理业务。作为代理人时，是指货运代理企业接受进出口货物收货人、发货人的委托，以委托人的名义或自己的名义办理有关业务，收取代理费或佣金的行为。作为独立经营人时，是指货运代理企业接受进出口货物收货人、发货人的委托，签发运输单证、履行运输合同并收取运费以及服务费的行为。货运代理企业的名称、标志应当与其业务相符合，并表明行业特点，其名称应当含“货运代理”、“运输服务”、“集运”或“物流”等相关字样。

为加强行业管理和方便贸易双方选择货运代理人，我国商务部在 1991 年全面清理整顿了货运代理企业，对合格企业核发《国际货物运输代理企业认可证书》，并公布了国际货物运输代理企业名单，以利于各地工商行政管理部门、海关和银行对其进行监督和检查。

3．Incoterms 关于买卖双方责任未涉及的事项

Incoterms 虽是一套关于国内外贸易术语使用的通则，也明确规定了当事人各自的责任，解决了买卖双方的交货责任以及与交货有关的费用及风险等问题，但并不能解决买卖双方之间的所有问题，如货物的所有权转移等有关产权方面的问题，此问题应由买卖双方在合同中另外作出规定或者按照合同所适用的法律（即合同准据法）来解决。国际贸易术语也不能解决违约补救问题，违约补救应在合同中另外作出规定或根据合同所适用的公约或法律来处理，但根据贸易术语可以判断双方当事人是否构成违约以及何时构成违约等问题。

七、适用 Incoterms2010 应注意的问题

1．如何使用 Incoterms2010 和选择合适的贸易术语

Incoterms2010 在其“前言（Foreword）”和“引言（Introduction）”中提出：如果想在合同中使用 Incoterms2010，应在合同中用类似词句作出明确表示，如“所选用的国际贸易术语，包括指定地点，并标明 Incoterms2010”。

对国际贸易术语的选择应适合于货物性质和运输方式，首先是考虑合同各方是否想给卖方或买方增加额外的义务，如安排运输或保险的义务等。每个术语下都有“使用说明（Guidance Note）”，对选择术语十分有用。

2．尽可能对地点和港口作出详细说明

无论选择何种术语，买卖双方均应清楚，对其合同的解释很可能会受到所使用港口或地点特有的惯例的影响。只有合同各方写明港口或地点，所选用的国际贸易术语才能发挥作用。而对港口或地点写得尽量确切，就更能凸显国际贸易术语的作用。准确表述的范例如下：“FCA 38 Cours Albert ler, Paris, France Incoterms 2010”。在贸易术语 EXW、FCA、DAT、DAP、DDP、FAS 和 FOB 中，指定地点是交货地点和风险从卖方转移到买方的地点。在贸易术语 CPT、CIP、CFR 和 CIF 中，指定地点与交货地点不同，这 4 个贸易术语中，指定地点是目的地，其运费已经支付。

3．国际贸易术语并不能取代买卖合同或法律

Incoterms 规定了买卖双方中哪方有安排运输和保险的义务，卖方何时向买方交货以及各方应当支付的费用。但 Incoterms 没有说明应付价格或支付方式，也没有涉及货物所有权的转让或违约后果等。这些问题通常依据买卖合同的明确约定或合同的适用法处理。所以，Incoterms 不能与合同的明示条款冲突，若发生冲突应优先适用合同明示条款。

4．Incoterms 可以适用于国际贸易和国内贸易

国际贸易术语传统上适用于跨国界的国际货物买卖合同，但在世界上许多地区，像欧盟一样的贸易同盟已经使不同成员国家之间的边界形式显得不再重要了。因此，Incoterms 对国际和国内货物买卖均适用。但是，Incoterms 却不一定能适用于所有国家的对外贸易，如美国等。

5．Incoterms 的任意性

Incoterms2010 是任意性的国际贸易惯例，买卖双方完全可以变通或改变其中的某项规定，但应注意如果改变某项规定所引起的相关问题，例如，如果买卖双方对 Incoterms 某术语的费用分摊作出了改变，就应注意风险转移是否也随之改变的问题。在 Incoterms 中，费用分摊和风险转移的分界点是统一的，都是交付货物的时间。

6．Incoterms2010 专用词的解释

Incoterms 也特别强调，卖方 A4 交货（Delivery），是指货物灭失损坏的风险从卖方转移给买方的点。卖方 A8 交货凭证（Delivery document），是指证明已经交货的凭证，可以是运输凭证或对应的电子记录。但在 EXW、FCA、FAS 和 FOB 时，交货凭证可能仅仅是一张收据。电子记录或程序，与对应的纸质凭证具有同等效力。

此外，贸易实践中的包装目的通常有三个：一是为满足买卖合同的要求对货物进行包装；二是为适应运输安全的需要进行的包装；三是在集装箱或其他运载工具中装载包装好的货物。Incoterms2010 中卖方 A8 的包装，指的是第一种和第二种情形，而不涉及在集装箱内的装载义务。如果买卖双方需要在集装箱内包装，应在合同中另外作出规定。

第二节　常见国际贸易术语

我国是海洋大国，也是海运大国。我国对外贸易中的货物绝大多数都是通过海上运输的，买卖双方常常在贸易合同中直接选用适合海运方式的贸易术语。

在我国对外贸易中，常用的贸易术语主要有装运港船上交货（FOB）、成

本加运费（CFR）以及成本、保险费加运费（CIF）三种贸易术语。在集装箱货物或多式联运等情形下，也常常适用 FCA、CPT 和 CIP 来替代 FOB、CFR 和 CIF 等。因为 FOB 与 FCA、 CFR 与 CPT、CIF 与 CIP 下的双方责任基本一致，只是运输方式不同，所以本节重点介绍 FOB、CFR 和 CIF 三种贸易术语。

一、装运港船上交货

（一）装运港船上交货的使用说明

1．装运港船上交货的含义

Incoterms2010，装运港船上交货（Free on Board—named port of shipment，简称 FOB），是指卖方以在指定的装运港将货物装上买方指定的船舶或通过取得已经交付至船上货物的方式交货。货物灭失或损坏的风险在货物交到船上时转移，同时买方承担自那时起的一切费用（Free on Board means that the seller delivers the goods on board the vessel nominated by the buyer at the named port of shipment or procures the goods already so delivered. The risk of loss of or damage to the goods passes when the goods are on board the vessel，and the buyer bears all costs from the moment onwards.）。

适用 FOB 时，卖方应负责出口清关，但不负责办理进口清关、支付任何进口税或办理任何进口海关手续。

2．卖方的交货方式

FOB 下卖方的交货方式有两种情形：一是在卖方对买方直接销售情况下，卖方应将货物装上买方指定的船舶，即船上交付；二是在链式销售（String sales）中的中端卖方对买方的转售情况。因为始端卖方已经安排了货物运输，所以中端卖方对买方的责任，不需要运送货物，但需要“取得货物”（procure goods shipped），卖方对买方的责任就是设法获取已经在船上的货物，这就相当于卖方对买方履行的交货责任。

3．FOB 与 FCA

FOB 术语仅适用于海运和内河水运方式。水运情况下，如果货物在上船前已经交给了承运人，例如用集装箱运输的货物常常是在集装箱码头交货，不需要船上交货，此种情形下应适用与 FOB 术语最接近的货交承运人（FCA）。

4．FOB 常被称为“离岸价格”

在贸易实践中，FOB 术语常常被称为“离岸价格”，其本意是说，只要货物离开装运港的岸边，卖方就不再去管货物了。其实，并不一定要等到离开岸边。应该说，FOB 术语所签订的买卖合同属于装运合同的性质，只要卖方装运了货物，即按照合同规定的时间、地点及方式将符合合同规定的货物装上买方指定的船舶或交给船方，或在链式销售下取得货物，卖方就完成了交货责任。至于货物装上船舶以后能否安全及时运到目的港，这就不属于交货问题，而是属于运输风险问题。

（二）FOB 术语下买卖双方的十项责任

1．一般责任

A1.卖方必须提供符合销售合同规定的货物和商业发票，以及合同可能要求的其他与合同相符的证据。A1 至 A10 中所指的任何单证在双方约定或符合惯例的情况下，可以是同等作用的电子记录或程序。

B1.买方必须按照销售合同规定支付价款。B1 至 B10 中所指的任何单证在双方约定或符合惯例的情况下，可以是同等作用的电子记录或程序。

2．许可证、授权、安检通关和其他手续

A2.如适用时，卖方必须自负风险和费用，取得所有出口许可证或其他官方授权，办理货物出口所需要的一切海关手续。

B2.如适用时，应由买方自负风险和费用，取得任何进口许可证或其他官方授权，办理货物进口和从他国过境运输所需要的一切海关手续。

3．运输合同和保险合同

A3.a）卖方对买方无订立运输合同的责任。如果买方要求，或依据商业实践，且买方未适时作出相反指示，卖方可以按照通常条件签订运输合同，由买方负担风险和费用。以上两种情形下，卖方均可拒绝签订运输合同，如予拒绝，卖方应立即通知买方。

A3.b）卖方对买方无订立保险合同的责任。但应买方要求且由其承担风险和费用，卖方必须向买方提供后者取得保险所需要的信息。

B3.a）买方必须自付费用订立从指定装运港运输货物的运输合同，但卖方按照 A3a）签订运输合同的情形除外。

B3.b）买方对卖方无订立保险合同的责任。

4．交货和领取货物

A4.卖方必须在指定的装运港内的装船点，以将货物置于买方指定的船舶之上的方式，或以取得已在船上交付的货物的方式交货。在其中任何情况下，卖方都必须在约定日期或期限内，按照该港习惯方式交货。如果买方未指定特定的装货点，卖方可再指定装运港选择最适合的装船点。

B4.当卖方按照 A4 交付时，买方必须收取货物。

5．风险转移

A5.除了按照 B5 的灭失或损坏情形外，卖方承担按照 A4 完成交货前货物灭失或损坏的一切风险。

B5.买方承担按照 A4 交货时起货物灭失或损坏的一切风险。但是，如果买方未按照 B7 规定通知卖方指定船舶的名称，或买方指定的船只未按时到达导致卖方未能按照 A4 履行义务，或者该船舶不能装载该货物，或者早于 B7 通知的时间停止装货，在这些情况下，买方承担货物灭失损坏风险的时间从约定之日起；如果没有约定日期的，则从卖方在约定期限内按照 A7 通知的日期起，如果没有通知日期的，则从任何约定交货期限届满之日起。但无论如何，风险转移的前提，都是以该货物已经清楚地确定为合同项下之货物者为限，即货物被特定在合同之下，这是风险转移的前提条件。

6．费用划分

A6.卖方必须支付如下费用：（1）按照 A4 完成交货前与货物有关的一切费用，但按照 B6 应由买方支付的费用除外。（2）如适用时，货物出口所需要的海关手续费用，以及出口时应交纳的一切关税、税款和其他费用。

B6.买方必须支付如下费用：（1）自按照 A4 交货之时起与货物有关的一切费用。（2）由于下列原因发生的任何额外费用，如买方未能按照 B7 给予卖方相应的通知，或买方指定的船舶未准时到达，不能装载货物，或早于 B7 通知的时间停止装货。这些费用的支付，应以该项货物已清楚确定为合同项下之货物者为限。（3）如适用时，货物进口应交纳的一切关税、税款和其他费用，及办理海关手续的费用和从他国过境的费用。

7．通知对方

A7.由买方承担风险和费用，卖方必须就其已经按照 A4 规定交货或船舶未在约定时间内收取货物给予买方充分的通知。

B7.买方必须就船舶名称、装船点和其在约定时间内选择的交货时间（如需要时），向卖方发出充分的通知。

8．交货凭证与交货证据

A8.卖方必须自付费用向买方提供已经按照 A4 规定交货的通常单据。除非上述证据是运输凭证，否则，应买方要求并由其承担风险和费用，卖方必须协助买方取得运输凭证。

B8.买方必须接受按照 A8 规定提供的交货凭证。

9．查对—包装—标志与货物检验

A9.卖方必须支付为了按照 A4 规定进行交货所需进行的查对费用（如查对质量、丈量、过磅、点数的费用），以及出口国有关机构强制进行的装运前检验所发生的费用。

除非特定贸易中某类货物的销售不需要包装，卖方必须自付费用包装货物。除非买方在签订合同前已经通知卖方特殊包装要求，卖方可以选用适合该货物运输的方式对货物进行包装。包装应做适当标记。

B9.买方必须支付任何强制性装船前检验费用，但出口国有关机构强制进行的检验除外。

10．协助提供信息与相关费用

A10.如适用时，应买方要求并由其承担风险和费用，卖方必须及时向买方提供或协助其取得相关货物进口和/或将货物运输到最终目的地所需要的任何文件和信息，包括安全相关信息。卖方必须偿付买方按照 B10 提供或协助取得文件和信息时所发生的所有花销和费用。

B10.买方必须及时告知卖方任何安全信息要求，以便卖方遵守 A10 规定。买方必须偿付卖方按照 A10 向买方提供或协助其取得文件或信息时发生的所有花销和费用。

如适用时，应卖方要求并由其承担风险和费用，买方必须及时向卖方提供或协助其取得货物运输和出口及从他国过境运输所需要的任何文件和信息，包括安全相关信息。

（三）FOB 术语的变形

1．国际贸易中货物的分类

我国国际贸易中的绝大多数货物都是通过海上运输的。从海上运输的货物来看，我们可以把货物分为两大类：一是件杂货物，二是大宗货物。

件杂货物（General Cargo，也称件货或者杂货），是以件计量的货物，具有品种多、数量小的特点。通常可分为包装货和裸装货，包装货可以用包、袋和箱等来包装，裸装货则无需包装或无法包装。件杂货因其数量小，不可能租用一条整船来安排运输。通常是通过订舱来运输。

大宗货物（Bulk Stock），一般是用于工农业生产与消费使用的大批量买卖的商品，如原油、有色金属、农产品、铁矿石和煤炭等，主要指能源商品、基础原材料和农副产品等，具有品种单一、数量大的特点。大宗货物通常需要租用整条船甚至租用几条船舶来安排运输。

2．船公司的船舶经营及其装卸安排

船公司经营船舶，通常有两种方式：一种是班轮运输，也叫定期船运输；另一个是租船运输，也叫不定期船运输（Tramp Shipping）。

班轮运输（Liner）是一种固定时间、固定港口和固定航线的运输方式。班轮运输的货物通常都是件杂货物，每一件杂货的托运人通常都是通过洽定班轮的部分舱位来安排运输的。班轮运输下的托运人可能较多，如果要求托运人都把各自托运的货物装上船舶，将会使装货现场非常混乱。船公司（即班轮运输下的承运人）通常要求众多托运人提前把货物交到码头仓库，由承运人统一安排装船；在目的港再由承运人统一把货物卸下船舶，存到码头仓库，收货人到码头仓库提取货物。所以，班轮运输下承运人统一负责装船卸船，在相关的合同凭证上注明班轮条件（Liner Terms），承运人在收取费用中通常都包括了装船费和卸船费。但对于个别数量较大的货物，也有可能在船边交接货物或由托运人自己将货物装上船舶。

租船运输（Tramp Shipping）是不定期船运输，通常还可以再分为航次租船、定期租船和光船租船三种情况。其中，航次租船是国际贸易当事人与船公司之间达成的运输合同性质。在航次租船下，FOB 的买方（或 CFR/CIF 的卖方）是签订租船合同的承租人，船公司是出租人。

航次租船是一种船公司向承租人提供船舶或者船舶的部分舱位，装运约定的货物，从一港运至另一港，并由承租人支付约定运费的运输方式。租船运输下的货物通常是大宗货物，在装运港究竟是何方负责货物的装船及承担装船费用，应由船公司和承租人事先协商并写进航次租船合同之中。协商的结果可能有如下几款：

第一，“班轮条款”（Liner Terms），或称“泊位条款”（Berth Terms），或“总承兑条款”（Gross Terms），或“船边交接货物条款”（Free Alongside Ship，FAS）等。在这些条款下，船公司负责装船和卸船，和班轮运输下的装船安排一样。如果船公司仅负责装船，表示为 LI（Liner In），如果仅负责卸船，表示为 LO（Liner Out）。

第二，“出租人（即船公司）不负责货物装船”（Free In，简称 FI）。在这种条款下，船公司不负责货物装船，装船由承租人负责并承担装船费用。

第三，“出租人不负责货物卸船”（Free Out，简称 FO）。在这种条款下，船公司不负责货物卸船，承租人负责货物卸船，并承担卸船费用。

第四，“出租人不负责装船卸船”（Free In and Out，简称 FIO）。在这种条款下，承租人负责装卸船，并承担装船费用和卸船费用。

第五，“出租人不负责货物的装卸、理舱及平舱”（Free In and Out，Stowed and Trimmed，简称 FIOST）。在这种条款下，装船、卸船、理舱和平舱等都由承租人负责。

3．FOB 术语的变形及其形式

FOB 术语下，买方负责国际运输，指派船舶到卖方国家港口接运货物。如果交易的货物是件杂货物，买方指定的船舶就应该是班轮，卖方需要在指定装运港将货物交给班轮以运交给买方。当卖方与船方在装运港交接货物时，卖方到底要不要负责将货物装上船舶并承担装船费用，需要在买卖合同中作出明确的规定，这就产生了FOB术语的变形。

所谓 FOB 术语的变形，也称为 FOB 术语的附加服务（FOB Additional Service），是指在FOB术语下，关于装船费用的分担问题，在FOB术语后面所做出的特别说明。常见的FOB术语变形，主要有以下几种形式：

（1）FOB班轮条款（FOB Liner Terms）

在这种变形下，装船按照班轮的做法处理，船公司负责装船，装船费由买方在支付运费时一起支付，卖方不承担装船费用。如果买卖合同规定了FOB班轮条款，买方在洽谈运输合同时，应注意与买卖合同保持一致，也应签订“班轮条款”（Liner Terms）或“出租人负责货物装船”（Liner In，简称LI），而不应签订“出租人不负责货物装船”（Free In，简称FI），以避免在装运港交接时，卖方与船公司都不负责装船的尴尬现象。

（2）FOB吊钩下交货（FOB Under Tackle）

在这种变形下，卖方将货物运到买方指定船舶的吊钩下，在吊钩所及之处把货物交给船公司，船公司负责将货物装船。船公司负责装船，是因为买方向船公司支付了装船费，也可以说，在买卖双方之间由买方负责装船。如果买卖合同规定了 FOB 吊钩下交货，买方在与船公司洽谈运输合同时，应注意也不能签订FI条款。

（3）FOB理舱费在内（FOB Stowed）

在这种变形下，卖方负责将货物装上船舶，并负责理舱，承担装船费和理舱费。理舱费是指货物入舱后对货物的整理和安置所产生的费用。如果买卖合同规定了这种变形，买方在与船公司洽谈运输合同时，应签订FIS（Free In and Stowed）条款，即船方不承担装船和理舱，以与买卖合同保持一致。

（4）FOB平舱费在内（FOB Trimmed）

在这种变形下，卖方负责将货物装上船舶，并负责平舱，承担装船费和平舱费。平舱费是指散装货物入舱后对散装货物进行平整所需要的费用。如果买卖合同规定了这种变形，买方在与船公司洽谈运输合同时，应签订FIT（Free In and Trimmed）条款，即船方不负责装船和平舱，以避免与买卖合同发生冲突。

（5）FOB理舱费和平舱费在内（FOB Stowed and Trimmed，简称FOBST）

在这种变形下，卖方负责将货物装上船舶，并负责理舱和平舱，许多标准买卖合同中都有这种变形。买方在运输合同中应签订FIST（Free In, Stowed and Trimmed）条款。

应指出的是，FOB 术语的变形是针对装船费而产生的变形，不涉及卸船费用。卸船费用是买方与船方在目的港交接货物时才涉及的费用，与卖方无关，由买方与船方在运输合同中作出规定。另外，FOB 术语的变形并不影响风险转移，如果买卖双方没有另外约定，风险转移仍以交货时间为准。

（四）选用 FOB 术语时应注意的问题

1. 船货衔接问题

FOB 术语下，买方指派船舶到卖方国家装运港接运货物，卖方把货物运至装运港等待装船，这就需要船货适当地衔接，以避免有船无货或者有货无船的现象。如果船货衔接不好，则会产生一些损失和费用，如货物的仓储费用，船舶的空舱费、滞期费以及港口费用等。更严重的是，船货脱节通常是一方当事人违约造成的，另一方有可能因此而解除买卖合同。

为了船货适当衔接，买卖双方应按照规定履行通知义务。FOB 术语下买卖双方应充分地履行两个通知义务：一个是买方指定船舶后，将船名、装货时间以及地点给予卖方充分的通知；另一个是卖方在货物装上船舶后应给予买方充分通知，以便买方办理保险等。如果一方未适当履行通知义务给对方造成了损失，对此应承担责任。在贸易实践中，由于我国出口公司通知不够及时，致使国外买方未能及时办理保险，货损时得不到保险公司的赔偿，我国出口方只好承担国外买方的损失的教训是很深刻的。

2. 卖方代办租船定舱

FOB 术语本是买方负责签订运输合同的，但有时买方由于各种原因一时租不到船舶，可能委托卖方代为租船定舱。如果卖方接受了委托，则与买方之间形成另外一种法律关系，即委托代理关系。代理人行为的法律后果应由委托人承担，所以，卖方能否租到船舶的风险和运费等应由买方承担。

3.《1941 年美国对外贸易定义修订本》对 FOB 术语的解释

《1941 年美国对外贸易定义修订本》把 FOB 术语概括为六种，其中第四种是在出口地点的内陆运输工具上交货，第五种是在装运港船上交货。第四种与第五种有可能相同，比如都是在旧金山（San. Francisco）交货，区别在于：在装运港船上交货，应在 FOB 术语和港口之间加上“船舶”（Vessel）字样，如“FOB Vessel San. Francisco”，如果不加上“船舶”字样，则意味着卖方可以在旧金山的内陆运输工具上交货，即属于第四种。

二、成本加运费

（一）成本加运费的使用说明

1. 成本加运费的含义

成本加运费（指定目的港）（Cost and Freight—named port of destination，简称 CFR 术语），也称运费在内价格，在 Incoterms 的以前版本中用“C&F”来表示。成本加运费，是指卖方在船上交货或以取得已经这样交付的货物方式交货。货物灭失损害的风险在货物交到船上时转移。卖方必须签订合同，并支付必要的成本和运费，将货物运至指定的目的港。

2．使用 CFR 时应注意的问题

（1）当使用 CPT、CIP、CFR 或者 CIF 时，卖方按照所选择的术语规定的方式将货物交付给承运人时，即完成交货责任，而不是货物到达目的地之时。

（2）由于风险转移和费用转移的地点不同，该术语有两个关键点。虽然合同通常都会指定目的港，但不一定都会指定装运港，而这里是风险转移至买方的地方。如果装运港对买方具有特殊意义，特别建议双方在合同中尽可能准确地指定装运港。

由于卖方要承担将货物运至目的地具体地点的费用，特别建议双方应尽可能确切地在指定目的港明确该点。卖方与承运人签订的运输合同中有关目的港的地点的规定应与该地点一致。如果卖方按照运输合同在目的港交付点发生了卸货费用，则除非双方事先另有约定，卖方无权向买方要求补偿该项费用。

货物价格中包括了货物的成本和运费，卖方负责与承运人签订货物运输合同，向承运人支付将货物运到指定目的港所需要的运费。货物灭失或损害的风险以及费用，从货物于装运港装船越过船舷时起就从卖方转由买方承担。

CFR 术语只能适用于海运和内河运输等水上运输方式。CFR 可能不适合于货物在上船前已经交给承运人的情况，例如用集装箱运输的货物是在集装箱码头交货，应当使用“运费付至”（CPT）术语。CFR 术语下卖方办理出口报关手续，买方办理进口报关手续。

CFR 术语属于装运合同，即卖方按照规定时间、地点和方式将货物交给船方就意味着交付了货物，完成了交货义务，至于货物能否安全及时运到目的港，这是风险问题，与交货无关。虽然卖方负责安排货物的运输，签订货物运输合同，并支付将货物运到目的港的运费，但这也并不意味着卖方要保证货物的运到。卖方将货物装上船舶就意味着交付了货物，签订了运输合同并支付了到达目的港的运费就意味着卖方完成了运输的责任。虽然 CFR 术语后面需要指定目的港，但这只是说明卖方应支付到达该目的港的运费，并不意味着卖方保证货物运到该目的港。

（二）CFR 术语下买卖双方责任

与 FOB 相比，CFR 术语下买卖双方的责任主要在以下几个方面有所不同，其他方面的责任与 FOB 术语下买方的责任基本一致。

1．运输合同和保险合同

A3.卖方应按照通常条件自行承担费用，订立运输合同，将货物按惯常航线用通常类型可供装载该合同货物的海上航行船舶（或适当的内河运输船舶）

装运至指定的目的港。这是卖方运输的责任，卖方没有保险责任。

B3.买方没有运输合同的责任。

2．费用划分

A6.卖方应支付货物交到船上前与货物有关的运费和其他一切费用，包括签订运输合同时所规定的由定期班轮可能收取的货物装船费用和卸船费用；支付货物出口所需要的办理海关手续的费用以及出口应缴纳的一切关税、捐税和其他官费。

B6.自货物根据 A4 规定交付时起，买方应支付有关货物的一切费用，并支付货物在运输途中直到到达目的港为止的一切费用以及卸货费用（包括驳运费和码头费在内），但这些费用在订立合同时已经由定期班轮收取的除外。

如果买方未根据 B7 规定给予卖方通知，则自规定的装运日期或期限届满之日起，买方应支付由此所产生的额外费用，但应以该货物已经特定化为条件。买方应支付货物进口和必要时经由另一国家过境运输时应缴纳的一切关税、捐税和其他官费以及办理海关手续的费用。

3．提交单据与接收单据

A8.除非另有约定，卖方应自行承担费用并毫不迟延地向买方提供为约定目的港所用的通常的运输单证。该单证（如可转让的提单、不可转让的海运单或内河运输单证）必须载明合同货物，单证上的日期在约定装运期限内，以使买方能够在目的港从承运人那里提取货物，并且除非另有约定，买方能够通过转让单证（可转让的提单）或以通知承运人的方式向其后的买方出售在运输途中的货物。

在该运输单证有数份正本时，卖方应向买方提交全套正本。如果运输单证包括一份租船契约，卖方还须提供该契约的一份副本。如果卖方与买方已经约定使用电子通信方式，前述的单证可以由相等的电子资料交换单证所代替。

B8.根据 A8 规定，买方应接受符合合同规定的运输单证。

（三）CFR 术语的变形及其形式

1．产生原因

CFR 术语下，卖方负责安排货物运输，租船定舱，将货物运至目的港，在目的港由承运人与买方交接货物。至于货物在目的港的卸船费用由何方承担，因船舶经营方式不同而有不同做法。定期班轮通常由承运人负责卸船，由作为托运人的卖方支付卸船费；不定期的租船运输需要根据运输合同的规定来确定。这就需要双方在 CFR 术语后予以明确，从而产生了 CFR 术语变形。CFR 术语变形是为了明确货物在目的港的卸船费用由何方承担的问题。

2．CFR 术语常见的变形形式

（1）CFR 班轮条款（CFR Liner Terms）

在这种变形下，卸船按照班轮的做法处理，也就是说，由卖方支付运费时一起支付卸船费，由船方负责卸船，买方不承担卸船费。如果买卖合同规定了 CFR 班轮条款，卖方在与船公司洽谈运输合同时，应注意运输合同应与买卖合同保持一致，运输合同不应签订 FO（Free Out）条款。如果卖方在运输合同中签订了 FO 条款，船方拒绝卸船，卖方可以与买方重新协商，由买方负责卸船，然后卖方再向买方支付卸船费。

（2）CFR 卸至岸上（CFR Landed）

在这种变形下，卖方承担将货物卸至码头岸上的卸船费，也包括可能发生的驳船费和码头费。如果买卖合同规定了 CFR 卸至岸上，卖方在签订运输合同时，应注意也不能签订 FO 条款，而应签订 Liner Out 条款。

（3）CFR 舱底交接（CFR Ex Ship's Hold）

在这种变形下，货物运至目的港后，卖方（实际上是船方）在船舶的舱底将货物交给买方，由买方负责将货物从舱底卸至码头岸上，也就是说，卸船由买方负责。如果买卖合同签订了 CFR 舱底交接，则卖方在与船方签订运输合同时应签订 FO 条款，才能与买卖合同保持一致。

CFR 术语只是为了明确卸船费由何方承担问题，并不改变 CFR 术语的交货地点以及风险转移等问题。在 CFR 术语的几种变形下，交货地点仍是装运港，风险仍是在越过船舷时转移。

三、成本、保险费加运费

（一）成本、保险费加运费的使用说明

1. 成本、保险费加运费的含义

成本、保险费加运费（指定目的港）（Cost，Insurance and Freight—named port of destination，简称 CIF 术语），是指卖方在船上交货或以取得已经这样交付的货物方式交货。货物灭失损害的风险在货物交到船上时转移。卖方必须签订合同，并支付必要的成本、保险费和运费，将货物运至指定的目的港。

在 CIF 条件下，卖方必须办理货物在运输途中灭失或损坏风险的海运保险，订立保险合同并支付保险费，将保险单交给买方。如果货物运输过程中因风险发生遭受损失，买方可凭保险单向保险人索赔。所以，可以说，卖方办理的保险是为买方而办理的。

值得注意的是，CIF 术语只要求卖方投保最低限度的保险险别。如买方需要更高的保险险别，则需要与卖方明确地达成协议，或者自行作出额外的保险安排。CIF 术语要求卖方办理货物出口清关手续。该术语仅适用于海运和内河

运输。

2. CIF 术语被称为“到岸价格”

CIF 术语在实践中虽然常常被称为“到岸价格”，但这并不表示卖方需要把货物运到目的港，卖方并不保证货物到达目的港。只要卖方安排船舶来运输货物，将货物装上船舶，支付将货物运到目的港的运费，并将有关运输单证交给买方，即完成了运输方面的责任。从这一点来看，把 CIF 术语称为“到岸价格”，很容易让人们产生误会，误以为 CIF 术语是卖方保证将货物运到目的港岸边的。其实，CIF 术语是装运合同性质，并非到达合同。货物能否运到目的港，这是由运输风险决定的，而运输风险是由买方承担的。所以，CIF 被称为“到岸价格”，不是指货物到岸，而是指运费和保险费到岸，即卖方承担到达目的港的运费和保险费。

实践中，有的买卖合同规定了 CIF 术语，但同时也有类似于“货物不得迟于____年____月____日运到”的规定。这种规定与 CIF 术语的性质是相违背的，很容易产生争议。有人认为，这种规定因与 CIF 术语的性质相违背而无效；也有人认为，应以这种规定为准。从国际贸易惯例允许被当事人修改或补充的角度来看，应该说，后一种看法更合适一些。但是，为了避免争议，合同当事人最好不在 CIF 术语的合同中加上卖方货物保证到达的规定。如果买方要求卖方保证货物到达，就应该采用属于到达合同性质的术语，如目的港船上交货，或者目的港码头交货等。

（二）CIF 术语下买卖双方责任

与 CFR 术语下卖方的责任相比，CIF 术语下卖方增加了货物运输保险方面的责任。

按照 Incoterms2010 规定，CIF 术语下卖方的保险责任应注意如下几点：第一，A3 卖方必须按照合同规定，自付费用取得货物保险，并向买方提供保险单或其他保险证据，以使买方或任何其他对货物具有保险利益的人有权直接向保险人索赔；第二，保险合同应与信誉良好的保险人或保险公司订立，在无明确相反协议时，应按照《协会货物保险条款》（伦敦保险人协会）或其他类似条款中的最低保险险别投保；第三，保险期限应按照 B5 和 B4 规定；第四，应买方要求，并由买方负担费用，卖方应加投战争、罢工、暴乱和民变险，如果能投保的话；第五，最低保险金额应包括合同规定价款另加 10%（即 110%）。所增加的 10%，通常是为了补偿买方的市场利润损失。

（三）CIF 术语变形

由于 CFR 和 CIF 两个术语下卖方的运输责任是一致的，都需要卖方安排运输，将货物运至目的港。到达目的港后，何方安排卸货问题，需要双方约定，这就产生了变形。所以 CIF 术语的变形也与 CFR 术语的变形完全一致，主要有 CIF 班轮条件（CIF Liner Terms）、CIF 卸至岸上（CIF Landed）、CIF 舱底交接（CIF Ex Ship's Hold）。

（四）选用 CIF 术语时应注意的问题

1. 到岸价格

CIF 术语常被称为"到岸价格"，但实际上 CIF 术语下，卖方并不保证货物运到目的港，CIF 术语属于装运合同性质，并非属于到达合同性质。对于一些季节性的货物，买方非常重视货物运到的时间，为了保证在季节前运到，买方应在买卖合同中采用目的港交货的属于到达合同性质的贸易术语，如目的港船上交货或者目的港码头交货，而不应选用 CIF 术语。

2. 1932 年《华沙－牛津规则》

国际法协会于 1932 年制定了《华沙－牛津规则》，该规则共 22 条，是专门规定 CIF 术语的规则。该规则对 CIF 术语合同的性质、买卖双方所承担的责任和费用的划分以及所有权转移的方式等问题都作了比较详细的解释。该规则在第 6 条规定，"货物所有权的转让时间就是卖方将有关单据交到买方掌握的时刻"。《华沙－牛津规则》的这一规定明确了货物所有权转移的时间是提单转移的时间，而其他国际货物贸易惯例以及《买卖合同公约》对货物所有权的转移都没有作出如此明确的规定。

作为一项国际贸易惯例，《华沙－牛津规则》的这一规定被广泛适用于国际贸易实践中。实践中，常常以提单转移的时间作为货物所有权转移的时间，而且由于 FOB 术语和 CFR 术语下卖方也同样有提交提单的义务，所以，《华沙－牛津规则》的这一规定也常常被援引适用于 FOB 术语和 CFR 术语下的交易。在国际贸易实践中，运输单据尤其是海运提单具有十分重要的意义，买方不仅要根据提单向船方提取货物，而且通过转让提单就可以将货物转让给第三人。因此，提供提单是卖方的一项重要责任。

四、三种常见贸易术语的比较

1. 三种术语的共同点

三种常见的贸易术语，即 FOB 术语、CFR 术语和 CIF 术语，其共同点有：第一，三种贸易术语都只能适用于水上运输方式，且分别由 FCA、CPT 和 CIP 三种术语来代替；第二，三种贸易术语都属于装运合同，卖方都在卖方国家的装运港交货，都不保证货物到达目的港；第三，三种术语下的风险转移都以装运港交货时为界，卖方承担交货前的风险，买方承担交货后的风险；第四，三种术语下的出口报关手续都由卖方负责，进口报关手续都由买方负责。

2．三种术语的不同点

三种术语的不同点有：第一，价格构成不同。FOB 术语的价格构成只包括货物的成本费用，CFR 术语的价格构成包括了货物的成本和运费两项费用，CIF 术语包括了货物的成本、保险费和运费三项费用。第二，运输责任不同。FOB 术语下买方负责运输，CFR 和 CIF 术语下卖方负责运输。第三，保险责任不同。FOB 和 CFR 术语下，买方负责保险，CIF 术语下卖方负责保险。第四，三种术语下变形所涉及的费用不同。FOB 术语下的变形所涉及的费用是装船费用，CFR 和 CIF 术语下的变形所涉及的费用是卸船费用。

3．三种术语的选择适用

从节省外汇支出、增加外汇收入的角度来看，出口贸易应按照 CIF、CFR、FOB 的顺序来选择贸易术语以达成交易；进口贸易应按照 FOB、CFR、CIF 顺序来选择贸易术语以达成交易。这样既增加了外汇收入，节省了外汇支出，也可以充分利用我国的海运船舶，促进我国海运业的发展。

近年来，我国进口贸易中出现了大量被欺诈的案件，其中很多案件是在国外卖方负责运输的情况下，利用假单证进行欺诈的。如果我国进口方能够安排货物运输，掌握和控制运输货物的船舶动态，并和承运人取得顺畅沟通，将会大大减少被欺诈的可能性。所以，进口贸易选择 FOB 术语比较适宜。

另外，对于一些交货时间紧急的季节性货物，如果买方安排运输，就能够更方便地与承运人协商运输事宜，督促承运人及时开航，合理速遣，并约定在目的港交付货物的期限以及迟延交货下的索赔问题。

第三节　其他国际贸易术语

一、工厂交货

工厂交货（指定地点）（EX Works—named Place of Destination，简称 EXW），是 E 组的唯一的一个贸易术语，是指当卖方在其所在地或其他指定的地点（如工场、工厂或仓库等）将货物交给买方处置时，即完成交货，卖方不办理出口清关手续，也不负责将货物装上任何运输工具。该术语是卖方承担责任最小的术语。买方必须承担在卖方所在地受领货物的全部费用和风险。但是如果买卖双方希望在起运时卖方负责装载货物并承担装载货物的全部费用和风险，则需在销售合同中明确写明。如果买方不能直接或间接地办理出口手续时，不应使用该术语，而应使用 FCA。

EXW 术语下，应注意买卖双方的第二项责任：A2 应买方要求并由其承担风险和费用，在需要办理海关手续时，卖方必须给予买方一切协助，以帮助买方取得为货物出口所需的出口许可证或其他官方许可。B2 买方必须自担风险和费用，取得任何出口和进口许可证或其他官方许可，在需要办理海关手续时，办理货物出口的一切海关手续。

二、货交承运人

货交承运人（指定地点）(Free Carrier—named place，简称 FCA)，是指卖方只要将货物在指定地点交给由买方指定的承运人，并办理了出口清关手续，即完成交货。需要注意的是，交货地点的选择对卖方在该地点装货和卸货的义务会产生影响。Incoterms 规定了“只装一次”原则：若卖方在其所在地交货，则卖方应负责将货物装上买方指派来的运输工具上。若卖方在任何其他地点交货，卖方需要负责将货物装上自己指定的运输工具，运至该地点，但不负责在该地点卸货，更不需要负责将货物再装上买方指派的运输工具。该术语可用于各种运输方式，包括多式联运。

三、装运港船边交货

装运港船边交货（指定装运港）(Free Alongside Ship—named port of shipment，简称 FAS)，是指卖方在指定的装运港将货物交到船边，即完成交货。所谓船边，应理解为装货现场装货设备所及范围。买方必须承担自那时起货物灭失或损坏的一切风险。FAS 术语下卖方办理出口清关手续[①]。但如果当事方希望买方办理出口手续，则需要在销售合同中明确写明。该术语仅适用于海运或内河运输，也是一个水上运输方式中卖方责任最小、买方责任最大的贸易术语。

FAS 术语只适用于包括海运在内的水上运输方式，与 FOB 术语相比，FAS 术语也是装运港交货，但卖方交货地点在买方指派船的船边。如果买方指派船舶不能靠岸停泊，则卖方应安排驳船将货物运至买方指派船的船边交货，而 FOB 术语下卖方交货的地点是装运港的船上。FAS 术语下的买卖双方的其他责任与 FOB 术语基本一致，在 FAS 术语下买卖双方也应注意船货的衔接问题。买方应将指派船舶的名称、具体到达装运港的时间等通知卖方，以便卖方办理备货出运，如果买方未及时通知卖方或船舶未及时到达等，货物的风险及增加的额外费用等将由买方承担。另外，根据《1941 年美国对外贸易定义修订本》，FAS 术语适用于各种运输工具旁边交货，只有在 FAS 术语后面加上船舶

① 这一点与以前版本的内容相反，以前版本要求买方安排办理出口手续。

（Vessel）字样才能表示在船边交货。

四、运费付至

运费付至（Carriage Paid To—named place of destination，简称 CPT），是指卖方在卖方国家交货地，向其指定承运人交货，并承担将货物运至目的地的运费；买方承担交货后一切风险和其他费用。根据 Incoterms2000，“承运人”是指在运输合同中，承诺通过铁路、公路、空运、海运、内河运输或上述运输的联合方式，履行运输或由他人履行运输的任何人。如果通过接运承运人将货物运至约定目的地，则风险自货物交给第一承运人时就转移。CPT 术语要求卖方办理出口清关手续。该术语可适用于各种运输方式，包括多式联运。

CPT 术语与 CFR 术语相比，有很多相似之处，都是装运地合同，都是卖方负责货物的运输、支付货物运费，风险都在货物交给承运人时转移，只是 CFR 术语下风险转移的界限更加具体，以船舷为界。两个术语的不同之处在于：CFR 术语只适用于水上运输方式，CPT 术语可适用于任何运输方式，因而两个术语下的交货地点以及卖方应提交的运输单据等都应有所区别，但 CPT 术语可以代替 CFR 术语。

五、运费、保险费付至

运费、保险费付至（Carriage Insurance Paid To—named place of destination，简称 CIP），是指卖方在卖方国家交货地向其指定承运人交货，并承担将货物运至目的地的运费和保险费，买方承担交货后一切风险和其他费用。CIP 术语下，卖方必须办理货物在运输途中灭失或损坏风险的保险，与保险公司订立保险合同并支付保险费。但是卖方只被要求投保最低限度的保险险别，如买方需要更高的保险险别，则需要与卖方明确地达成协议，或者自行做出额外的保险安排。CIP 术语要求卖方办理出口清关手续。该术语可适用于各种运输方式，包括多式联运。

与 CPT 术语相比，CIP 术语下卖方增加了保险责任，需要支付保险费和提交保险单据，其他方面与 CPT 术语基本一致。与 CIF 术语相比，CIP 术语适用于任何一种运输方式，而 CIF 术语只适用于水上运输，因而交货地点、风险转移以及卖方提交的运输单据也随之有所区别。但 CIP 术语可以代替 CIF 术语。

六、完税后交货

完税后交货（指定目的地）（Delivered Duty Paid—named place of

destination，简称 DDP），是指卖方在指定目的地，办理进口清关手续后，将仍在运输工具上尚未卸下的货物交给买方处置，即完成交货。卖方必须承担将货物运至目的地的一切风险和费用，包括在需要办理海关手续时在目的地应交纳的任何进口关税和费用。若卖方不能直接或间接地取得进口许可证等报关文件，则不应使用此术语。

DDP 术语下，应注意买卖双方的第二项责任：卖方必须自担风险和费用，取得任何出口和进口许可证或其他官方许可或其他文件，并在需要办理海关手续时办理货物出口和进口以及从他国过境所需的一切海关手续。B2 应卖方要求，并由其负担风险和费用，买方必须给予卖方一切协助，帮助卖方在需要办理海关手续时取得货物进口所需的进口许可证或其他官方许可。

DDP 术语是卖方责任最大、买方责任最小的术语。DDP 术语与 DDU 术语相比，主要区别是卖方办理进口报关手续不同。

第三章　国际货运代理业务

第一节　国际货运代理的概述

国际贸易中的买卖双方责任，可以由卖方或买方亲自承担，也可以通过第三方中介，如承运人、货运代理人以及卖方或买方指定的其他人来承担。特别是涉及到的运输、转运、仓储、装卸、保险和报关等事项，因为涉及不同行业的业务和合作关系，常常被买卖双方委托给货运代理人（Freight Forwarder，简称货代）等办理。

一、国际货运代理的产生、作用和发展

1．国际货运代理的产生

随着社会进步和国际贸易的发展，专业分工也越来越细，最初产生了为进出国境代办有关手续的报关行（Customs Broker），然后又产生了为进出国境代办货物运输业务的货运代理人（Forwarding Agent）。货运代理人又从仅仅办理代理业务发展到以自己名义从事相关业务，并开始使用“Freight Forwarder”一词。“Freight Forwarder ”在不同国家有不同的理解和译法，我国普遍翻译为“货运代理人”，但也有的翻译为“运输代理人”、“货物运输行”、“承揽运送人”、“运输承揽人”、“货运承揽人”等。

2．国际货运代理的含义

国际货运代理，是指接受进出口货物出口方或进口方的委托，以委托人名义或以自己名义，为委托人办理国际货物运输及相关业务并收取服务报酬的业务。国际货运代理人（Freight Forwarder），是指接受货物出口方或进口方的委托，以委托人名义或以自己名义，为委托人办理国际货物运输及相关业务并收取报酬的人。货运代理人的主要代理业务是安排货物运输，提供货物交运、拼装、接卸、交付及其他相关服务。

国际货运代理人通常都通晓国际贸易环节，精通各种运输业务，熟悉有关法律法规，业务关系广泛，信息来源及时准确，并与各种承运人、仓储经营人、保险人、港口、机场、车站、堆场、银行等相关企业，以及海关、检验检疫、进出口管制等相关政府部门的业务关系密切。这对于贸易双方当事人、承运人

和港口、机场、车站等仓库经营人来说，都起到了重要的桥梁和纽带作用，方便和促进了国际贸易和国际运输事业的发展。

按照服务对象的不同，国际货运代理的业务可以分为七类：第一，作为货主代理人的业务；第二，作为进口货物收货人代理人的业务；第三，作为出口货物承运人代理人的业务；第四，作为进口货物承运人代理人的业务；第五，作为独立经营人，提供货物运输服务的业务；第六，作为仓储保管人，提供货物仓储服务的业务；第七，作为专业顾问，提供货物运输咨询服务的业务。

3．国际货运代理人协会

为了保障和提高货运代理行业的全球利益，1926 年 5 月，16 个国家的货运代理人协会在奥地利维也纳成立了国际货运代理人协会联合会(International Federation of Freight Forwarders Associations)。"FIATA"是国际货运代理人协会联合会的法文缩写，并被用作该组织的标识。该协会总部设在瑞士的苏黎世，并分别在欧洲、美洲、亚洲和太平洋、非洲和中东四个区域设立了地区办事处。

国际货运代理人协会联合会自成立以来取得了举世瞩目的成就，起草了提供给各国立法参考的《国际货运代理示范规则》以及 FIATA 运送指示、FIATA 货运代理运输凭证、FIATA 货运代理收货凭证、FIATA 托运人危险品运输证明、FIATA 仓库收据、FIATA 可转让联运提单、FIATA 不可转让联运运单、FIATA 发货人联运重量证明等 8 种货运代理单证格式，并培训了数万名学员，被国际商会、国际航空运输协会、国际铁路联盟、国际公路运输联盟、世界海关组织、世界贸易组织等确认为国际货运代理行业的代表，并拥有咨询顾问的地位。

4．我国关于国际货运代理的规定

为了维护国际货运代理行业经营秩序、保护国际货运代理企业合法权益，2000 年 9 月，中国国际货运代理协会（China International Freight Forwarders Association，简称 CIFA）在北京成立，并在民政部获准登记，目前该协会已经有 600 多家会员。该协会积极配合政府部门加强行业管理，维护国际货运代理行业的经营秩序，通过制定《中国国际货运代理协会标准交易条件》，规范了国际代理当事人的权利义务，还负责组织全国国际货运代理行业从业人员资格考试等工作。

按照我国 2004 年修订的《国际货物运输代理业管理规定实施细则》，货运代理企业可以作为进出口货物收货人和发货人的代理人，也可以作为独立经营人，从事国际货运代理业务。作为代理人时，是指货运代理企业接受进出口货物收货人、发货人的委托，以委托人名义或以自己名义办理有关业务，收取代理费或佣金的行为。作为独立经营人时，是指货运代理企业接受进出口货物收货人、发货人的委托，签发运输单证、履行运输合同并收取运费以及服务费的行为。货运代理企业的名称、标志应当与其业务相符合，并表明行业特点，其名称应当含"货运代理"、"运输服务"、"集运"或"物流"等相关字样。

二、国际货运代理人的法律地位

在法律层面上，学界通常把其业务分为两大类：一是货运代理人以委托人的名义展开业务；二是货运代理人以自己的名义展开业务。根据我国 1998 年《国际货物运输代理业管理规定实施细则》规定，国际货运代理人可以作为进出口货物的收货人、发货人的代理人，也可以作为独立经营人，从事国际货运代理业务。

作为代理人时，是指国际货运代理人接受进出口货物收货人、发货人或其代理人的委托，以委托人名义或以自己名义办理有关业务，收取代理费或佣金的行为。作为独立经营人时，是指国际货运代理人接受进出口货物收货人、发货人或其代理人的委托，签发运输单证、履行运输合同并收取运费以及服务费的行为，也就是作为承运人从事活动，享有承运人的权利、承担承运人的责任。可见，国际货运代理人可以具有代理人和独立经营人两种法律地位①。

我国 2002 年《国际海运条例》及其《实施细则》将国际货运代理人的独立经营人身份明确确定为无船承运人。根据《国际海运条例》第 7 条，无船承运业务是指无船承运业务经营者以承运人身份接受托运人的货载，签发自己的提单或者其他运输单证，向托运人收取运费，通过国际船舶运输经营者完成国际海上货物运输，承担承运人责任的国际海上运输经营活动。目前，我国国际货运代理人业务主要包括传统的代理业务和无船承运业务，另外还包括仓储业务、物流业务、多式联运业务。从事相关活动时，应遵守不同的法律规范，承担相应的法律责任。

为加强行业管理和方便贸易双方选择货运代理人，我国商务部在 1991 年全面清理整顿了货运代理企业，对合格企业核发《国际货物运输代理企业认可证书》，并公布了国际货物运输代理企业名单，以利于各地工商行政管理部门、海关和银行对其进行监督和检查。

---

① 顾丽亚主编：《远洋运输实务》，人民交通出版社，2007 年版，第 193-194 页。

第二节　国际货运代理的业务范围

一、作为发货人（即出口方）的代理人

作为发货人的代理人，业务范围比较广泛，主要包括如下工作：

第一，提供出口货运所需要的信息，如向货主提供车次、船期、航班、运价信息，还可以向货主提供货物出口的报关报验，以及装运港、中转港、目的港的装卸和运输的相关要求。

第二，为货主选择运输路线和承运人，还可以为货主安排货物运输和转运，同时为货主争取优惠运价、确定运费及其他相关费用。

第三，审核发货人提供单证的正确性和完整性，发现问题及时告知发货人，并提醒发货人准备货物进口国所要求的货物运输文件和单证。

第四，缮制出口货运单证，国际货运比较复杂，对运输单证的填写要求较高，货运人比较精通单证业务，高效正确地缮制有关货物运输单据，为出口报关、报检报验等做准备。

第五，代表发货人向承运人办理洽订车辆、租船、订舱等手续。

第六，安排出口货物从发货人处或其他地点运至进出口合同所规定的交货地点。

第七，为发货人代办货物的仓储、包装、检量（称重、计量、检尺）、标记、刷唛工作，并代办将货物交给承运人的交接手续。

第八，办理出运货物的装箱、拼箱、理货、监装事宜。

第九，为货主提供办理货物运输保险的建议，并可代办货物运输保险手续。

第十，代办货物的出口通关、报检报验手续，可以代为支付有关费用。

第十一，提供货物出运实际情况的信息。货物出运后，货运代理人应查询和了解货物装载情况，以及运输工具离开车站、港口、机场的时间，并及时向发货人报告。

第十二，货物装运出口后，货运代理人从承运人或其代理人处取得有关货物运输单证（如提单）及其他收货凭证，并及时转交给发货人或按发货人指示处理。

第十三，代办结算、交付费用。根据委托，货运代理人可代办向承运人、其他有关方或有关当局等交付、结算运费、杂费、税金、政府规费等款项。

第十四，通报货物运输过程中的有关信息。货运代理人会跟踪货物出运后的情况，联系承运人或其代理人，了解运输情况，监管运输过程，并及时向发

货人通报有关信息。

第十五，协助发货人办理索赔事宜。发生货损货差事故时，货运代理人应记录货物残损短缺情况，收集证据，协助发货人索赔。

第十六，发货人委托办理的其他事项。

二、作为收货人（即进口方）的代理人

作为进口方的代理人，其主要工作如下：

第一，保持与承运人的联系，查询和掌握货运动态信息，及时通报收货人。

第二，备妥有关进口的运输单据、贸易单据和进口文件等，审核单证的完整性，协助收货人准备提货证件、办理手续，做好提货接货的准备。

第三，代为向承运人或其代理人以及其他有关方支付运费、杂费等运输有关费用。

第四，代办进口报关、纳税、结关、报检报验手续，并可代为支付有关税金和费用。

第五，从承运人处办理进口货物的提取、接收、拆箱、监卸、查验等手续。提取货物后安排货物的仓储、转运、分拨等工作。

第六，安排货物运往收货人指定地点的短途运输，运抵指定地点后，向收货人或其指定人交付货物及有关单据，对集装箱货物还要及时安排空箱回运。

第七，发生货运事故时，货运代理人应记录货物残损、短缺及灭失情况，收集有关证据，协助收货人向有关责任方办理索赔事宜。

第八，代办收货人委托的其他事项。

课外阅读资料

一、关于国际贸易术语

To provide a set of uniform rules for the interpretation of the most commonly used trade terms in foreign trade，ICC first published a set of international rules for the interpretation of trade terms known as “Incoterms 1936” in 1936. Later amendments and additions were made to it to bring the rules in line with current international trade practices.The latest edition is “Incoterms 2000”， which includes 13 different international trade terms: EXW，CFR，CIF，CPT，CIP，FOB，FAS，FCA，DAF，DES，DEQ，DDU and DDP.

Each term specifies whether the buyer or the seller is responsible for arranging such necessities as export license，customs clearance，inspections，and other obligations. They specify at which point the risk of loss and/or damage passes from seller to buyer as well as which party pays for specific activities. A buyer and a seller who conduct their purchase and sale under one of the Incoterms, therefore, will have a mutual understanding of their rights, costs, and obligations.

Here three major trade terms are discussed. The traditional three trade terms are FOB, CFR, and CIF, while FCA, CPT, and CIP are new terms developed on the basis of the traditional ones. They are suitable for any mode of transport.

二、FOB、CFR和CIF术语

"Free on Board"means that the seller delivers when the goods pass the ship's rail at the named part of shipment. 1) The buyer has to bear all costs and risks of loss of or damage to the goods from that point. 2) FOB term requires the seller to clear the goods for export. 3) FOB term can be used only for sea or inland waterway transport.

"Cost and Freight"means that the seller delivers when the goods pass the ship's rail in the port of shipment. 1) The seller must pay the costs and freight necessary to bring the goods to the named port of destination. 2) But the risk of loss of or damage to the goods, as well as any additional costs due to events occurring after the time of delivery, are transferred from the seller to the buyer. 3) CFR term requires the seller to clear the goods for export.4) CFR term can be used only for sea and inland waterway transport.

"Cost, Insurance, and Freight" means that the seller delivers when the goods pass the ship's rail in the port of shipment. 1) The seller must pay the costs and freight necessary to bring the goods to the named port of destination. 2) But the risk of loss of or damage to the goods, as well as any additional costs due to events occurring after the time of delivery, are transferred from the seller to the buyer. 3) However, in CIF the seller also has to procure insurance against the buyer's risk of loss of or damage to the goods during the carriage. Consequently the seller contracts for insurance and pays the insurance premium. 4) CIF term requires the seller to clear the goods for export.

三、货运代理人的概述

Originally, a freight forwarder was a commission agent performing on behalf of the exporter/importer routine tasks such as loading/unloading of goods, storage of goods, arranging local transport, obtaining payment for his customer, and so on.

However, the expansion of international trade and the development of different modes of transport over the years that followed enlarged the scope of his services.

The services that a freight forwarder renders may often range from routine and basic tasks such as the booking of space or customs clearance to a comprehensive package of services covering the total transportation and distribution process.

Unless the consignor, the person sending goods, or the consignee, the person receiving the goods, wants to attend to any of the procedural and documentary formalities himself, it is usually the freight forwarder who undertakes on his behalf to process the movement of goods through the various stages involved.

The freight forwarder may provide these services directly or through sub-contractors or other agencies employed by him.

四、货运代理人的代理义务

1．代表出口方（即发货人）

（1）Choose the route, mode of transport and a suitable carrier.

（2）Book space with the selected carrier.

（3）Take delivery of the goods and issue relevant documents such as the Forwarders' Certificate of Receipt, the Forwarders' Certificate of Transport, etc.

（4）Study the provisions of the L/C and all Government regulations applicable to the shipment of goods in the country of export, the country of import, as well as any transit country; he would also prepare all the necessary documents.

（5）Pack the goods, taking into account the route, the mode of transport, the nature of the goods and applicable regulations, if any, in the country of export, transit countries and country of destination.

（6）Arrange warehousing of the goods, if necessary.

（7）Weigh and measure the goods.

（8）Draw the consignor's attention to the need for insurance and arrange for the insurance of goods, if required by the consignor.

（9）Transport the goods to the port, arrange for customs clearance, related documentation formalities and deliver the goods to the carrier.

（10）Attend to foreign exchange transactions, if any.

（11）Pay fees and other charges including freight.

（12）Obtain the signed bills of lading from the carrier and arrange delivery to the consignor.

（13）Arrange for transshipment en route if necessary.

（14）Monitor the movement of goods all the way to the consignee through contacts with the carrier and the forwarders' agents abroad.

（15）Note damages or losses，if any，to the goods.

（16）Assist the consignor in pursuing claims，if any，against the carrier for loss of the goods or for damage to them.

2．代表进口方（即收货人）

（1）Monitor the movement of goods on behalf of the consignee when the consignee controls freight，that is，the cargo.

（2）Receive and check all relevant documents relating to the movement of the goods.

（3）Take delivery of the goods from the carrier and，if necessary，pay the freight costs.

（4）Arrange customs clearance and pay duties，fees and other charges to the customs and other public authorities.

（5）Arrange transit warehousing，if necessary.

（6）Deliver the cleared goods to the consignee.

（7）Assist the consignee，if necessary，in pursuing claims，if any，against the carrier for the loss of the goods or any damage to them.

（8）Assist the consignee，if necessary，in warehousing and distribution.

第二编

国际货物贸易的商事法律制度

第四章　国际货物贸易法律概述

第一节 国际贸易法的概述

一、国际贸易法的概念及调整对象

（一）国际贸易法的概念及调整对象

国际贸易法，是指调整国际贸易法律关系及与国际贸易法律关系有关的其他各种法律关系的法律规范的总称。国际贸易法律关系，主要是指以下三种法律关系：第一，国际货物买卖关系，具体体现为买卖双方之间的法律关系；第二，国际技术转让关系，具体体现为技术的转让方与受让方之间的法律关系；第三，国际服务关系，具体体现为服务的提供方与接受方的法律关系。

与国际贸易关系有关的其他各种法律关系，主要是指与货物贸易有关、与技术贸易有关以及与服务贸易有关的其他法律关系。比如，在国际货物贸易中，与货物贸易有关的关系主要是指与货物买卖有关的其他关系，包括了国际货物运输关系、国际货物运输保险关系、国际贸易支付与结算关系、海关商检关系，对外贸易管制中的法律关系，因货物贸易而引起的反倾销、反补贴、国际产品责任以及为解决上述各种关系中双方当事人争议而产生的商事诉讼与仲裁等方面的法律关系等。

（二）国际贸易法的法律规范

国际贸易法的法律规范，具体体现为国内贸易立法、国际贸易公约以及国际贸易惯例中的各种实体规范和处理国际贸易争议的冲突性规范。国际贸易法涉及的范围很广，就国际货物贸易而言，概括起来主要有：国际货物买卖法、国际货物运输法、国际货物运输保险法、海关与商检法、国际贸易支付与结算法、与货物贸易有关的国际技术转让法、国际贸易诉讼与仲裁法、国际贸易行政管理法等。

国际贸易法，是一个具有双重性质的法律学科，其中，既有属于公法性质的内容，如国际贸易管制法、海关法、商检法以及反倾销法和反补贴法等；也有属于私法性质的内容，如国际货物买卖法、国际货物运输法、国际货物运输保险法等。因此，国际上很多专家和学者提出，应该把国际贸易法作为一门独立的法律学科进行研究。1962 年，在联合国教科文组织的支持下，国际法协会召开会议，专门讨论国际贸易法的问题，为国际贸易法成为一个独立的法律学科奠定了基础。

（三）国际贸易法的主体

参加国际贸易活动的主体非常广泛，可以是自然人、法人或国家等。国际贸易法所调整的贸易关系，既包括营业地处于不同国家的法人和（或）自然人之间的贸易关系，也包括国家在其管理对外贸易活动中同法人、自然人之间的各种法律关系。

我国 2004 年修改的《对外贸易法》第 8 条规定，本法所称对外贸易经营者，是指依法办理工商登记或者其他执业手续，依照本法和其他有关法律、行政法规的规定从事对外贸易经营活动的法人、其他组织或者个人。所以，在我国，个人也能与外商签订国际货物买卖合同，具有对外贸易经营的资格，但应依法办理工商登记或者其他执业手续。我国法人只有在取得对外贸易经营权以后，才能对外签订合同。

国家是一个特殊的国际贸易主体，国家以自己的名义从事各种国际、国内经济活动，签订各种贸易合同、条约以及协议等，以国家财产承担责任。但国家是主权象征，享有不可剥夺的主权豁免权利，未经国家同意，国家财产不受外国管辖和侵犯，国家财产不能作为诉讼标的和法院强制执行的对象。当然，为了适应国际贸易往来的需要，国家可以放弃豁免权，以平等的民事主体资格从事国际贸易活动。另外，国家还具有对对外贸易进行管理和监督的职能。

二、国际贸易法的历史发展和统一立法

国际贸易法的最早表现形式是行业习惯。在罗马帝国之前，在地中海就开始有调整向外国人销售和海上运输的规则。在中世纪，随着国际贸易的复兴，出现了处理商人纠纷的专门法庭，执行调整商人的法律——商人法（Lex Mercatoria），其中发展最快的是海商法。这一时期是商法与调整社会的主要法律相分离的一个时期。

国家形成后，各国都从本国立场和经济利益出发制定本国对外贸易法律，也使得各国的对外贸易立法在形式、具体制度以及法律概念上都有很大的差异，特别是英美法系与大陆法系之间，因而引起法律冲突，对国际贸易发展形成重重法律障碍。为促进国际贸易发展，一些国际组织认为有必要制定出一套与国际贸易特点相适应的统一的国际贸易法律规范。这些法律规范，被称为国际贸易统一法。制定这些法律规范的活动，被称为国际贸易统一法活动。

19 世纪以来，一些国际组织开始着手制定统一的国际贸易法律和惯例。

1966 年，联合国成立了国际贸易法委员会（United Nations Commission On International Trade Law，UNCITRAL），简称为“贸法会”。联合国授权“贸法会”的使命是：协调和统一国际贸易法律，消除国际贸易中的法律障碍，从而促进国际贸易发展。该组织成立以来，已先后制定了若干有关国际贸易的重要公约，其中最重要的是 1980 年《联合国国际货物买卖合同公约》（简称《买卖合同公约》），该公约成员国越来越多，影响也越来越大。“贸法会”是制定国际贸易统一法的一个最重要的国际机构。此外，其他一些国际组织，如国际商会（International Chamber of Commerce，简称 ICC）、国际统一私法协会（UNIDROIT）、海牙国际私法会议（The Hague Conference）、联合国贸易发展委员会（简称“贸发会”）以及国际法协会等，都在制定统一国际贸易法律与惯例方面做了大量工作，对于国际贸易统一法的形成和发展起了重要作用。

国际商会的 Incoterms，经过了多次修订，几乎成为国际贸易界的通行规则。《统一托收规则》，尤其是《跟单信用证统一惯例》，也成为世界银行的行为规范。该商会还不断制定一系列示范文本，为促进国际贸易法的统一做出了巨大贡献。

国际统一私法协会（UNIDROIT）也致力于促进各国私法规则的统一和协调，并制定逐步被各国接受的私法统一规则、示范法、各种建议、行动守则和标准合同等，如《关于国际货物销售合同成立的统一法公约》（1964 年）、《关于国际货物销售的统一法公约》（1964 年）、《国际货物销售代理公约》（1983 年）、《国际保付代理公约》（1988 年）、《融资租赁公约》（1988 年）以及 2004 年《国际商事合同通则》（Principles of International Commercial Contracts，简称 PICC）。其中，《国际商事合同通则》是国际统一私法协会 1994 年编撰的，2004 年做了大的修订。它是一部具有现代性、广泛代表性、权威性与实用性的商事合同统一法。

在国际贸易商事法律规范发展的同时，国际贸易管理法律规范也得到了长足发展，最有影响的应为 1947 年《关税与贸易总协定》和 1995 年《世界贸易组织协定》，为促进自由贸易和全球贸易做出了巨大贡献。1995 年成立的世界贸易组织，其调整范围不再局限于国际货物贸易，还扩大到了与贸易有关的知识产权保护和服务贸易领域，从而使世界贸易组织规则成为真正世界性的全面性的贸易规则。

但是，我们应认识到，由于国际贸易统一法的内容和体系还很不完善，致使其在国际贸易发展中所起的作用还很有限。如，现有国际贸易公约或惯例还远远不能包括国际贸易各个领域的一切问题，即使公约或惯例已经涉及的问题，也因未能被所有参加国普遍接受和采用，其影响也很有限。因此，各国对外贸易立法在国际贸易中也还有很大作用。与各国对外贸易法律相比，国际贸易统一法既具有相对的独立性，又与各国对外贸易立法相互补充。

当然，我们还应看到，尽管国际贸易统一法还不够完善，但随着世界经济贸易发展日益全球化，国际贸易法律的全球化发展趋势也必将日益明显。

三、国际贸易法的渊源

国际贸易法有国内渊源和国际渊源两种：国内渊源是指各国国内的对外贸易立法，有的国家还包括判例；国际渊源是指一些国际组织对国际贸易的统一立法，主要包括国际贸易方面的公约和惯例。

（一）各国国内的对外贸易立法

各国国内的对外贸易立法，主要包括一个国家所制定的有关调整本国对外贸易方面的法律、法规、条例、规章、办法、决议以及法令等规范性文件，如《美国统一商法典》（Uniform Commercial Code，简称 UCC）、《英国货物买卖法》、《法国民法典》、《德国民法典》，还有我国的《对外贸易法》、《合同法》以及《民法通则》等。此外，判例在英美法系的国家也是很重要的国内渊源，高级法院的判决对下级法院具有约束力，起到了法律作用。

（二）国际贸易公约

1. 国际贸易公约的含义、效力及内容

国际贸易公约，是指两个或两个以上国家所签订的关于国际贸易方面的相互权利和义务的各种条约、公约、协议以及协定等规范性文件。国际贸易公约，属于制定法或成文法，是国家立法的重要组成部分，只是这种立法表现为与其他国家达成的协议，而国家普通立法是一个国家单独进行的主权行为。

根据国家主权原则，只有一国正式参加的国际公约才具有法律效力。与一般国内法律相比，国际贸易公约的法律效力要高于国内法效力，各缔约国不能借口其国内法有不同规定而拒绝履行公约义务。当国内法与该国参加的国际公约相抵触时，应以公约为准，但缔约国声明保留的除外。这一国际法的基本原则有时被概括为“条约必须遵守”或者“公约优先适用”。

2. 主要国际贸易公约

在国际货物贸易领域，比较有影响的公约主要有：1980 年《联合国国际货物买卖合同公约》（United Nations Convention on Contracts for the International Sale of Goods，简称 CISG 或《销售合同公约》或《买卖合同公约》）、《国际货物买卖时效公约》和《国际货物买卖合同法律适用公约》等。

在货物运输方面，比较有影响的公约主要有：《1924 年统一提单的若干法律规则的国际公约》（简称《海牙规则》）、1978 年《联合国海上货物运输公约》

（简称《汉堡规则》）等。

在国际贸易支付方面，比较有影响的公约主要有《1930 年日内瓦统一汇票本票法公约》等。

在知识产权方面，主要有 1883 年《保护工业产权的巴黎公约》和 1891 年《商标国际注册的马德里协定》等。在协调各国外贸政策方面，有影响的公约主要有 1947 年《关税与贸易总协定》及 1995 年《世界贸易组织协定》等。

3．1980 年《联合国国际货物买卖合同公约》

1980 年《联合国国际货物买卖合同公约》是最重要的国际货物合同公约，1980 年在维也纳通过，1988 年 1 月 1 日正式生效，为国际货物买卖合同的订立、买卖双方的权利和义务制定了统一的法律规则。

该公约体现了大陆法系、英美法系和社会主义法系之间的平衡，考虑了发达国家与发展中国家的不同利益和要求，具有广泛的代表性，受到了各国政府的好评和重视。至今，与我国有贸易往来的发达国家，除日本和英国外，均是该公约的缔约国。

我国参加公约审议工作，是公约缔约国。公约序言部分基本上是我国政府提案，序言规定了公约的目标以及解释和适用公约的基本原则。公约宗旨是以建立新的国际经济秩序为目标，在平等互利的基础上发展国际贸易，促成各国间的友好关系。

公约分四部分，共 101 条。第一部分和第四部分规定适用范围和最后条款，第二部分、第三部分规定了合同的成立及买卖双方的权利和义务。公约是半个世纪以来国际贸易统一法运动的产物，反映了统一法运动的发展趋势，对国际贸易产生了巨大影响。

但是，该公约并不是一部完整的国际货物买卖统一法，许多问题，比如关于当事人行为能力、货物所有权的转移以及货物对人造成的伤亡责任问题等，该公约均未涉及。对于这些未涉及的法律问题，应由合同所适用的国内法律给予解决。

我国政府加入公约时，对公约第 1 条（1）款 b 项和第 11 条作了保留，这两项规定对我国不适用。我国 1987 年《对外经济贸易部关于执行〈联合国国际货物买卖合同公约〉应注意的几个问题》规定：自 1988 年 1 月 1 日起，我国各公司与公约缔约国公司达成的货物买卖合同如果不另做法律选择，则合同规定事项将自动适用公约的有关规定，发生纠纷或诉讼也得依据公约处理。但各公司也可以根据交易的性质、产品的特性以及国别等具体因素，与外商达成与公约条文不一致的合同条款，或在合同中明确排除适用公约，转而选择某一国的国内法为合同适用法律。

（三）国际贸易惯例

1．国际贸易惯例的含义

国际贸易惯例（Custom），是指在长期国际贸易活动中，经过反复实践而逐渐形成的并已被普遍接受和遵守的商业习惯（Usage）或做法。国际贸易惯例是调整国际贸易关系的重要法律渊源。由于目前国际贸易公约数量少、调整的范围有限等，大量的国际贸易关系是根据国际贸易惯例来处理的，国际贸易惯例实际上已成为国际贸易法的主要渊源。

2．国际贸易惯例的效力

国际贸易惯例具有一定的法律约束力，但与公约相比，国际贸易惯例的法律约束力不是当然的，其适用也非强制的。一般说来，国际贸易中的当事人有自由选择合同所适用的法律或公约或惯例的权利。如果当事人通过合同直接约定适用某一惯例，该惯例就成为合同的一部分，对当事人有约束力，当事人可以在合同中明确修改、补充或排除惯例；如果合同与惯例相抵触时，应以合同规定为准，对于合同没有规定的事项，则应以合同所援引的惯例办理。

如果合同当事人没有在合同中明确规定适用惯例，根据《买卖合同公约》第 9 条规定，“除非另有协议，双方当事人应视为已默示地同意对他们的合同或合同的订立适用双方已知道的或理应知道的惯例，而这种惯例，在国际贸易上已为有关特定贸易所涉及同类合同的当事人所广泛知道并为他们所经常遵守”，可见，在当事人没有明确约定适用惯例但也没有明确排除惯例的适用时，也就是“当事人没有相反的协议”时，那么，那些当事人已知的并为同类交易当事人所知、所广泛遵守的惯例，可以被视为当事人已默示同意而适用于当事人，对当事人也有约束力。当前国际贸易统一法的发展趋势是倾向于接受国际贸易惯例。

3．国际贸易惯例的形式

国际贸易惯例有成文和不成文两种形式，效力相同。成文的国际贸易惯例，是指由某些国际组织或某些国家商业团体根据长期形成的商业习惯或者做法而制定的规范性文件，比如，国际商会制定的《国际贸易术语解释通则》（International Rules for the Interpretation of Trade Terms，简称 Incoterms）、《跟单信用证统一惯例》（Uniform Customs and Practice for Documentary Credits，简称 UCP ）、国际法协会 1932 年制定的《华沙－牛津规则》（Warsaw－Oxford Rules）、《美国 1941 年对外贸易定义修订本》（Revised American Foreign Trade Definition，1941）、国际商会 1997 年《国际销售示范合同》以及国际统一私法协会 1994 年《国际商事合同通则》（Principles of International Commercial Contracts，简称 PICC）等，都是具有广泛影响的成文惯例。

不成文的贸易惯例范围更大，特定地区、特定行业、特定交易都有其特有的惯例，比如，由于长期使用标准合同而在某些行业中形成的行业惯例，世界上一些主要贸易港口的港口码头惯例等。

四、国际贸易法与其他法律学科的关系

1．国际贸易法与对外贸易法的关系

贸易法的规范，包括世界各国的对外贸易的国内立法、各国正式参加的国际贸易公约和各国所接受的国际贸易惯例。而对外贸易法的规范，则包括一个国家的对外贸易方面的立法、该国正式参加的国际贸易公约和该国所接受的国际贸易惯例。

2．国际贸易法与国际经济法

国际贸易法与国际经济法，是部分与整体的关系。国际经济关系包括了国际贸易关系，因而国际经济法也被称为国际经济贸易法，国际贸易法是国际经济法的一部分；而国际经济法还包括国际投资法、国际信贷法以及国际税收法等。

3．国际贸易法与国际商法

传统的商法建立在以商人为主体的意思自治基础上，以契约自由、契约必须遵守为原则。但随着国家之间的经济交往日益频繁，国家政府越来越积极地参与经济活动，既对经济活动给予支持和保护，也对经济活动给予严格的管制和限制。如在对外贸易方面，我国制定对外贸易法，对货物进出口实行进出口许可证制度、外汇管理制度，制定产品责任法等。国家政府的这种干预就使得传统的商法受到了国家强制法律的约束，使得传统的国际商法的一部分内容被纳入到国际贸易法之中。所以，在国际贸易法律体系中，既有包括传统商法的任意性的“私法”规范，如国际货物买卖法，也有包括强制性的“公法”规范，如海关法；既有国际贸易法律规范，如《买卖合同公约》，也有国内法律规范，如一个国家的对外贸易法等。WTO 法律制度，在协调各成员间的贸易政策、共同管理全球贸易方面，更是区别于国际商法。

第二节　关贸总协定与世界贸易组织

一、各国对外贸易的基本政策

各国对外贸易政策，通常被分为两大类：自由贸易政策和贸易保护政策。自由贸易政策，是指一国政府在对外贸易上采取不加行政干涉，允许商品在国

内外市场上自由竞争，对本国出口商品不给予特权和优惠，对国外的进口产品不加任何歧视的一种自由竞争政策。贸易保护政策是指一国政府通过关税和非关税措施，如限制进口货物数量、奖励出口等，限制外国商品的进入，扩大本国商品的出口，借以扶持本国的产业，是对本国的市场进行保护的一种措施。

从国际贸易发展来看，自由贸易政策和贸易保护政策是互相依存、互相转化的。在经济繁荣时期，自由贸易政策是主流；在经济萧条时期，贸易保护政策是主流。世界上没有绝对的自由贸易。第二次世界大战以后，美国经济发展很快，出口贸易占资本主义世界贸易的1/3，实行自由贸易对其有利。于是，在美国的倡导下，在国际货币基金组织和世界银行的支持下，著名的《关税与贸易总协定》就在自由贸易理论基础上形成了，关贸总协定是世界贸易组织的前身。

二、从关贸总协定到世界贸易组织

（一）关贸总协定的动因

二战后，战争对经济的影响使各国经济不景气，为加快本国经济发展，各国采取了各种保护政策，如用建立关税壁垒（如提高关税）和非关税壁垒（如进口配置、进口许可证、外汇管制、进出口的国家垄断、歧视性国家采购政策）手段来限制进口，用以保护本国商品的竞争力，垄断国内市场。这些措施不利于世界经济发展和扩大就业。

为建立国际经济自由发展的新秩序，美、英等国提出从金融、投资和贸易三方面重建战后国际经济规则，试图创建并维持一个相对自由的、鼓励竞争的经济体系。为此，联合国召开了一系列国际会议，其中最重要的是1944年7月在美国布雷顿森林召开的联合国货币与金融会议，组建了国际货币基金组织。

在国际贸易方面，1947年11月，在古巴哈瓦那召开了一次国际贸易与就业方面的会议，目的是要建立一个处理国际贸易与关税的国际贸易组织，以期扭转日益盛行的高关税贸易保护主义和歧视性贸易政策。该会议通过了《国际贸易组织宪章》。会议筹备期间，许多国家签订了双边关税减让协议，还将双边关税减让协议与《国际贸易组织宪章》中关于商业政策的部分合并，称其为关税与贸易总协定（GATT）。为使GATT在多边贸易中生效，一些国家又签署了《关税与贸易总协定临时适用议定书》，1948年1月1日起在国际贸易组织宪章生效前临时适用，以处理二战后急需解决的各国在关税与贸易方面的问题。《国际贸易组织宪章》未生效使得国际贸易组织没能成立，但GATT作为一个“临时”适用的国际贸易法律框架，一直适用到1994年12月31日。

（二）由 GAAT 到 WTO 的八轮谈判

尽管 GATT 有许多不完备的地方，但是通过多边贸易谈判，GATT 已经形成了一套管理政府贸易行为的多边国际贸易规则，使各国大幅度地削减关税和取消非关税壁垒，推动了全球贸易的自由化进程，促进了国际贸易和世界经济的发展，缓和了缔约国之间的贸易矛盾。每当解决一些涉及全球性的大问题，GATT 都要召开由缔约方政府首脑或有关部长参加的多边谈判会议，每次会议和相关谈判都被称为一个“回合”。

从 1948 年到 1995 年的 48 年里，GATT 发起和主持了 8 轮谈判回合。第一轮到第四轮谈判，分别在瑞士的日内瓦（第一轮 1947 年 4~10 月、第四轮 1956 年 1~5 月）、法国的安纳西（第二轮 1949 年 4~10 月）和英国的托奎（第三轮 1950 年 9 月~1951 年 4 月）举行，谈判核心集中在削减关税方面。第五轮谈判，是 1960 年 9 月到 1962 年 7 月在瑞士日内瓦举行的，由美国副国务卿道格拉斯·狄龙建议发动，被称为“狄龙回合”。谈判达成 4400 多项商品关税减让，涉及 49 亿美元的贸易额。第六轮谈判由美国总统肯尼迪提出，被称为“肯尼迪回合”，1964 年 5 月到 1967 年 6 月在日内瓦举行。谈判涉及商品贸易额 400 亿美元。经广大发展中国家努力，在关税与贸易总协定中增加了第四部分“贸易与发展”，要求发达国家对发展中国家给予优惠关税待遇，最不发达国家则可按照最惠国待遇原则享受其他国家削减关税的待遇，但不需要对其他国家降低关税。第七轮谈判 1973 年 9 月至 1979 年 11 月在日本东京举行，被称为“东京回合”。由于是尼克松倡议的，也被称为“尼克松回合”。9 个主要工业品国家加权平均关税税率降低了 1/3，涉及 3000 亿元的贸易额。

第八轮谈判 1986 年 9 月在乌拉圭的埃斯特角城举行，被称为“乌拉圭回合”。乌拉圭回合谈判具有“广、多、长”三大特点：一是谈判的议题广，涉及关税、非关税壁垒；货物贸易、服务贸易和知识产权等领域；二是参加方多，有 125 个国家和地区参加；三是谈判时间长，因各缔约方和集团利益不同，在农业品贸易、市场准入、反倾销等问题上分歧严重，直到 1994 年 4 月 15 日在摩洛哥马拉喀什举行的会议上，125 个参加方的绝大多数部长才签了字。

（三）世界贸易组织的成立

乌拉圭回合谈判一共历时 8 年，最重要的成果是达成了《建立世界贸易组织马拉喀什协议》。通过这个文件，1995 年 1 月 1 日，世界贸易组织（Word Trade Organization，简称 WTO）正式成立。104 个国家或地区为创始成员方。我国因“复关”谈判受阻未能成为 WTO 创始成员国。WTO 要求成员方执行原 GATT 协议，并负责谈判和执行新的贸易协议。WTO 的成立，宣告 GATT 正式结束。WTO 总部设在瑞士日内瓦，由部长会议、总理事会和总干事负责管理。

WTO 的宗旨为：第一，提高生活水平，保证充分就业，大幅度稳步提高实际收入和有效需求；第二，扩大货物、服务的生产和贸易；第三，坚持走可持续发展之路，各成员应促进对世界资源的最优利用、保护和维护环境，并以符合不同经济发展水平下各成员需要的方式，加强采取各种相应的措施；第四，积极努力以确保发展中国家，尤其是最不发达国家，在国际贸易增长中获得与其经济发展水平相应的份额和利益。

WTO 的目标是建立一个完整的包括货物、服务、与贸易有关的投资及知识产权等在内的、更具活力、更持久的多边贸易体系，包括关贸总协定贸易自由化的成果和乌拉圭回合多边贸易谈判的所有成果。

为有效实现目标和宗旨，WTO 规定各成员应通过达成互惠互利的安排，大幅度削减关税和其他贸易壁垒，在国际经贸竞争中，消除歧视性待遇，坚持非歧视贸易原则，对发展中国家给予特殊和差别待遇，扩大市场准入程度及提高贸易政策和法规的透明度，以及实施通知与审议等原则，从而协调各成员间的贸易政策，共同管理全球贸易。

三、WTO 的法律地位与机构组织

目前世界贸易组织的成员已扩大为 130 多个，成为名副其实的“经济联合国”，其成员贸易额占世界贸易总额的 90%以上。

作为正式国际贸易组织，WTO 在法律上与联合国等国际组织处于平等地位。其职责是：组织实施多边贸易协议、提供多边贸易谈判场所，还负责定期审议其成员的贸易政策和统一处理成员之间的贸易争端，并负责加强同国际货币基金组织和世界银行的合作，以实现全球经济决策的一致性。

WTO 的最高决策权力机构是部长会议，至少每两年召开一次会议。在两届部长级会议之间，日常工作由以下三个机构负责处理：总理事会、争端解决机构和贸易政策审议机构。三个机构都是由全体 WTO 成员组成的，向部长级会议报告。总理事会代表部长级会议处理 WTO 的所有事务。它分别以争端解决机构和贸易审议机构的形式召开会议，监督解决成员间的争端，并分析成员的贸易政策。

总理事会还设有货物贸易、非货物贸易（服务贸易）、知识产权三个理事会。每个理事会都有下属机构，货物理事会有 11 个委员会处理具体议题（如农产品、市场准入、补贴、反倾销措施等）。

1997 年 10 月 9 日，WTO 启用新的标识。该标识由六道向上弯曲的弧线组成，上三道和下三道分别为红、蓝、绿三种颜色，意味着充满活力的 WTO 在持久和有序地扩大世界贸易方面将发挥关键作用。六道弧线组成的球形表示

WTO 是不同成员组成的国际机构。标识的设计者是新加坡的杨淑女士，采用了中国传统书法的笔势。

四、WTO 规则体系

《建立世界贸易组织马拉喀什协议》由 16 个条款和 4 个附件组成，涉及世界贸易组织建立、组织职能、组织程序、日常管理以及与其他国际组织的关系等。

附件 1 分为 A、B、C 三个部分，具体内容如下：

1A:《1994 年关税与贸易总协定》;《农产品协议》;《实施动植物卫生检疫措施的协议》;《纺织品与服装协议》;《技术性贸易壁垒协议》;《与贸易有关的投资措施协议》;《关于实施 1994 年关税与贸易总协定第 6 条的协议》(即《反倾销措施协议》);《关于实施 1994 年关税与贸易总协定第 7 条的协议》(即《海关估价协议》);《装船前检验协议》;《原产地规则协议》;《进口许可程序协议》;《补贴与反补贴措施协议》;《保障措施协议》。

1B:《服务贸易总协定》。

1C:《与贸易有关的知识产权协议》。

附件 2：关于争端解决规则和程序的谅解。

附件 3：贸易政策评审机制。

附件 4：诸边贸易协议：《民用航空器贸易协议》、《政府采购协议》、《国际奶制品协议》、《国际牛肉协议》。

与关贸总协定相比，WTO 管辖范围除传统的和“乌拉圭回合”新确定的货物贸易外，还包括长期游离于关贸总协定外的知识产权、投资措施和非货物贸易（服务贸易）等领域。

WTO 法律文件体系是从事全球贸易的各成员方政府和企业的行为规则。WTO 各项协议的核心内容、各协议之间的关系以及适用条件是国际贸易法律的重要内容。

课外阅读资料

一、CISG 适用范围的规定

Article 1:（1）This Convention applies to contracts of sale of goods between parties whose places of business are in different States:

（a）when the States are Contracting States; or

（b）when the rules of private international law lead to the application of the law of a Contracting State.

（2）The fact that the parties have their places of business in different States is to be disregarded whenever this fact does not appear either from the contract or from any dealings between，or from information disclosed by，the parties at any time before or at the conclusion of the contract.

（3）Neither the nationality of the parties nor the civil or commercial character of the parties or of the contract is to be taken into consideration in determining the application of this Convention.

Article 2：This Convention does not apply to sales:

（a）of goods bought for personal，family or household use，unless the seller，at any time before or at the conclusion of the contract，neither knew nor ought to have known that the goods were bought for any such use;

（b）by auction;

（c）on execution or otherwise by authority of law;

（d）of stocks，shares，investment securities，negotiable instruments or money;

（e）of ships，vessels，hovercraft or aircraft;

（f）of electricity.

Article 3：（1）Contracts for the supply of goods to be manufactured or produced are to be considered sales unless the party who orders the goods undertakes to supply a substantial part of the materials necessary for such manufacture or production.

（2）This Convention does not apply to contracts in which the preponderant part of the obligations of the party who furnishes the goods consists in the supply of labour or other services.

Article 4：This Convention governs only the formation of the contract of sale and the rights and obligations of the seller and the buyer arising from such a contract. In particular，except as otherwise expressly provided in this Convention，it is not concerned with:

（a）the validity of the contract or of any of its provisions or of any usage;

（b）the effect which the contract may have on the property in the goods sold.

Article 5: This Convention does not apply to the liability of the seller for death or personal injurycaused by the goods to any person.

二、CISG 关于要约的规定

Article 14：（1）A proposal for concluding a contract addressed to one or more specific persons constitutes an offer if it is sufficiently definite and indicates the intention of the offeror to be bound in case of acceptance. A proposal is sufficiently definite if it indicates the goods and expressly or implicitly fixes or makes provision for determining the quantity and the price.

（2）A proposal other than one addressed to one or more specific persons is to be considered merely as an invitation to make offers，unless the contrary is clearly indicated by the person making the proposal.

Article 15：（1）An offer becomes effective when it reaches the offeree.

（2）An offer，even if it is irrevocable，may be withdrawn if the withdrawal reaches the offeree before or at the same time as the offer.

Article 16：（1）Until a contract is concluded an offer may be revoked if the revocation reaches the offeree before he has dispatched an acceptance.

（2）However，an offer cannot be revoked:

（a）if it indicates，whether by stating a fixed time for acceptance or otherwise，that it is irrevocable;

（b）if it was reasonable for the offeree to rely on the offer as being irrevocable and the offeree has acted in reliance on the offer.

Article 17：An offer，even if it is irrevocable，is terminated when a rejection reaches the offeror.

第五章 国际货物买卖合同

第一节 国际货物买卖合同的概述

一、国际货物买卖合同的概念

（一）国际货物买卖合同的概念

国际货物买卖是一种具有国际性的货物买卖交易，是通过买卖双方当事人签订国际货物买卖合同而达成。根据《买卖合同公约》第1条规定，国际货物买卖合同，是指营业地处于不同国家（place of business are in different states）当事人之间所订立的货物买卖合同。在我国，国际货物买卖合同也被称为外贸合同或进出口合同。

国际货物买卖合同的国际性，可由多种标准确定，如当事人营业地、当事人国籍、买卖行为发生地以及货物是否越出国境等。《买卖合同公约》采用了当事人营业地这个标准，只要买卖双方当事人的营业地在不同国家，他们之间达成的货物买卖就是国际货物买卖，至于买卖双方当事人的国籍则不予考虑。只要合同双方当事人营业地处于不同国家，即使他们国籍相同，他们之间的货物买卖也是国际货物买卖。相反，如果合同双方当事人营业地处于同一个国家，即使国籍不同，他们之间的货物买卖也不是国际货物买卖。

明确货物买卖合同是否具有国际性，在法律适用问题上至关重要。如果属于国内货物买卖合同，因该合同所产生的争议和纠纷则应适用国内立法，如我国的《合同法》和《民法通则》等。如果属于国际货物买卖合同，因涉及到不同国家的国内立法以及国际公约、国际惯例等问题，该合同争议所适用的法律就比较复杂，可以适用的法律包括当事人营业地所在国所参加的国际公约、国际惯例、外国国内立法和本国国内立法等。至于国际货物买卖合同争议最终应适用的法律，应根据国际私法规则来处理。

（二）营业地的含义以及确定

区别国际货物买卖与国内货物买卖的标准，是双方当事人的营业地，可见当事人营业地至关重要。营业地，通常是指合同双方当事人永久性经常从事一般商业交易的场所[1]。如果只是合同当事人为了某些特定交易而进行谈判或联络所设立的临时办事场所，不应视为当事人的营业地。外国商人在我国各大城市所设立的办事处、谈判室以及租用的各大宾馆、饭店的房间等，都不能视为当事人的营业地。

通常情况下，买卖合同当事人都在合同中注明各自营业地，如果合同中未注明，则需要确定当事人的合同营业地。从事国际贸易的公司大多在世界各地设有分公司或子公司，尤其是一些大的跨国公司甚至可能拥有遍布世界各地的子公司，每一个子公司都可能具有独立的法人资格。如果合同双方当事人没有在合同中注明各自的营业地，这就需要确定合同当事人的哪一个营业地为本合同营业地（即合同营业地），以此确定买卖合同的性质。

《买卖合同公约》第10条规定，如果当事人有一个以上的营业地，则以与合同及合同的履行关系最密切的营业地为其营业地，但要考虑到双方当事人在订立合同前任何时候或订立合同时所知道或所设想的情况；如果当事人没有营业地，则以其惯常居住地为准。所以，在确定合同当事人营业地时，应遵循最密切联系原则，即把与合同关系最密切的营业地作为当事人合同营业地，如可根据交易的整个过程，包括要约、承诺以及合同履行等各环节因素，确定当事人的哪一个营业地与本合同关系最密切。应注意的是，在确定当事人的合同营业地时，不能简单地把当事人的主要营业地或总公司所在地视为合同营业地，应根据当事人的主要营业地或总公司所在地与合同的关系是否最密切来确定。

二、《买卖合同公约》的适用范围

（一）《买卖合同公约》适用条件

《买卖合同公约》是至今国际货物买卖方面最重要的国际公约之一，该公约适用于国际货物买卖合同。根据公约第一章的规定，公约的适用应具备下列条件之一：

1．营业地分别处于不同缔约国当事人之间所签订的货物买卖合同。也就是说，公约适用于缔约国当事人之间的货物买卖。这需要具备两个条件：其一是国际货物买卖，即营业地处于不同国家之间的货物买卖；其二是国际货物买卖必须与公约缔约国有联系，即当事人营业地所处的国家应是公约的缔约国。也就是说，如果买卖合同仅仅具有国际性还不能适用公约，要适用公约还需要当事人营业地所处的国家是公约的缔约国。公约第1条（1）款（a）项的规定即属于这种情形。

①张玉卿等编著：《联合国国际货物销售合同公约释义》，辽宁人民出版社，1988年版，第16页。

2. 如果国际货物买卖合同当事人营业地所处的国家不都是公约缔约国，比如一方当事人营业地所处的国家是公约缔约国，另一方当事人营业地所处的国家不是公约缔约国，或者双方当事人营业地所处的国家都不是公约缔约国，在这种情况下，如果根据国际私法规则（即法院地国家的冲突规范或称法律适用规范，如我国 2011 年 4 月 1 日起施行的《中华人民共和国涉外民事关系法律适用法》）导致适用某一缔约国的法律时，应该适用该缔约国所参加的《买卖合同公约》，而非该缔约国的国内立法。公约第 1 条（1）款（ b ）项所规定的“如果国际私法规则导致适用某一缔约国的法律”，就是指这种情形。

例如，甲乙两个国家都未参加公约，丙国参加了该公约，甲国卖方与乙国买方在丙国签订了国际货物买卖合同，履行合同中双方发生了争议，甲在本国起诉乙。根据甲国国际私法规则规定，合同争议应依照合同订立地法律解决，即应适用丙国法律。但丙国既有其本国国内法，同时又参加了公约，在这种情况下，根据公约的规定，甲乙之间的争议应适用丙国所参加的《买卖合同公约》，而不是丙国的国内立法。

《买卖合同公约》如此规定的目的，是为了扩大公约的适用范围，使营业地不都在缔约国的双方当事人之间的买卖合同也都能够适用公约，受公约管辖。但考虑到很多发展中国家在对外货物买卖方面都有两套法律，一套适用于对外贸易，另一套适用于国内贸易，为了能使这些发展中国家的国内法律得以适用，公约第 95 条允许缔约国对公约的这一规定予以保留。作出保留的国家在根据国际私法规则导致适用该国法律时，可以适用该国国内立法，而不是适用该国所参加的《买卖合同公约》。我国在核准参加《买卖合同公约》时，就对该公约第 1 条（1）款（b）项作出保留。所以，当根据公约第 1 条（1）款（b）项导致适用我国法律时，应适用我国国内立法，而不是我国所参加的《买卖合同公约》。

根据我国 1987 年《对外经济贸易部关于执行〈联合国国际货物买卖合同公约〉应注意的几个问题》的规定，自 1988 年 1 月 1 日起，我国的各公司与公约缔约国的公司达成的货物买卖合同，如果不另做法律选择，则合同规定事项将自动适用公约的有关规定，发生纠纷或诉讼也得依据公约处理。所谓“另做法律选择”，是指双方当事人在买卖合同中或合同签订后所达成的法律适用条款。如果双方当事人在法律适用条款中选择了合同所适用的法律，则该法律即合同的准据法，发生纠纷或诉讼应依照该准据法的规定处理。但是，如果当事人未达成法律适用条款，即未选择合同所适用的法律，我国各公司和公约缔约国公司之间的合同纠纷，应自动适用公约的有关规定，但双方当事人如果在合同中明确排除了公约适用的情形除外。从司法实践上看，在我国对外货物贸易纠纷中公约被适用的机会还是相当多的。

（二）营业地不明确的买卖合同不适用《买卖合同公约》

国际货物买卖合同的国际性标准是双方当事人营业地位于不同国家。但根据公约第1条（2）款，如果双方当事人营业地在不同国家，如果这种事实“从合同或从订立合同前任何时候或订立合同时，当事人之间的任何交易或当事人透露的情报均看不出，应不予考虑”。也就是说，《买卖合同公约》适用于营业地位于不同国家且能被看出来位于不同国家的买卖合同，对于那些营业地虽然在不同国家，但却看不出来的买卖合同，公约则不予适用。[①]可见，虽然是国际货物买卖合同，双方当事人的营业地确实在不同的国家，但如果这一事实从双方的交易中根本看不出来，双方当事人没有把营业地处于哪一个国家的有关情况披露出来，他们之间的合同就不能适用公约。比如，买方的代理人与卖方都在甲国设有营业地，代理人通知卖方说他被授权为其委托人（买方）购买货物，但代理人未告知卖方其委托人的名称和地址，代理人与卖方签订了买卖合同，事后，发现代理人的委托人即买方的营业地处于乙国，在这种情况下，根据公约的规定，该合同就不能适用公约。

（三）《买卖合同公约》不考虑当事人及合同性质

大陆法系一些国家根据合同当事人的身份以及合同本身内容，把合同划分为民事性质合同或商事性质合同，有民商分立的现象。考虑到世界上有的国家民商分立、有的国家民商不分的不同情况，《买卖合同公约》第1条（3）款明确规定：“在确定本公约的适用时，当事人的国籍和当事人或合同的民事或商业性质，应不予考虑。”可以说，公约所考虑的，只是营业地是否位于不同国家，且位于不同国家的事实是否能从当事人的交易或透露的情报中被“看出来”。

三、《买卖合同公约》不适用的货物交易

根据公约第2条规定，下列特殊的货物交易不能适用该公约：

（一）消费品交易

消费品交易（Sales of goods bought for personal，family or household use），根据公约规定，是指买方购买货物的目的是为了私人、家人或家庭使用，也就是说，购买货物是为了个人消费，而不是为了商业营利。消费品的买卖，应适用有关消费者权益保护方面的法律，不适用公约。判断是否属于消费品的交易，应依据买方购买当时的购买目的来确定。对于消费品交易，当消费者要适用保

①张玉卿等编著：《联合国国际货物销售合同公约释义》，辽宁人民出版社，1988年版，第18页。

护消费者法律时，买方应承担举证责任，证明自己在订立合同时具有消费目的，并且这种消费目的已向卖方透露过，卖方也知道买方购买货物的消费目的。如果买方在国外购买货物当时是为了商业目的，回国后改为消费目的的，不应属于消费品的交易。

根据公约规定，虽然买方购买货物的当时具有消费目的，但卖方在订立合同时不知道也没有理由知道买方消费目的的，在这种情况下，这种消费品交易应适用公约。卖方应承担举证责任，证明在订立合同时不知道而且也没有理由知道买方的消费目的。

（二）拍卖

拍卖（Sales by auction），与一般货物买卖不同，尤其是合同成立过程，拍卖中竞买人的叫价构成要约，拍卖人的击锤构成承诺；拍卖的货物一般都是现货；拍卖一般适用拍卖地的拍卖法律。世界上很多国家都有拍卖法，且拍卖的规则也不相同，如英国的拍卖规则是先由拍卖人开出最低价，然后由竞买人竞相叫价，当竞买人叫价最高、无人再叫价时，拍卖人击锤表示成交。荷兰做法则是先由拍卖人开出最高价，无人接受时，再逐渐降价，直到有人购买时为止。目前世界上还没有拍卖统一法，公约很难处理拍卖问题。

（三）根据法律执行令状或根据法律授权的货物买卖

根据法律执行令状的货物买卖（Sales on execution），是指按照法院或者其他国家行政机关发出的强制执行命令进行的货物买卖，如法院强制出售被告财产以偿还债权人等。根据法律授权进行货物买卖（Sales by authority of law），是指根据法律规定进行的货物买卖，如进出口货物逾期不缴纳进出口关税，海关依法对货物强制出售。根据法律执行令状或法律授权的货物交易，与正常货物买卖差别较大，如当事人之间无法正常洽谈合同条款等，所以公约也将其排除在外。

（四）公债、股票、投资证券、流通票据或货币的买卖

公债、股票、投资证券、流通票据或货币买卖（Sales of stocks，shares，investment securities，negotiable instruments or money），可视为有价证券买卖。在有些国家，有价证券不被视为货物。这类买卖与货物买卖不同，交易方式有较大的区别，很多国家都对有价证券的交易专门制定了法律，如我国的《证券法》。

应注意的是，与货物有关的单据买卖应适用《买卖合同公约》。与货物有关的单据买卖（Documentary Sale of Goods）是指在货物交易中，卖方应提交与货物有关的单据，如提单、发票、汇票、保险单以及检验证书等，并且卖方交单时，买方或银行付款，买方取得了单据，也就意味着拥有了货物。有的国

家认为与货物有关的单据买卖具有商业票据的性质，但公约没有将货物单据买卖排除在外。

（五）船舶、飞机等买卖

船舶、飞机等的买卖（Sales of ships，vessels，hovercraft or aircraft），被大多数国家视为不动产交易，受国内注册、登记等方面限制。有的国家又把船舶、飞机分为两种，有的需要登记、注册，有的不需要登记、注册。而需要登记、注册的标准又各不相同，致使法律上差别很大，公约也很难统一，所以予以排除。

（六）电力买卖

世界上大多数国家都认为电力不属于货物，将其划归于货物之外，而且电力交易（Sales of electricity）具有与一般货物买卖不同的特点，公约也将其排除在外。

四、《买卖合同公约》不适用的买卖合同

有的货物合同属于双重性质，既有货物买卖性质，也有货物加工性质，或者其他服务性质，这种合同是否适用公约，取决于该合同的主要性质。

（一）含有加工货物性质的货物买卖合同

根据公约第 3 条规定，供应尚待制造或生产的货物的合同，应视为买卖合同，应适用公约。所谓供应尚待制造或生产的货物的合同，是指买卖双方当事人在订立合同时，合同项下的货物还没有被制造或生产出来，属于等待制造或生产的货物，这种合同属于买卖性质的合同，应适用公约。

但是，如果订购货物的买方对这种尚待制造或生产的货物提供了大部分重要原材料，卖方提供了少部分不重要的原材料，此时，双方当事人之间合同的主要性质属于加工性质，买卖不是合同的主要性质，在这种情况下，公约将不适用。需要注意的是，大部分重要原材料的认定，需要根据交易的具体情况来判断，如买方提供原材料的价值、数量等。

（二）含有服务性质的货物买卖合同

在国际贸易中，经常出现卖方在出售机器设备的同时，还要提供技术指导服务，如卖方需要承担设备安装、调试，培训买方技术人员，或派出专门人员在买方所在地帮助买方操作、维修设备等，而且双方签订的是一份合同，这种合同被称为混合合同（Mixed contract）。对于具有混合性质的合同，需要对合同的主要性质加以确定，以确定能否适用《买卖合同公约》。

根据《买卖合同公约》第 3 条规定，如果买卖合同中含有服务性质，且卖方绝大部分义务是供应劳力或服务，一小部分义务是供应货物，也就是说，合

同主要是服务性质，应视之为服务合同，公约就不适用。

应注意的是，在含有服务性质的买卖合同中，卖方供应货物和提供的服务之间应有相互联系，并且都规定在一个合同之中。如果两者之间没有联系，即使都规定在一个合同内，也应被视为两个合同，分别适用不同的法律，西方国家称这种合同为可分割的合同。在国际贸易中，分批交货、含有服务性质的合同以及既供应设备又转让技术的合同都有可能被视为可分割的合同，作为两个或两个以上的合同处理。《买卖合同公约》没有涉及合同是否可以被分割的问题，只是强调如果卖方提供服务的义务不是合同的绝大部分义务，就可以适用该公约规定。

五、《买卖合同公约》适用的法律实体问题

根据公约规定，如果一个国际货物买卖合同，完全具备了适用该公约的条件，但也不是该合同的一切问题都能够根据该公约得到解决。公约在法律实体上，只是解决了买卖双方之间的两大问题：其一是买卖双方之间买卖合同是否成立；其二是买卖合同成立后，买卖双方各自应向对方承担哪些义务、享有哪些权利。公约第 4 条规定，本公约只适用于买卖合同订立和卖方与买方因此种合同而产生的权利和义务。至于与合同有关的其他法律问题，公约都未能给予解决。

除合同成立与买卖双方权利、义务之外，《买卖合同公约》特别声明与下列事项无关：第一，合同、合同中的条款以及惯例的效力。合同成立后，合同本身是否有效，合同中某一个条款以及合同中援引的惯例是否有效等问题，公约不予解决，这一问题应依据合同所适用的国内法解决。第二，合同对所出售货物所有权产生的影响。公约不解决合同对所有权所产生的影响，这是因为货物所有权是关系到买卖双方经济利益的重大问题，各国对此都有具体规定。但由于世界各国社会制度、经济制度不同，各国对货物所有权的规定也相差很大，公约对此很难统一，如果强行统一，必将影响公约的适用范围。所以，公约采取了回避的处理办法。第三，公约不适用于卖方对所出售货物造成他人死亡或伤害的产品责任问题，如果卖方所出售的货物因为产品缺陷造成了他人死亡或伤害，受害方不能依据《买卖合同公约》向卖方起诉，而应当依据产品责任方面的法律，要求卖方承担赔偿责任。可以说，产品责任方面的法律比《买卖合同公约》更加有力地保护了受害者的利益。但应注意的是，公约并没有排除卖方对因所出售货物的缺陷造成买方的财产损害应承担的责任，买方对其财产方面的损害可依据公约向卖方提出赔偿要求。

六、《买卖合同公约》的任意性与保留问题

由于《买卖合同公约》主要是调整买卖双方之间的法律关系，具有私法的性质，体现“意思自治”和“契约自由”原则，合同当事人可以自由约定合同内容。关于《买卖合同公约》对合同是否适用问题，买卖双方可以在合同中作出约定。所以，公约第 6 条规定，买卖双方可以在合同中约定不适用该公约，也可以在合同中约定减损或修改该公约的任何规定。可见，《买卖合同公约》的规定是任意性的，允许双方当事人在合同中作出与该公约不同的规定。当合同规定与该公约规定不一致时，应以合同规定为准，合同条款效力优于公约规定，公约规定只有在合同没有规定或者合同规定无效时才适用，公约规定是对合同约定的一种补充。应该注意的是，公约的任意性只是针对合同当事人而言，而非针对公约缔约国，适用公约是公约缔约国的国际义务。

但《买卖合同公约》第 12 条的规定具有强制性，当事人不得在合同中减损或修改该公约第 12 条的规定。公约第 12 条规定与第 11 条密切相关，公约第 11 条规定合同可以采用非书面形式，即口头形式的合同是有效的。但考虑到一些国家法律规定合同必须书面形式、口头形式无效的情况，公约第 96 条又规定允许这些国家对公约的非书面形式作出保留。公约第 12 条针对被缔约国保留后的公约规定的效力及其强制性作出了明确规定。如果一个国家对该公约的非书面形式的规定作了保留，在这种情况下，营业地处于该国家的当事人就应以书面形式订立合同，公约关于“书面以外任何形式作出的任何规定都不得适用”，而且，公约的这一规定对当事人来说是强制性的，当事人不能以“契约自由”或公约的任意性为由，在买卖合同中减损或改变公约的这一规定的效力。

第二节　国际货物买卖合同的成立

买卖是一种合同，需要买卖双方进行协商，合同才能订立。一方当事人提出要约，另一方当事人对要约作出承诺，这是合同订立的两个最基本的步骤，缺一不可。

一、要约的含义及有效条件

1. 要约的含义

要约（offer），是希望和他人订立合同的一种意思表示，是向他人提出愿意订立合同的建议。《买卖合同公约》第 14 条规定，一方当事人以订立合同为

目的，向一个或一个以上特定人提出的建议，如果这种建议十分确定并表明在得到对方接受时即受约束，就构成了要约。提出要约的人，被称为要约人（offer），对方被称为受要约人（offeree）。

在国际贸易中，要约也常常被称为发盘、发价、报价、开价等，要约人也常常被称为发盘人、发价人、报价人、开价人等，受要约人则常被称为被发盘人或受盘人等。

2．要约的条件

根据《买卖合同公约》及我国《合同法》，一项有效的要约应具备如下四个条件：

第一，要约是以订立合同为目的的建议（A proposal for concluding a contract）。要约人发出要约的目的是为了订立合同，不具备订立合同目的的，就不能构成要约。

第二，要约应向一个或一个以上特定人发出。所谓向特定人（specific person）发出，就是以具体商号、企业或个人名称为抬头，并按其地址直接向他们发出要约。受要约人是特定的人，而不是公众（public），要约人在发出要约时，指明了接受该要约的受要约人名称和姓名。要约是要约人向特定受要约人提出的一种订立合同的建议，如果这种建议不是向特定受要约人而是向广大公众提出，不应视为要约。

第三，要约应具备确定内容（Be sufficiently definite）。要约内容基本上就是买卖合同内容，至少要包括货物名称、价格及数量三项基本内容，具备这三项基本内容便构成一个"十分确定"的要约。关于货物价格及数量的表示方法，要约人可以直接规定。通常，把直接规定的价格称为固定价或死价（fixed price），而把规定如何确定价格的方法称为开口价或活价（open price）。对于价格不稳定的货物或者长期大量供货合同，采取活价比较合适。

要约人提出要约，根据《买卖合同公约》，只具备三项内容即可。合同其他条款及内容，如果双方未在合同中明确，应以双方当事人已建立的习惯做法及采用的惯例予以补充，或按《买卖合同公约》有关规定予以补充。例如，可按公约第 31 条规定来确定卖方交付货物地点，按公约第 33 条规定来确定卖方交付货物时间。在贸易实践中，要约人提出要约时，条款应越详尽越好，受要约人一见明了，便于迅速作出接受与否的选择，避免受要约人因不明确而反复询问，浪费时间和费用，拖延成交时间。

第四，要约应清楚地表明一经对方接受，要约人即受约束（offeror to be bound in case of acceptance）。要约人应表示，要约一经受要约人接受，要约人就受要约约束，对此，受要约人不必再征求要约人同意。

很多情况下，要约并不是明确注明“一经接受即受约束”字样，要约中是否存在“一经接受即受约束”的意思表示，需要根据要约人的用词及语气来判断。如当事人用“要约”一词来表示要约，那么用“意向书”一词就不是要约，不具有受约束的意思。要约的这一条件使得要约与其他在谈判中意欲订立合同的意思表示相区别。

3. 要约邀请

在国际贸易实践中，有些贸易公司或厂商经常寄发商品目录（catalogues）、价格单（price list），或刊登广告，或设置橱窗等，这些行为是否构成要约，各国法律对此规定不同。大陆法系认为要约必须是向特定的人发出的，凡向公众发出的广告不视为要约。英美法系则认为要约可以向任何人发出，如果向公众发出的广告等内容十分明确而具体，也可视为要约，并称为公共要约。一旦看到广告的人作出接受的表示，则刊登广告的人即受广告的约束。《买卖合同公约》对此进行折中，规定“非向一个或一个以上特定的人提出的建议，仅应视为要约邀请”（invitation for offer），即邀请对方向自己提出要约。

但是，如果这种建议符合要约应具备的条件，并明确表示是作为要约发出的，如“本广告构成要约”，或注明“广告所列商品将售给最先支付现金或最先开来信用证的人”等，则可构成要约。根据公约规定，不是向特定人发出订立合同的建议，通常情况下，应视为要约邀请；但如果具备要约条件，具备“一经接受即受约束”的意思时，就构成要约。

二、要约的生效、撤回与撤销

（一）要约的生效

要约生效（become effective），是指对要约人有约束力。要约生效，要约人就受到约束；要约不生效或要约失效，要约人就不受约束。大多数情况下，要约人是通过电报、电传、传真及信件等书面形式向受要约人提出要约的。《买卖合同公约》、《商事合同通则》和我国《合同法》都规定，要约到达受要约人时生效，在到达受要约人之前，要约对要约人不具有约束力。

如何判断要约到达？公约规定，到达是指送交对方本人，或其营业地或通信地址，如无营业地或通信地址，则应送交对方惯常居住地。

如果受要约人仅凭以往交易经验或通过其他途径，在要约到达之前就事先了解要约内容，并在收到要约之前作出接受决定，这种接受在法律上是无效的，只能构成一个新要约（new offer）。如果新要约的内容与原要约的内容完全吻合，在法律上被称为交叉要约（cross offer）。要约送达受要约人生效后，要约人就应受到要约的约束，有义务遵守要约。如果受要约人按照要约规定方式并在要约规定有效期内接受了要约，买卖合同即告成立。如果要约人因反悔要撤回要约或更改要约或不履行要约所规定的义务，就构成了违约行为，应承担法律责任。

（二）要约的撤回（be withdrawn）

要约在到达受要约人之前没有生效，要约人不受约束。要约人发出要约后，在要约到达受要约人之前，如果要约人反悔，比如卖方的报价低于市场价格或买方的报价高于市场价格等，要约人都可以将要约撤回。但是，要约人要撤回要约，必须向受要约人发出撤回通知（revocation），而且撤回要约的通知必须在要约到达受要约人之前到达或与要约同时到达受要约人处（before or at the same time as the offer），以阻止要约的生效。所以，要约撤回是要约人在发出要约后至要约生效前这段时间内，要约人可以行使的权利。任何一个要约，包括注明“不可撤销”（irrevocable）的要约，在到达受要约人生效前，要约人都有权撤回。国际贸易实践中，要约人如要撤回要约，应准确掌握时间，撤回要约的通知应采取比要约更快的通信方式，否则就没有机会撤回要约，只能考虑可否撤销要约。

（三）要约的撤销（be revoked）

1．要约撤销的含义

要约撤销，是指要约人在要约生效后受要约人发出接受通知前的一段时间内对要约的撤回。受要约人收到要约后，常常需要一段时间对市场以及对方信誉进行调查，没有立即作出接受决定，合同还没有成立，双方之间还不具有合同关系。要约的撤销就是指在受要约人接受之前、合同还没有成立的这一段时间内要约人对要约的撤回。如果受要约人已经接受了要约，合同就成立，要约人就没有机会撤回要约。

有的要约可以被撤销，有的要约不能被撤销。要约可否被撤销，要根据具体情况来决定，《买卖合同公约》、《商事合同通则》以及几乎所有国内法都有规定。根据要约可否被撤销，可以把要约分为两种：一种是可撤销要约，另一种是不可撤销要约。

2．可撤销的要约及撤销的时间

可撤销的要约，是指在受要约人接受要约、合同成立之前，要约人可以撤销的要约。英美法系国家的法律规定，一个要约，除了签字蜡封的或成文法有明确规定的以外，在受要约人接受之前，都可以随时撤销。大陆法系国家的法律认为，要约生效后，对要约人具有约束力，不可撤销，除非要约人在要约中注明要约人不受约束。《买卖合同公约》规定，在合同成立之前，要约可以撤销，但属于不可撤销的要约除外。

对于可撤销要约，如果要约人要撤销要约，要约人必须向受要约人发出撤销要约通知，并且撤销要约通知应当在受要约人发出接受要约的通知之前到达受要约人。如果受要约人已经发出了接受要约的通知，即使该通知还没有到达要约人，合同还没有成立，要约人也不能撤销要约。

3．不可撤销的要约

不可撤销要约（irrevocable offer），是指要约到达受要约人后，虽然受要约人还没有作出接受要约的决定，合同还没有成立，但要约人也不可以撤销的要约。《买卖合同公约》、《商事合同通则》和我国《合同法》都规定以下三种要约是不可以撤销的：一是要约人在要约中明确规定了受要约人接受要约期限的要约；二是要约中以其他方式表明要约是不可撤销的，如要约中注明“不可撤销”、“×月×日前不被撤销”、“我们坚持我们的要约直到收到贵方回复”等；三是受要约人有理由信赖要约是不可撤销的，并已按照对该要约的信赖行事，为履行合同做了一些准备工作的，受要约人对要约人的信赖，既可来源于要约人行为，也可来源于要约本身的性质。

4．我国外贸实践中的实盘和虚盘

外贸实践中，我方当事人常常把发出的具有交易条件的订立合同的建议称为发盘，而且还常常把所发的盘分为实盘和虚盘两种。我方当事人发出的实盘（firm offer），通常具有两个特点：一是规定了比较详细的交易条件；二是规定了对方接受的期限。我方当事人发出的虚盘通常也具有两个特点：一是不规定对方的接受期限；二是规定了保留条件，如注明“以我方最后确认为准”（Subject to our final confirmation），或者“以未先售出为准”（Subject to our prior sale），或者“仅供参考”（For reference）等。

根据公约和我国《合同法》规定，我国当事人发出的实盘具备不可撤销要约的条件，在实盘所规定的接受期限内，我国当事人即使发现所报价格不合适，也不能撤销；只要国外对方接受我方当事人的实盘，合同就应成立。如果国外对方未在接受期限内接受，接受期限一过，我方当事人就可以重新报价。所以，我方当事人在对外发出实盘时，不应规定较长的接受期限，贸易实践中的实盘接受期限大多数都在 10 天左右。我方当事人通常都向国外老客户发出实盘，以有利于及早成交。

我方当事人对外发出的虚盘，根据公约和我国《合同法》规定，不构成有效要约，只能构成一个要约邀请。在虚盘情况下，即使国外对方接受了我方当事人的条件，还需要我方当事人最后确认，合同才能成立。如果我方当事人不予确认，即使对方完全接受我方当事人的条件，合同也不能成立。我方当事人可以根据市场情况的变化决定是否确认，最后成交与否取决于我方当事人。虚盘不利于迅速成交，如果对方是新客户，因对对方缺乏了解，通常发出虚盘以试探对方成交的诚意。

三、要约效力的终止

1. 要约效力终止的含义

要约效力的终止（lapse of offer），也就是要约失效，要约人不再受要约的约束。要约人可以根据市场价格等情况重新发出要约，另行作出安排，提出新的交易条件。对于一个不可撤销的要约，如果要约人觉得提出的价格不合适，又不能撤销，在这种情况下，要约效力终止是一件好事，因为要约人可以重新提出一个新的要约。

2. 要约效力终止的情形

要约在如下五种情况下终止效力：

第一，要约的效力因为接受期限届满而自动终止。如果受要约人在要约所规定的接受期限内没有接受要约，要约的接受期限届满就自动终止其效力。接受期限届满后受要约人对要约的接受应视为向原要约人发出的一个新要约。

第二，要约的效力因为要约人对要约撤销而终止。对于可撤销的要约，在受要约人发出接受通知之前，要约人撤销了要约，从撤销通知到达受要约人时起，要约就失去了效力。

第三，要约的效力因为受要约人的拒绝而终止（Be terminated when a rejection reaches the offeror）。受要约人收到要约后，如果明确地向要约人表示拒绝要约，该拒绝要约的通知到达要约人时，要约就失去了效力。

第四，要约的效力因为受要约人对要约的内容作出实质性变更而终止。受要约人收到要约后，常常对要约的内容进行修改变更，有时这种修改变更的程度较大，是要约人不能容许的，构成对要约实质性的变更。如果受要约人对要约的变更是实质性变更，则应视为对要约的拒绝，构成一个新的要约，也被称为反要约（Counter offer）或还盘，原来的要约于受要约人的实质性变更通知到达要约人时起失效。如果受要约人对要约的变更是非实质性的变更，要约人并不反对这种变更，则应视为对要约的接受，原来的要约有效，合同于非实质性变更通知到达要约人时起成立。

第五，要约的效力因为合理期限已过而终止效力。对于一个没有规定接受期限的要约，如果受要约人没有作出答复，也不是永远都具有效力的，要约的效力也有一个合理的时间，在合理时间内受要约人没有接受，该要约也失去效力。至于如何判断合理时间，这是一个实际问题，应根据具体情况予以判断。

四、承诺的含义、方式及有效条件

（一）承诺的含义

承诺（Acceptance），也称为接受，指受要约人同意要约、接受要约条件的一种意思表示。《买卖合同公约》第 18 条规定，受要约人声明或作出其他行为表示同意一项要约即接受（A statement made by or other conduct of the offeree indicating assent to an offer is an acceptance）。《商事合同通则》第 2.6 条也规定，受要约人作出的声明或以其他行为表示同意一项要约，即构成承诺。

（二）承诺的方式

受要约人要表示接受要约，必然以一定的方式向要约人表示出来，这就是承诺的方式。根据《买卖合同公约》和《商事合同通则》的规定，受要约人的承诺方式，既可以直接作出声明表示接受要约，如受要约人口头或书面通知要约人接受要约；也可以以其他行为来表示接受要约，如受要约人根据要约中的规定预付货款、开出信用证或者装运货物等。

通常情况下，受要约人承诺方式应按照要约的规定，如果要约没有规定，承诺方式应与要约方式相同或比要约方式更快。不论以什么方式表示，承诺都是对要约的同意和接受。

（三）沉默是否构成承诺

如果受要约人收到要约后，对要约保持沉默，这种沉默的本身不能视为承诺。《买卖合同公约》规定，缄默或不行为本身不构成承诺（Silence or inactivity does not in itself amount to acceptance）。《商事合同通则》也有类似规定。受要约人拒绝要约，可以通知要约人，也可以不通知要约人，受要约人没有必须通知的义务，所以，沉默本身并不等于承诺。外贸实践中，一方收到另一方的要约后，通常都给予答复，这是出于双方当事人的友好和礼节而进行的答复；而从法律上看，受要约人是没有义务必须答复的。

但是，在某些情况下，如双方当事人事先已经达成“沉默即构成承诺”的协议，或者根据当事人以往已经形成的习惯做法，受要约人沉默就有可能构成承诺。例如，甲于 2 月 1 日向乙发出询价，并规定“如果我方在收到你方报价后一个星期内未答复的，可以视为我方已经接受你方报价”等，在这种情况下，甲方在一个星期内未答复就构成了承诺。再如，买卖双方是老客户关系，长期以来，卖方在收到买方的订单之后即发货，不再另行发出接受通知，这已经形成了惯例，在这种情况下，卖方的沉默也构成承诺。所以，虽然沉默本身不构成承诺，但如果沉默与其他因素如双方当事人的事先约定或习惯做法等结合在一起时，沉默就可能构成承诺。

（四）承诺的有效条件

一项有效承诺必须具备下列条件：第一，作出承诺的人应是受要约人，只有受要约人才能作出承诺，非受要约人的第三人对要约表示同意不能构成承诺，只能视为第三人向原来要约人发出的一个新的要约。第二，承诺必须有受要约人与要约人订立合同的意思存在，如果受要约人只是表示“愿意考虑”要约人的要约，则不构成承诺。第三，受要约人应在要约人规定的时间内（fixed time）承诺，如果要约人未规定时间，应在合理时间内承诺。合理时间的确定（a reasonable time），应考虑交易的具体情况，包括考虑要约人所使用的通信方法的快捷程度等。对于口头要约，通常受要约人应立即承诺，但是双方当事人另有约定的除外。如果受要约人在要约人规定的接受期限后才承诺，只能视为一个向原来要约人发出的一个新的要约。第四，承诺应是对要约的无条件接受，对要约有条件接受原则上应视为对要约的拒绝。第五，承诺必须送达给要约人，使要约人知道受要约人已经接受了要约，他们之间的合同已经成立。

五、承诺的生效时间和生效地点

（一）以口头或行为表示承诺的生效时间

承诺的生效时间是合同法上的一个十分重要的法律问题，因为承诺一生效，合同就成立，双方当事人之间就具有了合同关系，应受到合同的约束。关于承诺生效的时间，应根据承诺方式的不同而有所不同。如果当事人当面谈判或电话谈判，受要约人口头承诺，承诺当时就生效。如果根据当事人的约定，受要约人采取行为方式表示承诺，则根据《买卖合同公约》第 18 条（3）款的规定，该行为作出时就生效（at the moment the act is performed）。之所以如此规定，是考虑到应对以行为作出承诺的受要约人给予必要的保护，否则如果要约人撤销要约，将对受要约人造成很大的经济损失。

（二）书面承诺的生效时间

受要约人采取书面方式表示承诺的生效时间，英美法系和大陆法系以及公约的规定差异很大。英美法系在书面承诺生效问题上采用了“发信主义”，也被称为“投邮生效原则”（Mail Box Rule）。“投邮生效原则”的含义是，承诺的书面通知一经投邮就生效，就产生了承诺的效力，合同也就成立了。投邮地就是合同成立地，投邮时间就是合同成立的时间。如果承诺的通知在邮递过程中丢失，只要受要约人能够证明确已投邮即可，承诺就有效，合同就成立。

大陆法系在书面承诺生效问题上采用了“收信主义”，也被称为“到达生效原则”（Receive of Letter of Acceptance Rule）。“到达生效原则”的含义是说，承诺的书面通知，只有到达要约人才生效，以要约人的签收为准。签收的时间就是承诺生效的时间，承诺生效，合同也就成立。承诺通知的到达地就是合同成立地。如果承诺的书面通知在邮递过程中丢失，未能到达，则合同就不能成立。

《买卖合同公约》采取了大陆法系的“到达生效原则”。公约在第 18 条（2）款规定：接受发价于表示同意的通知送达发价人时生效（An acceptance of an offer becomes effective at the moment the indication of assent reaches the offeror）。如果表示接受的通知在发价人所规定的时间内，或者如果发价中没有规定时间，则在一段合理时间内，未能送达发价人，该接受即为无效。可见，接受通知在邮递过程中可能发生的遗失或耽搁，致使未能在规定时间内或合理时间内送达要约人，合同就不能成立；受要约人应承担承诺通知未到达、合同不成立的风险。

（三）要约有效期的起算

承诺通知必须在要约有效期内到达，要约有效期一过，要约就失效，承诺也就无效，成为一个新的要约。这里涉及到要约有效期的起算问题，要约的有效期有时在要约中明确规定，如一个要约中规定“本要约的有效期（接受期限）为 10 天”，在要约没有明确规定有效期的情况下，应以合理时间为准。

关于要约有效期的起算，《买卖合同公约》第 20 条作了如下规定：第一，发价人在电报或信件内规定的接受期限，从电报交发时刻或信上载明的发信日期起算，如信上未载明发信日期，则从信封上所载日期起算。第二，发价人以电话、电传或其他快速通信方法规定的接受期限，从发价送达被发价人时起算。第三，在计算接受期限时，接受期限内的正式假日或非营业日应计算在内。但是，如果接受通知在接受期限的最后一天未能送到发价人地址，因为那天在发价人营业地是正式假日或非营业日，则接受期限应顺延至下一个营业日。

（四）承诺的生效地点

承诺生效的地点就是合同成立的地点。如果承诺通知是以数据电文形式（包括电报、电传、传真、电子数据交换和电子邮件）作出的，则以要约人的营业地为承诺生效地点，也是合同成立地点。没有营业地的以其惯常居住地为合同成立地点。但当事人另有约定的按照约定来定。承诺以信函形式作出的并送达要约人信箱的，要约人信箱所在地为合同成立地。当事人采用书面形式签订合同的，签字盖章所在地即合同成立地，不在同一时间同一地点签字盖章的，则以后签字盖章地为合同成立地。[①]

①翟云岭、郭杰著：《新合同法论》，大连海事大学出版社，2000 年版，第 55 页。

六、逾期承诺的效力

（一）逾期承诺的含义

所谓逾期承诺（Late Acceptance），也被称为迟到承诺或逾期接受等，是指承诺的通知到达要约人的时间已经超过了要约所规定的有效期。在要约未规定有效期时，承诺的通知到达要约人的时间已经超过了合理的时间。承诺应在要约人规定的有效期或合理的时间内，未在规定的有效期或合理时间内到达的承诺就是逾期的承诺。

实践中，承诺未在要约有效期或合理时间内到达的情况比较多见，其原因或是受要约人没有及时发出承诺通知，或是受要约人虽然及时发出承诺通知，但因邮递过程耽搁致使承诺通知未能按时到达。

（二）迟延发出的逾期承诺

我国《合同法》第 28 条规定：受要约人超过承诺期限发出承诺通知的，除要约人及时通知受要约人该承诺有效的以外，为新的要约。可见，如果受要约人发出承诺的通知已经很晚，在邮递正常情况下不可能按时到达要约人处，在这种情况下，逾期承诺的责任应由受要约人承担，这种逾期承诺应视为无效承诺。

但是，如果要约人收到逾期承诺以后，仍愿意与受要约人成交，比如市场价格开始下跌，卖方不计较逾期问题，并立即通知对方该逾期承诺有效时，在这种情况下，该逾期承诺就应由无效而变为有效。《买卖合同公约》第 21 条（1）款规定，逾期接受仍有接受的效力，如果发价人毫不迟延地用口头或书面将此种意见通知被发价人。因为双方当事人意思表示还是一致的，把逾期承诺视为有效，这种规定对于缩短双方的交易时间，促成交易尽早达成是很有积极意义的。可以看出，逾期承诺是否有效，合同能否成立，最终取决于要约人的态度。如果要约人收到逾期承诺后未予理睬，或未立即通知受要约人该逾期承诺有效，则该逾期承诺就应视为无效。

（三）因邮递等耽搁的逾期承诺

所谓因邮递等耽搁的逾期承诺，是指从信件或其他书面文件上可以看出，它是在传递正常、能及时送达发价人的情况下寄发的，按照通常情形，该承诺应该能够及时到达要约人，但因邮递等其他原因耽搁，承诺到达要约人时超过了承诺期限的。对于这种逾期承诺，《买卖合同公约》第 21 条（2）款规定，传递正常、能及时送达发价人的情况下寄发的逾期接受，具有接受的效力，除非发价人毫不迟延地用口头或书面通知被发价人：他认为他的发价已经失效。

在邮递正常情况下本应及时到达，但因邮递等其他原因耽搁致使未能按时到达，这种情况下的逾期责任不在于受要约人，该逾期承诺原则上应视为有效。但是，如果要约人收到逾期承诺以后，不愿意与受要约人成交，并且立即通知受要约人该逾期承诺无效，在这种情况下，该逾期承诺就又应视为无效。显然，因邮递耽搁的逾期承诺的效力，最终还是取决于要约人的态度，要约人可以根据当时的具体情况，作出对自己有利的选择。如果要约人收到因邮递耽搁的逾期承诺后，没有立即通知该逾期承诺无效，或者对逾期承诺未予理睬，则该逾期承诺仍应视为有效。

七、对要约作了更改的答复的效力

（一）对要约作了更改的答复

实践中，受要约人收到要约以后，完全无条件地同意要约内容的情况并不多见，常常是受要约人一方面表示接受要约，另一方面又对要约提出了一些不同的条件，如要求降低价格或者增加数量等，也就是对要约进行了变更。这种对要约进行更改的答复，可以是对原要约添加某些条件，或者是限制原要约中的条件，或者是对原要约的条件进行了更改。

按照《合同法》的一般原则，承诺本是对要约的同意，是对要约无条件地接受，承诺的内容应与要约的内容完全一致，只有受要约人对要约的答复与要约内容一致时，才是一个有效的承诺，合同才能成立。如果受要约人对要约的答复不是对要约无条件地接受，而是对要约进行了更改，这种答复不能构成有效的承诺，应视为一个新的要约，即反要约（Counter offer）。所谓反要约是指受要约人在对要约表示接受的同时，也对要约进行了更改。反要约是对要约的拒绝，构成一个新的要约，原来的要约失效。

但也应看到，受要约人对要约的更改是不尽相同的，有的更改并不重要，是对要约非常轻微的无关紧要的更改，是一些非实质性的更改，对于这种更改大多数要约人是能够容许的；但有的更改是对要约作了重大更改，是大多数要约人不能同意的。对此，《买卖合同公约》第 19 条把对要约的更改分为实质性更改和非实质性更改，并对其效力作出不同的规定。

（二）对要约作了实质性更改的答复及效力

根据《买卖合同公约》第 19 条（3）款，如果受要约人对要约的下列内容进行了更改，则视为对要约作了实质性的更改（to alter the terms of the offer materially）：货物的价格、付款、货物质量和数量、交货地点和时间、一方当事人对另一方当事人的赔偿责任范围（extent of onc party's liability to the other）或解决争端（the settlement of disputes）等等。我国《合同法》第 30 条规定：有关合同标的、数量、质量、价款或者报酬、履行期限、履行地点和方式、违约责任和解决争议方法等的变更，是对要约内容的实质性变更。对要约作了实质性变更的答复，是一个无效的承诺，是对原要约的拒绝，并构成反要约，原来的要约失效。《买卖合同公约》第 19 条（1）款规定，对发价表示接受但载有添加、限制或其他更改的答复，即为拒绝该项发价，并构成还价。

（三）对要约作了非实质性更改的答复及效力

根据《买卖合同公约》的规定，如果受要约人对要约的更改在实质上并没有改变要约的条件，是除第 19 条（3）款规定事项之外的其他方面的更改，则构成对要约的非实质性更改。

关于对要约作了非实质性更改的答复的效力，应根据要约人的不同态度予以确定。第一，要约人收到非实质性更改的答复后，如果没有对这种非实质性更改提出反对意见，则受要约人的这种非实质性更改的答复仍然构成承诺，合同内容就应以要约的条件和受要约人答复中的更改条件为准。第二，如果受要约人收到非实质性更改的答复后，立即对这种非实质性的更改提出了反对意见，并将这种反对意见以口头或书面形式通知了受要约人。在这种情况下，受要约人非实质性更改的答复就是无效的承诺，并构成反要约。第三，如果受要约人对非实质性更改提出反对意见，但这种反对意见未及时地提出，构成了“过分迟延”或“不适当的迟延”（Undue delay）。在这种情况下，这种反对意见无效，受要约人对要约非实质性更改的答复仍然构成承诺。

八、承诺的撤回

如果受要约人发出承诺通知以后，因为各种原因又想反悔，不想与要约人订立合同，可以将已经发出的承诺通知撤回，承诺的撤回是指在承诺生效之前受要约人对承诺的撤回。《买卖合同公约》第 22 条明确规定，接受得予撤回，如果撤回通知于接受原应生效之前或同时，送达发价人（An acceptance may be withdrawn if the withdrawal reaches the offeror before or at the same time as the acceptance would have become effective）。承诺通知一经送达就生效，合同也就成立，受要约人就不能再将承诺撤销。所以，承诺只可以撤回，不可以撤销，因为承诺到达即生效，合同即成立，没有撤销的机会。

九、国际货物买卖合同的成立、生效及形式

（一）国际货物买卖合同的成立与生效

《买卖合同公约》第 23 条规定，合同于承诺生效时订立。我国《合同法》第 25 条规定，承诺生效时合同成立。国际贸易实践中，当事人间通过函电磋商达成协议时，往往约定必须签订正式确认书，或采用经双方签字的合同书形

式订立。《买卖合同公约》对此无规定，但我国《合同法》明确规定如下：第一，当事人采用信件、数据电文等形式订立合同的，可以在合同成立之前要求签订确认书。签订确认书时合同成立，即以双方当事人在确认书上签字或盖章时间为合同成立的时间。如果签字或盖章不在同一时间时，以最后一方当事人签字或盖章时间为订立合同的时间。第二，当事人采用合同书形式订立合同的，自双方当事人签字或者盖章时合同成立。如果签字或盖章不在同一时间，则以最后签字或盖章的时间为订立合同的时间。[①]

合同的成立与合同的生效是两个不同的概念。合同的成立是双方当事人意思表示一致的结果，合同的生效是具有了法律上的效力。合同生效一般应具备以下条件：第一，签订合同的主体合格，如当事人具有民事行为能力和订约能力。第二，合同形式合法，如按照我国对公约保留的现状，我国对外贸易合同应采用书面形式。第三，合同的内容合法，如果买卖合同的标的属于我国《对外贸易法》规定的禁止进出口的货物，合同内容就属于不合法。第四，当事人意思表示真实，不能存在欺诈、胁迫等瑕疵。合同生效问题属于国内法管辖，《买卖合同公约》不调整合同效力问题，第 4 条规定本公约除非另有明文规定，与合同的效力或其任何条款的效力或任何惯例的效力等事项无关。根据《买卖合同公约》的规定，合同成立时就生效，对双方当事人就具有约束力，双方当事人应按照合同规定履行各自的义务，否则应承担违约责任。我国《合同法》第 44 条也规定：依法成立的合同，自成立时生效；法律、行政法规规定应当办理批准登记等手续生效的，依照其规定。在通常情况下，国际货物买卖合同是不需要办理批准登记手续的，《合同法》规定的批准登记手续通常是指中外合资经营企业合同、中外合作经营企业合同等。

（二）国际货物买卖合同的形式

目前，大多数国家的立法都有重交易速度、轻交易形式的倾向，表现在对货物买卖合同的形式上，大多数国家都采取“不要式原则”，即对货物买卖合同没有特别的形式上的要求，当事人可以采取口头形式、书面形式或某种行为方式来订立货物买卖合同，无论哪一种形式都是有效的和合法的。《买卖合同公约》对合同形式的要求也很宽松，根据第 11 条和第 12 条规定，国际货物买卖合同，包括对买卖合同的变更或终止、要约和承诺、以及当事人的其他意思表示，都无需以书面形式订立或由书面文件证明，在形式上也不受任何其他条件的限制，甚至可以用包括人证在内的任何方法证明。《商事合同通则》第 1.2 条也规定，不要求合同必须以书面形式订立或由书面文件证明，合同可通过包

①赵承壁著：《国际货物买卖合同》，对外贸易大学出版社，2001 年版，第 47 页。

括证人在内的任何形式证明。

但发展中国家大多数都比较强调和重视合同的书面形式，并在国内立法中规定非书面的合同无效，我国在1999年之前的合同立法也属于这样的情况。基于发展中国家关于书面形式的立法要求，《买卖合同公约》允许其缔约国在加入或核准公约时对公约的第11条以及相关规定作出保留。我国在核准公约时就对第11条等作了保留，所以，我国各公司对外签订的国际货物买卖合同应以书面形式订立。所谓书面形式，根据我国《合同法》第11条的规定，是指合同书、信件和数据电文（包括电报、电传、传真、电子数据交换和电子邮件）等可以有形地表现所载内容的形式。

在我国外贸实践中，也常有签订确认书的情况。所谓确认书，是指为证明通过书信、电报和电传达成的协议，根据一方当事人的要求而签订的一种简单的书面合同。确认书的内容一般比较简单，因为签订确认书的交易常常是成交金额较小、批次较多的日用工业品、土特产品等。签订确认书的情况通常是双方当事人是通过信件、电报或电传成交的，而且一方当事人要求签订确认书，在这种情况下，合同在签订确认书时成立。

十、国际货物买卖合同的变更、中止、解除及终止

（一）国际货物买卖合同的变更

国际货物买卖合同成立以后，因为一些客观情况的变化，一方或双方当事人有时需要对合同内容进行调整和修改，即国际货物买卖合同的变更。合同的变更，只是合同的相关内容有了变更，合同效力不变。关于合同可否变更问题，英美法系要求合同变更应有对价，如果变更仅涉及一方当事人的权利，则变更可能因缺少对价而无效。大陆法系则不要求对价，只要双方当事人协商一致，合同就可以变更，即使变更后的内容单方面加大或减少了一方当事人的权利或责任，也仍具有法律效力。

《买卖合同公约》第29条（1）款规定，合同只需双方当事人协议，就可更改或终止。可见，公约采取了大陆法系的做法，且对变更合同的方式没有特别要求，口头、书面或行为方式皆可。但是针对书面合同本身明确规定用书面形式变更的这种情形，公约第29条（2）款规定，“任何更改或终止必须以书面作出的书面合同，不得以任何其他方式更改或终止”。根据这一规定，如果书面合同本身明确规定用书面形式变更的，那么对该合同的变更所采用的非书面形式就无效了。但公约第29条（2）款又规定，在一定条件下应该放弃对书面变更的要求，即“一方当事人的行为，如经另一方当事人寄以信赖，就不得坚持此项规定”。也就是说，如果一方以口头方式变更了合同，另一方当事人

对这一变更已经给予信赖，即使该合同规定必须用书面形式变更合同，那么这一口头变更也是具有法律效力的。

（二）国际货物买卖合同的中止

合同成立并生效后，双方当事人应按照合同规定履行合同。国际货物买卖合同的中止，也可称为合同的中止履行，是指合同当事人对合同履行的暂时停止，拒绝对合同的继续履行。当一方当事人有预期违约情形时，另一方当事人有权要求其提供履约担保，在未得到担保之前，另一方当事人可以暂时停止对合同的履行，有权拒绝继续履行合同。合同在中止履行期间，依然具有法律效力。大陆法系把合同的中止履行称为不安抗辩权，英美法系称其为预期违约。《买卖合同公约》第 71 条对合同中止履行的条件、卖方中止运输权等具体问题作了明确规定。《商事合同通则》第 7.3.3 条也规定，一方当事人如果有理由相信另一方当事人将根本不履行，可要求对如约履行提供充分保证，并可同时拒绝履行自己的合同义务。关于合同的中止履行问题，将在本书关于违约补救内容中继续予以研究和探讨。

（三）国际货物买卖合同的解除

国际货物买卖合同的解除，是指合同依法成立生效后，在没有履行或没有完全履行前，因当事人单方或双方的意思表示而使得合同关系归于消灭的行为。合同解除是在合同履行过程中对合同的提前终止，解除后的合同效力终止，不再具有法律约束力。《买卖合同公约》将当事人单方解除合同的意思表示称为宣告合同无效（to declare the contract avoided），《商事合同通则》第 7.3.1 条将当事人单方解除合同的意思表示称为终止合同的权利（right to terminate the contract）。

合同的解除必须具备一定的条件。基于双方当事人意思表示的解除合同，要求当事人双方协商一致。基于单方当事人意思表示的解除合同，应依照法律规定或当事人事先约定，如《买卖合同公约》第 49 条（1）款就规定了买方可以解除合同的几种情形，这一问题也将在本书的违约补救内容中予以探讨。

解除合同还需要按照法定的程序和方式进行，否则，将不产生解除合同的法律后果。根据《买卖合同公约》第 26 条规定，当事人“必须向另一方当事人发出通知，方始有效”。《商事合同通则》第 7.3.2 条规定，“一方当事人终止合同的权利通过向另一方当事人发出通知来行使”。也就是说，不向另一方当事人发出解除合同的通知，合同就不能被解除，其效力仍然存在。

（四）国际货物买卖合同的终止

国际货物买卖合同的终止，是指国际货物买卖合同关系在客观上不复存在，合同的效力归于消灭，合同中的权利义务对双方当事人不再具有法律约束力[①]。但是，合同终止并不影响合同中独立条款的效力，合同中有关解决争议等独立条款仍然继续有效，合同终止也有可能产生终止后的新的权利义务。如《买卖合同公约》第81条规定，宣告合同无效解除了双方在合同中的义务，但应负责的任何损害赔偿仍应负责。宣告合同无效不影响合同关于解决争端的任何规定，也不影响合同中关于双方在宣告合同无效后权利和义务的任何其它规定。关于合同终止后的法律问题，本书的违约补救部分还将继续予以研究和探讨。

国际货物买卖合同终止的情形，主要包括如下几种：第一，合同履行完毕，合同效力自然归于消灭。第二，当事人双方协议终止[②]，如《买卖合同公约》第29条规定的“合同只需双方当事人协议，就可更改或终止”。第三，一方当事人违约情形下，另一方当事人依法宣告合同无效，解除了合同的效力。如《买卖合同公约》第49条（1）款关于买方可以宣告合同无效的规定。可见，《买卖合同公约》所规定的一方当事人宣告合同无效和《商事合同通则》规定的一方当事人终止合同的权利，实际上都只是合同终止的一种情形。[③]

第三节 国际货物买卖合同的主要条款

买卖合同通常由首部、本文与尾部组成。首部通常包括合同名称、编号、缔约时间、地点、缔约双方名称、地址及合同序言等。本文是合同的主体部分，包括各项交易条件及有关条款，如商品名称、品质规格、数量、包装、单价与总值、交货期限、交货地点、支付、保险、商品检验、仲裁、法律适用以及不可抗力等。尾部通常包括合同的份数、附件、使用文字及其效力、合同生效日期与双方签字等。

大宗买卖或成交额较大的重要的成套机械设备交易的买卖合同，其内容比较全面、详细、具体。成交额不大、批量较多的土特产、轻工业品以及交易双方有包销、代理协议等情况，其买卖合同通常比较简单。

一、货物的名称和品质条款

（一）货物品名条款的含义

在实践中，有的合同把名称条款和品质条款分别加以规定，有的则合并在一起即品名条款。把货物的名称和货物品种、型号、等级、规格规定在一起，

①翟云岭、郭杰著：《新合同法论》，大连海事大学出版社，2000年版，第181页。

②左海聪著：《国际贸易法》，法律出版社，2004年版，第66页。

③赵承壁著：《国际货物买卖合同》，对外贸易大学出版社，2001年版，第178页。

使货物名称更加具体、明确。订明货物名称应注意：第一，有些货物名称在国际上还未被统一，存在着同名不同物或者同物不同名的现象，在规定货物名称时，应尽可能地使用国际上通用的正式的名称，避免因误会而产生争议。第二，对于一些新产品的定名或外国产品的译名，应力争准确无误，并符合国际贸易惯例。第三，有的货物虽属于同一种类，但却有几个不同的名称，而且采用不同的名称可能影响到关税税率的高低、进出口的限制以及运费的多少，有必要选择有利于减低关税、方便进出口和费率比较优惠的名称。

货物的品质，也称质量（Quality of Goods），是指货物的内在质量和外观形态的综合。货物的内在质量，通常是指气味、成分、性能及组织结构等内在因素，比如金属的物理性能、抗拉强度、抗弯强度等。货物的外观形态，通常是指颜色、光泽、透明度、款式、花色及造型等外在因素。在国际贸易中，货物品质直接关系到产品的使用效能、售价以及产品的销路和声誉。在市场竞争如此激烈的今天，提高产品质量是加强竞争的重要手段。合同的品质条款，应明确地规定货物的品质标准；合同中关于货物品质的规定，是卖方将来交货时货物品质的依据，也是商检部门、法院及仲裁机构进行检验或解决纠纷的主要依据。如卖方实际交付货物的品质与合同品质条款的规定不符，则买方可以根据情况拒收货物并要求赔偿损失。

（二）货物品质的表示方法

货物品质的表示方法通常有两种：一是以实物来表示货物的品质，二是用文字等来说明货物的品质。

1. 用实物来表示货物的品质

用实物来表示货物品质，通常适用于买卖那些不易用文字来说明品质的货物，尤其是买卖那些在外观造型上有特殊要求的产品，或者在色、香、味上有特殊要求的产品。卖方所交货物的品质必须与实物相符。以实物表示货物的品质，通常用在看货买卖和凭样品买卖两种交易中。

看货买卖，是指根据现有货物的实际品质进行的买卖，通常由买方或其代理人到卖方的营业地看货，对现货的实际品质表示满意后，在卖方的营业地成交。如果卖方所交付的货物与买方所验看的货物品质一致，买方就不得提出异议。

凭样品买卖（Sales by Sample），是指买卖双方约定用样品的品质来表示所成交货物的品质，作为卖方交货品质的依据，卖方实际交付的货物应与样品品质相符。根据样品的提供方不同，可以把凭样品的买卖分为凭卖方提供样品的买卖、凭买方提供样品的买卖和凭对等样品的买卖。买方提供样品时，为了确认是否能够交付符合样品的货物，卖方常常要事先对样品加工复制，经卖方加工复制出来的类似于买方样品的新样品，被称为对等样品（counter sample）。目前我国出口的工艺品、服装等轻工产品贸易中常常采取凭样品成交。国际上常常用样品表示货物某一方面的品质，比如，在纺织品交易中，为了表示颜色，采用“色样”（colour sample）；为了表示造型，采用“款式样”（pattern sample）等。

在凭样品买卖时，应注意如下几个问题：第一，卖方提供样品时，应注意样品具有代表性，通常把中等品质的货物作为样品，应避免选择最高品质的样品，以防止交货时不能与样品相符而招致索赔甚至退货。第二，提供样品后应注意保留“复样”（duplicate sample），以备交货时或对品质产生争议时核对。必要时，对样品及复样予以封存保留，成为“封样”。第三，卖方应争取在合同中签订一些关于货物品质的弹性条款，如“交货与样品相近”、“品质与样品大致相同”等，买方应争取签订一些关于货物品质的严格性条款，比如“货物品质必须严格与样品相符”，“交货必须完全与样品一致”等。第四，卖方按照买方提供的样品图样、图案或其他规格、资料进行生产交货时，应争取在买卖合同中订明“一旦日后第三者根据工业产权法律向卖方提出索赔时，应由买方承担侵权的法律责任”等条款。

2．用文字等说明货物的品质

用文字等说明货物的品质，是指以文字、图表、照片等资料来说明货物品质，主要有以下几种：

第一，凭规格的买卖，如大米等粮食的指标都可以用水分最高不超过百分之几、杂质最多不超过百分之几等表示。

第二，凭等级的买卖。我国出口的钨砂，根据三氧化钨的含量，就分为特级、一级、二级和三级。

第三，凭标准的买卖。产品的标准是指统一化了的规格和等级及其检验方法。目前，世界各国政府或工商团体都对许多产品制定和公布了统一的标准及检验方法。比如，我国对许多产品都有国家规定的标准或有关部门规定的标准，分别称为国标或部标。有些产品标准，随着生产技术的发展变化而不断地修改和变动，因此同一政府或部门颁布的标准常常是年份不同，版本不同，标准不同。在采用标准时，应注意注明标准的版本和年份。

第四，凭良好平均品质的买卖。有一些初级产品未被等级化或标准化，在这些初级产品的买卖中，只好采取良好平均品质以说明所交货物的品质。良好平均品质通常是指中等品质的货物，即中等货。我国的农副产品出口时所采取的良好平均品质，通常还被称为“大路货”。

第五，凭说明书的买卖。对于一些属于技术密集性的机、电、仪表等成套设备的产品，由于其构造复杂，表示性能的数据多，对材料方面、设计方面的要求也很严，往往很难用几个指标来表示其品质，通常是以详细的说明书并附有复杂的图样、设计图、照片等资料来说明其性能的，这种表示其品质的方式被称为凭说明书的买卖。

第六，凭商标或牌号的买卖。产品的商标是指工商企业用来识别他所生产或销售产品的标志。牌号是指工商企业对其所生产或销售的产品所起的名称，以区别于其他企业的同类产品，如 SONY 彩电。凭商标或牌号的买卖，一般只适用于一些品质稳定的工业制成品和经科学加工的初级产品，这些产品有的是在国际上久负盛誉的名牌产品，品质优良稳定，售价也远远高于同类产品，而其创造者为维护其产品的名誉，对质量严格控制。在这种情况下，商标或牌号就代表了其产品的品质，在订立合同时，只凭商标或牌号就表示了品质，不必对品质再作详细规定。

第七，凭产地的买卖。有些农副土特产品，由于受生产地的自然条件、传统加工方法等因素影响，在品质上与其他产地的同类产品相比，具有独特的风格。对于这样产品，习惯上用产地表示其品质，比如，天津的红小豆、四川的榨菜、龙口的粉丝等。

在国际贸易中，对于商品的品质，有的合同既规定凭样品买卖，又对品质作了说明，即对货物品质作了双重标准的规定。在这种情况下，卖方交付货物的品质就应当既与样品相符，又符合品质说明，有一方面不符都将构成违约，这一点应引起注意。

二、货物的数量条款

（一）货物数量条款的内容

货物数量条款，是国际货物买卖合同不可缺少的条款。按照《买卖合同公约》规定，卖方交货数量必须与合同一致，否则将构成违约，买方有权采取要求损害赔偿等补救措施。合同中规定的数量条款是确定卖方交货数量是否与合同相符的依据，数量条款通常应规定交货数量、计量单位和计量方法等有关的内容。

在国际贸易中，重量单位使用最多，其计算办法有：第一，按照毛重计算。毛重（gross weight），是指产品本身的重量加上包装材料的重量（即皮重），适用于低值产品的交易。第二，按净重计算。净重（net weight），是指产品本身的重量，不包括包装材料的重量。

（二）数量机动幅度条款

卖方应该按照合同数量交货。对于一些大宗产品，如农产品、矿产品等，由于成交数量大而计量不易准确，卖方实际交货重量很难与合同数量完全相符，为了便于履行合同，双方应在合同中规定一个数量的机动增减幅度，允许交货数量在此范围内机动，这种条款为数量的机动幅度条款。国际贸易中的货物数量的机动幅度，有如下处理办法：

1．合同中明确规定数量的机动幅度

在大宗货物的交易中，很多情况下，买卖合同中都规定了允许卖方多装或少装货物，但以不超过成交数量的百分之几为限，这种条款被称为“溢短装条款”（more or less clause）。例如，“500 公吨，卖方可溢或短装 5%”（500 M/T, 5% more or less at seller's option）；“500 公吨，2%伸缩”（500 M/T with 2% more or less）等。“溢短装条款”也被称为“增加或减少条款”（plus or minus）或用“±”号表示。

在签订“溢短装条款”下，大多数情况是卖方拥有选择多装或少装的权利，但在涉及海洋运输时，交货数量应根据船舶的载重量来确定，通常由安排运输一方来选择溢装或少装，有时干脆由船长行使这种选择权。船长根据本航次所需的淡水、食品、燃料及物料的数量计算出本航次的最大载货量，并通知卖方或买方，船长的这种做法被称为“宣载”（declaration）。

2．未规定数量机动幅度，但有“大约”等伸缩性文字

常常有这种情况，买卖合同中没有明确规定卖方交货数量的机动幅度，没有规定“溢短装条款”，但在合同规定的成交数量上加上“大约”（about）、“约”（circa）、“近似”、“左右”（approximate）等伸缩性文字，目的是使卖方在交货数量上具有一定的灵活性。国际上对这些伸缩性词语的解释分歧很大，有的解释是 2%，有的解释是 10%等，极易产生纠纷。根据国际商会的《跟单信用证统一惯例》（简称 UCP600）规定，这种伸缩性文字应解释为不超过 10%的增减幅度。

3．未规定数量机动幅度，也未有“大约”等伸缩性文字

如果买卖合同没有规定卖方交货的“溢短装条款”，也没有在成交数量上有伸缩性文字，在这种情况下，卖方理应交付与合同数量一致的货物，但在大宗货物情况下，卖方很难交付与合同数量完全相符的货物。基于这种情况，UCP600 在信用证支付方式下，在支付金额不超过信用证金额的条件下，仍然允许卖方交货数量有 5%的增减幅度。但是，信用证明确规定所列货物数量不得增减的除外，信用证规定货物数量按照包装单位或个体计数的除外。可见，信用证支付下的散装货物的买卖，交货数量仍可有 5%上下的机动幅度。

（三）机动幅度内货物数量的计价方法

卖方在机动幅度内多交或少交的货物，一般都应按照合同价格计价结算。

在这种情况下，对于价格波动大而频繁的产品，当市场价格上升时，少交对卖方有利，卖方很可能在少交幅度内交付货物；当市场价格下跌时，多交对卖方有利，卖方很可能在多交幅度内交付货物。为了防止卖方利用行市的变化及数量机动幅度的规定进行投机，故意多交或少交以获得额外利益，对于市场价格波动较大的货物，合同中可以规定多交或少交的部分货物，不按照合同价格计价，而按照卖方交货时或者装船时或者卸船时的市场价格来计价结算。但是，如果合同中没有对多交或少交部分货物的价格作出另外规定，仍应按照合同价格计价。

三、货物的包装条款

在国际贸易中，商品种类繁多，性质、特点各不相同，对包装的要求也不相同。包装商品是安全运输、装卸、搬运货物的需要，是商品进入流通领域和消费领域的需要。当前，国际市场竞争激烈，许多商人把改进包装作为竞争手段。合同中的包装条款是非常重要的、不可缺少的条款，包装条款应包括的内容如下：

（一）包装种类

从包装方式上可以把包装分为散装、裸装和包装三种方式。散装是指对货物不进行任何包装，直接将散装的货物交付运输并交付给买方，如煤炭、粮食等。裸装货物是指将货物简单地加以捆扎、绑扎、加固，常常用于品质稳定、自身能够抵抗外界影响并且本身自然成件的货物，如钢材、车辆等。包装货物是指按照一定的技术方法，用一定的包装材料将货物包裹起来。包装方法可以多样，可以全部包装，也可以局部包装，但大多数情况下货物包装都是全部包装。

从包装作用上，可以把包装划分为运输包装和销售包装两种。运输包装（shipping packed）也被称为外包装和大包装。由于国际货物买卖大多都需要长时间的远距离的运输，其间要进行多次装卸、储存等，只有对货物进行适当的包装，才能妥善地保护货物，方便运输、装卸、储存，减少货损货差。运输包装可以分为单件运输包装和集合运输包装两种。单件运输包装是指把在运输过程中的货物作为一个计件单位的包装，如箱装、桶装、袋装等；集合运输包装也被称为成组化运输包装，如集装袋、集装箱等。销售包装也称内包装和小包装，是指直接接触产品，并随着产品进入零售市场，与广大的消费者见面的包装。销售包装的目的在于美化产品、宣传产品以及推销产品，便于消费者识别、采购及使用产品。为了扩大产品的销路，提高产品的价格，销售包装已经成为非常重要的竞争手段。

近年来，随着人们环保意识和健康意识的日益增强，对货物包装的要求也越来越高，提倡有利于环保和人们生命健康的绿色包装，达不到进口方对包装的技术要求，货物将被拒之门外。面对这种针对包装所形成的技术壁垒，卖方应当更加注重对货物的包装。此外，目前世界许多国家都在商品包装上使用条形码，只要将条形码对准光电扫描仪，计算机就自动识别条形码的信息，确定商品名称、品种、数量、生产日期、制造厂商、产地等，并查询其单价，进行结算。条形码技术有效提高了国际贸易信息传递的准确性。鉴于条形码技术的普及，有的国家法律规定某些商品包装如果无条形码标志，则不予进口。

（二）包装标志

为了便于运输、装卸、仓储、报关、报验及交接货物，防止错发、错装、错卸、错交，在运输包装上要求印刷一定的标志，以便识别。包装标志主要有：

运输标志（Shipping mark），习惯上称之为“唛头”，通常由一个简单的几何图形和一些字母或数字等组成。由于合同当事人对运输标志的要求差异很大，繁简不一，也是出于运输方式变革和电子计算机在运输和单据流转方面的需要，联合国欧洲经济委员会简化国际贸易程序工作组，在国际标准化组织和国际货物装卸协调协会的支持下，制定了一套运输标志向各国推荐使用。该标准运输标志包括如下内容：第一，收货人或买方名称的英文缩写；第二，参考号，如运单号、定单号、或发票号等；第三，目的地；第四，件号。至于合同号、许可证号等内容，需要根据某种需要在运输包装上刷写，但不作为运输标志必要的组成部分。

指示标志（Indication mark），也称安全标志或注意标志，是针对货物的特性所提出的在货物运输和保管等过程中应注意的问题，便于操作。通常用简单的醒目的图形或文字来表示，如“此面向上”（This side up）、“小心轻放”（Handle with care）等。

警告性标志（Warning mark），通常是针对运输中的危险货物，如爆炸品、易燃易爆危险品、有毒物品、腐蚀物品以及放射性物品等，按照法律规定，必须在运输包装上清楚地标明各类危险品标志，以示警告，这类标志就是警告性标志。警告性标志如“有毒物品”（Poison）及“爆炸物品”（Explosive）以及“自燃物品”（Inflammable）等。

（三）中性包装与定牌

所谓中性包装（Neutral packing），是指在产品包装及产品本身上不标明产品的生产国名和地名，也不标明原有的商标和牌号的包装。中性包装的目的在于打破进口国家所实行的各种限制和政治歧视，是扩大出口的一种斗争手段。目前，某些产品使用中性包装已经成为习惯做法。

所谓定牌，是指在产品包装上，卖方采取买方指定的商标或牌号的做法。在我国出口业务中，定牌主要有三种做法：一是定牌中性包装，即在产品包装上接受买方指定的商标或牌号，但不注明生产国别的做法，一般用于大量的、长期的、稳定的国外定货。二是接受国外买方指定的商标或牌号，但同时注明“中国制造”字样。三是接受国外买方指定的商标或牌号，且同时注明由买方所在国工厂制造，即定牌定产地。在定牌业务中，常常容易产生侵权纠纷，这就需要在接受定牌业务、签订合同中注意签订何方承担侵权责任的条款。我方当事人在接受定牌业务时，应签订诸如“当第三人控告侵权时，应由买方交涉，给卖方造成的损害也应由买方予以赔偿”等条款。

（四）买卖合同中的包装条款

在国际贸易中，凡是需要包装的货物，买卖双方都应当在合同中签订包装条款。合同中的包装条款通常应规定包装材料、包装方式、包装费用由何方承担以及包装标志等项内容。按照国际惯例，包装费用通常都先由卖方承担，然后计入货物价格中，包装条款对包装费用不再另行作出规定。但在一些特殊情况下，如买方提出了对包装的特殊要求，致使包装费用增加的，合同应规定增加的包装费用由何方承担。货物的包装材料通常都由卖方提供，如果买方提供包装材料的，合同中的包装条款应规定买方寄送包装材料的方法、时间、费用以及延迟责任等问题。按照国际惯例，运输标志通常由卖方设计。如果买方设计运输标志，包装条款应规定买方提出运输标志的时间；如果买方没有在规定的时间提出运输标志，还应规定卖方是否有权自行设计等问题。

实践中，合同中的包装条款常常都作比较笼统的规定，如“适合海运包装”（seaworthy packing ）、“习惯包装”（customary packing ）以及“卖方习惯包装”（seller’s usual packing ）等，这些包装条款很容易产生争议，应尽量避免采用这样的条款。

四、货物的价格条款

买卖合同中的价格条款一般包括单价和总价两部分。单价（unit price）通常包括计价的数量单位、单价金额、计价货币和贸易术语四部分内容，如“US$ 1000 /MT CIF New York”。总价（total amount），是指单价和数量的乘积，总价所使用的货币应与单价的货币相等。

货物价格的确定，涉及买卖双方当事人的利益，我国目前的作价方法主要采取固定价格、部分固定部分非固定价格和暂定价三种。固定价格是指在合同中明确规定货物的成交价格，在合同有效期内，规定的价格固定不变。在固定价格情况下，买卖双方要承担价格涨落的风险。部分固定部分非固定价格是指在合同中明确规定部分货物的价格，而对另一部分货物的价格未予规定，需要根据市场行情变化由买卖双方另行协商确定。暂定价是指在合同中规定初步价格，作为买方申请信用证等的依据，等最后价格确定时再多退少补，最后定价也要根据市场价格来确定。大多数国家的法律都规定，合同中规定的如何确定价格的方法是有效的，《买卖合同公约》在要约部分也允许合同规定“如何确定数量和价格”的方法。可见，合同中没有采取固定价格并不影响合同的成立。当然，合同中还是应力争把价格规定得明确和具体。

在国际贸易中，货物价格有两种表示方法：一种是以净价（net price）来表示，如“每公吨 500 美元 CIF 香港”，或“每公吨净价 500 美元 CIF 香港”等；另一种方法是以含佣价或含折扣价来表示货物的价格的，如“每打 100 美元 CFR 伦敦包括佣金 2%”，“每打 100 美元 CFR 伦敦减 1%折扣”（$100 per doz. CFR London less 1% discount）等。所谓含佣价（including commission price），是指在货物的价格中包含了佣金。所谓佣金（commission），是指代理人或经纪人等所取得的报酬。在国际货物买卖中，佣金常常表现为卖方付给销售代理人或买方付给购买代理人的酬金。折扣（discount），是指卖方按照原来的价格给买方一定的价格减让，是一种价格上的优惠待遇。

五、货物的装运条款

国际贸易中的绝大多数货物都是通过海上运输的，在海上运输中，尤其是在装运港交货的三种常见的贸易术语下，装运条款（shipment clause）常常被称为交货条款（delivered clause）。装运条款主要应规定如下几项内容：

（一）装运港和目的港

装运港（port of shipment，loading port），是指货物的启运港口，通常由卖方提出，经买方同意后确定，卖方提出的装运港应接近货源地。目的港（port of destination，unloading port），是指货物的最终卸货港口，通常由买方提出，经卖方同意后确定，买方提出的卸货港应接近用户所在地。在通常情况下，装运港和目的港分别为一个，但有时也可能是两个或两个以上。

在洽谈交易的当时，有时还不能明确确定具体的哪一个港口为装运港或目的港，在这种情况下，可以采用选择港（optional port）的做法。如买方在订立合同的当时难以确定最终的卸货港，就可以采用选择卸货港口的做法，即先提出几个卸货港供选择，等以后再最终确定具体哪一个港口为最终卸货港。规定选择港口的做法通常有两种：一是在所规定的两个或两个以上的选择港中选择一个港口作为最终的装运港或卸货港；二是笼统地规定某一个航区为装运港或卸货港，如“地中海主要港口”等。

由于外国港口数量多且情况复杂，在选择港口时应注意如下几个问题：第一，选择外国港口作为装运港或卸货港时，应考虑是否符合我国的对外政策，不能选择我国对外政策不允许相互往来的港口作为装运港或卸货港。第二，不要轻易接受国外对方提出的诸如“地中海主要港口”这种很笼统的装卸港口，因为外国的港口情况比较难以了解，数量多，情况不同的港口直接涉及运费、附加费以及其他一些与港口有关的费用的多少，而且这些费用之间的差别可能较大。第三，应注意不能选择内陆城市作为装卸港口，以避免承担从港口到内陆城市之间的陆路运输费用，在与内陆国家进行交易时，应选择靠近该国家最近的且能安排船舶的港口作为装运港或卸货港。第四，在选择装卸港时，还应注意该港口的具体条件，比如，有无直达班轮、港口装卸条件、附加费用、港口泊位的深度、有无冰冻期以及对船舶的国籍有无限制等。第五，国外有些港口有重名的情况，如维多利亚（Victoria）可能有十几个，波特兰（Portland）也有好几个，在选择这些港口作为装卸港时应注意注明国家的名称或地区的名称。第六，在确定国内装卸港口时，装运港应接近货源地或供货单位，卸货港应接近用货单位或消费地区。

（二）装运时间

装运时间（time of shipment），也称装运期，通常是指卖方将货物装上船舶等运输工具的时间。在国际贸易中，买卖双方大多数都是按照 FOB、CFR 或 CIF 术语成交的。在这三种常见的术语中，只要卖方在合同规定的装运时间内将货物装上船舶就意味着完成了交货义务，所以，在这三种术语下，装运（shipment）也就是交货（delivery），装运时间也就是交货时间（time of delivery），或称为交货期。按照 UCP600 规定，“装运”一词除了是指将货物装船之外，通常还包括将货物发运、收妥待运及接受监管等含义。

装运时间的规定方法通常有以下几种：第一，明确规定具体的装运时间，如在合同中规定“1999 年 5 月装运”。第二，明确规定在收到信用证后若干天装运，比如“收到信用证后 45 天内装运”（Shipment within 45 days after receipt of L/C）。为了防止买方因种种原因拖延或拒绝开出信用证，致使卖方无法安排生产、包装及运输事宜，买卖双方通常在合同中规定买方申请开出信用证的义务、时间及不及时申请开出信用证的后果等。第三，笼统地规定装运时间，如“近期装运”、“尽快装运”或“立即装运”等。对于这种规定，很容易产生争议，一般应不予使用。UCP600 规定，不应使用诸如“迅速”、“立即”、“尽快”之类的词语，如果使用，银行将不予置理。

规定装运时间时，买卖双方当事人应注意如下几个问题：第一，应注意船货的衔接。规定装运时间时应考虑备货的实际情况，避免出现船货脱节的现象，如装运时间已到，但还没有备好货物，以致因船舶等待货物而产生滞期费用；或者货物早已备好，但装运时间还没有到，以致将货物储存产生储存费用。第二，针对货物的特性来确定装运时间。对于易腐烂的货物，应避免在夏季、雨季装运。第三，确定装运时间应适当考虑买方申请开证的时间。一般情况下，装运时间应在开出信用证之后的一段时间，这样卖方收汇才有保障；如果卖方在未开出信用证的情况下就装运了货物，就有可能得不到银行的付款保证，遭受钱货两空的严重经济损失。

（三）分批装运和转船

分批装运（Partial shipment），是指同一笔成交的货物分若干批装运。由于运输工具的限制或卖方一次备货有困难等，买卖双方在合同中常常规定允许分批装运（Partial shipment to be allowed）。如果买卖合同没有规定是否允许，根据“UCP500”第40条规定，应视为允许分批装运。

所谓转船（transshipment），是指在装运港至目的港的海运过程中，将货物由一艘船舶卸下再装上另一艘船舶的运输。转船常常是由于受到了一些条件的限制，比如没有直达目的港的船舶，或目的港不在班轮航线上，或货物属于联运等，往往需要转船运输。由于货物在中途港被转船，极有可能发生货损货差，或延长运输时间以及增加转船费用等。在三种常见的贸易术语中，货物越过船舷后的风险由买方承担，所以，买方一般都不愿意转船运输，并在合同中作出“禁止转船”的规定。如果买卖合同没有明确是否允许转船运输，按照UCP的规定应视为允许转船运输。

（四）装运通知

做好船货的衔接，需要买卖双方紧密配合，互通有关船货信息，尤其在FOB 术语下，互相发出船货通知更为重要。通常情况下，卖方应在装运期前的一段时间内，向买方发出货物备妥通知，以便买方及时指派船舶接货。买方指派船舶后，应将船舶的名称、预计到达装运港的时间等通知卖方，以便卖方及时安排装船。货物装上船舶后，卖方应及时向买方发出装运通知，将合同号码、货物名称、件数、重量、发票金额、船舶名称以及装船日期等通知买方，以便买方安排海运保险、进口报关和接收货物等。

（五）装卸时间、滞期费和速遣费

装卸时间、滞期费和速遣费本是航次租船合同规定的内容，为了使货物买卖合同与货物运输合同能够衔接，特别是在卖方负责装货、买方负责卸货的情况下，买卖合同中规定装卸时间、滞期费和速遣费就非常有必要。关于装卸时间、滞期费和速遣费的具体内容，将在本书海上运输法律中有专题介绍。

六、货物海运保险条款

在国际贸易中，货物大都经过长途运输，在运输过程中货物会遇到各种各样的不同风险，这些风险都有可能造成货物的损失，需要卖方或买方向保险公司办理保险手续，一旦货物发生了保险范围内的损害，保险公司将给予经济上的补偿。买卖合同的保险条款通常规定由哪一方负责向保险公司办理保险手续、保险费用由哪一方承担以及保险的险别和保险的金额等内容。

保险条款如何规定与买卖合同所采用的贸易术语有直接的关系。比如，如果买卖合同采用了 FOB 术语和 CFR 术语时，保险应由买方自行负责，买卖合同的货款不包括保险费，合同中的保险条款比较简单，一般只原则性地规定"保险由买方负责"（Insurance to be effected by the Buyer）即可。但如果采用了 CIF 术语时，由卖方负责保险，卖方是为了买方的利益而进行保险的，办理保险是卖方的一个义务，有必要在买卖合同中对保险的有关问题作出明确的规定。

在 CIF 术语下，卖方在保险之后，有义务把保险单转让给买方。如果货物在运输途中遭受灭失和损害，买方可以凭保险单以自己名义向保险公司索赔。按照 Incoterms2000，卖方保险责任通常是最低责任险，比如卖方可以按照中国人民保险公司平安险进行投保。平安险是保险费较低的险别。如果买方需要加保其他特种险，如战争险等，卖方可以协助办理，但费用由买方承担。

CIF 术语下的保险条款可根据具体情况规定，比如"按 CIF 发票金额加 10% 投保一切险和战争险"，或"卖方按发票金额加 10%投保平安险，买方如需加保，由其自行投保并负担费用"等。

七、货款支付条款

支付条款是买卖合同中的一个重要条款，其内容通常包括支付工具、支付时间、支付地点和支付方式等。支付工具通常是货币和汇票。在国际贸易中，汇票通常是卖方向买方开出的、要求买方在一定时间内向持票人（卖方或其指定人）无条件支付一定金额的书面指示。支付方式通常包括汇付（即买方通过银行直接向卖方付款）、托收（卖方委托银行向买方收取货款）和信用证（买方申请银行开立以卖方为受益人的信用证，开证行以银行信誉向卖方支付货款）。

常见的合同中的支付条款，如"凭买方为付款人的即期汇票付款，付款交单"（Payment by draft drawn on Buyer payable at sight，D/P）；或者"凭不可撤销、保兑、即期信用证付款"（Payment by irrevocable and confirmed L/C available at sight）等。

八、检验与索赔条款

1．检验索赔条款的内容

由于检验与索赔紧密相关，买卖合同中常常把检验和索赔规定在一个条款中，合称为检验与索赔条款（Inspection and claim clause）。为了检验卖方所交货物在名称、品质、规格、数量和包装方面是否与合同规定相符，在国际货物买卖合同中，通常都订有检验条款。检验条款主要应规定检验机构、检验证书、检验的时间和地点、检验的方法、标准和索赔的期限等内容。如果通过检验发现卖方交付货物与合同不符，买方有权对卖方采取违约补救措施，向卖方提出索赔请求。

2．检验机构和检验证书

商品检验是指由检验机构对进出口货物的品质、重量、包装、标记、产地、残损等进行查验分析与公证鉴定，并出具检验证明。[①]检验机构检验货物后，应对检验结果出具检验证书。商品的特性不同，检验的项目不同，需要出具的检验证书也不同，如品质检验证书（Inspection Certificate of Quality）、重量检验证书（Inspection Certificate of Weight）、卫生检验证书（Sanitary Inspection Certification）、植物检验证书（Plant Quarantine Certification）以及兽医检验证书（Veterinary Inspection Certification）等，统称为商检证书。

商检证书是货物进出口报关、征收减免关税、买卖双方交接货物和索赔的重要依据。在我国，商检机构是指中国商品检验局及其一些专业性检验和检疫部门。在检验条款中，还应适当地规定检验商品的方法和检验的标准。

3．商品检验权

关于商品检验权，国际上通常有三种做法：第一，以货物离岸时的品质重量为准，即以装船口岸的商检机构出具的商检证书作为货物是否相符的最终依据。显然这种做法对卖方有利。第二，以货物到岸时的品质重量为准，即合同规定以卸货口岸的商检机构出具的商检证书作为最终依据。这种做法对买方有利。第三，以装运港的商检证书作为支付货款的依据，货到目的港后，买方有权对货物进行复验，买方复验结果作为是否接受货物和索赔的依据。这种做法平衡了双方利益，是国际上最通行的做法。

4．检验时间和地点

检验货物的时间通常在合同中作出规定，买方通常应在货物到港后或卸货后的若干天内检验货物。买方必须在合同所规定的时间内进行检验，并取得检

①王传丽主编：《国际贸易法》，中国政法大学出版社，2003 年版，第 104 页。

验证书，凭此证书向卖方索赔。

《买卖合同公约》第 38 条规定，买方必须在按情况可行的最短时间内检验货物。如果买卖合同涉及到货物的运输，检验可以推迟到货物到达目的港后，在目的港进行；如果货物在运输途中改运或买方须再发运货物，没有合理机会来检验货物，而卖方在订立买卖合同时已知道或理应知道这种改运或再发运的可能性，在这种情况下，检验可以推迟到货物到达新的目的港后，在新的目的港进行。

5．索赔通知

经检验发现货物短缺或残损，买方需要向有关责任方索赔。责任方通常包括卖方、运输方和保险方。买方需要确定货物残损短缺属于何方责任，然后再有针对性地索赔。买方索赔时通常需要发出索赔通知，《买卖合同公约》第 39 条规定，“买方必须在发现或理应发现货物不符合同情形后的合理时间内通知卖方”，说明货物不符合同的性质；如果买方没有在“合理的时间内”通知卖方，就丧失了声称货物不符的权利，也就丧失了向卖方索赔的权利。

九、不可抗力条款

1．不可抗力的含义

不可抗力条款（Force Major Clause），主要规定不可抗力的含义、范围、不可抗力的后果、出具事故证明文件的机构以及发生事故后通知对方的期限等。《买卖合同公约》规定，不可抗力是指一种非当事人所能控制的障碍，对于这种障碍，当事人在订立合同时不能考虑到，不能避免，不能克服。也就是说，不可抗力是一种当事人不能预见、不能避免、不能克服和不能控制的障碍。

不可抗力通常包括两种情况：一是由于自然力量引起的，如水灾、风灾、旱灾、大雪以及地震等，被称为自然不可抗力；二是由于社会原因引起的，如战争、政府封锁禁运等，被称为社会不可抗力。买卖合同中的不可抗力条款应明确规定不可抗力的范围，不可抗力是否包括上述两种情况，应由当事人在合同中自行商定。不可抗力条款还应规定遭受不可抗力一方当事人应提供不可抗力的证明以及通知对方等义务。《买卖合同公约》还进一步规定，如果通知在一段合理时间内仍未被对方收到而造成了损失，发生不可抗力的一方应承担赔偿责任。

2．不可抗力的规定模式

在我国对外贸易中，不可抗力的规定方法通常有三种：第一，概括式规定，在合同中不具体写明哪些事故是不可抗力事故，只作概括性规定，如“由于不可抗力的原因，致使卖方不能全部或部分装运或迟延装运货物，卖方对这种不能装运或延迟装运本合同货物不负责任”。第二，列举式规定，如“由于战争、地震、水灾、火灾、暴风雨原因，致使卖方不能全部装运或部分装运或迟延装运货物，卖方对这种不能装运或延迟装运本合同货物不负责任”。第三，综合式规定，如“由于战争、地震、水灾、火灾、暴风雨或其他不可抗力原因，致使卖方不能全部装运或部分装运或迟延装运货物，卖方对这种不能装运或延迟装运本合同货物不负责任”。概括性规定任意性较大，容易引起不同的解释；列举性规定难以列举全部，对遗漏的事故也难以处理；综合性规定比较可取，既明确具体，又有一定的灵活性，比较科学、适用。

十、仲裁条款

仲裁条款（Arbitration Clause），也称仲裁协议，是解决国际贸易争议的一种条款，该条款通常规定合同双方发生争议应通过仲裁方式解决，并规定仲裁地点、仲裁机构、仲裁规则、仲裁裁决的效力及仲裁费用的承担等。如果买卖合同规定了仲裁条款，任何一方都不得向法院起诉。

对于可能发生的合同争议，如果当事人双方通常不愿诉诸司法程序，而愿意提交仲裁解决，这样就需要在合同中订立仲裁条款。有的合同还在仲裁条款中规定仲裁机构适用的准据法，这就是将法律适用条款并入仲裁条款中了。

十一、法律适用条款

双方当事人可以在合同中约定合同争议所适用的法律，即法律适用条款，如“本合同所产生的一切争议均适用 XX 国法律”。签订法律适用条款后，仲裁机构或法院在处理合同纠纷时就应依据法律适用条款所选择的 XX 国法律来解释合同内容，对合同未尽事项也将适用该国法律以作补充。当事人在选择合同所适用的法律时，既可以选择当事人的国内法，也可以选择第三国法律；既可以是与合同有关的，也可以是与合同没有联系的。当事人还可以选择适用国际公约如《买卖合同公约》，或其他国际法律文件如《商事合同通则》等，但是，当事人所选择的法律应是实体法，不可以是冲突法律。

此外，在国际货物贸易中，一些国际组织或民间团体制定了一些标准合同格式或示范条款供有关当事人采用。例如，国际商会为制成品制定的《国际商会国际销售示范合同》（The ICC Model International Sale Contract，简称《示范合同》），联合国欧洲经济委员会对进出口成套设备、安装成套设备工程、钢铁产品以及谷物等交易都制定了标准合同格式，其中尤以《成套设备和机器出口供应一般条件》为国际贸易界所熟知。近年来，我国与澳大利亚、新西兰政府部门制定了《羊毛交易标准合同》，我国国际经贸仲裁委员会和我国国际商会仲裁研究所也制定了《成套设备进口合同（CIF 条件）》供我国有关公司参考。这些标准合同格式都属于示范条款，当事人可以采用也可以不采用，还可以对条款进行修改、删除或补充。

课外阅读资料

一、CISG 关于承诺的规定

Article 18：（1）A statement made by or other conduct of the offeree indicating assent to an offer is an acceptance. Silence or inactivity does not in itself amount to acceptance.

（2）An acceptance of an offer becomes effective at the moment the indication of assent reaches the offeror. An acceptance is not effective if the indication of assent does not reach the offeror within the time he has fixed or，if no time is fixed，within a reasonable time，due account being taken of the circumstances of the transaction，including the rapidity of the means of communication employed by the offeror. An oral offer must be accepted immediately unless the circumstances indicate otherwise.

（3）However，if，by virtue of the offer or as a result of practices which the parties have established between themselves or of usage，the offeree may indicate assent by performing an act，such as one relating to the dispatch of the goods or payment of the price，without notice to the offeror，the acceptance is effective at the moment the act is performed，provided that the act is performed within the period of time laid down in the preceding paragraph.

Article 19：（1）A reply to an offer which purports to be an acceptance but contains additions，limitations or other modifications is a rejection of the offer and constitutes a counter-offer.

（2）However，a reply to an offer which purports to be an acceptance but contains additional or different terms which do not materially alter the terms of the offer constitutes an acceptance，unless the offeror，without undue delay，objects orally to the discrepancy or dispatches a notice to that effect. If he does not so object，the terms of the contract are the terms of the offer with the modifications contained in the acceptance.

（3）Additional or different terms relating，among other things，to the price，payment，quality and quantity of the goods，place and time of delivery，extent of one party's liability to the other or the settlement of disputes are considered to alter the terms of the offer materially.

Article 20:（1）A period of time for acceptance fixed by the offeror in a telegram or a letter begins to run from the moment the telegram is handed in for dispatch or from the date shown on the letter or，if no such date is shown，from the date shown on the envelope. A period of time for acceptance fixed by the offeror by telephone，telex or other means of instantaneous communication，begins to run from the moment that the offer reaches the offeree.

（2）Official holidays or non-business days occurring during the period for acceptance are included in calculating the period. However，if a notice of acceptance cannot be delivered at the address of the offeror on the last day of the period because that day falls on an official holiday or a non-business day at the place of business of the offeror，the period is extended until the first business day which follows.

Article 21:（1）A late acceptance is nevertheless effective as an acceptance if without delay the offeror orally so informs the offeree or dispatches a notice to that effect.

（2）If a letter or other writing containing a late acceptance shows that it has been sent in such circumstances that if its transmission had been normal it would have reached the offeror in due time，the late acceptance is effective as an acceptance unless，without delay，the offeror orally informs the offeree that he considers his offer as having lapsed or dispatches a notice to that effect.

Article 22: An acceptance may be withdrawn if the withdrawal reaches the offeror before or at the same time as the acceptance would have become effective.

Article 23: A contract is concluded at the moment when an acceptance of an offer becomes effective in accordance with the provisions of this Convention.

Article 24: For the purposes of this Part of the Convention，an offer，declaration of acceptance or any other indication of intention "reaches" the addressee when it is made orally to him or delivered by any other means to him personally，to his place of business or mailing address or，if he does not have a place of business or mailing address，to his habitual residence.

二、CISG关于关于合同形式及保留的规定

Article 11: A contract of sale need not be concluded in or evidenced by writing and is not subject to any other requirement as to form. It may be proved by any means，including witnesses.

Article 12：Any provision of article 11，article 29 or Part II of this Convention that allows a contract of sale or its modification or termination by agreement or any offer，acceptance or other indication of intention to be made in any form other than in writing does not apply where any party has his place of business in a Contracting State which has made a declaration under article 96 of this Convention. The parties may not derogate from or vary the effect or this article.

Article 13：For the purposes of this Convention "writing" includes telegram and telex.

Article 96：A Contracting State whose legislation requires contracts of sale to be concluded in or evidenced by writing may at any time make a declaration in accordance with article 12 that any provision of article 11，article 29，or Part II of this Convention，that allows a contract of sale or its modification or termination by agreement or any offer，acceptance，or other indication of intention to be made in any form other than in writing，does not apply where any party has his place of business in that State.

第六章 国际货物运输法律

买卖双方除了签订货物买卖合同外，还需要签订与买卖有关的其他合同，如国际货物运输合同、国际货物运输保险合同等，来保证货物买卖的实现。这些合同都以买卖为中心并以促成买卖实现为目的，被称为辅助合同（Supporting Contract）。这些合同独立于货物买卖合同，属于不同法律关系，并分别由不同的法律来调整。

第一节 国际货物运输方式

国际货物运输方式很多，根据所使用的运输工具不同，可分为海上运输、铁路运输、公路运输、航空运输、邮政运输、江河运输、管道运输及多式联运等几种运输方式。其中，海上运输在国际贸易中起到了举足轻重的作用。

一、国际海上货物运输

国际海上货物运输，是指使用船舶通过海上航道在不同国家和地区的港口之间运送货物的一种方式，具有运输量大、运费低廉、对货物的适应性强等优点。但缺点是速度较低、风险较大。

调整国际海上货物运输的法律主要有国际海运公约，有影响的主要有如下三个公约：一是1924年《统一有关提单的若干法律规则的国际公约》，简称《海牙规则》（The Hague Rules）。二是1968年《修改1924年8月25日在布鲁塞尔签订的关于统一提单的若干法律规则的国际公约的议定书》，简称《维斯比规则》（The Visby Rules）。三是1978年在汉堡签订的《联合国海上货物运输公约》，简称《汉堡规则》（The Hamburg Rules）。

目前多数国家采用《海牙规则》，少数国家采用《维斯比规则》，加入《汉堡规则》的国家有20多个，基本上是航运不发达的发展中国家。我国没有参加这三个公约，但我国《海商法》中关于海上货物运输部分基本上与《维斯比规则》一致，本章主要介绍我国《海商法》的相关规定。

现行的各国国内海运立法和国际海运公约在许多问题上存在不足之处，已成为国际货物贸易自由流动的障碍，增加了交易成本。另外，货物运输领域的电子通信手段日益普及，急需解决使用新技术所产生的特有问题。1996年，联合国国际贸易法律委员会第 29 届会议审议了一项决议：将审查国际海上货物运输领域现行的法律和惯例列入其工作方案，以便确定有无必要在尚无统一规则的方面制定统一规则，并使各种法律比现在更加统一。目前联合国贸法会经过几年的努力，已经形成了《海上货物运输文书草案》。

二、国际铁路货物运输

国际铁路货物运输，具有运输的准确性和连续性强、运输速度快、运输量较大、安全可靠、运输成本较低、初期投资大等特点。调整国际铁路货物运输的国际立法，比较有影响的是 1970 年 2 月生效的《国际铁路货物运输公约》等。

三、国际公路货物运输

国际公路货物运输是陆上运输的两种基本方式之一，也是现代运输的主要方式之一。在国际货物运输中，它是不可缺少的一个重要组成部分，具有机动灵活、简捷方便、应急性强、投资少、收效快等特点，且适应集装箱货运方式发展，但载量小，运行中震动大易造成货损事故，费用成本相对较高。调整国际公路货物运输的国际立法，比较有影响的是《国际公路货物运输公约》等。

四、国际航空货物运输

国际航空货物运输，具有速度快，安全准确，手续简便，节省包装、保险、利息、储存费用，但运量小、运价高等特点。调整国际航空货物运输的国际立法，比较有影响的是《1929 年的统一国际航空运输某些规则的公约》，简称《华沙公约》。

五、国际集装箱运输

国际集装箱货物运输，是以集装箱作为运输单位进行货物运输的一种现代化集成运输方式。具有如下特点：一是在全程运输中，可以将集装箱从一种运输工具直接方便地换装到另一种运输工具，而无须接触或移动箱内所装货物，实现运输方式的集成；二是货物从发货人的工厂或仓库装箱后，可经由海陆空不同运输方式一直运至收货人的工厂或仓库，实现“门到门”的集成运输，中途无须开箱倒载和检验；三是集装箱由专门设备的运输工具装运，实现装卸运集成，提高了运输效率和质量；四是一般由一个承运人负责全程运输，实现了承运人集成。

国际集装箱运输的优越性如下：提高装卸效率，加速车船周转；提高运输质量，减少货损货差；便于货物运输，简化货运手续；加快货运速度，缩短货运时间；节省包装用料，减少运杂费；节省装卸费用，减少营运费用，降低运输成本。

六、国际多式联合运输

国际多式联合运输，是在集装箱运输基础上产生并发展起来的，一般以集装箱为媒介，把海上运输、铁路运输、公路运输、航空运输和内河运输等传统的单一运输方式有机地结合起来，构成一种连贯的过程，来完成国际间的货物运输。

以上运输方式中，海上运输是最重要的运输方式，其运输量大，运输成本较低。我国是世界贸易大国，2004 年我国进出口贸易总额在世界排名第三，此后连续六年一直稳居世界第 3 位，成为名副其实的贸易大国。[①]我国外贸货物的 93%是通过海上运输的，原油的 95%和铁矿石的 99%也都是通过海上运输的。[②]可见，我国的对外贸易离不开国际航运。

我国也是世界航运大国。我国港口货物吞吐量和集装箱吞吐量均居世界第一位，世界集装箱吞吐量前 5 大港口中，有 3 大港口位于我国[③]。2007 年我国已成为全球造船业的领军国，目前我国正向着 2015 年世界造船第一大国的目标奋进。2020 年我国将完成由航运大国向航运强国的转变，成为世界海运的霸主国家。[④]国际贸易主要是从航海贸易发展起来的，许多国际贸易的法律和惯例都是在总结航海贸易实践经验的基础上产生的，因此，本章着重介绍国际海上货物运输法律。

第二节　国际海上货物运输合同

一、国际海上货物运输合同的概念

国际海上货物运输合同，是指从事海上运输的承运人收取运费，负责将托

①中华人民共和国商务部综合司：《中国对外贸易形势报告（2008 年春季）》，见 http://zhs.mofcom.gov.cn。

②北京数字中商信息技术有限公司：《 2008 年中国海运市场研究报告》，2008 年 5 月，见 http://www.51report.com/research/detail/85221292.html。

③杜宇、林红梅：《我国港口货物吞吐量、集装箱吞吐量均居世界第一》，见新华网：http://news.tom.com/1002/20050524-2158871.html。

④交通部部长：《我国已成为世界航运大国和港口大国》，见中华人民共和国交通运输部网站：http://www.moc.gov.cn/zhuzhan/zhengcejiedu/guihuajiedu/neihehangdaoyukangkou_BJGHJD/meitibaodao/200709/t20070927_422307.html。

运人托运的货物经海路由一个国家的港口运至另一个国家的港口的货物运输合同。国际海上货物运输合同的双方当事人是承运人和托运人。

承运人（Carrier）是指与托运人订立海上运输合同的人，通常是船舶所有人，有时是船舶经营人或船舶承租人，常常被称为船方。有时，承运人自己不从事货物运输或不从事全部的货物运输，而是委托他人即实际承运人（Actual carrier）从事海上货物运输。实际承运人是指接受承运人委托、从事货物运输或者从事货物部分运输的人。

托运人（Shipper）是海上运输合同的另一方当事人，是与承运人签订海上运输合同的人。根据我国《海商法》的规定，将货物交给与海上货物运输合同有关的承运人的人也是托运人，所以托运人既包括与承运人签订运输合同的人，也包括将货物交给承运人的人。FOB 术语下买方是与承运人签订运输合同的托运人，卖方是将货物交给承运人的托运人；CIF 术语下卖方既是与承运人签订运输合同的托运人，也是将货物交给承运人的托运人，买方是收取货物的收货人。

二、国际海上货物运输合同的分类及特点

（一）班轮运输合同

1. 班轮运输的含义

如果买卖合同下的货物数量少而品种多，则常常被称为件杂货。件杂货因为数量少，没有必要租一条船来运输，通常都是通过班轮运输。班轮运输（Liner shipping）是班轮公司（即运输合同的承运人）将船舶按照事先制定的船期表（Liner schedule），在特定的航线上的各港口之间挂靠，经常地为非特定的众多货主（即运输合同的托运人）提供规则的、反复的货物运输服务，并按照运价或协议运价的规定计收运费。

由于班轮运输合同的内容常常体现在提单上，所以班轮运输合同常常被称为提单运输合同；还因为班轮运输的货物常常是件杂货，所以班轮运输合同也常常被称为件杂货运输合同。但随着集装箱运输的发展，班轮运输也有了集装箱班轮运输的分类。

对货主来说，班轮运输能及时将货物发送和运达目的地，适应件杂货、散货及重大件等不同货物对海上运输的需要，班轮公司还负责转运工作。集装箱班轮运输具有明显的运送速度快、装卸方便、机械化作业效率高、便于联运等优势。

2. 班轮运输的特点

班轮运输通常具有如下特点：

第一，班轮运输具有固定时间、固定港口和固定航线的运输特点，属于定期船舶运输。

第二，班轮运输的货物通常是批量小、品质多的件杂货，相对于班轮公司来说，货主的经济地位和谈判能力较弱。

第三，班轮公司与货主之间在货物装船前通常不书面签订具有详细条款的运输合同。货物装船后，由班轮公司或其代理人签发提单（Bill of Lading，B/L）。提单上记有详细的有关承运人、托运人或收货人的责任以及权利和义务的条款。

第四，班轮运输中，班轮公司通常在装货港指定的码头仓库接收货物，并在卸货港码头或仓库向收货人交付货物。集装箱班轮运输中，班轮公司通常是在装货港集装箱堆场接收货物，并在卸货港集装箱堆场交付货物。拼箱货则由集拼经营人在装货港集装箱货运站接受货物，并在卸货港集装箱货运站交付货物。

第五，班轮公司一般负责包括装货、卸货和理舱在内的作业和费用。在杂货班轮运输中，班轮公司通常不负担仓库至船边或船边至仓库搬运作业及费用；在集装箱班轮运输中，由于运输条款通常为CY/CY（堆场／堆场），所以班轮公司理应负担堆场至船边或船边至堆场搬运作业的费用。

第六，班轮公司与货主之间不规定装卸时间，也不计算滞期费和速遣费。在堆场或货运站交接货物的情况下，双方会约定交接时间，而不规定装卸船时间。船边交货或提取货物时，双方也仅约定托运人或收货人需按照船舶的装卸速度交货或提取货物，否则货方应赔偿船方因降低装卸速度或中断装卸作业所造成的损失。①

（二）租船运输合同

1．租船运输合同的含义

如果买卖合同下的货物数量多而且品种单一，则常常被称为大宗货。大宗货因为数量大，常常需要租一条船甚至几条船从事从装货港至卸货港的航次运输，这种运输下达成的合同即为租船运输合同。

由于货物运输前，买卖双方在买卖合同中基本上已经确定了交货地点（如卖方国家装运港）和买方接收货物地点（如目的港），也就是说，航次或航程已经被确定了，所以，租船运输合同通常被称为航次租船合同或航程租船合同（Voyage charter party），是指船舶出租人（即船公司）向承租人（即货主）提供船舶或者船舶的部分舱位，装运约定的货物，从一港运至另一港，由承租人

①顾丽亚主编：《远洋运输业务》，人民交通出版社，2007年版，第2页。

支付约定运费的合同。航次租船合同在合同性质上属于货物运输合同。

目前国际上常用的航次租船合同标准格式是《统一杂货租船合同》（Uniform General Charter），代号为“金康”（GENCON），由国际著名的船舶所有人组织波罗的海国际航运公会制定，适用于各种航线和各种货物，但很多条款都较明显地维护了出租人利益。

租船运输（Charter Shipping），又称不定期船运输（Tramp Shipping），这是相对于定期船运输（即班轮运输）而言的另一种船舶经营方式。租船运输下，船公司需在市场上寻求机会，没有固定航线和挂靠港口，也没有预先制定的船期表和运价本，船公司与需要船舶运力的承租人通过洽谈运输条件，根据承租人的要求来安排营运，签订租船合同。

2．租船运输的特点

租船运输通常具有如下特点：

第一，适合于批量大、包装简单的大宗散货运输，相对于船公司来说，货主的经济实力和谈判能力较强。

第二，船舶营运中的风险、租金（即运费）和有关费用（如装卸费、船舶港口使用费等），通过租船合同明确规定。

第三，出租人承租人权利义务等，通过租船合同明确规定。

第四，租船合同下，货物装船后，船公司或其代理人也要签发提单，但这种租船下所签发的提单对承租人来说，仅相当于货物收据，不是一个独立文件，受到租船合同的约束。

3．航次租船的种类

航次租船中，根据承租人运输货物的需要，可以按照航次数来约定航次租船合同，如单航次租船（Single trip charter）、往返航次租船（Return trip charter）、连续单航次租船（Consecutive single trip charter）和连续往返航次租船（Consecutive return trip charter）。航次租船租期的长短取决于完成航次所花费的时间，船舶所有人对完成航次所需的时间极为关心。

4．航次租船的租期阶段

通常将航次租船的租期分为四个阶段：

第一，预备航次阶段。预备航次是指船舶开往装货港的航行阶段，这个阶段船舶在其所有人控制之下，所发生的风险和费用均由船舶所有人承担。

第二，装货阶段。装货阶段是指船舶抵达、停靠装货港后的待泊和装货的整个阶段。这个阶段常常会发生因船舶延误所造成的时间损失。如果延误是由船舶所有人造成的，则相应的延误损失由船舶所有人承担；如果是由承租人造成的，则承租人承担延误损失。承租人承担延误损失通常采取滞期费的方式。

第三，航行阶段。航行阶段是指船舶装货离港后，抵达卸货港前的整个阶段。这个阶段内船舶和货物均处在船舶所有人控制之下，发生的一切风险和费用由船舶所有人承担。

第四，卸货阶段。卸货阶段是指船舶抵达、停靠卸货港后，待泊和卸货的整个阶段。此阶段的延误损失处理与装货阶段相同。

此外，在船舶租船业务中，船公司除了把船舶按照航次出租之外，还有定期租船（Time charter）（即将船舶按照一定期限出租）和光船出租（bareboat charter）（即船上不安排船长船员）的经营方式。定期租船和光船租船属于船舶租用合同，不属运输合同范畴，所以不再介绍。此外，定期租船合同中有时以船舶所完成的航次作为租用船舶的租期，这种合同被称为航次定期租船合同（Time charter on trip basis，TCT），这也不属于运输合同。

（三）海上货物联运合同与货物多式联运合同

海上货物联运合同（Contract of ocean through carriage of goods），是指承运人负责将货物自一港经两段或两段以上的海路运至另一港，而由托运人支付运费的合同。在这种合同下，货物由不属于同一船舶所有人的两艘或多艘船舶从起运港运至目的港，但承运人对货物的全程运输负责。参加货物运输的除承运人外，还有可能是与承运人具有另外合同关系的其他海上运输人，也被称为区段承运人（Local carrier）或实际承运人（Actual carrier）等。国际海上货物联运合同通常以海上联运提单（Ocean through B/L）为合同的证明。

货物多式联运合同，是指多式联运经营人（Multimodal transport operator，MTO）负责将货物以包括海上运输在内的两种或多种运输方式，从一地运至另一地，由托运人或收货人支付运费的合同。多式联运所涉及的运输方式之一必须是海上运输。多式联运合同通常以多式联运单证（Multimodal transport document）为合同证明；当第一程运输为海运时，多式联运提单（Multimodal transport bill of lading，Multimodal transport B/L）即为合同证明。[①]

（四）海上货物运输总合同

海上货物运输总合同（Contract of affreightment，COA），也称为包运租船合同或批量合同或货运数量合同，是指承运人负责将一定数量的货物，在约定的时间内，分批经海路由一港运至另一港，而由托运人支付运费的合同。包运租船合同中通常订明一定时期内托运人交运的货物数量或批量、承运人提供的船舶吨位数、装货卸货的港口或地区、装卸期限、运价及其他运输条件。每一批货物装船后，承运人按照托运人要求签发提单或双方就每一批货物运输签订

①司玉琢主编：《海商法》，法律出版社，2007年版，第96页。

具体的航次租船合同。包运租船合同实质上具有连续航次租船的基本特征，包运租船运输过程中，船舶每个航次的货物运输除了受包运租船合同的约束外，还受到其中明确规定的每航次租船合同的约束。

包运租船合同适用于大批量货物的运输，特别是大批量的煤炭、矿石、石油、粮食等散装货物的运输。承运人在一定时间内获得充分货源，并可灵活地安排船舶。托运人也可以要求承运人给予运费折扣，并可摆脱市场行情变动而带来的影响，确保货物运达目的地。

三、承运人的主要权利义务

国际货物贸易主要采用班轮运输和航次租船运输。班轮运输下，因托运人的经济实力和谈判实力相对较弱，海上运输法律对班轮运输下双方当事人的权利义务作了详细、具体、明确的规定，且不少规定具有强制性，以加强对弱势合同当事人的保护。航次租船运输下，因双方当事人的经济实力和谈判实力相当，海上运输法律尊重契约自由的原则，对航次租船下双方当事人的权利义务未作过多规定，除船舶适航性及合理速谴等属于强制性规定外，其他权利义务主要依据航次租船合同规定，航次租船合同如果没有规定时，海上运输法律规定作为合同的补充。因航次租船合同的相关内容将在本章第四节介绍，此处主要介绍班轮运输下双方当事人的权利义务。

（一）承运人的主要责任

班轮运输情况下，承运人权利义务主要依照《海牙规则》和《维斯比规则》的相关规定，这两个规则关于承运人责任的规定基本一致，我国《海商法》基本上也参照这两个规则的相关规定。

1．承运人应谨慎处理使船舶适航

我国《海商法》第 47 条规定，承运人在船舶开航前和开航当时，应当谨慎处理，使船舶处于适航状态，妥善配备船员、装备船舶和配备供应品，并使货舱、冷藏舱、冷气舱和其他载货处所适于并能安全收受、载运和保管货物（The carrier shall，before and at the beginning of the voyage，exercise due diligence to make the ship seaworthy，properly man，equip and supply the ship and to make the holds，refrigerating and cool chambers and all other parts of the ship in which goods are carried，fit and safe for their reception，carriage and preservation）。

承运人这一义务可概括为承运人的广义上的适航责任，具体包括如下三个方面：

第一，承运人应谨慎处理并提供具有适航性的船舶。所谓船舶的适航性（Seaworthiness），是指船舶在设计、结构、性能和设备等方面经受得起航程中的一般风险，是指船舶本身具有的适航性。这是船舶适航的狭义含义。

第二，适当地配备船员、设备和船舶供应品。承运人应当适当地配备合格、健康的船长、船员，并且船长、船员都能适合于所担任的职务，具有合格而有效的适任证书。除了配备船员之外，承运人还应当配备船上航行所需要的各种设备以及该航次所需要的燃料、淡水、食品等其他供应品，设备应齐全，供应品应充足，使船舶能安全地把货物运往目的地。

第三，使货舱等载货处能安全地收受、运送和保管货物。承运人还应使船舶适合于所载运的货物，如在装货前货舱必须适当清扫，如有必要应按检疫机关的规定进行熏舱消毒；如果装载冷藏货，应保证冷藏机的温度适合货物要求。如果承运人没有尽到应尽责任，以致货物遭受损失，承运人应负责赔偿。

应指出的是，承运人对船舶适航性的责任，并不是要求承运人保证船舶绝对适航，而只要求他谨慎处理即可。如果承运人能够证明船舶不适航是由于某种虽然经过谨慎处理但仍然不能发现的潜在缺陷（Latent defect）所造成的，承运人就可以免除责任。所谓谨慎处理是指一个普通的谨慎而小心的承运人在船舶开航前和开航时所应尽到的应有的注意，承运人是否做到谨慎处理，这是一个事实问题，要根据具体情况具体分析。

承运人谨慎处理使船舶适航的责任，是在船舶开航之前和开航当时，不是全航程适航。即只要船舶在装货港开航之前和开航当时是适航的，即使船舶在航行期间和中途停靠期间丧失适航性，亦不能视为承运人违反谨慎处理使船舶适航的义务。

2．承运人应妥善而谨慎地装载、搬移、积载、运输、保管、照料和卸载所运货物

我国《海商法》第 48 条规定，承运人应当妥善地、谨慎地装载、搬移、积载、运输、保管、照料和卸载所运货物（The carrier shall properly and carefully load，handle，stow，carry，keep，care for and discharge the goods carried）。承运人的这一责任可概括为管理货物责任。管理货物具体包括上述七个环节，在每个环节都能妥善而谨慎地行事。所谓“妥善”（properly），主要是指对管理货物技术上的要求。所谓“谨慎”（carefully），主要是指对管理货物责任心上的要求。如果由于承运人的疏忽或过失，致使货物受到损坏，可以认定承运人不谨慎管理货物，应负赔偿责任。

3．承运人的直航责任

《海商法》第 49 条规定，承运人应当按照约定的或者习惯的或者地理上的航线将货物运往卸货港（The carrier shall carry the goods to the port of discharge on the agreed or customary or geographically direct route）。如果承运人与托运人

事先对航线有约定，应按约定航线航行。没有约定航线时按习惯航线航行。如果既无约定航线也无习惯航线的，船舶应按地理航线航行。所谓地理航线，是指在保证船舶及货物运输安全前提下，装卸两港之间最近的航线。[①]这一规定为承运人的直航责任，不得进行不合理的绕航。

有些绕航（deviation）是合理的，运输货物的船舶进行合理的绕航，则不被视为违反直航责任。合理的绕航是指船舶在海上为救助或者企图救助人命或者财产而发生的绕航或者其他合理绕航（Any deviation in saving or attempting to save life or property at sea or any reasonable deviation）。合理绕航是指因承运人和托运人双方利益而进行的绕航、因政府主管部门的命令而绕航、送病危船员上岸治疗而绕航及海上避风或战争风险而绕航等。仅为单方利益的绕航不属于合理绕航。

4．承运人对货物灭失或损害的赔偿责任

货物在运输过程中发生灭失或损害的情况常常发生，其原因各种各样，有的是与承运人或船长船员有关，有的是与承运人或船长船员无关。有的货物损失承运人应承担赔偿责任，有的货物损失承运人就可以不承担赔偿责任，即依法免除赔偿责任。对于承运人免除赔偿责任的 12 种原因，我国海商法律有明确规定。

（1）承运人的免责原因和不免责原因

《海商法》第 51 条规定，在责任期间货物发生的灭失或者损坏是由于下列原因之一造成的，承运人不负赔偿责任：

（一）船长、船员、引航员或者承运人的其他受雇人在驾驶船舶或者管理船舶中的过失；

（二）火灾，但是由于承运人本人的过失所造成的除外；

（三）天灾，海上或者其他可航水域的危险或者意外事故；

（四）战争或者武装冲突；

（五）政府或者主管部门的行为、检疫限制或者司法扣押；

（六）罢工、停工或者劳动受到限制；

（七）在海上救助或者企图救助人命或者财产；

（八）托运人、货物所有人或者他们的代理人的行为；

（九）货物的自然特性或者固有缺陷；

（十）货物包装不良或者标志欠缺、不清；

（十一）经谨慎处理仍未发现的船舶潜在缺陷；

①司玉琢主编：《海商法》，法律出版社，2007 年版，第 105 页。

（十二）非由于承运人或者承运人的受雇人、代理人的过失造成的其他原因。

承运人依照前款规定免除赔偿责任的，除第（二）项规定的原因外，应当负举证责任。只有货物灭失或损坏是由于上述 12 种原因造成的，承运人即可免除赔偿责任。

应注意的是，上述 12 种原因中，包括了船长船员驾驶船舶（Navigation of the ship）的过失、管理船舶（Management of the ship）的过失和火灾的过失。也就是说，如果因为船长船员驾驶船舶或管理船舶的过失或火灾的过失造成货物灭失或损害时，承运人对此不承担赔偿责任。这种规定被称为不完全过失责任原则。

所谓驾驶船舶的过失，主要指船长船员和引航员在船舶航行或停泊操纵方面的过失，主要表现为违反了海上航行规则，如没有保持正当瞭望，没有以安全速度航行、锚泊的位置或者方式不当，系泊所用缆绳数量不够等。

管理船舶的过失是指在维持船舶有效性能或状态中的过失，如操纵机器不当致使机器受损、轮机人员在开启阀门时因失误使燃油混水，导致船舶失去动力等。实践中，船长船员管理船舶过失常常与管理货物难以区分，区分方法通常以行为对象和目的来确定。如果某行为是针对货物，其目的是管理货物，则属于管理货物的行为；若行为是针对船舶，目的是管理船舶，则属于管理船舶行为，如风浪中航行时为了使半载船舶增加稳性，需往压载舱打进压载水，但船员误将海水打入货舱，使货物遭受湿损，这一行为的目的是管理船舶，应属于管理船舶过失。

火灾过失是指船长船员、承运人的其他受雇人或代理人过失造成火灾时，承运人对火灾所致的货物灭失或损坏可以免责。但如果火灾系承运人本人过失所致，承运人就不能免除赔偿责任。船公司里的工作人员的过失应视为承运人本人的过失。

除上述 12 项免责事项外，《海商法》第 52 条和第 53 条还分别规定活动物（Live animals）和舱面货（Deck cargo）因其固有风险造成灭失或损害的，承运人也免除赔偿责任。如《海商法》第 52 条规定，因运输活动物的固有的特殊风险造成活动物灭失或者损害的，承运人不负赔偿责任。但是承运人应当证明业已履行托运人关于运输活动物的特别要求，并证明根据实际情况，灭失或者损害是由于此种固有的特殊风险造成的。《海商法》第 53 条规定，承运人在舱面上装载货物，应当同托运人达成协议，或者符合航运惯例，或者符合有关法律、行政法规的规定。承运人依照前款规定将货物装载在舱面上，对由于此种装载的特殊风险造成的货物灭失或者损坏，不负赔偿责任。承运人违反本条第一款规定将货物装载在舱面上，致使货物遭受灭失或者损坏的，应当负赔偿责任。

除上述原因外，其他原因造成货物灭失或损害的，如承运人管理货物不当或承运人没有尽到谨慎处理使船舶适航等责任，就不属于承运人免责原因范围内，承运人应当依法承担赔偿责任。

（2）承运人的赔偿数额

承运人应承担赔偿责任的情况下，首先涉及赔偿数额的问题。赔偿数额需要视货物灭失或损坏的实际情况而定，根据《海商法》第 55 条，货物灭失的赔偿数额，按照货物的实际价值计算；货物损害的赔偿数额，按照货物受损前后实际价值的差额或者货物的修复费用计算。货物的实际价值，按照货物装船时的价值加保险费加运费计算（The actual value shall be the value of the goods at the time of shipment plus insurance and freight，即货物的 CIF 价值）。

（3）承运人的赔偿限额

如果货物实际价值很大，承运人将承担较重的赔偿责任，为了适当保护承运人的利益，鼓励国际航运业的发展，《海商法》又对承运人的赔偿责任进行一定的限制。如果托运人的货物损失超过了所规定的限额，超过的部分承运人就免予赔偿。当然，托运人的货物损失如果在法律所规定的限额内，承运人应按照实际损失予以赔偿。

承运人的赔偿限额按照货物灭失或损害和货物延迟交付两种情形分别规定两种赔偿限额。按照《海商法》第 56 条，承运人对货物灭失或损坏的赔偿限额，按照货物件数计算，每件为 666.67 个计算单位[①]（Units of account），或按照货物毛重计算，每公斤为 2 个计算单位，以二者中较高限额为准。如果货物用集装箱装的，提单中载明的集装箱内的货物件数即为计算限额的件数；如果提单未载明集装箱内货物件数，则整个集装箱视为一件。如果集装箱非由承运人提供的，则集装箱本身也作为一件计算。

考虑到货物比较贵重时，货物损失赔偿限额的规定不利于充分补偿货方损失，《海商法》又规定，托运人可以在货物装运前向承运人申报货物价值并在提单中载明，或者与承运人另行约定一个高于 666.67 个计算单位的限额，在

①计算单位，是指国际货币基金组织（International Monetary Fund，IMF）的特别提款权(Special Drawing Rights，SDR)。特别提款权是国际货币基金组织于 1969 年创设的，作为国际储备的计算单位，具有价值相对稳定的优点。我国《海商法》第 277 条规定，特别提款权的人民币数额，按法院判决之日、仲裁机构裁决之日或者当事人协议之日，国家外汇主管机关规定的特别提款权对人民币的换算办法进行计算。目前这种换算通过美元进行，即根据国际货币基金组织公布的特别提款权对应的美元数额以及国家外汇主管机关同日公布的美元与人民币的兑换率，将特别提款权换算成人民币数额。

这种情况下，承运人就应当按照申报价值或约定限额进行赔偿。作为托运人，当托运货物价值较大时，应充分利用法律的这一规定，以保护自己利益。

至于货物延迟交付，我国《海商法》第 50 条首先明确规定迟延交付的构成条件，即货物未能在明确约定的时间内在约定的卸货港交付的，为迟延交付（Delay in delivery of the goods）。由于承运人过失，致使货物因迟延交付而遭受经济损失，即使货物本身没有灭失或损害，承运人仍应承担赔偿责任。《海商法》第 57 条又规定，承运人对货物因迟延交付造成经济损失的赔偿限额，为所迟延交付的货物的运费数额，货物灭失或损坏和迟延交付同时发生的，承运人的赔偿责任仍适用于 666.67 个计算单位限额。

根据这一规定，只有货物运输合同明确约定了交付货物的时间，承运人又没有在该时间内交付货物的，才能构成迟延交付货物；如果运输合同中没有约定交付时间的，则不应构成迟延交付。可见，对于托运人来说，在货物运输合同中约定交付时间至关重要，特别是季节性货物，错过季节，收货人市场经济损失将会很严重，但如果没有在运输合同中约定交付时间，就不构成迟延交付，承运人将不承担迟延交付的赔偿责任，托运人的损失将难以得到补偿。

（4）承运人不能限制赔偿责任的情形

《海商法》第 59 条规定，经证明，货物的灭失、损坏或者迟延交付是由于承运人的故意或者明知可能造成损失而轻率地作为或者不作为造成的，承运人不得援用本法第 56 条或者第 57 条限制赔偿责任的规定。经证明，货物的灭失、损坏或者迟延交付是由于承运人的受雇人、代理人的故意或者明知可能造成损失而轻率地作为或者不作为造成的，承运人的受雇人或者代理人不得援用本法第 56 条或者第 57 条限制赔偿责任的规定。

5．承运人的责任期间

承运人的责任期间（Period of responsibility），是指承运人对货物应负责的期间。

《海商法》第 46 条（1）款把承运人的责任期间分成如下两种情形：对于用集装箱装运的货物，承运人的责任期间是指从装货港接收货物时起至卸货港交付货物时止，货物处于承运人掌管下的全部期间。对于非集装箱货物，承运人的责任期间是从货物装船时起至卸下船时止。在上述承运人的责任期间内，货物发生灭失或损坏，除依法律规定可以免责的以外，承运人应当负赔偿责任。

对于非集装箱货物，装船前阶段（即将货物送到码头、仓库、船边至装上船）及卸船后阶段（到港卸货后向收货人交付货物这一段时间）的货损责任，《海商法》第 46 条（2）款允许承运人与托运人另外达成协议。通常承运人对货物“装前卸后”期间的责任，都在提单上订有不负赔偿责任的条款。

（二）承运人的主要权利

1．运费、亏舱费、滞期费及其他费用的请求权

运费（Freight）是承运人完成货物运输而对托运人或收货人有权请求的报酬。从运费支付时间上看，运费有预付运费（Freight prepaid，Advance freight）和到付运费（Freight to collect，Freight payable at destination）两种基本形式。预付运费通常在货物装船后、承运人或其代理人签发提单或其他运输单证之前支付，否则，承运人或其代理人有权拒绝签发已付提单或其他运输单证。英美等国家实行预付运费不退还的做法，如货物在运输过程中灭失，不论何种原因，承运人均不退还预付运费，但托运人可将预付运费作为损失向承运人索赔。到付运费通常在卸货港收货人提取货物之前支付。只有货物运抵目的港，承运人才具有运费请求权；若货物在运输过程中灭失，承运人就无权请求到付运费。为了保护收货人的利益，《海商法》第 69 条（2）款规定，到付运费必须在提单或其他运输单证上注明，承运人才能向收货人请求到付运费。

亏舱费（Dead freight），又称空舱费，指托运人因其提供货物数量少于合同约定，致使船舶舱位发生剩余，承运人因此受到的运费损失。计算亏舱费时应考虑因亏舱使得承运人节省的费用。

滞期费（Demurrage），通常是指航次租船情况下，承租人因未能在合同约定时间（Lay time）内完成货物装卸，致使船舶延误产生损失，而向出租人支付的补偿损失的费用。

其他费用是指应由货方支付的共同海损分摊（General average contribution）费用、承运人为货物垫付的必要费用以及其他应当向承运人支付的费用。[①]

2．货物留置权

货物留置权（Lien on cargo），是指在托运人或收货人不支付运费、亏舱费、滞期费、共同海损分摊费用和其他应付费用时，承运人有权依法对其仍合法占有之下的货物在合理限度内进行留置，以担保其运费或其他应得费用请求权的实现。

《海商法》第 87 条规定，应当向承运人支付的运费、共同海损分摊、滞期费和承运人为货物垫付的必要费用以及应当向承运人支付的其他费用没有付清，又没有提供适当担保的，承运人可以在合理的限度内留置其货物。

《海商法》第 88 条规定，如果自船舶抵达卸货港的次日起 60 日内，仍无人支付应向承运人支付的费用或者提供适当担保而提取所留置的货物，承运人

①司玉琢主编：《海商法》，法律出版社，2007 年版，第 108 页。

可以向有管辖权的海事法院申请裁定拍卖；如果货物易腐烂变质或者保管费用可能超过其价值，承运人可以申请法院提前拍卖。拍卖所得价款，扣除货物在留置期间的保管费用和拍卖费用后，用于清偿运费以及应当向承运人支付的其他有关费用。不足的金额，承运人有权向货方追偿；剩余的金额，退还货方；无法退还并且自拍卖之日起满1年又无人领取时，上缴国库。

3．免责权利

免责权利是指承运人在所运输的货物遭受灭失或损害时，有权依法享受免除赔偿责任，对货物损失不予赔偿的权利。承运人在何种情形下有权享受免责，这一问题前面已叙述，即我国《海商法》第51条规定的12种原因。对于活动物和舱面货来说，承运人的免责原因还包括活动物和舱面货的固有风险。

4．承运人限制其赔偿责任的权利

前面已叙述，如果货物灭失或损害发生的原因不属于承运人免责原因范围之内，即承运人不能免责的原因造成了货损，这种情况下承运人就应当承担赔偿责任。但当货损数额超过法律规定的赔偿限额时，承运人有权依法限制其赔偿责任，即超过赔偿限额的货损，承运人有权不予赔偿，如我国《海商法》第56条和第57条的规定。

四、托运人的主要权利义务

（一）托运人的主要义务

1．提供托运货物，妥善包装并正确申报货物

《海商法》第66条规定，托运人托运货物，应当妥善包装，并向承运人保证货物装船时所提供的货物的品名、标志、包数或者件数、重量或者体积的正确性。由于包装不良或者上述资料不正确，对承运人造成损失的，托运人应当负赔偿责任。

《海商法》第68条规定，托运人托运危险货物，应当依照有关海上危险货物运输的规定，妥善包装，作出危险品标志和标签，并将其正式名称和性质以及应当采取的预防危害措施书面通知承运人；托运人未通知或者通知有误的，承运人可以在任何时间、任何地点，根据情况需要将货物卸下、销毁或者使之不能为害，而不负赔偿责任。托运人对承运人因运输此类货物所受到的损害，应当负赔偿责任。承运人知道危险货物的性质并已同意装运的，仍然可以在该项货物对于船舶、人员或者其他货物构成实际危险时，将货物卸下、销毁或者使之不能为害，而不负赔偿责任。但是，本款规定不影响共同海损的分摊。

2．及时办理货运手续

《海商法》第67条规定，托运人应当及时向港口、海关、检疫、检验和其

他主管机关办理货物运输所需要的各项手续，并将已办理各项手续的单证送交承运人。因办理各项手续的有关单证送交不及时、不完备或者不正确，使承运人的利益受到损害的，托运人应当负赔偿责任。托运人还必须按照规定，及时向港口、海关、检疫、检验和其他主管机关办理货物运输所需要的各项手续以及货物出港手续，并应把有关单证文件交给承运人。如果托运人没有及时办妥上述各项手续，以致船舶不能出港，造成了延滞或其他损失，托运人应对承运人负责。

3．支付运费及其他费用

《海商法》第 69 条规定，托运人应当按照约定向承运人支付运费。托运人与承运人可以约定运费由收货人支付，但是，此项约定应当在运输单证中载明。

4．承担因过失致承运人损失的赔偿责任

《海商法》第 70 条规定，托运人对承运人、实际承运人所遭受的损失或者船舶所遭受的损坏，不负赔偿责任。但是，此种损失或者损坏是由于托运人或者托运人的受雇人、代理人的过失造成的除外。

（二）托运人的主要权利

1．有权要求承运人签发提单或其他运输单证

《海商法》第 72 条规定，货物由承运人接收或者装船后，应托运人要求，承运人应当签发提单。提单可以由承运人授权的人签发。提单由载货船舶的船长签发的，视为代表承运人签发。如果货物已经由承运人接收但未装上船舶，托运人有权要求承运人签发收货待运提单。

2．有权要求承运人中止运输、返还货物、变更卸货港或收货人

把货物交给承运人的托运人常常是国际贸易中的卖方，当货物装船后已处于运输阶段时，有可能因买方面临破产倒闭等原因卖方有收不到货款的情况，此时国际贸易法律赋予卖方停运权（即中止运输权利），卖方（交货托运人）有权利阻止承运人将货物交给买方，有权要求承运人返还货物。如果运输过程中买方出售了运输途中的货物，卸货港或收货人可能发生变化，此时托运人（即卖方）有权利要求变更卸货港和收货人。

3．货物损失时的索赔权

货物装船后处于承运人掌管之下，运输过程中货物发生损害，承运人不能依法享受免责情况下，托运人或收货人有权要求承运人赔偿损失。

五、收货人的主要权利义务

收货人持有提单后，即有权提取货物。收货人有时与托运人同为一人，如 FOB 下的买方；有时与托运人各为一人，如 CIF 和 CFR 下的卖方是托运人，

买方是收货人，此时收货人没有参加运输合同的签订，非合同当事人。

收货人应及时提取货物，根据我国《海商法》第 86 条规定，如果收货人在卸货港不提取货物，或者迟延提取货物，船长可以将货物卸在仓库或者其他适当场所，由此产生的风险和费用均由收货人承担。当提单或其他运输单证载明运费到付时，收货人应支付到付运费。当提单载明装货港发生的滞期费、亏舱费或其他与装货有关的费用由收货人承担时，收货人应支付相关费用。收货人有权凭提单等提取货物，当提取的货物发生损失时，收货人有权依照提单提出赔偿请求。

第三节 海运提单

一、提单含义及作用

班轮运输情况下，托运人通过订舱向承运人托运货物，在货物装船后或在承运人收到货物后，由船长或承运人代理人签发提单，用以证明承运人收到提单上所载明的货物，保证将货物运至指定目的港，并凭提单将货物交付给收货人。

我国《海商法》第 71 条规定，提单（Bill of lading），是指用以证明海上货物运输合同和货物已经由承运人接收或者装船，以及承运人保证据此交付货物的单证（A bill of lading is a document which serves as an evidence of the contract of carriage of goods by sea and the taking over or loading of the goods by the carrier，and based on which the carrier undertakes to deliver the goods against surrendering the same）。提单是国际贸易和国际海运中非常重要的有价单证。

（一）提单是海上运输合同的证明

海上运输合同的签订，要通过要约、承诺两个必要环节。在班轮运输下，托运人根据买卖合同和信用证的规定，就货物运输所需要的船舶舱位，向船公司或其代理人提交托运单（Booking note，B/N，也称订舱单），以办理订舱托运手续。托运单通常包括货物详情、装运港、目的港、装运期限等内容。提交托运单是合同成立的要约阶段。承运人或其代理人根据托运单内容，结合船舶航线、挂靠港、船舶舱位等条件认为合适后，接受托运，将托运单留下，签发装货单（Shipping order，S/O）以表明同意承运货物。装货单也叫下货纸，是要求船长将货物装船承运的凭证。签发装货单是合同成立的承诺阶段。至此，海上货物运输合同成立。

提单本是船公司等事先印就和公开的格式合同，承运人和托运人签订合同时是可以知道提单内容的，如果对提单条款没有异议，应视为接受提单上的条款。提单是确定承运人和托运人权利义务的依据，但提单只是国际海上货物运输合同的证明，而非合同本身。因为提单签发前，海上运输合同通过要约、承诺已经成立，签发提单只是承运人履行合同的—个环节。提单不仅证明了承运人与托运人之间存在合同，还证明了合同的内容，即提单上的条款。

托运人收到提单后，通常都用背书方式把它转让给收货人（即提单的受让人，通常是买方），收货人凭提单在目的港向船方提取货物。在这种情况下，对提单受让人与承运人来说，提单是一种运输合同。《海商法》第78条规定，承运人同收货人、提单持有人之间的权利义务关系，依据提单的规定确定。提单受让人与承运人之间的权利义务依据提单确定。

（二）提单证明承运人已经接管货物及货物状况

提单的签发，表明承运人已经按照提单上载明的情况收到了货物，是承运人收到货物后所出具的货物收据。作为货物收据，在不同当事人之间，提单的证据效力不同。

在托运人与承运人之间，提单只是承运人已按提单所记载的情况收到货物的初步证据（Prima facie evidence），正如《海商法》第77条规定，承运人或代其签发提单的人签发的提单，是承运人已经按照提单所载状况收到货物或者货物已经装船的初步证据。初步证据在法律上是允许被推翻的，如果承运人能够提供更充分的证据证明承运人事实上并没有收到货物，或者没有按照提单记载的情况收到货物，提单将失去货物收据的证据效力。

但是，在提单受让人与承运人之间，提单就是最终证据（Conclusive evidence），也被称为绝对证据。《海商法》第77条规定，承运人向善意受让提单的包括收货人在内的第三人提出的与提单所载状况不同的证据，不予承认。显然，在提单受让人和承运人之间，提单作为绝对证据在法律上是不允许推翻的，与提单记载不同的其他证据是不予承认的。即使货物装船时的情况确实与提单记载不符，承运人也不得提供相反证据来推翻提单证据效力。承运人不得向提单受让人否认提单上有关货物记载内容的正确性。法律上如此规定的目的是为了保护善意的提单受让人，因为提单受让人在受让提单的时候，并没有机会检查货物，只能完全凭对提单上所记载事项的信赖来接受提单。保障善意第三者的利益，将有利于提单的正常流通转让，使得国际贸易有秩序地发展。

如果货物装船实际情况与提单记载不符，承运人应按照提单的绝对证据效力先向提单受让人承担责任，赔偿提单受让人损失，然后再向托运人追究责任，要求托运人赔偿承运人因赔偿提单受让人而受到的损失。应注意的是，如果货物装船时实际情况与提单记载情况严重不符，将构成承运人与托运人对提单受让人的共同欺诈行为，承运人不能得到法律上保护。

（三）提单证明承运人保证凭提单交付货物

提单的主要目的是使收货人能够在目的港凭提单向船方提取货物，这样防止了承运人在目的港误交货物。提单是承运人向托运人保证在目的港凭提单交付货物的一种证明，如《海商法》第71条规定，提单中载明的向记名人交付货物，或者按照指示人的指示交付货物，或者向提单持有人交付货物的条款，构成承运人据以交付货物的保证。也就是说，如果承运人违反这种保证，在收货人没有提供提单情况下就交付货物，承运人应向托运人或提单持有人承担责任。对于收货人来说，取得提单，就可以凭提单提取货物；如果收货人未能向承运人提供提单，在正常情况下承运人应拒绝交货。承运人的责任是把提单项下的货物交给提单持有人，如果承运人无单放货，把货物交给非持有提单人，他就得自行承担风险。

在实际业务中常常发生收货人没有提单前来提货的情况，比如航程短，提单通过银行流转比较慢，致使货物比提单先到目的港，收货人因市场价格上涨急于转手货物，或急于使用货物，或为了减少船舶在港停留以造成滞期等原因，向承运人要求提取货物。在这种情况下，承运人常常要求收货人提供充分担保，以保证赔偿承运人因错误交货所受到的损失。如果收货人提供了充分担保，承运人在收货人没有提单情况下也可以把货物交给收货人。日后一旦发生错误交货，承运人凭收货人的担保要求收货人赔偿损失。

提单持有人除了可以凭提单提取货物之外，按照商业惯例，还可以通过处分提单来处分提单项下的货物，因为占有提单，在许多方面就等于占有了货物本身，提单的转让通常具有与转让货物同样的效果。提单通常可以以背书方式转让给受让人。如果转让人的意思是要移转货物的所有权，则一经有效背书并把提单交给受让人，受让人就可以取得该提单项下货物的所有权。

二、提单正面内容和背面条款

提单并无统一格式，可由承运人自行制定。目前在远洋运输中所使用的提单，都是由各船公司或货公司事先印刷好的。提单内容分为正反两面，各记载不同内容。

（一）提单正面内容

1. 提单正面记载事项

提单正面记载事项，如《海商法》第73条的规定，提单正面应记载的事项主要包括：

第一，货物的品名、标志、包数或者件数、重量或者体积，以及运输危险货物时对危险性质的说明。

第二，承运人的名称和主营业所。

第三，船舶名称。

第四，托运人的名称。

第五，收货人的名称。

第六，装货港和在装货港接收货物的日期。

第七，卸货港。

第八，多式联运提单增列接收货物地点和交付货物地点。

第九，提单的签发日期、地点和份数。

第十，运费的支付。

第十一，承运人或者其代表的签字。

提单正本通常是一式三份，但也可以根据托运人的需要适当增加或减少份数。承运人凭其中一份正本提单交付货物之后，其余提单一律作废。

2．提单正面记载事项所归属的条款

关于提单正面记载事项，可以归纳为提单正面如下条款：

第一，确认条款。该条款表明承运人在货物外表状况良好条件下接收货物，并同意承担按照提单所列条款，将货物从装运港运往卸货港，把货物交给收货人的责任条款。如中远提单（FORM9805）的确认条款（Received in external external apparent good order and condition except as otherwise noted）。

第二，不知条款。该条款是承运人表示没有适当方法对所接受的货物进行检查，所有货物的重量、尺码、标志、品质等都由托运人提供，并不承担责任的条款。如中远提单（FORM9805）的不知条款（The total number of packages or units stuffed in the container, the description of the goods and the weights shown in this Bill of Lading are furnished by the Merchants， and which the carrier has no reasonable means of checking and is not a part of this Bill of Lading）。《海商法》第 75 条规定，承运人或代其签发提单的人，知道或者有合理的根据怀疑提单记载的货物的品名、标志、包数或者件数、重量或者体积与实际接收的货物不符，在签发已装船提单的情况下怀疑与已装船的货物不符，或者没有适当的方法核对提单记载的，可以在提单上批注，说明不符之处、怀疑的根据或者说明无法核对。不知条款是保护承运人利益的条款。

第三，承诺条款。该条款是承运人表示承认提单是运输合同成立的证明，承诺按照提单条款的规定承担义务和享受权利，而且也要求货主承诺接受提单条款制约的条款。如中远提单（FORM9805）的承诺条款（The Merchants agree to be bound by the terms and conditions of this Bill of Lading as if each had personally signed this Bill of Lading)。提单条款是承运人单方拟定的，该条款表明货主接受提单也就接受了提单条款并受其制约，该条款也称代拟条款。[①]

第四，签署条款。该条款是承运人表明签发提单正本的份数，每份提单具有相同效力，其中一份完成提货后其余各份自行失效和提取货物必须交出经背书的一份提单，以换取货物或提货单的条款。如中远集运提单（CFORM9805）的签署条款（one of the original Bills of Lading must be surrendered and endorsed or signed against the delivery of the shipment and whereupon any other original Bills of Lading shall be void）。

（二）提单背面的主要条款

提单背面通常印有详细的运输条款，规定了承运人与托运人的权利义务，属于格式合同的条款。这些条款由各船公司自行拟定，内容繁简不一。提单背面条款主要有：管辖权条款，法律适用条款，承运人责任条款，承运人责任期间条款，运费以及其他费用条款，装货、卸货或交货条款，留置权条款，货物灭失或损害的通知、时效条款，赔偿金额条款，危险货物、甲板货物、集装箱货物、冷藏货物条款等。

如上这些条款，可以分为强制性和任意性两大类条款。强制性条款的内容不得违反国际公约或国内法的相关规定，违反的视为无效。如《海商法》第44条规定，“海上货物运输合同和作为合同凭证的提单或者其他运输单证中的条款，违反本章规定的，无效”。任意性条款是指国际公约和国内法律没有明确规定的、允许承运人自行拟定的条款。这些条款也规定了承运人与托运人、收货人或提单持有人之间的权利义务、责任与免责等事项。

提单背面条款主要包括如下条款：

1. 定义条款（Definition）。该条款对与提单有关术语的含义和范围作出明确规定，如“货方”是指包括发货人、托运人、收货人、受货人、货主、提单合法持有人或被背书人，或与货物或提单具有现时或未来利益关系的任何人，或被授权代表前述任何一方行事的任何人。这样规定明确了与承运人相对应的货方。如分立契约人（sub–contractor），是指包括除承运人以外的船舶所有人及经营人，装卸工人、仓库、集装箱储运站经营人及拼箱经营人，公路及铁路运输以及承运人雇佣的用以进行运输的任何独立订约人及他们的再分立契约人（sub–sub–contractor）。依中远提单，分立契约人将和承运人一样享有抗辩和责任限制的权利，这也符合国际公约和国内法律规定。

2. 管辖权（Jurisdiction）与法律适用（Applicable law）条款。管辖权是

①顾丽亚主编：《远洋运输业务》，人民交通出版社，2007年版，第97页。

指法院受理案件的范围和处理案件的权限。该条款指明，因提单产生的一切争议应在哪个法院解决。一般都规定在承运人所在国法院解决，即承运人所在国法院对提单争议案件有管辖权。该条款有时还规定法院解决争议应适用的法律。

3. 首要条款（Paramount clause）。该条款是指提单中指明提单受某一国际公约或某一国内法制约的条款。

4. 承运人责任条款。承运人责任条款（Carrier's responsibility）是明确承运人承运货物过程中应承担责任的条款。通常情况下，凡是列有首要条款或类似首要条款的提单都不再把承运人的具体责任明确列入提单中，而是直接适用国际公约所规定的承运人的责任。

5. 承运人责任期间条款（Period of responsibility）。该条款明确承运人对货物运输承担责任的开始和终止时间，与《海商法》第 46 条一致。

6. 运费及其他费用条款（Freight and other charges）。该条款通常规定，托运人或收货人应按提单正面记载的金额、支付方式、货币名称支付运费，并支付货物装船后至交货前发生的、应由货方承担的其他费用。

7. 装货、卸货和交货（Loading，discharging and delivery）条款。该条款规定托运人在装货港提供货物的义务和收货人在卸货港提取货物的义务，要求托运人或收货人应以船舶能够装载和卸载的速度，不间断地并且如经承运人要求，不分昼夜、星期日与节假日，提供或者提取货物。否则，对引起的一切费用，如装卸工人待时费、船舶港口费用以及滞期费等，均由托运人或收货人承担。有时该条款还规定了滞期费的计算办法。

8. 留置权（Lien）条款。该条款规定承运人可因托运人、收货人未付运费、亏舱费、滞期费及其他应付款项以及应分摊的共同海损，对货物及有关单证行使留置权，并有权出卖或以其他方式处置货物。如出卖货物所得价款仍不足抵偿应收款项及出卖费用，承运人有权向托运人、收货人索赔差额。

9. 货物灭失或损坏的通知、时效（Notice of loss or damage，Time bar）条款。如提单未订有首要条款或首要条款所指的国内法对此没有规定，则提单通常订有这一条款。该条款规定，根据运输合同有权收取货物的人，除非在卸货港将货物灭失或损坏情况，在货物移交其照管之前或者当时，书面通知承运人或代理人，否则，这种移交应作为承运人已按提单规定交付货物的初步证据。如果灭失或者损坏不明显，应在交货后 3 天之内提交这种通知。交付时已对货物状况做联合检验或者检查，则无须提交书面通知。

10. 承运人赔偿责任限制条款（Limit of liability）。该条款明确规定，当承运人对货物灭失和损坏有赔偿责任并应支付赔偿金时，承运人对每件或每单位货物支付的最高赔偿金额的条款。

11. 特定货物条款。该条款明确承运人对运输一些特定货物时应承担的责任和享有的权利，或为减轻或免除某些责任而作出规定的条款。特定货物包括舱面货（Deck cargo）、活动物植物（Live animals and plants）、危险货物（Dangerous goods）、冷藏货（Refrigerated goods）、木材（Timber）、钢铁（Ironand steel）、重大件（Heavy lifts and awkward cargo）等。

12. 集装箱货物。该条款主要规定了运输拼箱货（FCL）和整箱货（LCL）时，承运人和托运人的责任。如果由承运人提供箱子装运拼箱货，应由承运人装入集装箱，承运人有权将不论是否为承运人装箱的任何集装箱装于舱面或舱内。实务中承运人一般也不接受货方装箱的拼箱货。如果是整箱货运输，装箱前货方检查承运人提供的集装箱箱体和箱内状况，一旦接受箱子，即为集装箱箱况良好的初步证据。此外，由于承运人无法检查箱内货物以及箱内积载状况，完全依赖于货方申报，所以目的港交货时，只要集装箱铅封完好，即为承运人已完好履行了运输合同义务的充分证据。

13. 选港（Option）条款。选港条款亦称选港交货（Optional delivery）条款，通常规定在承运人与托运人在装船前已经约定并在提单上载明时，收货人方可选择卸货港。收货人应在船舶驶抵提单中载明的备选港口中第一个港口若干小时之前将其选定的卸货港书面通知承运人或其代理人。否则，承运人有权将货物卸于该港或者其他备选的任一港口，运输合同视为已经履行。

14. 转运、换船、联运与转船（Forwarding，substitute of vessel，through carriage and transhipment）。该条款通常规定，如有必要，承运人可任意将货物交由属于自己的其他船舶或者属于他人的船舶或者经铁路或者以其他运输工具，直接或者间接地运往目的港，将全部或者部分货物运往目的港，转船、驳运、卸岸、在岸上或者水面上储存以及重新装船起运；其费用由承运人负担，但风险由货方承担。承运人的责任仅限于自己经营的船舶所完成的那部分运输。

15. 共同海损与救助条款。该条款主要约定所适用的共同海损理算规则、理算地点，以及货主应在提货前提供共同海损摊款数额的备用金或其他担保。该条款还约定，船长有权代表货方签订救助合同并结算救助报酬，货方应向救助方及时提供充分备用金或其他担保，否则货方应对承运人由此遭受的一切损失承担责任。

16．新杰森条款（New Jason Clause）[①]。该条款规定承运人的受雇人或代理人有过失时，货主仍要分摊共同海损。

17．互有过失碰撞条款。订入该条款是为了使承运人能够向本船货主追回承运人本应免责、但已间接赔付给本船货主的那部分损失。根据美国法，两船互有过失发生碰撞时，责任方对货物损害与人身伤亡都应承担连带责任。因此，货主有权将因本载货船的承运人应免责的损失向碰撞另一责任方（即非载货船）索赔，非载货船赔付全部货损后再转向本船承运人追偿。货主这样的做法使得本船承运人间接赔付了本船货主本来不应赔付的损失。为此，承运人在提单中加入该条款。

18．喜马拉雅条款[②]。该条款主要规定受雇人或代理人的法律地位。该条款规定承运人的受雇人或代理人可以援引承运人的各种抗辩、免责和责任限制。1968 年《维斯比规则》将该条款内容合法化，还规定包括独立合同人也可以与受雇人和代理人一样，有权援引承运人的各种抗辩、免责和责任限制。

19．无船承运人条款。订入该条款的目的是约束无船承运人。无船承运人在与真正货主订立运输合同并使用承运人提单时，应载有提单的条款和条件，如放弃承运人提单规定的权利时，无船承运人应保证赔偿因此而给承运人、受雇人、代理人及分立契约人带来的损失。

20．地区条款（Local clause）。该条款规定，有关运往美国或者从美国运出的货物，提单应受《1936 年美国海上货物运输法》的约束。承运人对货物灭失或损坏的赔偿限额为每件货物或每一习惯运费单位 500 美元，但托运人装船前已申报物的性质和价值，并在提单中载明的除外。

①1924 年《海牙规则》第 4 条第（1）款 a 项规定了船长船员、引水员或其他受雇人员，在驾驶管理船舶中的过失可以免责；因免责过失引起的共同海损损失，各受益方应按获救财产价值比例分摊共同海损。但根据美国法律，《海牙规则》中免责只能解释为驾驶船舶过失所致的损害，船舶所有人可以免责，但不能再请求货方分摊共同海损损失。承运人为保护自己利益，根据意思自治，在去美国港口的船舶提单中加订“共同海损疏忽条款”（General average negligence clause），即如果承运人已尽到了船舶适航义务，由于其雇佣人员的航海过失或管船过失导致的共同海损，货主应参加分摊。1910 年美国最高法院正式肯定了共同海损疏忽条款，并将其命名为“杰森条款”（Jason Clause）。此后，凡去美国港口的船舶提单中都有了“杰森条款”。1936 年美国出台海上货物运输法(US COGSA)。为了符合新法律，各船公司又纷纷修改了提单中的杰森条款，并将其命名为“新杰森条款”，新条款增加了姐妹船救助视为第三方救助，且救助报酬可作为共同海损费用，由包括货方在内的各受益方分摊。

②该条款源于 1953 年英国一个案例，英国东方及半岛公司(P&O)所属的“喜马拉雅号”客轮(Himalaya)有一次靠港时，因舷梯未搭好致使女乘客 Alder 摔伤。因承运人依据客票上规定享有免责权利，Alder 以侵权行为控告该船水手长 Dickson。法院判决水手长作为承运人受雇人员，无权援引客票上的免责条款。该案反响很大，此后承运人纷纷在提单中增加新条款，即喜马拉雅条款。

三、提单的种类

（一）货物是否已经装船

按照签发时间，可以把提单分为已装船提单和收货待运提单。

1. 已装船提单

已装船提单（Shipped bill of lading），是指货物装上船舶后才签发的提单。这种提单必须载明装货船名和装船日期。有的已装船提单载有"……上述货物已装于上列船上……"（Shipped on board the vessel named above…the goods specified herein. . .）的文句。由于已装船提单对收货人按时收到货物较有保障，因此，买卖合同和信用证一般都规定卖方须提供已装船提单。

2. 收货待运提单

收货待运提单（Received for shipment bill of lading），又称备运提单，是承运人收到货物但尚未把货物装上船舶之前签发给托运人的一种提单，提单上没有肯定的装船日期和装运船只。因为该提单下货物能否装运、何时装运都难以预料，在国际贸易中难以被接受。

（二）提单对货物表面状况的批注

按提单上对货物外表状态有无批注（Remarks，Reservations），可以把提单划分为清洁提单和不清洁提单。

1. 清洁提单

清洁提单（Clean bill of lading），是指承运人对货物表面状况在提单上未加任何批注的提单。这种提单表明，货物是在表面状况良好的条件下（in apparent good order and condition）装船的。货物的表面状况是货物的明显状态，是指承运人凭目力或通常方法所能观察到的货物状况。如果承运人签发了清洁提单，在目的港卸货时发现货物表面有缺陷，承运人就应承担货物损害赔偿责任。当然，如果这种损失是因为承运人可以免责原因造成的，承运人就可以不负赔偿责任。在国际货物买卖合同中，一般都规定卖方必须提供已装船的清洁提单。

2. 不清洁提单

不清洁提单（Unclean B/L，Foul B/L），是指承运人在提单上对货物表面状况加有不良批注的提单，如注明"破包"（Bags torn）、"沾有油污"（Stained）或"锈蚀"（Rust damage）等。这种提单表明，货物是在表面状况不良的条件下装上船舶的，这种不良状况在装船时就已经存在，不是承运人造成的。为了分清责任，承运人在提单上予以注明，并根据提单上的注明免除赔偿责任，因此，提单上加列批注是承运人保护自己的一种手段。根据不清洁提单可以判断出货物在装船时就已经有缺陷。在国际贸易中，买方当然不愿意接受不清洁提单，一是因为这种提单项下货物的损失，承运人不予赔偿；二是因为这种不清洁的提单也很难转让下去。因此，银行也不愿意接受不清洁提单作为议付货款的单据。《跟单信用证统一惯例》规定，除信用证另有规定外，银行拒绝接受不清洁提单。所以，卖方一般都要凭清洁提单才能顺利结汇，取得货款。

3．在装运港以保函换取清洁提单

在实践中，由于货物从卖方所在地运出至装运港，几经周折，或多或少都会造成货物表面有缺陷。如果货物表面状况不良并不严重，承运人认为应在提单上批注时，作为托运人的卖方往往主动出具保函，请求承运人签发清洁提单，这就是通常所说的托运人凭保函换取清洁提单的做法。

所谓保函（Letter of indemnity），是托运人向承运人保证，对于因货物表面状况不良以及因承运人签发清洁提单而给承运人带来的一切损失，托运人将给予赔偿。实践中对于轻微的表面不良、托运人难以替换或修复，又不严重损害收货人利益的情况，承运人接收保函以签发清洁提单，这对于顺利履行买卖合同和及时运输货物都有积极作用。

对这种保函，国际上倾向于确认其法律效力。[①]但是，如果货物装船时表面状况严重不良，在这种情况下，承运人仍接受保函，隐瞒了货物的真实情况，签发了清洁提单，这种做法将构成承运人与托运人对提单受让人的共同欺诈行为，承运人与托运人之间的保函协议也将因欺诈而无效。承运人不能依据保函向托运人追偿，不能凭保函得到法律上的保护。

（三）提单收货人的抬头

按收货人抬头，可以把提单分为记名提单、不记名提单和指示提单。

1．记名提单

记名提单（Straight B/L），是指提单正面收货人一栏内记载特定收货人名称的提单，如“交给某某公司”等。这种提单只能由该指定的收货人提货，不能转让，因而属于不可转让的提单。我国《海商法》第 79 条明确规定，记名提单不得转让。记名提单虽然可以避免提单在流通过程中遗失、被盗或被冒名背书的风险，但却失去了提单的流通性，因此，银行一般也不愿接受记名提单作为议付货款的单据。记名提单在国际贸易中很少使用，一般只有在运送贵重物品、援助物资或展览品时才采用。

2．不记名提单

不记名提单（Open B/L，Bearer B/L），又称空白提单，是指在提单收货人

①司玉琢主编：《海商法》，法律出版社，2007 年版，第 132 页。

一栏内仅填写“交与持票人”或“持有人”（To bearer）字样的提单，而不写明收货人的具体名称。谁持有这种提单，谁就可以向承运人提取货物。不记名提单可以转让，而且转让手续十分简便，提单持有人不需作任何背书，只要把提单交给受让人即可。由于这种提单在流通过程中风险较大，因此在国际贸易中也极少使用。

3．指示提单

指示提单（Order B/L），是指在提单的收货人一栏内填有“凭某人指示”（To order of ...）字样，或仅填有“凭指示”（To order）字样的提单。前者叫做凭特定人指示的提单，后者叫做空白指示提单。空白指示提单应视为凭托运人指示。

指示提单通过背书（Indorsemnt，Endorsement）方式进行转让，转让人（即指示人，也是背书人）通过背书来确定收货人，将凭提单提取货物的权利或再指定收货人的权利授予被背书人。

背书分为记名背书（Special Indorsement）和空白背书（Indorsement in Blank）。记名背书是转让人在提单背面写明转让人和受让人（即被背书人）的名称，表明承运人应将货物交给该受让人。空白背书是转让人在提单背面只写明自己名字、不写明受让人名字的背书。对空白背书的提单，承运人只要将货物交给持单人即可。如果提单未经过背书，则表明原持单人保留自己凭提单提取货物的权利，有权提取货物的还是他本人。在国际贸易中，指示提单是使用最为普遍的一种提单。

（四）按照运输方式

按照运输方式，提单可以划分为直达提单、海上联运提单和多式联运提单。

1．直达提单

直达提单（Direct bill of lading），亦称直运提单，是指由承运人签发给托运人的，货物自装货港直接运往卸货港而不转船的提单。此种提单仅填写装货港和卸货港的名称，而无中途转船的批注，即无“转船”或“在某港转船”这种批注的惯用语句。有时提单背面条款内列有承运人有权转装他船的所谓自由转船条款，但正面没有“转船”的批注，按照《跟单信用证统一惯例》，这种提单仍应视为直达提单。在国际贸易中，如信用证规定不准转船，托运人就必须取得直达提单方能结汇。

2．海上联运提单

海上联运提单（Ocean through bill of lading），是指由一个以上的承运人以一艘以上船舶将货物从一个港口运至另一港口的提单。货物由第一承运人在装船港装运，在中途港换装第二个承运人的船舶接运至最终目的港。第一个承运人通常签发海上联运提单，是海上联运承运人。第二个承运人等是接运承运人，也是实际承运人。海上联运可以转运多次，但以转运一次者居多。虽然海上联运提单的承运人有数个，运输全程分为几部分，但联运提单是联运承运人与托运人签订的全程货物运输合同。有的海上联运提单规定，联运承运人对货物自接受时起至目的港交付时止，对全程运输负责。

3．多式联运提单

多式联运提单（Combined transport B/L，Multimodel transport B/L，Intermodel transport B/L），是指多式联运经营人将货物以包括海上运输在内的两种或者多种运输方式，从一地运至另一地而签发的提单。这种提单多用于国际集装箱货物运输。

（五）按照提单签发人的不同

提单通常由承运人、承运人代理人或载货船船长签发，提单据此可分为承运人签发的提单、承运人代理人签发的提单和载货船船长签发的提单。但是，随着集装箱运输和无船承运业务的发展，实践中就同一货物出现了无船承运人提单和船长提单两种情形。

无船承运人提单，是指作为承运人的无船承运人或其代理人签发给托运人的提单，通常称为“House B/L”。此种提单通常是指示提单，用于托运人（货物卖方）根据信用证结汇的情况。

船长提单（Master B/L），是指载货船舶的所有人、经营人或代理人及船长签发给无船承运人的提单。这种提单虽然实践中通常被称为“船长提单”，但并非都是由载货船船长签发。相对于作为托运人的无船承运人而言，与其订立海上货物运输合同的载货船舶的所有人、经营人是承运人；相对于与无船承运人订立海上货物运输合同的托运人而言，载货船舶的所有人、经营人是实际承运人。这种提单主要用于载货船舶的所有人、经营人在目的港凭此交付货物，多为记名提单。①

货物运抵目的港时，无船承运人凭船长提单到船舶所有人或经营人在目的港的代理人那里换取以货物买方或其货运代理人为收货人的提货单，货物买方或其货运代理人凭无船承运人提单到无船承运人的交货代理人那里换取提货单，并凭该提货单提货。

（六）几种特殊的提单

1．倒签提单

提单的签发日期是货物装运日期的证明，提单上的签发日期应是货物装运

---

①司玉琢主编：《海商法》，法律出版社，2007年版，第134页。

完毕的日期。倒签提单（Anti-dated B/L），是指货物装船之后，签发提单时，提单上的签发日期没有按照实际装船完毕的日期签发，而是以早于实际装船完毕日期为签发日期。比如，货物实际上是在6月20日装船完毕，承运人本应在提单上注明6月20日，但承运人却在提单上注明6月15日，这种做法所签发的提单被称为倒签提单。

倒签提单的产生通常是因为信用证上的规定，信用证是买方所申请的开证银行向卖方所作的一种有条件（所有单据必须与信用证严格相符）的付款承诺，信用证上一般都规定货物的装运期间，卖方只有在这段期间内装运货物银行才能承担付款责任，否则，银行将拒付货款。所以，如果信用证所规定的装运期限已经届满，而货物还没有装船完毕，在这种情况下，为了使提单的签发日期能够与信用证规定的装运日期相符，卖方只好请求承运人并向承运人提供担保，要求承运人倒签提单，把提单上的签发日期提前，以符合信用证上的规定，取得银行支付的货款。

应指出的是，对于承运人来说，倒签提单的风险很大，很可能构成对收货人的欺诈行为，在货物市场价格下跌的情况下，收货人很可能拒收货物，并要求作为托运人的卖方以及承运人承担赔偿责任。

2．预借提单

预借提单（Advanced B/L），也是一种没有按照实际装船时间签发的提单。预借提单是指在货物还没有装上船舶或者还没有装船完毕就已经签发出来的提单。预借提单产生的原因与倒签提单一样，也是由于信用证上规定的装运期限已经届满，卖方为了使提单与信用证相符，在提供担保的情况下，请求承运人在货物未装船完毕的情况下就签发提单。预借提单也有可能构成承运人与托运人共同欺诈买方，承运人承担较大的风险。

3．舱面货提单（On Deck B/L）

也称甲板货提单，是指对装于船舶露天舱面或甲板的货物所签发的、并注明“舱面上”（On deck）或“装于舱面上”（Stowed on deck）字样的提单。与装在舱内的货物相比，装于舱面的货物在海上运输中具有特殊的风险。

4．交换提单（Switch B/L）

也称转换提单，是指承运人在中途港或其他地点收回在装货港签发的提单，另行换发以中途港或其他港口为装货港的提单。在装货港签发的提单可称为被转换的提单。被转换的提单上有时载明“在××港换发提单”或“Switch B/L”字样。交换提单通常是在托运人（买方）为了规避装货港所在国家与卸货港所在国之间的贸易限制等情况下要求承运人签发的。交换提单上载明的装货港并非货物的实际装货港，通常只是中途挂靠的港口，甚至是与本航次无关的港口。[①]

5．合并提单（Omnibus B/L）

合并提单是指对装货港、卸货港和收货人相同的两票或多票货物合并签发的提单。在托运人为了节省运费，请求将某票货物与其他货物合并在一张提单的情况下签发。

6．并装提单（Combined B/L）

并装提单是指对品质、装货港和卸货港相同，并且装在同一舱内的属于两个或多个收货人的两票或多票散装液体货物中的每一票货物签发的提单。

7．分提单（Separate B/L）

分提单是指根据托运人要求，对同一票货物分签的两套或多套提单。

8．简式提单（Short form B/L，Simple B/L）

简式提单是指背面没有载明承运人、托运人和收货人的权利义务条款，而规定依据其他提单或者文件予以确定的提单。有的简式提单背面只注明：有关承运人、托运人和收货人的权利义务以通常使用的提单，即全式提单（Long form B/L）为准。租约提单是一种简式提单。为便于提单传送，电子提单均采用简式提单。

四、海运单

海运单（Sea waybill，SWB），是证明国际海上货物运输合同和货物由承运人接收或者装船以及承运人保证据以将货物交给记名收货人的一种不可流通的（Non-negotiable）单证。

自从集装箱运输出现并在全球范围内迅速发展以后，当航程较短时常出现船舶到达目的港时收货人尚未收到提单的情形，导致不能及时凭提单提货的现象发生。海运单就是在这种形势下产生的。在国际集装箱物运输下，如果货物在运输过程中不需要转卖时海运单就被使用起来了。海运单的特点是收货人是记名收货人，因而不具有可流通性。收货人提货时甚至无须提交海运单，只需提交其身份证明，证明是海运单上载明的收货人，即可提取货物。海运单具有快速提货的优点。但因海运单不具有流通性，不能适用于货物运输途中转卖的情况。

《海牙规则》、《维斯比规则》等传统的国际海上货物运输法律是建立在提单基础上的，适用于提单所证明的海上货物运输合同，但能否也适用于海运单，对此学者观点不一。根据《国际海事委员会海运单统一规则》第 4 条，《海牙

①司玉琢主编：《海商法》，法律出版社，2007 年版，第 136 页。

规则》、《维斯比规则》及相应的国内立法应适用于海运单。我国《海商法》第四章的规定适用于国际海上货物运输合同，所以，海运单所证明的海上货物运输合同当然也适用《海商法》。

五、电子提单

（一）电子提单的含义及产生

电子提单（Electronic Bill of Lading），是指通过电子计算机传送有关海上货物运输合同数据。电子提单是电子数据交换（EDI）与提单相结合的一种形式，不再是一种纸面的航运单证。

提单在传统贸易方式中一般通过航空邮寄进行流转，然后在当事人之间背书转让，因而常常出现提单晚于船舶到达目的港或提单持有人迟延提取货物而给船方造成严重损失的情况。电子提单按照密码直接进行流转，不但速度快、费用低，而且能够有效防止航运单证欺诈。目前电子提单已被大家所熟知，《国际贸易术语解释通则》和《跟单信用证统一惯例》等主要国际贸易规则都明确规定允许使用电子提单。

（二）电子提单的使用流转

《国际海事委员会电子提单规则》制定了一套供自愿选择适用的较为复杂的新旧密码转换的电子提单的使用方案。货交承运人时，承运人按照托运人的电子地址发送收货通知，该通知包括书面提单所具备的一切内容和一个密码，托运人收到后向承运人发出确认电信，一经确认，托运人就成为电子提单持有人。

托运人要转让电子提单，应向承运人发出通知，承运人据此向被建议的新持有人发送提单内容，由被建议的持有人确认后，承运人销毁原密码，新的电子提单持有人就产生了。货物到港后，由承运人核实密码，货交电子提单持有人。在整个过程中，承运人与电子提单持有人均保持密码的安全性。电子提单的持有人可以通过持有密码拥有提单项下货物的控制权，并支配提单和货物所有权的转让。

电子提单的具体流转如下：

第一，托运人向承运人发送订舱电信进行订舱。

第二，承运人接受订舱并向托运人发送有关运输合同条件的电信，由托运人加以确认。

第三，托运人将货物交给承运人或其代理人或其指定人，承运人或其代理人或其指定人收到货物后向托运人发送收货电信（Receipt Message），内容包括托运人名称、货物说明、对货物外表状态等批注、收货时间点、船名航次等及此后与托运人进行通信的唯一的密码。托运人确认后取得对货物的支配权，托运人通过使用密码来支配对货物的权利。

第四，货物装船后承运人发送电信通知托运人，并抄送给银行。

第五，托运人到银行结汇后发送电信通知承运人，将货物支配权转移给银行。承运人销毁与托运人间的密码，向银行确认其控制货物权，并提供给银行一个新的唯一的密码。

第六，收货人向银行支付货款后，取得货物支配权。银行向承运人发送电信，通知货物支配权已转移至收货人，承运人销毁与银行间的密码。

第七，承运人向收货人发送电信，确认其控制货物权，并将货物说明及船舶情况等通知收货人，提供给收货人一个新的唯一的密码，收货人加以确认。

第八，承运人向目的港代理人发送电信，将货物说明、船舶情况及收货人电子通信地址通知该代理人，由其向收货人发送到货通知。

第九，收货人根据到货电信通知，凭身份证明，到承运人的该港代理人处获取提货单并提取货物。

（三）电子提单的主要法律问题

电子提单涉及电子数据的书面效力、电子签名、电子数据的认证等法律问题，还涉及电子提单的法律适用问题。我国 2005 年《电子签名法》规定了电子签名和电子数据认证的法律效力，我国《合同法》第 11 条规定，书面形式是指合同书、信件和数据电文（包括电报、电传、传真、电子数据交换和电子邮件）等可以有形地表现所载内容的形式，从而赋予电子数据书面效力。

关于电子提单的法律适用问题，《国际海事委员会电子提单规则》第 6 条规定，通过电子数据交换程序传送的海上货物运输合同，即电子提单，应受强制适用于传统提单的国际公约或者国内法的制约。但这一规则属于民间规则性质，效力上具有一定的局限性。

第四节　航次租船合同

根据国际贸易合同下货物的具体情况，负责运输货物的卖方或买方通常选择不同的货物运输方式，如货物数量少的件杂货等通常安排班轮运输，货物数量大的大宗货通常安排航次租船运输。所以，航次租船运输是国际海上货物运输合同的另一种类型。

一、航次租船合同的概念

航次租船合同（Voyage charterparty），又称租船合同，根据《海商法》第

92 条，航次租船合同，是指船舶出租人向承租人提供船舶或者船舶的部分舱位，装运约定的货物，从一港运至另一港，由承租人支付约定运费的合同（A voyage charter party is a charter party under which the shipowner charters out and the charterer charters in the whole or part of the ship's space for the carriage by sea of the intended goods from one port to another and the charterer pays the agreed amount of freight）。

按照这种合同，出租人（Shipowner）保留船舶的所有权和占有权，并由其雇用船长和船员，船舶仍由出租人负责经营管理，承租人（Charterer）不直接参与船舶的经营事宜。

根据货物数量的大小，航次租船合同还可以分为单航次租船合同、往返航次租船合同、连续单航次租船合同和连续往返航次租船合同等。

目前国际上普遍采用的可适用于各种航线和各种货物的航次租船合同格式是《统一杂货租船合同》(Uniform General Charter)，代号"金康"(GENCON)。该合同格式由波罗的海国际航运公会（The Baltic and International Maritime Conference，BIMCO）制定，并经 1922 年、1976 年和 1994 年三次修订。当前使用较多的是 1994 年修订格式，但该格式在很多条款上明显维护出租人利益，承租人通常要求对格式条款进行修改并增加附加条款，以达到双方利益的平衡。此外，国际上还有专门适用于油轮、散装石油化学品、散装谷物、散装煤炭、矿石、木材等货物的航次租船合同格式。

二、航次租船合同的主要条款

航次租船合同虽是海上货物运输合同，但其内容与班轮运输下的提单内容又不完全一致，提单内容必须遵守国际公约或国内法制约，违反国际公约或国内法规定的条款无效。但航次租船合同则不同，因双方当事人的经济实力和谈判实力相当，双方以契约自由和意思自治为主要原则，协商签订合同条款。但船舶适航性及合理速谴等内容属于法律的强制性规定，双方当事人的约定不得与法律规定不一致，否则无效。

（一）航次租船合同的强制性条款

我国《海商法》第 94 条规定，本法第 47 条和第 49 条的规定，适用于航次租船合同的出租人。本章其他有关合同当事人之间的权利义务的规定，仅在航次租船合同没有约定或者没有不同约定时，适用于航次租船合同的出租人和承租人。

《海商法》第 47 条规定，承运人在船舶开航前和开航当时，应当谨慎处理，使船舶处于适航状态，妥善配备船员、装备船舶和配备供应品，并使货舱、冷藏舱、冷气舱和其他载货处所适于并能安全收受、载运和保管货物。

《海商法》第 49 条规定，承运人应当按照约定的或者习惯的或者地理上的航线将货物运往卸货港。船舶在海上为救助或者企图救助人命或者财产而发生的绕航或者其他合理绕航，不属于违反前款规定的行为。

可见，按照《海商法》上述两项规定，在航次租船合同中，出租人必须承担船舶适航义务和直航义务，这是出租人的强制性的法律义务，属于强制性条款。

其他方面是任意性条款，基本上取决于双方当事人的协商，我国《海商法》第四章关于运输合同当事人其他义务的规定，仅在航次租船合同没有约定或者没有不同约定时，才适用于航次租船合同的出租人和承租人。

（二）航次租船合同的任意性条款

《海商法》第 93 条规定，航次租船合同的内容，主要包括出租人和承租人的名称、船名、船籍、载货重量、容积、货名、装货港和目的港、受载期限、装卸期限、运费、滞期费、速遣费以及其他有关事项，这些事项都属于任意性条款。

航次租船合同的主要任意性条款包括：船舶说明（Description of vessel）条款；预备航次（Preliminary voyage）条款；出租人的责任（Owners' responsibility）条款；运费的支付（Payment of freight）条款；装卸（Loading/discharging）条款；滞期费和速遣费（Demurrage /despatch money）条款；合同的解除（Cancelling）条款；留置权（Lien）条款或者承租人责任终止（Cesser）条款；ISM 条款和互有责任碰撞条款（Both to blame collision）；新杰森（New Jason）条款；共同海损（General average）条款；提单（Bill of lading）条款；罢工（Strike）条款；战争（War risks）条款；冰冻（Ice）条款；仲裁（Arbitration）条款；佣金（Brokerage commision）条款等。以下针对几个主要条款予以介绍。

1．船舶说明条款

航次租船合同的开头，通常都载有关于船舶特征的陈述（Statements），其内容主要包括船名、船舶的国籍、种类、船级、载重量以及订约时船舶所处的位置等。这些情况属于租船合同中的说明（Representations in the Contract），它的作用是把出租的船舶予以特定化，使之成为用以履行该合同的特定船舶。出租人应保证上述说明的真实性。如果出租人的不正确陈述具有欺诈性质或因疏忽而作了不正确的陈述，承租人有权解除合同并向船方索赔由此而造成的一切损失。

船舶一经特定化后，除合同另有规定外，非经承租人同意，出租人不得以其他船舶代替该船来履行航次租船合同。《海商法》第96条规定，出租人应当提供约定的船舶；经承租人同意，可以更换船舶。但是，提供的船舶或者更换的船舶不符合合同约定的，承租人有权拒绝或者解除合同。因出租人过失未提供约定的船舶致使承租人遭受损失的，出租人应当负赔偿责任。

2．预备航次条款

预备航次（Preliminary voyage）条款直接影响到船舶到达装货港的日期。预备航次是指从装货港的前一港口（通常是前一合同规定的卸货港）至装货港的一段航程。预备航次是合同规定的航次，是船舶出租航次的一部分。合同中关于当事人权利义务的规定，适用于预备航次。

航次租船合同通常都规定船舶应到达装货港的最迟日期，这个最迟日期也被称为"解约日"（Cancelling date）。如果船舶没有在该解约日前到达装货港，或者虽已到达装货港但未能在各个方面做好装货的准备工作，承租人有权解除合同。《海商法》第97条规定，出租人在约定的受载期限内未能提供船舶的，承租人有权解除合同。但是，出租人将船舶延误情况和船舶预期抵达装货港的日期通知承租人的，承租人应当自收到通知时起48小时内，将是否解除合同的决定通知出租人。因出租人过失延误提供船舶致使承租人遭受损失的，出租人应当负赔偿责任。可见，承租人解除合同权利是绝对的，即使船舶是由于不可抗力原因而延期到达装货港的，承租人也有权解除合同。但承租人能否要求赔偿损失，应根据出租人有无过失而定。如果船舶延期到达装货港的原因，是由于船方的疏忽或过失所造成的，则承租人除有权解除合同外，还有权请求赔偿损失；否则，承租人只能解除合同，不能要求赔偿损失。

在通常情况下，承租人是否解除合同主要取决于运价市场的起落，如遇运价下降，承租人很可能以更低廉的运价租到其他合适的船舶时，他就有可能借此解除合同。

3．装卸条款与安全港口条款

装卸（Loading /discharging）条款一般首先规定装卸港口，以便船舶驶往该港装卸货物。为了保证船舶的安全，出租人一般都在租船合同中规定，船舶只能驶往安全的装卸港口装卸货物，而且还规定装卸的地点应当是该船能经常保持漂浮的地点（always afloat）。安全的港口，应包括政治上的安全和地理上的安全。所谓政治上的安全，是指承租人所指定的装卸港应当是船舶能安全进出，不会遭到政府扣留、没收或拿捕的危险的港口；所谓地理上的安全，是指该港应当是船舶既能在空载时驶进驶出，也能在满载货物后安全驶进驶出的港口。所谓经常保持漂浮，是指船舶在装满货物后仍应处于浮泊状态。

4．装卸费、装卸时间、滞期费和速遣费条款

（1）装卸费的分担

关于货物装卸费用的分担，航次租船合同中一般有下列几种规定方法：

第一，班轮条款（Liner terms），又称泊位条款（Berth terms）、总承兑条款（Gross terms）或船边交接货物（Free alongside ship，FAS），是指由出租人负担货物装卸费用。

第二，出租人不负担装货费用（Free in，FI）。

第三，出租人不负担卸货费用（Free out，FO）。

第四，出租人不负担装卸费用（Free in and out，FIO）。

第五，出租人不负担装卸费用、积载及平舱费用（Free in and out ，stowed and trimmed，FIOST）。如果装运大件货物并约定出租人不负担货物绑扎费用，则在上述规定后加上“绑扎”（Lashed）一词。同样，在上述规定后加上“垫舱”（Dunnages），意指出租人不负担垫舱费用。

第六，出租人负担装货费用，但不负担卸货费用（Liner in，Free out）。

第七，出租人不负担装货费用，但负担卸货费用（Free in，Liner out）。

（2）装卸时间及规定方法

大多数情况下，航次租船合同都规定由承租人负责装卸货物。如果承租人装卸货物，为了节省船舶在装卸港口停留时间、减少港口费用、加速船舶周转及提高经济效益，出租人常常都要在航次租船合同中给承租人规定装卸时间（Laytime），在规定的装卸时间内，出租人有等待装卸的义务，并不向承租人收取任何费用。

装卸时间也有几种规定方法：

第一，具体规定若干天为装卸货物的时间。表示装卸时间的“天”、“日”的规定方法较多，如“日历日”（Calendar days）、“工作日”（Working days）、“良好晴天工作日”（Weather working days，WWD）、“连续 24 小时良好天气工作日”（Weather working days of 24 consecutive hours）等。对于承租人不利的规定是“日历日”的规定。

第二，规定每天的装卸率，如规定每天装卸货物 1000 公吨，而不具体规定用于装卸货物的天数。

第三，按照习惯尽快装卸（Customary quick despatch，CQD）。装卸时间按照船舶能够装卸的速度以及港口能够为装卸提供的条件确定时间。

第四，按照船舶能够收货或者交货的速度（As fast as the vessel can receive/deliver），表明装卸时间按照船舶速度确定。

（3）装卸时间起算

装卸时间的起算一般应从船舶已经到达装卸港且做好一切装货或卸货准

备工作，并已发出“装卸准备就绪通知书”（Notice of readiness ，N/R）后开始。递交“装卸准备就绪通知书”应具备两个条件：

第一，船舶到达合同规定的港口或泊位。如合同中只规定应到达的港口，则船舶一经到达该港口，不论是否已靠泊，即视为到达船舶。这种合同称为港口租船合同（Port charter）。如果合同约定或由承租人约定指定泊位，则船舶只有到达该泊位时才被视为到达船舶。这种合同也被称为泊位租船合同（Berth charter）。

第二，船舶做好各种装卸准备，如吊杆、吊车和起货机等处于可使用状态，货舱清洁干燥无味，并已取得检验合格证书等，甚至要求船舶办理海关边防检疫等各种手续等。

（4）滞期费和速遣费

承租人必须在合同规定的装卸时间内完成装卸作业，如承租人在合同规定的装卸时间未装卸完毕，超过规定的时间装卸货物，给出租人造成损失的，承租人应予以赔偿，赔偿的办法就是按照合同规定向出租人支付滞期费。滞期费（Demurrage）是指承租人未能在规定装卸期限内完成货物装卸，对因此产生的船舶延误而向出租人支付的款项，按照滞期时间和滞期费率计算。合同中有时约定允许船舶滞期的时间，在此期限内承租人支付滞期费，在此期限内仍未完成装卸，则超过此期限的时间被称为超滞期，承租人应向出租人赔付延期损失（Damage for detention）。合同中通常规定，延期损失按超滞期内出租人受到的实际损失与按合同中约定的滞期费数额中二者较高者计算。

滞期时间计算方法主要有两种：第一，“滞期时间连续计算”（Demurrage runs continously）或者“一旦滞期，始终滞期”（Once on demurrage，always on demurrage）。第二，“按同样的日”（Per like day），即滞期时间与装卸时间一样计算。

如果承租人在航次租船合同规定的装卸时间内提前完成装卸，给出租人节省了船舶在港时间和费用，加速了船舶周转，给出租人带来了经济效益，出租人通常予以奖赏，奖赏办法就是向承租人支付速遣费。速遣费（Despatch money）是指因承租人在合同约定的装卸期限届满之前完成装卸，而由出租人向承租人支付的款项，按照速遣时间和速遣费率计算。

速遣时间的计算主要有两种方法：第一，“按节省的（全部）工作时间计算速遣费”（Despatch on all working time saved，WTS）。第二，“按节省的全部时间计算速遣费”（Despatch on all time saved）。

滞期费和速遣费的费率，可以由出租人与承租人在航次租船合同中作出规定。如果合同对此没有作出明确的规定，可以按照装卸港的惯例办理。按照航运习惯，一般是以船舶每天的维持费用计算滞期费，而以滞期费的半数作为速遣费。

5. 根据租船合同签发的提单[①]

（1）根据租船合同签发提单的含义

承租人（CIF 或 CFR 条件下的卖方）或发货人（FOB 条件下卖方）在装货港将货物交由出租人接收或装船后，通常要求出租人或其代理人或船长签发提单用以结汇。这种提单被称为根据租船合同签发的提单（Bill of lading under charterparty，B/L under C/P），简称租约提单。

（2）航次租船合同与根据航次租船合同签发的提单的关系

航次租船合同中通常规定，船长应签发提单。船长所递呈（as presented）的任何提单不得妨碍租船合同。

根据租船合同签发的提单，在出租人与承租人之间不具有海上货物运输合同证明的性质，出租人与承租人的权利义务仍以租船合同为准，除非租船合同另有相反的约定。

在出租人与非承租人的发货人或者收货人之间，如果提单以出租人或其代理人或船长名义签发，则出租人具有承运人的法律地位，提单是确定双方当事人权利义务的依据，并受到所适用的《海牙规则》等国际公约或国内立法约束。如提单以承租人或其代理人名义签发，一般认为，承租人是货物承运人，出租人是实际承运人。如货物在运输期间，由于出租人未谨慎处理使船舶适航或者由于船长船员管理货物过失或其他不能免责原因造成货物灭失或损坏的，出租人承担侵权责任，但根据《海商法》及《汉堡规则》，出租人及受雇人、代理人可援引承运人的赔偿责任限制和抗辩的规定。

（3）提单中的并入条款及效力

根据航次租船合同签发的提单，出租人通常具有承运人的法律地位。出租人为使其根据提单对货物运输承担的义务和享有的权利尽可能与航次租船合同约定一致，常常在提单中订入援用租船合同某些约定的条款，被称为并入条款（Incorporation clause），如“租船合同中的所有条款、条件和免责事项，均适用于本提单，并视为并入本提单”（All the terms，conditions，clauses and exceptions contained in the said charterparty shall apply to this bill of lading and are deemed to be incoporated therein）。

提单中订入并入条款，使非租船合同当事人的发货人或收货人一定程度上受到了租船合同的约束。《海商法》第 95 条规定，“对按照航次租船合同运输

---

①司玉琢主编：《海商法》，法律出版社，2007 年版，第 203 页。

货物签发的提单，提单持有人不是承租人的，承运人与该提单持有人之间的权利义务关系适用提单约定。但是，提单中载明适用航次租船合同条款的，适用该航次租船合同的条款”。

6．出租人责任与免责

出租人的责任与免责，取决于航次租船合同规定。但不能违背法律的强制性条款，即我国《海商法》规定的第 47 条和第 49 条的规定。

关于货物损害责任，在通常情况下，由航次租船合同的双方当事人自己商定，可以不受公约和法律的管辖。按照“金康”规定，出租人应对货物灭失残损或延迟交货负责，但仅以灭失损害或延误是由于积载不良或疏忽所造成的，或由于出租人等未尽到使船舶在各方面具有适航性并保持适当的船员、设备和供应的职责所致为限。这种规定下的出租人损害赔偿责任，显然低于《海牙规则》及我国《海商法》的规定。在现代航次租船合同中，承租人都力争把《海牙规则》或一些国内法律的有关内容融合进去，以平衡承租人和出租人双方对货物所承担的责任。

7．运费

运费的支付方法也有预付运费和到付运费两种。预付运费是在出租人接管货物或签发提单时支付，预付运费可以全部预付，也可以部分预付。预付运费的特点是，通常情况下，不论货物灭失与否，预付运费概不退还，但也有例外情况，如出租人未能提供适航船舶在合理时间内开航或者货物在预付运费付款期截止前已遭灭失的，出租人应退还预付运费。

到付运费的支付时间，原则上是在船舶抵达目的港交货前付清。在到付运费的情况下，支付运费和交货是对流条件，承租人不支付运费，出租人就没有义务交货。如果货物在中途灭失，承租人就可不支付运费。

8．责任终止条款和留置权

责任终止条款（Cesser Clause）主要规定，在货物装船完毕之后，承租人对航次租船合同的责任即告终止；但是在合同所规定的运费、空舱费和滞期费未付清之前，出租人有权留置货物，即对货物有留置权（Lien）。这种条款通常在卖方是发货人、买方是收货人的情况下适用，即 CIF 和 CFR 价格条件下适用，其目的是要把运输过程中的一切费用移转给收货人负担。

承租人之所以能够在装货之后终止对航次租船合同的责任，是以出租人对货物享有留置权为条件的。如果货物到达目的港后，收货人不按合同规定支付运费及有关费用，出租人可以通过留置货物取得补偿。有的航次租船合同还规定，只有在装船的货物价值足以抵偿全部运费、空舱费和滞期费的条件下，承租人才能在装货后终止其对航次租船合同的责任。

第五节　国际货物多式联运合同

一、国际货物多式联运合同的概念

国际货物多式联运合同（Multimodal transport contract），根据《海商法》第102条，是指多式联运经营人以两种以上的不同运输方式，其中一种是海上运输方式，负责将货物从接收地运至目的地交付收货人，并收取全程运费的合同。多式联运经营人（Multimodal transport operator，MTO），是指本人或者委托他人以本人名义与托运人订立多式联运合同的人。除船公司外，多式联运经营人常常是本身并不拥有船舶，但经营多式联运业务的无船承运人或物流公司等。

随着集装箱运输的发展，大多数件杂货和散装货物采用集装箱运输方式，从一种运输工具迅速换装另一种运输工具，装卸快、车船周转快、货损货差少。这样，国际货物多式联运也得到了发展，多式联运经营人从托运人工厂或仓库接收货物，负责运至收货人的工厂或仓库交货，实现了"门到门"(Door to door）运输。

二、国际货物多式联运单据

国际货物多式联运下所使用的单据是多式联运提单或多式联运单据(International multimodal transport document)。当多式联运中的一种运输方式是海运时，特别是第一种运输方式是海运时，常常签发多式联运提单。多式联运单据是国际货物多式联运合同的证明，也是多式联运经营人接收货物和交付货物的凭证。对托运人而言，多式联运单据是多式联运经营人接收该单据所载货物的初步证据；当多式联运单据转移至善意第三人时，多式联运单据就成为多式联运经营人接收该单据所载货物的绝对证据。

三、国际货物多式联运经营人的责任形式

多式联运经营人的责任形式主要有责任分担制和单一责任制两种。单一责任制是指多式联运经营人对全程运输负责，具体又有网状责任制（Network liability system）和统一责任制（Uniform liability system）两种具体形式。

（一）责任分担制

多式联运经营人和区段承运人仅对自己完成的运输负责，各区段运输适用的责任归责、赔偿责任限制等按适用于该区段的法律确定。如果货物损害发生

在海运阶段，海运承运人则按照《海牙规则》、《维斯比规则》或国内立法确定责任。

（二）网状责任制

网状责任制是指多式联运经营人对全程运输负责，各区段运输适用的责任归责原则、赔偿责任限制等按适用于该区段的国际公约或国内法予以确定。网状责任制下，不论货物损害发生在哪一运输区段，托运人或收货人既可向多式联运经营人索赔，也可向损害发生区段的区段承运人索赔。但不论向谁索赔，确定赔偿责任所适用的法律均为适用于该区段的国际公约或国内法。但是，如果无法确定货物发生的区段，即隐蔽损失（concealed damages），则无法适用网状责任制。这也是网状责任制的不足之处。

为了解决隐蔽损失的法律真空问题，网状责任制需要被修改。修改后的网状责任制（Amended network liability system）下，针对隐蔽的货物损失，可以通过法律规定或合同约定来解决，如多式联运合同可以约定对隐蔽损失按照海运阶段的法律处理。

（三）统一责任制

统一责任制，是指多式联运经营人对全程运输负责，各区段承运人对自己完成的运输区段负责。不论损害发生在哪一区段，多式联运经营人或各区段承运人都承担相同的赔偿责任。统一责任制很好地解决了网状责任制下隐蔽货物损失问题。

四、我国《海商法》的相关规定

《海商法》第 103 条规定，多式联运经营人对多式联运货物的责任期间，自接收货物时起至交付货物时止。《海商法》第 104 条规定，多式联运经营人负责履行或者组织履行多式联运合同，并对全程运输负责。多式联运经营人与参加多式联运的各区段承运人，可以就多式联运合同的各区段运输，另以合同约定相互之间的责任。但是，此项合同不得影响多式联运经营人对全程运输所承担的责任。《海商法》第 105 条规定，货物的灭失或者损坏发生于多式联运的某一运输区段的，多式联运经营人的赔偿责任和责任限额，适用调整该区段运输方式的有关法律规定。《海商法》第 106 条规定，货物的灭失或者损坏发生的运输区段不能确定的，多式联运经营人应当依照本章关于承运人赔偿责任和责任限额的规定负赔偿责任。

课外阅读资料

一、货运单证（Shipping documents）

The documents commonly used in carriage of goods by sea are bills of lading, sea waybills, manifests, shipping notes, delivery orders and mate's receipts.

1. Bill of lading(提单). The bill of lading by itself is not a contract of carriage as it is signed only by the carrier. However, it provides evidence of contract of carriage. It serves as a receipt for goods delivered to the carrier. Besides, the bill of lading serves as a document of title enabling the goods to be transferred from the shipper to the consignee or any other party by endorsement.

2. Sea waybill(海运单). A sea waybill is the replacement of the traditional ocean bill of lading. The waybill is a non-negotiable document and made out to a named consignee who is allowed, upon production of proper identification, to claim the goods without presenting the waybill.

3. Cargo manifest(货物舱单). A cargo manifest provides information regarding cargo on board. A freight manifest gives information regarding freight rates, surcharges, rebates, etc. The manifest is prepared by the carrier's agent but the freight forwarder has to handle it while dealing with the customs and port authorities.

4. Shipping note(托运单). A shipping note is issued by the shipper to the carrier requesting allocation of shipping space.It is a commitment on the part of the shipper to ship the goods and serves as the basis for the preparation of the bill of lading.

5. Delivery order(提货单). A delivery order is issued by the carrier or his agent to enable the consignee or his forwarding agent to take delivery of the cargo (import cargo) from the vessel.

6. Mate's receipts(大副收据). A mate's receipt is the receipt issued by the carrier in the acknowledgement of the goods received on board (export cargo) which is subsequently exchange for the bill of lading.

二、海运提单的种类

1. Direct Bills of Lading versus Through Bills of Lading

Direct bills of lading (直达提单)are those covering shipments between direct ports of loading or discharge. Through bills of lading (联运提单) cover shipment from or to ports involving transport by two or more shipping or railways companies. The shipping company, for additional freight, undertakes to make all arrangements to get the goods to their destination.

2. Clean versus Foul Bills of Lading

(1) Clean bill of lading （清洁提单）.The clean bill of lading bears an indication that the goods were received without damages, irregularities or short shipment, usually the words "apparent good order and condition", "clean on board" or the like are indicated on the B/L.

(2) Foul bills of lading （不清洁提单）.The foul bill of lading—unclean bill of lading, dirty bill of lading or claused bill of lading —is the opposite of the clean bill of lading. It bears an indication that the goods were received with damages, irregularities or short shipment, usually the words "unclean on board" or the like are indicated on the B/L, for example, "insufficient packing", "missing safety seal" and "one carton short".

三、海运提单的格式与制作

A marine bill of lading can be drawn up in a variety of ways, but it is nearly always prepared on a pre-printed form. This form may relate to a specific general cargo trade.

Whatever its form, a bill of lading may contain some main elements, such as quantity of cargo, accurate cargo description and condition, date of the bill of lading, names of shipper and consignee, ports of loading and discharging, ship's name, terms and conditions of carriage and payment of freight.

The ship's port agent, in fact, may be given the task of drawing up bills of lading. If these are subsequently required for letter of credit transactions, it is useful that the agent be supplied with appropriate details of that letter of credit, so that all relevant material can be included in wording.

四、提单正面的主要事项

1. Ship's name.

2. Carrier: Carrier is the person or company who has concluded a contract with the shipper for carriage of goods.

3. Shipper: The shipper is the person, usually the exporter, who sends the goods.

4. Consignee: Consignee refers to the person entitled to take delivery of the goods.

5. Notify Party: Notify Party is the party that the carrier must notify when the

goods arrive at the port of destination. The carrier issues an Arrival Notice informing the Notify Party about the cargo discharge point，number of packages and other information.

6. Port of Loading.

7. Port of Discharging.

8. Description.

9. Marks.

10. Number and kind of Packages.

11. Weight or Measurement.

12. Freight and other Charges.

13. Cargo's Apparent Order and Condition.

It is important to date bills of lading correctly, and as per the date on which the cargo is actually loaded. Cargo quantity and condition should also be adequately and correctly described in the bills of lading. Relevant comments should be entered in either tally or mate's receipts， and thereafter in bills of lading.

五、海运提单的电子交付

Bill of Lading software can also be used to create， view， e-mail， and print a formatted bill of lading.An easy-to-use online Bill of Lading generator will save time and provide the documents instantly.The electronic delivery of the bill of lading document， which allows a buyer to take title to the goods once they have arrived at port， will speed up the trade finance process. Exporters are driving the push towards electronic delivery of bills of lading. This approach reduces the cycle time for the forwarding and presentation of documents. The exporter gets paid more quickly and the importer gets title to the goods sooner.It also eliminates the risk of errors and reduces the costs related to manual document preparation.

第七章　国际货物运输保险条款

国际贸易中的货物通常不仅需要由多种运输方式完成，而且一般都是长途运输，在运输、装卸、储存的过程中，货物会遇到各种风险而遭受损失。为使货物遭受损失时能得到一定的补偿，买方或卖方通常向保险人或保险公司投保货物运输险。国际货物运输保险属于财产保险的范畴，是以运输途中的货物为保险标的。国际货物运输保险因运输方式不同有海上运输保险、铁路运输保险、航空运输保险等。其中，海上货物运输保险最重要，其他运输保险有许多方面是参照海运保险的原则制定的，它们的基本原则、保险范围等基本一致。本章将着重介绍有关国际海上货物运输保险。

目前调整海上运输保险法律关系的法律有我国1992年颁布的《海商法》和1995年我国颁布的《保险法》。《海商法》第十章专门规定海上保险合同，是《保险法》的特别法。《海商法》有规定的，应直接适用《海商法》的规定；《海商法》没有规定的，应适用《保险法》的有关规定；如果《海商法》和《保险法》都没有规定的，应适用我国的《民法通则》或其他有关民事法律和法规的规定。

第一节　海上货物运输保险合同的概述

一、海上货物运输保险合同的概念和内容

1．海上货物运输保险合同的概念

海上货物运输保险合同（Contract of marine insurance）是海上保险合同的一种。我国《海商法》第216条规定，海上保险合同，是指保险人按照约定，对被保险人遭受保险事故造成保险标的的损失和产生的责任负责赔偿，而由被保险人支付保险费的合同（A contract of marine insurance is a contract whereby the insurer undertakes，as agreed，to indemnify the loss to the subject matter insured and the liability of the insured caused by perils covered by the insurance against the payment of an insurance premium by the insured）。

海上货物运输保险合同的当事人，一方是保险人（Insurer），另一方是被保险人（Insured）。保险人是专门从事保险业的保险公司或保险人。被保险人

是买卖货物的买方或卖方，在 FOB 术语和 CFR 术语下，被保险人是买方；在 CIF 术语下，被保险人是卖方。被保险人支付保险费，保险人在货物遭受损失时予以赔偿。

在我国投保海上货物运输险，通常是由作为被保险人的货主或发货单位直接向保险公司或其代理处办理。由被保险人填写投保单，保险公司签章承保后，保险合同即告成立。保险公司向被保险人出具保险单或保险凭证。

2．海上货物运输保险合同的内容

按照我国《海商法》第 217 条的规定，海上保险合同的内容主要包括下列各项：（一）保险人名称（Name of the insurer）；（二）被保险人名称（Name of the insured）；（三）保险标的（Subject matter insured）；（四）保险价值（Insured value）；（五）保险金额（Insured amount）；（六）保险责任和除外责任（Perils insured against and perils excepted）；（七）保险期间（Duration of insurance coverage）；（八）保险费（Insurance premium）。

保险价值是保险合同的一项重要内容，但如何确定保险价值，根据《海商法》第 219 条规定，保险标的的保险价值由保险人与被保险人约定。保险人与被保险人未约定保险价值的，保险价值依照下列规定计算：（一）船舶的保险价值，是保险责任开始时船舶的价值，包括船壳、机器、设备的价值，以及船上燃料、物料、索具、给养、淡水的价值和保险费的总和；（二）货物的保险价值，是保险责任开始时货物在起运地的发票价格或者非贸易商品在起运地的实际价值以及运费和保险费的总和；（三）运费的保险价值，是保险责任开始时承运人应收运费总额和保险费的总和；（四）其他保险标的的保险价值，是保险责任开始时保险标的的实际价值和保险费的总和。

《海商法》第 220 条规定，保险金额由保险人与被保险人约定。保险金额不得超过保险价值；超过保险价值的，超过部分无效（The insured amount shall be agreed upon between the insurer and the insured.The insured amount shall not exceed the insured value. Where the insured amount exceeds the insured value，the portion in excess shall be null and void）。

二、海上货物运输保险合同的标的及保险利益

（一）海上货物运输保险合同的标的

根据《海商法》第 218 条规定，下列各项可以作为保险标的：（一）船舶（Ship）；（二）货物（Cargo）；（三）船舶营运收入，包括运费、租金、旅客票款（Income from the operation of the ship including freight，charter hire and passenger’ s fare）；（四）货物预期利润（Expected profit on cargo）；（五）船员

工资和其他报酬（Crew's wages and other remuneration）；（六）对第三人的责任（Liabilities to a third person）；（七）由于发生保险事故可能受到损失的其他财产和产生的责任、费用（Other property which may sustain loss from a maritime peril and the liability and expenses arising therefrom）。保险人可以将对前款保险标的的保险进行再保险。除合同另有约定外，原被保险人不得享有再保险的利益。

（二）保险利益

根据海上保险法律规定，被保险人必须对保险货物具有可保利益。被保险人之所以能够得到赔偿，也是因为他对被保险货物具有保险利益。

所谓保险利益，是指被保险人对保险货物具有某种合法的利害关系，即他将因该批货物发生灭失或损害而遭受损失，因该批货物安全到达而获得利益。这种合法的利害关系在保险法上被称为可保利益。凡对被保险货物享有所有权、担保物权或承担风险、责任的人，都可视为对该批货物具有可保利益。按照各国法律的规定，被保险人必须对保险标的物具有可保利益，保险合同才有效，否则，保险合同将被视为无效。

在外贸业务中，买方或卖方常常在订立买卖合同之后，或者在订妥舱位之后，就向保险公司办理货运保险手续，不是等到货物装上船舶之后再去投保。按照各国的法律，被保险人投保时可以对保险标的不具有保险利益，这并不影响保险合同的有效成立。但在保险标的物发生损失时，被保险人必须享有可保利益，否则保险合同无效，被保险人不能向保险人要求赔偿。

三、被保险人的义务

海上保险合同的一个主要特点是，双方当事人均应本着诚实与信用原则订立合同。在海上保险之前，保险人对保险标的情况往往是一无所知的，被保险人在订约前应当把他所知道的重要情况告知保险人，以便保险人决定是否承保和决定保险费率。如发现被保险人隐瞒或虚报，保险人有权解除合同，并可照收应当收取的保险费。

被保险人主要有以下义务：

第一，如实告知义务。被保险人应于订立合同前，将所知道的一切有关货物的情况告知保险人，如被保险人没有如实告知，保险人有权解除合同。海上保险应遵守诚信原则。如我国《海商法》第222条规定，在合同订立之前，被保险人应当将其知道的或者在通常业务中应当知道的有关影响保险人据此确定保险费率或者确定是否同意承保的重要情况，如实告知保险人。该法第223条规定，由于被保险人的故意，未将重要情况如实告知保险人的，保险人有权解除合同，并且不退还保险费。对合同解除前发生保险事故造成的损失，保险人亦不负赔偿责任。但如果不是由于被保险人的故意，未将上述重要情况如实告知保险人的，保险人有权解除合同或者要求相应增加保险费。

第二，被保险人应及时交纳保险费。除合同另有约定的除外，被保险人应在合同成立后立即支付保险费，否则保险人有权根据具体情况解除保险合同。

第三，被保险人应严格遵守保证义务。如果被保险人违反担保义务，保险人对于违反担保之后所发生的损失可以解除赔偿责任。我国《海商法》第235条对被保险人违反保证的后果也作了规定："被保险人违反合同约定的保证条款时，应当立即书面通知保险人。保险人收到通知后，可以解除合同，也可以要求修改承保条件，增加保险费。"

第四，防损防灾义务。被保险人应遵守国家有关部门制定的关于消防、安全、生产操作和劳动保护等规定，发现不安全因素，应及时采取措施消除；否则，由此引起的损失，保险人不予赔偿。

第五，危险增加时的通知义务。如果被保险的货物危险增加，被保险人应及时通知保险人，在需要增加保险费时，应当按照规定补交保险费。

第六，出险后的通知义务和施救义务。一旦保险事故发生，被保险人应及时通知保险人，以便保险人及时采取措施。被保险人还应当及时采取施救措施，减小货物损失，防止损失扩大。

第七，协助保险人向第三人追偿的义务。如果货物损失是由于第三人应负责任的原因造成的，被保险人有义务协助保险人向第三人追偿，保护保险人的代位追偿权，向保险人提供必要的文件和情况。被保险人无权擅自放弃向第三人要求赔偿的权利，未经保险人同意，被保险人擅自放弃向第三人要求赔偿权利，或者由于过失致使保险人不能行使追偿权利的，保险人可以相应扣减保险赔偿。

四、保险单证的种类及转让

保险单证主要有保险单和保险凭证。

1．保险单

保险单（Insurance Policy），是载有保险合同内容的书面文件，是保险合同的证明。因为保险合同通常在保险人出具保险单之前已经成立，所以，保险合同的存在与否并不一定以保险人签发保险单为准。保险人签发的保险单具有证明海上保险合同的作用。保险单应载明如下事项：被保险人的名称；保险的标的物和承保的风险；保险的航次或期间；保险金额；保险人的名称等。保险单通常都载有关于保险人的责任范围以及保险人与被保险人的权利、义务方面的详细条款，是确定双方当事人的权利、义务的依据。

2. 保险凭证

保险凭证（Insurance Certificate），是表示保险公司已经接受保险的一种证明文件。保险凭证的内容比保险单简单，是一种简化的保险单。保险凭证仅载明被保险人名称、保险货物名称、货运工具的种类和名称、险别、保险期限、保险金额等项目，而关于保险人与被保险人的权利、义务方面的保险条款则不予载明。在保险业务中，当采用预约保险的方式投保时，被保险人所得到的通常都是保险凭证而不是正式的保险单。

3. 保险单据的转让

依据海上保险单，被保险人通常都享有把保险单转让的权利，转让保险单通常都需要采用背书和交付方式，这是国际贸易的习惯做法。如在CIF合同中，一般都规定卖方有义务向买方提交保险单和提单等单据。在这种情况下，卖方在取得保险单和提单之后，通常都是以背书方式把这些单据转让给买方，以履行其合同义务。我国《海商法》第229条规定，海上货物运输保险合同可以由被保险人以背书或以其他方式转让，合同的权利、义务随之转移。

保险单经背书转让后，受让人就有权以自己的名义向保险人要求赔偿。在CIF合同下，即使货物在运输途中已经灭失，卖方仍应向买方提供包括保险单在内的全部单据，并有权要求买方照付货款，保险单的转让仍然有效。买方在付清货款取得上述装运单据之后，只要货物的损失在承保的范围之内，买方就有权凭保险单直接向保险人请求赔偿损失。保险单如此转让，加速了货物的流转，也保护了受让人的利益。

五、保险人赔偿原则

当被保险货物遭受损失时，被保险人能否取得赔偿，取决于损失产生的危险事故是否在承保范围之内。货物损失常常是由一个以上的危险事故引起的，有的可能属于承保范围，有的则可能不属于承保范围。保险人在处理索赔时，应确定危险事故与损失之间是否存在因果关系，对于具有因果关系且因危险事故造成的在承保范围之内的损失，保险人才予以赔偿。

海上货物保险合同通常都规定，被保险人及其代理人应采取合理措施，以避免或减少损失，防止损失扩大，并应维护和行使其对承运人或其他第三者追偿损失的一切权利，否则，对扩大的损失，保险人不负赔偿责任。

六、保险人的代位求偿权和保险委付

在实际业务中，被保险货物的损失常常是由于第三人（例如承运人）的过失或疏忽所造成的。在这种情况下，被保险人不能既向保险人取得保险赔款，又向有过失的第三人索赔，从而获取双重赔偿。如果被保险人从保险人处取得保险赔款时，应当把对该第三人的损害赔偿请求权转让给保险人，由保险人代位向第三人行使被保险人的一切权利和追偿要求。

1．代位求偿权

保险人在支付保险金额后从被保险人处所取得的向有责任的第三人追偿的权利，就是代位求偿权（Subrogation）。代位求偿权是一种法定的代位权，许多国家在保险法或海商法中都有此规定。我国《海商法》第252条明确规定，如保险标的发生保险责任范围内的损失是由第三人造成的，被保险人向第三人要求赔偿的权利，自保险人支付赔偿之日起，相应移转给保险人。无论是在全部损失或部分损失的情况下，只要保险人已经支付了保险赔款，保险人都有权取得代位权。代位求偿权仅以保险人所赔付给被保险人的金额为限，如果保险人向第三人的追偿所得大于他赔付给被保险人的金额，其超出的部分，应归还给被保险人。

有时，货物发生损失，虽然没有实际全损，但是根据当时具体情况，实际全损已经不可避免，或者为避免发生实际全损所需要支付的费用与继续将货物运往目的港的费用加起来将超过货物本身价值，在这种情况下，可以推定货物已经全损，即推定全损。在推定全损情况下，如果被保险人要求保险人按照全损进行赔偿，被保险人需要把被保险货物委付给保险人，放弃对被保险货物的权利。

2．委付

所谓委付（Abandonment），是指被保险人放弃对被保险货物的物权，即被保险人单方面明确表示将保险标的物的全部财产、权利和利益放弃，转让给保险人的行为。对于被保险人的委付，保险人可以接受，也可以拒绝。如果保险人接受了委付，应被保险人的要求，按照全损对货物予以全部赔偿。在这种情况下，保险人除了取得代位求偿权以外，还有权取得残存的保险货物的所有权，即使残存货物价值大于他付出的保险赔款，超出部分也应归保险人所有。但是，如果保险人所赔付的只是部分损失，则不能取得残存的保险标的物，该残存的标的物仍属于被保险人所有，保险人所得到的仅是代位求偿权。

委付与代位求偿权是有区别的。委付仅适用于推定全损的场合，是在保险标的物发生推定全损时，由被保险人把保险标的物的所有权转让给保险人，而向保险人请求赔付全部保险金额的一种做法。代位求偿权是对有过失的第三人的追偿权，它既适用于全部损失，也适用于部分损失。

七、海上货物运输保险的范围

海上货物运输保险承保的范围，包括海上风险、海上损失与费用，以及除海上风险以外的其他外来原因所造成的损失等。

（一）海上风险

海上风险主要是指海上发生的自然灾害和意外事故。

海上自然灾害主要是指不以人们的意志为转移的自然力量所引起的灾害，具体包括恶劣气候、雷电、海啸、地震或火山爆发等人力不可抗拒的灾害。所谓恶劣气候（Heavy Weather），通常是指海上发生的飓风、大浪引起船只颠簸和倾斜造成船舶的船体、机器设备的损坏或者因此而引起的船上所载货物相互挤压、碰触而导致破碎、渗漏、凹瘪等损失。雷电（Lightning），是指被保险货物因雷电所直接造成的损失，或者由于雷电引起火灾所间接造成的损害。海啸主要指由于海底地壳发生变异、引起剧烈震荡而产生巨大波浪，致使被保险货物遭受损害或灭失。地震或火山爆发是指由于地震或火山爆发所致被保险货物的损失。

海上意外事故（Accidents），主要是指船舶遭受搁浅、触礁、沉没、船舶与流冰或其他物体碰撞以及失踪、失火、爆炸等事故。

（二）海上损失

海上损失，是指被保险货物在海洋运输中，因遭受海上风险而引起的损失。按照损失程度，海上损失可以分为全部损失和部分损失。

1．全部损失

全部损失简称全损，是指被保险货物遭受全部损失，可以分为实际全损（Actual Total Loss）和推定全损（Constructive Total Loss）两种。

实际全损，按照我国《海商法》规定，凡保险标的物发生保险事故后灭失，或受到严重损坏而完全失去原有形体、效用，或者不能再归被保险人拥有的，都可称为实际全损。如货物被火烧为灰烬或沉入海底，茶叶被海水浸泡失去商业价值，货物被没收等等，均可作为实际全损处理。

推定全损，是指货物发生保险事故后，认为实际全损已经不可避免，或者为避免发生实际全损所需支付的费用与继续将货物运抵目的地费用之和超过保险价值的，即为推定全损。如保险货物受损后，修理费用估计要超过货物修复后的价值，或保险货物受损后，整理费用和继续运到目的地的费用，将超过货物到达目的地的价值等，都可作为推定全损处理。

2．部分损失

货物部分损失主要包括货物共同海损与货物单独海损。

货物共同海损，是指在同一海上航程中，船舶、货物和其他财产遭遇共同危险，为了共同安全，有意地、合理地采取措施所直接造成的货物特殊牺牲或为货物支付的特殊费用。如船长下令抛弃部分货物，被抛弃货物属于货物共同海损牺牲；船舶搁浅时船长雇用拖轮帮助起浮所支付的拖轮费应由船方和货方共同承担，由货方承担的费用属于共同海损费用。

单独海损与共同海损相对应，是指保险货物由于承保的风险所引起的不属于共同海损的部分损失。在保险业务中，保险人对保险货物遭受单独海损是否予以赔偿，须视投保的险别加以确定。

（三）海上费用

海上费用，是指被保险货物在海洋运输中，因遭受海上风险而引起的费用，对此费用，保险人予以承保并予以赔偿。海上费用主要包括施救费用和救助费用。

施救费用是指在保险货物遭遇保险责任范围内的灾害事故时，被保险人或其代理人、雇用人员等为防止损失的扩大而采取抢救措施所支出的费用。

救助费用是指保险货物遭遇保险责任范围内的事故时，因保险人和被保险人以外的第三者采取救助行动而获救需要向第三人即救助人支付救助报酬，保险人对这种救助报酬应予以赔偿。

（四）外来风险

外来风险一般是指海上风险以外的其他外来风险。外来风险可分为一般外来风险和特殊外来风险。

一般外来风险是指被保险货物在运输途中由于偷窃、短量、雨淋、沾污、渗漏、破碎、受热受潮、串味、生锈、钩损等导致的外来风险。

特殊外来风险是指由于军事、政治、国家政策法令以及行政措施等导致的特殊外来风险，如战争、罢工、因船舶中途被扣以及货物被有关当局拒绝进口或没收而导致的损失等。

第二节　海上货物运输保险的险别

我国对外贸易运输常常按照中国人民保险公司制定的海洋运输货物保险条款和伦敦保险业协会制定的货物保险条款进行保险。现将中国人民保险公司的海洋货物运输保险条款和伦敦保险协会海运货物保险条款的主要内容分别予以介绍。

一、中国人民保险公司海洋货物运输保险条款

中国人民保险公司海洋货物运输保险条款可以分为基本保险条款和附加保险条款两大类，基本保险条款包括三种基本险别，即平安险、水渍险和一切险，附加保险条款包括一般附加险和特别附加险两种。

（一）基本保险条款

1. 基本保险条款

按我国现行的《海洋货物运输保险条款》，基本险包括：平安险、水渍险和一切险三种。

（1）平安险

平安险（Free from Particular Average，简写 FPA），按照其英文原意，也称为单独海损不赔险。

按照我国现行海洋货运保险条款，平安险的责任范围包括：

第一，在运输过程中，被保险货物由于恶劣气候、雷电、海啸、地震、洪水等自然灾害造成整批货物的全损或推定全损。

第二，由于运输工具遭遇搁浅、触礁、沉没、互撞、与流冰或其他物体碰撞以及失火、爆炸等意外事故造成被保险货物的全部或部分损失。

第三，只要运输工具曾经发生搁浅、触礁、沉没、焚毁等意外事故，不论在意外事故发生之前或者以后又在海上遭遇恶劣气候、雷电、海啸等自然灾害造成的被保险货物的部分损失。

第四，在装卸转船过程中，被保险货物一件或数件落海所造成的全部损失或部分损失。

第五，被保险人对遭受承保责任内危险的货物采取抢救、防止或减少货损措施支付的合理费用，但以不超过该批被救货物的保险金额为限。

第六，运输工具遭遇自然灾害或者意外事故，需要在中途的港口或者在避难港口停靠，因而引起的卸货、装货、存仓以及运送货物所产生的特别费用。

第七，共同海损牺牲、分摊费和救助费用。

第八，运输契约订有“船舶互撞条款”，按该条款规定应由货主偿还船方的损失。

从平安险的责任范围可以看出，由于海上自然灾害造成货物的部分损失，保险人不予赔偿，而因为自然灾害造成货物部分损失的情况又常常发生，所以，平安险是保险责任最低的险别。

（2）水渍险

水渍险（With Particular Average，简写 WPA 或 WA），按照其英文原意是

单独海损负责赔偿，保险人对水渍险的责任范围，除包括平安险的各项责任外，还负责被保险货物由于海上恶劣气候、雷电、海啸、地震、洪水等自然灾害所造成的部分损失。

（3）一切险

一切险（All Risks），保险人对一切险的责任范围是，除了包括水渍险的所有责任外，还包括货物在运输过程中，因一般外来原因如偷窃、雨淋等造成被保险货物的全损或部分损失。一切险不包括特殊外来风险所造成的损失。

上述三种基本险别，一切险是保险人责任范围最大的一种险别，被保险人可按货物的特性及航行中可能遭遇的风险，从中选择一种投保。如果被保险人选择了一切险，就不必再投保一般附加险，因为一切险已经包括了一般附加险。如果被保险人选择了平安险或水渍险，就应根据货物的具体情况再选择一种或几种一般附加险。

2．基本保险条款的除外责任

在海上运输中，如果被保险货物发生如下损失，中国人民保险公司不负责赔偿：被保险人的故意或过失导致的损失；属于发货人责任引起的损失；保险责任开始前，被保险货物已经存在的品质不良或数量短差造成的损失；被保险货物的自然损耗、本身缺陷、特性以及市场跌落、运输迟延引起的损失和费用；属于中国人民保险公司海洋运输货物战争险条款和货物运输罢工险条款中规定的责任范围和除外责任。

3．基本保险条款的保险人保险责任期间

根据中国人民保险公司海洋运输货物保险条款规定，平安险、水渍险和一切险承保责任期间的起讫，均采用国际保险业中惯用的“仓至仓条款”（Warehouse to Warehouse，简称 W/W）。

“仓至仓条款”也称运输条款，规定保险公司所承担的保险责任，是从被保险货物运离保险单所载明的起运港（地）发货人的仓库开始运输时起，一直到货物到达保险单所载明的目的港（地）收货人的仓库时为止。当货物一进入收货人仓库，保险责任即行终止。

但是，当货物从目的港卸离海轮时起算满 60 天，不论保险货物有没有进入收货人的仓库，保险责任均告终止。如在上述保险期限 60 天内，被保险货物需转运到非保险单所载明的目的地时，则以该项货物开始转运时保险责任终止。

如果货物被运往非保险单所载明的目的地，并且是由于被保险人无法控制的运输迟延、绕道、被迫卸载、转载或因承运人依运输合同赋予的权限所作的任何航海上的变更或终止运输合同，则保险单在下列情况下也可以继续有效：

被保险人及时将上述情况通知保险人；加付保险费。这种规定被称为保险人保险责任期间的扩展条款，也称运输合同终止条款（Termination of Contract of Carriage Clause）。

保险人的扩展责任按下列规定终止：被保险货物如在非保单所载目的地出售，保险责任至交付货物时止，但无论任何情况，均以被保货物在卸货港全部卸离海轮后满60天为止。被保险货物如果在60天内继续运往保单所载原目的地或其他目的地时，保险责任仍按“仓至仓条款”的规定终止。

（二）附加保险条款

海洋运输货物保险的附加险种类繁多，归纳起来，可分为一般附加险和特别附加险两类。

1．一般附加险

一般附加险主要包括：

第一，偷窃、提货不着险（Theft，Pilferage and Non-delivery，TPND），是指对于在保险有效期内，保险货物被偷窃走，以及货物运抵目的地后，货物的全部或整件未交的损失，由保险公司负责赔偿。但保险公司仅就船方或其他责任方按照运输合同规定免除赔偿的部分负责赔偿。

第二，淡水雨淋险（Fresh Water Rain Damage，FWRD），是指对于货物在运输中，由于淡水、雨水及冰雪融化所造成的损失，保险公司都应负责赔偿。

第三，短量险（Risk of Shortage），指保险人承担承保货物数量和重量发生短少的损失。但不包括正常运输途中的自然损耗。

第四，混杂、沾污险（Risk of Intermixture & Contamination），指承保货物在运输过程中混进杂质所造成的损失。

第五，渗漏险（Risk of Leakage），流质、半流质的液体物质和油类物质，在运输过程中因为容器损坏而引起的渗漏损失，由保险公司负责赔偿。

第六，碰损、破碎险（Risk of Clash & Breakage），指保险人承保货物碰损和破碎的损失。碰损主要是对金属、木质等货物来说的；破碎则主要是对易碎性物质来说的。前者是指在运输途中，因为受到震动、颠簸、挤压而造成货物本身的损失；后者是在运输途中由于装卸野蛮、粗鲁、运输工具的颠震造成货物本身破裂、断碎的损失。

第七，串味险（Risk of Odour），指承保货物在运输途中因受其它带异味货物的影响而造成串味的损失。例如，茶叶、香料、药材等在运输途中受到一起堆放的皮张、樟脑等异味的影响而受到的损失。

第八，受热、受潮险（Damage Caused by Heating & Sweating），指承保货物在运输途中因受气温变化或水蒸气的影响而使货物发生变质的损失。

第九，钩损险（Hook Damage），承保货物在装卸过程中因为使用手钩、吊钩等工具所造成的损失，例如粮食包装袋因吊钩钩坏而造成粮食外漏所造成的损失。

第十，包装破裂险（Loss or Damage Caused by Breakage of Packing），指承保货物在运输过程中因搬运或装卸不慎包装破裂造成货物短少、沾污等损失。

第十一，锈损险（Risks of Rust），指承保货物在运输过程中因为生锈造成的损失。不过这种生锈必须在保险期内发生，如原装时就已生锈，保险公司不负责任。

上述 11 种附加险，不能独立投保，它只能在投平安险或水渍险的基础上根据情况加保一种或几种附加险。但若投保一切险时，因上述险别均包括在内，故无需加保。

2. 特别附加险

中国人民保险公司还承保特别附加险，所谓特别附加险是指保险公司承保由于军事、政治、国家政策法令以及行政措施等特殊外来原因所引起损失的险别，主要包括战争险、罢工险、交货不到险、进口交税险、舱面险、拒收险和黄曲霉素险以及卖方利益险等。

二、伦敦保险协会海运货物保险条款

在国际海上保险业务中，英国制定的保险法规和保险条款对世界各国影响很大，目前世界上大多数国家都采用英国伦敦保险协会所制定的“协会货物条款”（Institute Cargo Clauses，简称 ICC）。1982 年新修订的“协会货物条款”的险别，主要包括货物条款 A、货物条款 B、货物条款 C、战争险条款、罢工险条款和恶意损害险条款等六种险别。

1982 年协会货物条款 A（Institute Cargo Clause A）的承保范围，采取“一切风险减去除外责任”的办法来确定，即除了该条款规定“除外责任”外，保险人对被保险货物的一切灭失和损害以及费用都予以承保。协会货物条款 A 的承保风险，与我国的一切险相类似。

协会货物条款 B（Institute Cargo Clause B）的承保范围，采取“列明承保风险”的方法，将保险人所承保的风险列出，凡列明的风险，保险人均予以承保。与我国的水渍险相类似。协会货物条款 C（Institute Cargo Clause C）所承保的范围，比协会货物条款 A 和协会货物条款 B 都少得多，它只承保重大意外事故，而不承保自然灾害和非重大意外事故。条款 C 承保范围比我国平安险的责任范围小一些。

课外阅读资料

一、保险赔偿

After the occurrence of a peril insured against and before the payment of indemnity, the insurer may demand that the insured submit evidence and materials related to the ascertainment of the nature of the peril and the extent of the loss. Where the loss of or damage to the subject matter insured within the insurance converage is caused by a third person, the right of the insured to demand compensation from the third person shall be subrogated to the insurer from the time the indemnity is paid.

The insured shall furnish the insurer with necessary documents and information that should come to his knowledge and shall endeavour to assist the insurer in pursuing recovery from the third person.

Where the insured waives his right of claim against the third person without the consent of the insurer or the insurer is unable to exercise the right of recourse due to the fault of the insured, the insurer may make a corresponding reduction from the amount of indemnity.

In effecting payment of indemnity to the insured, the insurer may make a corresponding reduction therefrom of the amount already paid by a third person to the insured.

Where the compensation obtained by the insurer from the third person exceeds the amount of indemnity paid by the insurer, the part in excess shall be returned to the insured.

二、保险赔偿支付

After the occurrence of a peril insured against, the insurer is entitled to waive his right to the subject matter insured any pay the insured the amount in full to relieve himself of the obligations under the contract.

In exercising the right prescribed in the preceding paragraph, the insurer shall notify the insured thereof within seven days from the day of the receipt of the notice from the insured regarding the indemnity. The insurer shall remain liable for the necessary and reasonable expenses paid by the insured for avoiding or minimizing the loss prior to his receipt of the said notice.

第八章　买卖双方主要义务

买卖双方的义务是国际货物贸易法的主要内容，《买卖合同公约》用很大篇幅作了详细规定。但其中第6条规定：双方当事人可以不适用本公约，可以减损本公约的任何规定或改变其效力。公约的规定是任意性的。

根据契约自由原则，买卖双方可以在合同中约定他们各自的义务，凡是合同中明确约定的，应以合同约定为准来履行义务。对于合同未约定或约定不明确的，应援引国际贸易公约、国内立法及国际贸易惯例的规定。西方国家国内立法及我国《合同法》对买卖双方义务也都有规定，也基本上属于任意性条款，如我国《合同法》很多条款都有“当事人另有约定的除外”的用语，显然允许当事人作出不同规定。

第一节　卖方主要义务

在国际货物贸易中，卖方义务要比买方义务多得多。买卖合同公约的第30条对卖方的义务作了概括性的规定，即卖方必须按照合同和本公约的规定交付货物，移交一切与货物有关的单据并转移货物所有权。该条规定的卖方的主要义务包括交付货物、移交单据、转移货物所有权。这三项义务是卖方的不同的义务，需要卖方分别去履行。但三项义务的履行时间可以是同一个时间，也可以是不同的时间。

一、交付货物

（一）交付货物含义

交付货物，是指卖方自愿地交付对货物的占有权，也就是转移对货物的占有，将货物的占有权从卖方手中转移出去。

国际贸易中买卖双方分别处于不同的国家，根据买卖双方的交易条件，卖方交付货物，并不都是将货物直接交给买方。有的时候卖方需要将货物交付给买方，置于买方的实际控制之下，如工厂交货（EXW）等，有的学者称这种交货为实际交货（Physical delivery）。有的时候卖方需要先将货物交付给承运人，使货物置于承运人的实际控制之下，然后再由承运人将货物运交给买方，如最常见的贸易术语，装运港船上交货（FOB），成本、保险费加运费（CIF）

等，货物都是通过承运人转交给买方的。在这种情况下，卖方将货物交付给承运人即完成交付货物。

在卖方将货物交付给承运人的情况下，卖方通常还需要向买方提交运输单据，如海运提单，以证明卖方已经将货物交给了承运人。而且，按照国际贸易惯例，卖方提交海运提单等通常意味着转移了对货物的所有权，所以，有时称卖方向买方交单的行为为象征性交货（Symbolic Delivery）。

（二）卖方交货时间

《买卖合同公约》第 33 条规定如下三种情况：

第一，如果合同规定了交货日期，或从合同中可以确定交货日期，卖方应在该日期交货。

第二，如果合同中规定了一段交货期间，或从合同中可以确定一段时间，则卖方可以在该段期间内任何一天交货，但情况表明买方有权选定一个具体日期的除外。

第三，其他情况下，卖方应在订立合同后一段合理时间内交货。

（三）卖方交货地点

在国际货物买卖合同中，买卖双方常常在合同中规定了交货地点，或者在合同中援引了某种贸易惯例的规定，如在合同中选择某种贸易术语“FOB 天津”。在这种情况下，应视为双方当事人已经在合同中约定了交货的特定地点，卖方应在该特定地点交付货物。

但是，如果合同中没有规定或贸易术语没有指明交货地点，也就是卖方没有义务在特定地点交付货物时，《买卖合同公约》第 31 条规定如下：如果卖方没有义务要在任何其他特定地点交付货物，交货地点应按下面三种情况确定：

第一，如果买卖合同涉及货物运输，卖方应该把货物交给第一承运人，以便由第一承运人将货物运交给买方。如果货物运输需要两个以上承运人，卖方把货物交给第一承运人，即视为已经履行交货义务。所谓涉及货物运输，通常是指卖方交付的货物需要通过国际运输过程才能到达买方国家。应该说，绝大多数的国际货物贸易，都涉及货物的运输。

第二，如果买卖合同不涉及货物运输，对于特定货物、从某批特定存货中提取的货物（如从指定的仓库中提取 10 万吨大米），卖方应在双方当事人订立合同时已知道的货物所在地交货；对于尚待制造或生产的货物，卖方交货地点应是双方当事人在订立合同时已知道的将来制造或生产地。

所谓不涉及货物运输，通常是指国际贸易下的货物不需要国际运输环节。比如，卖方交付的货物到达目的港，在检验货物时发现货物与合同根本不符，买方解除了合同，将货物退回。买方将被退回的货物，又再次出售给目的港所在地的另一个买方。第二次交易中，就不涉及国际货物运输环节。

第三，在其他情况下，卖方应在买卖合同订立时的卖方营业地把货物交给买方处置。

交给买方处置（at the buyer's disposal），通常是指卖方采取一切必要措施，让买方能够取得货物，如做好交货前的准备工作、适当包装货物、印刷必要标志、向买方发出必要通知以提取货物等。如果卖方已把货物交给仓库或承运人，则卖方将有关单据如仓库提货单等交给买方，即视为已将货物交给买方处置。

（四）卖方在涉及运输时的其他义务

《买卖合同公约》第 32 条还规定，如果买卖合同涉及货物运输，卖方还必须履行下面的义务：

第一，将货物特定化。所谓将货物特定化，是指将货物确定在合同之下（Identified to the Contract），也就是以某种行为明确指定该货物作为履行该合同的标的。通常，卖方可以采取下列办法将货物特定化：第一，在货物的外包装上标明买方的名称或地址；第二，在提单等装运单据上注明有关合同，如载明买方为收货人或载明货物运到目的地时所通知的买方等；第三，向买方发出一份列明货物的发货通知。

卖方将货物特定化是一项很重要的法律义务，按照公约以及很多国家的法律规定，卖方将货物特定化是货物所有权以及风险转移的前提条件，在货物被特定化之前，货物的所有权和风险不转移于买方。所以，《买卖合同公约》第 32 条（1）款规定，如果卖方按照合同或本公约的规定将货物交付给承运人，但货物没有以货物上加标记或以装运单据或其他方式清楚地注明有关合同，卖方必须向买方发出列明货物的发货通知。

第二，如果卖方有义务安排货物运输，则必须订立运输合同，以通常运输条件，用适当运输工具，将货物运到目的地。如卖方在 CFR、CIF、CPT 和 CIP 等术语下，卖方都要负责安排货物运输，订立货物运输合同。卖方的这一义务，要求卖方和第三人（承运人）签订运输合同，运输合同中的条款是双方都能接受的通常的条件，运输工具能够适合于所运输的货物，将货物运到目的港。需要提及的是，实践中有的贸易公司用自己所有的船舶运输货物，这种情况会影响到风险的转移。因为用自己的船舶运输货物，货物还在卖方的占有之下，有可能被认为未完成货物交付，风险也就未转移。

但如果在 FOB 等术语下，卖方一般没有义务安排货物运输，只要将货物送到指定交货地点，装上买方派来的运输工具，交给承运人即可。卖方这一义务与“Incoterms 2010”规定的卖方第 A3 项义务基本一致。

第三，如果卖方没有义务对货物运输办理保险，如 FOB 和 CFR 等术语下，在买方提出要求时，卖方应向买方提供现有的一切必要资料，以供买方投保货物运输保险，使得买方能够办理保险。卖方这一义务在“Incoterms 2010”卖方第 A10 项义务中也有同样规定。

二、提交与货物有关的单据

（一）单据种类及作用

根据《买卖合同公约》第 34 条，如果卖方有义务提交与货物有关的单据，则卖方必须按照合同规定时间、地点和方式提交，提交与货物有关单据是卖方一项主要义务。

在国际货物买卖实践中，卖方需要提交的单据通常包括三个方面：货物单据、运输单据和保险单据。货物单据通常有商业发票、领事发票、装箱单、重量单、原产地证书以及品质检验证书等；运输单据通常有海运提单（Bill of Lading，B/L）、铁路运单、航空运单（Air Waybill）、邮包收据（Parcel Post Receipt）以及多式联运单据（Combined Transport Documents）等；保险单据通常有保险单（Insurance Policy）、保险凭证（Insurance Certificate）等。

按照国际贸易惯例，在大多数情况下，卖方都有义务向买方提交单据。运输单据对买方具有十分重要的作用，是买方提取货物、办理报关手续、转售货物以及向承运人或保险公司索赔不可缺少的单据。

（二）卖方交单条件、时间及地点

卖方应当按照合同规定时间、地点和方式提交单据。通常情况下，卖方提交运输单据是买方支付货款的对流条件（Concurrent Condition），如常见的付款交单（Documents against Payments，D/P）。对流条件，其意思是指同时进行，即买卖双方同时履行各自义务。

根据“UCP600”第 10 条规定，卖方应在两个有效时间内交单：第一，在信用证规定的到期日之前提交单据；第二，在信用证所规定的装运日期后必须交单的特定期限内交单，如果信用证没有规定装运日期后必须交单的特定期限，则卖方必须在装运日期后的 21 天内交单。提单签发日期（或称出单日期）就是装运日期。

例如信用证的到期日是 6 月 30 日，信用证规定装运日期后 10 天内交单，假如提单的出单日期是 6 月 10 日，则卖方必须在 6 月 20 日或之前提交单据；假如提单的出单日期是 6 月 25 日，则卖方必须在 6 月 30 日或之前提交单据；假如信用证没有规定提单出单日期的，则卖方也必须在 6 月 30 日或之前提交单据。装运日期的确定，应以提单的签发日期为准，如果存在两个以上签发日期的，应以最后装运日期为准。卖方没有在信用证到期日之前和信用证所规定的交单特定期限内交单，银行将拒绝付款。

（三）卖方提交单据必须严格符合信用证规定

国际贸易大多数采用信用证方式支付货款，信用证付款方式下，通常是卖方先将单据交给银行，然后由银行转交给买方，即银行要求买方付款赎单。卖方向银行提交的单据必须在表面上严格符合信用证规定，而且单据和单据之间应一致，即单证相符、单单相符。

目前世界各国银行在凭单付款时，都实行“严格相符原则”，只有卖方所提交的单据在表面上严格符合信用证要求，银行才予以付款。“UCP600”第 14 条规定，银行必须合理、小心地审核信用证规定的一切单据，以确定是否表面与信用证条款相符合。如果卖方提交的单据表面不符合信用证的要求，即有不符点，卖方必须予以改正，否则银行有权拒绝付款。

信用证是按照买卖合同开出的，单据符合信用证规定就是符合买卖合同规定，公约对此也有规定。如果卖方在规定的时间以前已经提交了这些单据，卖方可以在这个时间届满以前对单据中任何不符合合同之处进行修改。但卖方在行使这项权利时不得使买方遭受不合理的不便或承担不合理的费用，而且买方有请求损害赔偿的权利。

三、转移货物所有权

对货物所有权转移，《买卖合同公约》的规定非常简单，只在第 30 条作了一个原则性的规定：卖方必须按照合同和本公约规定，交付货物，移交一切与货物有关的单据并转移货物所有权。

至于货物所有权转移的时间、地点和方式等，公约没有作出进一步规定，而在第 4 条明文规定，本公约与“对合同所售货物所有权可能产生的影响”无关。

应强调的是，虽然公约未对货物所有权转移作详细规定，但转移货物所有权却是卖方一项很重要的义务。关于货物所有权转移问题，将在本书第十章继续介绍。

四、卖方对货物的担保

卖方对货物的担保，实际上包括两个方面，一是卖方对货物品质方面的担保，即卖方要保证交付货物的品质与合同相符。二是卖方对货物的权利担保，即卖方要保证其出售货物的权利，不侵犯第三人的权利。

（一）卖方对货物品质的担保

1. 卖方交付相符货物的标准

卖方交付的货物，应该是与合同相符的货物。如何认定货物是否与合同相符，《买卖合同公约》第35条中首先规定：卖方交付的货物，必须与合同所规定的数量、质量和规格相符，并须按照合同所规定的方式装箱或包装。可见，卖方交付的货物，应该在数量、质量、规格和包装四个方面与合同规定相符，在这四个方面与合同规定不符的，即认定货物与合同不符。

卖方应交付相符的货物，这是卖方对货物品质的担保，但货物品质担保实际上是包括货物数量、质量、规格及包装四个方面与合同相符的。

2．合同无规定时公约所规定的相符标准

如果合同没有规定具体标准，根据公约第35条（2）款规定，除双方当事人已另有协议外，货物除非符合以下规定，否则即为与合同不符：

第一，货物适用于同一规格货物通常使用的目的。也就是说，如果买卖合同订立时卖方不知道买方购买该货物的任何特定用途，则卖方交付的货物应适用于同一规格货物的通常用途。

第二，货物适用于订立合同时曾明示或默示地通知卖方的任何特定目的。也就是说，如果买方在订立合同时明示或默示通知卖方其购买货物的特定用途，则卖方交付的货物应适用于该特定用途。但有些情况下，判断货物是否适用特定用途，需要专业技术，如果卖方不具有这种专业技术上的判断能力，或者买方依靠卖方这种判断能力是不合理的，在这种情况下，公约这一标准就不适用。也就是说，即使卖方所交货物不符合特定用途，也不认为卖方交货与合同不符。所以，公约规定，“情况表明买方并不依赖卖方的技能和判断力，或者这种依赖对他是不合理的”，这样的情况除外。

第三，凭卖方样品或样式成交情况下，卖方交货应与样品或样式相同。

第四，货物包装应按照同类货物通用方式装箱或包装，没有通用方式时卖方应按照能够保全和保护货物方式装箱或包装。

《买卖合同公约》以上的规定，在买卖合同中没有约定情况下适用，反映了买方在正常交易中的合理期望，所以，卖方所交货物如果不符合该公约这些规定，仍被视为违反了其应承担的品质担保义务。但如果买方订立合同时已知道或不可能不知道货物不符合规定，仍愿意与卖方订立合同的，则卖方对所交货物不承担品质担保责任，也不被视为违反其品质担保义务。

3．卖方对货物品质担保的时间

根据《买卖合同公约》第36条的规定，通常情况下，卖方应保证所交货物在风险转移时符合合同或公约规定，对风险转移时货物的任何不符承担责任。可见，卖方对货物品质担保的时间是货物风险转移时，对风险转移前的货物不符，卖方无须向买方承担责任；只要风险转移时货物是相符的，即使风险转移后因其他原因货物又不符的，如发生腐烂、变质以及生锈等，卖方也不承担责任。

需要注意的是，有些货物在风险转移时就不符，存在某种潜在的缺陷，但这种不符在当时并没有显露出来，而是在风险转移之后才逐渐显露出来，对于这种当时未显露而以后显露出来的不符，卖方也被视为违反其品质担保义务，应当承担货物不符的责任。可见，卖方对货物风险转移时的货物的任何不符都应承担责任，不论这种不符在当时是否已经显示出来。

4．买方对货物检验的规定

为了确定卖方交货是否与合同或公约相符，公约赋予买方检验权，并对检验货物时间作了规定。

（1）买方检验货物的时间

公约第 38 条（1）款规定，买方必须在按情况实际可行的最短时间内检验货物或由他人检验货物。买方是否在"按情况实际可行的最短时间"内检验货物，应根据具体情况确定。货物不同，对检验需要的时间和条件也不同，一般农副产品需要的检验时间较短，高科技产品、技术设备需要的检验时间较长，但买方应根据具体情况力争在最短时间内检验货物。

（2）买方检验货物的地点

《买卖合同公约》第 38 条（2）款规定：如果合同涉及货物的运输，检验可以推迟到货物到达目的地后进行。在国际贸易中，大多数合同都涉及货物的运输，如果要求买方在装运以前对货物进行检验，会给买方带来许多困难和不便，买方以在货物到达目的地后进行检验，反映了国际贸易的通常做法。

公约第 38 条（3）款进一步规定：如果货物在运输途中改运或买方须再发运货物，以至于买方没有合理机会对货物进行检验，而且卖方在订立合同时已经知道或理应知道这种改运或再发运的可能性的，在这种情况下，买方对货物的检验可以推迟到货物到达新的目的地后再进行。

买方在新目的地检验货物，必须符合公约所规定的三个条件：

第一，货物需要在中途改运或买方需要再发运货物，如买方将货物转售等情况。

第二，在改运或再发运以前，买方没有合理机会对货物进行检验。买方之所以没有合理机会检验货物，主要是因为货物的性质或包装等原因，如大型成套设备在中途转运地就没有机会进行检验。

第三，卖方在订立合同时已经知道或理应知道这种改运或再发运的可能性。这主要是指买方在订立合同时已经将所购货物需要改运或再发运其他地方的情况通知了卖方，也包括卖方根据客观情况或双方以往的习惯做法理应知道货物有改运或再发运其他地方的可能性。

我国在进出口业务中，有很多货物在到达沿海目的口岸城市之后，还要转运给内地用户。在这种情况下，检验地点究竟是沿海城市还是内地用户所在地，常常会引起双方当事人的争议，为了避免不必要的纠纷，买卖双方应在合同中对检验地点作出明确的规定。

（3）买方通知货物不符的义务

检验货物后，如果发现货物不符合合同规定，买方必须给卖方一个通知并提出损害赔偿要求。关于通知的时间，公约有两项规定：

第一，买方必须在发现或理应发现不符情况后的一段合理时间内通知卖方，说明货物不符性质。这种合理时间的判断，应根据具体情况来确定。如果买方合理时间内未通知卖方，买方丧失声称货物不符的权利，因而也就丧失了请求损害赔偿的权利。

第二，任何情况下，如果买方没有在从实际收到货物之日起两年内将货物不符情况通知卖方，就会丧失声称货物不符的权利。除非这一时限与合同规定的保证期限不符。也就是说，如果买卖合同对卖方关于货物品质保证期另有规定，则应以品质保证期的时间为准。

（二）卖方对货物的权利担保

1．卖方对货物权利担保的含义及种类

所谓卖方对货物权利担保，是指卖方应保证对所出售货物享有合法权利，没有侵犯任何第三人的任何权利，并且任何第三人都不会就该项货物向买方提出请求，从而使买方能够安安稳稳地不受任何第三人干扰地拥有所购买的货物。

在国际货物买卖中，因为卖方出售货物侵犯了第三人权利，第三人就有可能向买方提出权利或请求，致使买方受到损失和受到干扰的情况时有出现，所以，卖方对所出售的货物的权利担保是一项很重要的义务。

卖方对货物权利担保所涉及的内容，可以分为两种情形：第一，物权方面权利担保，即卖方要向买方保证其出售货物不侵犯第三人的所有权、抵押权及留置权等物权方面的权利，任何第三人都不会因物权方面的权利而向买方提出任何权利或请求。第二，工业产权及其他知识产权方面的权利担保，即卖方要向买方保证其出售货物不侵犯第三人工业产权及其他知识产权方面的权利，第三人不会因工业产权及其他知识产权而向买方提出请求。但是，比较起来，卖方对物权方面的担保要比对工业产权及其他知识产权方面的担保要严格得多。

2．卖方对货物物权方面的担保

《买卖合同公约》第 41 条规定，卖方交付的货物，必须是第三人不能提出任何权利或要求的货物，但如果买方知道这种权利或要求，并同意接收货物的情况除外。

公约的这一规定，主要是针对物权方面的权利担保。如果卖方交货后，有任何第三人向买方提出任何物权方面的权利或请求，给买方带来损失，卖方就被认为违反了其对货物物权方面的权利担保，需要向买方承担责任。即使第三人所提出的权利或要求是非法的，没有得到法律的支持，或者第三人起诉后又败诉了等，都被认为是卖方违反了权利担保，因为第三人毕竟向买方提出了权利要求。

公约如此规定，主要是为了保护善意买方利益，使买方能够踏实地放心地购买货物。因为买方购买货物本意是希望拥有该货物本身，而不希望因第三人的骚扰、麻烦甚至诉讼等影响他对货物的利益。所以，只要第三人向买方提出了物权权利，卖方即被视为违反物权担保。

但是，如果买方购买货物时知道该货物上存在第三人的权利或要求，比如买方知道卖方出售的货物上存在第三人的共有权，或买方知道卖方出售的货物是偷来的等，但买方为了贪图便宜等还是同意接收该货物。在这种情况下，即使第三人向买方提出了权利或要求，卖方也不被认为违反权利担保，也就是说，卖方不必向买方承担权利担保责任，因为买方是非善意的买方。

应注意的是，根据公约第 4 条，公约不涉及货物所有权所产生的影响，因此，如果卖方把不属于自己所有或未经合法授权的货物出售给买方，而买方因不知情而接受了货物，日后拥有货物所有权的第三人向买方提出权利和请求时，如第三人要求归还货物等，该善意的买方是否能够得到法律上的保护以及第三人能否将自己的货物追回等法律问题，公约就不能解决，只能按照合同所适用的国内法予以处理。

《买卖合同公约》第 41 条的规定仅限于买卖双方之间的权利和义务，也就是说，在这种情况下，卖方是否应对买方承担责任以及承担什么样的责任问题。至于第三人是否可以对货物提出权利及谁应对第三人承担责任等，则不是公约所能解决的问题。

3．卖方对货物工业产权及其他知识产权方面的权利担保

卖方还要对货物的工业产权及其他知识产权方面承担担保义务。公约第 42 条（1）款规定，卖方交付的货物，必须是第三人不能根据工业产权及其他知识产权提出任何权利和请求的货物。这就是说，卖方还要担保其所出售的货物没有侵犯任何第三人的工业产权及其他知识产权。

如果要求卖方保证其出售的货物不侵犯世界上所有国家或地区的法律所保护的工业产权或知识产权，对卖方来说是极其苛刻的，卖方也是做不到的。

所以，公约对卖方不侵犯第三人的工业产权及知识产权的担保给予了一定的宽容。

（1）国际工业产权及其他知识产权侵权的复杂性

工业产权及知识产权方面的法律问题比较复杂，时间性和地域性是其重要的特点。工业产权如专利权和商标权等的地域性和时间性特点，使得侵权非常复杂，涉及卖方国家以外的其他国家法律。

各国对工业产权的保护又是相互独立的，根据地域性特点，卖方可能既没有侵犯卖方国家法律所保护的第三人工业产权，也没有侵犯买方国家法律所保护的第三人工业产权，但因买方转售货物而侵犯了其他国家法律所保护的工业产权。按照其他国家法律，卖方出售货物构成对第三人的侵权。也就是说，卖方出售同一种货物，根据甲国法律虽不构成侵权行为，但根据乙国法律就有可能构成侵权行为，而卖方又常常是不可能知道其货物最终会被转售到哪个国家，会侵犯哪个国家法律所保护的工业产权及其他知识产权的。

根据工业产权时间性特点，还可能产生卖方订立合同时并不侵犯第三人工业产权，但合同订立后却侵犯第三人权利的情况。

在国际工业产权及其他知识产权这种复杂情形下，卖方要保证其出售货物不侵犯世界上所有国家或地区所保护的工业产权和知识产权，就需要熟悉世界上每一个国家的法律，而且在任何时候（包括交易后）都不得侵犯任何一个国家法律所保护的工业产权及其他知识产权，这显然不可能的，这样的要求对卖方也是极其苛刻的。所以，根据公约规定，卖方要承担的权利担保责任是在一定条件下的担保责任。只有在条件具备时，卖方才对买方承担权利担保责任。

（2）卖方承担工业产权及其他知识产权担保的条件

根据《买卖合同公约》第42条（1）款，卖方只在下列情况下才对买方承担担保责任：

第一，合同订立时双方当事人能够预知货物将在某国被转售或被使用，则第三人只有根据该转售国或使用国法律向买方提出请求时，卖方才对买方承担担保责任。

第二，买卖合同订立时双方当事人不能预知货物将被转售或被使用的国家，则第三人只有根据买方营业地所在国法律向买方提出请求时，卖方才对买方承担担保责任。

第三，第三人工业产权及其他知识产权应是买卖合同订立时卖方已经知道或不可能不知道的权利，也就是说，买卖合同订立时第三人的权利就已经受到转售国或使用国或买方营业地所在国的法律保护，根据当时情况，卖方在订立合同时应该已经知道或不可能不知道第三人的这种权利的。在这种情况下，卖方才对买方承担担保责任。可见，卖方承担担保权利是有限制的，前两个限制是针对第三人所依据的国内法律，后一个限制是针对卖方知道第三人权利的时间。

（3）卖方不承担担保义务的情况

《买卖合同公约》第 42 条（2）款规定了如下情况卖方不承担担保责任：

第一，买方订立合同时已经知道或不可能不知道第三人对货物享有工业产权和知识产权，仍愿意与卖方订立合同。事后即使第三人向买方提出权利请求，卖方也不承担责任。

第二，如果第三人所提出的权利请求，是卖方按照买方提供的技术图纸、图案或其他规格制造产品而引起的，卖方不承担责任。

第三，第三人向买方提出权利请求后，买方应在合理时间内通知卖方以便卖方及时应诉抗辩。如果买方未在合理时间内通知卖方，就丧失要求卖方承担责任的权利。

随着科技发展，国际货物买卖中货物的科技含量越来越大，与此相对应的工业产权及其他知识产权侵权也越来越严重，卖方对货物权利担保尤其是对工业产权及其他知识产权方面的担保，是一个不容人们再忽视的问题。

第二节　买方主要义务

一、支付货款

按照《买卖合同公约》第 53 条至 58 条的规定，买方支付货款义务涉及到许多方面，如履行必要付款手续、合理确定价格、付款时间和地点等。

（一）履行必要付款手续

国际贸易付款比较复杂。在外汇管制的国家，涉及外汇汇出许可和使用等问题，需要买方按照规定，及时办理申请外汇许可等必要手续。如果买方不及时履行必要步骤或付款手续，就有可能到时候不能付款。所以，买方不履行付款手续，即构成买方付款方面的违约行为。

履行必要付款手续，还包括按照买卖合同规定，申请银行开出信用证或银行保函、向政府或银行注册合同、在实行外汇管制的国家向政府申请取得为支付货款所必需的外汇等。如果买方没有办理上述各种必要手续，即构成违约行为，卖方应根据买方违约情况，或者给予买方一段合理的额外时间让买方办理上述必要的手续，或者宣告解除合同。

值得注意的是，履行必要付款手续，不但是买方付款的必要准备，也是卖方履行交货义务的前提条件。如买卖合同规定：买方应通过卖方所接受的银行于装运月份前若干天开立并送达卖方不可撤销的即期信用证，有效期至装运后15 天在中国议付。根据这一条款，卖方交货是以买方按合同约定开立信用证为前提的，因此，买方办理付款手续对整个合同履行具有重要意义。基于这一点，公约也把履行必要付款手续作为买方付款义务的一项重要内容来规定。

（二）确定货物价格

如果买卖合同已经规定了货物的价格或规定了确定价格的方法，则买方应按照合同规定的价格支付货款。但是，如果买卖合同没有明示或默示地规定货物的价格或确定价格的方法，即价格待定合同（Open price contract），而该合同依照其所适用的国内法又是有效成立的合同，此时，买方就需要确定货物的价格。

公约对价格的确定规定了两种方法：

第一，类似交易的通常价格。该公约第 55 条规定，首先“应视为双方当事人已默示地引用订立合同时这种货物在有关贸易的类似情况下出售的通常价格”。“有关贸易的类似情况”，是指在货物的品质、规格、交易条件、运输、支付方式以及有关费用的负担等方面均相同或相近的买卖情况，也就是相类似的交易。国际上确定“通常价格”有国际市场价格、买卖双方习惯价格以及卖方正常出售该货物的价格等。

第二，按照净重确定价格。公约第 56 条规定，如果货物是按照重量来确定价格，且双方当事人对货物的重量有疑问时，应按货物的净重确定价格。

（三）支付货款时间

关于支付货款的时间，公约第 58 条作了如下三项规定：

第一，卖方交货或交单时付款。卖方交货或者交单与买方付款是互为条件的，应同时进行。但卖方可以要求买方先付款，以买方支付货款作为其交货或交单的条件，如果买方不付款，卖方可以不交货或者不交单。

第二，卖方交单前付款。涉及货物运输时，卖方通常需要先发运货物，然后再在合同规定时间和地点向买方提交代表货物所有权的单据。在这种情况下，卖方可以要求买方先付款而卖方后交单，并将此作为卖方发运货物的条件。在信用证支付方式下，这种做法已成为习惯做法，卖方只有在收到开证银行开来的信用证后，即得到银行付款保证后，才将货物装船，并在信用证规定时间内提交单据。

第三，检验货物后付款。买方在支付货款之前，有权对货物进行检验，买方没有机会检验货物，也就没有义务支付货款。公约把买方付款义务与检验货物权利结合起来，原则上，买方应在有机会检验货物之后，才有付款的义务，即先检验后付款，这样对买方比较公平，所以卖方应给买方提供检验货物的机会。但如果按照双方当事人合同规定的交货或付款程序，如果买方在付款之前没有机会检验货物，也就是检验货物机会与双方约定的交货或付款程序抵触，买方就不能再坚持先检验后付款了。国际货物买卖实践中，买方很多情况下付款前都没有机会检验货物，特别是采用 CIF 术语，通常都是凭单付款在前，货到检验在后。买方凭单付款时，货物很可能还在运输途中，买方就应先凭卖方提交的单据付款，等货物运到目的港后，再对货物进行检验。

买方在检验货物之前付款，并不意味着买方丧失了对货物的检验权，而是把买方检验权保留到目的地后行使。所以，货到目的地后，经检验，发现货物与合同规定不符，买方仍有权要求卖方赔偿损失或采取其他补救措施，如将货物退回，将已支付货款追回。可见，买方凭单付款只是暂时先付款，最终还要根据卖方交付货物的情况来决定。

（四）支付货款地点

支付货款地点是一个不可忽视的问题，因为国际货款支付常常涉及外汇管制，一旦合同约定付款地点实行外汇管制或因外汇短缺而限制外汇汇出，买方就无法履行付款义务，卖方因而也就不能取得货款，所以在合同中应规定付款地点。

如果合同对付款地点没有规定，买方应按照公约第 57 条规定的下列地点付款：第一，在卖方营业地付款，卖方有一个以上营业地的，应在与合同及合同履行关系最密切的营业地付款。卖方营业地变动的，卖方应承担因营业地变动而给买方造成的增加费用。第二，在凭卖方交付货物或提交单据支付货款的情况下，买方应在卖方交货或交单地点付款。国际货物买卖大多数采取 CIF、CFR 和 FOB 三种术语成交，这三种术语不论是采用信用证还是托收支付方式，通常都是凭卖方提交单据付款的，卖方交单的地点就是买方付款的地点。

二、接收货物

对卖方来说，接收货物是买方的一个重要义务。因为货物交接需要双方当事人配合，买方能否及时接收货物，直接对卖方利益产生影响。如 CIF 和 CFR 术语下，如果货物到目的港买方无理不及时接收货物，不及时卸货并提取货物，势必造成承运人损失，如船舶滞留目的港而产生的航期损失、港口费用和滞期费等损失，按照运输合同规定，这些损失和费用理应由卖方负责。如果货物发生腐烂变质等情况，还将直接涉及货物的灭失或损害的责任问题。所以，卖方十分重视买方是否及时接收货物，公约第 60 条规定，接收货物是买方的一项义务。买方接收货物的义务具体包括两项内容：

（一）采取一切理应采取的措施以使卖方能够交付货物

这一项规定主要是要求买方与卖方合作，采取卖方交货所需要的理应采取的措施。如果因为买方没有及时采取措施致使卖方不能及时交货所造成的损失，买方应承担责任。

至于哪些是卖方交货所需要的理应采取的措施，这需要根据双方当事人成交具体条件来确定，如买方需要及时申请进口许可，办理进口报关，指定交货地点，派人到现场接收；在 FOB 条件下，买方需要负责指派运输工具，在合同规定的时间内到达装运港，并通知卖方所指派船舶的名称及预计到港日期，以便卖方履行其交货义务。如果合同规定的是选卸港，则买方需要及时指定最终的卸货港等。

（二）接收货物

接收货物，也就是接管、提取货物（Taking over the goods，or Receipt of the goods），买方有义务在卖方交货时及时接管、提取货物。

应注意的是，买方接收货物和接受货物（Acceptance of goods ）在法律上具有不同含义。买方接收货物并不一定就意味着接受货物，应该说，接收货物是实现对货物占有权的转移，而接受货物则是实现对货物所有权的转移。如果买方仅仅收到货物，经检验发现货物严重不符，买方有权拒绝接受货物，将已经接收的货物退还。但是如果买方已经接受了货物，则买方就不应再有退还货物的权利。

英国《货物买卖法》有较详细规定，英国《货物买卖法》第 35 条还具体规定了下列情况应视为买方已经接受了货物：第一，买方已经通知卖方他已接受货物。第二，买方收到货物后，对货物作出了与卖方所有权相抵触的任何行为，如买方以货物所有人的身份将货物出售或将货物抵押或将货物使用等。第三，买方收到货物后的合理时间内未向卖方发出退还货物的通知。英国《货物买卖法》还进一步规定，当买方退还货物时，只需通知卖方即可，并不负责将货物运回等。

课外阅读资料

一、卖方的责任

The seller must deliver the goods，hand over any documents relating to them and transfer the property in the goods，as required by the contract and this Convention.

If the seller is not bound to deliver the goods at any other particular place，his obligation to deliver consists: （a）if the contract of sale involves carriage of the goods - in handing the goods over to the first carrier for transmission to the buyer; （b）if，in cases not within the preceding subparagraph，the contract relates to specific goods，or unidentified goods to be drawn from a specific stock or to be manufactured or produced，and at the time of the conclusion of the contract the parties knew that the goods were at，or were to be manufactured or produced at，a particular place - in placing the goods at the buyer' s disposal at that place;（c）in other cases - in placing the goods at the buyer's disposal at the place where the seller had his place of business at the time of the conclusion of the contract.

If the seller is bound to hand over documents relating to the goods，he must hand them over at the time and place and in the form required by the contract. If the seller has handed over documents before that time，he may，up to that time，cure any lack of conformity in the documents，if the exercise of this right does not cause the buyer unreasonable inconvenience or unreasonable expense. However，the buyer retains any right to claim damages as provided for in this Convention.

二、买方的责任

The buyer must pay the price for the goods and take delivery of them as required by the contract and this Convention. The buyer' s obligation to pay the price includes taking such steps and complying with such formalities as may be required under the contract or any laws and regulations to enable payment to be made. The buyer must pay the price on the date fixed by or determinable from the contract and this Convention without the need for any request or compliance with any formality on the part of the seller. The buyer' s obligation to take delivery consists: （a）in doing all the acts which could reasonably be expected of him in order to enable the seller to make delivery;（b）and in taking over the goods.

第九章 违约及对违约的补救措施

第一节 违约分类及分类意义

一、违约分类的意义

订立货物买卖合同，本是希望通过履行合同，实现买卖双方各自的合同权益。但买卖双方在履行合同时，由于种种原因常常会出现不按照合同规定履行义务的状况，从而给对方当事人造成一定经济损失。

根据公正、公平原则，当违约方违约行为给受损方造成经济损失时，受损方有权利采取补救措施以弥补所受到的损失。受损方可以采取的补救措施很多，如要求实际履行、解除合同、请求损害赔偿等。补救措施不同给受损方带来的利益和对违约方造成的影响也不同。为了对违约方也公正公平，法律不允许受损方随意采取补救措施，也就是说，受损方补救措施也应受到一定的约束与限制，即根据违约方违约情形采取相应补救措施。所以，受损方采取补救措施是否公正、公平与合理，需要依据违约方的违约情形来判断。

研究违约及其分类很有必要。违约是否成立以及构成何种违约，是违约者是否承担责任以及承担何种责任的基础，也是受损方是否有权采取补救措施以及有权采取何种补救措施的前提。

二、根本违约与非根本违约

《买卖合同公约》根据违约后果及违约当事人主观上是否预见违约后果，把违约划分为根本违约和非根本违约两种情形。

所谓根本违约（Fundamental breach of contract），是指“一方当事人违反合同的结果，如使另一方当事人蒙受损害，以至于实际上剥夺了他根据合同规定有权期待得到的东西，即为根本违反合同，除非违反合同一方并不预知而且一个同等资格、通情达理的人处于相同情况中也没有理由预知会发生这种结果”。

根据公约这一规定，根本违约必须具备两个条件：第一，违约后果严重，造成另一方当事人严重损失，这种损失在实质上剥夺了另一方当事人根据合同有权期待得到的东西，即另一方当事人合同根本利益。第二，违约当事人对违约后果能够预见或理应预见。两个条件缺一不可。不具备根本违约条件的违约，即非根本违约。

根本违约第二个条件是当事人主观上的一种心理活动，外界不易判断。如果违约当事人为了逃避根本违约责任，矢口否认预见违约后果，在这种情况下，应以第三人能否预见为依据。该第三人在专业知识上应与违约当事人“同等资格”、在商业道德上应“通情达理”，并处于违约当事人“相同情况”下。如果这样一个第三人能够预见违约的严重后果的，就视为违约当事人也能够预见，根本违约就成立。可见，违约当事人能否预见其违约的严重后果，虽是一个主观上的问题，但也有客观上的判断标准。

把违约划分为根本违约和非根本违约的意义主要在于补救措施不同。根本违约下，受损方可以解除合同，并要求损害赔偿；非根本违约下，受损方只能要求损害赔偿，而不能要求解除合同。

三、实际违约与预期违约

根据违约事实是否发生，公约把违约分成实际违约和预期违约两种。实际违约是指当事人违约事实已经发生的违约情形，在合同规定履行期限内，合同当事人没有履行合同，从而构成违约，实际违约下，受损方有权采取相应补救措施。

预期违约（Anticipatory breach of contract），是指在合同规定履行期限前，某些情况已经显示出当事人在合同规定期限内将很可能不能履行他的大部分重要合同义务，这一情形被称为预期违约。预期违约是一种能够预见到的很有可能的将来违约，是违约事实还没有实际发生的违约。比如，合同规定买方于6月份付款，但卖方在5月份根据可靠消息，得知买方已经面临破产倒闭境地，6月份很可能不能付款，买方这种情况就已经构成了预期违约。

预期违约可以再具体分为预期一般违约和预期根本违约两种情形。根据预期违约方具体情况，如果情况显示出预期违约方只是有将来不能履行大部分重要义务的可能性，如买方面临破产倒闭境地，则应视为预期一般违约，因为买方还有可能经过整顿恢复良好状态。如果情况显示出预期违约方将来根本不能履行合同大部分重要义务，则应视为预期根本违约，如买方已经破产倒闭，根本不能支付货款等。

与实际违约相比，预期违约有以下特点：第一，预期违约发生在合同规定的履行期限之前，而实际违约发生在合同规定的履行期限之后。第二，预期违约是指将来违约的一种可能性，而实际违约指的是已经发生的违约事实。第三，预期违约的当事人暂时不承担预期违约责任，等到合同规定的履约期限已届满，已构成实际违约时才承担违约责任；而实际违约的当事人应承担违约责任。第四，预期违约下，对方当事人所采取的补救措施只能是中止履行合同。只有在预期根本违约情况下，才能采取宣告合同无效的补救措施，而实际违约下对方所采取的补救措施是除中止履行合同以外的其他补救措施，可见，两种违约下所采取的措施是不同的。

第二节 买卖双方均可采取的补救措施

一、实际履行

（一）实际履行含义及限制

实际履行是指一方当事人不履行规定义务时，另一方当事人要求违约方按照规定履行义务的一种补救措施。如公约第 45 条规定“买方可以要求卖方履行义务”，第 47 条规定“买方可以规定一段合理时限的额外时间，让卖方履行其义务”，第 62 条规定“卖方可以要求买方支付货款、收取货物或履行他的其他义务”等，均属于实际履行的补救措施。

要求实际履行的一方当事人不能采取与实际履行相抵触的其他补救措施，这是对实际履行的限制。比如，一方当事人不能既要求对方实际履行，又宣告合同无效，这两个措施就是相抵触的。

（二）两大法系对实际履行的不同态度

采取实际履行这一补救措施的当事人，通常向法院提出实际履行之诉，通过诉讼程序要求违约方实际履行义务。但这种要求能否得到法院支持，需要根据法院所适用的法律来确定。

英美法系和大陆法系对实际履行的态度不同。英美法系认为损害赔偿应是受损方当事人首选的补救措施，在损害赔偿不足以弥补受损方损失时，才采取诸如实际履行等其他补救措施，实际履行是一种辅助性补救措施，而且英国普通法根本就没有实际履行这一补救措施。大陆法系尤其是德国法律认为实际履行是受损方当事人首选的补救措施，只有在实际履行不足以弥补受损方损失时，才采取诸如损害赔偿等其他补救措施。

为了维持合同的稳定性，使已签订的合同能够得以履行，《买卖合同公约》采取了与大陆法系一致的做法，也把实际履行放在补救措施第一位。但公约考虑到两大法系的分歧，为尊重两大法系的不同规定，公约并不要求受理诉讼的法院必须按照公约规定判决实际履行，而是把是否判决实际履行留给不同法系法院按照其法院地法来处理。

公约对此规定，“如果按照本公约的规定，一方当事人有权要求另一方当事人履行某一义务，法院没有义务作出判决，要求具体履行这一义务”。一方当事人向法院提起实际履行之诉时，受理诉讼法院可以根据其本国法律作出支持或不支持的判决，如果法院所在地法律不允许法院作出实际履行判决，则法院就没有义务作出要求违约方实际履行的判决。

由此可见，如果当事人要求实际履行，则选择受理诉讼的法院非常重要。如果选择大陆法系国家法院，则胜诉可能很大；若选择英美法系国家法院，则败诉可能性就很大。

（三）卖方要求买方实际履行的风险

买方不履行义务时，卖方可以要求买方实际履行。但卖方采取这一补救措施风险较大。具体风险主要体现在：

第一，两大法系对实际履行态度不同，卖方实际履行的请求能否实现取决于两大法系国内法规定。

第二，根据公约第 85 条规定，卖方要求买方支付货款或收取货物时，卖方常常占有或控制着货物，有保全货物的责任。卖方需根据情况采取合理措施保护货物，比如，将货物存放于仓库；如果货物易腐烂或变质或存储费用过高时，卖方还需要把货物转售等。如果卖方保全货物不当或未保全货物应承担责任。

第三，买方不付货款时，大多数都是买方付款能力极低，处于资不抵债、债台高筑的境地。为了逃避支付货款责任，买方宣告破产可能性很大。如果卖方已交付货物，要求买方支付货款，并向法院提出实际履行诉讼，买方在诉讼期间又宣告破产，卖方很有可能遭到钱货两空损失。所以，卖方要求买方实际履行，在一定情况下，是一种比较冒险的措施。

通常情况下，如果买方不收取货物，也不支付货款，卖方都不会把货物强行推给不情愿接收货物的买方，而是想办法转售货物，以减少自己的损失，然后就合同价格与转售货物价格的差价部分损失以及其他损失向买方索赔。公约虽然把实际履行放在首位，但卖方还需根据具体情况作出选择。

二、给予违约方一段合理的额外履约期限

1. 给予违约方一段合理的额外履约期限的含义

额外履约期限，是指一方当事人不按照合同或公约规定时间履行义务，另一方当事人可以规定一段合理的额外时间，让违约方在这段时间内继续履行义务，这段时间就是额外履约期限，也被称为履约宽限期。额外履约期限是受损

方在合同或公约规定的履约时间之外又给予的一段履行合同时间。如公约第47条规定，“买方可以规定一段合理的额外履约期限让卖方履行其义务”，再如公约第63条规定，“卖方可以规定一段合理的额外履约期限让买方履行其义务”。

这一措施适用于违约方延迟履行义务的情况。比如，合同规定6月交货，卖方6月没有交货，买方通知卖方再给予他一个月的额外履约期限，如果卖方在7月仍不交货，买方将解除合同。

2. 延迟履行的法律后果

违约方在额外履约期限内，通常有两种选择，也会产生两种不同的法律后果：第一，如果在额外履约期限内履行了义务，受损方只能要求损害赔偿，而不能要求解除合同。第二，如果在额外履约期限内仍不履约或声称将不履约，受损方既有权解除合同，也有权要求损害赔偿。

3. 给予违约方额外履约期限的限制

给予违约方一段合理的额外履约期限时，应受到如下限制：

第一，受损方在额外履约期限内不得采取相抵触的其他补救措施，比如，受损方不能一方面给予额外履约期限，一方面又解除合同，这两个措施是相抵触的。也就是说，受损方也要受到额外履约期限的限制，不能出尔反尔。

第二，额外履约期限必须合理、明确而具体。额外履约期限的合理性，主要是指额外履约期限应合理，至于多长时间需要根据具体情况来判断。如果卖方未按规定时间交货，买方应根据备货及租船情况等来确定给予多长时间，使卖方能够交货。通常买方给予卖方的额外履约期限都比较长，而卖方给予买方的较短。因为买方义务比卖方义务简单一些。如果额外履约期限不合理，即使额外履约期限已届满，受损方也无权解除合同。另外，额外履约期限还必须明确而具体，不能含糊不清，受损方应避免使用例如“短时间内再不交货，合同将被解除”等词语。

第三，受损方应通知违约方所给予的额外履约期限，让违约方了解在其违约后合同所处的状态和继续履行义务的时间，以便继续履行合同。

在违约方延迟履行义务的情况下，受损方是否必须给予违约方额外履约期限，应根据违约方的违约情况决定。如果违约方延迟履行已经直接构成根本违约，受损方可以直接宣告合同无效而不给予额外履约期限。但如果没有构成根本违约，受损方无权解除合同，只能给予额外履约期限；只有违约方在额外履约期限仍不履约或声称将不履约的情况下，受损方才有权解除合同。可见，在延迟履行没有构成根本违约的情况下，受损方给予额外履约期限是解除合同的前提。

4．延迟履行是否构成根本违约

如何判断延迟履行是否构成根本违约，这也需要根据具体情况来判断。在一起著名的圣诞节火鸡案中，卖方延迟交货几天就构成了根本违约，买方就有权解除合同，而不必给予额外履约期限。但在普通的火鸡买卖中，卖方延迟交货几天甚至更长时间，由于市场价格变化不大，买方损失不十分严重，就不能构成根本违约，买方就不能解除合同，而只能给予额外履约期限。

三、解除合同

（一）解除合同的含义

解除合同，是指在合同订立后，一方当事人有根本违约等违约情形，另一方当事人为了弥补或减少损失而提前终止合同效力，从而使合同中权利和义务归于消灭的一种法律补救措施。解除合同就是解除合同的效力，使得合同效力归于无效。

按照《买卖合同公约》，一方当事人根本违约、受损方要解除合同时，只要受损方向违约方宣告合同无效，合同即被解除法律效力。解除合同的英文用词是“To declare the contract avoided”，我们习惯上直接翻译为宣告合同无效。但从其规定的具体情形来看，与我们通常所称的解除合同是一致的，宣告合同无效实际上就是解除合同。

由于解除合同常常会给违约方带来很大损失，为了对违约方也公平，《买卖合同公约》和各国法律都对解除合同做了严格限制，这些限制主要体现在有权解除合同的违约情况方面和解除合同的时间方面。

（二）受损方有权解除合同的情况

根据公约第 49 条、第 64 条、第 72 条和第 73 条，受损方在违约方下列违约情况下有权解除合同：

第一，违约方违约行为已构成根本违约。

第二，违约方违约行为虽未构成根本违约，但在合理额外履约期限内仍不履约的。

第三，违约方违约虽未构成根本违约，但在合理额外履约期限内，违约方声称仍将不履约。

第四，预期违约方的预期违约已构成预期根本违约。

第五，分批交货情况下，可以再细分为三种情况：如果一方当事人不履行对任何一批货物的义务，对该批货物将会构成根本违约，另一方当事人有权宣告合同对该批货物无效。如果一方当事人不履行对任何一批货物的义务，使另一方当事人有充分理由断定对今后各批货物将会发生根本违约，该另一方当事人可以在一段合理时间内宣告合同今后无效。如果各批货物是互相依存的，不能单独用于双方当事人在订立合同时所设想的目的，则买方在宣告合同对任何一批货物的交付为无效时，可以同时宣告合同对已经交付的或今后交付的各批货物均为无效。

（三）受损方有权解除合同的时间

根据公约第 49 条及第 64 条，受损方解除合同必须在合理时间内，否则，受损方将丧失解除合同的权利。

1．卖方解除合同的时间限制

对卖方来说，如果买方已经支付了货款，卖方就丧失了解除合同的权利。但是，在下列情况下，卖方仍有权解除合同：

第一，如果买方延迟履行义务，卖方在知道买方履行义务之前有权解除合同，在知道买方履行义务之后卖方无权解除合同。也就是说，卖方在知道买方履行义务之前的解除合同是有效的，在知道买方履行义务之后的解除合同是无效的。如买方在 6 月 15 日已经付款，卖方在 6 月 16 日解除合同，卖方于 6 月 17 日得知买方已于 6 月 15 日付款，在这种情况下，卖方 16 日解除合同就是有效的。

第二，对于买方延迟履行以外的其他违约，卖方在知道或理应知道买方这种违约情况后的合理时间内有权解除合同，合理时间后的解除合同是无效的。

第三，如果买方在额外履约期限内仍不履行的，卖方在额外履约期限届满后的合理时间内有权解除合同。

第四，如果买方声称在额外履约期限内仍将不履行的，卖方在收到声称通知后的合理时间内有权解除合同。

2．买方解除合同的时间限制

对买方来说，如果卖方已经交付货物，买方就丧失了解除合同的权利。但在下列情况下，买方仍有权解除合同：

第一，如果卖方延迟交货，买方在知道卖方交货后的一段合理时间内有权解除合同，如果买方在知道卖方交货后的合理时间内未解除合同的，则丧失解除合同的权利。也就是说，买方在知道卖方交货后的合理时间内的解除合同是有效的，如果合理时间内未解除合同，合理时间外合同就不能再被解除。

第二，卖方延迟交货以外的其他违约，买方在知道或理应知道这种违约情况后的一段合理时间内有权解除合同。

第三，如果卖方不履行义务，在买方所给予的合理额外履约期限后仍不履行，买方在额外履约期限届满后的合理时间内有权解除合同。

第四，如果卖方声称在买方所给予的额外履约期限内仍将不履约的，买方在收到声称通知后的合理时间内有权解除合同。

第五，如果卖方交货与合同不符，卖方要求对货物在一定的额外时间内进行补救，额外补救时间后卖方没有对货物进行补救或补救后货物仍不符的，买方在额外补救时间届满后的合理时间内有权解除合同。买方在此段额外补救时间内不得采取与卖方履行义务相抵触的其他措施。

第六，如果卖方交货与合同不符，卖方要求对货物在一定的额外时间内进行补救，买方拒绝卖方这一要求的，买方必须在拒绝后的合理时间内解除合同。

3．买方解除合同时的其他限制

如果买方要解除合同，还应受到能够将已经收到货物按照原状退还的限制，原则上，如果买方不能按照货物的原状退还，就丧失解除合同的权利。

但是，在下列情况下，尽管不能按照原状退还货物，买方还是有权解除合同：第一，买方不可能退还货物或不可能按照货物的原状退还货物，并不是由于买方的行为或不行为所造成的，也就是说，并不是由于买方的原因造成货物不能退还或不能按照原状退还，比如，由于货物自身的特性所造成的。第二，货物的原状被破坏是由于检验货物所造成的。第三，货物在买方正常营业中已经被售出，或者货物在正常使用过程中已经被消费或被改变。在此种情况下，发现或理应发现货物与合同不符，即使不能按照原状退回货物，也不影响买方所享有的解除合同的权利。

（四）解除合同的法律效力

根据公约第 81 条至 84 条，合同被解除后将产生如下效果：

第一，合同被解除后买卖双方在合同中的主要义务被解除，卖方交货责任及买方付款义务都被解除。

第二，买卖合同虽然被解除，但违约方的违约责任和受损方要求损害赔偿的权利并没有被解除。

第三，买卖合同中解决争端条款的效力并没有被解除，解决争端条款对买卖双方仍然有约束力，买卖双方仍应按照合同中解决争端条款规定，来解决他们之间的争端。所谓解决争端条款，是指合同中有关仲裁、司法管辖或法律适用等方面的条款。

第四，买卖双方各自在合同被解除后仍应承担一定责任，如对货物的保全责任及支付保全货物的费用等。

第五，如果合同已经履行或部分履行，合同被解除后，买方有退还已收货物的责任，卖方有退还已收货款的责任，这是一种恢复合同未履行时的原状的责任。

（五）解除合同措施的行使

《买卖合同公约》第26条规定，宣告合同无效的声明，必须向另一方当事人发出通知，方始有效。所以，受损方要行使解除合同的权利，就必须向违约方宣告合同无效（A declaration of avoidance of the contract），合同才能被有效解除。受损方不必采取其他诸如催告或公证等其他手续。宣告合同无效，必须向违约方发出通知，只有向违约方发出宣告合同无效的通知，合同才能被解除。

根据《买卖合同公约》第27条规定，宣告合同无效的通知一经发出就有效，就产生合同被解除的法律后果。

四、损害赔偿

（一）损害赔偿的含义

所谓损害赔偿，是指一方当事人因违约给另一方当事人造成了损失时，违约方应给予受损方的一种金钱上的补偿。无论卖方或买方违约，只要给对方造成了损失，对方都有权要求给予损害赔偿，损害赔偿是一种买卖双方都可采取的补救措施。

损害赔偿可以单独行使，也可以与其他措施共同行使，是一种不与其他措施相抵触的、不因采取其他措施而丧失的补救措施。比如，买方或卖方可以既宣告解除合同等，又要求损害赔偿。两大法系对损害赔偿的态度也是不同的，在大陆法系，损害赔偿是在实际履行之后的补救措施，只有在实际履行不可能的情况下，才可以要求损害赔偿。在英美法系，损害赔偿是第一位的补救措施。

（二）违约方对损害的赔偿范围

1．损害赔偿额应与实际损失额相等

《买卖合同公约》第74条规定，一方当事人违反合同应负的损害赔偿额，应与另一方当事人因他违反合同而遭受的包括利润在内的损失额相等。违约方赔偿范围应是受损方因其违约而受到的实际损失，这种实际损失包括直接损失和间接损失。直接损失是指受损方因违约方的违约行为直接受到的损失以及有关费用的支出；间接损失是指受损方失去的根据合同本应得到的经济利益，如买方转售货物的市场利润损失以及为了转售或转购货物而支出的费用等。

2．损害赔偿额应以违约方能够预见的损失为限

公约第74条还规定，损害赔偿不得超过违反合同一方在订立合同时，依照他当时已知道或理应知道的事实和情况，对违反合同预料到或理应预料到的可能损失。违约方赔偿损失的范围应在其订立合同时就能够预料到或应该能够预料到的损失范围之内，对于不能预料到的损失不承担赔偿责任。

例如，卖方在订立合同时对于买方购买货物的正常市场利润是能够预料到

的，也是理应预料到的损失。但卖方对买方购买货物后市场发生的因脱销而价格猛涨等不正常的价格变化，是不能够预料到的，超过正常范围内的损失，卖方不承担赔偿责任。另外，对于买方签订合同后又在国内所签订的加工合同等方面的损失，也属于难以预料到的损失。

可见，让违约方能够预料到给对方造成的损失是很重要的，这就要求买卖双方在订立合同时把自己与合同有关的情况尽量告知对方，让对方知道其不履行合同将会给自己所造成的损失，也就是让违约方预料到或理应预料到其违约的损失，并在违约时予以赔偿。

3. 受损方扩大的损失不予赔偿

《买卖合同公约》第 77 条中规定，声称另一方违反合同的一方，必须按情况采取合理措施，减轻由于另一方违反合同而引起的损失，包括利润方面的损失。如果他不采取这种合理措施，违反合同一方可以要求从损害赔偿中扣除原可以减轻的损失数额。

根据这一规定，另一方当事人违约，给一方当事人造成了损失，一方当事人就有防止损失扩大的责任。如果受损方没有尽责任防止损失扩大，减轻自己的损失，则对于这种受损方扩大的损失，受损方无权要求赔偿，违约方也不予赔偿。这是一项基本的法律原则，很多国家的法律都对此有一致的规定。

（三）损害赔偿数额的计算

如果违约方根本违约，受损方既可以要求解除合同，也可以要求损害赔偿。在受损方解除合同情况下，受损方有时采取替代交易，如卖方转售货物或买方转购货物等，有时受损方没有采取替代交易。受损方是否解除合同，是否采取替代交易，对损害赔偿数额的计算都有影响。

1. 受损方不解除合同时的损害赔偿数额的计算

如果违约方的违约是非根本违约，或者违约方虽是根本违约，但受损方不要求解除合同而要求损害赔偿的情况下，损害赔偿数额的计算比较简单。公约第 74 条和第 77 条规定，在约定损害赔偿数额时应根据如下三点规定，即赔偿额应与损失额相等、赔偿额应以违约方能够预料到的损失为限以及受损方扩大的损失不予赔偿等。

2. 受损方解除合同时的损害赔偿数额的计算

（1）受损方采取替代交易情况下的损害赔偿数额

《买卖合同公约》第 75 条规定，如果合同被宣告解除，而在宣告解除后一段合理时间内，买方已以合理方式购买替代货物，或者卖方已以合理方式把货物转卖，则要求损害赔偿的一方可以取得合同价格和替代交易价格之间的差价以及按照第 74 条规定可以取得的任何其他损害赔偿。

根据这一规定，在受损方采取替代交易的情况下，对受损方的损害赔偿应主要以差价为准，再加上其他的一些损失。如合同价格为每公吨 2000 英镑，因卖方根本违约买方解除合同后转买货物的价格为每公吨 2200 英镑，合同价格与替代交易价格的差价为每公吨 200 英镑，卖方应按照每公吨 200 英镑的标准再加上其他的一些损失予以赔偿。

应注意的是，受损方的替代交易应是合理的替代交易，对于不合理替代交易，不能按照差价予以赔偿。所谓合理替代交易，应根据具体情况来判断，主要是指进行替代交易的时间应在解除合同后的合理时间内进行，进行替代交易的方式也应合理，即按照正常的交易程序、正常的交易渠道和正常的市场价格进行替代交易。对于受损方有意拖延替代交易的时间或有意压低或抬高替代交易的价格，借此扩大合同价格与替代交易价格之间的差价的，受损方不应以此差价进行赔偿，而应以合理的替代交易差价或市场价格予以赔偿。

（2）受损方未采取替代交易情况下的损害赔偿数额

如果买卖合同被宣告解除，受损方没有采用替代交易而直接要求违约方损害赔偿，应按照公约第 76 条规定的两种情况确定赔偿数额。

第一，按照合同价格与宣告合同无效时的时价之间的差价为标准，再加上其他损失予以赔偿。这适用于卖方宣告合同无效并要求损害赔偿和买方先宣告合同无效、后接收货物并要求损害赔偿。如果买方先接收货物而后宣告合同无效，则应适用下面的第二项规定。

第二，如果买方在接收货物之后再宣告合同无效，此时损害赔偿数额应按照合同价格与接收货物时的时价之间的差价为标准，再加上其他的一些损失。也就是说，在买方先接收货物后宣告合同无效的情况下，损害赔偿的数额不能适用买方宣告合同无效时的时价，而应适用接收货物时的时价。

如此规定主要考虑到，买方在接收货物后宣告合同无效，对于那些市场价格波动大的货物，常常会有意识地选择宣告合同无效的时间以期得到更多赔偿。为防止买方这种投机行为，公约规定应适用接收货物时的时价，因为买方接收货物的时间，不完全取决于买方自己的选择，这样对买卖双方都比较公平。

所谓时价（Current price），是指原应交付货物地点的现行价格（the price prevailing at the place where delivery of the goods should have been made），比如，三种常见的贸易术语下的装运港等。

在这里，《买卖合同公约》规定了确定时价的两个因素：一是确定时价的地点，二是确定时价的时间。如果原应交付货物地点没有现行价格，则应选择另一个合理地点的价格来代替，另一个合理地点的选择，应考虑货物运费的差额等因素。

（四）损害赔偿与其他补救措施的关系

关于损害赔偿与其他补救措施的关系，大陆法系国家的法律与《买卖合同公约》有不同的规定。在大陆法系国家，损害赔偿与宣告合同无效是相抵触的，如德国的法律规定，债权人只能在宣告合同无效与损害赔偿中进行选择，而不能同时采取两种措施。《买卖合同公约》在第45条和第64条都规定损害赔偿可以与宣告合同无效等措施共同行使，采取损害赔偿措施并不丧失宣告合同无效的权利。

五、中止履行合同

（一）中止履行合同的含义及适用的违约情形

所谓中止履行合同（To suspend the performance of his obligation），是指在一方当事人预期违约情况下，另一方当事人暂时停止履行合同义务的行为。显然，中止履行合同是在预期违约情况下的补救措施。暂时停止履行合同的当事人是中止方，中止履行合同措施免除了中止方继续履行合同的义务，且中止方的暂时停止履行合同这种行为，不是违约行为，而是一种补救措施。也可以说，中止履行合同是买卖合同效力的暂时停止，至于合同以后的效力如何，取决于预期违约方是否能够履约或能否提供担保。

中止履行合同适用于一方当事人预期违约的情况，如果一方当事人已经实际违约，则应采取其他的补救措施。如果一方当事人的预期违约已经构成了根本预期违约，则另一方当事人可以直接宣告合同无效以解除合同，而不必中止履行合同。所以，中止履行合同适用于一方当事人一般预期违约的情况。

（二）对采取中止履行合同的限制

由于中止履行合同是中止方根据个人的判断暂时停止履行合同，这意味着预期违约方将可能遭受不能实现合同利益的损失，且中止方对这种损失不承担责任。如果允许中止方随意中止履行合同，而不承担责任，这对对方也不公平，所以各国法律和公约都对中止履行合同规定了严格的限制条件。

根据公约第71条，中止方采取中止履行合同应受到下列条件限制：

第一，中止方只有在对方预期违约情况下才能采取中止履行合同，如果对方不构成预期违约，而是中止方判断失误，则中止方的暂时停止履行合同就不是一种补救措施，而是一种违约行为，应承担违约责任。

第二，中止方在合同规定的履行期限届满之前，只能中止履行合同，不能采取其他的积极的补救措施，只有在合同规定的履行期限届满之后，预期违约已经成为实际违约的情况下，中止方才能采取其他的补救措施。

第三，中止方中止履行合同必须立即通知预期违约方，通知是中止方的义务，中止方的通知只要发出就有效。但是，如果中止方只是默默地停止了履行合同，而没有通知预期违约方，则中止方的停止履行合同将构成实际违约，应承担违约责任。

第四，中止方通知预期违约方后，如果预期违约方提供了充分的履约担保等，则中止方必须结束中止行为，继续履行合同。如果中止方没有结束中止行为，也构成违约，应承但责任。可见，中止方有通知的义务，预期违约方也有提供充分的履约担保的义务。至于何谓充分的履约担保，公约未进一步作出规定，通常是指预期违约方保证在合同履约期限届满时能够履行合同，比如预期违约方提供充分的担保物权或银行担保等。在这里，保证人的资信能力及担保的数额都是确定担保是否充分所应考虑的因素。

（三）中止履行合同措施的行使

1. 中止履行当前的合同义务

一方当事人预期违约，中止方要中止履行合同义务，应向预期违约方发出中止履行合同的通知，并中止当前应履行的合同义务，比如中止方当前应装运货物，可以停止装运货物；或者中止方当前应租船订舱，可以停止租船订舱。所以，中止履行合同这一措施的行使，需要根据当事人当前所承担的合同义务来确定。

2. 卖方的停运权

所谓卖方停运权（To prevent the handing–over of the goods to the buyer），是指如果卖方在发运货物之后，才发现买方预期违约，卖方有权通知承运人不将货物交给买方，即阻止将货物交给买方；即使买方已经持有了有权获得货物的单据，如提单，卖方也有权阻止承运人将货物交给已经拥有提单的买方。卖方这种停运权是卖方中止履行合同的一种情形。

卖方要行使停运权，应具备下列条件：第一，卖方发现买方预期违约时，货物已被发运，现正在运输途中，尚未交给买方；第二，卖方已经提交了对货物控制权的单据如提单等；第三，买方虽然已经拥有了提单等，但尚未将单据转移给他人，也就是说，买方尚未转卖运输途中的货物，货物还不属于买方之外的他人。如果买方已经将货物转卖给他人，卖方就丧失了行使停运权的权利，否则，卖方的停运权将有可能构成对他人的侵权行为。

卖方的停运权通常是通过承运人来行使的，需要承运人的配合，至于承运人是否听从卖方的指令，《买卖合同公约》不能作出规定，因为这已超出公约调整的范围，公约只能规定卖方有停运权的权利，而且这个权利“只与买卖双方间对货物的权利有关”。至于停运权行使的结果，完全取决于承运人是否配合，公约只能约束买卖双方，不能约束承运人。可见，卖方的停运权要受到承运人是否配合的限制。

实践中如果买方已经拥有了提单，卖方要求承运人不将货物交给买方，承运人都会有较大顾虑，因为承运人不交货将违反承运人凭提单交付货物的担保，将会遭到有提单的买方的控告，况且承运人通常也不愿卷入买卖双方当事人的纠纷之中，较好的解决办法是承运人将有争议的货物提存，或者卖方申请法院向承运人下达禁止交货的禁止令，以阻止承运人交货，然后买卖双方再解决他们之间的争议。

（四）中止履行合同的法律后果

买卖合同被中止履行之后，根据预期违约方提供担保的情况不同将有不同的法律后果。

第一，如果预期违约方提供了充分的履约担保，中止方应立即结束中止，继续履行合同。至于如何计算中止方的继续履约期限，公约以及国内法都未规定，一般认为，如果仍然按照合同规定的期限计算，可能会造成中止方不能按期履行的后果，应允许中止方延长一个履约期限，这一延长的期限应与中止的期限相当。当然，有的情况下，比如合同规定的履约期限较长，中止方没有必要延长履约期限的除外。

第二，如果预期违约方未能提供充分的履约担保，在合同规定的履约期限届满以后，中止方有权宣告合同解除，并请求损害赔偿。

第三节 买方单独采取的补救措施

一、买方要求卖方交付替代货物

如果卖方交付货物与合同不符，且已构成根本违约，买方可以要求卖方交付替代货物，交付替代货物实际上是实际履行措施的一种。

《买卖合同公约》第 46 条（1）款规定，如果货物不符合合同，买方只有在此种不符情形构成根本违反合同时，才可以要求交付替代货物。公约这一规定，限制了买方采取要求卖方交付替代货物的措施，在卖方交货不符但没有构成根本违约情况下，买方就不能要求卖方交付替代货物。

公约如此规定，主要是考虑到卖方交付替代货物，往往需要把已经交付的不符货物运回，再将相符货物运来，这样往返运输，将给卖方造成大量的运费、保险费以及其他的费用等损失，使卖方承担很大的经济负担，如果卖方的违约是非根本违约，这种损失有可能超过买方实际上所受到的损失。为了对卖方公平，公约规定，只有在卖方根本违约情况下，买方才能采取要求卖方交付替代货物的措施。

买方要求卖方提出交付替代货物，不得再提出与交付替代货物相抵触的其他措施，如解除合同等。按照公约第 82 条，买方还应能够按照收到货物原状将货物退还给卖方，否则买方就丧失了要求卖方交付替代货物的权利。应指出的是，卖方即使交付了相符的替代货物，因原来交付不符货物给买方造成的损失，买方有权要求赔偿。

二、买方要求卖方对不符货物进行修补

如果卖方交付货物与合同不符，但没有构成根本违约，或者构成根本违约但买方不能解除合同，买方可以要求卖方通过修理对不符合同之处做出补救，比如，对有缺陷的部分进行修理、调整或者更换，使得货物与合同相符。

买方要求卖方修补不符货物，实际上也是实际履行措施的一种，在大多数情况下，通过修理货物对违约进行补救是既经济方便又行之有效的办法，尤其是机器设备、电子设备之类的产品。

卖方可亲自修理或派人修理不符货物，买方也可以自行修理或就近请第三人修理不符货物，由卖方承担修理费用。

三、买方要求卖方降低货物价格

（一）适用的情形

如果卖方交付货物不符，而买方仍然愿意接受该不符货物，或者买方因为某种原因不能退还该不符货物，买方可以要求卖方降低货物价格（To reduce the price）。买方要求降低货物价格的要求，不受货款是否已付的限制，不管货款已付或未付，买方都有权要求降低货物的价格。

（二）降低价格的标准

根据《买卖合同公约》第 50 条的规定，买方要求降低价格后应支付的货款，应按照实际交付的不符货物在交货时的价格与应交付的相符货物在交货时的价格之间的比例计算，可用下列公式表示：

$$\text{减价后应付的金额} = \frac{D_P}{C_P} \times K_P$$

减价后应付的金额=$K_P \times D_P/C_P$，其中，K_P表示合同价格（Contract price），D_P表示不符货物在交货时的价格（Defective goods price），C_P表示相符货物在交货时的价格（Conforming goods price）。

比如买方于 1 月购买一批货物，该货物在订立合同时分为四个等级，其价格分别是 10 万美元、8 万美元、6 万美元及 4 万美元，买方最后与卖方签订了

购买一级货物的买卖合同，合同价格为 10 万美元，交货时间为 6 月。在下列几种情况下，买方要求卖方降低价格后应付的金额分别是：

第一，假如卖方交货时市场价格不变，一级货物即相符货物的价格仍是 10 万美元，但卖方交付的是四级货物，不符货物的市场价格为 4 万美元，按照上述公式计算，买方要求降低价格后应付的金额就是 4 万美元。

第二，假如卖方交货时市场价格已经上涨，一级货物和四级货物的价格都上涨了一倍，一级货物的价格是 20 万美元，四级货物的价格是 8 万美元，则买方要求降低价格后应付的金额，按照上述公式计算，仍是 4 万美元。这样计算，表面上看来，买方付 4 万美元却得到价值 8 万美元的货物，好像是买方没有损失，相反却得到了好处。但是，我们应该看到，付 4 万美元得到 8 万美元的货物，这是市场给买方带来的利益，如果卖方交付相符货物，买方付 10 万美元将会得到价值 20 万美元的货物，得到更大的利益。所以，卖方交付不符货物还是给买方带来了损失。

第三，假如卖方交货时市场价格上涨，但上涨的幅度不同，其中，一级货物的价格为 20 万美元，而四级货物的价格为 6 万美元，按照公式，买方要求降低价格后应付的金额应是 3 万美元。

第四，假如卖方交货时市场价格下跌，一级货物的价格跌为 8 万美元，四级货物的价格跌为 3 万美元，如果按照公式计算，买方要求降低价格后应付的金额是 3.75 万美元。可见，买方付了 3.75 万美元的价款却得到价值仅有 3 万美元的货物，显然，买方采取要求降低价格的补救措施是不合适的。

所以，在市场价格下跌的情况下，如果卖方交付的货物不符，买方都力争解除合同，要求损害赔偿，再从市场上低价买进货物。但是，如果买方不能解除合同，则买方采取要求降低价格的补救措施比要求损害赔偿更加有利。

仍如此例，如果买方要求降低价格，则买方可以少付 6.25 万美元，只付 3.75 万美元即可。但如果买方要求损害赔偿，则买方需要先付卖方 10 万美元，然后再要求损失赔偿，相符货物的价格是 8 万美元，不符货物的价格是 3 万美元，买方的损失是 5 万美元，所以，买方只能得到 5 万美元的赔偿。可见，在价格下跌的情况下，买方要求降低价格比损害赔偿更加有利。

（三）买方要求降低价格应注意的问题

买方要求降低价格应注意如下问题：

第一，低价格这一补救措施，只能适用于买方接受了卖方交付的不符货物。

第二，卖方已交付不符货物，但如果卖方对不符货物进行了修补，或者买方无理由拒绝卖方的修补要求，则买方不能要求降低价格。

第三，买方要求降低价格的补救措施，不论在付款前或付款后均可采取。

第四，合同订立至交货时市场价格波动较大的货物，买方应在降低价格和损害赔偿两个补救措施中进行选择。

第五，如果卖方因为不可抗力交付不符货物而享受免责时，买方不能就不符货物要求损害赔偿，但买方可以要求卖方降低价格。在其他情况下，卖方交付了不符货物，买方要求降低价格后仍不足以弥补损失时，根据公约第 45 条，买方仍有权要求损害赔偿。

第四节 违约下的特殊处理

一、因不可抗力而违约的免责

（一）免责的含义

买卖合同订立以后，常常因为各种原因致使合同当事人不能履行合同。这些原因，有的是主观上的，有的是客观上的；有的原因是当事人能够预料到的，有的是当事人不能预料到的。对于这些原因造成的当事人不履行合同的后果，各国法律和《买卖合同公约》规定大体相同，也就是对于主观上的可以预料到的原因造成的不履行合同，当事人应当承担责任；而对于客观上的无法预料到的原因造成的不履行合同，当事人可以免除责任。

所谓免责（exemption），根据公约第 79 条，是指不履行合同的一方当事人对他因不履行合同给对方造成的损失免除赔偿的责任。也就是说，受损失的一方当事人不能要求不履行合同的一方赔偿损失，但是受损失的一方当事人有权采取其他的补救措施，诸如解除合同、给予额外履约期限以及降低价格等。不履行合同的一方当事人免除了损害赔偿的责任，但不能免除其他的责任，比如，如果合同能够继续履行的话，不履行合同的一方当事人应继续履行合同。可见，免责与损害赔偿是相抵触的。

（二）不履行合同的当事人享受免责的条件

不履行合同的一方当事人对其不履行合同，如果要求享受免责，必须能够证明同时具备如下三个条件：

第一，不履行合同是由于某种非他所能控制的障碍所造成的，即不能控制的障碍造成了合同不能履行。

第二，不履行合同的一方当事人在订立合同时没有预见也没有理由预见会发生这种障碍，也就是说，这种障碍的发生是不履行合同的一方当事人在订立合同时预见不到的，是意料之外的事件。

第三，不履行合同的一方当事人对这种障碍及后果不能避免或不能克服，是当事人不能避免或克服的障碍造成合同不能履行。不履行合同的当事人只有证明了以上三点，才能对因其不履行合同给对方造成的损失免除赔偿责任。

（三）免责的法律后果、有效期以及通知义务

1．免责的法律后果

根据公约规定，免责只是免除了损害赔偿责任，并不免除不履行或不能继续履行合同的全部责任。也就是说，当一方当事人具备免责条件时，受损方只是不能要求赔偿其损失，但可以采取其他补救措施。如果合同还能够继续履行，受损方要求免责方继续履行合同，免责方应继续履行，买卖合同继续有效。买卖合同是否还有效，应根据不可抗力对合同的影响来确定。

至于一方当事人因发生不可抗力暂时不能履行合同，另一方当事人是否必须接受这一延误履行的事实，比如，买方是否必须接受本应 5 月交货，但因发生不可抗力而只好推迟到 7 月份的交货？对此，公约规定，“本条规定不妨碍任一方行使本公约规定的要求损害赔偿以外的任何权利”。可见，另一方当事人可以根据不履行的具体情况采取解除合同或其他任何除损害赔偿之外的补救措施。

2．免责的有效期

公约第 79 条（3）款规定，“免责只对障碍存在期间有效”，一旦障碍排除，合同没有被解除，被免责的一方当事人必须继续履行合同义务。如果仍然不履行合同造成了对方损失，则应予以赔偿，障碍消除后造成的损失不能免责。

3．免责当事人的通知义务

要求免责的一方当事人，在障碍出现以后，必须将障碍的情况以及对履行合同能力的影响通知对方当事人，如果该通知在一段合理的时间内未被对方收到，对方因未收到通知而产生损失，这种损失应予以赔偿。也就是说，免责方不能免除对对方因未收到通知产生损失的赔偿责任，不管免责方的通知是由于何种原因未被对方收到。

可见，免责方的通知采取到达生效原则，发出通知一方承担了通知不被收到的风险。一段合理时间的起算，应从免责方知道或理应知道障碍后开始起算，损害赔偿也只限于未在合理时间内收到通知所造成的损失，而不是免责方不履行合同所造成的损失。

（四）一方当事人的行为造成另一方当事人不履行

《买卖合同公约》第 80 条规定，“一方当事人因其行为或不行为而使得另一方当事人不履行义务时，不得声称该另一方当事人不履行义务。”比如，卖方因不可抗力不能交货，给买方发出了通知，买方收到通知后也停止了付款行为，买方不付款是因为卖方不能交货而引起的。

在这种情况下，卖方就不能声称买方不履行合同，当然也不能要求买方承担不付款责任。任何一方当事人不能就基于自己行为产生的损失取得任何权利，这是一个早已被确认的法律基本原则。

二、保全货物责任

（一）保全货物的含义

保全货物，是指在一方当事人违约时，持有货物或者控制货物处置权的另一方当事人，有义务及时采取措施，保护所持有的或者所控制的货物，以减少货物损失。如，目的港船上交货条件下，货物运到目的港后，买方不及时提取货物构成了违约，货物仍在卖方控制之下，卖方就有了保全货物责任，应采取适当措施保管货物，不能对货物置之不理。

保全货物是持有货物一方当事人的义务，这个义务是基于减少损失扩大这一基本原则而产生的。如果持有货物或者控制货物一方当事人没有保全货物，致使货物的损失扩大，对于扩大的货物损失，违约方不承担赔偿责任。

保全货物责任的产生，是基于持有货物或者控制货物，只要货物在他的占有或者控制之下，他就有保全货物的责任。保全货物的责任，与保全货物一方当事人是否违约无关，有保全货物责任的一方当事人不能以自己没有违约为由进行抗辩。

保全货物的责任，与货物的风险是否转移无关，不论货物的风险在哪一方，只要持有货物或控制货物，就应保全货物，持有货物一方不能以货物风险在对方身上而不尽保全货物的责任。

另外，保全货物的责任，还应与合同是否解除无关，不论合同解除与否，谁持有货物就由谁保全货物。

（二）买卖双方有保全货物责任的情况

1. 卖方有保全货物责任的情况

卖方有保全货物责任的情况，通常是在买方不收取货物且卖方仍持有货物或控制货物，如买方延迟收取货物，或者合同规定支付货款与交付货物同时进行，因买方不能支付货款，卖方也就没有交出货物，货物仍在卖方控制之下，卖方就有保全货物的责任。

卖方应根据具体情况，采取适当措施，以保全所持有或控制的货物，但保全货物的费用及保全期间的风险应由买方承担。

保全货物本是卖方的责任，但货物被保全之后，在买方没有支付有关保全货物费用之前，卖方有权一直保留货物，直至买方支付了保全费用为止。在这种情况下，保留货物又成为卖方的权利，在理论上，应属于一种留置权。

2. 买方保全货物的情况

买方在下面两种情况下应保全货物：

第一，卖方延迟交货已经构成根本违约，买方决定解除合同，但货物又抵达了目的港，处于买方控制之下，也就是说买方持有提单，除买方之外，再没有人能够照管货物，在这种情况下，买方应采取保全货物的措施，代替卖方把货物接收下来，妥善安置。但是，如果卖方或其代理人等也在目的港，买方就没有保全货物的责任，由卖方或其代理人自己安置货物。或者如果卖方或其代理人不在目的港，只能依靠买方接管货物，但如果买方保全货物将会使得买方“遭受不合理的不便”或者“承担不合理的费用”，在这种情况下，买方也没有保全货物的责任。比如，买方接收货物，需要先支付货款或者承担卸船费等。

第二，如果买方已经收到了货物，但发现卖方所交的货物与合同严重不符，买方决定解除合同，将货物退回。在这种情况下，买方有责任保全货物。买方有权保留货物直至卖方将保全货物的费用付清为止。

（三）保全货物的方法

《买卖合同公约》第 87 条和第 88 条规定了保全货物的方法，根据该公约的规定，保全货物的方法主要有两种：一是把货物按照当地通常的条件和方式寄放在第三人的仓库，由违约方承担仓库费用，但该项仓库费用必须合理；二是将货物出售。

有时将货物存入仓库并不一定是最妥善的办法，在这种情况下，就应采取将货物出售。根据公约规定，在如下三种情况下保全货物当事人可以将货物出售：

第一，如果货物是易腐烂变质的货物，容易迅速变坏，保全货物的当事人必须采取合理措施，把货物出售，如果情况允许，还必须将出售货物的决定通知给另一方当事人。货物容易变坏，保全货物的当事人必须想办法将货物出售，出售货物是一种义务，公约规定“必须采取合理措施将货物出售”。但由于货物容易变坏，可能很难出售，只要保全货物的当事人尽到出售货物的努力即可，并不要求必须出售成功。而且通知另一方也仅限于可能的情况下，如果情况紧急来不及通知，公约并不强求保全货物的当事人履行通知义务。

第二，如果当地仓库费用太高以致于不合理时，则保全货物的一方当事人也应当把货物出售，并尽可能把出售货物的决定通知给另一方当事人。出售货物也是必须采取的措施，也是保全货物当事人的义务。

第三，在货物存放在第三人仓库后，如果卖方一直不收回货物，或买方一直不收取货物或者不支付货款，或者卖方/买方一直不承担保全货物的费用，也就是说，在收回货物、收取货物、支付货款或者承担保全货物费用方面“有不合理的延迟"，在这种情况下，保全货物的一方当事人有权将货物出售。但是，在出售货物之前，保全货物的当事人必须先将出售货物的意向通知给另一方当事人。出售货物是一种权利，公约规定"可以将货物出售"（may sell them），但通知另一方是一种义务。

保全货物的当事人将货物出售后，有权从出售货物所得的货款中扣除为保全货物和出售货物而支付的费用，并把余下的款项向另一方当事人作一说明。

课外阅读资料

一、卖方违约时的补救办法

If the seller fails to perform any of his obligations under the contract or this Convention，the buyer may: （a）exercise the rights provided in articles 46 to 52; (b)claim damages as provided in articles 74 to 77. The buyer is not deprived of any right he may have to claim damages by exercising his right to other remedies. No period of grace may be granted to the seller by a court or arbitral tribunal when the buyer resorts to a remedy for breach of contract.

The buyer may require performance by the seller of his obligations unless the buyer has resorted to a remedy which is inconsistent with this requirement. If the goods do not conform with the contract，the buyer may require delivery of substitute goods only if the lack of conformity constitutes a fundamental breach of contract and a request for substitute goods is made either in conjunction with notice given under article 39 or within a reasonable time thereafter.

二、买方违约时的补救办法

If the buyer fails to perform any of his obligations under the contract or this Convention，the seller may: （a）exercise the rights provided in articles 62 to 65; (b) claim damages as provided in articles 74 to 77.

The seller is not deprived of any right he may have to claim damages by exercising his right to other remedies. No period of grace may be granted to the buyer by a court or arbitral tribunal when the seller resorts to a remedy for breach of contract.

The seller may require the buyer to pay the price，take delivery or perform his other obligations，unless the seller has resorted to a remedy which is inconsistent with this requirement.

第十章 货物所有权及运输风险转移

第一节 货物所有权转移

一、货物所有权转移的含义及转移的时间

货物所有权是指货物所有人对货物的占有、使用、收益和处分的权利。货物买卖实际上是货物所有权的买卖，实现货物所有权的转移。买方购买货物的目的就是为了拥有对货物的所有权，卖方之所以有权出售货物，也是因为他拥有对货物的所有权。可以说，货物买卖实际上是货物所有权的买卖，是一种“钱权”交易。

货物所有权的转移，是指卖方把货物的所有权转移给买方拥有的法律行为。所有权是关系到买卖双方切身利益的法律问题，其中，货物所有权转移的时间，对买卖双方关系更加重大。

各国社会、政治及经济制度不同，导致法律规定相差很大，货物所有权问题尤其突出。《买卖合同公约》对此难以统一，只好将所有权问题留给各国法律处理。各国法律对货物所有权转移的时间主要有如下规定：

（一）合同双方当事人有权约定货物所有权转移的时间

几乎所有国家的法律都允许合同双方当事人有权约定货物所有权转移的时间，货物所有权就在合同双方当事人约定的时间转移，比如，合同可以规定货物所有权于货物到达目的地时转移，或者货物所有权在买方付款时转移。

英国《货物买卖法》第 17 条规定，特定物买卖中，货物所有权自当事人双方意图转移时转移。美国《统一商法典》第 2401 条也允许合同双方当事人在合同中明确规定所有权的转移时间。《法国民法典》虽然规定货物所有权的转移时间是合同成立的时间，但在其司法实践中，法国法院常常也确认双方当事人在合同中对货物所有权转移时间的约定。而《德国民法典》更是明确规定，货物所有权的转移，必须订立一个与买卖合同相分离的物权合同，就货物所有权转移达成协议。德国法律认为，买卖合同是债权的范畴，货物所有权是物权的范畴，买卖合同本身并不能决定货物所有权的转移，双方当事人需要在买卖合同之外另外约定货物所有权的转移。

我国《合同法》也允许当事人对货物所有权转移作出约定，如第133条规定，标的物的所有权自标的物交付时起转移，但法律另有规定或者当事人另有协议的除外。

（二）货物所有权按照法律规定的时间转移

如果买卖双方当事人在合同中没有约定货物所有权的转移时间，则货物所有权应按照法律规定的时间转移。法律规定的时间主要有以下几种：

第一，买卖合同成立的时间是货物所有权转移的时间，如《法国民法典》第1583条规定，双方当事人就标的物及其价款达成协议，买卖合同即已成立，标的物的所有权即依法由卖方转移给买方。

第二，卖方交货的时间是货物所有权转移的时间，如美国《统一商法典》第2401条规定，除双方当事人另有约定以外，在卖方实际全部履行交货的时间和地点，货物所有权转移给买方。我国《合同法》第133条也规定，标的物的所有权自标的物交付时起转移。

第三，卖方交付物权凭证的时间就是货物所有权转移的时间，如英国《货物买卖法》第19条规定，无论合同的标的物是特定物或特定化的货物，只要卖方仍保留对所有权的处置权，则不发生货物所有权的转移。

通常情况下，卖方保留对货物所有权的处置权的做法，主要有两种：一是控制提单，二是在合同中约定。买卖双方在合同中约定了卖方保留货物所有权的处置权，这实际上是约定了货物所有权的转移时间。卖方通过控制提单来保留货物所有权的处置权的做法，主要是通过提单抬头的写法或通过提单的交付来进行的，如卖方把提单背书转让给买方，并将提单交给买方，在这种情况下，卖方交单的时间就是货物所有权的转移时间。

（三）货物特定化是货物所有权转移的前提

所谓特定化，就是指以某一种行为确定该货物作为履行该合同的标的，也就是把货物确定在合同之下的法律行为。不论是英国的《货物买卖法》，还是美国的《统一商法典》，或是《买卖合同公约》，都明确规定把货物特定化是货物所有权转移的前提条件。

把货物特定化，在不同的国家法律中有不同的名称，如根据英国《货物买卖法》的规定，在把处于可交付状态的货物无条件地划拨于合同项下（Unconditionally appropriated to the contract）之前，货物的所有权不转移，特定化是指把货物无条件地划拨于合同项下。而美国的《统一商法典》则规定，把货物确定在合同项下（Identification to the contract），是货物所有权转移的前提，特定化是指把货物确定在合同项下。

《买卖合同公约》第67条规定，在把货物清楚地注明有关合同（Clearly

identified to the contract）以前，货物的风险不转移。根据各国的法律以及国际公约的规定，货物特定化是货物所有权及风险转移的前提，未特定化的货物，其所有权及风险均不转移。但也不是说，货物特定化后，其所有权就转移，货物所有权是否转移，还需要根据买卖双方当事人的约定或者法律的规定来确定。

二、各国国内法对货物所有权的有关规定

（一）英国《货物买卖法》规定

根据英国《货物买卖法》的规定，货物所有权的转移与货物运输风险的转移紧密相连，货物所有权的转移直接决定了货物运输风险的转移，认为货物的运输风险是随着货物的所有权转移而转移的，这就是“物主承担风险”的原则。

英国的《货物买卖法》把货物分为特定物和非特定物两种情况。在特定物的买卖（Sale of specific goods）中，包括已经被特定化了的货物买卖中，按照英国货物买卖法，货物的所有权应在买卖双方当事人约定转移的时候转移，货物所有权的转移完全取决于双方当事人的意愿。如果双方当事人在合同中没有作出约定，则法院应根据合同的条款、双方当事人的行为等因素来确定双方当事人的意愿，以确定货物所有权转移的时间。

所谓非特定物，根据英国《货物买卖法》，是指仅凭说明（by description only）进行交易的货物。在非特定物的买卖（Sale of unascertained goods）中，也就是凡属于凭说明买卖未经指定或未经特定化的货物，在将货物特定化之前，其所有权不转移于买方。

在特定物和非特定物的买卖中，在卖方所要求的条件未得到满足之前，比如买方付款之前，卖方可以通过保留对货物的处分权，使得货物的所有权不发生转移。根据《货物买卖法》第 19 条的规定，下列情况均被视为卖方保留了对货物的处分权：

第一，卖方在合同中明确规定保留对货物的处分权，例如，合同中规定，在买方付款之前，货物的所有权不转移。在这种情况下，即使买方已经占有了货物，但只要货款未支付，货物所有权就不转移。

第二，卖方通过提单抬头的写法来保留对货物的处分权，比如，货物已经装船，提单的收货人抬头载明该货物须凭卖方或其代理人的指示交付（To the order of the seller or his agent）。在这种情况下，卖方未将提单背书转让给买方，应视为卖方保留了对货物的处分权。如果卖方在装运货物之后得到的是以买方或其代理人的名字为抬头的提单（To the order of the buyer or his agent），这也并不意味着卖方把货物的所有权转移给了买方，是否转移还取决于卖方是否把

提单交付给买方，当卖方把提单交付给买方时，货物的所有权就发生了转移。

第三，卖方通过对装运单据的处理来保留对货物的处分权，装运单据主要是指提单。如卖方按照合同规定向买方开出以买方为付款人的汇票，并将汇票和提单一起交给了买方，要求买方承兑或付款，如果买方拒绝承兑或拒绝付款，买方应将提单退回。如果买方无理不退回提单，货物的所有权也不发生转移。

（二）美国《统一商法典》有关规定

美国的《统一商法典》把货物所有权与风险分开，不再以所有权转移的时间作为风险转移的时间。美国《统一商法典》第 2401 条规定，除合同双方当事人另有特别约定外，货物的所有权应于卖方完成交货义务时转移，而不管卖方是否通过保留货物所有权的凭证来保留其对货物的权利。根据美国《统一商法典》的规定，卖方保留货物所有权的凭证，一般只能起到担保权益（Security interest）的作用，也就是说，以此作为买方付款的担保，但这并不影响货物所有权按照《统一商法典》的规定转移。

（三）《法国民法典》规定

《法国民法典》原则上是以买卖合同的订立作为货物所有权的转移时间，如《法国民法典》第 1583 条规定，当事人就标的物及其价款达成协议时，即使标的物尚未交付，价款尚未支付，标的物的所有权也转移给买方。但是在司法实践中，法院会根据实际情况作出处理的。

（四）《德国民法典》的规定

德国法律认为，货物所有权的转移属于物权法律的范畴，买卖合同本身属于债权法律的范畴，不能转移货物的所有权。根据《德国民法典》，动产所有权的转移应以交付标的物为必要条件，不动产所有权的转移应以向主管机关登记为条件。

（五）我国《合同法》的规定

我国《合同法》第 133 条规定，标的物的所有权自标的物交付时起转移，但法律另有规定或者当事人另有约定的除外。第 134 条规定，当事人可以在买卖合同中约定买受人未履行支付价款或者其他义务的，标的物的所有权属于出卖人。第 135 条规定，出卖人应当履行向买受人交付标的物或者交付提取标的物的单证，并转移标的物所有权的义务。

三、《买卖合同公约》对货物所有权转移的规定

《买卖合同公约》第 4 条规定，本公约不管辖国际货物买卖合同所出售货物对所有权的影响问题。公约之所以不涉及货物所有权，主要是因为各国对货物所有权规定差异很大，统一起来难度很大，如果强行统一必将影响公约的参

加国的数量及公约的影响。公约采取了回避的态度，把此问题留给了合同所适用的准据法解决。

在这种情况下，合同当事人慎重选择合同所适用的法律，或是在合同中直接作出所有权转移的规定，是非常必要的。

四、国际贸易惯例的规定

在国际货物贸易中，影响较大的国际贸易惯例有“Incoterms2010”、《1932年华沙—牛津规则》以及“UCP600”等。其中，国际法协会的《1932年华沙—牛津规则》对货物的所有权专门作了规定。该规则的第5条规定，在成本、保险费加运费（CIF）术语下，货物所有权的转移时间是卖方移交装运单据即提单的时间。此外，《国际销售示范合同》规定双方当事人同意保留所有权时，付清货款之前所有权不转移。

卖方提交提单的时间就是货物所有权转移的时间，这是一个国际贸易惯例的做法，而且这个做法也被援引到装运港船上交货（FOB）和成本加运费（CFR）贸易术语中，因为这两个贸易术语与成本保险费加运费（CIF）一样，卖方都有提交装运单据的义务。

应指出的是，虽然国际贸易惯例对货物所有权的转移有了规定，但国际贸易惯例的规定是否对合同当事人有效，还要根据合同当事人对惯例的态度以及惯例是否与合同所适用的国内法相抵触等来决定国际贸易惯例的效力。

第二节 货物运输风险转移

一、运输风险及风险转移

（一）运输风险及承担风险含义

造成货物发生灭失和损害的原因很多，有些损失是买卖双方的责任造成的，如卖方对货物包装不良等。有些损失是由于风险造成的，如海上风浪等。不同原因造成的损失，其法律处理结果是不同的。因买卖双方的责任造成的损失，理应由责任方承担。因风险所造成的损失，则应由承担风险的一方当事人来承担。

货物运输风险（Risk）是指在合同订立后，货物在储存、运输、装卸、转运等与运输有关的各环节所发生的意外灭失和损害，这种意外灭失和损害的发生，与买卖双方的责任无关，不是由买卖双方的责任造成的，而是由买卖双方责任以外的第三方（如运输公司或仓储公司）或自然界或社会等原因造成的。

运输风险的发生与买卖双方当事人的责任无关，但运输风险所造成的货物损失却需要由双方中的一方来承担，究竟由哪一方承担风险所造成的损失，这需要根据风险在哪一方的身上来确定。风险在谁的身上，就由谁承担风险所造成的损失：如果风险在卖方身上，即卖方承担风险，则风险所造成的损失就由卖方承担，卖方或是自行承担，或是向第三责任方索赔，或是向保险人索赔；如果风险在买方身上，则由买方承担货物因风险所造成的损失，买方或是自行承担，或是向第三责任方索赔，或是向保险人索赔。

（二）风险转移的前提及法律后果

风险转移之前，卖方应把货物特定化，特定化货物是风险转移的前提条件。如果货物没有被特定化，则风险是不转移的。

《买卖合同公约》在第 67 条规定，“在货物以货物上加标记，或以装运单据，或向买方发出通知，或以其他方式清楚地注明有关合同以前，风险不转移”。也就是说，货物在被注明有关合同之前，风险不转移，所谓“注明有关合同”，实际上就是把货物特定化。至于把货物特定化的方法，《买卖合同公约》规定了几种：或者在货物上加标记，或者在装运单据上注明，或者向买方发出通知，或者采取其他方法等。

如果风险从由卖方承担转移到由买方承担以后，货物因风险发生了灭失和损害，在买卖双方之间，买方应照常向卖方支付货款，也就是说，买方支付货款的义务并不解除。当然，风险转移以后，如果货物的灭失和损害，不是由于风险造成的，而是由于卖方的行为或不行为造成的，则当别论，这是责任问题，与风险无关。如果货物的风险没有转移，仍在卖方身上，货物因风险发生了灭失和损害，卖方应照常向买方承担交货的义务，卖方交货的义务并不解除，而且还可能要承担不能交货的违约责任。

（三）风险转移时间及基本原则

1. 风险转移时间的确定

风险转移的关键是风险转移的时间，风险转移越早对卖方越有利，越晚对买方越有利。风险到底什么时间转移，买卖双方当事人应在合同中明确规定，风险应在合同所规定的时间转移。买卖双方也可以通过选择贸易术语来确定风险转移的时间，因为贸易术语是关于买卖双方责任、费用及风险划分的术语，基本上都确定了风险转移的时间。如果买卖双方在合同中没有规定风险转移的时间，也没有通过贸易术语来确定风险转移的时间，则应根据《买卖合同公约》或国内法的规定来确定。

2. 确定风险转移时间的基本原则

确定风险转移时间所遵循的基本原则主要有以下两个：

（1）物主承担风险的原则

所谓物主承担风险，其意思是说，谁是货物的所有人，谁就承担货物的风险。这一原则把货物的所有权与货物的风险联系在一起，以所有权转移的时间决定风险转移的时间。

以英国为代表的一些国家的法律都实行物主承担风险的原则，如英国《货物买卖法》第20条规定，除双方当事人另有约定以外，卖方应负责承担货物的风险直至货物所有权转移给买方为止。一旦货物的所有权转移给了买方，则不论货物是否已经交付，其风险均由买方承担。

（2）交付货物的时间为风险转移的时间

以交货时间作为风险转移的时间，这是美国《统一商法典》所确定的又一个原则，这一原则把货物的所有权转移与货物风险转移分离开。德国、奥地利及我国等国家也采用交货时间为风险转移的时间这一原则。

《买卖合同公约》基本肯定美国《统一商法典》所确定的原则，采取以交付货物时间决定风险转移时间的做法，并且特别规定，卖方有权保留控制货物处置权的单据，这并不影响风险的转移。

Incoterms2010 也采取了交付货物时风险转移的原则，装运港交货的三种常见的贸易术语等都是将交付货物时间作为风险转移的时间。Incoterms2000甚至还将装运港交货的贸易术语下的风险转移时间确定在装船越过船舷之时。

二、《买卖合同公约》对风险转移时间的具体规定

（一）买卖合同涉及货物运输时的风险转移时间

如果买卖合同涉及到货物运输，公约把卖方交货分为两种情况：卖方有义务在特定地点交货，卖方无义务在特定地点交货。两种交货情况风险转移的时间不同。

《买卖合同公约》第67条规定，如果买卖合同涉及货物的运输，且卖方有义务在某一特定地点把货物交给承运人，在货物于该地点交给承运人时，风险转移到买方身上。如果卖方无义务在特定地点交付货物，自货物交给第一承运人时起风险就转移。有些情况下，卖方交货给承运人后，根据交单付款等条件，在买方不付款时卖方将保留提单等。公约规定，卖方保留控制货物处置权的单据，只是作为买方履行付款义务的一种权益担保，并不影响风险的转移。风险的转移，只与货物的交付有关，与单据是否提交无关。

从公约规定可以看出，在买卖合同涉及到货物运输情况下，运输风险是由买方承担的。这种规定符合大多数国家的国内法和国际贸易惯例，也符合国际贸易实际情况。因为在国际贸易中，货物在运输途中发生的损失，买方与卖方

相比，买方能够比卖方更早地发现、更及时地估算货物的损失，更方便地向承运人或保险人索赔，买方比卖方处于更好地处理货物损失的地位，所以公约规定运输风险由买方承担。当然，这种规定也不是绝对的，买卖双方完全可以协议确定运输风险转移的时间，作出与公约不一致规定，公约规定只是合同没有规定时的补充。

（二）运输途中出售货物的风险转移

运输途中出售货物（The goods sold in transit），是指卖方先把货物装上运往目的地的船舶或其他运输工具，然后再寻找买方签订买卖合同，出售已经在运输途中的货物，这种在运输途中出售货物的做法，在国际货物买卖中，也被称为路货买卖，还有的称为海上路货。在长距离运输情况下，为了节省时间，利用有利的市场，卖方也时常采取这种路货买卖的做法。

《买卖合同公约》第 68 条规定，对于在运输途中出售的货物，从订立合同时起，风险就转移到买方承担。即路货买卖的风险从订立合同时起转移，订立合同时间就是风险转移时间。订立合同时风险转移，这种规定有时给买方索赔带来不方便。因为，在合同订立时买方只能凭单据判断货物情况，很难了解订立合同当时货物的真实情况，货物到达目的地后，也很难判断货物损失是发生在订立合同之前或是订立合同之后。如果坚持订立合同时风险转移给买方，则买方在向保险人索赔时就需要证明货物损失是在订立合同后发生的，买方具有保险利益，这对买方来说是很难的。

为了买方索赔方便的需要，公约规定，如果情况需要，风险从货物交给签发载有运输合同的单据的承运人时起转移。所谓情况需要，主要是指买方索赔方面的需要，需要风险提前转移，即在卖方把货物交给签发运输单据的承运人时，风险就转移到买方身上。这样，买方就无须向保险人证明货物损失是在订立合同后发生的，方便了买方向保险人索赔。

（三）其他情况下风险转移

所谓其他情况，是指除涉及货物运输以及运输途中出售货物以外的情况，主要是指买方有义务在卖方营业地接收货物和买方有义务在卖方营业地以外地点接收货物两种情况。

1. 卖方营业地接收货物

如果买方有义务在卖方营业地接收货物，根据公约规定，其风险转移的时间又分为两种情况。

第一，买方在合同规定时间内到卖方营业地接收货物，则从买方接收货物时起，风险转移给买方承担。如合同规定在 7 月交货，卖方在 6 月底把货物备妥，并予以包装，存放在仓库内，只等买方前来提取货物。如果买方在 7 月

20 日前来提货，则风险于 7 月 20 日即买方接收货物时转移。如果买方在 7 月 30 日前来提货，则风险于 7 月 30 日买方接收货物时转移。

第二，买方未在合同规定时间内接收货物，则从货物已经交给买方处置但买方没有前来提货并构成违约时风险转移，违约成立时间就是风险转移时间。仍如上例，买方没有在 7 月前来提货，而是在 8 月 10 日前来提货，已经构成了违约行为，则风险在买方没有前来提货构成违约时转移，也就是在 7 月 31 日仓库营业时间届满时转移。假如仓库在 8 月 2 日发生了火灾，货物所受到的损失应由买方承担，因为风险已经转移给买方承担。

2．卖方营业地以外的地点接收货物

如果货物存放在第三人仓库里（即卖方营业地以外的地点），买方有义务到第三人的仓库接收货物。根据公约第 69 条（2）款的规定，这种情况下的风险转移时间，是从交货时间已到而买方已经知道货物已经存放在第三人仓库交给他处置时风险转移。

比如买卖合同规定，买方应于 7 月到第三人仓库提取货物，卖方在 6 月底把货物备妥存放于第三人仓库，并把仓库提货单交给了买方，买方凭此提货单在 7 月即可提货。在这种情况下，在 7 月 1 日即交货时间一到，风险就转移给买方承担，即使买方在 7 月 31 日才前来提货，风险也早在 7 月 1 日就已转移。

应注意的是，适用公约第 69 条（2）款的规定，应具备如下的条件：第一，买方有义务在卖方营业地以外的地点接收货物；第二，合同规定的交货时间已到；第三，买方已经知道货物在该地点交给他处置。公约特别强调在“货物未清楚注明有关合同之前，不得视为已交给买方处置”，也就是说，在货物未特定化之前，不能视为货物已经交给买方处置，风险也不能转移。

三、违约对风险转移的影响

《买卖合同公约》规定的风险转移时间，是在国际货物买卖合同正常履行情况下适用的。但双方当事人不适当履行合同时，当事人的违约行为对风险的转移是有影响的。

（一）买方违约对风险转移的影响

买方违约通常是在接收货物和支付货款两个方面的违约。对风险转移有影响的主要是接收货物方面的违约。如果买方迟延接收货物，将导致风险比规定的时间提前转移，风险在买方违约时转移。比如，按照公约第 69 条，在买方有义务在卖方营业地接收货物的情况下，如果买方按照合同规定时间提取货物，风险应在买方实际提取货物时转移；但如果买方没有在合同规定时间内提取货物，而是在合同规定时间届满后才提取货物，则风险将在买方违约成立时转移，违约成立的时间显然早于买方实际提取货物的时间，也就是说，风险将提前转移。

Incoterms 也有类似规定，比如 FOB 术语下，如果卖方在合同规定的时间内交付货物，风险就在卖方交付货物之时转移。但是，如果买方未及时指派船舶，致使货物未在合同所规定的交货时间内装船，则风险将在买方未及时派船构成违约时转移，而不是在卖方实际交付货物时转移。

（二）卖方违约对风险转移的影响

卖方违约对风险转移有影响的主要是卖方交付不符货物。

1. 卖方交货不符，但没有构成根本违约

按照《买卖合同公约》的规定，如果卖方交货不符但没有达到根本违约的程度，买方不能宣告合同无效，不能解除合同，买方只能接受货物并向卖方要求赔偿损失。这样，买方就不能将货物退还，风险应按照规定正常转移给买方，也可以说，卖方非根本违约对风险没有什么影响，风险应照常转移。

比如，买卖合同规定卖方交付 1000 包一级纺织品，但卖方实际交付的情况是，950 包是一级的，50 包是三级的，1000 包中有 500 包纺织品在海上运输途中被海水浸湿。在这种情况下，卖方的违约不构成根本违约，买方不能解除合同，只能要求卖方赔偿 50 包不符货物损失。至于 500 包被海水浸湿的损失是运输风险造成的，风险应照常转移给买方承担，由买方向承运人或保险人索赔。

2. 卖方交货不符，已经构成了根本违约

如果卖方交货不符，已经构成了根本违约，买方有权解除合同，并要求赔偿损失。根据《买卖合同公约》第 70 条的规定，如果卖方已经根本违约，则公约关于风险转移时间的规定，应"不损害买方因此根本违约而采取的各种补救措施"。

所谓"不损害买方因此根本违约而采取的各种补救措施"，应理解为，风险是否转移应根据买方补救措施来决定，应顺应买方补救措施，"跟着补救措施走"，而不是妨碍买方补救措施。所以，如果买方要解除合同，需要把货物退回，运输途中因风险所造成的货物损失也应一起转回给卖方承担，也就是说，本来已经正常转移给买方承担的风险，因卖方根本违约随着货物的退回也转回由卖方承担。

仍如上例，合同规定 1000 包一级纺织品，但卖方交货的情况是：950 包是三级的，只有 50 包是一级的，其中 500 包被海水浸湿。显然，卖方的违约已经构成了根本违约，买方要求解除合同和损失赔偿，并将货物退回。这样 500 包海水浸湿的损失就应转回给卖方承担，卖方应向买方赔偿交付货物不符的损失，并向承运人或保险人要求赔偿货物被浸湿的损失。

所以，在卖方根本违约、买方要求解除合同的情况下，已经转移的风险又转回由卖方承担。也有学者提出，在卖方根本违约时，风险不转移。无论怎么说，其结果都是一样的，只有把风险再转回给卖方承担，才能真正不损害买方所采取的解除合同这一补救措施。

应指出的是，卖方根本违约情况下，买方有权解除合同，但买方不一定都采取解除合同这种补救措施。有时候买方比较愿意采取其他补救措施，有时候买方虽然愿意解除合同，但买方已经丧失了解除合同的权利，如买方没有在合理时间内宣告合同无效等，买方只好接受货物。在这些情况下，风险应顺从补救措施的行使，正常转移给买方承担，即风险照常转移给买方。

还应指出的是，卖方交货不符构成根本违约，买方要求解除合同时，常常是货物处于买方的占有之下，买方有对货物进行保全的责任，比如，买方把货物存放在第三人的仓库里，假如货物在第三人仓库被火烧毁，这种风险所造成的损失应由卖方承担，当然，买方应尽到适当保全货物的责任。

课外阅读资料

一、风险转移的时间

Loss of or damage to the goods after the risk has passed to the buyer does not discharge him from his obligation to pay the price，unless the loss or damage is due to an act or omission of the seller.

If the contract of sale involves carriage of the goods and the seller is not bound to hand them over at a particular place，the risk passes to the buyer when the goods are handed over to the first carrier for transmission to the buyer in accordance with the contract of sale. If the seller is bound to hand the goods over to a carrier at a particular place，the risk does not pass to the buyer until the goods are handed over to the carrier at that place. The fact that the seller is authorized to retain documents controlling the disposition of the goods does not affect the passage of the risk.

Nevertheless，the risk does not pass to the buyer until the goods are clearly identified to the contract，whether by markings on the goods，by shipping documents，by notice given to the buyer or otherwise.

二、运输途中的风险转移

The risk in respect of goods sold in transit passes to the buyer from the time of the conclusion of the contract. However，if the circumstances so indicate，the risk is assumed by the buyer from the time the goods were handed over to the carrier who issued the documents embodying the contract of carriage. Nevertheless，if at the time of the conclusion of the contract of sale the seller knew or ought to have known that the goods had been lost or damaged and did not disclose this to the buyer，the loss or damage is at the risk of the seller.

第十一章 国际贸易支付法律

国际支付，是指在国际经济活动中的当事人以一定的支付工具和方式，清偿因各种经济活动而产生的国际债权债务的行为。通常它是在国际贸易中所发生的、由承担付款义务的买方履行其合同义务的一种行为。国际支付伴随着国际货物贸易的产生而产生，并随着国际经济活动的发展，其应用范围也不断扩展。

自由资本主义时期前，国际货物贸易通常采用现金支付，以输送黄金白银来清偿债务。但现金支付显然运送风险大、清点不方便，还涉及真伪识别和资金积压等问题，只有在交易量小的国际贸易中才采用。16 至 17 世纪时，欧洲开始使用票据进行支付，用票据代替了现金，使国际支付变得迅速而简便起来。19 世纪末 20 世纪初，国际贸易中买方开始采用凭单付款的方式，要求银行以单据为抵押提供融资，将银行信用引入国际支付业务中。

第二次世界大战后，现代科学技术运用于国际支付业务，加上国际条约和国际惯例的法律机制逐步完善，使得国际支付更加快速和安全，适应了高速发展的世界经济的需要，并从货物贸易领域开始转向了国际技术贸易、服务贸易及其他国际经济活动领域。

国际支付具有如下比较鲜明的特点：国际支付产生于国际货物贸易而引起的货款支付的债权债务关系，国际支付主体是国际贸易活动中的双方当事人，且有银行参与。国际支付工具一般为货币与票据，涉及货币选择、汇率变动、票据使用及相关法律问题。国际支付方式需要根据不同情况采用不同方式，即国际上通常采用的汇付、托收、信用证及国际保理等，以处理货款收付中的安全保障和资金融通问题。

第一节 支付工具

在国际贸易中，能够作为支付工具的主要有货币和票据。因货币流转不方便、风险大，所以采用较少。票据尤其是汇票就成为主要支付工具，用以结算国际贸易所发生的债权债务关系。

一、国际贸易支付中的货币

每个国家都有自己的货币，究竟使用哪个国家的货币，需要买卖双方协商确定，可以是卖方国家、买方国家、第三国家的货币或某一种记账单位如特别提款权等。我国目前对外贸易基本上使用外国货币，常见外国货币及标准符号主要有：美国的美元 USD；英国的英镑 GBP；日本的日元 JPY；德国的马克 DEM；法国的法郎 FRF；加拿大的加拿大元 CAD；意大利的里拉 ITL；瑞士的瑞士法郎 CHF；比利时的比利时法郎 BFF；荷兰的荷兰盾 NLG 等。

国际贸易支付的货币，主要用来计价、结算和支付。国际货物买卖合同中，计价货币（Money of Account）是指合同中规定用来计算价格的货币。如合同价格是用一种双方当事人约定的货币（如美元）来表示的，没有规定用其他货币支付，则合同中规定的货币，既是计价货币，又是支付货币（Money of Payment）。如在计价货币之外，还规定了其他货币（如英镑）支付，则英镑就是支付货币。

由于世界各国的货币价值并不是一成不变的，特别是在世界许多国家普遍实行浮动汇率的条件下，通常被用来计价的各种主要货币的市值更是严重不稳。国际货物买卖的交货期通常都比较长，从订约到履行合同，往往需要有一个过程。在此期间，计价货币的市值是要发生变化的，甚至会出现大幅度的起伏，其结果必然直接影响进出口双方的经济利益。因此，如何选择合同的计价货币就具有重大的经济意义，是买卖双方在确定价格时必须注意的问题。

选择外国货币时，应考虑到外国货币是否稳定以及能否自由兑换。浮动汇率下，汇价经常变动，货币经常出现上浮或下浮情况，上浮货币越来越升值，下浮货币越来越贬值，我们通常把上浮货币称为硬币、下浮货币称为软币。在对外贸易中，选择硬币或软币，其结果不同：出口贸易中选择硬币对卖方有利；进口贸易中选择软币对买方有利。如果无法选择有利的货币，则应在买卖合同中订有保值条款，通过保值来减少外汇的风险。此外，还应注意我国与他国之间是否有支付协定，有支付协定的应按照支付协定办理。

货物贸易合同中的计价货币，基本上反映了该货币的国家及该货币在国际经济和世界货币格局中的地位，也反映出国际市场的习惯及融资的便利。2009 年我国国务院召开常务会议，决定在上海市和广东省广州、深圳、珠海、东莞 4 城市开展跨境贸易人民币结算试点，这将有助于扩大人民币在国际贸易体系中的使用范围，开启人民币国际化的进程。

二、国际贸易支付中的票据

票据是指一种有价证券，是一种可以代替现金流通的有价证券和流通证券（Negotiable instruments）。世界各国对票据种类的规定不同，如德国和法国认为票据只有汇票和本票；英美等国认为票据应包括汇票、本票和支票，支票是一种特殊的汇票。我国2004年修改的《票据法》第2条也明确规定，“本法所称票据，是指汇票、本票和支票”。

票据通常具有如下作用：

第一，票据具有支付工具的作用。现今国际贸易结算，大多数都是以票据尤其是汇票作为支付工具，通过银行进行非现金结算。

第二，票据具有信用担保的作用。出票人开出票据，就承担了信用担保的责任，如本票的出票人保证见票就付款。票据已经成为商业信用中不可缺少的工具。

第三，票据具有融资的作用。持票人可以通过贴现未到期的票据以取得资金，是商业信贷的重要手段，可以调剂资金的暂时不足。

第四，票据具有抵消债务的作用，使两个以上交易之间的债务相互抵消，变成一次结算，如乙是第一个交易甲乙之间的买方，同时又是第二个交易乙丙之间的卖方，如果款额相同，第二个交易中的卖方乙开出委托第二个交易的买方丙付款的汇票，并将该汇票交给第一个交易的卖方甲即可。

票据在现今商事贸易活动中占有十分重要的地位，商业信用和银行信用的票据化以及结算手段的票据化，是市场经济高度发展的重要标志之一。

三、关于票据的国际国内立法

（一）关于票据的外国立法

票据立法属于国内法范畴。在票据法的国内立法历史上，国际上曾经形成三大票据法系：法国法系、德国法系和英美法系。三大法系都经历了不同的历史发展阶段，在票据种类、立法模式和立法价值取向等方面都存在很大差异。法国票据法制定最早，其主要特点是强调票据代替现金运送的作用，没有把票据关系和基础关系严格区别开来。按照法国票据法，票据必须载明对价文句，表明已经收到对价，否则不能发生票据法上的效力。德国票据法注重票据的信用和流通功能，将票据关系与基础关系分离。英美票据法的精神与德国法系相近，都注重票据的信用和流通，强调票据关系与基础关系的分离，但英美票据法更注重应用票据的便利，对票据格式的要求没有德国法系那么严格。

随着经济国际化趋势的加强，票据的作用愈加重要，其流通已经超过了国界。但不统一的票据法已经严重阻碍了票据在国际间的顺利流通，这对国际商业贸易发展很不利，给票据使用也带来了不便，很可能引来贸易纠纷和争端。为了使票据作用得到全面发挥并促进国际贸易发展，19 世纪后期国际上掀起了票据法统一化运动。

（二）关于票据的国际立法

20 世纪初，一些国际组织开始统一各国票据法工作，并取得了显著成果，在日内瓦先后通过了如下几个公约：《1930 年关于统一汇票和本票的日内瓦公约》、《1930 年关于解决汇票和本票若干法律冲突的公约》、《1930 年关于汇票和本票印花税公约》、《1931 年关于统一支票法的日内瓦公约》、《1931 年关于解决支票的若干法律冲突的公约》及《1931 年关于支票印花税公约》。这些公约被统称为《日内瓦统一票据法公约》。

欧洲大多数国家及日本等国都采用了这些公约。但由于这些公约主要按照欧洲大陆法系的传统，特别是德国法系而制定，英美法系国家认为与英美法系的规定及实践冲突很大，拒绝参加《日内瓦统一票据法公约》。这样，在国际范围内，票据法方面仍然存在着两大法系：一是参加《日内瓦统一票据法公约》的大陆法系国家所形成的日内瓦公约法系；二是拒绝参加《日内瓦统一票据法公约》的英美法系国家所形成的英美法系。

两大法系的冲突使得制定日内瓦公约的愿望未能实现。1971 年联合国国际贸易法律委员会开始起草新的关于统一汇票和本票方面的公约，1988 年联合国大会通过决议，通过了《联合国国际汇票和国际本票公约》（U.N.Convention on International Bills Of Exchange and International Promissory Notes），并向各国开放签字，其目的是创造一种国际流通票据，使之能用于商事承兑，又能在国际商业中自由流通，以便于国际贸易和国际金融活动的开展。但该公约至今尚未生效。

（三）关于票据的我国立法

改革开放以后，由于建立社会主义市场经济的需要，我国加快了商事领域的立法步伐，先后颁布了《海商法》（1992 年）、《公司法》（1993 年）、《票据法》（1995 年）、《保险法》（1995 年）、《证券法》（1998 年）、《合同法》（1999 年）和《信托法》（2001 年）等。1995 年我国颁布了《中华人民共和国票据法》，这是调整票据法律关系的第一部重要法律，该法于 2004 年被修改，我国现行有效的票据立法即 2004 年《中华人民共和国票据法》（以下简称《票据法》）。

我国《票据法》采取三票合一的做法，第 2 条明确规定，“本法所称票据，是指汇票、本票和支票”。第 19 条规定，“汇票是出票人签发的，委托付款人在见票时或者在指定日期无条件支付确定的金额给收款人或者持票人的票据”。第 73 条规定，“本票是出票人签发的，承诺自己在见票时无条件支付确定的金额给收款人或者持票人的票据”。第 81 条规定，“支票是出票人签发的，委托办理支票存款业务的银行或者其他金融机构在见票时无条件支付确定的金额给收款人或者持票人的票据”。

我国《票据法》第五章规定了涉外票据法律适用问题，并规定涉外票据是指“出票、背书、承兑、保证、付款等行为中，既有发生在中华人民共和国境内又有发生在中华人民共和国境外的票据”。

国际贸易中使用的票据基本上都是涉外票据。如果所有票据行为都发生在国外，与我国毫无牵连，则不属于涉外票据，而是外国票据。

国内票据和涉外票据所适用的法律是不同的，在我国境内的票据活动应适用我国《票据法》相关规定，涉外票据应按照我国《票据法》第五章涉外票据的法律适用的规定，来确定所适用的相关法律，有可能是我国法律，也可能是外国法律。

当然，还要按照我国《票据法》第五章第 96 条的规定，“中华人民共和国缔结或者参加的国际条约同本法有不同规定的，适用国际条约的规定。但是，中华人民共和国声明保留的条款除外。本法和中华人民共和国缔结或者参加的国际条约没有规定的，可以适用国际惯例”。

四、汇票在国际贸易中的应用

（一）汇票的含义及内容

汇票（Bill of Exchange，Draft），是出票人签发的，委托付款人在见票时或者在指定日期无条件支付确定的金额给收款人或者持票人的票据。持票人是票据权利人，拥有向汇票上的付款人请求票面金额的权利。由于付款人的付款是无条件的，故有人称汇票是一种出票人签发给付款人的无条件的书面支付命令。国际贸易中汇票使用最多。

汇票是国际贸易中最常用的支付工具。卖方是汇票的出票人（Drawer），买方或其指定的银行是付款人（Payer），接受汇票并承担付款责任。收款人（payee）或持票人是受领汇票金额的人，通常是卖方或其指定银行或其债权人。汇票是可以流通转让的，汇票的转让需要转让人的背书手续。汇票被转让人背书转让给受让人时，转让人也被称为背书人或者前手，受让人也被称为被背书人或者后手（Endorsee），受让人持有汇票，成为持票人（Bearer）。

根据我国《票据法》规定，汇票必须记载下列事项：（一）表明“汇票”的字样；（二）无条件支付的委托；（三）确定的金额；（四）付款人名称；（五）收款人名称；（六）出票日期；（七）出票人签章。汇票上未记载前款规定事项之一的，汇票无效。此外，汇票上记载付款日期、付款地、出票地等事项的，应当清楚、明确。汇票上未记载付款日期的，为见票即付。汇票上未记载付款地的，付款人的营业场所、住所或者经常居住地为付款地。汇票上未记载出票地的，出票人的营业场所、住所或者经常居住地为出票地。

（二）汇票的种类

1．按照出票人不同来划分

按照出票人不同来划分，汇票可以分为商业汇票（Commercial Draft）和银行汇票（Banker's Draft）。商业汇票是指由公司、企业或商人开出的汇票，付款人可以是公司、企业、商人或银行，在国际贸易中，一般是卖方开出给买方或银行的汇票。银行汇票是指由银行开出的汇票，银行汇票的付款人通常也是银行，即一个银行开给另一个银行的汇票。国际贸易中商业汇票较多。

2．按照汇票是否附有单据

按照汇票是否附有单据，汇票可以分为光票汇票（Clean Bill）和跟单汇票（Documentary Bill）。

光票汇票是指不附有单据的汇票，光票的流通完全依靠当事人的信用，即完全看出票人、付款人或背书人的资信。在国际贸易中对少量货运，或收取保险费、运费等其他费用，可采用光票向对方收款。

跟单汇票是指附有单据的汇票，以承兑或付款作为交付单据的条件。除了有当事人的信用外，还有单据的保证。国际贸易中大多数是跟单汇票，因为跟单对买方更有保障。

3．按照付款时间不同

按照付款时间不同，汇票分为即期汇票（Sight Draft）和远期汇票（Time Bill or Usance Bill）。

即期汇票是指付款人见票就付款的汇票，远期汇票是指在将来某一个时间付款的汇票。对持票人来说，即期汇票比较有利；对于付款人来说，远期汇票比较有利。远期汇票下，在汇票到期日之前，如果持票人需要提前取得票款，可以将汇票贴现（Discount），即把远期汇票背书转让（大多数是转让给贴现公司或贴现银行），贴现人扣除从转让日至到期日的利息后把票款支付给转让人。

4．按照承兑人的不同

按照承兑人不同，远期汇票又可分为商业承兑汇票和银行承兑汇票。

商业承兑汇票是由公司、企业或商人出票而以另一个公司、企业或商人为付款人，并经付款人承兑后的远期汇票。商业承兑汇票是建立在商业信用基础上的。

银行承兑汇票是由银行承兑的远期汇票，是建立在银行信用基础上的。所以银行承兑汇票比商业承兑汇票更易于被人们所接受，并且能在市场上流通。

（三）汇票的使用

汇票使用过程中主要有出票、提示、承兑和付款等环节；需转让，通常还要经过背书行为；汇票如果遭到拒付，还有制作拒绝证书和行使追索权环节。

1．出票

出票（Issue），是指出票人签发汇票并交付给收款人的行为。出票后，出票人即承担保证该汇票得到承兑和付款的责任。汇票的出票人必须与付款人具有真实的委托付款关系，并且具有支付汇票金额的可靠资金来源，出票人不得签发无对价的汇票用以骗取银行或者其他票据当事人的资金。

2．提示

提示（Presentation），是持票人将汇票提交付款人要求承兑或付款的行为，是持票人要求取得票据权利的必要程序。提示又分付款提示和承兑提示。

3．承兑

承兑（Acceptance），是指付款人在持票人向其提示远期汇票时，在汇票上签名，承诺于汇票到期时付款的行为。付款人的具体做法是在汇票正面写明“承兑”（Accepted）字样，注明承兑日期，并签章后交还持票人。付款人一旦对汇票作出承兑，即成为汇票上的主债务人，承担汇票到期时付款的法律责任。

4．保证

保证是指汇票上的债务人的责任，可以由保证人承担保证责任。保证人对合法取得汇票的持票人所享有的汇票权利，承担保证责任。根据我国《票据法》，被保证的汇票，保证人应当与被保证人对持票人承担连带责任。汇票到期后得不到付款的，持票人有权向保证人请求付款，保证人应当足额付款。保证人为二人以上的，保证人之间承担连带责任。保证人清偿汇票债务后，可以行使持票人对被保证人及其前手的追索权。

被保证的汇票，保证人必须在汇票上记载下列事项：（一）表明“保证”的字样；（二）保证人名称和住所；（三）被保证人的名称；（四）保证日期；（五）保证人签章。保证人在汇票或者粘单上未记载前条第（三）项的，已承兑的汇票，承兑人为被保证人；未承兑的汇票，出票人为被保证人。

5．付款

付款（Payment），是付款人在汇票到期日，向提示汇票的合法持票人足额付款。持票人将汇票注销后交给付款人作为收款证明。汇票所代表的债务债权关系即告终止。

6．背书

背书（Endorsement），对于可以流通转让的汇票，持票人（即收款人）可以以背书方式转让汇票权利。出票人在汇票上记载“不得转让”字样的，汇票不得转让。背书是指在票据背面记载有关事项并签章的票据行为。

背书分为记名背书和不记名背书，记名背书是指持票人在汇票背面签上自己名字，并记载被背书人名称，然后把汇票交给被背书人（即受让人），被背书人即成为持票人，是票据的债权人。受让人有权以背书方式再行转让汇票。

对受让人来说，所有以前的背书人和出票人都是他的转让人（也称前手）；对背书人来说，所有他转让后的受让人都是他的受让人（也称后手），前手对后手承担汇票得到承兑和付款的责任。

不记名背书是指持票人在汇票背面只签上自己名称，不记载被背书人名称，然后将汇票交给被背书人。我国《票据法》规定，汇票以背书转让或者以背书将一定的汇票权利授予他人行使时，必须记载被背书人名称。显然，我国不允许不记名背书。

在汇票经过不止一次转让时，背书必须连续，即被背书人和背书人名字前后一致。持票人可以背书的连续性来证明其汇票权利。背书连续，是指在票据转让中，转让汇票的背书人与受让汇票的被背书人在汇票上的签章依次前后衔接，后手应当对其直接前手背书的真实性负责。

背书人以背书转让汇票后，即承担保证其后手所持汇票承兑和付款的责任。背书人在汇票得不到承兑或者付款时，应当向持票人清偿有关金额和费用。

7. 拒付和追索

拒付（Dishonour）是指当持票人向付款人提示，付款人拒绝付款或拒绝承兑，或者付款人逃匿、死亡或宣告破产，致使持票人无法实现提示等情形。

追索权（Recourse），是指持票人遭到拒付时有权向其前手转让人一直到出票人，要求偿付汇票金额、利息和其他费用的权利。持票人在追索前必须按规定制作拒绝证书，并向前手转让人发出遭到拒付的通知。拒绝证书是用以证明持票人遭到拒付，通常由付款地公证机构出具，也可以是有关司法文书。拒付通知是用以通知前手关于拒付的事实，使其准备偿付并进行再追索。

五、本票和支票在国际贸易中的应用

（一）本票在国际贸易中的应用

1. 本票的含义

本票（Promissory Note），是指由出票人签发的、承诺自己在见票时无条件支付确定金额给收款人或持票人的票据。我国《票据法》第 73 条规定，本票是出票人签发的，承诺自己在见票时无条件支付确定的金额给收款人或者持票人的票据。也就是说，本票是出票人对受款人承诺无条件支付一定金额的票据，本票的出票人与付款人为同一人。本票的当事人主要包括出票人和收款人。

2．本票的分类

本票可分为商业本票和银行本票。由工商企业或个人签发的称为商业本票或一般本票。由银行签发的称为银行本票。

商业本票有即期和远期之分，银行本票通常都是即期本票。有的银行发行见票即付、不记载收款人的本票或是来人抬头的本票，它的流通性与纸币相似。在国际贸易结算中使用的本票，大都是银行本票。

我国《票据法》所规定的本票就是指银行即期本票，并规定本票的出票人必须具有支付本票金额的可靠资金来源，并保证支付。商业本票，特别是中小企业或个人开出的远期本票，因信用保证不高，通常很难流通。在我国，工商企业和个人不能签发本票。

3．我国《票据法》的相关规定

根据我国《票据法》第75条规定，本票必须记载下列事项：

（一）表明“本票”的字样；

（二）无条件支付的承诺；

（三）确定的金额；

（四）收款人名称；

（五）出票日期；

（六）出票人签章。

本票上未记载前款规定事项之一的，本票无效。

我国《票据法》还规定：本票上记载付款地、出票地等事项的，应当清楚、明确。本票上未记载付款地的，出票人的营业场所为付款地。本票上未记载出票地的，出票人的营业场所为出票地。本票的出票人在持票人提示见票时，必须承担付款的责任。本票自出票日起，付款期限最长不得超过2个月。本票的持票人未按照规定期限提示见票的，丧失对出票人以外的前手的追索权。本票的背书、保证、付款行为和追索权的行使，适用我国《票据法》关于汇票的相关规定。

（二）支票在国际贸易中的应用

1．支票的含义

支票（Cheque，Check）是出票人签发的，委托办理支票存款业务的银行或者其他金融机构在见票时无条件支付确定的金额给收款人或持票人的票据。

我国《票据法》规定，支票是出票人签发的，委托办理支票存款业务的银行或者其他金融机构在见票时无条件支付确定的金额给收款人或者持票人的票据。出票人应是在银行的存款人，所签发的支票金额不得超过在付款人处实有的存款金额，否则为空头支票。禁止签发空头支票，对于空头支票银行将拒绝付款，出票人对持票人负有偿还责任。

在国际贸易中，支票经常代替现钞作为一种支付工具而加以使用。

2. 支票的分类

(1) 按照支票出票人不同

按照出票人不同，支票可以分为商业支票和银行支票。商业支票是企业或个人签发的支票。银行支票（Banker's check）是由银行签发，并由银行付款的支票。银行支票也就是银行即期汇票。在汇付方式中，银行代理客户办理票汇时，即可开立银行支票。

(2) 按照支票的功能不同

按照支配功能不同，支票可以分为现金支票、转账支票和普通支票。支票上印有"现金"字样的为现金支票，现金支票只能用于支取现金。支票上印有"转账"字样的为转账支票，转账支票只能用于转账。支票上未印有"现金"或"转账"字样的为普通支票，普通支票可以用于支取现金，也可用于转账。在普通支票左上角划两条平行线的，为划线支票（Crossed Check）。划线支票只能用于转账，不能支取现金。

(3) 按照支票收款人栏目的填写不同

按照收款人填写的不同，支票还可分为记名支票（Check to Order）、不记名支票（Check to Bearer）。记名支票是指出票人在收款人栏中注明"付给某人"（pay to...only），"付给某人或其指定人"。这种支票转让流通时，须由持票人背书，取款时须由收款人在背面签字。不记名支票也称空白支票，其抬头一栏注明"付给来人"（Pay to Bearer），不记名支票无须背书即可转让，取款时也无须在背面签字。我国票据法不允许签发不记名支票。

此外，保付支票（Certified Check）是为了避免出票人开空头支票，收款人或持票人可以要求付款行在支票上加盖"保付"印记，以保证到时一定能得到银行付款。支票一经保付，付款责任即由银行承担，付款银行就成为主债务人，出票人和背书人都可免于被追索。

3. 我国《票据法》的相关规定

我国《票据法》第 81 条规定，支票必须记载下列事项：

（一）表明"支票"的字样；

（二）无条件支付的委托；

（三）确定的金额；

（四）付款人名称；

（五）出票日期；

（六）出票人签章。

支票上未记载前款规定事项之一的，支票无效。

我国《票据法》还规定，支票上未记载付款地的，付款人的营业场所为付款地。未记载出票地的，出票人的营业场所、住所或者经常居住地为出票地。出票人可以在支票上记载自己为收款人。出票人必须按照签发的支票金额承担保证向该持票人付款的责任。出票人在付款人处的存款足以支付支票金额时，付款人应当在当日足额付款。支票限于见票即付，不得另行记载付款日期。另行记载付款日期的，该记载无效。持票人应当自出票日起 10 日内提示付款；异地使用的支票，其提示付款的期限由中国人民银行另行规定。超过提示付款期限的，付款人可以不予付款；付款人不予付款的，出票人仍应当对持票人承担票据责任。支票的出票、背书、付款行为和追索权的行使，应按照《票据法》关于支票和汇票的相关规定处理。

第二节　汇付

国际贸易的支付方式主要有汇付、托收、信用证及国际保理等，采用何种支付方式，取决于买卖合同规定。汇付和托收属于商业信用的支付方式，即卖方收汇能否实现完全取决于买方个人的商业信誉。

汇付方式下资金流向与支付工具的传递方向相同，属于顺汇法；托收方式下资金流向与支付工具的传递方向相反，属于逆汇法。

一、汇付的含义及支付程序

1．汇付的含义

所谓汇付（Remittance），也称付款，是指付款人通过银行或其他途径将款项主动汇交给收款人的支付方式。在国际贸易中，如采用汇付方式，通常是由买方按约定的时间和条件，通过银行将货款汇交给卖方。可见，汇付采用的是顺汇方法，即资金的流向与支付工具的传递方向相同。

汇付方式，通常是在买卖合同明确规定采用汇付方式时才得以使用，如合同规定“买方应于某年某月某日前将全部货款用电汇方式汇付给卖方”等。

2．汇付下的当事人

在汇付方式中，当事人通常有：第一，汇款人（Remitter），是汇出款项的人，国际贸易中通常是货物的买方；第二，收款人（Payee），是收取款项的人，国际贸易中通常是货物的卖方；第三，汇出行（Remitting Bank），是接受汇款人的委托，汇出款项的银行，通常是买方所在地银行；第四，汇入行（Paying

Bank)，是接受汇出行的委托，向收款人承担解付汇款义务的银行，通常是卖方所在地银行。

3. 汇付的支付程序

汇付方式下，汇款人（买方）需要首先向汇出行办理汇款申请，汇出行再按照汇款人的申请，通知与其有代理关系的汇入行向收款人（卖方）付款。

其中，汇款人与收款人是直接的买卖合同关系，汇款人与汇出行是委托付款关系，汇款人支付汇付费用，汇出行按照汇款人的指示汇出款项，双方遵守的是汇款申请书的规定。汇出行与汇入行通常是一种长期的银行间的委托代理关系，汇入行按照汇出行的指示向收款人付款。汇入行与收款人无直接的合同关系，应属于一种代理人与第三人的关系。

二、汇付的性质

汇付方式属于商业信用，需要买方自觉、主动地按照合同规定的付款时间履行付款义务。至于买方能否及时、适当和全面履行义务，完全取决于买方个人的商业信用，与银行信用无关。虽有银行参与汇付业务，但完全是代客户办理业务，只收取手续费，不承担买方不付款的责任。

商业信用与银行信用是现代信用形式中两种最基本的信用形式。银行信用是伴随着现代资本主义银行的产生，在商业信用的基础上发展起来的一种间接信用。银行信用在规模上、范围上、期限上都大大超过了商业信用，成为现代经济中最基本的占主导地位的信用形式。与银行信用相比，商业信用还不能够确保国际贸易的安全，存在着交易的风险。

三、汇付的种类

汇付方式可以分为信汇、电汇和票汇三种。

信汇（Mail Transfer，M/T），是指汇款人申请汇出行以航空信件方式将付款委托书寄给汇入行，向收款人付款。信汇所需要的时间较长，但支付费用较少，对汇款人有利。

电汇（Telegraphic Transfer，T/T），是指汇款人申请汇出行以电讯方式（如电报、电传等），通知汇入行向收款人付款。电汇所需要的时间短，但支付费用较多，对收款人有利。

票汇（Remittance by Banker's Demand Draft，D/D），是指汇款人购买汇出行签发给汇入行的即期银行汇票，将银行汇票直接寄交给收款人，收款人凭银行汇票向汇入行提示并取得款项。

汇付下的三种方式，其共同点是，都属于顺汇法，汇款人在委托汇出行办理汇款时，需要出具汇款申请书，形成了汇款人和汇出行之间的一种委托代理关系。

三种方式的不同点，主要是传递速度不同。电汇是以电报或电传作为结算工具，信汇是以信汇委托书或支付委托书作为结算工具；票汇是以银行即期汇票作为结算工具。电汇是收款较快、费用较高的一种汇款方式，汇款人必须负担电报费用，所以通常以金额较大或有急用的汇款使用电汇方式。信汇、票汇都不需发电，以邮递方式传送，所以费用较电汇低廉，但因邮递关系，收款时间较晚。

四、汇付在国际贸易中的应用

在国际贸易中，买方付款时间通常和卖方交货或交单时间相捆绑，如卖方交货或交单时买方付款，该时间在买卖合同中应明确规定，买方应按照合同规定的付款时间办理汇付。

汇付在国际贸易中的应用，一般分为如下两种情形：一是预付货款，二是货到付款。

（一）预付货款

预付货款（Payment in advance）。预付货款是指买方在订货时或在卖方交货前以汇付方式支付货款。预付货款意味着买方预先履行付款义务，但货物的所有权并没有在付款时转移，因而对买方不利。

预付货款一般有以下两种规定方法：一是随订单付现（Cash with order）。合同一经签订，买方就把货款预付给卖方。二是装运前付款（Payment before shipment）。买方在卖方装运货物前若干天内将货款支付给卖方。当货物成交量较小或货物极为畅销或卖方担心买方将来不付款情况下，卖方通常要求买方预付货款。

（二）货到付款

货到付款（Payment after arrival of the goods），也称为先出后结，是指卖方先发货，货物到达目的港（地）时买方才以汇付方式支付货款。

按照买方提取货物时间的先后，可以分为买方提货前付款和买方提货后付款。提货前付款是指卖方在装运货物后，将装运通知中运输单据传真给买方以证明自己履行了交货义务，买方在提取货物前自动付款给卖方。

提货后付款又可分为赊销（Open Account Transaction—O/A）和寄售（Consignment）。赊销是指按照合同约定的付款时间，不管买方是否已经实际销售了货物，买方都必须将货款汇付给卖方。寄售是指买方在货物实际销售完毕后再将货款支付给卖方。

因此，买主提货后付款实际是卖方给予买方资金融通，卖方资金负担过重。货到付款方式显然对出口商不利，他要承担进口商不付款的风险。此外，汇付方式还可以用于定金、分批付款、佣金、运杂费用、小额货款或货款尾数等款项的支付。

汇付方式使得买卖双方的权利义务走向了两个极端，或者对卖方有利或者对买方有利。无论是预付货款还是货到付款，双方的资金和风险都处于极不平衡的状态。在预付货款情况下，卖方可以利用买方资金备货和发货。在货到付款情况下，卖方资金负担重，买方在收到货物后甚至在将货物转售后再予以付款，完全利用卖方资金做贸易。再加上汇付方式属于商业信用，对双方来说风险都较大。所以，在国际贸易中较少采用单一汇付支付方式，一般用于跨国公司内部子公司交易结算或劳务和资本的往来。

但在对美贸易中，有些情况下交易对象是大公司，其资信条件良好，整体信用水平高，此时买方一般拒绝采用信用证等手续复杂的支付方式，要求采用汇付方式。也就是说，如果双方违约风险几乎为零，如跨国公司位于两个公家分公司之间的交易的时候，费用最小的汇款方式为最优选择。如果一方存在违约的可能性，则双方首选的支付方式就应该是信用证了。①

五、汇付方式存在的风险及其防范

汇付方式所面临的收汇风险，主要表现在以下几个方面：

第一，买方国家的信用风险。该风险来源于国外买方国家的政治因素或宏观经济因素，因进口国法律和法规所产生的，是合同条款所不能免除和改变的风险，如进口国经济衰退、外汇匮乏无力对外支付、国内货币大幅度贬值、战争内乱导致经济停滞等都可能使买方不能履行对外付款的责任。

第二，商业信用风险。汇付方式是商业信用，对于先出后结的卖方和预付货款的买方，能否按时收款或按时收货，完全取决于对方的信用。如果卖方收款后不发货或者买方收取货物后不付款，都可使对方“钱货两空”，这种信用风险与买卖双方的信用有很大关系。另外，对方经营不善、企业破产、因市场行情变化进口商品在进口后价格剧降导致进口商亏本严重等，都会导致商业信用风险。

第三，结算风险。卖方面临的结算风险主要是外汇风险，由于对外交易的时间和结算时间不一致，结算时间往往滞后于合同签订时间，导致结算时的汇

①汪丽萍、周艳：《让风险擦肩而过——选择最好的国际贸易货款的结算方式》，《江苏科技信息》 2006年12期。

率可能不同于合同签订时的汇率而产生的外汇风险，如结算外汇时外汇汇率下降等。

要防范汇付下的风险，出口商应注意以下问题：首先，对要交易的未来贸易伙伴的资信进行全面详细的调查，在确定其资信良好的情况下再与其进行交易。只有对资信优良的客户才可以选用汇付方式。其次，针对结算风险可能造成的损失，在签订合同时，买卖双方还要选择好结算货币。以本币结算是不存在外汇风险的，但如果必须以外汇结算，在交易磋商中应当尽量争取选择出口用硬币、进口付汇用软币的做法。

第三节　托收

一、托收的含义及支付程序

1．托收的含义

在国际贸易中，托收（Collection）是指卖方根据发票金额，开出汇票，委托银行或通过其他途径，向买方收取货款的一种支付方式。托收大多数都是通过银行办理，所以也常常被称为银行托收。

2．托收下的当事人

在托收方式中，当事人主要有：第一，委托人（Principal），是指委托银行收取货款的人，在国际贸易中通常是卖方。第二，托收银行（Remitting Bank），是指接受委托人的委托，办理托收业务的银行，通常是卖方所在地的银行。第三，代收银行（Collecting Bank），是指接受托收行的委托，向付款人收取货款的银行，通常是买方所在地银行。第四，付款人，即卖方所开汇票上的付款人，通常是国际货物买卖中的买方。此外，还有向付款人提示汇票和提交单据的提示银行，提示银行可以是代收行兼任，也可以是另外一家与付款人有往来关系的银行。

3．托收的支付程序

托收方式下，委托人办理托收时，应填写托收委托书，托收银行按照托收委托书的指示办理托收业务。委托人与托收行是委托收款关系，遵守托收委托书的规定，委托人支付托收费用，托收行按照委托人指示收取货款。托收行与代收行之间通常都有一种长期的银行间的委托代理关系，代收行按照托收行的指示向买方收取货款。委托人与代收行之间无直接的合同关系，因代收行的过失造成委托人损失的，委托人也只能通过托收行追究代收行的责任。代收行与付款人也无直接的合同关系，而是代理人与第三人的关系。委托人与付款人是一种买卖合同关系。

二、托收的性质

托收方式仍属于买方的商业信用，虽然由卖方先开出汇票并委托银行收取货款，但银行能否收到货款，完全取决于买方个人的商业信用，与银行信用没有关系。银行虽参与托收业务，但也仅是代客户办理业务，并不承担付款的责任，如果买方拒付货款、破产、逃避或死亡等，卖方将承担重大的损失风险。

银行在托收业务中，只提供服务，不提供信用。银行只以委托人的代理人行事，既无保证付款人必然付款的责任；也无检查审核货运单据是否齐全、是否符合买卖合同的义务；当发生进口人拒绝付款赎单的情况后，除非事先取得托收银行指令并同意，代收银行也无代为提货、办理进口手续和存仓保管的义务。所以，托收方式和汇付方式一样，属商业信用，对出口人风险较大。

三、托收的种类

（一）根据汇票是否附有单据

根据托收下的汇票是否附有单据，可以把托收分为光票托收和跟单托收。光票托收（Clean Bill for Collection），是指卖方委托银行向买方收取货款时，卖方开出了以买方为付款人的汇票，并把汇票交给了托收银行，并没有把相关的货运单据也交给托收银行，托收银行只凭汇票向买方收取货款的托收方式。光票托收就是不附有货运单据的托收。

跟单托收（Documentary Bill for Collection），是指卖方委托银行向买方收取货款时，卖方将已经开出的以买方为付款人的汇票和已备齐的各种货运单据，都交给了托收银行，托收银行凭汇票和货运单据向买方收取货款的托收方式。对买方来说，付款时能够取得货运单据是有保障的，通常买方愿意接受跟单托收方式。国际贸易中大量托收都是跟单托收，光票只是用于收取货款的尾数和从属费用等。

（二）根据交单条件不同

跟单托收下，代收银行向买方交单并要求买方付款，按照交单条件不同，可把跟单托收分为付款交单托收和承兑交单托收。

1. 付款交单的托收

所谓付款交单的托收（Documents against Payment，D/P），是指银行向买方交单是以买方付款为条件的，也就是说，卖方向银行办理托收时，指示银行在买方付清货款后，才能把货运单据交给买方。如果买方没有付款，银行就不能交出货运单据。

在付款交单托收下，根据交单的时间不同，又可以把付款交单的托收分为即期付款交单的托收和远期付款交单的托收。不论是即期付款交单或者是远期付款交单，银行都必须在买方付清货款后才能把单据交给买方，买方也都必须在付款后才能取得单据，并提取货物或者转售货物。如果银行在买方付款前就把单据给了买方，买方提取货物后又拒付货款，给卖方造成的钱货两空的损失，银行应承担责任。

（1）即期付款交单的托收

即期付款交单的托收（Documents against Payment at Sight，D/P sight），是指卖方委托银行办理托收时，开出的是即期汇票，指示银行凭即期汇票向买方收取货款，买方见票即付款，买方付款后银行就交单的一种托收方式。即期付款交单托收的具体运行程序是：第一，买卖双方在买卖合同中规定采用即期付款交单的托收方式；第二，卖方按照合同规定装运货物，取得全套货运单据，开出即期汇票，把全套货运单据和即期汇票一起交给托收银行，并填写托收委托书，办理托收业务；第三，托收行将即期汇票和货运单据一起转给代收行，指示代收行向买方收取货款；第四，代收行向买方提示即期汇票，要求买方付款；第五，买方见票即付清全部货款；第六，代收行向买方交单；第七，代收行通知托收行货款已经收妥转帐；第八，托收行将货款交给卖方。

（2）远期付款交单的托收

远期付款交单的托收（Documents against Payment after sight，D/P after sight），是指卖方委托银行办理托收时，开出的是远期汇票，指示银行凭远期汇票向买方收取货款，买方见票后先承兑汇票，汇票到期日再付款，付款后，银行才能把装运单据交给买方的一种托收方式。

远期付款交单托收的具体程序是：第一，买卖双方在买卖合同中规定采用远期付款交单的托收方式。第二，卖方按照合同规定装运货物，取得全套货运单据，开出远期汇票，把全套货运单据和远期汇票一起交给托收银行，并填写托收委托书，办理托收业务。第三，托收银行将远期汇票和货运单据一起转给代收行，指示代收行向买方收取货款。第四，代收行向买方提示远期汇票，要求买方承兑汇票。第五，买方承兑远期汇票。第六，在汇票到期日，代收行再向买方提示汇票，要求买方付款。第七，买方付清全部货款。第八，代收行向买方交单。第九，代收行通知托收行货款已经收妥转账。第十，托收行将货款交给卖方。

在远期付款交单情况下，可能出现这样一个情况，即货物和单据都已经到达目的港，等待买方付款取得单据，以提取货物；但汇票还没有到期，买方还需要等到汇票到期时才能付款获得单据。如果买方急于提取货物，以便及时转售或使用货物，可以采取如下几种通融做法：

第一，买方提前付款。买方提前付款是指买方在汇票到期日之前就付款，付款后就取得了货运单据，这样就能够提取货物、使用货物或转售货物。买方付款时，应扣除付款日至汇票到期日的利息，这是买方提前付款应享受的折扣。买方提前付款，对卖方有利而无风险，是卖方愿意接受的一种通融的做法，但买方需要提前筹措货款，如果货款数目较大，买方困难可能也很大。

第二，买方凭信托收据借单提货。凭信托收据借单提货，是西方国家银行经常采用的做法。由于在汇票到期日之前，货运单据（其中主要是海运提单）是在代收行手中，只有代收行才能凭提单提取货物，但代收行不是买方，不想提货；买方为了能够提取货物，便向代收行借取货运单据，这样，代收行就要承担买方借单后不付款的风险。为了减少风险，代收行就与当地信用较好的买方采取了凭信托收据借单提货的做法。

凭信托收据借单提货的具体做法是：首先，买方向代收行提供信托收据，所谓信托收据（Trust Receipt，T/R），就是一种信用担保的书面文件，买方在信托收据中表示：在汇票到期日之前，愿意以代收行受托人的身份凭货运单据提取货物，办理报关手续，将货物存仓或将货物转售等，并承认单据和货物的所有权在买方付款之前仍属于代收行。然后，代收行接收信托收据，把货运单据借给了买方，等到汇票到期时买方再向代收行付清货款。买方凭信托收据借单提货，是国外代收行擅自给国外买方提供的一种方便，一旦买方借单后拒付货款，代收行应承担责任。

第三，卖方授权银行凭买方的信托收据借单给买方。这是一种卖方主动授权的，允许代收行凭买方的信托收据借单给买方的做法，通常是买卖双方在买卖合同中规定采用远期付款交单凭信托收据借单（D/P.T/R）的方式。代收行向买方提示远期汇票，买方承兑汇票后，提供信托收据，向代收行借取货运单据，提取货物；在汇票到期日，买方向代收行付清货款。如果买方借单提货后，在汇票到期日拒付货款，代收行不承担责任，因为是卖方授权银行凭买方信托收据借单的，由卖方自己承担这种买方借单后不付款的后果。可见，在这种做法下，卖方的风险是很大的，与承兑交单方式接近，只有在买方信用可靠时才能采取。

2．承兑交单的托收

承兑交单（Documents against Acceptance，D/A），是指卖方委托银行办理托收时，开出的是远期汇票，指示银行凭远期汇票向买方收取货款，在买方承兑远期汇票后，把货运单据交给买方的一种托收方式。

承兑交单托收的具体程序是：第一，买卖双方在买卖合同中规定采用承兑交单的托收方式；第二，卖方发运货物后，取得全套货运单据，开出远期汇票，把货运单据和远期汇票一起交给托收行，填写托收委托书，指示银行在买方承兑汇票后把单据交给买方；第三，托收行把货运单据和远期汇票一起转给代收行，指示代收行向买方收取货款；第四，代收行向买方提示远期汇票，要求买方承兑汇票；第五，买方承兑远期汇票；第六，代收行向买方交单；第七，在远期汇票到期日，代收行再向买方提示汇票，要求买方付款；第八，买方付清全部货款；第九，代收行通知托收行货款已经收妥转账；第十，托收行把货款交给卖方。可见，承兑交单是一种只能适用于远期汇票的托收方式，且对卖方风险较大。

四、托收在国际贸易中的应用及风险防范

（一）托收在国际贸易中的应用与风险

在国际贸易中，卖方在扩大交易的同时也不愿意放松信用风险，秉承着“一手交钱一手交货”的规则。买方由于资金周转问题，要求卖方给付款方面的宽限，最后双方也很有可能会在远期付款交单这一托收方式上达成交易。从理论上讲，远期付款交单下，只要卖方不交出单据，就有物权上的保障，还可能有票据法的保护(因买方对已经承兑的汇票承担着主债务人的到期付款的责任)。

但托收方式毕竟建立在商业信用基础上，卖方仅凭进口商的信用发货，发完货后才收款。这就容易出现进口商承兑后拒付或延付的风险。一些国际贸易案例还表明，并不是任何国家的银行都严格遵守法律法规的约束，也不是任何买方都有守法意识，所以远期付款交单的安全性在理论上和实务中也还是有偏差的。因此，托收方式在欧美等商业信用较好的地区使用较为普及，而在亚太地区使用较少。

托收方式下，承兑交单风险最大。买方承兑汇票后、付清货款之前，银行取得了卖方授权，就把货运单据交给了买方。如果买方在汇票到期日拒付货款，卖方将遭受重大的损失。所以，卖方选择承兑交单时应特别慎重。

（二）托收在国际贸易应用中的风险防范

托收方式对卖方风险较大。为了降低风险，卖方应在以下几个方面做好风险防范工作：

1．选择付款交单的托收方式

付款交单的托收方式，只有买方付款后代收行才可以交单，如果代收行擅自交单给卖方带来损失，应向卖方承担责任。付款交单下，卖方一方面可以通过控制货运单证来要求买方付款，另一方面还可通过票据权利来保障自己的权益。

2. 注意调查国外买方、代收行以及进口国的相关情况

卖方应注意调查买方的资信情况和经营作风，买方国家的外汇管制等情况，决不能因为迁就买方充当了融资对象，主动授意代收行可凭进口商信托收据放单。还应了解国外代收行的情形，力争选择熟悉国际惯例的信誉好的银行做代收行。

3. 争取选择 CIF 贸易术语成交

CIF 术语下，卖方办理保险，取得保险单，并以背书方式将保险单等转让给买方。如果货物在交单前损失的、买方又拒付货款时，依照《托收统一规则》(URC522)，银行应将包括保险单和提单在内的托收单据退还卖方，保险单不发生转让，卖方仍是货物被保险人。此时卖方可以一方面联系船公司，通过行使货物中途停运权来截留货物，另一方面可凭退回的保险单取得保险赔偿。这就避免了 FOB 和 CFR 术语情况下，因货物在航行途中损失，买方不付款，卖方又不能向保险人索赔的严重损失。

4. 投保卖方利益险或出口信用保险

如果双方按照 FOB 和 CFR 术语成交的，卖方应在国内投保卖方利益险。卖方利益保险（Contingency Insurance Concerning Sellers' Interest Only），是以卖方利益为保险标的向保险人办理保险手续的一种保险方式，是海上货物运输保险业务中的一种特殊的独立险别。

该险别之所以存在，主要是因为以付款交单和承兑交单结算方式下，如被保险货物在运输途中由于承保范围内的风险而遭受损失，国外买方又拒绝向卖方付款或承兑，这样卖方利益将受到损害，卖方利益保险就应运而生。

按照中国人民保险公司的卖方利益保险条款的规定，在买方拒收时，保险人对被保险人卖方的利益承担责任，赔偿保险单载明承保险别的条款责任范围内的货物损失，但是被保险人应将向买方或第三者追偿的权力转移给保险公司。而且这种保险往往会有一定的限制条件：如对保险单项下的任何利益或赔款转让，保险人即解除其全部责任。

此外，出口信用保险（Export Credit Insurance，也叫出口信贷保险），是各国政府为提高本国产品的国际竞争力，推动本国出口贸易，保障出口商收汇安全和银行信贷安全，以国家财政为后盾，为国内企业在出口贸易和对外投资等经济活动中提供风险保障的一项政策性支持措施，属于非营利性的保险业务。

我国 1988 年创办信用保险制度，由中国人民保险公司设立出口信用保险部，专门负责出口信用保险的推广和管理。1994 年中国进出口银行成立，其业务也包括了出口信用保险业务。2001 年我国在加入 WTO 大背景下，国务院批准成立专门的国家信用保险机构——中国出口信用保险公司（中国信保），

由中国人民保险公司和中国进出口银行各自代办的信用保险业务合并而成。

五、有关托收的国际惯例

（一）托收统一规则的产生与作用

在国际贸易中，各国银行办理托收业务的做法有较大的差异，当事人的解释也各不相同。为了商业和金融的发展，规范托收业务的做法，国际商会在1958年制定了有关托收的国际惯例规则，即《商业单据托收统一规则》，被简称为国际商会第192号出版物。该规则于1979年被修订并被更名为《托收统一规则》（Uniform Rules for Collection，URC），作为国际商会第322号出版物。1993年再次修订《托收统一规则》，新修订的规则被简称为第522号出版物（或URC 522），于1996年1月1日起实施，是当前调整国际贸易托收结算业务中各有关当事人法律关系的最新、最重要的一项国际贸易惯例，它对该规则的适用范围、托收定义、托收方式、指示方式、有关当事人的权利义务等都作了明确的规定。

《托收统一规则》（URC522）共7部分，共26条，包括总则及定义、托收的形式和结构、提示方式、义务与责任、付款、利息、手续费及其他费用等相关规定。根据《托收统一规则》规定，托收意指银行根据所收的指示，处理金融单据或商业单据，目的在于取得付款和/或承兑，凭付款和/或承兑交单，或按其他条款及条件交单。

上述定义中所涉及的金融单据是指汇票、本票、支票或其他用于付款或款项的类似凭证；商业单据是指发票、运输单据、物权单据或其他类似单据，或除金融单据之外的任何其他单据。该规则的基本思想是，银行对在托收过程中所遇到的一切风险、开支费用和意外事故等均不负责，均由委托人承担。

（二）《托收统一规则》的主要内容

1．托收的定义。托收是指银行根据所收到的指示处理单据，以取得承兑或视情况付款，或者在承兑或付款后交付商业单据，或者按照其他条件交付单据。

2．托收所处理的单据包括资金单据和 / 或商业单据。资金单据包括汇票、本票、支票、付款收据或其他用于取得付款的类似凭证；商业单据包括发票、装运单据、所有权单据或其他类似单据，以及不属于资金单据的其他一切单据。

3．托收的当事人。主要包括委托人、托收银行、代收银行、提示银行和付款人。

4．银行在托收中的主要义务。一是首先应当以善意和合理的谨慎行事。二是必须核实所收到的单据在表面上与托收批示书所列一致；如发现任何单据有遗漏，应立即通知发出指示书的一方当事人。除此之外，银行没有进一步检验单据的义务。

5. 银行免责事项。主要包括三方面：一是任何信息和单据的传递错误与迟延；二是不可抗力和罢工等事件造成的后果；三是在承兑时，提示行仅负责查看汇票上的承兑形式在表面上是否完整和正确，但对签名的真实性或签名人是否有签署承兑的权限概不负责。

6. 委托人的主要义务，主要包括支付银行在托收中所发生的开支、费用和手续费等，包括对因按照外国法律或习惯而增加的银行义务和责任的补偿，以及由银行代付的与拒绝证书或保全货物有关的费用等。

7. 如果跟单托收中的资金单据包括远期付款汇票，则在托收指示书中必须载明该托收是承兑交单，还是付款交单的指示。若未载明该项指示，则视为付款交单。

（三）《托收统一规则》的作用

自公布实施以来，被各国银行采纳和使用。但应指出的是，该规则是国际商会制定的供世界各国银行处理托收业务时适用的一种国际惯例，不是国际公约，没有法律上的约束力。只有在当事人约定采用该规则时才受规则约束。

第四节　信用证

信用证是国际贸易结算中最重要的支付方式，从 19 世纪开始随着国际贸易的发展而迅速发展起来的，可以说，信用证是商业信用危机的产物。国际贸易中，买卖双方可能互不信任。因为汇付和托收方式下都是买方付款，卖方也担心在发货或提交货运单据后买方不付款，卖方能否收到货款完全凭买方的商业信用以及买方的付款能力，这样就使得卖方收汇没有保障，买方也担心卖方不按照合同规定发货，而且买卖双方的资金负担也不平衡。这就需要两家银行作为买卖双方的保证人，代为收款交单，以银行信用代替商业信用。银行在这一活动中所使用的工具就是信用证。在信用证方式下，买方的付款责任转由银行承担，由银行直接向卖方付款，银行以自身信用向卖方作出付款承诺，大大地降低了卖方收汇风险，解决了买卖双方信任危机问题，促进了国际贸易的发展。

信用证支付方式下，各方当事人遵守的是国际商会制定的《跟单信用证统一惯例》（Uniform Customs and Practice for Documentary Credits，简称 UCP）。该规定被世界各国银行和贸易界所广泛采用，已经成为信用证业务中国际公认的具有全球性的国际贸易惯例。早在 1930 年国际商会就制定了该惯例，1933

年正式公布生效，然后又分别在 1951 年、1962 年、1974 年、1978 年、1983 年、1993 年和 2006 年对该惯例进行了多次修订。最新修改后的《跟单信用证统一惯例》在 2007 年 1 月 1 日正式生效，也被简称为国际商会第 600 号出版物，即 UCP600，共包括 39 个条款。

我国也适用该惯例的规定。1989 年我国最高人民法院在《全国沿海地区涉外、涉港澳经济审判工作座谈会纪要》中就明确要求全国各级法院在审理信用证案件时，“遵守国际条约，尊重国际惯例。涉外、涉港澳经济纠纷案件的双方当事人在合同中选择适用的国际惯例，只要不违背我国的社会公共利益，就应当作为解决当事人间纠纷的依据”。2005 年最高人民法院在《最高人民法院关于审理信用证纠纷案件若干问题的规定》第 2 条又规定，人民法院审理信用证纠纷案件，当事人约定适用相关国际惯例或者其他规定的，从其约定；当事人没有约定的，适用国际商会《跟单信用证统一惯例》或者其他国际惯例。这一规定，表明了最高人民法院在审理信用证案件时对国际商会制定的 UCP600 的尊重和全面接受。

一、信用证的含义、当事人及支付程序

（一）信用证的含义

UCP600 第 2 条规定，信用证是指一项不可撤销的安排，无论其名称或描述如何，该项安排构成开证行对相符交单予以承付的确定承诺（Credit means any arrangement，however named or described，that is irrevocable and thereby constitutes a definite undertaking of the issuing bank to honour a complying presentation）。

据此，我们可以说，信用证（Letter of Credit，L/C），是一种开证银行根据开证申请人的申请向受益人开出的，承诺在一定期限、一定金额内凭受益人提交的相符单据给予承兑或付款的书面文件。

在国际货物买卖中，开证申请人通常是买方，而受益人通常是卖方，可以简单地说，信用证就是买方所申请的开证银行开给卖方的一种有条件的付款承诺。

所谓“承付”，根据 UCP600 第 2 条规定，是指承兑或付款，具体包括三种情形：第一，如果信用证为即期付款信用证，则指即期付款。第二，如果信用证为延期付款信用证，则指承诺延期付款并在承诺到期日付款。第三，如果信用证为承兑信用证，则指承兑受益人开出的汇票并在汇票到期日付款。

信用证有信开本和电开本两种形式。信开本是指开证银行采用印就的信函格式的信用证，开证后以空邮寄送通知行，这样的形式目前已经很少用了。电

开本是开证银行使用电报、电传、传真、SWIFT 等各种电信方法将信用证条款传达给通知行。其中，SWIFT 是“全球银行金融电讯协会”（Society for Worldwide Interbank Financial Telecommunication）的简称。凡是按照国际商会所制定的电信信用证格式，利用 SWIFT 系统开立或通知的信用证，被称为 SWIFT 信用证。SWIFT 信用证使信用证具有标准化、固定化和统一格式的特点，而且传递快、成本低。SWIFT 信用证在欧美和亚洲国家广泛采用，我国银行在电开信用证或收到的信用证电开本中，SWIFT 信用证占有很大比例。

（二）信用证的当事人

通常情况下，信用证的当事人主要包括：

第一，开证申请人（Applicant），申请银行开出信用证的人。UCP600 第 1 条规定，“申请人指要求开立信用证的一方”。开证申请人是指向开证银行申请开立信用证的人，即进口商。开证申请人英文表达方法包括 Opener（开证人）、Buyer（买方）、Purchaser（购买方）或 Importer（进口商或买方）。

第二，开证银行（Opening Bank，Issuing Bank），UCP600 第 2 条规定，“开证行指应申请人要求或者代表自己开出信用证的银行”。开证银行承担保证付款的责任，通常是买方所在地的银行。

第三，通知银行（Advising Bank，Notifying Bank），是指应开证行的要求通知信用证的银行。通知银行接受开证行的委托，将信用证转交给信用证受益人。通知银行只负责通知和传递信用证，不承担义务。通知银行通常是卖方所在地的银行。

第四，受益人（Beneficiary），是指接受信用证并享受其利益的一方。受益人是在信用证中载明有权使用信用证，并可依照信用证所列条款签发汇票或提示单据收取信用证所列金额者。受益人，其英文表达方法主要有：Seller（卖方）、Exporter（出口商）、Shipper（发货人）、Drawer（出票人）或 Addressee（抬头人）等，通常是国际货物买卖中的卖方。

第五，议付银行（Negotiating Bank），也称购票银行、押汇银行或贴现银行（Discount Bank）。议付银行对受益人提交的跟单汇票予以办理议付。通常是卖方所在地的银行，可以是指定的银行（这种信用证是限制议付信用证），也可以是非指定的银行（自由议付信用证），通常是通知银行兼任议付银行。

第六，付款银行（Paying Bank），是指信用证上指定的付款银行，可以是开证银行，也可以是另一家银行，承担付款责任。付款银行的责任是根据提交的符合信用证要求的单据向受益人履行付款责任，所以叫付款银行。按汇票付款，不管汇票的持有人是谁，只要汇票符合信用证规定的条件，银行应予以付款，所以也叫受票银行（Drawee Bank），付款银行通常由开证银行来承担。

（三）信用证的支付程序

信用证的支付程序主要有以下几个步骤：

第一，买卖双方在买卖合同中规定采用信用证方式支付货款。

第二，买方按照合同规定的时间向当地银行申请开出信用证，按照合同内容填写开证申请书，并向银行交纳押金或其他保证。

第三，开证银行根据开证申请书的要求，开出以卖方为受益人的信用证，授权卖方开出以开证银行为付款人的汇票，并将信用证寄交给通知银行。

第四，通知银行核实信用证的真实性后，将信用证转交给受益人。

第五，受益人即卖方审核信用证的内容与买卖合同是否相符，如果不符，要求买方修改信用证；如果相符，则按照信用证的规定将货物装运，备齐各种货运单据，开出汇票，在信用证的有效期内，凭货运单据向议付银行议付货款。

第六，议付银行按照信用证的规定审核单据相符后，按照汇票金额扣除利息，把货款垫付给卖方。议付是指由议付银行对汇票和单据付出对价，是汇票的受让人，如果只审单据而不支付对价，则不能构成议付。议付这种做法也被称为出口押汇，是指卖方所在地的议付银行以卖方的货运单据为抵押，扣除押汇日至汇票到期日的利息即押汇利息，向卖方提前垫付货款的一项融资业务。议付银行就是押汇银行，赚取的是利息。

第七，议付银行将汇票和货运单据一起寄交给付款银行，索偿款项。

第八，付款银行审核货运单据与信用证相符后，付款给议付银行。

第九，开证银行通知买方付款赎单。

第十，买方付款，取得单据。

二、信用证各方当事人的权利和责任

（一）开证申请人的权利和责任

开证申请人即货物买卖中的买方，与卖方之间是买卖合同关系，与开证银行是委托付款的合同关系，遵守的是开证申请书的约定，承担对卖方和开证银行两方面的责任，也享有两方面的权利。

1．开证申请人的责任

第一，按照买卖合同规定的时间开出信用证；如果买卖合同没有规定开证的具体时间，而规定“立即”（immediately）开证，则买方应按一个勤勉办事的人的标准要求自己，尽快办理开证；在买卖合同只规定装运期限而未规定开证时间时，买方应在装运期限前的合理时间内开出信用证，最迟也应在装运期限开始后的第一天开出信用证。买方未按规定申请开证，构成违约行为。第二，根据买卖合同规定的内容申请开证，填写开证申请书，保证银行开出的信用证与买卖合同的规定一致，否则，在卖方要求下，买方有义务申请银行修改信用证。第三，向开证银行提供押金或其他保证，并保证在单据相符情况下付款赎单。第四，向开证银行付款赎单，开证银行是为开证申请人垫付货款的，最后，买方应付款赎回单据，在买方付款赎单之前，单据属于开证银行。第五，如果开证银行破产，买方有义务向卖方付款，承担第二性付款责任。

2．开证申请人的权利

开证申请人的权利主要有：第一，有权在付款赎单之前对卖方提交的单据进行审核，发现不符点，有权拒绝付款赎单。第二，付款赎单之后，对到达目的地的货物有权进行检验，发现与买卖合同规定不符，如果属于卖方的责任，有权根据情况采取补救措施，或拒收货物，向卖方追回货款，或要求卖方赔偿损失等。但不能要求开证银行承担货物不符责任。第三，在买卖合同规定卖方应提供履约保证金等情况下，如果卖方未提供，买方有权不申请开证。

（二）开证银行的权利和责任

1．开证银行的责任

开证银行承担的责任主要有：第一，开证银行应按照申请人填写的开证申请书上的指示，正确、及时地开出信用证，严格按照申请人的指示办理。第二，向受益人及其他汇票持票人承担第一性的付款责任，不能因申请人的原因如破产等而解除付款责任。第三，开证银行审单付款后，如果遭到申请人的拒绝付款赎单，不能向受益人及其他汇票持票人行使追索权，开证银行的付款责任是终局的。

2．开证银行的权利

开证银行的权利主要有：第一，在开出信用证之前，有权向申请人收取保证金及手续费等费用。第二，对受益人提交的单据，有权严格审核，以确保单据与信用证相符。如果发现不符点，有权要求予以修改，修改后仍不符的，有权拒收单据，拒付货款。第三，开证银行付款后，在申请人不能付款赎单情况下，有权处理单据或货物；如果处理后仍有损失，有权要求申请人赔偿损失。

（三）受益人的权利和责任

1．受益人的责任

受益人是有权使用信用证而受益的人，是信用证下的汇票出票人，其承担的责任主要有：第一，收到信用证后，经审核与买卖合同一致，应在信用证及合同规定的时间内装运货物。第二，装运货物后，备齐各种单据，在信用证有效期内和信用证所规定的提单出单后特定的交单期限内提交单据，如果信用证未规定提单出单后的特定交单期限，则应在信用证有效期内和提单出单后的21 天内交单。第三，提交的单据应与信用证严格相符，对不符的单据有义务进行修改。银行受理单据时，遵守严格相符原则。第四，对买方，承担货物与买卖合同相符的责任。

2. 受益人的权利

受益人的权利主要有：第一，收到信用证后，有权对信用证进行审核，发现与合同不符的，有权要求申请人即买方修改，由申请人再通知开证银行修改信用证，修改后的信用证由通知银行通知受益人。第二，只要单据符合信用证，有权要求付款银行付款。如果付款银行不遵守信用证，有权向法院起诉开证银行。第三，如果开证银行破产倒闭，有权要求开证申请人付款。在保兑信用证下，也有权要求保兑银行付款。第四，在开证银行和开证申请人都破产的情况下，有中止履行合同的权利，如停止装运或行使停运权等。

（四）通知银行的权利和责任

通知银行通常是卖方所在地的银行，是开证银行的分行或代理银行，将信用证正本交给受益人，而留下副本。通知银行的权利、义务主要有：第一，向受益人保证信用证的真实性，通知银行收到信用证以后，应核对印鉴或密押，如果不能确认信用证的真实性，应告知受益人。第二，通知银行有义务及时、准确地通知受益人，如果错误地通知了信用证的条款，给受益人造成了损失，应予以赔偿。第三，通知银行是否承担议付或付款责任，取决于信用证的规定和通知银行的意愿。如果承担了议付或付款责任，则成为议付银行或付款银行。

（五）议付银行的权利和责任

议付银行也被称为押汇银行或购票银行，议付后成为汇票的持票人，议付银行的权利和义务主要有：第一，议付银行有权决定是否议付，对于信誉不佳的开证银行所开的信用证，有权不议付，因为议付银行作为持票人要承担遭到拒付的风险。但是限制议付的信用证除外。第二，议付银行有权根据信用证审核单据，以防因为单据不符而遭到开证银行的拒付。第三，议付后，作为持票人，有权凭汇票和单据要求开证银行付款，以收回向受益人所垫付的款项。第四，如果遭到开证银行的拒付，议付银行有权凭汇票、单据和拒付证明等向受益人行使追索权。

（六）付款银行的权利和责任

付款银行是信用证上所指定的付款银行，也可能是开证银行本身或其他与开证银行有委托付款关系的银行。付款银行的权利、义务主要有：第一，有义务履行付款责任。第二，付款后，有权根据与开证银行之间的委托付款关系，要求开证银行偿付款项及有关费用。第三，付款银行是代理开证银行审单付款的，其付款是终局的，付款后，不再享有追索权。

（七）保兑银行的权利和责任

根据 UCP600 第 2 条，保兑行指根据开证行的授权和要求对信用证加具保兑的银行（Confirming Bank）。在国际贸易中，有时因开证银行规模较小、信誉不明或开证银行所处的国家的经济情况不佳等原因而需受益人所熟悉的另一家银行加以保兑，保兑银行通常是出口商所在地的通知银行或其他信誉良好的银行，此担保银行称保兑银行。保兑银行如果愿意承担保兑责任，应在信用证上注明“保兑”字样，如果不愿意保兑，应及时通知开证银行。

一旦承担了保兑责任，保兑银行就处于与开证银行同样的地位，其权利责任主要有：第一，对受益人承担第一性的付款责任。第二，付款后，如果因为开证银行的原因不能得到偿付，则不能向受益人等行使追索权。第三，付款前，有权审核单据，发现不符点，有权拒收单据和拒付货款。

三、信用证的主要内容

当前世界各国银行所使用的信用证，其内容和格式都没有统一规定。国际商会 1970 年曾经通过了《开立跟单信用证标准格式》，建议各国银行使用。信用证所涉及的内容主要包括以下几个方面。

1．对信用证本身规定

通常规定信用证的到期日、到期地点以及是否可以撤销和可以转让，是否经另一家银行保兑等。信用证在到期日之前有效，信用证的有效期通常在装运期后 15 天左右到期，与装运期有一段时间上的间隔，以利于卖方准备单据；在有效期内，银行承担付款责任，卖方应在有效期内提交单据。应避免信用证的双到期，即信用证的有效期和所规定的装运期同时到期，如信用证有效期至 6 月 30 日，装运期 6 月 15 日至 30 日，这样就有可能在装运完货物和备齐各种单据时，信用证也该到期了。如果信用证的到期地点在买方所在地对卖方不利，而在卖方所在地则对卖方有利，这样使得卖方容易掌握信用证到期时间。

2．对当事人的规定

通常应当记载的当事人有申请人、开证行、受益人、通知行等。有可能记载的当事人有保兑行、指定议付行、付款行和偿付行等。

3．对信用证的金额和汇票的规定

关于信用证的金额，主要包括币别代号、金额和加减百分率等。关于汇票条款，主要包括汇票的金额、到期日、出票人和付款人等。

4．对货物规定

通常包括货物名称、数量、规格、包装、金额及合约号码等。

5．对运输规定

通常包括装运的最迟期限、起运地、目的地、运输方式、可否分批装运、可否转船等。应注意的是，装运的最迟期限应是签发提单等装运单据的最迟期限，即货物装船完毕的期限，而不是开始装运的期限。

6．对单据规定

通常规定卖方应提供哪些单据，并对卖方所提供的单据提出要求，如卖方应提供全套已装船的清洁提单规定等。说明要求提交的单据种类、份数、内容要求等。基本单据通常包括商业发票、运输单据和保险单，其他单据通常有检验证书、产地证、装箱单或重量单等。卖方提交单据上的记载内容，应与信用证规定的相关内容一致，否则构成不符点，银行有权拒收单据和拒付货款。

7．对受益人开立汇票的规定等

信用证通常都有关于受益人开具汇票的出票条款（Drawn Under Clause），以此说明受益人的汇票和信用证的关系。在信用证下，信用证授权受益人开出以银行为付款人的汇票，收款人可以是受益人自己，也可以是议付银行，出票日期应不迟于信用证有效期，并在规定的时间内提交信用证所要求的单据。此外，信用证通常还有开证银行对受益人及汇票持有人保证承兑和付款的责任的规定以及其他方面的规定。

8．关于责任文句的规定

信用证上通常说明根据《跟单信用证统一惯例》开立以及开证行保证付款的承诺，但电开信用证可以省略。

四、信用证的种类

（一）按照信用证可否撤销划分

根据 UCP500 第 6 条和第 8 条，信用证可分为可撤销和不可撤销两种。

可撤销的信用证（Revocable Letter of Credit），是指开证银行对所开出的信用证有权随时予以撤销或修改，而不必事先征求受益人等同意。这种信用证对受益人没有保障，对受益人不利。

不可撤销的信用证（Irrevocable Letter of Credit），是指在信用证有效期内，信用证一经开出，未经受益人等同意，开证银行不得单方面予以撤销或修改的信用证。不可撤销信用证对受益人有保障，使用得也最多。根据 UCP600 第 2 条和第 3 条，信用证是不可撤销的，即使信用证中对此未作指示也是如此。可见，随着时代发展，可撤销信用证已经基本退出了历史舞台。如果实务中确有开立该类信用证的需要，必须在信用证中列明具体的条款以反映信用证可撤销的特性。

（二）按信用证是否附有货运单据划分

根据信用证项下的汇票是否附有货运单据，信用证可以分为跟单信用证和光票信用证。

跟单信用证（Documentary Credit），是指开证银行凭跟单汇票或仅凭货运单据付款的信用证。货运单据主要包括发票、提单、保险单、商品检验证书等，是买方提取货物、报关、索赔及转售货物等的依据，买方通常都要求付款时卖方应提交单据，所以，跟单信用证使用得最多。

光票信用证（Clean Credit），是指开证银行仅凭不附货运单据的汇票（即光票）就付款的信用证，有时信用证要求汇票随附非货运单据如发票、垫款清单等，也视为光票信用证，光票信用证在预付货款情况下采用得多。

（三）按信用证是否有另一家银行予以保兑划分

根据信用证是否有另一家银行予以保兑，信用证可以分为保兑的信用证和不保兑的信用证。

保兑的信用证（Confirmed Letter of Credit），是指开证银行开出的信用证，有另一家银行保证对符合信用证的单据予以承兑和付款的信用证。另一家银行是保兑银行（Confirming Bank），对信用证承担保证承兑和付款的责任。保兑银行在对信用证进行保兑时应在信用证上注明“保兑”等文句，保兑银行大多是通知银行，保兑信用证通常是在受益人对开证银行不信任时使用的。

如果一个信用证是不可撤销的保兑的信用证，对于受益人来说，具有双重保证，既有开证银行的保证，也有保兑银行的保证，对受益人最安全。但是也应看到，对于信誉很好的开证银行开出的信用证，通常也无须保兑；对于信誉不很好的开证银行所开的信用证，也很可能没有银行愿意保兑。信用证的保兑费用和开证费用等由开证申请人承担。

不保兑的信用证（Unconfirmed Letter of Credit），是指开证银行开出的信用证，没有经另一家银行予以保兑，在信誉好的银行开出信用证或成交数额较小的情况下使用。

（四）按付款时间划分

根据付款时间不同，信用证可以分为即期信用证和远期信用证。

即期信用证（Sight Credit），是指开证银行或付款银行收到符合信用证的单据后立即承担付款责任的信用证，这种信用证有利于受益人及时、迅速收汇。

远期信用证（Usance Letter of Credit），是指开证银行凭受益人的远期汇票和符合规定的货运单据付款的信用证。使用远期信用证时，如果需要贴现，贴现银行需要扣除贴现费用和提前付款的利息。远期信用证还可以分为如下三种：

第一，银行承兑的远期信用证（Banker's Acceptance Credit），是指由银行作为远期汇票付款人的信用证。在承兑远期汇票前，银行对受益人的权利、义务以信用证为准，承兑后，银行就成为远期汇票上的主债务人，对汇票持票人等承担票据法上的责任。

第二，延期付款的信用证（Deferred Payment Credit），是指开证银行在信用证中规定货物装船后若干天付款，或开证银行收到单据后若干天付款的信用证。这种信用证受益人无须开出远期汇票，当然也就不能贴现，受益人应自己垫款，不利于资金周转。

第三，假远期信用证（Usance Credit Payable at Sight），是指规定受益人开出远期汇票，由付款人负责贴现，并规定一切利息和费用由买方承担的信用证，这种信用证，表面上是远期信用证，但从其条款的规定来看，却是即期付款的，且卖方能够得到充足的货款，所以称为假远期信用证。但对买方来说是到期才付款赎单，也被称为买方远期信用证（Buyer's Usance L/C）。

（五）按信用证可否转让划分

根据信用证可否转让，信用证可以分为可转让信用证和不可转让信用证。

可转让信用证（Transferable Credit），是指信用证的受益人（第一受益人）可以要求银行将信用证全部或部分转让给一个或数个第二受益人的信用证。可转让信用证的第一受益人常常是中间商，他将信用证转让给实际出口人（第二受益人），由实际出口人办理装运货物，并备齐货运单据，但信用证转让并不等于买卖合同的转让，如果第二受益人不能按时交货或单据有问题，第一受益人仍要承担买卖合同的责任。我国有时出口商品由各总公司统一对外签订合同，订立合同后由出口地公司负责交货，这样需要国外开出可转让信用证，由总公司（第一受益人）转让给负责交货的出口地公司，就地交货和议付货款。

UCP600 第 38 条规定，只有在信用证上注明“可转让”（Transferable）时，信用证才可以转让。如果信用证上注明“可分割”（Divisible）、“可分开”（Fractionable）、“可让渡”（Assignable）和“可转移”（Transmissible）等词语，并不能使信用证具有可转让的性质，银行可以不予理会。可转让信用证只能转让一次，即只能由第一受益人转让给第二受益人，第二受益人不得将信用证再往下转让。

不可转让信用证（Non-transferable Credit），是指受益人不能将信用证转让给他人的信用证，凡是信用证上未注明“可转让”的信用证，就是不可转让的信用证。

（六）循环信用证

循环信用证（Revolving Credit），是指信用证上的数额被全部或部分使用后，其数额又恢复到原来的数额，可再次使用，直至达到规定的次数或规定的总额为止。循环信用证主要用于长期分批均匀供货，开证申请人免去了多次申请开证、改证的麻烦，并节省了开证押金。

循环信用证有不同的循环方法，如自动循环，即受益人每期用完一定数额以后，不需银行通知，信用证可自动恢复到原来的数额。非自动循环，即每期用完以后，必须等银行通知，信用证才能恢复到原来的数额继续使用。半自动循环，即每次支款后若干天内，银行未提出停止循环使用的通知，才可以自动恢复原来的数额使用。此外，循环信用证可以按照时间来循环或按照金额来循环。

（七）对开信用证

对开信用证（Reciprocal Credit），是指两张信用证的开证申请人互以对方为受益人而开立的信用证，第一证的开证申请人就是第二证的受益人，第一证的受益人就是第二证的开证申请人，第一证的通知银行就是第二证的开证银行。

对开信用证通常使用于对等贸易中，两个交易的双方当事人互为买卖双方，都需要向对方开出信用证，两张信用证的数额大致相等。两个信用证互相约束，可以同时生效，也可以是一方信用证以收到另一方信用证为生效的条件，以减少商业风险。

（八）对背信用证

对背信用证（Back to Back Credit），也称背对背信用证，是指受益人要求原证的通知银行以原证为基础，另开出一张内容相似的新的信用证。通常是中间商为了转售货物的需要，或者是两个国家不能直接办理进出口业务时，通过第三国以此方法来进行贸易的。

（九）预支信用证

预支信用证（Anticipatory L/C），是指开证银行允许受益人在未交付货运单据以前，可以凭汇票或其他证件支付款项的信用证。预支信用证通常使用于预付货款等情况，预支信用证与远期信用证相反，开证银行付款在前，卖方交单在后。

预支信用证可以分为全部预支和部分预支，预支信用证通常凭卖方的光票付款，如果将来卖方不交单，开证银行并不承担责任。预支信用证通常用红色打印预支信用证上的预支条款，因此也被称为“红条款信用证”（Red Clause L/C）。但是也有用其他颜色打印预支条款的，其效力基本相同。

（十）按付款方式不同划分

根据付款方式不同，信用证可以分为付款信用证、承兑信用证和议付信用证。

付款信用证（Payment Credit），是指信用证上指定某一银行付款的信用证，凡是信用证上指定付款银行的都是付款信用证。付款信用证一般仅凭受益人的单据付款，受益人不必开出汇票。付款信用证包括前面所介绍的即期付款信用证和远期付款信用证。

承兑信用证（Acceptance Credit），是指信用证上指定某一家银行承兑卖方开出的远期汇票，并于远期汇票到期日付款的信用证。

议付信用证（Negotiation Credit），是指开证银行允许受益人向某一指定或任何银行交单议付的信用证。议付信用证可以分为公开议付信用证和限制议付信用证，公开议付是指任何银行均可以按照信用证条款进行议付的信用证；限制议付信用证是指开证银行指定某一家银行或开证银行本身进行议付的信用证。议付信用证的到期地点通常在议付银行，议付后，议付银行成为汇票持票人，在开证银行拒付时，有权凭汇票向出票人行使追索权。

（十一）备用信用证

1．备用信用证的含义

备用信用证（Standby Credit），也称商业票据信用证（Commercial Paper Letter of Credit），或担保信用证（Guarantee L/C）等，是指开证银行向受益人开立的承诺承担某项义务的凭证，也就是说，开证银行承诺，在开证申请人未履行某项义务如未支付货款时，受益人只要凭备用信用证并提交开证申请人未履行义务的声明或证明，开证银行就承担履行开证申请人未履行义务的责任，开证银行向受益人支付货款。

备用信用证是一种银行信用，是在开证申请人未履行义务时，由银行给予的补偿，使用于投标、还款、履约保证、预付货款等业务中。美国等也把备用信用证使用于货物买卖下的货款的支付。

2．备用信用证与普通信用证的区别

备用信用证是一种特殊的信用证，它与普通的跟单信用证的区别主要有：

第一，跟单信用证下，受益人只要交单符合信用证就可以向银行要求付款，而备用信用证下，受益人只有在开证申请人未履行义务时才可以凭备用信用证开出汇票，并提交开证申请人未履行义务的声明或证明文件，取得开证银行的偿付。如果开证申请人履行义务，备用信用证就备而不用了。

第二，跟单信用证通常用于国际货物买卖，而备用信用证的使用范围除了货物买卖之外，还包括其他的交易。

第三，跟单信用证一般要求随附货运单据，而备用信用证一般要求随附开证申请人不履行的证明材料。对受益人来说，备用信用证就是备用于开证申请人发生违约时能够取得补偿的一个信用证。

3. 关于备用信用证的立法

UCP600 明确规定该惯例适用于备用信用证。但由于 UCP 对备用信用证使用中的一些特殊问题未作出明确规定，1998 年国际商会银行委员会公布了《1998 年国际备用信用证惯例》（简称 ISP98），专门适用于备用信用证，该惯例 1999 年 1 月 1 日实施。

1995 年联合国通过《联合国独立保函与备用信用证公约》，该公约于 2000 年 1 月 1 日生效。该公约中，独立保函和备用信用证是同一概念，独立保函或备用信用证是银行或其他机构、个人（担保人或开证行）的承诺，在受益人提出索求或附有单据的索求时，根据承诺的条款和单据条件，向受益人支付一定数额或可确定数额，该要求表明或可从中推定，由于申请人（本人）违约、其他意外事件、借款或预付或到期债务的原因，付款到期。独立保函与备用信用证也是一种有条件的付款承诺，但它并不总是发生付款。各方通常并不希望索偿要求真正提出，开证行的责任是“备用的”。

国际商会 1978 年制定了《合约保函统一规则》（URCG），但该规则未被广泛接受。1991 年又制定了《见索即付保函统一规则》（URDG）。上述规则皆属于惯例性质，只有在保函中明确援引时才对保函有约束力。

五、信用证交易特点及原则

（一）信用证交易的特点

信用证是国际贸易中最常见的一种支付方式，与托收和汇付方比，信用证主要有以下特点：

1. 信用证是一种独立的银行信用

信用证是开证银行以自己的信用向卖方（受益人）所作的付款保证，与买方的信用无关，银行不能以买方将破产、倒闭、不能付款赎单等理由拒绝向卖方付款；付款后也不能因为买方拒绝付款赎单而向卖方行使追索权。信用证下，银行承担的是第一性的付款责任，在银行破产、倒闭等情况下，买方才承担付款责任。

2. 信用证是一种独立的自足的文件

信用证虽然依照买卖合同的内容开出，应与买卖合同的规定一致，买卖合同是信用证的基础。但信用证一经开出，就成为一份独立于买卖合同之外的自足的文件，与买卖合同无关，不受买卖合同的约束。

UCP600 规定，信用证与其可能依据的买卖合同或其他合同，是相互独立的交易。即使信用证提及该合同，银行也与该合同无关，且不受其约束。

所以，卖方提交的单据，只要符合信用证规定，即使与买卖合同不符，银行也必须予以接受并予以付款；如果卖方提交的单据，不符信用证的规定，即使与买卖合同相符，银行也有权拒收并拒付货款。银行仅以信用证规定为依据，决定接收或拒收单据。

3．信用证是一种纯粹的单据交易

信用证是一种纯粹的单据交易。单据是信用证交易的标的，信用证上的当事人所处理的仅仅是单据，而不管单据所代表的货物，银行只审查卖方提交的单据是否符合信用证的规定，而不是货物的实际情况如何。只要单据符合要求，银行就必须付款，而不得以货物不符等为由拒收单据，拒付货款。银行对单据表面的审查，遵守“严格相符”的原则，即单据必须与信用证规定严格相符，而且单据之间也应相符，即单证一致、单单一致。

（二）信用证交易原则

1．信用证交易独立原则

所谓信用证交易，是指受益人与开证银行之间的交单付款的交易。信用证的特点，决定了信用证交易的基本原则是独立原则，即信用证交易是独立于作为基础的货物交易的，受益人与开证银行之间的交单付款是具有独立性的，独立于信用证的基础交易即货物买卖，与货物买卖无关，不受买方的影响，也不受货物的影响。

根据 UCP 规定，银行受理单据时，必须仅以单据为依据，仅就单据表面的记载，以合理的注意予以审查，判断单据表面所记载的是否与信用证相符。银行拒收单据时，也只能以表面上单据与信用证不一致或单据之间不一致为由，不能以货物不符或单据不真实等其他理由拒收单据。

UCP600 第 34 条等规定，银行对任何单据的形式、充分性、准确性、内容真实性、虚假性或法律效力，或对单据中规定或添加的一般或特殊条件，概不负责；银行对任何单据所代表的货物、服务或其他履约行为的描述、数量、重量、品质、状况、包装、交付、价值或其存在与否，或对发货人、承运人、货运代理人、收货人、货物的保险人或其他任何人的诚信与否、作为或不作为、清偿能力、履约或资信状况，也概不负责。

如此规定的原因是为了维护银行的利益，使银行不致卷入买卖双方的买卖纠纷之中。国际商会银行技术与实务委员会主席 B.S 惠布尔解释说，“跟单信用证只是为商业交易而办理付款，不可能指望银行当‘警察’来控制欺诈的发生”。但如此规定的结果，却使得买方承担了被欺诈的风险。

2．信用证交易欺诈例外原则

根据信用证交易独立的原则，银行只查单据表面，不查单据的真伪；只查单据，不查货物。这样就使得不法商人乘机钻空，伪造单据，按照信用证规定填写后向银行骗取货款，可能根本就不交货物。

近年来，信用证欺诈的范围之广、种类之多、危害之大，令人十分震惊。信用证欺诈产生的原因，可以说是不法商人利用了信用证交易的独立性，是信用证交易的独立原则“保护”了欺诈者的欺诈成功。可见，如果继续遵守独立原则，坚持信用证在任何情况下都独立的话，将会使信用证欺诈越来越多。只有在确认信用证交易独立的同时，也确认有例外的情况，即信用证欺诈的情况例外，才能减少信用证欺诈，并打击信用证欺诈。

（1）信用证欺诈例外原则的含义

所谓信用证欺诈例外原则，是指在确认信用证交易独立于基础交易的同时，也确认有例外情况，即信用证欺诈时例外。信用证交易独立原则是在基础交易没有欺诈的情况下适用的，如果基础交易有欺诈现象，则信用证交易就不独立于基础交易。如果卖方在基础交易中有欺诈行为，买方可以采取诉讼保全措施，要求司法干预，申请法院下令禁止银行按照信用证规定付款。首次采纳了信用证欺诈例外原则的法律是美国的《统一商法典》，该法典在第 5114 条中对信用证交易的原则作了规定。

（2）信用证欺诈的类型

目前，信用证欺诈的种类很多，但大概可以分为三种：一是卖方利用信用证欺诈买方；二是买方伪造信用证欺诈卖方；三是买卖双方互相勾结利用信用证欺诈银行。信用证欺诈，已经超出了国际贸易法律的范围，构成了刑事犯罪和民事侵权行为，应承担刑事责任和民事责任。

近年来，我国进出口贸易中常常出现被国外不法商人欺诈的情况。有的是国外卖方利用假单证骗取我国银行对外付款。有的是国外买方利用软条款信用证骗取我国卖方履约保证金等，给我国出口收汇带来很多损失。

（3）软条款信用证

所谓信用证中的“软条款”，是指信用证中加列各种条款致使信用证下的开证银行付款与否不是取决于单证是否表面相符，而是取决于第三者的履约意识或履约行为，从而减/降低银行信用程度的条款。信用证中软条款可以使信用证名义上不可撤销，但实际上属于可撤销，开证申请人通过“软条款”，在一定程度上限制着银行作为第一付款人的地位，使银行信用受制于商业信用，大大降低了银行信用。

信用证“软条款”主要体现在如下几个方面：

第一，信用证暂不生效条款。如信用证在买方申领到进口许可证或复样确认之后才生效。

第二，信用证规定商品在进口国检验，如不符合进口国标准，银行拒付货款。

第三，信用证规定一些单据必须由开证申请人或其指定人，或受益人不熟知的某个机构出具，或规定受益人提供的单据必须经过其他方面会签，并由开证银行核实是否与其存档的签样相符。如"由中国商检局签发的商检证书上应有开证申请人的会签，该会签必须与开证银行持有的签字记录完全一致"。

第四，装运日、装运港、船公司、船名须征得开证申请人指示，由开证银行以修改书形式通知，而开证申请人却不及时安排或落实，使受益人无法正常交货和议付。

第五，信用证条款自身互相矛盾，如运输单据为 Airway Bill，却以仅适用于海洋和内河运输的价格术语如 CIF 成交，使受益人无法执行。

第六，要求受益人将一份正本提单径寄开证申请人，开证申请人可凭正本提单不付款而先提货等。

软条款信用证往往被不法商人用来骗取履约保证金，或骗取货物、中介预付金，成为一种欺诈手段。软条款信用证，违反了信用证的纯单据业务原则，将银行的付款责任与进口方的利益联结起来，将货物与银行的信用证业务责任联结起来。根据《跟单信用证统一惯例》，信用证一经开立，当事人各方就必须遵守。信用证中的软条款，由于其所特有的隐蔽性和后果的严重性，必须给予足够的警惕。

六、我国的信用证交易的实践

（一）我国法院关于信用证交易的规定

改革开放以来，我国进口贸易曾经发生多起被外商欺诈案件，甚至可以说，我国是国际贸易被欺诈的大国。信用证欺诈例外原则，对我国具有特别的意义。我国目前还没有关于信用证方面的立法，但我国的司法实践也采用了信用证交易的独立原则和欺诈例外原则。

1989 年我国最高人民法院在《全国沿海地区涉外、涉港澳经济审判工作座谈会纪要》中规定：信用证是独立于买卖合同的单据交易，只要卖方单据符合信用证要求，开证银行就承担付款义务。如果单据不符合，银行就有权拒付，无须法院采取诉讼保全措施。所以，一般情况下，法院不应因买卖合同纠纷而轻易冻结中国银行所开的信用证项下的货款，否则会影响中国银行的信誉。但是，如果有充分证据证明卖方是利用签订合同进行欺诈，且中国银行在合理时间内尚未对外付款的，人民法院可以根据买方的请求，冻结信用证项下的款项。在远期汇票中，如果中国银行已经承兑了汇票，中国银行在信用证上的责任已经变成了票据上无条件付款的责任，人民法院不应加以冻结。

可见，我国法院的上述规定与国际上的信用证交易独立和欺诈例外是一致的。根据最高法院的指示，我国法院已经成功地多次下达了禁止银行付款的禁止令，保护了国内的受害人。

（二）我国银行和出口商加强对国外信用证的审查

为确保收汇安全和合同顺利履行，我国出口方应对来自不同国家、不同地区及不同银行的信用证，依据合同规定进行认真核对与审查。一般来说，在审查国外来证时应考虑到政治上是否符合我国对外政策、对安全及时收汇是否有保障、对与我国有贸易协定的国家来证是否符合协定规定以及信用证条款是否符合合同规定等问题。

在我国出口贸易中，中国银行和出口方共同承担审证任务。审证任务主要包括开证银行的政治背景、资信能力、开证行付款责任等如下多个方面：

首先，政治性审查应主要审查来证国家是否与我国有经济往来，来证内容是否符合我国对外方针政策，不得有歧视性内容。

其次，资信审查主要审查开证银行所在国家的经济状况、开证行的资信及经营作风等。

第三，对信用证性质与开证行付款责任的审查。来证应标明“不可撤销”字样或载有开证银行保证付款的文句。有的国家信用证虽然注明“不可撤销”字样，但对开证行付款责任加列“限制性”或“保留”的条款，如“以领到进口许可证后通知时方能生效”，对此我国出口方应特别注意。

第四，对信用证金额与货币的审查。信用证金额应与合同金额一致，如果合同订有溢短装条款，信用证金额应包括溢短部分金额。信用证金额中单价与总值要填写正确，大、小写并用。来证所采用的货币应与合同规定相一致。如来自与我国订有支付协定的国家，使用货币应与支付协定规定相符。

第五，对货物品质、规格、数量、包装等条款的审查，信用证中有关货物货名、规格、数量包装、单价等项内容必须和合同规定相符。

第六，对信用证规定的装运期、信用证有效期和到期地点的审查。信用证上的装运期必须与合同规定一致，如果国外来证较晚，无法按合同规定的期限装运，我国出口方应及时电请进口方延展装运期。信用证的有效期一般应与装运期有一定的合理间隔，以便在装运货物后有足够时间办理制单结汇。信用证的到期地点通常应要求在我国境内到期，如信用证将到期地点规定在国外，我国出口方一般不宜接受。

第七，对单据的审查，主要审查来证中所要求的出口方应提供的单据种类、份数及填制方法等内容，如发现有不正常规定，例如要求商业发票或产地证明需由国外第三者签证以及提单上目的港后面加上指定码头等字样，应慎重对待。

第八，对其他特殊条款的审查。有时信用证内加列许多特殊条款，如指定船籍、船龄、不准在某个港口转船等，也应慎重考虑。

审核信用证后，如果发现问题，应区别问题性质，作出妥善处理。凡属于不符合我国对外贸易方针政策，影响合同履行和安全收汇的情况，我国出口方必须要求国外客户通过开证银行进行修改信用证，并应在收到银行修改信用证通知书后才能对外发运货物，以免发生货物装运后、修改信用证的通知书未到的被动情况。对来证不符合规定的其他各种情况，应进行具体情况具体分析，只要来证内容不违反我国对外贸易政策并能保证我出口方安全及时收汇，我们可以灵活掌握。

办理改证时应做到一次性提出所有的修改要求，以减少双方手续和费用。对不可撤销信用证中任何条款的修改，都必须在有关当事人全部同意后才能生效，这是各国银行公认的惯例。

七、三种支付方式的比较及选用

信用证方式是国际贸易中最常见的支付方式，具有受益人收汇安全、及时以及买卖双方当事人资金负担比较平衡的优点，其不足之处是信用证的手续比较复杂、费用较多且容易产生欺诈。

汇付、托收及信用证三种支付方式，手续依次逐渐复杂，费用也依次逐渐增多。对卖方来说，收汇风险由小到大的顺序是：汇付下的预付货款、不可撤销的信用证、托收下付款交单、托收下的承兑交单和汇付下的货到付款。买方的风险由大到小的顺序则应相反。三种方式下，前两种属于商业信用，后一种属于银行信用；前两种的双方当事人的资金负担不平衡，后一种的资金负担较为平衡。

实践中，如果买卖双方未能就一种支付方式达成协议，可以选用两种或两种以上支付方式，通常总有信用证方式在内。比如，大部分货款用信用证先支付，少部分货款于货物到达后用汇付方式支付；或者，卖方开出两张汇票，一张是光票，用于信用证方式下，收取一部分货款，另一张是跟单汇票，用于托收方式下，收取另一部分货款。在成套设备、大型机械设备交易中，因为成交金额大、交货时间长，可以采用三种支付方式来分期支付货款（Pay by Instalments）：在产品投产前，买方汇付部分货款作为定金；大部分货款按照卖方交货进度，使用信用证方式支付；最后一部分货款在卖方承担的品质保证期届满后采用托收方式支付。如果买方一时难以付清货款，可以采用延期支付货款（Deferred Payment），也就是，买方汇付部分货款作为定金，按照交货进度采用信用证支付部分货款，但大部分货款在交货后若干年内付清，可以采用远期信用证支付货款。

第五节 国际保理

信用证支付方式存在着手续繁杂、费用高、欺诈风险大的不完美之处，是买方不情愿接受的支付方式。近年来随着国际贸易竞争的日益激烈，国际贸易买方市场逐渐形成。对进口商不利的信用证结算的比例逐年下降，赊销交易日益盛行。有的买方可能提出几个月、几年甚至十几年的付款期限。如果卖方同意买方要求，根据合同交货交单后，只好被动地等待买方到期时付款，承担了买方拖欠货款或不付款的风险。为了解除卖方的担忧，国际保理方式应运而生。国际保理业务起步较晚，但由于保理业务能够很好地解决赊销中出口商面临的资金占压和进口商信用风险的问题，因而在欧美、东南亚等地日渐流行。在世界各地发展迅速。据统计，1998 年全球保理业务量已达 5000 亿美元。

20 世纪 90 年代后，国际保理业务进入我国，并逐步发展壮大起来。中国银行于 1992 年在国内率先推出国际保理业务，1993 年加入国际保理商联合会（Factors Chain International，简称 FCI）。目前中国银行与 FCI 会员间的业务往来完全通过 FCI 开发的保理电子数据交换系统进行。中国银行目前已与美国、德国、英国、法国等 25 个国家和地区近 50 家保理公司签署了国际保理协议①。

一、国际保理的含义及支付程序

保理（Factoring），也叫保付代理、客账代理或承购应收账款业务，是指银行或保理公司向卖方提供的一种集融资、结算、账务管理、信用担保为一体的综合性贸易支付方式。

采用国际保理方式，卖方与保理公司签订协议，保理公司将负责对买方的资信进行调查，提供风险担保，并替卖方催收账款及进行有关账务管理和资金融通等。保理公司通常向卖方收取管理费（手续费）、保理公司付款时到收款时的利息等费用。这些费用将被转入到货物价格中，最终由买方承担。但对买方来说，与信用证方式相比，保理费用相对较低。

国际保理涉及的当事人：卖方、买方、卖方所在地的保理公司（出口保理公司）、买方所在地的保理公司（进口保理公司）。

---

①资金在线，中国银行外汇业务 http://www.139888.com/gb/zaixian/zgyh4gj.htm，2003 年 6 月 4 日。

保理业务主要涉及以下程序：第一，卖方和出口保理公司签订一定期限的保理协议。第二，卖方与买方有意签订买卖合同。第三，卖方将买方名称等情况告知出口保理公司。第四，出口保理公司委托进口保理公司对买方资信进行调查。第五，进口保理公司将调查结果告知出口保理公司。第六，如资信可靠，出口保理公司对进出口交易进行确认。第七，卖方和买方签订买卖合同，明确规定用保理方式结汇。第八，卖方交货后将有关单据售给出口保理公司，出口保理公司在承购单据时或约定日期将扣除利息的货款余额付给卖方。第九，出口保理公司将有关单据交进口保理公司。第十，进口保理公司向买方收款，并向出口保理公司划付。

二、国际保理的种类

根据是否向卖方提供融资，国际保理可分为到期保理和预支保理。到期保理，是指卖方将有关单据卖给出口保理公司，保理公司在票据到期时向卖方无追索权地支付票据金额，而不是在出售单据时向卖方支付。预支保理又叫标准保理或融资保理，指卖方将单据出售给保理公司时，保理公司立即以预付款方式无追索权地支付给卖方 80%左右的发票金额，其余 20%于货款收妥后再支付。预支保理是比较典型的保理方式。

根据是否公开保理公司名称可分为公开型保理和隐蔽型保理。公开型保理是卖方必须以书面形式将保理公司通知买方，在票据上写明将货款付给保理公司。隐蔽型保理是指保理公司的参与是保密的，卖方不通知买方关于保理公司的信息，货款由买方直接付给卖方。大多数的保理都是公开型的保理。

根据保理业务是否涉及进出口两地的保理公司，保理可以分为单保理和双保理。仅仅涉及一地的保理是单保理，涉及两地的保理是双保理。双保理是目前较为通行的保理业务。

三、保理协议

保理协议是保理公司与卖方之间建立保理法律关系的协议。主要内容如下：第一，卖方同意向保理公司出售的由保理公司向买方收取的款项；第二，收购价款的计算与支付，应收款项应扣除卖方给予买方的折扣、佣金或折让，扣除管理费用和利息；第三，债权转让及履约保证。卖方将债权转让给保理公司，并将这种非抵押性质的转让以书面通知债务人。与货物有关的其他相关权益也随之转移，如货物所有权、留置权、停运权、再出售权等。卖方保证：所有出售的应收账款均产生于正当交易；已全部履行了有关合同项下的责任和义务；提供的货物及服务已被或将被客户接受，并不会出现争议及贸易纠纷等。

国际上目前调整保理业务的规则主要有国际统一私法协会 1998 年《国际保理公约》和国际保理公司联合会 1990 年修订的《国际保理业务惯例规则》。《国际保理公约》供自由选用，无强制力。《国际保理业务惯例规则》主要对信用风险的承担、付款责任、出口保理公司和进口保理公司的代理、保证及其他责任、转让的合法性等作了规定。目前我国的保理业务主要依据《国际保理公约》和《国际保理业务惯例规则》的规定执行。

课外阅读资料

一、信用证的含义

A letter of credit （ L/C，or credit ）is the written promise of a bank to act at the request and on the instruction of the applicant and to undertake payment to the beneficiary in the amount specified in the credit，provide that the beneficiary complies with the terms and conditions of the credit.

二、信用证的当事人

There are many parties involved in the L/C operation. They are the applicant，issuing bank，advising bank，beneficiary，negotiating bank，and so on.

1．applicant

An applicant is the party that applies to a bank for opening a letter of credit. An applicant may also be called “opener” or “accountee”. It is usually the buyer or importer in a contract.

2．issuing bank

An issuing bank refers to the bank that issues a letter of credit at the request of the applicant，and is responsible for payment of the proceeds under an L/C if the terms and conditions of the credit are complied with.

3．advising bank

An advising bank is usually a bank in the seller’s country. Of course，it may also be in a third country. Upon instructions and entrustment of the issuing bank，the advising bank advises the beneficiary of the L/C.

4．negotiating bank

A negotiating bank is the bank that negotiates the beneficiary’s draft（s）. It may be the advising bank or another bank authorized to negotiate the documents. If there is no specific stipulation in the L/C，the exporter may present the documentary draft to any bank that is able to do the negotiation.

第十二章　国际电子商务法律制度

第一节　EDI 与国际货物贸易

一、电子数据交换及其在国际货物贸易中的应用

传统国际贸易中，当事人之间通信基本上借助信函、电话、电报和传真等。从要约、承诺、发货、保险、结汇以及报关，都离不开各种各样的纸面文件，如合同、提单、保险单、发票、信用证、汇票和进出口许可证等。这些文件以纸张为载体，有的要求当事人亲笔签名才具有法律效力。一笔货物交易涉及的单证约有几十份，在多个部门流转。这必然导致各种贸易书面单证、文件数量的激增。书面文件的传输，成本高、传输慢、重复性劳动多、差错率大。在"小批量、多品种、快交货"的货物贸易中，书面文件的传输更加显出其不方便之处。为提高贸易文件传递的速度与质量，信息技术在国际贸易中被广泛应用起来。互联网的发明与广泛应用，使得以电子数据交换为基础的国际电子商务贸易迅猛发展。

电子数据交换（Electronic Data Interchange，缩写为 EDI）被称为"无纸国际贸易"或"电子交易"，以电子文件替代了纸面文件。EDI 技术将交易的有关文件如订单、发票、货运单、报关单和进出口许可证等，按照统一标准编制成计算机能识别和处理的数据格式，通过网络在交易双方间进行无纸化传送。

二、电子商务对国际贸易的影响[①]

20 世纪 90 年代中期以后，因 EDI 和因特网开始实现商用，从而产生了现代意义上的电子商务。电子商务在国际贸易中的广泛应用，引起了国际贸易的一系列变化，并对其起着积极的推动作用。

网上订货、网上促销、网上谈判都为国际贸易开辟了新的发展形势。EDI 工程是信息技术与社会化服务系统的结合，进出口商利用电子表格进行商品的

---

①倪月菊：《电子商务迅猛发展的原因、影响和趋势预测》，中国社会科学院世界经济政治研究所。

报关、商检、保险、运输、结汇等工作，大大减少了人力、物力和时间的消耗，降低了流通成本和交易费用，加快了国际贸易的节奏。这种网上的信息交换，开辟了一个崭新的市场空间，突破了传统市场必须以一定的地域存在为前提的条件，全球以信息网络为纽带连成一个统一的大“市场”，促进了世界经济全球市场化的形成。

以计算机网络信息技术为核心的电子商务系统，突破了传统贸易以单向物流为主的运作格局，实现了物流、信息流、商流高度统一的全新战略。这种经营战略，把代理、展销等多种传统贸易方式融为一体，把全部进出口货物所需要的主要流程如市场调研、国际营销、仓储报关、商检等引入计算机网络中，为世界各地的制造商和贸易商提供全方位、多层次、多角度的互动式的商贸服务。

三、使用 EDI 技术出现的法律新问题

EDI 以电子文件替代了纸面文件，但电子文件的内容，只有在与数据处理系统的硬件软件结合时，才能显示出来。网络与数据处理系统的不稳定性、电子文件的可修改性与易复制性，会产生一些“失真”现象。这就使得 EDI 技术对建立在纸面文件上的传统国际贸易法律制度产生了极大冲击，并产生许多新问题。

电子商务在发展的同时，所引发的许多法律问题也正在逐渐显现，比如电子合同的法律效力、网上支付各当事人之间的法律关系、电子身份认证的法律地位、物流配送的物权归属、网上消费者权益保护、税收征管、知识产权保护、电子商店的法律责任等等，EDI 所引发的法律问题主要包括：

1. 单证形式

许多国家都要求以书面单证作为证明交易有效的依据，EDI 下买卖双方采用电子文件方式，内容通过计算机屏幕显示，尽管屏幕内容可以打印，但与传统上的书面形式却是大相径庭。

2. 签字和认证

许多国家法律要求某些合同、文件或单据必须经当事人签名或书面认证。EDI 交易虽有电子签字技术，但对签字的认证也是一个重要的法律问题。

3. 电子合同

电子合同涉及要约、承诺、合同成立时间和地点等问题。EDI 合同订立是一种自动化操作，要约和承诺因传送、操作失误等原因常常不是当事人的真实意思，而这种错误往往在合同被执行后才能发觉。这就涉及该合同能否依传统法律原则被认定为无效或撤消等问题。EDI 合同下表示承诺的文件可以在任意

时刻、任意地方发出，涉及合同成立时间与地点问题。

4. 电文传递中还涉及安全和证据问题，如，如何防止出错、篡改、欺诈和将电子数据内容泄露给未经授权的人；未发通知或通知错误的责任问题；存储在计算机内的电子文件能否在诉讼中被法院采纳为证据及其价值、如何界定EDI贸易中的原件问题等。

5. 管辖权与法律适用问题。传统法律的管辖权确定和准据法选择都是以连接点为依据或纽带的，如“缔约地”、“履行地”、“侵权行为地”等，电子合同下需要确认网络环境中的连接点及如何确定新的连接点问题。

这些法律问题用传统商务法律规范很难解决，但如不能及时有效地予以解决，这些法律问题的出现必将成为制约电子商务进一步发展的瓶颈。这些问题说明，电子商务要进一步发展尚未完善的法律支撑环境。

第二节　电子商务的国际立法

为解决 EDI 贸易出现的法律新问题，国际社会和一些国家积极寻求解决办法。如美国制定了《国际与国内商务电子签名法》、《统一电子交易法》、《统一计算机信息交易法》等。许多国际组织都制定了一些有关应用 EDI 进行贸易活动的“统一规则”和“统一标准”。其中联合国国际贸易法委员会、国际商会及国际海事委员会分别制定了《电子商务示范法》、《数据电传交换统一行为规则》及《国际海事委员会电子提单规则》，在国际交易中具有很大影响。

一、《数据电传交换统一行为规则》

20 世纪 80 年代以来，国际商会为使其工作跟上无纸贸易发展，先后对其原来制定的一些惯例予以修订，增加了涉及 EDI 问题的内容，如《Incoterms1990》和《Incoterms2000》修订的主要原因是“为了使贸易术语适用电子资料交换（EDI）日益频繁运用的需要”[①]。同时，国际商会对《跟单信用证统一惯例》（UCP）也做了修改，在 UCP400、UCP500 和 UCP600 中均涉及电子信息的规定。如 UCP500 第 37 条明确规定商业发票无需签署；第 20 条 b 款规定，除信用证另有规定，银行将对用电脑方式处理或表面上看是以此种方式处理的单据，作为正本（Origin 原件）来接受等。

国际商会 1987 年通过《数据电传交换统一行为规则》，目的是为 EDI 用

①程德钧主编：《国际贸易惯例新发展——1990 年国际贸易术语解释通则》，中国人民大学出版社，1991 年版，第 33 页。

户提供一套国际公认的行为准则。该规则是一项非强制性的、由当事人约定采用的行动守则。《统一行为规则》共有11条，涉及目的、定义、交换标准的使用、各当事方通过电子数据交换进行通信时所应遵守的审慎标准、电文和传递文件的鉴定和认证、确认收到传递文件的办法、对电文内容的确认、贸易数据的保护及数据的存储等几个方面。该规则只规定了 EDI 用户应遵守的行为守则，并未涉及数据电传交换的实质内容，尤其是法律方面的问题。

二、《电子提单规则》

提单是国际贸易的重要单证，纸面提单的转让通过背书方式完成，这种方式显然不能适用于 EDI 技术下的电子提单。1996 年国际海事委员会通过《国际海事委员会电子提单规则》，其中规定：当事人通过电子提单密码转让来代替传统提单的背书转让，以达到同样目的。其具体过程是：承运人接收货物后，按照发货人电子地址给发货人收到货物的电信通知（其中包括同意日后传输的密码），发货人成为持有人[①]。即“持有人是唯一可以向承运人要求放货、指定收货人、向另一方转让支配权、向承运人发出指示，如同一个书面提单持有人一样”。

在电子提单与书面提单并存时，贸易欺诈风险会大大加大，如无单放货、倒签提单、预借提单等问题由于电子提单的使用会更加隐蔽，严重程度也会大大增加，两者如何协调也是一个问题。《电子提单规则》第 10 条规定了纸面提单与电子提单的转移问题。在处理电子数据与书面的关系时，《电子提单规则》第 11 条采用了“功能等同”（functional equivalent）原则：“承运人和发货人以及此后所有采取本程序的各当事方均同意载于计算机数据贮藏中，可用人类语言在屏幕上显示或由计算机打印的业经传输和确认的电子数据将满足任何国内法或本地法，习惯或实践规定运输合同必须经签署并以书面形式加以证明的要求。经采纳上述规定，所有当事方将被认为业已同意不再提出非书面形式的抗辩。”

三、《电子商务示范法》

（一）产生背景

20 世纪 80 年代初联合国贸法会开始探讨 EDI 法律问题，1984 年第 17 届会议讨论《自动数据处理法律问题》，决定将自动数据处理在国际贸易流通上

① See Art. 1 of CMI Rule for Electronic Bills of Lading, in Toh See Kiat, *Paperless International Trade: Law of Telematic Data Interchange*, AppendixD, P.390-393.

所引起的法律问题作为优先事项列入其工作计划，开始对 EDI 立法工作的全面研究。

1993 年贸法会第 26 届会议审议了世界上第一个 EDI 统一法草案——《电子数据交换及贸易数据通讯有关手段法律方面的统一法规则草案》。1995 年第 28 届会议决定采用了“示范法”（Model Law）这一名称。1996 年贸法会第 29 届会议决定将“电子商务”（Electronic Commerce）取代“电子数据交换（EDI）”一词，并将《示范法草案》改名为《电子商务示范法》（以下简称《示范法》）。1996 年 12 月联合国大会以 51/162 决议通过了该示范法，由此诞生了第一个世界性的 EDI 立法。为帮助各方当事人更好地理解和掌握该示范法，同时也为了便于各国政府采纳、吸收和实施示范法，贸法会 EDI 工作组还讨论通过了《电子商务示范法实施指南》。

（二）《示范法》立法目的

《示范法》向各国立法者提供一套国际公认的规则，说明怎样去消除 EDI 用于国际贸易后与纸面交易产生的法律障碍，有助于所有国家对电子商务的立法，其基本目的是在电子交易和纸面交易间建立一种等同效应。如在功能上，签字的作用是证实签字人的身份和签字人对文件内容的同意，数据电文只要符合这两项要求，即应为法律所接受。

（三）《示范法》主要内容

1．适用范围及解释规则

《示范法》第 1 条指出：“本法适用于在商业活动方面使用的、以一项数据电文为形式的任何种类的信息。”也就是说，《示范法》的适用范围首先是以数据电文为表现形式的任何种类的信息，其次它只限于商业活动方面使用的数据电文，而不适用于所有以数据电文表现的信息。

《示范法》第 3 条规定，“对本法作出解释时，应考虑到其国际渊源以及促进其统一适用和遵守诚信的必要性。对于由本法管辖的事项而在本法内并未明文规定解决办法的问题，应按本法所依据的一般原则解决”。该条内容，显然与《联合国国际货物买卖合同公约》第 7 条一致。需注意的是，虽然《示范法》条文可被制定为国内立法，并具有国内法的特点，但还应考虑到其国际渊源，以保证各国在解释《示范法》时的统一性。

2．关于数据电文适用的法律规则

对于数据电文的法律适用，示范法基本上采纳了“功能等同”原则，即将电子文件视为同纸面文件具有同样的法律效力。示范法第 5 条首先从总体上对数据电文的法律效力予承认，它指出，不得仅仅以某项信息采用数据电文形式为理由，而否定其法律效力的有效性或可执行性。

功能等同原则主要体现在《示范法》对下述事项的规定中：

第一，书面形式要求。《示范法》第 6 条规定，如果法律要求信息须采用书面形式，或规定了并非书面时的某些后果，则假若一项数据电文所含信息可以调取以备日后查询，即为符合书面形式要件。

第二，签字确认。《示范法》第 7 条规定，如果数据电文的发端人使用了一种既可鉴定该人的身份，又表明该人认可了的数据电文内含信息的方法，且从所有各种情况（包括任何相关协议）来看，他所用的方法是可靠的，对生成或传递数据电文的目的来说也是适当的，即满足了签字确认的要求。

第三，原件。《示范法》第 8 条规定，如果一项数据电文能可靠地保证自信息首次以其最终形式生成，作为一项数据电文或充当其他用途之时起，该信息保持了完整性；和当要求将信息展现时，能将该信息显示给观看信息的人，则该项数据电文即满足了原件的要求。

第四，数据电文的可接受性和证据力。《示范法》第 9 条规定，在任何法律诉讼中，证据规则的适用在任何方面都不得以下述任何理由来否定一项数据电文作为证据的可接受性：仅仅以它是一项数据电文为由；或者如果它是举证人按照合理预期所能得到的最佳证据，以它并不是原样为由。此外，该法还规定，对于以数据电文为形式的信息，应给予其应有的证据力。在评估一项电文的证据力时，应考虑到生成、储存或传递该数据电文的办法的可靠性，保持信息完整性的办法的可靠性，可以鉴别发端人的办法，以及以任何其他相关的因素。

第五，数据电文的留存。如法律要求某些文件、记录或信息须予留存，则此种要求可以通过留存数据电文的方式予以满足，但要符合下述条件：其中所含信息可以调取，以备日后查用；按其生成、发送或接收时的格式留存了该数据电文，或以可证明能使所生成、发送或接收的信息准确重现的格式留存了该数据电文。

（四）关于数据电文的传递规则

《示范法》对数据电文的传递规则主要体现在如下几个方面：

1．合同的订立和有效性

《示范法》第 11 条（1）款规定，除非当事各方另有协议，一项要约以及对要约的承诺都可通过数据电文的手段表示。因此，如使用一项数据电文来订立合同，则不得仅仅以使用了数据电文为理由而否定该合同的有效性或可执行性。

2．当事各方对数据电文效力的承认

《示范法》规定，就一项数据电文的发端人和收件人之间，当事各方不能仅仅以声明或其他陈述的数据电文形式为理由而否定其法律效力、有效性或可执行性。

3．关于数据电文归属确认的规则

一项数据电文是否为发端人所发，如收件人确信为发端人所发，他是否可按此推断行事；如收件人知道或理应知道数据电文在传递中出现错误，他是否还可行事。

对此，《示范法》规定了确认数据电文归属的如下三个方法：第一，如果数据电文系由发端人自己发送，则该数据电文当然成为该发端人的数据电文。第二，如果数据电文系由有权代表发端人行为的人发送或系由发端人设计程序或他人代为设计程序的一个自动运作的信息系统发送，则应“视为”发端人的数据电文。第三，就发端人与收件人之间而言，只要满足了一定条件，收件人还有权将一项数据电文视为发端人的数据电文，并按此推断行事。

第三节　我国关于电子商务立法

一、EDI 在我国对外贸易中的应用

我国对 EDI 的研究应用起步较晚，1990 年第一届“中文 EDI 标准研讨会”举行，标志着 EDI 概念首次引入大陆。1996 年我国成立了“国际贸易 EDI 中心”（1997 年改名为“中国国际电子商务中心”）。EDI 已经成为国际贸易的主导方式，越来越多的国家将政府行为作为加速推广应用 EDI 的重要措施，一些贸易商也明确宣称，把应用 EDI 作为选择贸易伙伴的重要标准。EDI 作为高新技术在贸易领域已成为一种新的贸易壁垒。在外贸领域推行 EDI，意味着外贸经营管理工作从传统的手工操作转移到现代计算机及其通信技术的基础上，使我国外贸管理体制更有效、更健全，利于促进我国外贸企业实现实业化、集团化和国际化。

《合同法》已基本扫除了 EDI 应用在我国所遇到的最大法律障碍——书面形式与 EDI 合同的成立问题。由于 EDI 应用带来的法律问题是多方面的，涉及不同的法律领域和法律部门。除书面形式和合同成立这两个方面的问题外，还包括证据、签字、网络经营人的责任、国际民事管辖权、法律适用等方面的问题。这些问题，我国立法尚未作出规定。

二、我国合同法对电子商务的规定

在我国，由于 EDI 应用与发展时间晚、起点低，因而有关 EDI 的立法只

是在近几年才引起广泛注意并提上议事日程。1999 年《中华人民共和国合同法》是我国第一部正式涉及 EDI 的国内立法，它对通过数据电文订立合同所涉及的法律问题作出了比较详细的规定。但从总体上看，EDI 在我国的应用仍然会遇到不少法律问题，这些法律问题会涉及不同部门的法律领域。

《合同法》共有 4 个条款对以数据电文的方式订立的合同所带来的法律问题给予了规定，分别是第 11 条、第 16 条（2）款、第 26 条（2）款及第 34 条（2）款。主要涉及以下几个方面的内容：

（一）书面形式

我国立法原来对合同形式规定非常严格，尤其是对涉外合同，要求必须采用书面形式。加入 1980 年《联合国国际货物买卖合同公约》时，也对该公约中允许合同无须用书面订立这一规定作出了保留。《合同法》对合同形式予以宽松规定，不但取消了书面形式的要求，承认口头合同的效力，而且扩大了书面形式的含义。第 11 条明确指出，“书面形式是指合同书、信件和数据电文（包括电报、电传、传真、电子数据交换和电子邮件）等可以有形地表现所载内容的形式”。可见，书面合同既包括传统的纸面形式的合同，也指以数据电文为载体的合同。对于数据电文涵盖的范围，我国《合同法》借鉴了《示范法》第 2 条中的规定。

（二）数据电文的到达时间

《合同法》第 16 条（2）款和第 26 条（2）款都是关于如何认定数据电文到达时间的。前者指出：“采用数据电文形式订立合同，收件人指定特定系统接收数据电文的，该数据电文进入该特定系统的时间，视为到达时间；未指定特定系统的，该数据电文进入收件人的任何系统的首次时间，视为到达时间。”后者涉及以数据电文的方式作出的承诺到达的时间，其标准与前者完全相同，即采用数据电文形式订立合同的，承诺到达的时间适用本法的第 16 条（2）款的规定。很明显，以上条款基本上参照了《示范法》第 15 条（2）款的内容。

（三）合同成立的地点

《合同法》第 34 条（2）款规定：“采用数据电文形式订立合同的，收件人的主营业地为合同成立地点；收件人没有主营业地的，其经常居住地为合同成立地点。当事人另有约定的，按照其约定。”可见，我国《合同法》中电子合同成立的地点，受制于当事人意思自治原则，在缺乏约定时，以主营业地作为第一标准，以经常居所作为替代标准。这与《示范法》第 15 条（4）款有较大差异，后者主张以与基础交易具有最密切联系的营业地作为合同成立地。

三、我国还需要加强电子商务立法

此外，参与电子商务的买卖双方互不相识，需要通过一定的手段相互认证，提供交易服务的网络服务中介机构也有一个认证问题。电子合同是在网络条件下当事人之间为了实现一定目的，明确相互权利义务关系的协议。它是电子商务安全交易的重要保证。其内容包括：第一，确证和认可通过电子手段形成的合同的规则和范式，规定约束电子合同履行的标准，定义构成有效电子书写文件和原始文件的条件，鼓励政府各部门、厂商认可和接收正式的电子合同、公证文件等。第二，规定为法律和商业目的而作出的电子签名的可接受程度，鼓励国内和国际规则的协调一致，支持电子签名和其他身份认证手续的可接受性。

电子支付是金融电子化的必然趋势。美国现在80%以上的美元支付是通过电子方式进行的。我国目前尚无有关电子支付的专门立法，仅有中国人民银行出台的有关信用卡的业务管理办法。为了适应电子支付发展的需要，需要用法律的形式详细规定电子支付命令的签发与接受、接受银行对发送方支付命令的执行、电子支付的当事人的权利和义务，以及责任的承担等。目前我国急需制定的有关电子商务的法律法规主要有：买卖双方身份认证办法、电子合同的合法性程序、电子支付系统安全措施、信息保密规定、知识产权侵权处理规定、税收征收办法以及广告的管制、网络信息内容过滤等。

第三编

国际货物贸易的管理法律制度

第十三章 WTO货物贸易规则

第一节 《1994年关税与贸易总协定》

一、WTO货物贸易规则与开放货物贸易市场

WTO下的货物贸易多边规则主要有两部分：《1994年关税与贸易总协定》和货物贸易具体领域的12个协议。《1994年关税与贸易总协定》（简称GATT1994）是世界贸易组织法律体系最重要的组成部分，也是货物贸易领域其他协议的原则和法律基础。

1947年达成的关税与贸易总协定的条款及WTO成立前对这些条款所作的修正，在乌拉圭回合一揽子协议中被称为《1947年关税与贸易总协定》（简称GATT1947）。1995年WTO正式运行，关税与贸易总协定同新诞生的WTO并行一年；GATT1994取代GATT1947，与《建立WTO协定》附件中的有关协议一起，规定了WTO成员在货物贸易领域中的义务。GATT1994吸收了GATT1947的实质内容，对GATT1947既有继承，又有发展。

开放货物贸易市场是WTO货物贸易协议的基本要求，表现在：第一，GATT1994要求成员降低关税和取消对进口的数量限制，逐步开放市场，以允许外国商品进入本国市场与本国产品进行竞争。成员要承诺除非得到WTO的允许，不能随意把关税重新提高到超过约束的水平。第二，其他货物贸易协议也要求各成员逐步开放市场。如《农产品协议》要求各成员将现行的对农产品贸易的数量限制（如配额、许可证等）进行关税化，并承诺不再使用非关税措施管理农产品贸易并逐渐降低关税水平；《纺织品与服装协议》要求发达国家成员分阶段用10年时间取消对纺织品、服装的进口配额限制，用关税保护国内纺织、服装业，让投资者有较为透明、稳定的市场环境，而不是政府过多的干预造成的不确定性来决定其投资行为。

但市场开放并不意味着一成员放弃对本国市场进行必要合理的保护，WTO不是不允许保护国内市场，而是要求尽量不使用非关税措施。所谓非关税措施，是指关税措施以外的一切直接或间接限制外国商品进口的法律和行政措施。由于非关税措施可能对贸易造成障碍，影响贸易的发展，因此WTO专

门制定了上述协议，以约束各成员方的行为。

如果某成员方以倾销或补贴方式出口本国的产品而给进口国国内工业造成了实质性的损害，或有实质性损害的威胁时，受损害的进口国可以采取贸易救济措施，如征收反倾销税和反补贴税，从而对本国工业进行保护。为了保护进口国国内工业发展，WTO 的《反倾销措施协议》、《补贴与反补贴措施协议》和《保障措施协议》应运而生。

二、《1994 年关税与贸易总协定》

WTO 基本原则贯穿于各协议中，构成多边贸易体制的基础。有的原则，如最惠国待遇，在货物贸易、服务贸易和知识产权保护方面都得到普遍适用。这些基本原则主要有非歧视原则、透明度原则、自由贸易原则和公平贸易原则等。其中，非歧视原则包括最惠国待遇原则和国民待遇原则。在货物贸易领域，这些原则成为《1994 年关税与贸易总协定》的主要内容。

（一）最惠国待遇条款

最惠国待遇的基本目标是使所有参与多边贸易体制的成员都能分享该体制带来的好处。最惠国待遇是指，一成员将在货物贸易、服务贸易和知识产权领域给予任何其他国家（无论是否是世界贸易组织成员）的优惠待遇，立即和无条件地给予其他各成员方。

最惠国待遇具有自动性、同一性、相互性和普遍性的特点。自动性是指，当一成员给予任何其他国家的优惠，其他各成员便自动地享有了这种优惠。同一性是指，当一成员给予其他国家的某种优惠，自动转给其他成员时，受惠标的必须相同。相互性是指，任何一个成员既是给惠方，又是受惠方，即在承担最惠国待遇义务的同时，享受最惠国待遇权利。普遍性是指，最惠国待遇适用于全部进出口产品、服务贸易的各个部门和所有种类的知识产权所有者和持有者。

GATT1994 第 1 条要求各成员在货物贸易领域给予其他国家产品的关税优惠，以及其他与产品贸易有关的优惠、优待、特权或豁免，应立即和无条件地给予其他成员的相同产品。也就是说，在货物贸易中，一个 WTO 成员给予另一国（不管该国是否是 WTO 成员）产品的关税优惠或其他与贸易有关的好处，应立即和无条件地永久给予所有 WTO 成员的同类产品。

最惠国待遇适用的对象是产品，主要包括：产品的关税税率；与进出口有关的任何其他费用（如海关手续费）；征收关税和其他费用的方式；与进出口有关的规则和程序；国内税和其他国内费用；有关影响产品销售、运输、分销和使用的政府规章和要求方面。

最惠国待遇原则也有可以不执行的例外情况，这些例外情况主要是指：第一，对发展中成员实行的差别和特殊待遇。如某发达国家给予发展中国家出口的制成品及半成品以更加优惠的差别的关税待遇；在非关税措施方面给予发展中国家更为优惠的差别的待遇；发展中国家之间实行的优惠关税；对最不发达国家的特殊优惠等，可不给予其他发达成员国。最惠国原则处理经济发展水平相当国家之间的贸易关系是有效的，却不适合处理经济发展水平不相当国家之间的贸易关系。第二，在以自由贸易区等形式出现的区域性经济安排内部，实行的比最惠国还优惠的“优惠制”，区域外的世界贸易组织成员无权享受。第三，一些成员为保障动、植物及人民的生命、健康、安全或一些特定目的对进出口采取的所有措施，不受最惠国待遇的约束。第四，当一国的国家安全受到威胁时，可以不受最惠国待遇的约束。第五，反补贴、反倾销及在争端解决机制下授权采取的报复措施，不受最惠国待遇的约束。

（二）国民待遇条款

国民待遇是指，对其他成员方的产品、服务或服务提供者及知识产权所有者和持有者所提供的待遇，不低于本国同类产品、服务或服务提供者及知识产权所有者和持有者所享有的待遇。

GATT1994 第 3 条要求各成员给予进口产品的待遇，不低于本国同类产品所享受的待遇。主要包括三个内容：第一，一成员不能以任何直接或间接的方式对进口产品征收高于对本国相同产品所征收的国内税或其他费用。第二，在有关销售、分销、购买、运输、分销或使用的法规等方面，进口产品必须享受与同类国内产品相同的待遇。第三，任何成员不能以直接或间接方法对产品的混合、加工或使用有特定数量或比例的国内数量限制，或强制规定优先使用国内产品。国产化要求、进口替代要求等均被视为直接或间接对外国产品构成歧视，违反国民待遇规定。第四，成员不得用国内税、其他国内费用等方式，为国内工业提供保护。

国民待遇在货物贸易领域实施的例外情况主要有：国民待遇义务不适用于政府采购；国民待遇义务并不禁止单独给予某种产品国内生产者的补贴，但这种补贴应符合《补贴与反补贴措施协议》及《农产品协议》的相关规定；国民待遇原则并不禁止有关外国电影片放映数量限制，成员方可要求本国电影院只能放映特定数量的外国电影。

（三）透明度原则

为了保证贸易环境的稳定性和可预见性，世界贸易组织要求成员方既要开放市场，也要公布各项贸易措施，使其贸易措施能够透明。透明度原则是指，成员方应公布所制定和实施的贸易措施及变化情况，不公布的不得实施，同时还应将这些贸易措施及其变化情况通知世界贸易组织。GATT1994 第 10 条要求，各成员应将有效实施的有关管理对外贸易的各项法律、法规、行政规章、司法判决等迅速加以公布，以使其他成员政府和贸易经营者加以熟悉；各成员政府之间或政府机构之间签署的影响国际贸易政策的现行协定和条约也应加以公布。

按照透明度原则，在货物贸易方面应公布的贸易政策法规包括：第一，海关法规，即海关对产品的分类、估价方法的规则，海关对进出口货物征收的关税税率和其他费用；第二，进出口管理的有关法规和行政规章制度；第三，有关进出口商品征收国内税的法规和规章；第四，进出口商品检验、检疫的有关法规和规章；第五，有关进出口货物及其支付方面的外汇管理和对外汇管理的一般法规和规章。但如果公布后会妨碍法令执行、违反公共利益或损害某一企业的利益，则成员国可以要求不公开。

透明度原则还规定各成员应公正、合理、统一地实施上述的有关法规、条例、判决和决定。统一性要求在成员领土范围内管理贸易的有关法规不应有差别待遇，即中央政府统一颁布有关政策法规，地方政府颁布的有关上述事项的法规不应与中央政府有任何抵触。但是，中央政府授权的特别行政区、地方政府除外。公正性和合理性要求成员对法规的实施履行非歧视原则。

（四）公平贸易原则

为了在货物贸易、服务贸易和与贸易有关的知识产权领域，创造和维护公开、公平和公正的市场环境，世界贸易组织要求各成员及出口贸易经营者进行公平竞争，不得采取不公平的贸易手段，尤其不能采取倾销和补贴的方式在他国销售产品。

为限制不公正的贸易竞争手段，GATT1994 第 6 条规定，某一缔约方以倾销或补贴方式出口本国的产品而给进口国国内工业造成了实质性的损害，或有实质性损害的威胁时，受损害的进口国可以征收反倾销税和反补贴税，从而对本国产业进行保护。但受损害的进口国在征收反倾销、反补贴税时也应该遵循一定的程序。征收反倾销税和反补贴税的条件必须是有倾销或补贴的事实存在，并且倾销或补贴造成了进口国国内产业的实质性损害或实质性损害威胁，才能征收不超过倾销差额或补贴数额的反倾销税或反补贴税。WTO 反对各国滥用反倾销和反补贴措施，以防止贸易保护主义的泛滥。

（五）关税减让原则

“关税减让”一直是多边国际贸易的主要议题。关税减让谈判一般在产品主要供应者与主要进口者之间进行，其他国家也可参加。双边的减让谈判结果，其他成员按照“最惠国待遇”原则可不经谈判而适用。GATT1994 第 2 条“减让表”及第 28 条关税减让条款，允许各成员使用关税手段保护国内产业，但要求通过谈判逐渐降低关税水平，并对其加以约束。

（六）取消数量限制原则

GATT1994 第 11 条是关于一般数量限制的条款，仅允许成员方进行“关税”保护，而禁止其他非关税壁垒，尤其是以配额和许可证为主要方式的“数量限制”。禁止数量限制也有例外，如国际收支困难的国家被允许实施数量限制；发展中国家的“幼稚产业”也被允许加以保护。

（七）为保障国际收支实施限制条款

GATT1994 第 12 条允许成员方为保障国际收支平衡和对外金融地位，在发生严重国际收支困难时，临时采用提高关税或数量限制的措施。但对这些限制的实施条件及应履行的磋商程序等作了具体规定。

（八）国营贸易企业

国营贸易是指被政府控制的企业所从事的贸易活动。根据 GATT1994 第 17 条，当某成员为建立或维持一个企业而给予独占权或特权，通过其购买和销售行为影响进口产品的水平和流向，该企业就是国营贸易企业。国营贸易企业存在于市场经济国家和非市场经济国家。大多数国家都把国营贸易企业作为其执行外贸政策的一种有效手段，它比关税和配额等贸易限制手段更具有灵活性、隐蔽性和针对性。为了规范国营贸易企业的行为，防止其扰乱世界市场，GATT 的许多条款都有关于国营贸易企业的行为规则。

国营贸易企业通常包括两类：第一，国家拥有所有权的贸易企业。第二，国家虽不拥有所有权，但直接控制其贸易与管理决策的私营企业。国家授予某进出口独占权或其他特权的私营企业。国营企业不同于政府采购，政府采购购买本国产品或进口产品是供自己使用或消费。国营贸易企业进口产品是用来在国内市场销售或购买本国产品向外国市场销售等。

GATT1994 对国营贸易企业要求如下：应非歧视性地从事经营活动，只能以价格、质量、适销性、运输和其他购销条件等商业因素作为经营活动的根据，并为其他成员的企业参与上述经营活动提供充分的竞争机会；成员方应保证国营贸易企业的透明度，将从事国营贸易的企业名录通知 WTO，并定期向 WTO 报告国营贸易企业的经营方式，以及进出口的产品与其他相关资料。

（九）贸易救济措施条款

为维护公平贸易秩序，世界贸易组织允许成员方在进口产品倾销、补贴或数量大量增加给国内产业造成损害的情况下，采取贸易救济措施，即采取反倾销、反补贴和保障措施手段以保护国内产业发展。

GATT1994 第 6 条规定反倾销税和反补贴税。该条共 7 款，除第 3 款规定反补贴外，其他均涉及反倾销问题。该条只是一个原则性规定，真正实行还需要一套详细的法律规则，为此，产生了《关于实施1994年关税与贸易总协定第6条的协定》。总协定第16条和第6条（3）款是关于补贴与反补贴内容的规定，第19条是关于保障措施的规定。

（十）争端解决条款

GATT1994中有关争端解决条款，对成员间发生贸易争端时，如何进行磋商、专家组审理、上诉机构审理、裁决的执行及监督等基本程序作了规定。

（十一）关税同盟和自由贸易区条款

GATT1994中所指的关税同盟，是以单一关税领土替代两个或两个以上关税领土，相互之间取消关税和其他限制性贸易法规，对外实行统一关税和贸易法规。自由贸易区是指由两个或两个以上关税领土所组成的集团，在其内部相互取消关税和其他限制性贸易法规，但对外不实行统一的关税和贸易法规。考虑到成员自愿签订经济一体化协定有利于发展世界贸易，因此，WTO允许成员成立关税同盟或自由贸易区。

关税同盟或自由贸易区成员，对未参加关税同盟或自由贸易区的第三方所实行的关税与其他贸易法规，总体上不得高于或严于关税同盟或自由贸易区建立之前的水平；任何成员方决定加入关税同盟或自由贸易区，以及签署有关协议，都应当及时通知WTO。

（十二）对发展中成员特殊待遇条款

GATT1994 第 18 条和第四部分是对发展中国家实施优惠的规定。GATT1994第18条“政府对经济的发展的援助”原则性地规定了处于发展初期阶段的成员方问题，要求成员各方同意处于发展初期阶段的成员应该享受额外便利，例如能够为国际收支目的而实施数量限制。允许成员为促进建立某一个特定产业而背离承诺，实施关税保护及数量限制的措施，以便“保护幼稚产业”。

第四部分是关于“贸易与发展”的规定，该部分规定了有关贸易和发展的原则和目的、发达成员的义务。规定发达成员有义务对发展中成员给予单方面的减让优惠，发达成员应尽可能实施采取措施，促进发展中成员出口收入持续稳定增长，推动发展中成员的贸易与经济发展。如采取维持稳定、公平、有利的价格等手段，为发展中成员的初级产品进入世界市场提供更为优惠和可接受的条件；对发展中成员有特殊出口利益的加工制成品，提供优惠的市场准入机会；发达成员对发展中成员作出削减关税或取消其他贸易壁垒的承诺，不应期望得到对等的回报；对发展中成员有特殊出口利益的产品，发达成员应避免实行关税或非关税壁垒等。这些要求，不是强制性的，因此这些条款也被称为“最佳努力”条款。

（十三）例外与免责规定条款

GATT1994 对成员方在无法履行正常义务的特殊情况下，作了一些例外与免责规定。主要包括：第 20 条的一般例外，第 21 条的安全例外，第 19 条的紧急限制进口措施，第 12 条的国际收支限制措施以及第 14 条的非歧视原则的例外等内容。

第二节　货物贸易救济措施协议

为了维护公平贸易和正常的竞争秩序，WTO 允许成员方在进口产品倾销、补贴和过激增长等给进口国产业造成损害的情况下，可以使用反倾销、反补贴和保障措施手段，保护国内产业不受损害。反倾销、反补贴和保障措施，都属于货物贸易救济措施。反倾销和反补贴措施针对的是价格歧视这种不公平贸易行为，保障措施针对的是公平贸易竞争下的进口产品激增的情况。

一、《反倾销协议》

（一）《反倾销协议》的产生

倾销是指一国出口商以低于其国内市场价格或低于成本的价格将其商品挤进另一国市场的行为。倾销严重损害进口国与之竞争的相关产业，扰乱正常贸易秩序，被认为是国际贸易中违背公平竞争与公平贸易规则的不正当竞争行为。为了抵制倾销，许多国家和地区就纷纷制定反倾销法，采取反倾销措施来抵消外来倾销产品对本国产业的损害。然而如果反倾销措施的实施超过了合理范围和限度，就成为一种贸易歧视行为。为了阻止倾销的产生和反倾销措施的滥用，从 1947 年起，GATT 开始制定和完善反倾销规则。乌拉圭回合又达成新的《反倾销协议》。

（二）《反倾销协议》的主要内容

《反倾销协议》内容包括：倾销的确定；损害的确定；倾销与损害之间因果关系的确定；反倾销调查；价格承诺；反倾销税的征收；反倾销税的追溯效力；反倾销锐的征收期限；协商与争端解决等。

1. 倾销的确定

《反倾销协议》规定：“如果一个产品经一国出口到另一国的出口价格低于在出口国正常贸易中旨在用于消费的相同产品的可比价格，即低于该产品的正常价值进入另一国的商业，此产品被视为倾销。”确定倾销成立的重要前提是产品的出口价格低于其正常价值。

出口价格是出口商将产品出售给进口商的价格。如果不存在出口价格，或因出口商与进口商之间存在伙伴关系，可根据被指控倾销产品首次在进口国国内转售给某个独立买方的价格，推定其出口价格。如果该产品没有转售给独立的买方，或不是以进口时的状态转售，如进口人将产品加工后转售，则进口方可在合理基础上确定出口价格。

正常价值的确定有三种方法：（1）出口国国内销售价格，是指被指控倾销产品或与其相同或相似的产品在调查期间，在出口国国内市场上正常交易的成交价。出口国国内销售价格应具有一定的销售数量，即要有代表性，是确定正常价值的最基本而且是首要的方法。（2）向第三国出口价格，当不存在或无法确定该产品国内销售价格或该销售在出口国销售量太少而无法作为正常价值时，则可采用该产品向第三国出口的可比价格，但应有代表性。（3）结构价格。当出口国国内销售价格和向第三国出口的价格都没有代表性而无法作为正常价值时，可以采用结构价格方法。结构价格是指被指控倾销产品的生产成本加上合理的管理费用、销售和一般费用以及利润。其中生产成本通常包括原材料、能源、劳动力等；管理费、销售费和一般费用应以与生产有关的实际数据以及受调查的出口商或生产商在正常贸易过程中相关产品的销售依据计算。

确定出口价格与正常价值后，还需对两种价格做必要调整，把两种市场上的相同或同类产品的价格放在同一商业环节或同样贸易水平上进行比较，得出公平合理的结论，以决定是否存在倾销。倾销幅度的计算公式是：

$$\text{倾销幅度}=\frac{\text{正常价值}-\text{出口价格}}{\text{出口价格}}\times 100\%$$

一般而言，倾销幅度就是征收反倾销税税率的依据。

2. 损害的确定

对一项倾销产品是否采取反倾销措施，还需确定该产品的倾销是否对进口国国内产业造成损害及损害与倾销之间的因果关系。损害是指因倾销行为对一国国内产业造成重大危害或重大危害的威胁，或是对这种产业的建立构成严重阻碍。“国内产业”则是指进口国内生产相同或类似产品产业的生产者全体，或虽不构成全体，但包括其国内生产相同或类似产品产业的大部分生产者。

按照《反倾销协议》，产业损害是指被指控倾销产品，对进口国生产相同或类似产品的产业造成实质性损害、实质性损害威胁或严重阻碍进口国同类产业的建立。

确定实质性损害时，通常要考虑如下因素：（1）进口产品的数量，无论是绝对数量还是相对进口国生产或消费的相对数量，是否构成了急剧激长；（2）进口产品的价格对国内相同或相似产品的价格有巨大抑制或下降明显；（3）该产品对进口国国内产业相同或类似产品的生产商产生的影响以及后续冲击程度，包括影响产业状况的所有有关的经济因素和指数，如生产产量、销售、库存、市场份额、价格、利润、生产率、投资回收率、现金流动、设备利用能力、就业等诸多因素。

实质性损害威胁是指进口国国内产业虽然尚未处于实质性损害境地，但已受到了这种威胁，而且这种威胁是真实的、迫切的和可以预见的。例如，大量被指控产品已在发运途中，或出口国拥有巨大的生产该同类产品的能力，或出口国计划继续扩大对进口国的出口，或出口商在进口国建立了大量推销网点，市场份额急剧增长等都可被认定为造成了实质性的损害威胁。

严重阻碍某一产业的新建是指倾销产品严重阻碍了进口国建立一个生产该同类产品的新产业。它指的是一个新产业在实际建立过程中受到了严重阻碍，而不是倾销产品阻碍了建立一个新产业的设想或计划。

3．倾销与损害之间因果关系的确定

《反倾销协议》规定，进口成员方要对某种进口产品征收反倾销税，要证明该产品存在倾销、对进口国国内产业造成损害以及倾销与损害之间存在直接的因果关系。在确定倾销与损害的因果关系时，不要求证明倾销进口产品是造成损害的主要原因，只要证明是造成损害的原因之一即可。

4．反倾销调查

（1）反倾销调查的提起

反倾销调查一般由能代表进口国某产业的大部分生产者代表或生产者协会、工会等发起。发起者应向有关当局提出书面申请，书面申请包括：申请人名称、身份及申请人对国内相同产品生产价值与数量的陈述；对被指控倾销产品的说明，包括该产品所属国家的名称、出口国或原产地国名称、进口该产品的当事人名单；被诉产品在出口国国内市场、向第三国出口或结构价格的价格资料；被诉产品进口数量变化的资料以及对进口国国内产业后续冲击程度的资料等。

特殊情况下，如果有关当局掌握了倾销、损害及其因果关系后，即使没有国内产业或代表国内产业发起调查的书面申请，也可以发起一项反倾销调查。

（2）调查

进口方当局接到书面申请后，经审查认为可以进行反倾销调查时，通知与案件有利害关系的出口商、进口商以及申请方，并向出口商、生产者等发出调查问卷。在调查过程中，有利害关系的当事人要提供充分的书面证据，一般还要举行听证会，使有利害关系的当事人有机会为其利益辩护。

反倾销调查开始后，有关当局如发现存在下列情况应立即终止调查：第一，倾销或损害的证据不足；第二，倾销幅度按正常价值的百分比表示小于 2%，倾销幅度被认为是最小的；第三，如果从一个特定国家进口倾销产品的数量被确定为占进口国国内市场上相同产品不足 3%时，倾销产品的数量可忽略不计。反倾销调查一般应在其开始后的一年内结束，最长不能超过 18 个月。

（3）初步裁决与临时措施

进口国当局在初步裁决认为存在倾销和损害事实后，为防止国内产业进一步受到损害，可采取反倾销临时措施。实施临时措施的条件是：第一，已开始进行反倾销调查，并已给予所有利害关系当事人以提供证据和发表意见的充分机会；第二，已作出肯定性存在倾销的初步裁决，并且倾销确已对国内产业造成伤害；第三，采取临时措施对防止在调查期间发生损害是必要的。

临时反倾销措施主要有两种形式，一是征收临时反倾销税；二是采取担保方式，即支付现金或保证金，其数额相当于预计的临时反倾销税，但不得高于预计的临时反倾销幅度。

临时反倾销措施只能从开始调查之日起 60 天后采取，实施期限不超过 4 个月，在有关当局认为有必要或者应涉案主要出口商要求后，才可适当延长，最长不超过 9 个月。

5．价格承诺

反倾销调查初步裁定存在倾销后，如果出口商主动承诺提高倾销商品的价格或停止以倾销价格向进口国内市场出口，反倾销调查程序可以暂时中止或终止，而不采取临时措施或征收反倾销税。如果反倾销当局认为不能接受其价格承诺（如出口商的出口产品数量巨大等），可以拒绝其价格承诺，但应说明不接受理由，并给出口商说明意见的机会。价格承诺可由反倾销当局提出建议，由出口商决定是否接受，但不能强迫出口商达成价格承诺的协议。

达成价格承诺协议后，出口商要定期提供试行该协议的资料，并允许对资料中的有关数据进行核实。但如果出口商违反承诺，进口国当局可采取紧急行动，包括采取反倾销临时措施。价格承诺有效期限一般不得超过征收反倾销税的有效期限。

6．最终反倾销税的征收

进口国有关当局最终裁定进口产品构成倾销，并因此而对进口国相同或类似产品的产业构成了实质性损害，可对该倾销产品征收反倾销税；反倾销税的税额应是正常价值与出口价格之间的差额（即倾销幅度），可以少于该差额征收，但不能超过该差额征收。

7．反倾销税的追溯效力

反倾销税的追溯效力是指对某项进口产品裁定征收反倾销税后，在符合其他条件的情况下可以对以往进口的该商品追征反倾销税。适用追溯性反倾销税的条件主要有：

（1）在作出倾销造成产业损害或损害威胁的最终裁定时，如果由于缺乏临时性措施，从而使倾销产品在调查期间继续对进口方境内产业造成损害，则最终确定的反倾销税可以溯及到能够适用临时措施的时候开始计征。如果反倾销调查在初步裁定存在倾销时已制定出临时措施，在追溯性计征反倾销税时，如最终确定的反倾销税额高于已支付的或应支付的临时反倾销税，其差额不再征收；但如果最终确定的反倾销税额低于已支付或应支付的反倾销税额或交付的担保金，其差额应予以退还，或重新计算税额。

（2）如果反倾销调查最终裁定所进口的倾销商品有造成损害的倾销史，或者进口商知道或理应知道出口商在进行倾销，并肯定会对进口方产业造成损害，或者损害是在短期内因倾销产品的大量进入而造成的，那么反倾销税可以对那些在临时措施适用之前的90天内进入消费领域的倾销产品追溯计征。

（3）如果对倾销产品作出的最终裁决属于损害威胁或者严重阻碍的裁决，而损害尚未发生，则反倾销税只能从该损害威胁或严重阻碍的裁决作出之日起计征。在临时措施适用期间交付的现金押金应予退还，担保应尽快解除。

8．反倾销税的征收期限

反倾销税自开征之日起的5年内一直有效，直到能消除倾销所造成的损害为止。但如果有利害关系的当事人以确实资料提出审查要求，或在反倾销税征收了一段合理期限以后，进口成员方当局应审查继续征收反倾销税是否还有必要。如果事实表明已无必要，则应停止征收反倾销税；在审查期间（不超过12个月）如果达成价格承诺或担保安排，则应立即停征反倾销税。

9．协商与争端解决

为实施《反倾销协议》，协议规定成立一个由各成员方代表组成的“反倾销实施委员会”。该委员会由成员方代表组成，每年至少召开两次全体会议，其主要职能是在成员方之间进行协商，并执行该协议。各成员方应将反倾销的初步行动和最后结果毫不迟延地向该委员会汇报，各成员方可在总协定秘书处查询此类报告。

任何成员采取反倾销措施，影响了其他成员方的权益，可以通过反倾销磋商和争端解决途径寻求解决。除该协议另有规定外，WTO争端解决机制同样适用于反倾销。

根据世界贸易组织规则处数据库统计资料，1987年以来的十多年里，我国遭受反倾销调查案件的数量、最终被裁定为倾销案件的数量，以及最终被裁定为倾销案件的数量在遭受反倾销调查案件的数量中所占的比例，都位于世界第一位。所以，研究反倾销法律对我国出口贸易具有特别重要的意义。

二、《补贴与反补贴措施协议》

（一）《补贴与反补贴措施协议》的产生

补贴作为公共经济政策的重要组成部分，被各国广泛采用。补贴使产品价格降低，有利于消费者。但补贴扭曲了资源分配，使生产不根据市场原则进行。从国际贸易角度讲，对国内产品的补贴会排斥外国产品的进口，如同关税，只不过关税是对进口产品增加一个价值额，而补贴是对国内产品降低一个价值额；对出口产品的补贴使得出口产品的价格低于在国内销售的价格，如同倾销，对商品进口国的国内产品造成了不正当的竞争。与反倾销相比，补贴是一个政府政策问题。

GATT1947 第 6 条和 16 条就开始涉及补贴与反补贴问题，东京回合达成了《反补贴守则》，对 GATT1947 第 6 条和 16 条给予重大发展。乌拉圭回合达成了《补贴与反补贴措施协议》，成为 WTO 一揽子协议的组成部分，适用于 WTO 所有成员。

（二）《补贴与反补贴措施协议》的主要内容

《补贴与反补贴措施协议》共包括 11 个部分和 7 个附件。11 个部分分别是：总则、禁止性补贴、可诉性补贴、不可诉性补贴、反补贴措施、机构、通知和监督、发展中成员、过渡性安排、争端解决、最后条款。

1. 补贴

《补贴与反补贴措施协议》从主体、形式和效果三个方面对补贴进行规定，补贴满足以下三个条件时成立：补贴由政府或公共机构提供；政府提供了财政资助或任何形式的收入或价格支持；补贴使产业或企业得到了利益。

财政资助包括：政府直接提供资金（如政府赠款、政府为企业提供贷款担保等）、政府应征税收的减免、政府提供除一般基础设施外的货物或服务或采购货物等。

2. 专向补贴

专向性（specific）补贴是指补贴只给予一部分的产业、企业地区。《补贴与反补贴措施协议》只约束专向性补贴，并规定了 4 种类型的专向性补贴：企业专向性补贴（政府对部分特定企业予以补贴）、产业专向性补贴（政府对部分特定产业予以补贴）、地区专向性补贴（政府对其领土内的部分特定地区的某些企业予以补贴）和禁止性补贴（与出口实绩或使用进口替代相联系的补贴）。

《补贴与反补贴措施协议》第 2 条规定了认定专向性补贴的标准和条件。

凡是有关法律法规有明文规定、主管机关有明确指示，补贴只给予特定企业或产业的，该补贴就具有法律上的专向性。如果对特定企业或产业的补贴，虽然没有法律上的明文规定，但事实上却给予了补贴，则可以认定具有事实上的专向性。补贴只要具有法律上或事实上的专向性，就被认定具有了专向性。

3．补贴的种类

《补贴与反补贴措施协议》将补贴分为三种：禁止性补贴（prohibited subsidies）、可诉补贴（actionable subsidies）和不可诉补贴（non-actionable subsidies）。有人形象地称为红色补贴、黄色补贴和绿色补贴。

（1）禁止性补贴

出口补贴和进口替代补贴（当地成分补贴）被协议认定为禁止性补贴。出口补贴是指法律上或事实上以出口实绩（export performance）为唯一的或其中一个条件的补贴。出口补贴的影响在于：刺激出口数量的增长，使其他未受补贴的同类产品在竞争中处于不利地位，并可能对进口方或第三方相关产业造成实质损害或实质损害威胁。但需要注意的是，并不是出口企业得到的补贴都是出口补贴，因为出口企业完全可以享受非专向性补贴。《补贴与反补贴措施协议》附件1列举了12种属于出口补贴的典型情况。

进口替代补贴是指以使用国产货物为唯一或其中一个条件而给予的补贴。与出口补贴给予出口产品的生产者或出口商不同，进口替代补贴是给予国产品的生产者、使用者或消费者。这种补贴的影响是：使进口产品在与受补贴的国产品竞争中处于劣势，从而抑制相关产品的进口。

进口替代补贴的对象可以是生产商，如给予进口替代产业优惠贷款，或为此类企业提供比其他企业更优惠的货物或服务，或在外汇使用方面提供更多的便利条件，或减免此类企业所得税等。进口替代补贴的对象还可以是使用者、消费者，如对进口替代产品使用者给予物质奖励，允许该使用者对进口替代设备进行加速折旧，或者给予此类设备的增值税给予全额抵扣，对购买进口替代设备提供优惠贷款等。

（2）可诉补贴

可诉补贴也被成为“黄灯补贴”，是指那些虽然不被禁止，但如果损害另一成员的国内产业、使其他成员根据GATT1994享有的利益丧失或受到损害、严重损害另一成员的利益时，可能通过反补贴税措施等被指控的补贴。

（3）不可诉补贴

不可诉补贴也称“绿灯补贴”。《补贴与反补贴措施协议》规定了两大类不可诉补贴：一是不具有专向性的补贴，二是符合特定要求的专向性补贴。

不具有专向性的补贴是指可以普遍获得，不针对特定企业、特定产业和地区的补贴。符合特定要求的专向性补贴，包括研究和开发补贴、贫困地区补贴、环保补贴。研究与开发补贴是指对公司进行研究和开发活动的援助，或对高等教育机构、研究机构与公司签约进行研究和开发活动的援助。贫困地区补贴是指按照一项总体地区发展规划给予贫困地区的援助。环保补贴是指为促进现有设施适应法律、法规规定的新的环保要求而提供的援助。

《补贴与反补贴措施协议》第 8 条对上述补贴规定了非常详细的限定条件。该协议第 31 条规定，有关不可诉补贴的规定临时适用 5 年（1995 年 1 月 1 日至 1999 年 12 月 31 日）。

《补贴与反补贴措施协议》仅对工业品的补贴作了规定，该协议并不涉及农产品。《农产品协议》对农产品补贴作了特殊规定。

4．反补贴措施

反补贴措施是指进口方主管机构应国内相关产业的申请，对受补贴的进口产品进行反补贴调查，并采取征收反补贴税或价格承诺等方式，抵消进口产品所享受的补贴，以保护受到损害的国内产业。《补贴与反补贴措施协议》第五部分对采取反补贴措施规定了要求，该部分既包括实体要求，又包括程序要求。

如果一成员确定进口产品存在补贴，对国内产业造成损害，并存在因果关系，可以采取反补贴措施。专向补贴是否存在，需根据《补贴与反补贴措施协议》第一部分（补贴和专向补贴的定义）确定，而损害和因果关系需根据第五部分规定的标准确定。《补贴与反补贴措施协议》第五部分规定了确定利益存在及其数额的规则，明确规定可以累积确定来自于不同成员的补贴进口的效果。

协议第五部分规定了详细的反补贴措施的程序要求，包括：反补贴调查的发起和进行，采取临时的以及终局的措施，承诺的使用，措施的期限。这些规则的关键目的是保障调查能够以透明的方式进行，所有利益方都有机会捍卫自己的利益，调查当局应充分解释其裁定的依据。

如果一成员在采取反补贴措施过程中，未能遵守实体和程序上要求，其他成员可以通过争端解决程序提出质疑。

《补贴与反补贴措施协议》规定，争端解决程序与反补贴措施可以平行引用。如果一成员认为另一成员实施补贴措施，该成员可以向争端解决机构提起申诉，同时也可以进行反补贴调查，以确定补贴进口产品是否对其国内产业造成损害。对某一特定补贴只能采取一种形式的救济措施，或者征收反补贴税，或者根据《补贴与反补贴措施协议》第 4 条或第 7 条采取报复措施。

5．补贴的争端解决

《补贴与反补贴措施协议》对成员之间有关补贴的争端，提供了更为快捷的多边解决程序。如一成员有理由认为其他成员的补贴对其国内产业造成了损害、使其利益丧失或造成严重妨碍，可以要求与补贴实施成员进行磋商，达成相互同意的解决办法。如在提请磋商的60天内不能达成相互同意的解决办法，参与磋商的任何一方可以提交WTO争端解决机构解决。当专家组或者上诉机构的报告判定对其他成员利益构成不利影响的补贴存在，该报告被争端解决机构通过，提供或维持了该补贴的成员应采取适当的步骤消除不利影响或取消补贴。如果通过报告后6个月内受指控成员没有采取适当的步骤消除不利影响或取消补贴，且没有能够达成给予补偿的协议，争端解决机构可授权申诉成员采取适当的反补贴措施，该措施应与裁定存在的不利影响的性质及程度相适应。

对于反补贴措施，如果争端一方持有异议，可以根据《关于争端解决规则与程序的谅解》（DSU）提交仲裁，就反补贴的适当性作出裁决。

6. 机构和监督

根据《补贴与反补贴措施协议》第六部分，WTO设立补贴与反补贴措施委员会，监督该协议的实施。还设立常设专家组，在争端机构专家组的请求下，依据争端解决程序确定某一补贴是否属于被禁止的补贴。

《补贴与反补贴措施协议》第25条规定，各成员应向补贴与反补贴措施委员会通知所有的专向补贴，该通知应受委员会的审查和讨论。每3年都应向委员会通知新的和全部的专向补贴。该通知义务涉及所有货物、任何部门以及任何级别的政府，没有提供专向补贴的成员也应通知。协议第32条要求所有成员应将反补贴税立法和规章通知委员会，没有反补贴法的成员也要通知。成员应每半年向委员会通知其采取的反补贴措施，并在采取初步的和终局的反补贴税措施时通知。应将其发起和进行反补贴调查的主管当局通知委员会。

三、《保障措施协议》

（一）《保障措施协议》的产生

在美国倡导下，GATT1947第19条规定了对某种产品进口的紧急措施：当一成员发现由于关税减让等原因造成某一产品进口大量增加，以致对其国内相同产品或与它直接竞争产品的生产商造成严重损害或严重损害威胁时，该成员可以对该进口实施临时的保障措施。保障措施实质上是对承担义务的例外，也被称为例外条款。

由于GATT要求最惠国待遇，以关税作为对进口实施限制的措施。有些发达国家为了规避GATT的规则，采取了一些“灰色区域措施”，与出口增长的出口成员达成协议，通过自愿出口限制、有序销售安排以及类似措施，要求出口成员将其出口限于协议内的配额内。“灰色区域措施”不是根据GATT第19

条实施，不受GATT约束，但其合法性受到怀疑，因为这些措施实质上是歧视性的，违背了非歧视性实施进口限制措施的规定。为了加强GATT纪律，重建对保障措施的多边控制，消除规避此类控制的措施，乌拉圭回合谈判对GATT第19条进行修改，达成了《保障措施协议》，适用于WTO所有成员方。

（二）《保障措施协议》的主要内容

该协议由14个条款和1个附件构成，内容包括：协议适用范围、保障措施的适用条件、对协议生效前存在的保障措施的取消、监督协议执行的多边机制等。

1．保障措施

WTO各项规则中，具有保障功能的条款很多，如GATT1994第6条反倾销和反补贴、第12条为保障国际收支而实施的限制、第18条有关政府对经济发展的援助、第20条一般例外、第21条安全例外等，这些条款从广义上均可纳入保障条款范畴。乌拉圭回合后，作为一个正式法律用语的“保障措施”即专指GATT1994第19条规定的保障措施。

保障措施属于法律上的情势变迁问题。关贸总协定成员依据总协定的规定通过关税减让谈判承诺减让关税，或承诺取消数量限制，或承诺取消一些其他的非关税壁垒，在履行承诺的过程中进口一般会增长，这种增长如果在一定幅度内是可以预期的，也是合理的，但如果超过了一定幅度，引起了严重的负面效果，如对国内相关产业造成某种损害，总协定第19条允许成员方偏离总协定规定的义务，采取保障措施。

2．保障措施的种类

（1）关税措施与非关税措施

关税措施包括提高关税和背离关税约束。提高关税如原来是40%减到了20%，现在出现进口激增且给国内业产造成损害时，可将关税提高到30%，或恢复到40%，还可能提高到60%。背离关税约束是指如一成员目前关税是15%，承诺不再提高关税，即为关税约束。当出现进口激增且造成国内产业损害情况时，该国可以偏离关税约束义务，即可以把原来约束的15%提高到20%。

非关税措施主要是数量限制，当出现进口激增时，可以数量限制作为保障措施。也可采取数量限制与关税措施相结合的，即关税配额。

非关税措施与关税措施相比较，关税措施主要通过影响进口产品竞争力来达到减少进口的目的。数量限制则不同，数量限制外的产品，竞争力再强也不能进口，对贸易扭曲作用更大。因此，协议对关税措施规定不多，但对数量限制措施规定了一些标准。

（2）临时保障措施与最终保障措施

临时性保障措施是指在发起保障措施调查得出初步结论后，尚未进行磋商，而认为如不采取临时保障措施，国内产业的损害将无法挽回时，临时所采取的保障措施。为避免临时保障措施的滥用，协议对采取临时保障措施的前提和条件进行了规定：在延迟会造成难以弥补的损失的特殊情况下，成员可不经磋商而采取临时保障措施，但成员需依明显证据对进口增加已造成严重损害或正在威胁造成严重损害进行初步认定。

最终保障措施实施期是 4 年，延长最长不应超过 8 年，包括适用临时措施的期限、初始适用的期限及任何延期在内。保障措施实施期限的延长必须依第 2 条有关条件的规定、第 3 条有关调查及公告的规定以及第 4 条有关损害确定的规定的程序进行审查。

3．保障措施的条件

协议第 2 条是关于实施保障措施的前提条件的规定：某一成员方要实施保障措施必须证明存在某一产品的进口增长，且该进口增长导致了进口成员方相关产业的严重损害或严重损害威胁。

“进口增长”是指数量的增长，包括绝对增长和相对增长两种情况。绝对增长是指某一产品的进口数量在某一段时期内的绝对增加，如去年某一产品的进口数量是 10 万件，今年该产品的进口数量是 20 万件。相对增长是指某一产品在某一段时期内的进口数量相对于进口方境内生产数量的相对增加。如去年某一产品的进口数量是 10 万件，同期国内同类产品的销量为 30 万件，今年进口该产品的数量仍为 10 万件，但国内同类产品的销量为 20 万件。今年与去年相比，进口数量并没有增加，但国内产品的市场份额却在减小。采用保障措施首先是要通过调查证明某一产品进口数量的绝对或相对增长。

“损害”包括对国内产业存在严重损害或严重损害威胁两种情况。“国内产业”指在进口成员方领土内生产相似产品或直接竞争产品的国内生产者全体，或相似产品或直接竞争产品的总体产量占该成员国内总产量主要部分的生产者。“严重损害”是指一国国内产业状况的重大全面减损。“严重损害威胁”指对某一国内产业的地位造成的重大总体损害还未发生，但已迫在眉睫。对于“严重损害威胁”的证明不能仅仅是断言、推测或是一种可能性，应有可信的事实为依据，如尚有大量的在途货物将抵达等。

上述进口增长与严重损害或严重损害威胁之间必须存在因果关系，进口方才可实施保障措施。当进口产品增加以外的原因也对国内产业造成损害时，则该损害不应归于进口产品的增加。例如，在钢铁 201 案中，美方认为，数据显示，自 1998 年以来，美国钢铁业共有 31 家钢铁公司申请破产保护，数万钢铁工人失业，美国国内的钢铁价格跌至20年来的最低点[①]，其原因是因为进口钢材的大量涌入，因此要求政府采取保障措施。而其他国家则认为，美国钢铁业的困境是由于美国国内的钢铁业产业调整的问题。钢铁业的改革在欧洲早在80年代即已完成，美国钢铁业者缺乏竞争力是由于其未进行相应的改革，而非进口的增长。美国在过去三年钢铁进口量呈下降的趋势[②]，可见进口没有增长，更不是其国内产业出现困境的原因。

4．实施保障措施的程序

协议对进口成员方规定了严格的通知义务。第12条规定了成员需向保障措施委员会通知的内容和范围、必须通知的内容、关于磋商结果应立即通知货物贸易理事会的事宜、有关保障措施法律法规及行政程序的通知等。

WTO成员在实施保障措施之前，必须通过调查证明协议第2条规定的条件都得以满足。特别强调拟实施保障措施的成员必须在整个调查过程中，给其他有利害关系的成员充分的磋商机会。由于采取保障措施会影响到有关成员根据相关协议所应享有的利益，因此，协议要求采取或延长保障措施的成员应给有利害关系的成员提供事先磋商的充分机会。第12条（3）款是关于实施和延长保障措施的磋商问题的规定。磋商的内容可以是针对第2款所提供的信息的审议，也可以是针对第8条的贸易补偿问题。协议鼓励成员通过充分磋商达成谅解。

5．保障措施实施的期限

保障措施实施的期限是4年，延长最长不应超过8年，包括适用临时措施的期限、初始适用的期限及任何延期在内。如调查认为保障措施对防止损害或补救损害仍有必要，而且有证据表明受救济的产业正处于调整之中，则实施保障措施的期限可以延长，但总期限不应超过8年，并需遵守第8条有关补偿及第12条有关通知与协商的义务。

6．补偿与报复

协议第8条是关于补偿与报复的规定。保障措施所针对的是公平贸易条件下的产品进口，因此，保障措施的实施必然对出口方的正当利益产生影响。为此，协议第8条规定实施保障措施的成员与其他有利害关系的成员可就贸易补偿问题进行谈判。如果在30日内不能达成双方满意的补偿方案，则利益受到影响的出口成员可在保障措施实施后90日内，且在货物贸易理事会收到其关于报复的书面通知30日后，可以对实施保障措施的成员采取实质对等的报复

① Whitehouse, Temporary Safeguards for Steel Industry, Whitehouse.gov/infocus/steel.

② EU，EU Responds Firmly to US Decision to Severely Restrict Steel Imports From Rest of World, IP/02/367http://www. europa.

措施。条件是货物贸易理事会不反对实施这种报复措施。

7. 对发展中国家的特殊待遇

协议第 9 条特别关注发展中国家成员，第 1 款规定对来自发展中国家成员的产品，只要其产品的进口份额在进口成员中不超过 3%，及所有不超过 3% 的发展中国家成员的份额总计不超过总进口的 9%，则不应对该发展中成员实施保障措施。第 2 款是关于发展中成员在实施保障措施时可以放宽期限的规定。依该款规定，发展中成员采取保障措施的期限可比第 7 条（3）款规定的最长期限再延长两年，即最长可适用 10 年。

8. 监督与争端解决

为实施协议并加强多边监督，协议第 13 条规定设立保障措施委员会，第 14 条规定磋商和争端解决问题，保障措施争端的解决在 WTO 争端解决机制框架之下。适用于其他争端的《争端解决谅解》及 GATT1994 第 22 条和第 23 条也适用于保障措施争端的解决。

第三节　货物贸易其他领域协议

一、《农产品协议》

（一）《农产品协议》的产生

农产品是一种战略物质，保护农业是各国的一项重要农业政策。特别是发达国家，极力推行农业支持和进口限制政策，造成了农产品生产过量和结构严重失衡；同时，为缓解库存压力、处理剩余产品，通过巨额出口补贴向国际市场大量销售农产品。国际农产品市场因此受到严重扭曲，冲突不断升级。

农产品贸易问题被列为乌拉圭回合谈判的重要议题之一，目标是通过减少农业补贴和保护，建立一个公正的、以市场为导向的国际农产品贸易体系，从根本上纠正国际农产品市场中存在的扭曲现象。1993 年 12 月 15 日《农产品协议》（Agreement on Agriculture）达成。

（二）《农产品协议》的主要内容

该协议分为 13 个部分，有 21 个条款和 5 个附件，包括适用的产品范围、农产品贸易规则、给予发展中成员特殊和差别待遇、以及在 WTO 中建立农业委员会等内容。

有关农产品的贸易规则，主要涉及农产品市场准入、农业国内支持、出口补贴以及实施卫生与植物卫生措施等方面。对于发展中成员，《农产品协议》还规定了特殊和差别待遇。协议主要内容如下：

1．农产品市场准入

针对许多国家利用关税及非关税壁垒限制农产品进口的情况，《农产品协议》要求成员方将非关税措施转化为关税，并逐步降低关税，以保证一定水平的市场准入机会。主要采取的措施是：第一，将现行非关税措施转化成普通关税，即关税化。第二，约束所有农产品关税，包括关税化后的关税。第三，从1995年开始，发达成员在6年内，发展中成员在10年内，分年度削减农产品关税。第四，以1986年至1988年为基准期，有关成员在这一期间进口必须进行关税化的农产品，如不足国内消费量的5%，则应承诺最低数量的进口准入机会。第五，针对关税化的农产品，建立特殊保障机制。第六，最不发达成员列入关税化及关税约束，但免于削减关税承诺。

2．农业国内支持

为消除农业国内支持措施对农产品贸易产生的不利影响，《农产品协议》对不同的国内支持措施进行分类处理。主要内容是：

第一，“绿箱”措施是指由政府提供的、其费用不转嫁给消费者，且对生产者不具有价格支持作用的政府服务计划。这些措施对农产品贸易和农业生产不会产生或仅有微小的扭曲影响，成员方无须承担约束和削减义务。主要包括：一般农业服务支出，如农业科研、病虫害控制、培训、推广和咨询服务、检验服务、农产品市场促销服务、农业基础设施建设等；粮食安全储备补贴；粮食援助补贴；与生产不挂钩的收入补贴；收入保险计划；自然灾害救济补贴；农业生产者退休或转业补贴；农业资源储备补贴；农业结构调整投资补贴；农业环境保护补贴和落后地区援助补贴等。

第二，“黄箱”措施是指政府对农产品的直接价格干预和补贴，包括对种子、肥料、灌溉等农业投入品的补贴，对农产品营销贷款的补贴等。这些措施对农产品贸易产生扭曲，成员方须承担约束和削减义务。通常用综合支持量来衡量“黄箱”补贴的大小。免予削减的范围，主要包括农业投资补贴、对低收入或资源贫乏地区生产者提供的农业投入品补贴、为鼓励生产者不生产违禁麻醉作物而提供的支持等。

第三，“蓝箱”措施是指按固定面积和产量给予的补贴（如休耕补贴），按基期生产水平的 85%或 85%以下给予的补贴，按固定牲畜头数给予的补贴。这些补贴与农产品限产计划有关，成员方不需承担削减义务。

3．出口补贴和卫生与植物卫生措施

出口补贴是一项对贸易产生严重扭曲的政策措施，《农产品协议》不禁止成员对农产品出口实行补贴，但要削减出口补贴。对于发达国家和发展中国家都规定了按照年度的削减比例。

为继续农产品贸易改革的进程，在发达成员承诺实施期结束前一年，WTO成员开始新的谈判。同时WTO成立了农业委员会，审议成员方执行乌拉圭回合中所作承诺的进展情况，为成员方提供讨论与执行《农产品协议》任何事项的机会。

二、《实施卫生与植物卫生措施协议》

（一）《实施卫生与植物卫生措施协议》的产生

实施卫生与植物卫生措施的目的，是为了保护人类、动植物的生命或健康，如保护人类生命免受食品和饮料中的添加剂、污染物、毒素及外来动植物病虫害危害；保护动物生命免受饲料中的添加剂、污染物、毒素及外来病虫害危害等。

在农产品非关税措施被转换成关税以后，某些缔约方可能会更多地、不合理地使用卫生与植物卫生措施，阻碍国际贸易发展。为消除这种威胁，《实施卫生与植物卫生措施协议》（Agreement on the Application of Sanitary and Phytosanitary Measures）应运而生，《农产品协议》中也设有专门条款。《实施卫生与植物卫生措施协议》是乌拉圭回合达成的一个新协议，其宗旨是指导各成员制定、采用和实施卫生与植物卫生措施，将这些措施对贸易的消极影响减少到最低程度。

《实施卫生与植物卫生措施协议》与《技术性贸易壁垒协议》也有一定的联系，两者区别在于管辖范围不同，前者仅涉及食品安全、动物卫生和植物卫生三个领域。后者涉及范围广泛，除与上述三个领域有关外，其他所有产品的技术法规和标准都受其管辖。如进口瓶装饮用水的制瓶材料是否对人无害、所装的饮用水是否有害等，属于《实施卫生与植物卫生措施协议》范围；而瓶子的体积大小、形状是否符合超市货架摆放和展示要求，则属于《技术性贸易壁垒协议》的管辖范围。

（二）《实施卫生与植物卫生措施协议》的主要内容

《实施卫生与植物卫生措施协议》由14个条款和3个附件组成。主要内容包括：应遵循的规则、发展中成员所享有的特殊和差别待遇、卫生与植物卫生措施委员会的职能、争端解决等。主要内容如下：

1．成员方应遵循的规则

成员方制定和实施卫生与植物卫生措施，应遵循如下规则：第一，非歧视地实施卫生与植物卫生措施。第二，以科学为依据实施卫生与植物卫生措施。第三，以国际标准为基础制定卫生与植物卫生措施。第四，根据有害生物风险分析确定适当的保护水平。有害生物风险分析是指，进口方专家在进口前对进口产品可能带入的病虫害，或者食品中可能存在的添加剂、污染物等可能产生的不利影响，所做出的科学分析报告，是进口方是否进口该产品的决策依据。第五，接受“病虫害非疫区”和“病虫害低度流行区”的概念。第六，保持卫生与植物卫生措施有关法规的透明度。

2．发展中成员享有的特殊和差别待遇

协议规定：第一，成员方应考虑发展中成员的特殊需要，如果分阶段采用新的卫生和植物卫生措施，应给予发展中成员更长的时间。第二，以双边的形式或通过适当的国际组织，向发展中成员提供技术援助，如针对加工技术、科研和基础设施等领域，采取咨询、信贷、提供设备和培训等方式。第三，发展中国家的成员可推迟 2 年，即从 1997 年 1 月 1 日起，开始执行《实施卫生与植物卫生措施协议》。此后，如果发展中成员提出请求，可以有时限地免除其在该协议下的全部或部分义务。

3．卫生与植物卫生措施委员会的职能

为监督成员执行协议，WTO 设立了卫生与植物卫生措施委员会，以加强与主管标准的国际组织的联系与合作，并制定相应程序，监督和协调国际标准的使用。该委员会还应对协议的运用和实施情况进行审议。必要时，向货物贸易理事会提交修正该协议文本的建议[①]。

4．争端的解决

因实施卫生与植物卫生措施方面发生争端，成员方应利用 WTO 争端解决机制予以解决。

三、《纺织品与服装协议》

（一）《纺织品与服装协议》的产生

《纺织品与服装协议》（Agreement on Textiles and Clothing）是一个阶段性协议。其主要目的是，在 1995 年 1 月 1 日至 2004 年 12 月 31 日的 10 年有效期内，逐步取消纺织品与服装贸易限制，使长期背离多边贸易规则的纺织品与服装贸易，最终纳入 WTO 规则的框架之内，从而进一步推动贸易自由化。

纺织品与服装贸易在国际贸易中占有重要地位。由于美国等发达国家对竞争力逐渐衰退的本国纺织品与服装产业，实行贸易保护主义政策。长期以来按照《多种纤维协议》规定，发展中国家与发达国家的纺织品与服装贸易，如果进口的某一纺织或服装产品，对进口方相关产品市场产生扰乱或扰乱威胁，进口方可以采取选择性进口数量限制。这与关税与贸易总协定非歧视原则和禁止

① 石广生主编：《世界贸易组织基本知识》，人民出版社，2001 年 11 月，第 123 页。

数量限制原则严重背离。

随着关税与贸易总协定地位的加强，发展中国家对发达国家纺织品与服装进口的歧视性体制表示强烈不满。乌拉圭回合将纺织品与服装贸易纳入谈判目标。1993 年 12 月达成《纺织品与服装协议》，取代了《多种纤维协议》。

（二）《纺织品与服装协议》的主要内容

该协议有 9 个条款，1 个附件，主要包括适用产品范围、分阶段取消配额限制、过渡性保障措施、非法转口处理、设立纺织品监督机构等。主要内容如下：

1．适用产品范围

协议附件列明了逐步取消配额限制的产品范围，包括毛条和纱、机织物、纺织制品、服装等四个组，涉及《商品名称及编码协调制度》的部分产品，依照海关 6 位数编码共约 800 个税号，囊括成员方根据《多种纤维协议》已实行进口数量限制的全部产品以及少量的非《多种纤维协议》数量限制产品。

2．分阶段取消配额限制

协议要求成员方不得设立新的纺织品与服装贸易限制，并逐步取消已有的限制。这一规定通常称为“经济条款”。协议第 2 条规定，附件中所列的产品，应在 10 年内分四个阶段取消进口数量限制。第一阶段：1995 年至 1997 年，成员方取消配额限制的产品比例，不应低于 1990 年该进口方进口附件产品总量的 16%。第二阶段：1998 年至 2001 年，成员方取消配额限制的产品比例，不应低于 1990 年该进口方进口附件产品总量的 17%。第三阶段：2002 年至 2004 年，成员方取消配额限制的产品比例，不应低于 1990 年该进口方进口附件产品总量的 18%。第四阶段：2005 年 1 月 1 日，成员方取消所有剩余产品（占 1990 年该成员方进口附件所列产品总量的 49%）配额限制，届时《纺织品与服装协议》自行终止。

协议规定：对尚未取消配额限制的产品分四个阶段逐步扩大进口配额。第一阶段，1995 年至 1997 年，在《多种纤维协议》规定的年增长率基础上增加 16%。第二阶段，1998 年至 2001 年，在第一阶段增长率基础上再增加 25%。第三阶段，2002 年至 2004 年，在第二阶段增长率基础上再增加 27%。第四阶段，2005 年 1 月 1 日，完全取消配额①。

对于不符合 GATT1994 规定的、《多种纤维协议》以外的限制，由成员方自行决定，可以在《建立 WTO 协定》生效 1 年内取消，或者在 10 年过渡期内逐步取消。

①石广生主编：《世界贸易组织基本知识》，人民出版社，2001 年 11 月，第 101 页。

3．过渡性保障措施

某项纺织品或服装的配额限制取消之前，如果进口方能够证明该产品进口数量剧增，对国内有关产业造成严重损害或有严重损害的实际威胁，并且自单个国家的进口出现急剧和实质性增加，则可针对该出口方采取保护行动，即过渡性保障措施。

过渡性保障措施只允许被使用在尚未纳入GATT1994规则的产品上，已纳入GATT1994的产品应采用WTO的保障措施。

过渡性保障措施可以在双方磋商同意后采取，磋商未达成协议也可单方面采取，但均须接受纺织品监督机构的审议。进口限制水平，应不低于提出磋商请求当月的前两个月之前的12个月的实际进口或出口水平。过渡性保障措施可以维持3年，不得延长，当该产品纳入GATT1994约束时，即自行终止。在使用过渡性保障措施时，应给予最不发达国家、小供应国、新进入市场的国家以更优惠的待遇。

4．非法转口的处理

如果成员方通过转运、改道、谎报原产地或原产国、伪造文件来规避协议规定和逃脱配额管理，这种做法被称为非法转口或舞弊[①]。只要有纺织品与服装贸易的配额制度存在，就有可能出现非法转口。不仅进口方关注打击非法转口问题，出口方以及中转方也都重视并防止产生非法转口问题。如果有充分证据证明进口产品属于非法进口，各有关方经协商，可以采取拒绝进口清关、扣除相应数量的配额等适当措施。

5．纺织品监督机构

WTO专门设立纺织品监督机构，负责监督该协议的实施，审查成员方措施是否符合协议，并提出建议和作出裁决。如果成员不能接受纺织品监督机构的建议或裁决，纺织品监督机构审议后再次提出建议。如果成员仍不能接受，则可以通过WTO争端解决机制解决。

四、《技术性贸易壁垒协议》

（一）《技术性贸易壁垒协议》的产生

随着科学技术的发展，各国为了维护国家基本安全，保护人类健康或安全，保护动植物生命或健康，保护环境，保证出口产品质量，防止欺诈行为等合法目的，利用一些技术法规、标准和合格评定程序等技术性措施，对进口产品进行限制。

① 赵承璧编著：《国际贸易统一法》，法律出版社，1998年版，第128页。

为了防止技术性措施被用做贸易保护手段，成为贸易发展的障碍，国际社会认为有必要制定统一的国际规则来规范技术性措施，消除技术性贸易壁垒。为此，关税与贸易总协定在1970年成立了一个政策工作组，专门研究制定技术标准与质量认证程序方面的问题，并负责起草防止技术性贸易壁垒的协议草案。“东京回合”通过了《技术性贸易壁垒协议》(Agreement on Technical Barriers to Trade)。该协议只对签署的缔约方有效。乌拉圭回合对该协议进一步修改和完善，使之成为WTO货物贸易多边协定的组成部分，对所有成员都有效。

(二)《技术性贸易壁垒协议》的主要内容

该协议由15个条款和3个附件组成，主要内容包括：制定、采用和实施技术性措施应遵守的规则；技术法规、标准和合格评定程序；对其他成员的技术援助；发展中成员的特殊和差别待遇等。附件1规定了本协定使用的术语及定义；附件2规定了技术专家组；附件3规定了有关标准的制定、采用和实施的良好行为守则。

该协议宗旨是：指导成员制定、采用和实施正当的技术性措施，鼓励采用国际标准和合格评定程序，保证这些措施不构成不必要的国际贸易障碍。所谓技术法规，是指强制执行的有关产品特性或相关工艺和生产方法的规定，包括国家制定的有关法律法规，政府部门颁布的有关命令、决定、条例，以及用于产品、加工或生产方法的术语、符号、包装、标志或标签等要求。所谓标准，是指经公认机构批准通用或重复使用的、非强制性的文件，包括有关产品特性或相关工艺和生产方法的规则和指南，以及有关专门术语、符号、包装、标志和标签的要求。所谓合格评定程序，是指直接或间接用以确定产品是否达到技术法规或标准的相关要求的任何程序，具体来说，就是抽样、检验和检查；评估、验证和合格保证；注册、认可和批准；或上述各项程序的组合。

该协议适用于所有产品，包括工业品和农产品。但政府采购实体制定的采购规则不受《技术性贸易壁垒协议》的约束。另外，该协议不涉及动植物卫生检疫措施，有关问题由《实施卫生与植物卫生措施协议》进行规范。

考虑到发展中成员的现实状况，该协议规定，任何成员都不应期望发展中成员采用不适合其发展、财政和贸易需要的国际标准，作为他们制定技术法规和标准的基础。各成员方应采取合理措施，以保证国际标准化机构应发展中成员请求，审查对发展中成员有特殊利益产品制定国际标准的可能性，并在可行时制定这些标准。技术性贸易委员会在接到发展中成员的请求时，应就其承担的全部或部分义务给予特定的、有时限的例外，尤其要考虑最不发达成员的特殊问题。

五、《进口许可程序协议》

(一)《进口许可程序协议》的产生

进口许可制度作为一项非关税措施，是各国管理进口的常见手段，是一种行政管理程序，既包括进口许可证制度本身的程序，也包括作为进口前提条件的其他行政管理手续。该制度要求向有关行政机关提交申请或其他文件，作为货物进入的先决条件。在国际贸易中长期存在，并被广泛运用。从各国实践来看，进口许可制度主要是针对那些竞争激烈的产品，客观上起到了限制贸易作用，成为贸易壁垒。

为规范和简化进口许可制度，GATT1947 第 8 条、11 条和 13 条曾经作出明确规定，但因为该规定过于原则，东京回合谈判中，又达成了《进口许可程序守则》。乌拉圭回合对该守则予以修改和完善，达成《进口许可程序协议》（Agreement Import Licensing Measures），适用于所有成员的多边贸易。该协议的宗旨是，保证进口许可程序的实施和管理的简化、透明、公平和公正，避免对产品进口造成障碍或限制。

(二)《进口许可程序协议》的主要内容

该协议由序言和 8 个条款组成，主要包括一般规则、自动进口许可制度、非自动进口许可制度、机构、通报、磋商和争端解决等。主要内容如下：

1．一般规则

为防止因不恰当实施行政程序而导致贸易扭曲现象，并考虑到发展中成员的发展及财政和贸易需要，各成员应确保其为实施进口许可制度而采用的程序符合《进口许可程序协议》。如：及时公布进口许可申请程序的所有规则和信息，公布时间应不迟于有关规则生效之日前的 21 天，最迟也不得迟于生效之日；尽可能简化进口许可证的申请和展期手续；任何申请不得因申请文件上的小错而拒绝批准等。

2．自动进口许可制度

自动进口许可制度是指，在任何情况下对进口申请一律予以批准的进口许可制度，即自动进口许可范围内的商品应无条件获得批准进口许可证。根据协议，只有在没有其他更合适的手段实现其管理目的，且已具备采取自动进口许可条件的情形下，才可以实施这种许可制度。为了防止成员方利用自动许可程序对受自动许可管理的进口货物进行限制，协议规定，自动许可程序必须具备下列条件：任何个人、公司及机构等，只要满足进口成员方有关法律要求，均有同等资格进行申请并获得进口许可证；许可证申请可在货物结关前任何一个工作日提交；只要许可证申请的内容适当和完整，收到申请即应批准，最多不超过10个工作日。

3．非自动进口许可制度

非自动进口许可制度是指不属于自动许可制度管理的其他进口许可制度，一般适用于实施进口数量限制手段的一种行政管理措施。协议规定，除了这一制度本身所造成的影响外，它不应对进口产生其他的贸易限制或扭曲。

在实施非自动进口许可程序时，协议规定：

（1）许可证管理的透明度

如果实行许可的目的不是实施数量限制，各成员方应充分公布有关信息，以便其他成员和交易商了解发放和（或）分配许可证的依据。通过许可方式实行配额的，该成员应在规定的期限内公布配额总量、配额的发放、截止日期及其他任何变化情况；如果配额在产品供应国之间分配，实施限制的成员则应在规定期限内将目前分配给各供应国的配额通知有关成员。

（2）及时、公正地实施许可程序

按照协议，凡符合进口成员法律和管理要求的个人、公司或机构，都有申请许可证的同等资格，如果申请未获批准，则有关机关应告知理由，申请人有权进行上诉或要求复议。协议还规定了处理申请的期限，采用“先来先办”和“同时一并处理”原则。按照“先来先办”原则，处理期限不得超过30天，按照“同时一并处理”原则，从申请截止日的次日起不得超过60天。

（3）合理分配许可证

各成员分配许可证时应考虑申请人的进口实绩。对新的进口商，应给予合理的分配，应考虑到发展中成员，特别是最不发达成员的进口商。

4．通知和审议

协议要求，制定或更改许可程序的成员方，应在公布有关程序后的60天内通知WTO。通知的内容主要包括：第一，许可程序是自动的还是非自动的。若是自动进口许可程序，应说明其行政管理的目的；若是非自动进口许可程序，应说明通过许可程序所实行的措施。第二，许可程序的预计期限。如果不能提供预计期限，要说明原因。第三，受许可程序管理的产品清单。第四，索取许可资格申请资料的联系点。第五，接受申请书的行政机关。第六，公布许可程序的出版物名称与出版日期。

六、《海关估价协议》

（一）《海关估价协议》的产生

海关估价是指海关为征收关税等目的，确定进口货物完税价格的程序，根据海关估价程序所确定的价格是海关征收关税的依据。如何进行海关估价直接关系到关税的高低，以至于影响到产品的市场准入等。海关估价主要适用于实施从价关税的商品。通过估价确定的价格为完税价格，它是海关征收从价关税的依据。进口商申报的价格不是进口货物的完税价格，只有当该价格被海关接受，才能成为完税价格。

长期以来，各国都是基于国内立法来确定海关估价制度，彼此的海关估价原则、标准方法和程序差异很大，致使完税价格不统一。海关高估进口货物价格相当于提高了进口关税水平，从而限制了货物的国际流动，减损各国所作的关税减让承诺。所以，滥用海关估价将会造成完税价格的不确定性，阻碍世界贸易的正常发展。

乌拉圭回合达成的《关于实施 1994 年关税与贸易总协定第七条的协议》，又称《海关估价协议》。该协议的宗旨是，通过规范成员方对进口产品的估价方法，防止成员方使用任意或虚构的价格作为完税价格，确保海关估价制度的公平、统一和中立，不对国际贸易构成障碍。

GATT1947 规定，海关征收关税的完税价格应以进口货物或同类货物的"实际价格"为依据，不应采用同类产品的价格及任意或虚构价格等。该规定不够具体，不易操作。"东京回合"达成的《关于实施关税与贸易总协定第七条的协议》(亦称《海关估价守则》)对此规定作了详细解释。乌拉圭回合对《海关估价守则》进一步修订和完善，达成《海关估价协议》(Agreement on Customs Valuation)。WTO 每一个成员必须接受该协议。

(二)《海关估价协议》的主要内容

《海关估价协议》由 4 个部分、24 个条款和 3 个附件组成。内容包括：适用范围、海关估价方法、对海关估价决定的复议、发展中成员的特殊和差别待遇、争端解决，以及海关估价委员会与海关估价技术委员会的职能等。附件 1：有关注释；附件 2：海关估价技术委员会；附件 3：有关发展中成员。主要内容如下：

1. 适用范围

《海关估价协议》仅适用于商业意义上正常进口的货物，对于非正常进口的货物，如倾销或补贴货物的进口、非商业性进口的货物，该协议不适用。

2. 海关估价的方法

《海关估价协议》规定了 6 种估价方法作为各成员海关估价的依据。进口成员海关首先应使用货物的成交价格方法，在最大限度内以进口货物的成交价格作为货物完税价格。在无法使用货物成交价格时，可使用其他 5 种方法。6 种估价方法应严格按顺序实施，只有在前一种估价方法无法确定完税价格时，才可采用后一种估价方法。但第 5 种和第 6 种估价方法，可以颠倒使用①。确定完税价格方法主要有：

（1）按照进口货物的成交价格确定完税价格

成交价格是指货物出售给进口方，并进行调整后的实际支付或应支付的价格。为了防止成交价格低于有关商品的正常价格，协议对成交价格规定如下限制条件：第一，买方使用和处置进口货物的权利不受任何限制；第二，成交价格未受某种条件或因素的影响。第三，买方不得将对货物的转售、处置或使用产生的收益直接或间接返回给卖方，除非按规定对成交价格进行适当调整。第四，买卖双方不存在特殊关系，或成交价格不受特殊关系的影响。

实际支付或应支付价格是指买方为购买进口货物已经支付或应支付的货款总额。一般情况下，如果买方已经支付了一些费用，如经纪费、劳务费、专利费、许可证费用等，但这些费用未包括在实际支付或应支付的价格中，海关可以将这些费用计入实际支付或应支付的价格中。

（2）按照相同货物的成交价格确定完税价格

如果没有成交价格或成交价格不真实，进口成员海关可以根据相同货物的成交价格确定完税价格。相同货物的成交价格是指，与待估价货物同时或大约同时进口的、具有相同性质、质量和信誉的货物，货物外形的细小差别不影响对相同货物的认定。在确定相同货物成交价格时，还应考虑到相同货物的交易条件和交易数量上的差异，并予以适当调整。如果相同货物有多个成交价格，则以最低价格为准。

（3）按照类似货物的成交价格确定完税价格

类似货物是指，与待估价货物同时或大约同时进口的，在货物特性、构成、材料、功效等方面相似，并在商业上能够互换的货物。海关估价时，应考虑到类似货物的交易条件和交易数量上的差异，并予以适当调整。如果类似货物有多个成交价格，则以最低价格为准。

（4）按照扣除价格确定完税价格

扣除价格是指，根据进口货物或相同货物或类似货物在进口成员的销售价格，扣除货物进口及销售时产生的某些特定费用，如进口产生的商业佣金、利润、运费、保险费、进口关税和增殖税等国内税，从而确定待估价货物的成交价格。

（5）按照计算价格确定完税价格

计算价格是指，按照待估价货物的生产成本、加上生产商的通常利润以及

① 宣增益：《世界贸易组织法律教程》，中信出版社，2003 年版，第 84 页。

销售货物产生的通常费用，作为完税价格。这种方法通常是在买卖双方存在特殊关系、且卖方原意提供相关数据资料的情况下采用的。

（6）按照顺序类推法确定完税价格

当海关不能按照上述 5 种方法确定时，应采用符合本协议和 GATT1994 第 7 条规定的合理方法，并依据进口成员可获得的数据确定完税价格。

为了防止滥用按照顺序类推法，协议规定，完税价格不得按照下列方法确定：第一，按照进口成员生产该种货物的销售价格确定；第二，为完税之目的，提供两种备选价格并采取了较高价格；第三，采用出口成员境内市场上的价格；第四，按照本协议规定的相同或类似货物确定的计算价格以外的生产成本；第五，货物向第三方出售的价格等。

3. 对海关估价决定的司法复议

海关根据《海关估价协议》规定的估价程序，审查进口商申报的价格及相关信息（包括进口商呈验的陈述书、单证、申报单）的真实性和准确性，然后根据审查结果决定采用何种方法确定完税价格。

进口商对海关估价决定有申诉的权利，可向海关内部主管复议的部门提出申诉，或向海关外部的某个独立机构提出申诉，或向司法机关提出申诉。一般来讲，进口商首先向上一级海关或海关外部的某个独立机构提出申诉，要求行政复议。对行政复议不满的，进口商可向司法机关提出申诉，要求司法复议。进口商也可直接要求司法复议。这些规定不妨碍海关要求进口商在上诉前全额缴纳海关已估定的税款。

4. 发展中成员的特殊和差别待遇

非《海关估价守则》签署方的发展中成员自《建立 WTO 协定》生效起，可推迟 5 年实施《海关估价协议》。如果认为 5 年时间不够，可提出延长过渡期的申请。成员方应对其延长过渡期的要求给予积极考虑。可推迟 3 年实施该协议中有关以计算价格方法确定完税价格的规定，即自《建立 WTO 协定》生效时起推迟 8 年实施计算价格方法的规定。发达成员应根据与发展中成员双边议定的条件，为发展中成员提供技术援助，包括培训人员、提出适用《海关估价协议》规定的建议、提供海关估价方法信息以及实施本协定的建议等。

5. 争端解决、海关估价委员会及海关估价技术委员会

成员方因海关估价引起的争端，适用于《关于争端解决规则与程序的谅解》。如果一成员请求与有关成员进行磋商，有关成员应予以积极考虑，并尽可能达成双方满意的解决办法。

为使《海关估价协议》能够得到更好的执行，WTO 设立了海关估价委员会，审议协议的实施，解决政策问题；同时，世界海关组织设立海关估价技术

委员会，解决具体技术问题。海关估价委员会由WTO各成员的代表组成，每年审议一次协议执行情况，并为WTO成员提供磋商机会，以确保实现该协议的目标。海关估价技术委员会由WTO各成员代表组成，非WTO成员的世界海关组织成员可成为观察员。该委员会从技术角度确保《海关估价协议》适用和解释的统一，还为解决WTO成员或争端解决专家组提出的技术问题提供建议。

七、《装运前检验协议》

（一）《装运前检验协议》的产生

装运前检验是指，进口成员方政府或其授权检验机构在出口成员境内对即将进口货物的数量、质量、价格、货币以及关税税则所进行的检验活动，以确信产品符合合同规定，或符合进口方对产品的安全要求。实施装运前检验制度的国家，特别是发展中国家，为保障本国财政利益，防止商业欺诈、逃避关税和非法输出资本，往往聘请外国专业检验机构对进口产品进行装运前检验，并以这些公司出具的"清洁检验结果报告"作为海关估价和发放进口用外汇的依据。

装运前检验会带来贸易成本增加、交货迟延等情况，甚至引发贸易纠纷以及进口国与出口国的贸易争端。因此，有必要制定相关规则以规范进口方政府行为以及检验机构核实价格等问题。乌拉圭回合达成的《装运前检验协议》（Agreement on Preshipment Inspection）适用于WTO所有成员。

（二）《装运前检验协议》的主要内容

《装运前检验协议》由9个条款组成，包括适用范围、进口方和出口方义务、检验机构与出口商争端解决以及成员方之间争端解决等。主要内容如下：

1. 适用范围

《装运前检验协议》适用于由成员方政府指定的检验机构对进口产品质量、数量、价格（包括汇率与融资条件）以及产品的海关分类等进行的所有装运前检验活动。

2. 进口方义务

进口方义务是协议的核心内容。其中价格审核方面应遵守的规则是最重要的义务，进口方政府应确保检验机构遵守价格审核规则。

检验机构应按照相同标准从事检验，非歧视地从事装运前检验活动。检验程序和标准应客观并平等地适用于所有有关产品的出口商。检验活动应在出口方进行，无法在出口方进行或出口商和检验机构同意时，检验活动可以在产品制造地进行。检验产品质量和数量的标准应与买卖合同标准一致，合同无规定时应采用相关国际标准。

检验机构进行价格审核时，应该以合同价格为准，合理确定比较价格，按合同约定的运输方式审核运输费，并适当考虑销售合同条件、与进出口交易有关的因素，如销售数量、交货期和交货条件、价格调整条款、质量规格、特殊装运或包装规格、知识产权使用费等。

进口方应保持装运前检验的透明度，公布所有装运前检验法律、法规，并及时通知 WTO。装运前检验应在检验机构与出口商约定的日期进行，检验机构应在结束装运前检验的 5 天内，出具一份“清洁检验结果报告”，并送达出口商。只要出口商请求，检验机构应在实际检验日期前，根据买卖合同、形式发票和有关进口许可申请书，对价格或汇率进行初步核实。检验机构应保守商业秘密，不应要求出口商提供制造数据、未公开的技术数据、内部定价及利润水平等信息。

3. 出口方义务

出口方应保证其有关装运前检验的法律、法规以非歧视的方式实施；及时公布有关装运前检验的法律、法规；如进口方请求，出口方应根据双方议定条件，向其提供有关技术援助。

4. 争端的解决

如果检验机构和出口商发生争端，WTO 鼓励双方首先协商解决。检验机构应设置专门人员受理和处理出口商投诉。投诉两天后争端未解决的，应根据《装运前检验协议》通过独立审议程序解决，由分别代表检验机构和出口商的组织联合组成独立实体，负责独立审议程序，国际检验机构联合会作为检验机构的代表，国际商会作为出口商的代表。1995 年 12 月，WTO 总理事会通过决定，在 WTO 内建立一个解决检验机构与出口商之间争端的独立实体，并附属于货物贸易理事会。

成员方之间因实施协议产生争端，应通过 WTO 争端解决机制解决。WTO 没有设立专门委员会监督协议执行。该协议由货物贸易理事会直接实施监督。

八、《原产地规则协议》

(一)《原产地规则协议》的产生

原产地是货物的“国籍”，通常是指完整生产某项产品的国家或地区。当产品生产涉及多个国家或地区时，原产地应是产品最后发生“实质性改变”的国家或地区。“实质性改变”是指这种改变能够形成一种完全不同的“新”产品。原产地规则是一个国家或地区为确定货物原产地而实施的规则，其核心是判定货物原产地的具体标准。

国际社会关于原产地规则一直未能统一，发达国家存在多套不同的原产地规则，这些规则在反倾销、地区经济一体化及进口国别配额分配等方面，具有潜在的贸易保护作用，客观上对国际贸易形成阻碍。

乌拉圭回合谈判最终达成《原产地规则协议》（Agreement on Rules of Origin），是第一个协调国际贸易中货物原产地规则的多边协议，适用于 WTO 所有成员。其宗旨是，成员方以公正、透明、可预测和一致、中性的方式制定与实施原产地规则，以便有关原产地规则的法律、法规和做法不对贸易造成不必要的障碍，促进国际贸易的发展。

（二）《原产地规则协议》的主要内容

《原产地规则协议》共分 4 个部分，由 9 个条款和 2 个附件组成，内容包括适用范围、原产地规则的协调、实施原产地规则的有关纪律以及机构设置等。主要内容如下：

1. 适用范围

该协议只适用于非优惠性贸易政策措施的原产地规则，具体包括：最惠国待遇、反倾销和反补贴税、保障措施、原产地标记要求、任何歧视性数量限制或关税配额，以及政府采购外国货物和贸易统计等所使用的原产地规则。协议不适用于优惠性贸易政策的原产地规则，如自由贸易区内和普惠制下所实施的货物原产地规则。

2. 原产地规则的协调

根据该协议和 WTO 授权，从 1995 年开始，世界海关组织原产地规则技术委员会负责协调 WTO 成员非优惠性原产地规则的工作。协调结果，由 WTO 部长级会议予以采纳，并以附件形式作为《原产地规则协议》的组成部分。原产地规则协调工作应在 1995 年 7 月 1 日至 1998 年 6 月 30 日期间完成。但由于各成员方利益不同，迄今仍未就每一货物的原产地标准达成一致，因此，目前尚处于过渡期间。

3. 过渡期间的原产地规则纪律

原产地规则协调工作计划完成之前的过渡期间，成员方暂不实行协议，仍适用各自的原产地规则。过渡期间成员方应遵守以下纪律：

第一，明确的、中性的原产地标准。目前大多数国家对“实质性改变”原则作出具体解释时，通常采用税号改变标准、从价百分比标准和制造加工工序标准。过渡期间各成员发布各自原产地规则时，应具体列明所采用的原产地标准。过渡期后，各成员应采用统一的协调后的原产地标准。原产地规则应为中性，虽然原产地规则与政策措施或手段有联系，但成员不得为了达到限制国际贸易的目的，将原产地规则用做追求贸易目标的工具。

第二，原产地规则应采用肯定性标准。肯定性标准是指，只要产品符合进口方原产地标准，就可授予产品原产地资格。否定性标准是指，在何种情况下不能授予产品原产地资格的规定。只有在作为对肯定性标准的部分澄清，或在无需使用肯定性标准确定原产地的个别情况下，才允许使用否定性标准。

第三，原产地的评定。协议规定，应出口商、进口商或持正当理由的任何人要求，成员方主管机构应在接到原产地评定要求之日起的150天内，尽早公布对有关产品原产地的评定意见，评定意见有效期为3年。

4．过渡期后的原产地规则纪律

原产地规则协调工作计划一经完成，过渡期即告结束。过渡期后，成员方除继续遵守过渡期适用的基本原则外，还须遵守同一原产地规则适用于所有非优惠性贸易政策的规定。

5．机构设置

协议规定WTO设立原产地规则委员会，由各成员方代表组成，审议协议的执行情况。同时，在世界海关组织设立原产地规则技术委员会，具体承担原产地规则方面的技术性工作，包括原产地规则的协调等。

九、《与贸易有关的投资措施协议》

（一）Trims协议的产生

20世纪60年代以来，随着国家间经济融合程度的加深，以跨国公司为主体的国际直接投资的规模和领域迅速扩大。资本输入国为保护本国民族产业，对外国投资采取激励和限制相结合的政策。一方面积极吸引外资，另一方面又采取诸如当地成分要求、外汇平衡要求、国内销售要求等限制性政策，这些政策直接和或间接对国际贸易产生影响。

有鉴于此，乌拉圭回合将与贸易有关的投资措施问题列入谈判议题。谈判各方争议很大，经过艰苦谈判和妥协，最后形成《与贸易有关的投资措施协议》（Agreement on Trade Related Investment Measures）（简称Trims）。

（二）Trims协议的内容

Trims共有9个条款和1个附件，主要内容包括适用范围、国民待遇和数量限制、例外条款、发展中成员、通知与过渡期安排、透明度、与贸易有关的投资措施委员会、磋商与争端的解决等。其宗旨为：促进世界贸易逐步自由化；便利国际投资；提高所有贸易伙伴，特别是发展中成员的经济增长和最不发达成员的特殊贸易、发展需要等。主要内容如下：

1．适用范围

协议仅适用于与货物贸易有关的投资措施，而将与服务贸易和知识产权有关的投资措施排除在外。按照协定，仅有 5 种与 GATT 不相符的投资措施被列为禁止范围，并给予成员方以适当过渡期。

2．禁止使用的措施

协议将此类措施分为两种：违反 GATT 有关国民待遇规定和违反一般禁止数量限制原则的投资措施。

违反国民待遇规定的投资措施，属于根据国内法或行政裁定具有强制性的措施。包括：当地成分要求，即要求企业购买或使用最低限度的当地生产或来源于当地的产品；贸易平衡要求，即限制企业购买或使用进口产品的数量或金额，或者以企业出口产品的数量或金额为限。

违反一般禁止数量限制原则的投资措施，带有自愿承诺性质，即为了获得某种优惠而必须遵守的措施，包括：

（1）贸易平衡要求，即限制企业当地生产所需或与当地生产相关的产品的进口，或者要求企业进口产品的数量或金额以出口当地产品的数量或金额为限。

（2）进口用汇要求，即将企业使用的外汇限制在该企业出口获得的外汇范围之内，以限制企业生产所需要的或与生产相关产品的进口。

（3）国内销售要求，即限制企业出口产品或出口销售其产品。无论这种限制是以规定特定产品、产品数量或金额形式，还是以企业当地生产的产品数量或金额比例形式。

3．发展中成员的优惠

考虑到发展中成员的特殊利益，协议第 4 条规定，发展中成员有权根据 GATT1994 第 18 条和《关于国际收支规定的谅解》等规定，暂时背离有关国民待遇和一般禁止数量限制的规定。

4．通知和过渡期

在 WTO 协议生效后 90 天内，各成员应将正在实施的、与 Trims 不符的所有与贸易有关的投资措施通知货物贸易理事会。所有成员都应取消所通知的投资措施，但发达成员应在 WTO 协议生效后 2 年内取消，发展中成员 5 年内取消，最不发达成员 7 年内取消。如果发展中和最不发达成员有困难，货物贸易理事会可考虑他们的延长过渡期的请求。

5．透明度要求和机构

Trims 规定，每一成员均应通知其刊载投资措施的出版物，包括其领土上各级政府实施的投资措施。但损害公共利益或企业正当利益的信息除外。还规定，设立与贸易有关的投资措施委员会，负责履行贸易货物理事会指定的职责，监督 Trims 的执行，为成员就实施和执行 Trims 进行磋商提供机会。

课外阅读资料

一、关于限制或禁止进出口的规定

Article 16 The State may restrict or prohibit the import or export of relevant goods and technologies for the following reasons that:

（1）the import or export needs to be restricted or prohibited in order to safeguard the state security，public interests or public morals；

（2）the import or export needs to be restricted or prohibited in order to protect the human health or security，the animals and plants life or health or the environment；

（3）the import or export needs to be restricted or prohibited in order to implement the measures relating to the importations and exportations of gold or silver；

（4）the export needs to be restricted or prohibited in the case of domestic shortage in supply or the effective protection of exhaustible natural resources；

（5）the export needs to be restricted in the case of the limited market capacity of the importing country or region；

（6）the export needs to be restricted in the case of the occurrence of serious confusion in the export operation order；

（7）the import needs to be restricted in order to establish or accelerate the establishment of a particular domestic industry；

（8）the restriction on the import of agricultural，animal husbandry or fishery products in any form is necessary；

（9）the import needs to be restricted in order to maintain the State's international financial status and the balance of international payment；

（10）the import or export needs to be restricted or prohibited as laws and administrative regulations so provide；

（11）the import or export needs to be restricted or prohibited as the international treaties or agreements to which the state is a contracting party or a participating party so require.

二、关于许可证管理的规定

Goods subject to import or export restriction shall be subject to quota and/or licensing control; technologies whose import or export is restricted shall be subject to licensing control. Import or export of any goods and technologies subject to quota and/or licensing control will be effected only with the approval of the authorities responsible for foreign trade under the State Council or the joint approval of the foregoing authorities and other relevant authorities under the State Council in compliance with the provisions of the State Council. Certain imported goods may be subject to tariff rate quota control.

第十四章　我国对外贸易管理法律制度

对外贸易管制制度是指一个国家通过制定法律、法规，对货物进出口、技术进出口和国际服务贸易进行管理和控制的制度，也称为政府管理贸易的国内法律制度。对外贸易管制制度主要包括关税制度、许可证制度、配额制度、外汇管理制度和商品检验制度。

对外贸易离不开贸易管制（trade regulation），对外贸易的发展更离不开对外贸易法制的建设与完善[①]。对外贸易活动是一种涉外经济活动，产生涉外经济法律关系，这种涉外经济法律关系由横向和纵向关系所组成。横向关系遵循自愿、等价、有偿原则，由私法范畴法律加以调整。纵向关系因主体的法律地位不同而具有强制、干预、隶属的特点，由公法性质法律加以规范。

一国政府对其进出口贸易实行管制由来已久，世界各国无一例外地采取各种形式对本国的对外贸易活动加以规范，如通过立法和政策鼓励出口、限制进口，以此保护本国产业和市场。可以说，世界主要贸易大国的外贸法制都相当健全、体系完善。它们运用法律和政策手段，对货物和技术的进出口、服务贸易的准入、关税的征收、外汇的使用、商品的检验检疫等实行管制。这些管制的措施和手段体现了一国经济发展水平和处理对外贸易关系的总政策，成为政府管理和监督本国对外贸易的有力工具。

第一节　我国对外贸易管制的发展历史

我国是世界贸易大国。2004 年我国进出口贸易总额在世界排名第 3，此后连续六年一直稳居世界第 3 位，成为名副其实的贸易大国。[②]1978 年我国实行改革开放，短短 30 年时间，我国由闭关锁国、计划主导的对外贸易低起点，跃升为当之无愧的世界贸易大国，创造了世界贸易史上举世瞩目的奇迹。同时，30 年来我国对外贸易取得的辉煌成就在很大程度上应归功于我国对外贸易法律制度的改革和发展，我国的改革开放铸就了我国对外贸易的辉煌。

实行对外贸易管制也是我国的基本国策。1949 年 9 月 29 日，由我国人民

---

① 余敏友、王追林：《改革开放 30 年来我国对外贸易法制的建设与发展》，《国际贸易》2008 年 11 期。

② 中华人民共和国商务部综合司：《中国对外贸易形势报告（2008 年春季）》，见 http://zhs.mofcom.gov.cn.

政治协商会议第一届全体会议通过的起临时宪法作用的《中华人民共和国政治协商会议共同纲领》第 37 条明确规定“中华人民共和国实行对外贸易的管制”。这一规定奠定了我国对外贸易管理制度的基础，标志着从新中国诞生之日起我国就开始实施对外贸易的法律管制。回顾我国对外贸易管制的发展历史，可以大致分为三个发展阶段[①]：

第一阶段是新中国成立至 1978 年改革开放前。这个时期内我国实行计划经济体制，在对外贸易管制方面采取垄断制度，即国家对对外贸易实行严格统一领导、统一管理、统一经营。外贸经营管理权限集中在国家外贸专业总公司。政企不分、贸易结算方面国家统收统支、统负盈亏。这个时期的我国外贸管制法律多以单行法规和部门规章为主，并以红头文件的形式出现。

第二阶段是 1979 年至我国加入 WTO。这个时期属于对外贸易改革开放阶段，或称外贸体制转型阶段。[②]我国的由国家垄断的计划经济体制逐渐转向市场经济体制，外贸管理制度也进行了一系列改革，确定了对外开放的基本方针，向地方下放对外贸易经营权，实行外贸代理制，外贸企业实行自负盈亏自主经营，大力实施外向型经济发展战略。这个阶段我国对外贸易管制法律基本完善，1994 年《中华人民共和国对外贸易法》就是在这一时期颁布并实施的。

第三阶段从我国 2001 年加入 WTO 到现在，与 WTO 接轨阶段。我国加入 WTO 的重大意义不仅是使我国经济全面融入世界经济，而且使我国对外贸易法律制度的建设和完善得到了一次极好的发展机会。根据入世承诺，我国对以前的整个对外贸易法律制度进行了全面清理，修订了原《对外贸易法》，并在全面清理法律法规的基础上进行了大量卓有成效的废改立工作，使之能与 WTO 基本原则保持一致。根据对外贸易发展需要，我国陆续颁布了大量的调整对外贸易管理法律法规，形成一个结构合理、规范完备、内容丰富的庞大法律体系，为国内外企业在对外经济活动中开展公平竞争提供了制度保障。

1994 年首部《对外贸易法》颁布与实施，标志着我国对外贸易法制建设上了一个新的台阶，标志着我国的对外贸易管理有了基本法。《对外贸易法》颁布实施之后，我国又制定修改和发布了一系列调整对外贸易活动的法律法规，构建了初步完善的对外贸易法律体系。入世后我国政府忠实全面履行国际法律义务，为使我国对外贸易管理法律制度与 WTO 规则保持一致，在入世两年内全国人大常委会和国务院总共清理了 2300 件与 WTO 相关的法律和行政法规，商务部（原外经贸部）对 1413 份对外经贸领域内的部门规章进行了清

① 王超英等主编：《对外贸易法实用问答》，中国商业出版社，1994 年版，第 8-11 页。
② 郭瑜著：《国际贸易法》，北京大学出版社，2006 年版，第 120 页。

理，并修订了《对外贸易法》。

新修订的《对外贸易法》2004 年 4 月通过，同年 7 月 1 日正式实施。根据《对外贸易法》和 WTO 有关规则，国务院还制定修订了包括《反倾销条例》、《反补贴条例》、《保障措施条例》、《货物进出口管理条例》、《技术进出口管理条例》等相关配套法规，基本上建立了符合 WTO 国际多边贸易规则的、适应我国社会主义市场经济国情和对外开放需要的对外贸易法律体系。

目前我国对外贸易管制法律体系是在《中华人民共和国宪法》基础上，以《对外贸易法》为中心，由包括“三级法”和“五个层次”的法律规范所构建。这一体系从性质上划分包括法律（一级法）、行政法规（二级法）和部门规章（三级法）等；从形式上涵盖五个层次：一是宪法。二是法律（如《对外贸易法》、《海关法》、《商品检验法》等）。三是行政法规，以法律为其立法基础，是对法律的进一步细化以保证法律的有效实施，由国务院制定，包括条例、决定、命令等。四是部门规章，国务院各主管部门制定发布，以保证法律条例的具体实施，包括管理办法、实施细则等，如海关总署发布的《中华人民共和国海关法行政处罚实施细则》。第五，地方性法规和地方性规章，由省、自治区、直辖市以及省级人民政府所在地的市和国务院批准的较大的市的人民代表大会及其常委会和人民政府制定。上述对外贸易法律体系中，所有法律法规不得与宪法抵触，下位法不得与上位法抵触。《对外贸易法》法律效力仅次于宪法，是对外贸易基本法，构成我国对外贸易法律体系的核心。

第二节　我国对外贸易管制

《对外贸易法》共分 11 章，70 个条款，其内容涉及我国对外贸易管制的如下方面：对外贸易经营者、货物进出口与技术进出口、国际服务贸易、与对外贸易有关的知识产权保护、对外贸易秩序、对外贸易调查、对外贸易救济、对外贸易促进和法律责任等。

一、对外贸易经营者、经营权、外贸代理和国营贸易

（一）对外贸易经营者

根据《对外贸易法》第 8 条，对外贸易经营者是指依法办理工商登记或者其他执业手续，依照本法和其他有关法律、行政法规的规定从事对外贸易经营活动的法人、其他组织或者个人。

《对外贸易法》首次将自然人纳入对外贸易经营者当中，1994 年的《对外贸易法》规定，对外贸易经营者只能是法人和其他组织。从事对外贸易经营活

动的自然人必须依法办理工商登记或其他执业手续，不履行任何手续的自然人是不可以从事对外贸易活动的。

（二）对外贸易经营权

对外贸易经营权，是指依法办理工商登记或其他执业手续的对外贸易经营者从事对外贸易活动的权利。对外贸易经营权是对外贸易者从事对外贸易活动的资格和权利，没有对外贸易经营权，就不能从事对外贸易活动，不能与外商签订国际货物买卖合同，即使签订了也会因主体不合格而无效。没有对外贸易经营权，外贸管理部门将不对其签发进出口许可证，海关对其货物也将不予放行，中国银行也将不为其办理结汇手续。

1994 年《对外贸易法》第二章规定，对外贸易经营权的取得实行许可制，即欲从事进出口业务的经营者必须具备一定的条件，经外经贸主管部门审批许可，才有权从事对外贸易经营活动。许可制有利于稳定对外贸易秩序，但不符合 WTO 自由平等的贸易精神，在一定程度上妨碍了自由贸易的发展。

《对外贸易法》第 9 条规定，从事货物进出口或者技术进出口的对外贸易经营者，应当向国务院对外贸易主管部门或者其委托的机构办理备案登记；但是法律、行政法规和国务院对外贸易主管部门规定不需要备案登记的除外。未按照规定办理备案登记的，海关不予办理进出口货物的报关验放手续。

这一规定表明，我国对外贸易经营权的获得，已经由许可制改为备案登记制；只要外贸经营者经过必要工商登记和备案登记，就可依法自主从事非限制或禁止类的货物或技术贸易。备案登记制度是一种程序性登记，只要按照规定填写有关登记表，登记机构应予以登记。对外贸易经营者未按照规定办理备案登记的，海关不予办理进出口货物的报关验放手续。备案登记方便政府主管部门及时准确掌握进出口信息，并予以有效监管、维护贸易秩序。

（三）对外贸易代理

1．对外贸易代理的含义

《对外贸易法》第 12 条规定，对外贸易经营者可以接受他人的委托，在经营范围内代为办理对外贸易业务，即为对外贸易代理，或简称外贸代理制。接受委托的对外贸易经营者应当向委托方如实提供市场行情、商品价格、客户情况等有关经营信息。委托方与被委托方应当签订委托合同，双方权利义务由委托合同约定。

外贸代理制是我国对外贸易制度的一项重要内容。在外贸经营权审批许可制度下，未被审批许可就没有对外贸易经营权，不得从事对外贸易活动。如果要进行对外贸易，只能委托有对外贸易经营权的对外贸易经营者代理进行，从而形成了我国外贸代理制。

1991 年我国外经贸部颁布《关于对外贸易代理制的暂行规定》，并规定，无外贸经营权的组织或个人，如果需要出口或进口货物，可以委托对外贸易经营者在其经营范围内代为办理货物的进口或出口。1994 年《对外贸易法》首次从立法上明确确立了外贸代理制，《对外贸易法》仍然继续保留外贸代理制。从实践来看，由于外贸经营权的取得需要一系列法定程序，包括工商登记、外贸主管部门的备案登记、海关税务银行外汇管理等相关部门的相关手续等，而专业的外贸代理进出口公司具有很大的专业优势和经验，所以外贸代理制还有必要继续保留下去。

2．对外贸易代理的类型

实践中，我国外贸代理依据委托人是否具有外贸经营权可分为两种情况：一种情况是有外贸经营权的公司、企业（代理人）为另一家有外贸经营权的公司、企业（被代理人）代理进出口业务；另一种情况是有外贸经营权的公司、企业为没有外贸经营权的公司、企业、事业单位及个人代理进出口业务。

在第一种情况下，代理人可以用被代理人的名义对外签订合同，因为被代理人也有对外经营权，在采用此种做法时，代理人与被代理人及他们与第三人的权利、义务适用《民法通则》的有关规定。

但是，在第二种情况下，代理人却不能用被代理人的名义签约，因为被代理人没有外贸经营权，依照我国法律不能签订国际贸易合同。作为受托人的外贸经营者根据委托协议以自己名义签订进出口合同，对外商承担合同责任，享有合同权利。

所以，第二种情况在《民法通则》中找不到法律依据。也就是说，我国《民法通则》只适用于直接代理，仅限于代理人以委托人名义实施民事法律行为，不适用于外贸代理下的第二种情形。

3．外贸代理下的法律问题

第二种情形下的外贸代理制存在较大的法律问题。有外贸经营权的企业以自己名义与外商签订国际贸易合同，对外商承担了所有的国际贸易合同责任，但却仅获得很少的代理费，对外贸代理人来说权利义务严重失衡。因外商与国内企业没有直接关系，不能互相主张权利义务，当因外商原因致使我国委托人遭受损失时，我国委托人对外商没有诉权，不能保护自己权益，对国内委托人来说，诉权与实体权利分离。

第二种情形下外贸代理所出现的法律问题，在我国 1999 年的《合同法》中得到了解决。《合同法》第 402 条规定，受托人以自己的名义，在委托人的授权范围内与第三人订立的合同，第三人在订立合同时知道受托人与委托人之间的代理关系的，该合同直接约束委托人和第三人，但有确切证据证明该合同只约束受托人和第三人的除外。根据此规定，外贸代理人只要在授权范围内行事，并在订立合同时向外商声明了其与国内公司的代理关系，则国际贸易合同直接约束国内企业和外商。《合同法》第 403 条规定，受托人以自己的名义与第三人订立合同时，第三人不知道受托人与委托人之间的代理关系的，受托人因第三人的原因对委托人不履行义务，受托人应当向委托人披露第三人，委托人因此可以行使受托人对第三人的权利，但第三人与受托人订立合同时如果知道该委托人就不会订立合同的除外。至此，我国外贸代理制中具体存在的两种代理的效力在我国都有了明确的法律依据。

（四）国营贸易

《对外贸易法》第 11 条规定，国家可以对部分货物的进出口实行国营贸易管理。实行国营贸易管理货物的进出口业务只能由经授权的企业经营；但是，国家允许部分数量的国营贸易管理货物的进出口业务由非授权企业经营的除外。

所谓国营贸易，是指国家通过授予国营贸易企业在特定贸易领域从事贸易的专营权或特许权的方式，对特定产品的进出口实施管理。国营贸易企业是指经国家特许、获得从事某类国营贸易管理货物进出口经营权的企业或机构。实行国营贸易管理的货物目录和经授权经营企业名单由商务部会同国务院其他有关部门确定、负责调整并公布。未列入国营贸易企业名录的企业或者其他组织，不得从事实行国营贸易管理货物的进出口贸易。国营贸易的实质是国家通过对进出口经营范围的管理，使国家能够对关系国计民生的重要进出口商品实行有效的宏观管理。

GATT 第 17 条和《服务贸易总协定》第 8 条都规定成员国在国际贸易中，建立和维持国营贸易，给予专有权或特许权。我国入世承诺也规定，外贸经营权的登记制不适用于实行国营贸易管理的货物。根据我国入世承诺，我国对粮食、棉花、植物油、食糖、原油、成品油、化肥和烟草等 8 大类大宗商品的进口实行国营贸易管理。

二、我国进出口商品管理制度

（一）我国进出口管理的基本原则

1．统一管理原则

我国实行统一的对外贸易制度。《对外贸易法》第 4 条规定，国家实行统一的对外贸易制度，鼓励发展对外贸易，维护公平、自由的对外贸易秩序。《对外贸易法》适用于货物进出口、技术进出口和国际服务贸易在内的对外贸易活动以及与对外贸易有关的知识产权保护。国务院外贸主管部门（即现在的商务部）依照《对外贸易法》主管全国对外贸易工作。《货物进出口管理条例》和《技术进出口管理条例》都规定国家实行统一管理制度。

2．自由贸易原则

WTO 提倡贸易自由化，我国是 WTO 缔约国，也遵循自由贸易原则。我国《对外贸易法》第 14 条规定，国家准许货物与技术的自由进出口。但是，法律、行政法规另有规定的除外。这一规定表明，我国对货物技术的进出口原则上采取贸易自由，但对特殊商品实行限制或禁止进出口的管理制度。《货物进出口管理条例》和《技术进出口管理条例》都明确规定了自由贸易原则。外贸主管部门可以对自由进出口的货物实行进出口自动许可并公布其目录，收货人、发货人在办理海关报关手续前需要提出自动许可申请，办理自动许可手续，未办理自动许可手续的，海关不予放行。进口或出口属于自由进出口技术的，应当向国务院外贸主管部门或其委托机构办理合同备案登记。

《对外贸易法》第 24 条规定，中华人民共和国在国际服务贸易方面根据所缔结或者参加的国际条约、协定中所作的承诺，给予其他缔约方、参加方市场准入和国民待遇。这一规定表明，我国对于国际服务贸易才采取逐步自由化原则，目前在金融、电信、分销服务、会计、法律服务、旅游服务、交通运输、广告和商业咨询服务等行业都逐步开放。

3．维护公平的进出口秩序的原则

《对外贸易法》第 4 条规定，鼓励发展对外贸易，维护公平、自由的对外贸易秩序。《对外贸易法》第六章还针对对外贸易秩序、对外贸易经营者规定了若干重要的行为准则，如在对外贸易经营活动中不得实施垄断和不正当竞争行为；不得伪造、变造或者买卖进出口货物原产地证书、进出口许可证、进出口配额证明或者其他进出口证明文件；不得有骗取出口退税、走私、逃避法定检验、违反外汇管理等行为。对于破坏、扰乱外贸秩序行为的外贸经营者将按《对外贸易法》第十章依法追究法律责任。《货物进出口管理条例》和《技术进出口管理条例》也规定国家依法维护公平、自由的技术进出口秩序。

（二）限制或禁止进出口的情形

《对外贸易法》第 16 条规定，国家基于下列原因，可以限制或者禁止有关货物、技术的进口或者出口：第一，为维护国家安全、社会公共利益或者公共道德，需要限制或者禁止进口或者出口的；第二，为保护人的健康或者安全，保护动物、植物的生命或者健康，保护环境，需要限制或者禁止进口或者出口的；第三，为实施与黄金或者白银进出口有关的措施，需要限制或者禁止进口或者出口的；第四，国内供应短缺或者为有效保护可能用竭的自然资源，需要限制或者禁止出口的；第五，输往国家或者地区的市场容量有限，需要限制出口的；第六，出口经营秩序出现严重混乱，需要限制出口的；第七，为建立或者加快建立国内特定产业，需要限制进口的；第八，对任何形式的农业、牧业、渔业产品有必要限制进口的；第九，为保障国家国际金融地位和国际收支平衡，需要限制进口的；第十，依照法律、行政法规的规定，其他需要限制或者禁止进口或者出口的；第十一，根据我国缔结或者参加的国际条约、协定的规定，其他需要限制或者禁止进口或者出口的。至于哪些货物或技术属于限制或禁止进出口情形，国务院外贸主管部门会同其他部门制定、调整并公布限制或者禁止进出口的货物、技术目录。

《对外贸易法》第26条规定，国家基于下列原因可以限制或者禁止有关的国际服务贸易：第一，为维护国家安全、社会公共利益或者公共道德，需要限制或者禁止的；第二，为保护人的健康或者安全，保护动物、植物的生命或者健康，保护环境，需要限制或者禁止的；第三，为建立或者加快建立国内特定服务产业，需要限制的；第四，为保障国家外汇收支平衡，需要限制的；第五，依照法律、行政法规的规定，其他需要限制或者禁止的；第六，根据我国缔结或者参加的国际条约、协定的规定，其他需要限制或者禁止的。

（三）许可证、配额和关税配额管理

国家对限制进口或出口的货物，实行配额、许可证和关税配额等管理；对限制进口或者出口的技术，实行许可证管理。实行配额、许可证管理的货物和技术，对外贸易经营者应当按照外贸主管部门或其他有关部门许可，取得进口或出口许可证，方可进口或者出口。

许可证是指国家规定特定产品进出口必须取得预先许可。根据许可证管理的需要，我国还颁发了一系列法律规定，如商务部2004年《货物进口许可证管理办法》、2008年《货物出口许可证管理规定》、2004年《货物自动进口许可管理办法》以及商务部和海关总署2007年联合颁发的《2008年出口许可证管理货物目录》、《2008年进口许可证管理货物目录》和《2008年自动进口许可证目录》等。

配额是指国家对特定产品进出口规定数量限制，关税配额是指国家对进口的某些产品的数量设定限制，配额内的产品实行较低关税，配额外的产品可以进口，但要缴纳较高关税。数量限制作为一种贸易保护手段，其效果更为迅速、直观且简单易行。在非关税壁垒中，数量限制是最为有力的武器，为各国普遍采用。1947年GATT第11条明确规定禁止各国实施数量限制，但考虑到国际贸易现实和各国经济发展现状，GATT和WTO又规定了若干数量限制上的例外。[1]

我国长期以来对进口实行严格的审批制度。1993 年前我国实行进口配额和进口许可证管理的商品约占进口商品的 20%。1993 年后我国开始大幅度削减进口配额和进行许可证目录，入世后我国承诺逐步取消进口产品的许可证和配额。关于出口商品，1993 年我国开始改革，实行少数商品由国家组织有关公司统一联合经营、大多数商品放开经营的政策。国家管理的出口商品主要包括：关系国计民生的大宗资源性商品；在我国出口中占有重要地位的传统商品（如钢铁、中药材等）；在国际市场占主导地位的重要商品，出口额大、易引起抬价抢购、低价竞销的商品；国外需要我国设限的商品（如烟花爆竹等）；国外对我国实行配额限制的商品以及一些重要的名特优出口商品等。对于国家管理的出口商品，实行出口许可证管理和出口配额管理。许可证、配额和关税配额是我国非关税管制的主要措施。

三、我国进出口海关监管制度

中华人民共和国海关是国家的进出关境监督管理机关，海关总署统一管理全国海关。海关监管制度是指海关依法对进出口运输工具、货物、物品进行审单、查验、征税、放行以及后续监督管理的一系列制度。通过对进出口货物的有效控制，维护国家主权，实现国家政治经济目的。

1．海关监管的含义

海关监管主要涉及报关、查验、关税及放行等几个环节。

报关是进出口货物接受监管的前提条件。货物在进出境时，收、发货人应按规定填报货物情况，请求海关办理进出口手续。

查验是海关办理货物进出境的必经程序，进出口货物应当接受海关查验。

关税是海关代表国家，依照法律、政策对进出口货物征收的一种流转税。

结关放行是指进出口货物收发货人接受查验并交纳税费后，由海关在货运单据上加盖海关放行章，以示准许进境或出境。对于一些单据不全或不符规定、属于禁止或限制进出口货物等，海关不予放行。

2．海关关税

征收关税的目的在于增加国家的财政收入，同时也用来保护国内经济免受外国商品竞争的损害。对进口商品课征高额关税，可以有效地阻挡外国商品的进入。

关税可分为优惠关税、普通关税、特别关税等。优惠关税（preferential duty）

---

① 余劲松、吴志攀主编：《国际经济法》（第二版），北京大学出版社，2005 年版。

也称特惠关税，是对来自一个国家或地区的商品给予特别优惠的低关税。优惠关税可以是互惠的（如签订双边协定），也可以是非互惠的（如发达国家给予发展中国家的普惠制），还可以是按照最惠国原则给予的优惠关税。普通关税（general duty）是一国对来自未建交的国家或未签订双边协定的国家或地区征收的关税，一般高于优惠关税。特别关税也称差别关税或歧视性关税，对来自某些国家或地区的同一类商品按照不同税率征收关税，如反倾销税、反补贴税和报复性关税等。

关税的计征方法可分为按值计税、按量计税、混合计税和按季节税，海关审核确定的应当征收关税的进出口货物的价格被称为完税价格或计税价格。按值计税（从值关税）指按某种进口产品的价值征收一定比例的的关税。按量计税（从量关税）是依某类进口产品的数量征收固定的关税。混合计税是按值计税和按量计税的结合，即对一定数量的进口产品征收从量关税，同时亦按该进口产品的价值征收一定比例的从值关税。按季节税是针对有季节特征的货物（如鲜货、果品等）制定两种或以上的税率，旺季实施高税率，淡季实施低税率，平时实施中间税率等。

海关征收关税的依据和标准。

关税是对跨国界商品所征收的。通常情况下，关税征收与否以国界为准。但有时同一关税地区亦可包括两个以上国家，如关税同盟；有时一个国家亦可有一个以上关税区。虽然进出口产品均可被征收关税，但为了管理出口创汇，大多数情况下关税通常只是针对进口产品征收。①

3．保税制度

保税制度是一国海关对进入该国特定区域的货物，或用于加工制造出口的原材料等免征关税的制度。

按照该特定区域（保税区）的大小和功能可分为保税仓库、自由港和自由贸易区、出口加工区等等。保税仓库是指经海关批准注册并在其监督下，存放免税货物的仓库。自由港是指外国货物可以全部或部分免税进出口的港口，实行自由港政策的关税隔离区被称为自由贸易区，自由贸易区内可以从事货物的储存、加工、制造和销售等活动。出口加工区是指由海关划定的特定地区内专门从事将免税进口的原材料进行加工出口的活动。综合型区域是指将上述几种类型的保税区结合起来，在区里既可从事货物的储存、过境、加工等活动，也可以从事工业投资、商业销售、金融服务、旅游、科技研究与开发及成果的应用等活动。

①王贵国著：《国际贸易法》，北京大学出版社，2004年版，第123页。

外国商品进入保税区内可免纳关税。但如进入国内市场，则应照章纳税。保税区为外国商品的转口过境提供了便利，也是一国利用外资、吸引外国先进技术和人才、发展经济的有效手段。

我国关于关税的法律规范主要包括《海关法》、《进出口关税条例》和《进出口关税税则》等。我国进口货物的完税价格是货物的到岸价格（即 CIF 价格），而出口货物的完税价格是货物离岸价格（即 FOB 价格）。在一定情况下关税可减可免，减免通常分法定减免、特定减免、临时减免和暂免纳税四种情况。加入 WTO 后我国履行关税减让义务，2002 月 1 日我国大幅度下调 5000 多种商品的进口关税，2005 年我国关税总水平已降至 9.9%[①]。

四、我国进出口商品检验鉴定制度

（一）进出口商品检验制度

进出口商品检验是指国家商检部门对进出口货物的品质、数量、包装、安全、装运技术等事项进行分析和测定，并出具检验证书的活动。进出口商品检验制度是国家对外贸易管理的重要内容之一。我国非常重视进出口商品检验工作，制定了一系列法律、行政法规和规章，形成了全面完善的进出口商品检验鉴定法律体系，如我国 1989 年通过、2004 年修订的《进出口商品检验法》，商检局 1992 年通过、2005 年修订的《进出口商品检验法实施条例》，2003 年发布的《进出口商品检验鉴定机构管理办法》，2007 年发布的《进出口商品数量重量检验鉴定管理办法》，2007 年发布的《进口商品残损检验鉴定管理办法》等。

为了加强进出口商品检验工作，规范进出口商品检验行为，我国设立进出口商品检验局（国家商检局）并主管全国进出口商品检验工作。国家商检部门设在各地的进出口商品检验机构管理所辖地区的进出口商品检验工作。

进出口商品检验应遵循保护人类健康和安全、保护动物或植物的生命和健康、保护环境、防止欺诈行为和维护国家安全等原则。

进出口商品检验分为法定检验和非法定检验。国家商检部门制定并公布了《商检机构实施检验的进出口商品种类表》。法定检验主要包括：对列入《商检机构实施检验的进出口商品种类表》的进出口商品检验；对出口食品的卫生检验；对出口危险货物包装容器的性能鉴定和使用鉴定；对装运出口易腐烂变质食品、冷冻品的船舱、集装箱等运载工具的适载检验；对有关国际条约规定须经商检机构检验的进出口商品的检验；及对其他法律、行政法规规定须经商检

①郭瑜著：《国际贸易法》，北京大学出版社，2006 年版，第 134 页。

机构检验的进出口商品的检验。非法定检验，主要指外贸合同约定的或者进出口商品的收货人、发货人申请的检验。

商品检验的内容，主要包括商品的质量、规格、数量、重量、包装以及是否符合安全、卫生要求。法定检验的进口商品，收货人必须向卸货口岸或到达站的商检机构办理登记。商检机构在报关单上加盖印章，海关凭报关单上加盖的印章验放。商检机构对出口商品的检验，应当在不延误装运的期限内检验完毕，检验合格的，按照规定签发检验证书、放行单或者在报关单上加盖印章。

（二）进出口商品鉴定制度

进出口商品鉴定制度，是指国家商检机构根据外贸合同当事人申请，以公正科学的态度，运用各种技术手段和经验，对商品作出检验鉴定结果，签发鉴定证书的制度。

进出口商品鉴定的内容通常包括：进出口商品的质量、数量、重量、包装鉴定和货载衡量；进出口商品的积载鉴定、残损鉴定、载损鉴定和海损鉴定；装载出口商品的船舶、车辆、飞机、集装箱等运载工具的适载鉴定；集装箱及集装箱货物鉴定；抽取并签封各类样品等。商检机构对进出口商品质量进行检验鉴定并签发鉴定证书，通常是贸易结算、通关、索赔理赔的依据。

（三）原产地制度

1．原产地管理的含义

原产地是指商品的来源地，即商品的产生地、生产地、制造地或产生实质性改变的加工地。原产地常常被形象地称为商品的经济国籍。

国家对进出口商品进行原产地管理。原产地管理是指制定货物原产地的判定标准，确定、审批、办理进出口货物原产地证书和原产地标识的管理行为。原产地涉及贸易优惠的给予及对外贸易调查等问题，在国际贸易法中居于重要地位。1990 年原产地问题被纳入 WTO 的乌拉圭回合谈判议题，并达成《原产地规则协议》。

2．我国关于原产地的立法

我国一直重视对进出口货物的原产地管理。1992 年我国制定了《出口货物原产地规则》，入世后为适应 WTO《原产地规则协议》要求，2004 年我国颁布《进出口货物原产地条例》，2005 年 1 月 1 日起施行。

该《条例》共 27 条，分别对立法宗旨、适用范围、原产地确定原则、原产地证书签发及核查、违反条例的法律责任等作了明确规定。《条例》适用范围广，既适用于进口货物税率、贸易统计等，也适用于最惠国待遇、反倾销、反补贴、保障措施、原产地标记管理、国别数量限制、关税配额等非优惠性贸易措施的实施，以及政府采购时对进出口货物原产地的确定。

《条例》规定了进出口货物原产地的确定原则，将完全获得和实质性改变作为判定货物原产地的共同标准，规定实质性改变是以税则号列的改变为基本标准，从价百分比标准和制造加工工序等为补充标准。针对出口商通过各种手段来减少或避免被征收反倾销税等的规避行为，《条例》设立了反规避条款，并规定，“如果对货物所进行的任何加工或处理是为了规避中华人民共和国关于反倾销、反补贴和保障措施等有关规定的，海关在确定该货物的原产地时可以不考虑这类加工和处理”。《条例》还规定收货人有如实申报原产地的义务，货物或其包装上标有的原产地标记应当真实，并与所确定的原产地一致。

五、我国进出口商品的外汇管理制度

《对外贸易法》第35条规定，对外贸易经营者在对外贸易经营活动中，应当遵守国家有关外汇管理的规定。2008年修订的《中华人民共和国外汇管理条例》是我国外汇管理的主要法律规定，国家外汇管理局及分支机构是我国外汇管理的主要部门。

我国对进出口商品的外汇管理主要表现在出口收汇和进口付汇的核销监管方面。根据《外汇管理条例》，涉及货物进出口、国际服务贸易等经常项目的外汇收支应具有真实、合法的交易基础。交易的外汇收入可按国家有关规定保留或卖给经营结汇、售汇业务的金融机构。交易的外汇支出，应按外汇管理部门关于付汇与购汇的管理规定，凭有效单证以自有外汇支付或者向经营结汇、售汇业务的金融机构购汇支付。

六、我国对外贸易秩序的规范

（一）扰乱外贸秩序的行为

垄断，限制了公平竞争并损害消费者利益，被视为自由市场经济的危害。《对外贸易法》第32条规定，在对外贸易经营活动中，不得违反有关反垄断的法律、行政法规的规定实施垄断行为。在对外贸易经营活动中实施垄断行为，危害市场公平竞争的，依照有关反垄断的法律、行政法规的规定处理。有前款违法行为，并危害对外贸易秩序的，国务院对外贸易主管部门可以采取必要的措施消除危害。

《对外贸易法》第33条规定，在对外贸易经营活动中，不得实施以不正当的低价销售商品、串通投标、发布虚假广告、进行商业贿赂等不正当竞争行为。在对外贸易经营活动中实施不正当竞争行为的，依照有关反不正当竞争的法律、行政法规的规定处理。有前款违法行为，并危害对外贸易秩序的，国务院对外贸易主管部门可以采取禁止该经营者有关货物、技术进出口等措施消除危害。

《对外贸易法》第 34 条规定了对外贸易中的违法行为，主要包括：第一，伪造、变造进出口货物原产地标记，伪造、变造或者买卖进出口货物原产地证书、进出口许可证、进出口配额证明或者其他进出口证明文件；第二，骗取出口退税；第三，走私；第四，逃避法律、行政法规规定的认证、检验、检疫；第五，违反法律、行政法规规定的其他行为。对外贸易经营者违反我国《对外贸易法》的规定，危害对外贸易秩序的，国务院对外贸易主管部门可以对社会公告。

（二）对外贸易调查

各国对外贸易立法一般都规定了对外贸易调查制度，以核实对外贸易活动中是否存在违法行为及所造成的危害，决定是否给予贸易救济措施。WTO 也规定了对反倾销、反补贴和保障措施的调查制度。《对外贸易法》第 37 条规定，为了维护对外贸易秩序，国务院对外贸易主管部门可以自行或者会同其他有关部门，依法进行调查。贸易调查的范围包括：货物进出口、技术进出口、国际服务贸易对国内产业及其竞争力的影响；有关国家或者地区的贸易壁垒；为确定是否应当依法采取反倾销、反补贴或者保障措施等对外贸易救济措施，需要调查的事项；规避对外贸易救济措施的行为；以及对外贸易中有关国家安全利益的事项等七个方面。

对外贸易调查的启动，首先由国务院对外贸易主管部门发布公告。调查可采取书面问卷、召开听证会、实地调查、委托调查等方式进行。对外贸易主管部门根据调查结果提出调查报告或作出处理裁定，并发布公告。有关单位和个人在对外贸易调查中有配合与协助的义务，而国务院主管人员有保密的义务。

（三）对外贸易救济

《对外贸易法》第 40 条规定，国家根据对外贸易调查结果，可以采取适当的对外贸易救济措施。对外贸易救济，是指在对外贸易过程中，国内产业因为不公平进口行为或进口产品数量大量增加的冲击，受到了不同程度的损害，各国政府对此所给予的帮助或救助。反倾销、反补贴和保障措施是对外贸易救济的主要措施，反倾销和反补贴针对不公平的进口行为，保障措施针对进口产品数量大量增加情形。如我国《对外贸易法》第八章专门规定了对外贸易救济问题，如第 41 条、第 43 条和第 44 条分别规定了反倾销、反补贴和保障措施三种救济措施。

针对国际贸易中可能出现的贸易转移现象，我国《对外贸易法》第 46 条还规定了反贸易转移的救济措施。贸易转移通常是指一国产品遭到另一国的贸易保障措施后转而大量向其他国家出口的情形。贸易转移行为常常会造成其他国家产业损失，遭到其他国家的抵制，如我国《对外贸易法》第46条规定，因第三国限制进口而导致某种产品进入我国市场的数量大量增加，对已建立的国内产业造成损害或者产生损害威胁，或者对建立国内产业造成阻碍的，国家可以采取必要的救济措施，限制该产品进口。显然，这是我国的反贸易转移的救济措施。

根据《对外贸易法》第47条规定，与我国缔结或共同参加经济贸易条约或协定的国家或地区，因违反条约或协定使我国利益丧失或受损的，我国政府有权要求相关国家或地区采取适当的补偿救济措施，或减让我国相关义务。

根据《对外贸易法》第48条规定的我国外贸主管部门依法进行外贸双边或多边磋商、谈判和解决争端，第49条规定的外贸主管部门和其他有关部门建立货物进出口、技术进出口和国际服务贸易的预警应急机制，第50条规定的针对规避对外贸易救济措施的行为所采取的反规避措施等，都应属于贸易救济措施。

七、与对外贸易有关的知识产权的保护

随着科技迅速发展和知识产权保护程度的提高，知识产权在国际贸易中的地位日益突出。国际货物贸易的正常发展离不开对知识产权的保护，知识产权本身也成为国际技术贸易的标的，知识产权所有权和使用权的转移成为国际贸易的重要组成部分。通过技术许可协议等手段，知识产权所有者将专利、商标等的使用权转让给技术接受方，从而获得技术使用费。知识产权的保护也成为对外贸易立法的重要内容。

1994年《对外贸易法》中没有关于知识产权的规定。2004年修订《对外贸易法》时，根据我国加入的WTO的相关规定，增加这一部分规定，并专列为第五章，其主要内容包括：国家依法保护与对外贸易有关的知识产权。进口货物侵犯知识产权并危害对外贸易秩序的，外贸主管部门可采取禁止侵权人生产、销售的有关货物进口。知识产权权利人有阻止被许可人对许可合同中的知识产权的有效性提出质疑、进行强制性一揽子许可、在许可合同中规定排他性返授条件等行为，并危害对外贸易公平竞争秩序的，外贸主管部门可采取必要措施消除危害。其他国家或地区在知识产权保护方面未给予中华人民共和国的法人、其他组织或个人国民待遇，或不能对来源于中华人民共和国的货物、技术或服务提供充分有效的知识产权保护的，我国外贸主管部门可依照本法和国际条约、协定，对该国或地区的贸易采取必要措施。

八、对外贸易促进

对外贸易促进，是指我国为发展对外贸易，便利对外贸易经营者从事对外贸易经营活动而采取的在法律法规政策实施、信息支持、市场开拓、人员培训等方面的服务和支持行为。根据《对外贸易法》，其具体促进措施主要包括：

第一，根据需要建立和完善为对外贸易服务的金融机构，设立对外贸易发展基金、风险基金。如我国 1994 年成立进出口银行，是直属国务院领导、政府全资拥有的国家出口信用机构，任务是为扩大我国机电产品和成套设备等资本性货物出口提供政策性金融支持。1996 年我国设立中央对外贸易发展基金，是用于调节和促进对外贸易发展的专项资金。2001 年中国出口信用保险公司成立，是我国首家专业出口信用保险机构。

第二，国家通过进出口信贷、出口信用保险、出口退税及其他促进对外贸易的方式，发展对外贸易。首先，进出口信贷是国家运用金融政策和手段，支持和鼓励对外贸易。出口信贷，是为鼓励商品出口，对本国出口商或国外进口商提供优惠贷款。我国进出口银行开办出口信贷业务，分为出口卖方信贷和出口买方信贷。出口卖方信贷是向出口商发放贷款，出口买方信贷是向中国进出口银行认可的购买我国商品的进口商或进口国财政部或其他政府授权机构发放贷款。其次，出口信用保险是国家为推动本国出口贸易，保障出口企业收汇安全而制定的一项由国家财政提供保险准备金的非赢利性的政策性保险业务，由中国出口信用保险公司承保，主要承保出口商在经营出口业务的过程中因进口商方面的商业风险和进口国方面的政治风险而遭受的损失。最后，出口退税是国家对出口商品在国内所计征的税赋予以退还的政策。我国《出口货物退（免）税管理办法》规定：对出口的凡属于已征或应征增值税、消费税的货物，除国家明确规定不予退（免）税的货物之外，均应退还已征增值税和消费税或免征应征的增值税和消费税。

第三，国家建立对外贸易公共信息服务体系，向对外贸易经营者和其他社会公众提供信息服务。

第四，国家鼓励对外贸易经营者开拓国际市场，采取对外投资、对外工程承包和对外劳务合作等多种形式，发展对外贸易。开拓国际市场能够为本国企业到海外投资、开展对外工程承包和对外劳务合作提供便利条件。对外投资是指采取合资、合作、独资等方式在国外设立企业。对外工程承包是指承包商以自己的资金、技术、劳务、设备、原材料等承揽外国政府、组织或私人企业的工程项目，并按承包合同收取各项成本费及利润的一种国际经济合作方式。对外劳务合作是指劳动者到国外提供各种生产性或服务性劳务并获取报酬。

第五，对外贸易经营者可以依法成立和参加有关协会、商会。目前我国已成立七大进出口商会，如中国五矿化工进出口商会、中国纺织品进出口商会等，向成员提供咨询、培训、信息、法律等各方面服务，并协助政府机构组织简单成员活动。中国国际贸易促进组织是指中国国际贸易促进委员会及其地方分会。中国国际贸易促进委员会（China Council for the Promotion of International Trade，简写为 CCPIT）是全国性民间对外经贸组织。

第六，国家扶持和促进中小企业开展对外贸易，国家扶持和促进民族自治地方和经济不发达地区发展对外贸易。

第七，区域经济一体化。我国《对外贸易法》第 5 条规定，我国根据平等互利的原则，促进和发展同其他国家和地区的贸易关系，缔结或者参加关税同盟协定、自由贸易区协定等区域经济贸易协定，参加区域经济组织。近年我国在区域经济一体化方面采取许多重大举措，如 2002 年中国与东南亚联盟十国签署《中国与东盟全面经济合作框架协定》，2003 年中国内地与我国香港、澳门特区签署《更紧密经济关系安排》。

第三节　我国“两反一保”法律制度

一、我国的“两反一保”的立法

“两反一保”即反倾销、反补贴和保障措施，这三种制度有一些共同之处，如法定条件中都要具备损害后果，启动调查的程序基本相同，采取的措施都包括提高关税，均属于对外贸易救济范围内等。

关于“两反一保”的国内立法，我国起步较晚。1994 年《对外贸易法》我国首次对反倾销、反补贴及保障措施进行立法。国务院 1997 年制定了《反倾销与反补贴条例》，对反倾销与反补贴作了具体细致的规定。入世后根据 WTO 的《反倾销协议》、《反补贴协议》和《保障措施协议》，我国 2002 年颁行实施了专门的《反倾销条例》、《反补贴条例》和《保障措施条例》。2004 年修订的《对外贸易法》对反倾销、反补贴及保障措施作出新的规定，2004 年又修订了《反倾销条例》、《反补贴条例》和《保障措施条例》，并于 2004 年开始施行。虽然我国反倾销立法较晚，但一开始就具有与国际接轨、与 WTO 反倾销协议保持一致的特性。

为了正确理解和审理“两反一保”案件，我国最高人民法院制定了相关司法解释，其中比较重要的应是 2003 年 1 月 1 日起施行的最高人民法院《关于审理反倾销行政案件应用法律若干问题的规定》和最高人民法院《关于审理反补贴行政案件应用法律若干问题的规定》等。

改革开放后，我国外贸出口额迅猛增长，我国产品以劳动力和原材料成本低廉的巨大优势闯进国际市场，引起很多国家对我国产品提出反倾销指控，国际上掀起了一股对华反倾销的浪潮。自 1979 年欧共体首次对我国糖精实施反倾销以来，我国已成为全球范围内被指控倾销和最终被裁定倾销的主要国家。同时，对华反补贴的案件也在增加。研究“两反一保”法律，加强相关立法尤显重要。

二、我国的反倾销法律制度

根据我国《对外贸易法》和《反倾销条例》的相关规定，我国的反倾销制度主要包括如下内容：

1．反倾销的条件

《对外贸易法》第 41 条规定，其他国家或地区的产品以低于正常价值的倾销方式进入我国市场，对已建立的国内产业造成实质损害或产生实质损害威胁，或对建立国内产业造成实质阻碍的，国家可以采取反倾销措施，消除或者减轻这种损害或者损害的威胁或者阻碍。可见，我国反倾销的条件就是：存在倾销，且倾销引起了损害。

《反倾销条例》第 3 条规定，倾销是指在正常贸易过程中进口产品以低于其正常价值的出口价格进入中华人民共和国市场。《反倾销条例》第 4 条规定，进口产品的正常价值，按照下列方法确定：第一，进口产品的同类产品，在出口国（地区）国内市场的正常贸易过程中有可比价格的，以该可比价格为正常价值。第二，进口产品的同类产品，在出口国（地区）国内市场的正常贸易过程中没有销售的，或者该同类产品的价格、数量不能据以进行公平比较的，以该同类产品出口到一个适当第三国（地区）的可比价格或者以该同类产品在原产国（地区）的生产成本加合理费用、利润，为正常价值。

我国《对外贸易法》规定了倾销引起的损害包括三种：实质损害、实质损害威胁和实质阻碍。《反倾销条例》进一步明确了如何确定损害的存在，如《反倾销条例》第 8 条规定，在确定倾销对国内产业造成的损害时，应审查进口产品的数量，进口产品的价格，进口产品对国内产业的相关经济因素和指标的影响；造成国内产业损害的其他因素等。《反倾销条例》还对确定损害时的“国内产业”和“同类产品”等概念进行了解释。

2．反倾销的程序

我国《反倾销条例》对反倾销调查的主管机关、启动方式、申请书内容、具体步骤等作了具体规定。对倾销和损害的调查，由商务部负责。涉及农产品的反倾销调查，由商务部会同农业部共同进行。

启动反倾销调查程序主要包括两种方式：一是国内产业或代表国内产业的自然人、法人或有关组织，向商务部提出反倾销调查的书面申请。二是在特殊情况下，商务部虽然未收到反倾销调查的书面申请，但有充分证据认为存在倾销并造成损害，可以决定立案调查。

反倾销调查的书面申请主要包括：申请人名称地址等情况；对申请调查的进口产品的完整说明；对国内同类产品生产的数量和价值的说明；申请调查进口产品的数量和价格对国内产业的影响；需要说明的其他内容等。申请书还应附具相应证据。

商务部收到申请书起 60 天内，应进行审查并决定是否立案调查。决定立案调查前应当通知有关出口国（地区）政府。调查后，根据调查结果商务部作出初裁决定并予以公告。初裁确定倾销成立的，应对倾销幅度、损害及损害程度继续调查，作出终裁决定并公告。反倾销调查自立案调查决定公告之日起 12 个月内结束，特殊情况下可延长但不得超过 18 个月。

3．反倾销措施

反倾销措施主要包括临时反倾销措施、价格承诺和反倾销税三种。初裁确定倾销成立并造成国内产业损害的，可采取临时反倾销措施，即征收临时反倾销税或要求提供保证金、保函或者其他形式的担保。临时反倾销措施自初裁决定之日起通常不超过 4 个月。

价格承诺是指，倾销产品的出口经营者在反倾销调查期间，可向商务部承诺改变价格或停止以倾销价格出口的价格承诺。商务部接受价格承诺，可中止或终止反倾销调查，不采取临时反倾销措施或征收反倾销税；若不接受价格承诺的，应向有关出口经营者说明理由。

终裁确定倾销成立并造成国内产业损害的，可征收反倾销税。征收反倾销税由商务部提出建议，由关税税则委员会作出决定，商务部予以公告，海关予以执行。反倾销税的纳税人是倾销产品的进口经营者。反倾销税税额不超过终裁决定确定的倾销幅度。反倾销税的征收期限和价格承诺的履行期限通常不超过 5 年，但必要时可适当延长。

4．第三国反倾销

我国《对外贸易法》第 42 条规定，其他国家或者地区的产品以低于正常价值出口至第三国市场，对我国已建立的国内产业造成实质损害或者产生实质损害威胁，或者对我国建立国内产业造成实质阻碍的，应国内产业的申请，国务院对外贸易主管部门可以与该第三国政府进行磋商，要求其采取适当的措施。我国主管部门要求第三国采取适当措施，就是第三国反倾销情况。所谓第三国反倾销，是指甲国产品以低于正常价值出口至乙国，导致丙国向乙国出口的同类产品受到损害，丙国要求乙国对甲国在乙国的倾销行为进行反倾销调查。乙国的这种反倾销调查不是为本国产业利益，而是代表第三国的反倾销行动。第三国反倾销问题，在WTO《反倾销协定》第14条也有明确规定。

5．反规避措施

征收反倾销税以后，为了继续倾销以占领市场，倾销人想尽各种办法以规避反倾销，如有的倾销商私下向进口商补偿被征收的反倾销税，欧盟反倾销法规定了“反吸收条款”，即对进口商加收“反吸收税”，以反击倾销商的规避行为。有的倾销商在进口国采取反倾销措施后，不再向该国直接出口该产品，而是将该产品原材料低价出口到进口国，在进口国投资设厂，将原材料组装装配后以本地产品名义低价出售。欧盟反倾销法针对这样规避反倾销行为，规定了“反装配条款”[①]。

我国《对外贸易法》第37条规定，外贸主管部门可以对规避对外贸易救济措施的行为进行调查。第50条又规定，国家对规避本法规定的对外贸易救济措施的行为，可以采取必要的反规避措施。《反倾销条例》第55条规定，商务部可以采取适当措施，防止规避反倾销措施的行为。这些规定表明，我国立法对反规避也很重视，但立法过于原则化。反规避问题在WTO的乌拉圭回合谈判中争议很大，最终未能达成一致协议。

三、我国的反补贴法律制度

根据我国《对外贸易法》和《反补贴条例》的相关规定，我国的反补贴制度主要包括如下内容：

1．反补贴的要件

我国《对外贸易法》第43条规定，进口的产品直接或者间接地接受出口国家或者地区给予的任何形式的专向性补贴，对已建立的国内产业造成实质损害或者产生实质损害威胁，或者对建立国内产业造成实质阻碍的，国家可以采取反补贴措施，消除或者减轻这种损害或者损害的威胁或者阻碍。可见，我国反补贴的条件就是存在补贴，并造成了损害。

我国《反补贴条例》第3条规定，补贴是指出口国（地区）政府或者其任何公共机构提供的并为接受者带来利益的财政资助以及任何形式的收入或者价格支持。其中的财政资助包括：第一，出口国（地区）政府以拨款、贷款、资本注入等形式直接提供资金，或者以贷款担保等形式潜在地直接转让资金或

①郭瑜著：《国际贸易法》，北京大学出版社，2006年版，第144页。

者债务；第二，出口国（地区）政府放弃或者不收缴应收收入；第三，出口国（地区）政府提供除一般基础设施以外的货物、服务，或者由出口国（地区）政府购买货物；第四，出口国（地区）政府通过向筹资机构付款，或者委托、指令私营机构履行上述职能。

补贴必须具有专向性。根据《反补贴条例》第 4 条，下列补贴具有专向性：第一，由出口国（地区）政府明确确定的某些企业、产业获得的补贴；第二，由出口国（地区）法律、法规明确规定的某些企业、产业获得的补贴；第三，指定特定区域内的企业、产业获得的补贴；第四，以出口实绩为条件获得的补贴；第五，以使用本国（地区）产品替代进口产品为条件获得的补贴。在确定补贴专向性时，还应当考虑受补贴企业的数量和企业受补贴的数额、比例、时间以及给予补贴的方式等因素。

我国《对外贸易法》第 43 条规定了补贴引起的损害包括三种：实质损害，实质损害威胁，或者对建立国内产业造成实质阻碍。《反补贴条例》第 8 条规定，确定损害时应审查下列事项：补贴可能对贸易造成的影响；补贴进口产品的数量；补贴进口产品的价格；补贴进口产品对国内产业的相关经济因素和指标的影响等。

2．反补贴的程序

反补贴的发起有两种途径：第一，国内产业或者代表国内产业的自然人、法人或者有关组织，向商务部提出反补贴调查的书面申请。第二，在特殊情形下，商务部虽未收到书面申请，但有充分证据认为存在补贴并造成损害，可决定立案调查。

商务部收到申请人的申请书之日起 60 天内，决定立案调查或者不立案调查。特殊情形下可适当延长审查期限。决定立案调查前应就有关补贴事项向产品可能被调查的国家（地区）政府发出进行磋商的邀请。立案调查的决定，由商务部予以公告，并通知申请人、出口经营者、进口经营者及其他有利害关系的组织、个人和出口国（地区）政府。

商务部可以采用问卷、抽样、听证会、现场核查等方式向利害关系方了解情况，进行调查，并为有关利害关系方或利害关系国（地区）政府提供机会以陈述意见。必要时商务部可派工作人员赴有关国家（地区）进行调查。

根据调查结果，商务部作出初裁决定并予以公告。初裁确定补贴成立的，商务部应对补贴金额、损害及损害程度继续进行调查，并作出终裁决定，予以公告。反补贴调查，应自立案调查决定公告之日起 12 个月内结束，特殊情况下可延长，但不得超过 18 个月。

3．反补贴的措施

反补贴措施主要包括临时反补贴措施、承诺和反补贴税。初裁确定补贴成立并造成国内产业损害的，可采取临时反补贴措施，即采取以保证金或者保函作为担保的征收临时反补贴税的形式。采取临时反补贴措施，由商务部提出建议，国务院关税税则委员会作出决定，由商务部予以公告，海关予以执行。临时反补贴措施的实施期限，不超过 4 个月。

承诺是指，在反补贴调查期间，出口国（地区）政府提出取消、限制补贴或者其他有关措施的承诺，或者出口经营者提出修改价格的承诺。商务部接受承诺的，可决定中止或者终止反补贴调查，不采取临时反补贴措施或者征收反补贴税；商务部不接受承诺的，应当向有关出口经营者说明理由。

如果终裁确定补贴成立并造成国内产业损害的，可以征收反补贴税。由商务部提出建议，国务院关税税则委员会作出决定，由商务部予以公告，海关予以执行。反补贴税的纳税人为补贴进口产品的进口经营者。反补贴税的征收期限和承诺履行期限不超过 5 年，但若终止征收有可能导致补贴和损害的继续或再度发生，征收期限可适当延长。

四、我国的保障措施法律制度

根据我国《对外贸易法》和《保障措施条例》的相关规定，我国保障措施法律制度主要包括如下内容：

1．保障措施的条件

我国《对外贸易法》第 44 条规定，因进口产品数量大量增加，对生产同类产品或者与其直接竞争的产品的国内产业造成严重损害或者严重损害威胁的，国家可以采取必要的保障措施，消除或者减轻这种损害或者损害的威胁，并可以对该产业提供必要的支持。2004 年修订的《保障措施条例》第 2 条规定，进口产品数量增加，并对生产同类产品或者直接竞争产品的国内产业造成严重损害或者严重损害威胁的，依照本条例的规定进行调查，采取保障措施。可见，采取保障措施的条件就是：进口产品数量增加，并对生产同类产品或者直接竞争产品的国内产业造成严重损害或者严重损害威胁。

2．保障措施的程序

《保障措施条例》第 3 条和第 4 条规定了保障措施发起的两种途径：国内产业有关的自然人、法人或者其他组织向商务部提出书面申请；商务部虽未收到书面申请但有充分证据认为国内产业因进口产品数量增加而受到损害的，自行决定立案调查。商务部审查申请人的申请并决定立案调查或者不立案调查。决定立案调查的，应予以公告并及时通知世界贸易组织保障措施委员会。

商务部对进口产品数量增加及损害进行调查和确定，涉及农产品的损害调查，由商务部会同农业部进行。调查期间商务部应为进口经营者、出口经营者和其他利害关系方提供陈述意见和论据的机会。调查可采用调查问卷、听证会或其他方式。商务部应公布调查结果并通知保障措施委员会。根据调查结果，商务部可作出初裁决定，也可以直接作出终裁决定，并予以公告。

3．保障措施的具体措施

临时保障措施和最终保障措施两种。2004 年修订的《保障措施条例》第 16 条、第 17 条和第 18 条分别规定了临时保障措施的条件、实施程序和期限。第 16 条规定，有明确证据表明进口产品数量增加，在不采取临时保障措施将对国内产业造成难以补救的损害的紧急情况下，可以作出初裁决定，并采取临时保障措施。临时保障措施采取提高关税的形式。第 17 条规定，采取临时保障措施，由商务部提出建议，国务院关税税则委员会根据商务部的建议作出决定，由商务部予以公告。海关自公告规定实施之日起执行。在采取临时保障措施前，商务部应当将有关情况通知保障措施委员会。第 18 条规定，临时保障措施的实施期限，自临时保障措施决定公告规定实施之日起，不超过 200 天。终裁决定确定不采取保障措施的，已征收的临时关税应当予以退还。

《保障措施条例》第 19 条和第 20 条等很多条款都是针对最终采取保障措施所作出的规定。如第 19 条规定，终裁决定确定进口产品数量增加，并由此对国内产业造成损害的，可以采取保障措施。保障措施可以采取提高关税、数量限制等形式。第 20 条规定，保障措施采取提高关税形式的，由商务部提出建议，国务院关税税则委员会根据商务部的建议作出决定，由商务部予以公告；采取数量限制形式的，由商务部作出决定并予以公告。海关自公告规定实施之日起执行。

《保障措施条例》第 22 条规定，保障措施应当针对正在进口的产品实施，不区分产品来源国（地区）。这一规定明确了保障措施应遵循无歧视原则，只针对正在进口的产品，不区分产品来源国（地区）。第 23 条规定，采取保障保障措施应当限于防止、补救严重损害并便利调整国内产业所必要的范围内。这一条款规定了保障措施应遵循必要原则。第 24 条规定，采取保障措施前商务部应为与有关产品为与有关产品的出口经营者有实质利益的国家（地区）政府提供磋商的充分机会。这是保障措施应遵循的公开原则。

《保障措施条例》第四章规定了保障措施的期限与复审问题。根据第 27 条、第 28 条和第 29 条规定，保障措施的实施期限应不超过 4 年，符合法定条件下可适当延长，但最长不超过 10 年。保障措施实施期限超过 3 年的，商务部应当在实施期间内对该项措施进行中期复审。复审包括保障措施对国内产业的影响、国内产业调整情况等。根据复审结果，商务部应提出保留、取消或者加快放宽保障措施的建议，国务院关税税则委员会作出决定，由商务部予以公告。

近几十年来，我国不时也遭遇到一些国家对我国实施紧急进口限制措施（即保障措施）。如日本1995年意欲就中国出口的大蒜和生姜实施紧急进口限制措施，后在谈判过程中中国作出让步，同意对这种产品实施出口配额制，主动限制出口量。[①]2001年4月日本又决定对中国出口的大葱、生蘑菇和灯心草实施紧急进口限制措施。两国就此进行谈判但结果不欢而散，我国于是在当年6月末宣布采取报复措施，对日本的汽车、移动电话和空调设备征收100%特别关税。入世后因关税减让使外国产品大量涌进我国市场，损害我国相关产业。2002年中国钢铁工业协会及宝钢、鞍钢、武钢、首钢等向我国对外贸易经济合作部正式提交了《关于对钢铁产品进行保障措施调查的申请》就是例证[②]。

第四节　WTO规则的适用与国际贸易行政案件

一、我国的复关入世历程

1947年中华民国政府在日内瓦签署GATT，中国成为GATT创始缔约方之一。1949年底台湾当局宣布中国退出GATT，保留“观察员”地位。1971年联合国大会通过决议，将台湾当局代表驱逐出联合国，恢复中华人民共和国政府在联合国的合法地位。1986年中国提出恢复关贸总协定合法席位申请。1987年正式开始“复关”谈判。1995年1月1日WTO取代GATT，“复关”变为“入世”。经过长达15年的艰苦谈判历程，2001年12月11日，中国终于正式加入世界贸易组织，成为第143个WTO成员国。中国对外开放进入一个新的历史发展阶段。

二、WTO规则在我国的适用

加入WTO以后，针对我国如何适用WTO规则问题，理论界曾有过比较激烈的争论[③]。2002年最高人民法院公布了《关于审理国际贸易行政案件若干问题的规定》（以下简称《规定》），该《规定》明确规定了人民法院审理国际

① 杨晓：《大葱大蒜洋葱出口日本可能遭遇高关税》，http://www.people.com.cn/GB/jinji/31/179/20010219/398640.html.

② 杨仕辉、叶茂升：《美国钢铁保障措施对我国钢铁企业的影响——以宝钢为个案的实证研究》，《产业经济研究》，2005年第4期，第44页。

③ 曹建明主编：《WTO与中国的司法审判》，法律出版社，2001年版，第254-257页。

贸易行政案件的法律适用问题，也间接地明确了 WTO 在我国不直接适用的问题。如第 7 条规定，人民法院审理国际贸易行政案件，应当依据中华人民共和国法律、行政法规以及地方立法机关在法定立法权限范围内制定的有关或者影响国际贸易的地方性法规。地方性法规适用于本行政区域内发生的国际贸易行政案件。再如第 8 条，人民法院审理国际贸易行政案件，还应参照国务院部门制定的部门规章，以及省、自治区、直辖市和省、自治区的人民政府所在地的市、经济特区所在地的市、国务院批准的较大的市的人民政府制定的地方政府规章。这些规定表明，我国法院审理国际贸易行政案件，只能依据中华人民共和国法律、行政法规以及相关的地方性法规，而不是 WTO 规定，显然我国法院不能直接适用 WTO 规则来审理国际贸易行政案件，WTO 规则在我国法院不能被直接适用。

虽然 WTO 规则不能被直接适用，但这并不意味着 WTO 规则对我国没有拘束力。我国采取了将 WTO 规则转化为国内法再实施的办法，即间接适用 WTO 规则的方法[①]。如《规定》第 9 条，人民法院审理国际贸易行政案件所适用的法律、行政法规的具体条文存在两种以上的合理解释，其中有一种解释与中华人民共和国缔结或者参加的国际条约的有关规定相一致的，应当选择与国际条约的有关规定相一致的解释，但中华人民共和国声明保留的条款除外。再如，为了履行遵守 WTO《反倾销协议》，我国制定了《反倾销条例》，其内容与 WTO《反倾销协议》的规定几乎完全一致，通过执行我国的《反倾销条例》，也就间接执行了 WTO 规则。此外，我国现行法律也并不完全排斥直接适用 WTO 规则，如我国《行政诉讼法》第 72 条规定："中华人民共和国缔结或者参加的国际条约同本法有不同规定的，适用国际条约的规定，中华人民共和国声明保留的条款除外。"我国《对外贸易法》第 6 条规定："中华人民共和国在对外贸易方面根据所缔结或者参加的国际条约、协定，给予其他缔约方、参加方最惠国待遇、国民待遇等待遇，或者根据互惠、对等原则给予对方最惠国待遇、国民待遇等待遇。"可以说，这些规定都没有排除直接适用 WTO 规则的可能性。

三、我国外贸管理行政案件的审理

入世后我国很多人民法院陆续受理一些与世贸组织规则有关的国际贸易行政案件，即有关自然人、法人或者其他组织对我国行政主管部门（如工商部门、知识产权部门、税务部门、海关等）的有关国际贸易的行政处理决定或者

① 郭瑜著：《国际贸易法》，北京大学出版社，2006 年版，第 157 页。

行政复议决定不服，依法向法院提起诉讼。

为依法公正及时地审理国际贸易行政案件，我国最高院2002年及时制定并实施了《关于审理国际贸易行政案件若干问题的规定》。根据该《规定》，下列案件属于国际贸易行政案件：第一，有关国际货物贸易的行政案件；第二，有关国际服务贸易的行政案件；第三，与国际贸易有关的知识产权行政案件；第四，其他国际贸易行政案件。在我国，有权审理国际贸易行政案件的机构是人民法院行政审判庭。第一审国际贸易行政案件由具有管辖权的中级以上人民法院管辖。

我国法院受理国际贸易行政案件后，需要对我国行政主管部门的与国际贸易有关的行政行为进行司法审查，司法审查是指在我国现行法律框架下进行行政诉讼或行政审判。《规定》第7条、第8条和第9条规定了人民法院审理国际贸易行政案件的法律适用问题。第7条规定人民法院应依据我国法律、行政法规以及地方性法规审理国际贸易行政案件。第8条规定，人民法院应参照国务院部门制定的部门规章，以及省、自治区，直辖市和省、自治区的人民政府所在地的市、经济特区所在地的市、国务院批准的较大的市的人民政府制定的地方政府规章。第9条规定，人民法院审理国际贸易行政案件所适用的法律、行政法规的具体条文存在两种以上的合理解释，其中有一种解释与中华人民共和国缔结或者参加的国际条约的有关规定相一致的，应当选择与国际条约的有关规定相一致的解释，但中华人民共和国声明保留的条款除外。

《规定》还确定了国际贸易行政案件的审查标准。第6条规定，人民法院审理国际贸易行政案件，应当依照行政诉讼法，并根据案件具体情况，从7个方面对被诉具体行政行为进行合法性审查：主要证据是否确实、充分；适用法律、法规是否正确；是否违反法定程序；是否超越职权；是否滥用职权；行政处罚是否显失公正；是否不履行或者拖延履行法定职责。

《规定》明确了我国法院审理国际贸易行政诉讼实行国民待遇和对等原则。如第10条规定，“外国人、无国籍人、外国组织在中华人民共和国进行国际贸易行政诉讼，同中华人民共和国公民、组织有同等的诉讼权利和义务，但有行政诉讼法第71条（2）款规定的情形的，适用对等原则”。《行政诉讼法》第71条（2）款规定的内容是外国法院对我国公民和组织的行政诉讼权利加以限制的，我国人民法院对该国公民、组织的诉讼权利，实行对等原则。

课外阅读资料

一、关于对外贸易经营者的相关规定

Article 8 For the purposes of this Law, "foreign trade dealers"(对外贸易经营者), refers to legal persons, other organizations or individuals that have fulfilled the industrial and commercial registration or other practicing procedures in accordance with laws and engage in foreign trade dealings in compliance with this Law and other relevant laws and administrative regulations.

Article 9 Foreign trade dealers engaged in import and export of goods or technologies shall register with the authority responsible for foreign trade under the State Council or its authorized bodies unless laws, regulations and the authority responsible for foreign trade under the State Council do not so require. The specific measures for registration shall be laid down by the authority responsible for foreign trade under the State Council.Where foreign trade dealers fail to register as required, the Customs authority shall not process the procedures of declaration, examination and release for the imported and exported goods.

Article 10 The international trade in services shall be carried out in compliance with the provisions of this Law and other relevant laws and administrative regulations. The units engaged in foreign contract of construction project or foreign labor cooperation shall be equipped with corresponding eligibility or qualification. The specific measures therefore shall be laid down by the State Council.

二、关于贸易代理和商业秘密

Article 12 Foreign trade dealers may accept the authorization of others and conduct foreign trade as an agent within its scope of business.

Article 13 Foreign trade dealers shall, in accordance with the regulations laid down by the authority responsible for foreign trade under the State Council or other relevant authorities under the State Council in accordance with law, submit the documents and materials relevant to their foreign trade dealings to relevant authorities. The authorities concerned shall keep business secrets confidential for the providers thereof.

第十五章 与贸易有关的知识产权法律

第一节 国际货物贸易与知识产权保护

一、国际货物贸易与知识产权保护的相关性

在国际贸易中，知识产权的地位日益突出，含有知识产权的产品在国际货物贸易中所占的比重越来越大。随着社会经济和科学技术的发展，国际货物贸易中产品的科技含量越来越高，如新药品、新科技产品；计算机软件、电影、音乐和书籍；知名品牌商品；植物新品种等。这些产品大多含有专利权和商标权等，产品主要价值在于其所含有的发明、革新、研究、设计等，创造者所享有的防止他人使用其发明、设计或其他创造物的权利应受法律保护。

英国国家经济研究协会（NERA）1999 年 2 月提出的一份研究报告研究了不同知识产权与特定产品的相关性，该研究报告选择了鞋类和皮革制品、录音制品、汽车、消费电器、家用电器、化妆品和香水等 10 类产品，其所涉及的知识产权包括商标权、著作权、外观设计权和专利权。NERA 的研究结论指出：上述 10 类产品均与商标权有着高度相关性；录音制品与著作权有着高度相关性；鞋类、皮革制品、汽车与外观设计有着高度相关性；汽车、消费电器、家用电器 3 种产品的零部件则与专利权有着高度相关性①。正是由于上述高度相关性的存在，产品中所蕴涵的知识、技术含量、商标信誉等大大提升了产品的价值，进而提高了产品的销售价格。

二、我国对外贸易中的知识产权问题的现状

关于我国对外贸易中知识产权问题，应该说，我国对外贸易发展快速，但竞争优势不够强。比如，我国虽然在世界贸易中的排名从 2003 年的第 4 位上升到 2007 年的第 3 位，但从质量上看，我国出口产品的科技含量并不高。知识产权问题成为我国对外贸易中的主要问题之一。

---

① 王春燕：《知识产权对货物贸易的影响》，中国法院网，2002 年 12 月 19 日，http://www.chinacourt.org/public/detail.php?id=26767.

20世纪80年代以来，以专利、商标、计算机软件等知识产权为主的高新技术产品出口在全球出口中所占的比重不断攀升。我国对外贸易中高新技术产品的进出口自加入WTO以来增长迅猛，从2002年的1504亿美元升至2008年的4156亿美元。但是，我国95%以上的企业没有自己的专利，很多企业处在有“制造”无“创造”的状态。

当前国内拥有自主知识产权核心技术的企业，仅占3‰左右。作为创新技术主要表现的发明专利，我国只有日本和美国的1/30。加上我国科技成果转化率低，这样，我国出口商品中90%是贴牌产品，出口产品占全国出口1/3强的广东省的自主品牌出口额仅占全省出口额的3%左右，上海市、浙江省自主品牌出口额所占比例也不到10%。尽管科技含量较高的手提电脑和手机的出口，在前几个月中仍然保持我国出口额最大的前两名地位，但我国机电产品和高新技术产品的出口渠道和专用技术基本上掌握在外资企业手里。因此，我国每年不得不将每一部国产手机售价的20%、计算机售价的30%支付给国外的专利持有者。

国家工商行政管理总局的调查报告指出，包括微软和伊士曼柯达在内的多家跨国公司已经在中国市场的相关领域占据了垄断地位。有的学者认为，如果这样下去，即使中国外贸总额从世界第三位跃居到第一位，也不可能成为贸易强国。

三、WTO与WIPO对知识产权的界定

按照世界贸易组织（WTO）网站中的解释，知识产权是赋予人们对其精神创造物（the creations of their minds）的权利，其通常是在特定期限内赋予创造者就其创造物的使用的独占权（an exclusive right）。但WTO的Trips协议对知识产权的概念作出界定，只是在第1条第2项规定了其所适用的知识产权的具体类型。

Trips协议主要是以世界知识产权组织（World Intellectual Property Organization）（简称WIPO）管理下的条约作为基础的，对知识产权的界定，两者有着直接的相关性。

1967年《建立世界知识产权组织公约》第2条采取列举加概括方式规定了知识产权：“知识产权应当包括与下列事项有关的权利：（1）文学、艺术和科学作品；（2）表演者的表演、录音和广播；（3）人类创造性活动的所有领域；（4）科学发现；（5）工业设计；（6）商标、服务商标、商号和商业标识；（7）反不正当竞争保护以及工业、科学、文学或者艺术领域的知识活动所产生的所有其他权利。”可见，知识产权是指工业、科学、文学或者艺术领域的知识活

动所产生的法律权利。

四、货物贸易与知识产权的权利冲突

货物动产物权的转移与无形知识产权的移转，本属于不同的法律领域，有着不同的标志和条件。如果把货物贸易与知识产权问题融为一体，必然出现物权权利与知识产权权利不能同步转移以及其他侵权或权利冲突等问题。

买方使用所购买货物要受到知识产权的约束，知识产权人的权利也受到买方物权的约束，如根据“权利穷竭原则”，受知识产权保护的产品，一旦由权利人自己或由被授权人进行首次销售之后，权利人即无权禁止该产品在相关市场上的继续流通，权利人的相关知识产权即告“穷竭”。知识产权作为一种专有权可以构成相关产品进入市场及流通的障碍。因此，既保护知识产权人的合法权益，又防止知识产权成为商品自由流通的障碍，就成为知识产权产品在贸易中必须同时解决的问题。

五、对知识产权保护的国际立法

对知识产权进行国际保护，是知识和技术交流日趋国际化的客观需要。随着科技的高速发展，智力成果的国际市场逐步扩大，统一知识产权保护的法律，也成为国际社会的普遍要求。

（一）其他国际组织的立法

知识产权的国际保护早于1883年的《保护工业产权巴黎公约》，该公约是知识产权国际保护的开端。1967年《建立世界知识产权组织公约》在瑞典斯德哥尔摩签订。世界知识产权组织于1970年4月成立，1974年成为联合国的一个专门机构，主管工业产权、著作权及商标注册的国际合作。一些地区性的知识产权保护条约或组织也相继缔结或建立，知识产权的国际保护空前加强。

现行的知识产权国际公约主要有：《保护工业产权巴黎公约》（通称《巴黎公约》）、《商标国际注册马德里协定》（通称《马德里协定》）、《专利合作条约》、《保护植物新品种国际公约》、《保护文学艺术作品伯尔尼公约》（通称《伯尔尼公约》）、《保护表演、录音制品制作者与广播组织公约》（通称《罗马公约》）以及《集成电路知识产权条约》等。

但这些公约所规定义务的实施完全依赖国内法，缺乏有效的国际监督机制，很多有关的出口商对此并不满意。他们认为，没有专门保护商业秘密的国际条约；《巴黎公约》没有规定专利的最低保护期限；已有公约对假冒商品的处理不够有力；对计算软件和录音制品应当加强国际保护。他们还要求，建立一个有效的争端解决机制来处理与贸易有关的知识产权问题。

（二）世界贸易组织的立法

《1947 年关税与贸易总协定》也涉及了知识产权问题。有关国民待遇、最惠国待遇、透明度等条款，都可以适用于对知识产权的保护，但直接涉及知识产权的条款和内容很有限。自 20 世纪 80 年代以来，随着经济全球化，知识产权成为越来越多国家的重要经济利益，1986 年开始的乌拉圭回合多边贸易谈判将知识产权纳入重要谈判议题。与贸易有关的知识产权成为 WTO 所管辖的 3 个主要多边贸易协定之一，即《与贸易有关的知识产权协议》（Agreement On Trade-related Aspects of Intellectual Property Right，简称为 Trips 协议）所规范的对象。

Trips 协议的宗旨是，加强对知识产权的有效保护，防止与知识产权有关的执法措施或程序变成合法贸易的障碍，以减少对国际贸易的扭曲。

与已往的知识产权保护公约相比，Trips 协议具有已往公约所没有的对知识产权的高标准保护，体现在：

第一，Trips 协议所涉及的客体保护范围比以往公约保护范围更宽，不但对传统的知识产权领域即专利、商标和版权作出规定，而且对新技术发展所带来的诸如计算机程序、数据库、集成电路布图设计等最新智力成果以及商业秘密都作了规定。在国际协议中也是首次。

第二，Trips 协议所保护的权利范围广，除以往公约规定的权利外，还强调了专利权人对专利产品的进口权，计算机软件和电影作品的出租权。另外，还规定了在知识产权侵权中，被侵权人的知情权。

第三，Trips 协议使国际知识产权公约的实施力度增强。原有知识产权公约的实施往往依靠成员国的国家强制力，Trips 协议不但对成员国内执法程序提出明确而具体的要求，还引入透明度原则和 WTO 争端解决机制，以增加国际强制力。

第二节 《与贸易有关的知识产权协议》

一、Trips 协议的产生背景

各国越来越认识到知识产权保护对国际贸易的影响。多数发达国家的经济活动正在转向科研和技术密集型，他们的传统出口产品（例如化工、肥料和药品）和新出口产品（例如电信设备、计算机、软件）含有更多的技术和创造，即带有知识产权。因此，制造商特别希望其产品中的知识产权能够得到充分的保护，以便收回开发和研究的费用。发展中国家取消了对外国投资的限制，外国有机会通过合资企业或签订许可协议在这些国家制造含有专利的产品。发达国家产业的这种投资，也需要东道国对其知识产权进行有效的保护。另外，技术改进了产品，同时也使复制和模仿变得更加容易和便宜，更需要对知识产权进行有力的保护。

在世贸组织《与贸易有关的知识产权协议》（Trips）之前，已经有一些公约对知识产权进行国际保护，例如《巴黎公约》（工业产权）、《伯尔尼公约》（版权）、《罗马公约》（邻接权）和《集成电路知识产权条约》。

1947 年的关贸总协定谈判也涉及了知识产权问题。从理论上讲，关贸总协定的国民待遇（第 3 条）、最惠国待遇（第 1 条）、透明度（第 10 条）及利益的丧失或损害（第 23 条），都可以适用于对知识产权的保护。但关贸总协定中直接提及知识产权的条款和内容很有限，只有原产地标记（第 9 条），要求缔约方制止滥用原产地标记的行为；为收支平衡目的使用配额，不得违反知识产权法律（第 12 条 3 款、第 18 条 10 款）；一般例外（第 20 条 4 款）规定，保护知识产权的措施应当是非歧视的。可以说，知识产权保护在关贸总协定中并没有明确的规定。

关贸总协定中所涉及的知识产权问题，主要是假冒商品贸易。关于这个问题的谈判在东京回合时就开始了，美国曾就此提出过一个守则草案，但未能达成协议。假冒商品贸易的议题在 1982 年 11 月首次列入关贸总协定的议程，部长们要求理事会决定在关贸总协定框架下对假冒商品贸易采取联合行动是否合适；如果合适，应采取怎样的行动。1985 年，理事会设立的专家组得出结论：假冒商品贸易越来越严重，应当采取多边行动。但对关贸总协定是否是解决这一问题的适当场所，各方争议很大，为此形成了发达国家和发展中国家截然相反的两个阵营。

以美国、瑞士等为代表的发达国家主张，应将知识产权列入多边谈判的议题。美国代表甚至提出，如果不将知识产权作为新议题，美国将拒绝参加第八轮谈判。另外，发达国家还主张，应制订保护所有知识产权的标准，并且必须通过世贸组织的争端解决机制对知识产权进行保护。

以印度、巴西、埃及、阿根廷和南斯拉夫为代表的发展中国家认为，保护知识产权是世界知识产权组织的任务，应当把制止假冒商品贸易与广泛的知识产权保护区别开来。发展中国家担心，保护知识产权会构成对合法贸易的障碍，强化保护知识产权有利于跨国公司的垄断、提高药品和食品的价格，从而对公众的福利产生不利的影响。

直到 1986 年乌拉圭回合谈判正式开始前，各国还没有就是否将知识产权纳入谈判议题达成一致意见。由此可见，从政治和技术的角度看，知识产权问题是乌拉圭回合谈判中最困难的议题之一。但1986年9月发起乌拉圭回合谈判的部长宣言决定，关贸总协定缔约方应谈判达成一项多边协议，确定知识产权保护的原则和规则，以促进知识产权的发展，并且使知识产权执法程序不至于成为不公平的贸易障碍。

经过几年发达国家和发展中国家的代表在协商中的激烈辩论和艰巨谈判，1992年12月达成了《与贸易（包括假冒商品贸易在内）有关的知识产权协议》草案，并于1994年4月在摩洛哥召开的乌拉圭回合谈判成员国部长级会议上草签，成为乌拉圭回合谈判最后文件的一部分。《与贸易有关的知识产权协议》（Agreement On Trade-related Aspects of Intellectual Property Right）简称为Trips协议，该协议1995年初生效。

它是迄今为止国际上所有有关知识产权的国际公约和条约中，参加方最多、内容最全面、保护水平最高、保护程度最严密的一项国际协定。该协议不仅是保护知识产权最新的一个公约，而且是将知识产权保护纳入WTO体制的法律根据。我国加入WTO以后，将要全面执行WTO的一系列协议，Trips就是其中一个十分重要的协议。

二、Trips协议的基本原则

Trips协议共有7部分73条。7部分分别是：总则和基本原则，关于知识产权的效力、范围及使用标准，知识产权执法，知识产权的获得、维持及有关当事人之间的程序，争端的防止与解决，过渡性安排，机构安排和最后条款。成员方应实施Trips协议的规定，并可在各自的法律制度和实践中确定实施该协议的适当方法；只要不违反该协议规定，成员方还可以在其法律中实施比该协议要求更广泛的保护。

Trips协议所指的知识产权，包括版权及相关权利、商标权、地理标识权、工业品外观设计权、专利权、集成电路布图设计权、未披露信息专有权。成员方实施Trips协议规定，不得有损于成员方依照《巴黎公约》、《伯尔尼公约》、《罗马公约》及《集成电路知识产权条约》等已经承担的义务。Trips协议规定成员方应遵守如下基本原则：

（一）国民待遇原则

在知识产权保护上，一成员对其他成员的国民提供待遇，不得低于提供给本国国民的待遇，但《巴黎公约》、《伯尔尼公约》、《罗马公约》及《集成电路知识产权条约》另有规定的可以例外。给予表演者、录音制品制作者和传播媒体的国民待遇，仅适用于Trips协议所规定的权利。某些司法和行政程序，也可以成为国民待遇的例外。

（二）最惠国待遇原则

在知识产权保护上，一成员提供给第三方国民的优惠、优待、特权或豁免，均应立即、无条件地给予其他成员的国民。把最惠国待遇原则引入知识产权的国际保护，是世界贸易组织的创造。

但这个原则也有很多例外，具体表现在：第一，来自有关司法协助或法律实施的国际协定的优惠等，但这种优惠并非专门针对知识产权保护，而是一般性的优惠。第二，来自《伯尔尼公约》和《罗马公约》的互惠性保护。第三，Trips 协议未规定的表演者、录音制品制作者和传播媒体的权利。第四，Trips 协议生效前已有的优惠等。

（三）权利用尽原则

权利用尽原则也称权利穷竭原则，指经权利人或经其委托将其享有权利的专利产品、或带有商标标识的商品、或其他受知识产权法律、相关的国际条约保护的智力劳动成果合法处分，如销售、转让以后，权利人就该产品（或其复制件）所享有的已被其处分的权利即告穷竭。权利穷竭原则也称为“首次售卖”原则。

（四）与知识产权保护的目的、原则及保护措施相适应，防止滥用权利原则

Trips 协议第 7 条规定，知识产权保护与实施的目的在于推动技术革新和新技术的传播与转让，有助于技术开发者与使用者的互利，也有助于社会及经济的发展和实施权利与义务的平衡。实际上这不仅是保护知识产权的目的，也是协议的起草者、执行者与权利人应当承担的社会和历史责任。第 8 条规定，成员为了实施本协议的目的修改和制定其法律、法规时，可以为保护公众健康和营养的需要采取必要的措施，以促进社会经济和技术发展的至关重要的部门的公共利益，只要这些措施符合本协议的规定。

（五）最低保护标准原则

Trips 协议设定了保护知识产权的最低保护标准。协议第 1 条关于义务的性质和范围规定：“各成员应确保本协议的效力”。这就是协议确立的关于知识产权国际保护的最低标准。各成员应当确定履行本协议特别规定的义务。对于超过本协议标准的保护，第 1 条规定，各成员可以，但没有义务在其法律中实施比本协议要求更广泛的保护，只要这类保护不违反本协议的规定。

三、有关知识产权的效力、范围及使用标准

（一）版权及有关权利

版权是指作者对其创作的文学、艺术和科学作品依法享有的专有权利，包

括署名、发表、出版、获得报酬的权利。有关权利是指与作品传播有关的权利，即表演者、录音投影品制作者和传媒许可或禁止对其作品复制的权利。一些成员也称有关权利为邻接权。例如，未经表演者许可，不得对其表演进行录音、传播和复制；录音制作者对其录音制品的复制和商业出租享有专有权；传媒有权禁止未经许可对其传播内容进行录制、翻录和转播。

版极及有关权利保护的范围是：第一，《伯尔尼公约》所指的文学艺术，包括文学、科学和艺术领域内的一切作品（不论其表现形式或方式），如书籍、演讲、戏剧、舞蹈、配词、电影、图画、摄影作品、地图等。第二，计算机程序与数据的汇编。第三，表演者、录音制品制作者和传媒。版权的保护期不得少于 50 年；表演者和录音制品制作者的权利应至少保护 50 年；传媒的权利应至少保护 20 年。

（二）商标

商标是一企业的商品或服务，与其他企业的商品或服务区分开的标记或标记组合。这些标记包括人名、字母、数字、图案、颜色的组合。注册商标所有人享有专有权，以防止任何第三方在贸易活动中未经许可使用与注册商标相同或近似的标记，来标示相同或类似的商品或服务。

驰名商标应受到特别的保护，即使不同的商品或服务，也不得使用他人已注册的驰名商标。一成员在确定一个商标是不是驰名商标时，应考虑相关公众对该商标的了解程度，包括在该成员领土内因促销而获得的知名度。

商标的首次注册及各次续展注册的保护期，均不得少于 7 年。商标的续展注册次数没有限制。如以没有使用商标为由撤销商标注册，其条件必须是该商标连续 3 年未使用。

（三）地理标识

地理标识用于标示出某商品来源于某成员领土内，或来源于该成员领土内的某地区或某地点，显示该商品的特定质量、信誉或其他特征主要与该地理来源相关联。

各成员应对地理标识提供保护，包括对含有虚假地理标识的商标拒绝注册或宣布注册无效，防止公众对商品的真正来源产生误解或出现不公平竞争。

Trips 协议对葡萄酒和烈酒地理标识提供了更为严格的保护。该协议规定，成员方应采取措施，防止将葡萄酒和烈酒的专用地理标识用于来源于其他地方的葡萄酒和烈酒。

（四）工业品外观设计

工业品外观设计是指，对产品的形状、图案、色彩或者与其结合所作出的富有美感并适于工业上应用的新设计。受保护的工业品外观设计的所有人有权制止未经许可的第三方，出于商业目的制造、销售或进口带有受保护设计的仿制品。工业品外观设计的保护应不少于 10 年。

由于纺织品设计具有周期短、数量大、易复制的特点，因而得到了特别重视。Trips 协议规定，对纺织品设计保护设置的条件，特别是费用、审查和公布方面的条件，不得影响这些设计获得保护。

（五）专利

一切技术领域中的任何发明，不论是产品发明还是方法发明，只要其具有新颖性、创造性并适合于工业应用，均可获得专利。如果某些产品发明或方法发明的商业性开发，会对公共秩序或公共道德产生不利影响，包括对人类、动植物的生命健康或环境造成严重损害，则成员方可以不授予专利。另外，对人类或动物的诊断、治疗和外科手术方法，微生物以外的动植物，以及不包括非生物、微生物在内的动植物的人工繁育方法，也可不授予专利权。但植物新品种应受到专利或其他制度的保护。

专利所有人享有专有权。对于产品，专利所有人应有权制止未经许可的第三方制造、使用、销售，或为上述目的而进口该产品；对于方法，专利所有人应有权制止未经许可的第三方使用该方法的行为，以及使用、销售或为上述目的进口依该方法直接获得的产品。

各成员的法律可以规定，在特殊情况下，允许未经专利持有人授权即可使用（包括政府使用或授权他人使用）某项专利，即强制许可或非自愿许可。但这种使用须有严格的条件和限制，如授权使用应一事一议；只有在此前合理时间内，以合理商业条件要求授权而未成功，才可申请强制许可；授权应给予适当的报酬等。专利保护期应不少于 20 年。

（六）集成电路布图设计（拓扑图）

集成电路是指以半导体材料为基片，将两个以上元件的部分或全部互连集成在基片之中或者之上，以执行某种电子功能的中间产品或最终产品。布图设计是指集成电路中的两个以上元件的部分或全部互连的三维配置，或者为集成电路的制造而准备的上述三维配置。

成员方应禁止未经权利持有人许可的下列行为：为商业目的进口、销售或以其他方式发行受保护的布图设计；为商业目的进口、销售或以其他方式发行含有受保护的布图设计的集成电路；为商业目的进口、销售或以上述集成电路的物品。集成电路布图设计保护期应不少于 10 年。

（七）未披露信息的保护

未披露信息具有以下三个特征：一是属于秘密，通常不为从事该信息领域工作的人所普遍了解或容易获得；二是具有商业价值；三是为保密已采取合理措施。合法拥有该信息的人，有权防止他人未经许可而以违背诚实商业行为的方式，披露、获得或使用该信息。

为获得药品或农药的营销许可而向政府提交的机密数据，也应受到保护，以防止不公平的商业应用。

（八）对许可合同中限制竞争行为的控制

国际技术许可合同中的限制竞争行为，可能对贸易具有消极影响，并可能阻碍技术的转让与传播。例如，独占性返授，即技术转让方要求受让方将其改进技术的使用权只授予转让方，而不得转让给第三方。又如，禁止对有关知识产权的有效性提出异议或强迫性的一揽子许可，即技术的转让方强迫受让方同时接受几项专利技术或非专利技术。成员方可采取适当措施防止或控制这些行为，有关成员还可就正在进行的限制竞争行为和诉讼进行磋商，并在控制这些行为方面进行有效合作。

四、知识产权的获得、维持及有关程序

Trips 协议规定如下：

第一，成员可以提出要求，获得或维持 Trips 协议所指知识产权的条件之一是，履行符合该协议规定的合理程序和手续。

第二，各成员应保证，有关知识产权如符合获得权利的实质性条件，应在合理期限内授予或注册，以避免无端地缩短保护期限。

第三，《巴黎公约》中关于商标注册的规定，也适用于服务标记。

第四，获得或维持知识产权的有关程序，以及成员法律中行政撤销和当事人之间有关异议、撤销与注销等程序，应遵循 Trips 协议中“知识产权执行”所规定的一般原则。

第五，通常情况下，根据上述任何程序作出的行政终局裁决，应受司法或准司法机构的审议。但在异议或行政撤销不成立的情况下，只要行使这种程序的理由可依照无效诉讼的程序处理，成员方则无义务提供机会对这种行政裁决进行复议。

五、对发展中成员的规定

Trips 协议作为一个保护水平非常高的多边协议，其保护标准完全是按照发达国家的法律规定设立的，对发展中成员一时还难以适用。为此，协议特别为发展中成员作出过渡性安排。

该协议第 65 条有如下规定：

第一，发展中成员有义务按本协议规定，在本协议规定生效之日适用将专

利保护扩大到其管辖范围内尚未予以保护的技术领域，则可推迟 5 年时间适用本协议关于专利的规定。

第二，适用过渡期规定的成员应保证，在过渡期内对其法律、法规和措施进行修改，不得导致与本协议有更多的差异。

第三，对不发达国家的特殊需要和要求，依协议第 66 条的规定，其经济、金融和行政管理，以及对创造一个可行的技术基础的灵活性需要，除本协议项下的国民待遇、最惠国待遇以及获得和维持知识产权的多边协定的规定以外，不应适用本协议的时间，应以本协议生效后 1 年期满起的 10 年为限。应最不发达国家成员的要求，与贸易有关的知识产权理事会应适当延长这一期限。

发达国家应鼓励其境内企业和组织对最不发达国家成员转让技术，助其建立一个稳妥可靠的技术基础。

第四，技术合作。为有效实施本协议，发达成员应发展中成员请求及依双方达成的条件，向发展中成员提供技术和财务合作，包括起草相关法律法规、设立机构和人员培训。

六、争端的解决

各成员所实施的、同 Trips 协议内容相关的法律、法规，以及普遍适用的司法终审判决和行政终局裁决，均应以该成员文字公布。有关法律、法规应通知与贸易有关的知识产权理事会，以便协助该理事会检查该协定的执行情况。

根据《世界知识产权组织与世界贸易组织协议》，成员就立法向一个组织作出的通知，也被视为向另一个组织作出了通知，不必重复履行通知的义务。成员方解决 Trips 协议实施所产生的争端，应适用世界贸易组织争端解决机制。

七、知识产权执法

知识产权执法是 Trips 协议的主要内容之一，比较详细地规定了各成员应向知识产权权利人提供的法律程序和救济措施，而且对这些程序和措施在实施中的有效程度也提出了要求，以使知识产权权利人能够有效地行使权利。

Trips 协议对各成员的有关司法制度提出了如下原则性要求：

第一，各成员应保证国内法中含有 Trips 协议规定的执法程序，以便对任何侵犯该协定保护的知识产权的行为采取有效行动，包括采取及时防止侵权及遏制进一步侵权的救济措施。实施这些程序时，应避免对合法贸易造成障碍，并防止有关程序的滥用。

第二，知识产权执法的程序应公平、公正。这些程序不应过于繁琐或费用高昂，也不应限定不合理的时限或导致无端的迟延。

第三，对案件的裁决，最好采取书面形式，并陈述理由，且在合理的时间内告知诉讼当事方。裁决只有在听取各方对证据的意见后方可作出。

第四，诉讼当事方应有机会要求司法机构对行政机构的决定进行审议，并在遵守法律中有关案件司法管辖权规定的前提下，要求至少对初步司法决定的法律方面进行审议。但是，对刑事案件中的无罪判决，成员方没有义务提供审议机会。

第五，Trips 协议并不要求各成员建立一套不同于一般执法体系的知识产权执法体系，也不影响各成员执行其国内法的能力。在知识产权执法与一般执法的资源配置方面，该协定未设定任何义务。

第十六章　国际贸易中的产品责任法

现代意义上的产品责任，是指产品的制造者或销售者因制造或经销有缺陷的产品，造成消费者或使用者的人身或财产损害而应承担赔偿的一种侵权责任。

随着经济发展和全球经济一体化，我国的进出口贸易日益频繁，其中工业制成品在我国进出口总额中的比重占一半以上，这些在给我国经济带来繁荣发展的同时，也引起了大量的产品责任纠纷。

美国现在已是我国第二大贸易伙伴，在两国进出口贸易中，因我国产品质量不合格或存在其他缺陷在国外引起的产品责任纠纷或国外进口产品在我国引起的产品责任纠纷数量逐年上升。其索赔额之巨大，从几十万美元到几百万美元甚至高达上亿美元，不仅使所得利润化为乌有，有时甚至使出口企业以破产告终。而美国的产品责任立法，在世界各国中起步最早、发展最迅速、最完善，并一直处于领先地位。这些客观情况，要求我国进出口企业了解产品责任方面的国际惯例，尤其要熟悉美国的产品责任法及中美两国产品责任法的异同，以知己知彼，制定相应对策，力争避免产品责任诉讼或在诉讼发生后能审时度势，争取主动，最大限度地维护我方利益。

各国立法及有关国际条约对产品责任法的相关规定差别很大。但由于科学技术发展水平和生活水平的提高，各国产品责任法及有关的国际条约越来越重视产品责任问题，相应的规定也越来越多。

第一节　产品责任法的概述

一、产品的含义

1．产品的概念

国际产品责任法中的“产品”是指用于销售的可移动的有形物。在国际货物贸易中，产品显然是指国际贸易中的货物，即卖方出售的、买方购买的标的物。当然，国际贸易中的货物肯定属于可移动的有形物。

国际贸易中的产品（货物）通常具有双重性：一是产品的生产者或销售者具有销售产品的目的；二是产品的购买者或使用者具有购买产品或使用产品的

目的。所以，所涉及的主体包括产品的制造者、生产者、销售商、进口商、批发商和使用者等，其主体范围比较广泛。

（1）发达国家立法中的产品含义广泛

为了更充分地保护消费者、扶持弱者的需要，欧美等发达国家界定的“产品”范围较广，尽可能涵盖到了所有用于销售、购买后用于使用的有形物。美国产品责任法中的产品含义十分广泛，几乎任何经过工业处理的东西，所有有形物，不论可以移动的还是不可移动的，工业的还是农业的，凡涉及任何可销售、可移动或可使用的制成品，只要由于使用它或通过它引起了人身伤害或财产损失，都可视为发生责任的“产品”。欧洲理事会制定的《斯特拉斯堡公约》，把产品限于“一切可移动的物品”，不论是未加工的还是加工过的，天然的或者工业的，甚至组合到另一可移动或不可移动的东西中去的物品。欧洲共同体的《产品责任指令》则把“产品”限于除初级农产品和狩猎产品以外的所有可移动的产品。

（2）我国产品责任法规定的产品含义

我国《产品责任法》第 2 条规定：“本法所称产品是指经过加工、制作，用于销售的产品。建设工程不适用本法规定。”我国在界定“产品”时，加入了两条限制性的条件：

第一，产品必须经过加工、制作。工业品当然包括在内，是否包括初级农产品该条没有明确规定，有学者认为，“初级农产品一般未经过加工和制作，因而其不应为我国产品责任法的产品，但专门作为良种销售的农产品亦应该认定为产品，因为其生产过程具有严格的要求，其价格和利润高于普通消费的农产品，其存在的缺陷往往造成重大的损害，因此作为种子的农产品的生产者和销售者应承担更为严格的责任”[①]；“对于与消费者人生有关的天然产品似应由产品质量法调整”[②]。也有学者认为，“因为加工、制作不易往农业生产上理解。但是，基于保护消费者的立场以及国际上产品责任法的发展趋势，应该把初级农产品包括在内”。[③]

第二，排除了建设工程。建设工程涉及一个国家、政府的方方面面，有的甚至关系到社会的稳定和广大人民的切身利益。另外，很多国家都制定了较为全面的法律制度来规范建设工程方面的问题，例如《日本建设业法》和《韩国建设业法》等。

2．原材料等特殊产品是否属于产品责任法的范畴

① 张新宝：《中国侵权行为法》，社会科学出版社，1998 年版，第 491 页。

② 刘文琦：《产品责任法律制度比较研究》，法律出版社，1997 年版，第 136 页。

③ 马俊驹、余延满：《民法原论（第三版）》，法律出版社，2009 年版，第 1063 页。

随着全球经济的发展，各国在工业上迈进的同时，也付出了巨大的资源代价，其中尤以原材料的需求为甚。目前发达国家及主要的发展中国家在原材料的需求上逐步由自给转变为从他国购买，由此导致了原材料供应上的矛盾层出不穷，再加上原材料贸易的数额一般都比较大。对于原材料是否也属于产品的范畴，进口国对原材料出现质量瑕疵可否运用改过的产品责任法进行规制的问题也引发了关注。

在我国，矿石、煤炭和初级农产品等是否属于我国产品责任法中的产品，我国《产品责任法》第 2 条规定："本法所称产品是指经过加工、制作，用于销售的产品。建设工程不适用本法规定。"可见，矿石、煤炭和初级农产品等货物是否属于产品的判断标准，就是是否经过"加工、制作"，是否属于排除适用的范围。

就矿石、煤炭、初级农产品等货物而言，显然不属于《产品责任法》排除的范围，由于目前的矿石生产的流程，都将经历挖掘、配比、检验的流程，实际上都属于加工的范畴。至于煤炭，由于煤炭种类繁多，有些煤炭直接挖掘出来后出售，这些是没有加工流程的。至于农产品，无论初级还是深加工的，用于出售尤其是出口的，无疑都经过了种植、采摘、包装等工艺，也是必须加工之后方能买卖的。因此，矿石、初级农产品和部分煤炭等均可作为我国《产品责任法》中的产品。

3．我国关于产品责任法律适用的相关规定

我国目前已经成为原材料和能源的主要进口国家，例如矿石、煤炭、初级农产品等。在许多采购过程中，由于认识的不同，也产生了不小的争议。在目前国际上尚无统一的产品责任法的前提下，涉及原材料或能源能否受到进口国产品责任法保护的问题，所以法律适用问题就更加重要。

产品责任属于侵权责任的一部分，应当依照有关侵权或产品责任的特殊的冲突规范来指引法律的适用。一般而言，国际上关于涉外侵权案件的法律适用问题，主要适用侵权行为地法、法院地法或者当事人的共同属人法等。

我国《涉外民事关系法律适用法》第 40 条规定，"侵权责任，适用侵权行为地法律，但当事人有共同经常居所地的，适用共同经常居所地法律。侵权行为发生后，当事人协议选择适用法律的，按照其协议"。第 45 条规定，"产品责任，适用被侵权人经常居所地法律；被侵权人选择适用侵权人主营业地法律、损害发生地法律的，或者侵权人在被侵权人经常居所地没有从事相关经营活动的，适用侵权人主营业地法律或者损害发生地法律"。可见，我国立法在产品责任的法律适用上有了创新，更加重视和尊重当事人的意思自治，优先适用当事人选择适用的法律。

二、产品瑕疵

1. 产品瑕疵的含义

所谓瑕疵，各国法律对此定义也不同。《美国侵权行为法重述》（1965 年版）第 402-A 条将瑕疵定义为“对使用者或者消费者或其财产有不合理的危险”。《联邦德国产品责任法》、《丹麦产品责任法》和《挪威产品责任法》把瑕疵定义为“不具备使用或公众所合理要求的安全性”。《斯特拉斯堡公约》第 2 条规定：“考虑到包括产品说明在内的所有情况，如果一项产品没有向有权期待安全的人提供安全，则该产品为有瑕疵。”《欧洲共同市场产品责任法草案》第 4 条规定:“产品不能提供对人身或财产所得期待值安全时,视为具有缺陷。”也有学者认为，“产品在其流入市场成为交易或消费客体时，负有交易安全注意义务，应使商品具有消费者可期待值安全性，产品不具有消费者可期待值安全性者，即具有缺陷（或瑕疵)”。从上面的规定可以看出，有的公约或国家立法将产品缺陷与产品瑕疵等同视之。

我国大多数学者认为“缺陷的外延小于瑕疵，产品缺陷只是一种具有不当危险的产品瑕疵”[①]。“缺陷”和“瑕疵”若单纯从词汇上理解，确有上述之区别，但联系到产品责任法的内涵，尤其是将“产品缺陷”与“产品瑕疵”提出并进行比较时，实际上“缺陷”和“瑕疵”的区别不是很明显，本书将其内涵等同而视[②]。

2. 产品瑕疵（或缺陷）的分类

产品缺陷，指产品未提供使用者有权期待的安全或具有合理的危险性。缺陷必须在产品离开生产者或销售者控制以前，即投入流通以前已经存在。根据各国法律及判例，各国依产品的生产及制造过程，将缺陷大致分为：

（1）设计上的缺陷。指由于不适当的设计而形成的缺陷。设计产品时，由于对产品可靠性、安全性考虑不周，如没有设计安全保护装置，往往发生产品责任事故，产品生产者对此应负设计上缺陷的责任。

（2）原材料的缺陷。指由于制造产品使用的原材料不符合质量、卫生、安全等标准而形成的缺陷。如制药工业中采用不纯原料使药物中含有伤害人体的物质；食品中加入防腐剂、色素等；电气产品材料绝缘性能差而漏电。《欧洲共同市场产品责任法草案》第 2 条（1）款规定：“本法所称制造者，指产品制

① 王利明主编：《民法·侵权行为法》，中国人民大学出版社，1993 年版，第 426 页；张新宝：《中国侵权行为法》，中国社会科学出版社，1998 年版，第 491 页。

② 依我国《产品责任法》关于“缺陷”的界定来看，二者含义实质上是一致的，都是指产品存在违纪人身、他人财产的不合理危险状态或者缺乏应有的安全状态。

造人，原料或零件制造人，或任何将其姓名、商标或其他具有区别性特征标示于商品之上，以表示其为制造人者。”由此可见，原料的缺陷也是产品的缺陷，从而将导致原料的供应商承担责任。

（3）制造、装配上的缺陷。指因产品生产、装配中的不当，致使产品质量未达到设计或预期的要求。如有的产品制造粗糙，边缘有锐角、毛刺，容易伤人。有的由于装配不当，一些机器、电气产品及交通工具等的一些部件会松动、脱落，而造成伤害事故。

（4）制造人对商品之特殊性质及使用方法指示、警告或说明上的缺陷。许多产品本身并无任何缺陷，但如果使用不当，也会有危险。在这种情况下，生产者或销售者的责任不仅在于保证其产品没有实际缺陷，而且在于对消费者或使用者提出适当告诫以防止不适当的使用。如果生产者、销售者对可能产生的危险没有提出警告或警告没有说明全部危险，也可视为产品有缺陷。

（5）不能预见之瑕疵。“为商品制造，例如新药品或注射液等，的确符合当时科技工艺水准，并经适当之管制检验，但仍然具有不能预见之瑕疵，造成损害。”①

三、产品责任

由于产品存在缺陷而导致产品生产者、销售者等应当承担的责任就是产品责任。“至于产品缺陷肇致损害，于三十年代开始受到重视，自六十年代以来已演变成为严重之社会问题。”②

关于产品责任的概念，学者认识不一。“狭义的观点认为，产品责任是产品制造者、销售者对因制造、销售或者提供有缺陷产品并致他人遭受财产、人身损害所应承担的民事法律后果；广义的观点认为，有积极意义上的产品责任和消极意义上的产品责任之分，前者指产品制造者保证其生产的产品及销售者保证其销售的产品符合质量要求的责任，后者指因产品质量不符合要求而给他人造成损害应当承担的责任。消极意义上的产品责任又有广义和狭义之分，广义的产品责任包括行政责任、民事责任和刑事责任。”③

我国学者多赞成狭义论的观点。国际产品责任法是调整国际贸易平等主体之间的法律关系，国际产品责任不应包含除民事责任之外的其他法律责任。

① 参阅：von Caemmerer, Products Liability , in: Jus Privatum Gentium, Festschrift fur Max Rheinstein II,1969, S. 695f. 转引自王泽鉴：《民法学说预判力研究（第一册）》（修订版），中国政法大学出版社，2005年版，第318页。

② 王泽鉴：《民法学说预判力研究（第三册）》（修订版），中国政法大学出版社，2005年版，第162页。

③ 郭明瑞等：《民事责任论》，中国社会科学出版社，1991年版，第278-280页。

四、产品责任法的产生及发展

1. 产品责任法的产生

产品责任法是国际上正在形成的一个法律部门，起源于早期的英美判例法。第二次世界大战后，产品责任制度在美国有了很大的发展，并且由于国际贸易的日益频繁，美国陆续拟定了有关产品责任的国际公约，逐步形成了国际产品责任法。

关于产品责任的赔偿最初反映在英国习惯法中生产者或销售者对产品应负“谨慎之责”的规定。从这一总的原则出发，在后期的判例中逐步形成了完善的产品责任承担理论。1842 年英国温特博特诉赖特一案是英国关于产品责任最古老、最著名的案例，它确立了“无合同，无责任”的原则，即生产者对其所生产的产品的责任大小是受买卖合同中的瑕疵担保责任所制约的。凡生产者或销售者同消费者之间没有合同关系的，对所生产及销售的产品一律不应承担任何责任。

这项原则在英美法中被奉行了近百年之久后，随着现代工业的发展，该原则愈发与广泛消费者的利益相悖，特别是在逐步加强产品责任立法后，就成为十分尖锐的问题。这是因为：第一，传统产品更新换代，新产品在采用新工艺、新技术过程中，生产者不论从理论上精心论证还是通过试验测试，其后果仍难以预料。产品即使存在设计上、制造上和材料上的缺陷，往往要在发生事故后才知道。第二，生产者为争夺市场、赚取利润，粗制滥造产品，有的产品未经试验甚至未最终消灭缺陷就被投入市场。消费者时常上当受害。第三，在现代化生产和销售系统中，产品往往是许多生产者、许多部门、许多工厂的共同成果，消费又是生产、运输、零售和修理这一长串商业链条中的最后一个环节，一旦发生产品责任事故，消费者常常无法找到应对缺陷产品具体负责的人。

2. 各国立法愈加重视对消费者的保护

从 20 世纪中叶起，有关保护消费者利益的立法在西方国家的立法机构中成了必须解决的首要问题。其中，大量的直接涉及产品责任问题，消费者逐渐形成强大的力量迫使制造厂商考虑消费者的利益，承担产品责任。保护消费者运动的兴起很重要的原因是，在供销市场上已由卖方市场转为买方市场，由量的需求转变为质的需要，原先由买方所承担的不良产品的风险转由卖方承担。

一些国家为了某种利益，也采取若干措施保护消费者。例如，1962 年 3 月 15 日，美国总统肯尼迪曾向国会提出《保护消费者利益的特别咨文》(Special Message to the Congress on Protecting the Consumer Interest)，在该“咨文”中，明确肯定了“消费者安全”(The Right to Safety) 是消费者最基本的权利，进一步提出了消费者应享有的四种权利：第一，安全权利。消费者有免受产品危害身体健康与财产损失的权利。第二，了解产品真相的权利。消费者不应受广告的花言巧语欺骗，有权了解所购产品的性能、质量、安全性等方面的情况。第三，选择产品的权利。消费者有选择自己所喜爱的产品的权利。第四，表达意见的权利。消费者有向厂商及立法、司法机构表达意见的权利。尼克松接任总统后，推行肯尼迪主张，并加上"消费者有索赔权利"，即所谓"五大权利"。

美国《消费者产品安全法》第 15 条还规定，如果消费品制造商所掌握的资料有理由证明产品不符合安全规则或有可能造成重大损失的缺陷，必须立刻呈报，违者将按刑法严加惩罚。美国消费者产品安全委员会目前正大胆地对那些不呈报其产品可能发生危险的制造商加以惩罚。它曾提出一项控告，要求对违反该项法律的制造商罚款 150 万美元，并颁布了几条新的规则，要求企业必须自觉呈报其消费品的潜在危险。它对消费品制造商提出的要求是：第一，熟悉《消费者产品安全法》第 15 条中的法律要求。第二，应求得消费者产品安全委员会的非正式指导。第三，必须呈报的产品缺陷内容包括：设计、制作和生产方面的错误和不完全的错误的使用须知和使用指南。第四，必须立刻呈报，即使有保险人承担责任也不得疏忽。

其他国家的产品责任立法也如雨后春笋般涌现出来。联邦德国于 1968 年召开全国法学家会议，会议将产品责任列为讨论的专题。此次会议形成的统一认识直接促使德国联邦法院在一项重要判决中，创设了产品制造商应负推定过失责任的原则。在英国，除法制委员会的产品责任研究报告外，在 1973 年还设立了由皮尔逊勋爵主持的皇家委员会负责检查英国现行有关的产品责任制度。日本私法学会于 1974 年提出《制造物责任法要纲试案》，规定产品制造者应负无过失责任。欧洲共同体于 1976 年提出《产品责任法草案》，也规定采取无过失责任。

1977 年 1 月 19 日至 21 日，世界第一次产品责任会议在伦敦举行。产品责任已成为世界各国共同关切的问题。在美国和西欧等国，已开始形成较完整的产品责任法体系。迄今为止，英国、希腊、意大利、德国、挪威、丹麦等几乎所有的发达国家都已颁布了本国的产品责任法或消费者保护法。1993 年 2 月，我国通过了《中华人民共和国产品质量法》，并于 2000 年进行了修订。

第二节　产品责任法的主要内容

法律关系是基于一定的法律事实并由相应的法律规范调整而形成的权利义务关系。一般认为，法律关系由主体、内容、客体三要素组成，任何一种民事法律关系，都由这三个要素组合而成，要素发生变化，也将导致具体的法律关系的变化。我国有的学者认为："民事责任为民事法律关系之构成要素，民事法律关系应由民事权利、民事义务和民事责任组合而成。权利和义务为法律关系之内容，责任则是此权利义务实现之法律保障。"①

主体、内容和客体是法律关系当然的不可分割之要素，民事权利义务和民事责任是法律关系内容的组成部分。产品责任法律关系中，民事责任是不可或缺的重要部分。以下内容从产品责任法的权利主体、责任主体两大部门来分析产品责任法的法律关系。

一、产品责任法的法律关系

（一）权利主体及其分类

权利主体，即享有产品责任法规定之权利，受产品责任法保护之人，任何因产品缺陷蒙受损失和损害之人，如买方购买货物后在使用货物过程中因为货物缺陷而遭受损害，均应属于权利主体。权利主体即有权向产品责任人请求赔偿的主体，除产品的购买人外，还包括产品的使用人及其他第三人等。

1．产品的购买者

产品的购买者，是与产品销售商直接签订合同的人。从销售合同角度来看，购买人有权依据销售合同规定追究销售商因销售产品不符合合同约定的违约责任。从产品责任分配的角度上看，购买人还可依据产品责任法的有关规定请求销售商承担因产品缺陷而导致的侵权责任，这实际上产生了契约责任和侵权责任的竞合。

不少国家国内立法对此都有规定，如我国《合同法》第 122 条，"因当事人一方的违约行为，侵害对方人身、财产权益的，受损害方有权选择依照本法要求其承担违约责任或者依照其他法律要求其承担侵权责任"。再如《民法通则》第 122 条规定，"因产品质量不合格造成他人财产、人身损害的，产品制造者、销售者应当依法承担民事责任。运输者、仓储者对此负有责任的，产品制造者、销售者有权要求赔偿损失"。所以，如果销售者提供的产品存有瑕疵，就存在了承担违约责任和侵权责任竞合的情形。购买方若要对其损失寻求救济，既可以依照合同规定提起违约的仲裁申请，也可以依照《民法通则》、《侵权责任法》的规定提起侵权之诉。

2．产品的使用人及其他第三人

产品的使用人，即产品的具体使用者。第三人是指因产品缺陷而导致损失

① 王家福主编：《中国民法学·民法债法》，法律出版社，1991 年版，第 224 页。

或损害的除产品购买者、使用人之外的任意第三人。例如工厂使用的锅炉发生爆炸，飞出的铁屑致使路人受到伤害，或者因爆炸力量导致周边房屋受损等，这些受到伤害的人以及受损房屋的权利人均属第三人，均享有向责任人追究产品责任的权利。但产品的使用人及其他第三人并非销售产品合同的当事人，不能依据合同追究责任人的合同责任，而只能依据产品责任追究责任人的侵权责任。

（二）责任主体及其分类

责任主体，即承担因产品瑕疵而引发的赔偿责任的人。产品责任主体比较广泛，从与受损害人的关系远近距离程度来看，主要包括产品零售商、分销商或批发商、进口商和制造商等。

1. 零售商、分销商或批发商

一般认为，零售商、分销商或批发商，由于其自身并非产品的生产者，且有些产品可能属于专业领域范畴，对产品的性能及检验方面了解不一定深入，若不分缘由一律要求零售商、分销商或批发商完全承担责任，既不现实，也无法做到公平合理。所以，有的学者认为，“至其注意程度，则以商品之性质、种类、制造厂商之信用及检查可能性而有不同。商品系属原装，且为信用卓著厂商出口，原则上零售商无特别注意、检查义务；反之，商品非属原装，或虽为原装，但制造厂商不明或经常因具有缺陷肇至损害者，零售商负有从事必要可能之检查义务”[①]。

但是，与受害人相比，产品零售商、分销商或批发商更具鉴识商品性能或质量的能力，从正常商业习惯看，也应考虑产品成本、产品质量以及盈利等。产品责任法是为保障产品购买人、使用人及其他人的利益，而产品的零售商、分销商或批发商与产品的制造商都应承担责任。至于谁更适合承担责任的问题，属于两者之间责任内部承担及权利人选择的问题。

2. 产品的进口商

进口商应否承担产品责任，首先应明确进口商在产品自产出到使用整个过程中的角色。在国际贸易中，进口商是进出口上市产品从产到用的桥梁，足见其重要性，尤其是进口商于购买者、使用者而言，甚至无需考究产品产自何处，在小商品方面，进口商有时可能直接被认为是制造者。另需注意的是，一旦发生了产品责任的事故，被害人径行要求制造者承担损害赔偿必将涉及两个甚至多个国家的司法权问题，在目前国际上尚无统一的产品责任适用法的前提下，难易程度可想而知。而相较被害人而言，直接与出口商或制造者签订进出口贸

① 王泽鉴：《民法学说预判力研究（第三册）》（修订版），中国政法大学出版社，2005 年版，第 170 页。

易合同的进口商，无论从跨国贸易业务和生产国法律的认知程度，还是对产品来源的掌控及索赔能力上，都要更具优势。所以，进口商可在承担责任后对国外的制造者进行追偿。不仅如此，进口商还有权依据契约责任的理论要求对方承担违约责任。

3. 产品的制造商

制造商是产品责任的最主要承担者和终极承担者。制造商包括：成品的制造者、零部件的制造者、原材料的生产者以及任何以自己的姓名、商标或可辨别的形式附在商品上表示为制造商的人①。产品的制造商对产品的缺陷导致他人的损害承担严格责任，即受害人无需证明产品的制造商主观上是否有过错，就可以径行要求制造商承担完全的赔偿责任。至于产品的缺陷是因后期其他的渠道造成的，例如因销售商、分销商的原因导致的，制造商依然需承担责任，只有在他承担完责任后，才可以依法寻求其他的法律途径保护自身的权利。

关于责任主体，欧洲经济共同体《产品责任指令》第3条将其分为五类：（1）最终产品的生产者；（2）原料或零件的生产者；（3）任何以自己的姓名、商标或可辨别的形式附在商品上表示为制造商的人；（4）在不影响生产者责任下，任何将商品输入欧洲共同市场买卖、雇佣、出租或任何形态的商业经销者，在本指令视为生产者，应与生产者负相同的责任；（5）如无从确认何人为生产者时，商品的供应商为生产者，除非能在合理的时间内使受害的消费者确认该缺陷商品的真正生产者或真正提供人。进口商品如不能确认谁为进口商，则供应商视为生产者，承担产品责任。

英国1987年《消费者保护法》第2条规定的责任主体包括：（1）成品的制造者；（2）构件的制造者；（3）原材料的生产者；（4）把自己置于生产者位置上的人；（5）进口商。如果两个或两个以上的人对同一损害负有责任，他们负连带责任。如果不能确定产品的生产者或进口商时，将由产品的供应商承担责任。

从美国的相关判例可以看出，产品责任主体为产品的制造者和销售者。产品制造者包括成品的制造者，原材料、零部件的制造者及组装、加工者，还包括实际上可能不是但自称是制造者的产品的销售者。产品的销售者的范围也相当广泛，不仅包括批发商、零售商、分销商，还包括餐馆的营业者。

① 《产品责任法律冲突规则公约》规定："生产者包括成品的制造者、零部件或原材料的供应者以及任何以其厂商名称或商标标志在产品上的人；此外，任何把产品进口到欧洲共同体市场的人，亦应视为该产品的生产者。"

二、产品责任的构成条件

产品责任的构成是据以承担产品责任的条件。一般认为，产品责任有以下要件：

1．产品存在缺陷

产品存在缺陷是要求承担产品责任不可缺少的要见，这是各个国家的共识。《美国侵权行为法重述》（1965 年版）、《联邦德国产品责任法》、《丹麦产品责任法》和《挪威产品责任法》均直接规定了产品缺陷的问题；《斯特拉斯堡公约》、《欧洲共同市场产品责任法草案》等也对产品缺陷作出了规定。非但如此，有些国家的法律还对缺陷的范围和如何来认定作出了规定或形成了判例。例如美国的判断标准有三：消费者期望的标准、成本效益分析的标准、消费者期望标准和成本效益分析标准的“两分法”三种标准。

2．损害存在

在英美法系，认为任何法律义务的违反都可能造成损害，并有所谓“名义上的损害”，“即虽然对任何利益没有实际损害，但在法律上某人的权利已经受到了侵犯的损害，即可证明是名义上的损害”。[①] 大陆法系早期只承认财产损害，后期随着文明的进步，个人人格及人身权逐步受到重视，各国均认为非财产性损害也应属可赔偿的损害范畴。本书认为，产品缺陷而导致的损害是因产品存在缺陷而造成他人人身或财产上的不利益。

产品责任法的首要目的是弥补受害人的损失，以使被害人的权利或利益恢复到原来的状态，从这个角度讲，“有损害则有责任”。受害人的损害，可以分为财产上的损害或非财产上的损害，财产上的损害比较好确定，可直接根据缺陷产品使用前后受害人利益相差来确定。至于非财产上的损害，一般认为是精神损害，然而对精神损害是否能得到产品责任的赔偿，各国及学界并无统一的规定。

3．产品缺陷与损害间的因果关系

产品缺陷与损害间的因果关系，即损害后果是由于产品的缺陷造成的，而不是由于他人把产品作为实施侵权的工具造成的。“产品责任中的因果关系表现为产品缺陷与损害后果之间的相互联系，而不是表现为某种具体行为与损害后果之间的因果联系，因而只要受害人能够证明其所受损害是产品缺陷在事实上的结果，法律上的因果联系即告成立，而不必证明该缺陷是其损害发生的唯

---

① 《牛津法律大辞典》，光明日报出版社，1988 年版，第 827 页，转引自马俊驹、余延满：《民法原论（第三版）》，法律出版社，2009 年版，第 999 页。

一原因或直接原因。”[①] 从表面上看，产品损害的发生少不了被害人的使用产品或运用产品的一些行为，但这并非造成损害结果的唯一介体，在产品造成第三人伤害，即在行人被爆炸锅炉的飞屑所伤的情形下，实际上产品损害与产品间并无任何中介，但受害人亦得依据产品的缺陷寻求救济。

三、产品责任法的责任基础

责任基础（Basis of Liability），狭义的解释也称归责原则，广义上不仅包括归责原则，还包括除外责任、举证责任和责任限制。

（一）归责原则

归责，是指责任的归属，即应由谁承担责任。产品责任法的归责原则，是指据以确定产品责任由行为人承担的理由、标准或者说最终决定性的根本要素，是贯穿于整个产品责任法之中、并对整个责任的归属起着统帅作用的立法指导方针。“一定的归责原则只几天体现了统治阶级的立法政策，体现了法律的价值判断，决定着侵权行为的分类、责任构成要件、举证责任的承担、免责条件、损害赔偿的原则和方法等。”[②] 因此，一个国家或一部侵权类法律的归责原则也非一成不变，而是伴随着该国或该类立法的权利保护意识和立法指导思想的改变而有所变化的。

产品责任法的归责原则经历了从过错责任原则到过错推定责任原则，再到严格责任原则三个阶段。1963 年，美国法院在 Greenman v. Yuba Power Products Inc.一案中，明确创设了严格责任原则，之后为各州所吸纳。从我国《民法通则》、《产品责任法》及《消费者权益保护法》来看，首先就消费者与生产者、销售者之间的责任关系而言，采取的是严格责任原则；其次就生产者、销售者及运输者、仓储者之间的内部责任关系而言，则采取不同的归责原则。但由于产品责任是指生产者、销售者对消费者承担的一种民事责任，所以，我国现行的产品责任制度实际上也采取的是严格责任制度。

（二）抗辩及免责事由

产品责任中的除外责任和举证责任实际上涉及两个方面的内容，即抗辩和免责事由。由于产品责任是一种无过失责任或者严格责任[③]，所以对于责任主体而言，并不能因为自身无过错而免除其应承担的责任。诚然这些法律制度为

---

① 马俊驹、余延满：《民法原论（第三版）》，法律出版社，2009 年版，第 1067 页。

② 马俊驹、余延满：《民法原论（第三版）》，法律出版社，2009 年版，第 989 页。

③ 有关无过失责任及严格责任，我国《侵权责任法》颁布前国内学者争议颇多，尤以中国人民大学在对其起草的文本解释中对此作了详细的划分，本书认为无过错责任及严格责任只是在称谓上所有区别，其具体内涵上实则并无差异。

保护广大消费者的合法权益提供了很大的帮助，但过重的负担也确实影响了生产者的积极性，基于科技发展的局限以平衡社会各方利益的要求，将所有因产品而引发的责任强加于产品生产者或销售者又违背了立法之宗旨。所以，各国法律也制定了专门的条款以赋予责任人抗辩权或免除产品责任主体全部或部分的责任。

1．抗辩事由

（1）受害人承诺

受害人承诺是指受害人容许他人侵害其权利，自己自愿承担损害后果，且不违背法律和公共利益的意思表示。这种承诺，一般来讲是可以作为生产者进行抗辩的理由的，但是针对一些具体情况应作具体分析。根据民法理论上关于权利的定义，权利人有权处分自己的权利，权利人自行侵害其自身权益的，只要不违反法律的强行规定和公序良俗，法律是不加以禁止的。

但是，这种承诺应具备以下条件：第一，须具有处分其权利的能力和权限。第二，须遵守一般的意思表示的规则。第三，受害人须具有明确的承诺。在符合以上规定时，责任人可以以受害人承诺进行抗辩。

（2）受害人的过错

如果损害的发生不是由生产者造成的，而是由于受害人的过错造成的，责任人得减轻或免除产品责任。传统的民法理论认为，“受害人对于损害的发生也有过错的，可以减轻侵害人的民事责任”。按照一般法理，行为人必须为自己的行为承担法律后果，而不能将自己的这种责任转嫁给没有过错的第三人。比如，受害人明知产品已经过期而使用的，由此造成的损害，产品生产者是不应该承担责任的，不过生产者要证明其产品关于失效日期的标注是符合法律规定的。在产品消费关系中，让消费者为自己的过错承担责任，可以让消费者尽谨慎的义务，避免其放任或故意让损害发生，以保护生产者的合法权益。

（3）不可抗力和意外事件

不可抗力是指人力不可抗拒的力量，包括自然原因如地震、台风、洪水、海啸等和社会原因如战争等。不可抗力是独立于人的行为之外的，并且不受当事人意志所支配的现象，它是各国立法通行的抗辩事由。关于这一抗辩事由，我国法学界存在多种学说，我国《民法通则》采取的是折中说，《民法通则》第 153 条规定：“本法所称的不可抗力是指不能预见、不能避免并不能克服的客观情况。”在不可抗力发生的情况下，生产者是无法抗拒损害发生的，因此不能让生产者为此承担产品责任。

意外事件是指非当事人的故意或者过失，是由于当事人意志以外的原因，而偶然发生的事故。关于这一点我国《民法通则》没有明确规定。但我国的司法实践中，对这一抗辩事由还是认可的。因此意外事件的发生也是不可抗拒和不可避免的，所以生产者不应该为此承担产品责任。比如一种已经使用多年的、被临床实践证明是安全的某种药物，因为某个病人特殊体质而引起的特殊过敏反应，药品生产者就不应该为此来承担产品责任。

（4）请求权丧失

各国法律均规定，因产品存在缺陷造成损害要求赔偿的请求权，在造成损害的缺陷产品交付最初消费者满一定的年限将丧失。但是，尚未超过明示的安全期的除外。所以，在该期限届满后，生产者可以以消费者已经丧失损害赔偿请求权来进行抗辩。

2．免责事由

一般认为，下列事由产品责任人可以请求部分或全部免责：

第一，生产者能够证明未将产品投入流通的，即生产者未将其生产的产品投入销售的，不承担产品责任。这里所讲的“未将产品投入流通”，是指生产者生产的产品虽然经过了加工制作，但是根本没有投入销售。根据产品质量法关于“产品是经过加工、制作，用于销售的产品”的规定，未投入流通的产品，不应适用产品质量法的规定。

第二，生产者能够证明产品投入流通时，引起损害的缺陷尚不存在的，不承担赔偿责任。如果生产者能够证明，其生产的产品在投入流通前并不存在缺陷，而缺陷是在产品脱离生产者控制后，在产品的流通环节或使用过程中产生的，则不能要求生产者承担责任。

第三，生产者能够证明将产品投入流通时的科学技术水平尚不能发现缺陷存在的，不承担赔偿责任。由于科学技术的发展，根据新的科学技术，可能会发现过去生产并投入流通的产品会存在一些不合理的危险。如果这种不合理的危险在产品投入流通时的科学技术水平是不能发现的，生产者也不承担责任。这是新产品开发过程中产生的风险，该风险是发展中产生的，生产者难以预见到，对其免除责任是合理的。这里要指出的是，评判产品是否能为投入流通时的科技水平所发现，足以当时整个社会所具有的科学技术水平来认定的，而不是依据产品生产者自身科学技术水平来认定的。

第四，产品并非自己所制造。现阶段，由于科学技术的发展，许多产品在产出后不久，有些甚至刚刚发明出来，就会被不法的生产者仿制名优产品，欺骗消费者。消费者在购买了这种假冒产品以后可能造成损害，而消费者又不可能很好地识别产品的真伪，因此而有可能要求被仿冒的生产者承担责任，此时产品的真实生产者和商标上的生产者不是同一人，被害人在请求损害赔偿时，如果被仿冒的生产者能证明造成损害的产品是别人假冒的而非自己生产的，即可免除责任。

四、责任限制

责任限制（Limits of Liability）是指相关法律设定赔偿责任的上限，损害超过设定上限的部分，责任人可以免除赔偿的一种制度。

责任限制制度原本多出现于海事海商法领域，其作用主要是为了促进航运业的发展，保护航运企业，以免因海上特殊的风险而导致破产。如今，在许多其他法律领域，尤其是在西方国家的法律体系里，责任限制的条款也被国际的立法以及许多大型企业、跨国集团所采用，并被企业纳入其制定的格式合同之中。

例如，某国际跨国企业在其供货格式合同中就有专门的责任限制条款：

1.Seller shall be liable for any damage of Buyer，including but not limited to loss of or damage to goods or property，caused directly by negligence or wrongful act（breach of contract and/ or tortious conduct）on the part of Seller，its personnel or its subcontractors engaged in carrying out the Sales Contract. In the event that such negligence or wrongful act constitutes breach of contract and tortuous act at the same time，Seller shall only be liable for breach of contract.

2. All the liabilities of Seller in whatever kind relating to the Sales Contract shall not，unless in case of gross negligence or willful act，exceed the Contract Price or RMB 1 million，whichever is less.

3. In no event is Seller responsible for any loss of use，production，profit，interest，revenues，loss of information or data or any indirect or consequential damages or losses，regardless of whether those damages are foreseeable.

4. This Section 11 shall also apply to Seller's personnel，subcontractors and licensors and their personnel。

国际统一立法也采用责任限制制度，如《关于造成人身伤害死亡的产品责任的欧洲公约》、《产品责任法律冲突规则公约》和《关于产品责任的指令草案》等均有责任限制的规定。

由于责任限制制度旨在保护责任人，但也在一定程度上剥夺了受害人得以全额索赔的权利，而且该制度的设立通常会有责任保险制度配套行使，所以，并非所有国家的立法都纳入了该制度。

第三节　产品责任法的国际统一立法

欧洲各国产品责任法的发展比美国稍晚。在20世纪80年代以前，欧洲各国都没有专门关于产品责任的立法，它们主要是通过引申解释民法典的有关规定来处理涉及产品责任的案件。随着产品生产和销售的国际化，国际间涉及不同国家当事人的产品责任案件频繁发生。由于各国政治、经济发展水平的差异，各国在产品责任涉及的方方面面的规定和做法不尽相同，由此产生产品责任承担的不确定性。这对国际经济的交往不利，在一定程度上阻碍了国际商品流通和自由竞争的发展。解决这一问题，可以通过两种途径：一是制定国际产品责任的统一实体法，如欧盟制定的《关于造成人身伤害与死亡的产品责任欧洲公约》，二是利用冲突规范确定产品责任适用的准据法，如《产品责任法律冲突规则公约》。

1976年欧洲理事会（Council of Europe）制定了一项《关于人身伤亡的产品责任公约》。为了协调欧洲经济共同体各成员国有关产品责任的法律，欧洲经济共同体理事会于1985年7月25日通过了一项《关于对有缺陷的产品的责任的指令》（Directive Concerning Liability for Defective Product）（以下简称《指令》），要求各成员国在1988年8月1日以前采取相应的国内立法予以实施。英国、希腊、意大利和德国等国均已通过本国的立法程序将该《指令》纳入本国的国内法。该《指令》对欧洲经济共同体各成员国的产品责任法产生了重大影响。

一、《关于对有缺陷的产品的责任的指令》

（一）主要内容

该《指令》共有22条，其主要内容包括：

1．采取无过失责任原则（1iability without fault）

《指令》对产品责任放弃了欧洲大陆法传统的过失责任原则，而采用无过失责任原则，这是一个很大的变化。作出这种改变的主要出发点是为了使消费者获得更充分的保护。因为当代技术产品纷繁复杂，需要在生产者和消费者之间妥善地分摊风险，而在两者当中，生产者处于更有力的地位，他们能够而且应当通过严格的设计、加工和检验程序尽量减少或避免他们所生产的产品的危险性，而且，他们还可以通过产品责任保险，将保险费加在货价上而使自己获得保障。因此，在立法指导思想上就应当加重生产者的责任，使消费者得到更有力的保护。

基于上述考虑，《指令》明确规定，在产品责任诉讼中，受害的消费者只需证明他受到损害和产品有缺陷的事实，以及二者之间存在着因果关系，即可以使该产品的生产者承担责任，而无需证明生产者有过失。

2．关于生产者（producer）的定义

根据该《指令》第1条的规定，生产者应对有缺陷的产品所引起的损害承担责任。因此，确定谁是"生产者"是一个十分重要的问题。《指令》对生产者所下的定义是较为广泛的，它包括：

（1）制成品的制造者（manufacturer）。（2）任何原材料的生产者。（3）零部件的制造者。（4）任何将其名称、商标或其他识别标志置于产品之上的人。（5）任何进口某种产品在共同体内销售、出租、租赁或在共同体内以任何形式经销该产品的人。（6）如果不能确认谁是生产者，则提供该产品的供应者（supplier），即被视为生产者，除非受损害的消费者在合理时间内获得查出谁是生产者的通知。

3．关于产品的定义

《指令》的另一项重要内容是确定该《指令》所指的"产品"的定义。按照《指令》的规定，所谓"产品"是指可以移动的物品（movable items），但不包括初级农产品。不过各成员国可以通过国内立法，将农产品包括在"产品"定义范围之内。至于经过工业加工的农产品也包括在"产品"的范围内。

4．关于缺陷（defects）的定义

《指令》对缺陷的定义采用客观标准。按照这种标准，如果产品不能提供一般消费者有权期望得到的安全，该产品就被认为是有缺陷的产品。

在确定产品是否有缺陷时，要考虑到各种情况，其中包括：产品的状况、对产品的合理预期的使用，以及把产品投入流通的时间。不能因为后来有更好的产品投入市场，就认为先前的产品有缺陷。例如，在20世纪60年代，汽车座位上都没有安全带，当时不认为这种汽车是有缺陷的产品，但如果80年代生产的汽车没有装设安全带，就将被认为是有缺陷的产品。对产品的操作和使用说明书，也是涉及产品的安全性的因素之一。

5．关于损害赔偿

按照《指令》的规定，可以请求损害赔偿的范围，主要包括财产损失、人身伤害和死亡。对有缺陷的产品自身的损失，一般不予考虑。对不超过500欧元的损害亦不予考虑，以免引起过多的小金额的诉讼。

特别值得指出的是，《指令》对"痛苦"（pain and suffering）的补偿有所保留，它认为这是属于非物质性的损害赔偿，应按有关国家的国内法来处理。这一点与《美国产品责任法》有所不同。

6．对产品责任的抗辩

依照《指令》的规定，在产品责任诉讼中，被告可以提出以下三种抗辩：

（1）无罪责

如果生产者能证明他没有罪责，他就可以不承担责任，这主要包括以下几种情况：第一，该生产者并没有把该产品投入市场。第二，引起损害的缺陷在生产者把产品投入市场的时候并不存在，或者证明这种缺陷是在后来才出现的，例如，是由于对产品的不适当使用而引起的。第三，生产者制造该产品并非用于经济目的的销售或经销，亦非在其营业中制造或经销。第四，该缺陷是由于遵守公共当局发布的有关产品的强制性规章而引起的。第五，按照生产者将产品投入市场时的科技知识水平，该缺陷不可能被发现。这种抗辩又称为“发展的风险”（development risks）或“现有水平”（state of the act）抗辩。由于各成员国的法律对这一抗辩持不同的态度，因此，《指令》允许各成员国在各自法律中对是否采用这种抗辩自行作出取舍。第六，零件的制造者如能证明该缺陷是由于该产品的设计所致，而不是零件本身的缺陷，亦可不承担责任。

（2）时效

在产品责任诉讼中，时效已过也是重要的抗辩理由。《指令》对时效作了如下规定：第一，受损害者的权利自生产者将引起损害的产品投入市场之日起10年届满即告消灭，除非受害者已在此期间对生产者起诉。第二，《指令》要求各成员国必须在其立法中规定提起损害赔偿诉讼的时效，该诉讼时效为3年，从原告知道或理应知道受到损害、产品有缺陷及谁是生产者之日起开始计算。《指令》对时效的中止和中断没有作出规定，因此有关时效中止和中断的问题，应按适用的国内法来处理。

（3）赔偿的最高额

生产者的责任原则上应当是没有限制的。但《指令》允许成员国在立法中规定，生产者对由于同一产品同一缺陷所引起的人身伤害或死亡的总赔偿责任不得少于7000万欧元。

此外，《指令》还规定，生产者不得以合同或其他办法来限制或排除其对产品的责任。这表明产品责任是属于强制性的法律规定，不能由当事人以合同任意予以排除或限制。

（二）欧盟各成员国贯彻执行《指令》的情况

按照《指令》的要求，各成员国应于1988年8月1日以前，通过本国的立法程序把《指令》纳入国内法予以实施。到1993年底，有英国、希腊、意大利、卢森堡、丹麦、葡萄牙、德国、荷兰、比利时、爱尔兰、法国、西班牙等成员国通过国内立法将《指令》纳入国内法。就已经采取立法措施实施《指令》的成员国来看，他们都毫无例外地采取了“无过失责任原则”，但在是否把初级农产品纳入产品责任法的范围、是否把“发展风险”作为抗辩理由、以及是否对生产者的总赔偿额加以限制等三个问题上，仍存在着一些分歧。

1．英国

英国在 1987 年制定了一项《消费者保护法》（Consumer Protection Act），将《指令》纳入了国内法。该法于 1988 年 1 月 1 日正式生效。按照该法的规定，原告无需证明被告有疏忽，任何由于产品的缺陷而受到损害的消费者，都可以对责任方起诉。承担产品责任的对象包括：制造商、加工者、原材料供应者、进口商以及商标牌号的所有人。但是，产品的批发商和零售商对产品的缺陷原则上不承担责任，除非他说不出该有缺陷的产品是由谁向他提供的。该法没有把初级农产品和游戏工具包括在内，也没有规定生产者对同一产品、同一缺陷所引起的人身伤亡的最高赔偿额。

2．德国

德国于 1989 年 12 月 15 日通过了一项《产品责任法》，将《指令》纳入本国国内法。该法已于 1990 年 1 月 1 日生效。德国《产品责任法》（PHG）放弃了传统的过失责任原则，而采用无过失责任原则。该法不要求生产者对发展风险负责，即生产者可以把发展风险作为抗辩理由；该法也不包括初级农产品和天然产品。按照该法的规定，生产者对同一产品、同一缺陷的最高赔偿责任限于 1.6 亿马克。

该法适用于对一切人身伤害的赔偿责任。至于对财产的损害赔偿，则仅限于对供私人使用或消费的财产造成伤害，才予以赔偿；如果有缺陷的产品对工商业中使用的财产造成了损害，则不能适用该法，而只能按传统的侵权法来处理。此外，非物质性的赔偿，特别是对受害者遭受痛苦的赔偿，也不包括在该法的责任范围之内。

3．意大利

意大利于 1988 年 5 月采用总统法令的简单方式，将《指令》纳入国内法，其内容与措词均与《指令》雷同。该法令允许被告以发展风险作为抗辩，不包括初级农产品和天然产品，同时也规定了生产者对人身伤亡的最高赔偿额。

4．希腊

希腊已于 1988 年将《指令》纳入国内法。按照希腊的法律，初级农产品和天然产品不包括在产品责任法的范围内；被告可以把发展风险作为抗辩理由，生产者对人身伤亡的最高赔偿额为 7.2 亿希腊货币单位。

二、《关于造成人身伤害与死亡的产品责任欧洲公约》

欧洲各国由于传统上的密切联系，其最先感受到产品责任的国际化发展与各国产品责任法律制度巨大差异之间的矛盾所带来的对商品流通和自由竞争的阻碍，为了解决这一问题，20世纪70年代以来，欧洲国家的领导机构，如欧洲理事会、欧洲经济共同体等区域性政治和经济组织，积极致力于统一产品责任国际立法活动，并缔结了专门性的国际公约。

《关于造成人身伤害与死亡的产品责任欧洲公约》（Convention on Product Liability in Regard to Personal Injury and Death 或称《关于人身伤亡的产品责任公约》）是由欧洲理事会拟定并于1976年召开的理事会会议上通过的，欧洲理事会各成员国于1977年1月27日在斯特拉斯堡正式签订，所以又称《斯特拉斯堡公约》。与该公约相随的，还有解释报告。

根据该公约第13条（2）款的规定，将于欧洲理事会三个成员国成为该公约当事国之日起生效。目前，该公约已生效，成员国有法国、比利时、卢森堡和奥地利等。

该公约的基本内容是：

（一）适用范围

该公约的适用范围仅限于对人的伤害、致死方面的案件，调整由于缺陷产品造成人身伤害和死亡所引起的赔偿责任问题，而不包括缺陷产品对财产造成的损害所引起的产品责任。

（二）关于产品的定义

该公约第2条规定，“产品”一词是指所有动产，包括天然动产或工业动产，无论是未加工的还是加工过的，即使是组装在另外的动产内或组装在不动产内。例如，桥梁是不动产，但建筑桥梁用的钢筋水泥仍可作为动产对待，如果桥梁内钢筋水泥等建筑材料有缺陷致使桥梁断裂造成人员伤亡，那么该钢筋、水泥的生产厂商应承担产品责任。

（三）关于缺陷的定义

该公约第2条c款规定：考虑包括产品说明在内的所有情况，如果一件产品没有向有权期待安全的人提供安全，则该产品有缺陷。

（四）关于责任主体

该公约将生产者确定为产品责任的承担主体，并进一步解释了生产者的范围：（1）成品或零配件的生产者；（2）任何以将产品投入流通为目的的按商业惯例进口产品的人；（3）任何使自己名字、商标或其他标志特征出现在产品上，将其作为自己产品的出示者；（4）产品没有标明生产者时，每一供应者应被视为生产者，除非根据索赔人的要求，供应者将生产者或前供应者的身份在合理的时间内告知索赔人。

（五）归则原则

《关于人身伤亡的产品责任公约》规定了严格责任原则，并且如果数人对同一损害都负有责任时，他们之间承担连带责任。

（六）赔偿和免责

该公约没有对赔偿额进行最高限制，而是确立了最低限制。它规定，对每个死者或伤者的赔偿额不得少于相当于 7 万特别提款权的国内货币；对同类产品的相同缺陷造成的一切损害的赔偿额不得少于相当于 1000 万特别提款权的国内货币。

但如果存在以下情形，生产者可以不承担责任：第一，生产者未将商品置于市场销售。第二，依据情况判断，在产品投入流通时，造成损害的缺陷尚不存在或缺陷是投入流通后由第三人造成的。第三，该造成损害之缺陷产品不是用于销售、出租或为经济目的的分销，而又非在商业过程中制造或分销。第四，受害人本身的过失。不过在最后一种情况下，应考虑所有情况后决定减少或免除生产者的责任。如果损害既是由产品的缺陷，又由第三方的行为或疏忽造成，则不应该减轻生产者的责任。此外，公约第 8 条还规定，本公约规定的生产者责任，不得以任何免责或解除义务的条款加以排除或限制。

（七）时效

该公约规定了诉讼时效为 3 年，自申请人发觉或必须合情合理地发觉损害、缺陷及生产者的身份之日起计算。如果诉讼未在自生产者将造成损害的单个产品投入流通之日起 10 年内提出，根据该公约的规定，则受损害者丧失对生产者要求赔偿的权利。

三、《产品责任法律适用公约》

《产品责任法律适用公约》（Convention on the Law Applicable to Product Liability），也称《产品责任法律冲突规则公约》，也简称《海牙公约》（Hague Convention）。该公约是 1972 年第 12 届海牙国际私法会议制定通过的，1977 年 10 月 1 日起正式生效。

《海牙公约》是目前国际上唯一的产品责任方面的统一的冲突法公约，其宗旨是在国际范围内解决产品责任法律适用的问题，它主要适用于有关产品的国际性诉讼案件，而且仅适用于无合同关系的当事人之间所发生的纠纷。

该公约的主要内容：

1．该公约的适用范围

公约中的所谓产品是指一切有经济价值能供使用或消费的物，包括天然产品及工业产品，不论是制成品、原料、动产、不动产均在公约产品范围以内，但对于未加工的农产品，缔约国在签字批准或加入时，有权保留不受公约拘束。

该公约所称的产品的责任仅指由侵权行为所生的损害赔偿责任。公约不适用于合同关系的责任。公约规定，公约适用于因产品本身缺陷所造成的损害，但即使产品本身没有缺陷，由于对产品的使用方法或特性没有说明，或说明不适当，消费者或使用者因此受到损害，也在公约规定的责任范围之内。损害包括人身的及财产的损害以及经济损失，但不包括产品本身的损害及因此产生的经济损失在内。产品本身的损害如引起其他损害时，则包括在产品责任范围以内。

2．产品责任的准据法

依公约规定，在产品责任涉及几个国家时，损害事实发生地国如果同时符合下列情况之一时，则适用该国的内国法：第一，直接受害人的惯常居所地；第二，赔偿义务人的主要营业所所在地；第三，直接受害人购买产品的市场。

但直接受害人的惯常居所地，如果符合下列情况之一时，则应该适用该国的内国法：第一，赔偿义务人主要营业所所在地；第二，直接受害人购买产品的市场。如果由于案件的情节过于分散，没有符合上述规定的连结因素，赔偿权利人可以要求适用损害事实发生地的内国法，也可以适用赔偿义务人主要营业所所在地的内国法。

公约还规定，如果赔偿责任人能证明他不能合理地预见这种产品或他的同类产品会通过商业渠道在损害事实发生地及直接受害人惯常居所地得到供应的话，这两地的法律都不能适用，能适用的是赔偿义务人主要营业所所在地法。

3．确定对产品责任适用严格责任原则

该公约第 1 条规定："生产者应对其产品的缺陷所引起的损害负责，而不论其是否知道或能否知道此项缺陷。即使在生产者把产品投入市场的时候，按照当时的科学技术发展的水平，该项产品不能认为有缺陷，但生产者仍须负责"。公约还规定，凡是由于产品缺陷而蒙受损害的人，不论其是否与卖方或生产者有直接的合同关系，也不论生产者或卖方在制造产品的过程中是否已经采取一切应当注意做到的措施，受害人均可以向生产者要求损害赔偿。

产品责任的损害赔偿范围包括人身伤害和对财产所造成的损失。生产者包括成品的制造者、零部件或原材料的供应者以及任何以其厂商名称或商标标志在产品上的人。任何把产品进口到欧洲共同体市场的人，也应视为该产品的生产者。但是除制造商本身兼作卖方之外，其他流通环节中的卖方，如批发商、经销商、零售商等都不包括在内。

4．生产者赔偿责任的最高限额

凡因具有同一缺陷的同一种产品所引起的一切人身伤害，生产者的责任仅以 2500 万欧洲计算单位（约合 2900 万美元）为限；生产者对于财产的损失赔偿责任，按人计算，对动产的损害赔偿责任以 1.5 万计算单位为限，对不动产的损害赔偿以 5 万计算单位为限。

第四编

国际贸易纠纷与贸易争端的解决

第十七章　国际商事仲裁

国际贸易中的争议不可避免，当事人之间基于合同或侵权等产生的贸易纠纷和经贸往来中的国家之间基于双方经贸政策或者履行 WTO 协议等产生的贸易争端，都需要通过正当的途径来解决。从历史上看，最早的贸易纠纷主要出现在当事人之间，主要通过相互协商途径来解决，协商不成的便会寻求德高望重的第三人居中进行调解。

第一节　国际贸易纠纷的解决途径

一、国际贸易纠纷的产生

国际贸易的起源等同于国内贸易早期的发展历程。最初的国际贸易，是以以物易物的形式存在的。随着国际贸易的发展，才形成钱货交易。但这种交易也基本上是在同时期完成的，不存在钱货不同期交付的情况。当商品经济发展到资本主义时期，随着各种新型贸易方式的出现，尤其是当货币的支付与货物的交付发生分离之后，各种贸易争端层出不穷，如欺诈、逃避履行义务、交货或付款不及时以及履约瑕疵等等。但凡出现纠纷，利益受损一方必然希望诉诸于一种最快、最省事、最便捷的方式以解决争议，获得赔偿。

本章将着重讨论国际贸易纠纷产生之后如何处理的问题，本章所指的国际贸易纠纷是指贸易交往中当事人之间基于合同或侵权等的纠纷。

二、国际贸易纠纷的解决方法

长期的国际贸易实践已经形成了各种解决国际贸易纠纷的办法，其中主要的解决途径大体上分为两类：第一是以国家机关代表国家权力为主导的法院解决纠纷的机制。第二是非诉讼解决纠纷的机制，也就是我们常说的 ADR（Alternative Dispute Resolution），是替代性的纠纷解决方法。

（一）诉讼机制

1．国际民事诉讼的含义

诉讼是当事人通过法院来解决纠纷的途径。国际民事诉讼是指由一个国家的法院主持的，当事人和其他诉讼人参加的，为解决国际商事案件纠纷所进行的全部活动。在诉讼过程中，法院居于主导地位，代表国家行使审判权，是解决案件的主持者和裁判者。

2．我国法院受理国际民事诉讼的条件

我国法院受理案件的前提条件是：

第一，当事人之间无各种形式的仲裁协议。

第二，正式向我国法院提出诉讼请求并正式递交了起诉书。

第三，属于我国法院管辖。

第四，符合我国法院的地域管辖、级别管辖和特别管辖的要求。

如果当事人选择在我国法院解决纠纷，应遵守我国《民事诉讼法》第四编“涉外民事诉讼程序的特别规定”。

3．国际民事诉讼的司法协助

根据我国缔结或参加的国际条约，或者按照互惠原则，我国人民法院和外国法院可以相互请求，代为送达文书、调查取证以及进行其他诉讼行为。请求和提供司法协助的，应当按照我国缔结或者参加的国际条约所规定的途径进行。没有条约关系的，通过外交途径进行。任何外国机关或者个人未经我国主管机关批准，不得在我国领域内送达文书、调查取证。

4．法院判决书在外国执行

人民法院作出的发生法律效力的判决、裁定，如果被执行人或者其财产不在我国领域内，当事人请求执行的，可以由当事人直接向有管辖权的外国法院申请承认和执行，也可以由人民法院依照我国缔结或者参加的国际条约的规定或者按照互惠原则，请求外国法院承认和执行。

5．国际民事诉讼的困境

由于诉讼在国际贸易的过程中，涉及的主体往往分别处于不同的国家，一旦涉及诉讼，必定有一方当事人需要接受另一方当事人所在国家的法律、司法制度和主权管辖，尤其是司法主权及管辖，这是目前主权国家都未让渡的权利，同时国家之间也彼此尊重对方的司法主权和管辖权。所以，在国际贸易中，诉讼所涉及的司法主权关系，直接会影响到当事人权利的保障和所在国家司法主权的让渡，更将导致一个国家的判决在另一个国家是否可予承认和执行的困境。所以，为避免不必要的麻烦和对于自身权利保障的不可预测性，国际贸易的各方均不愿意将彼此之间的纠纷送交法院来解决，这也从实际上催生了ADR 的产生。

（二）ADR 机制

1．ADR 的概念

ADR 是 Alternative Dispute Resolution 的缩写。这一概念源于美国，原来

是指本世纪逐步发展起来的各种诉讼外纠纷解决方式，现已引申为对世界各国普遍存在着的、民事诉讼制度以外的非诉讼纠纷解决程序或机制的总称。这一概念既可以根据字面意义译为“替代性（或代替性、选择性）纠纷解决方式”，也可根据其实质意义译为“审判外（诉讼外或判决外）纠纷解决方式”或“非诉讼纠纷解决程序”、“法院外纠纷解决方式”等。

ADR 机制是一种独立或相对独立于法院诉讼的非诉讼纠纷解决方式，ADR 作为多元化纠纷解决机制中的一种替代性解决方法，与法院诉讼的解决方式形成协调互动的关系，对于社会纠纷的解决起着越来越重要的作用。

目前，世界各国普遍确立了不同程度、不同模式的 ADR 机制，这对于已经出现“诉讼爆炸”现象的国家来说，极大缓解了司法和社会的压力，为职权主义程度较高的司法体系带来了司法民主化的气氛，也为特殊类型或复杂的案件提供了符合情理、追求实质正义的个别平衡。

实际上，ADR 制度和运作完全取决于特定社会的纠纷解决需求及其整体机制的设计，并不存在一种完美的、适用于任何国家和社会的模式和普遍规律。例如美国的法院附设 ADR 十分发达，主要就是适应了法院功能从纠纷解决向确立规则或行为模式方向转移的需要，在某种意义上也是司法功能的延伸。相比之下，日本尽管并无“诉讼爆炸”的危机，并且在努力扩大民众利用法院的机会，但仍然高度重视 ADR ，认为 ADR 的利用既有扩大法律利用的意义，又有改善司法的价值，并建立了多元化的纠纷解决机制。

2. ADR 的特点

ADR 机制主要具备如下的一些特点：

第一，ADR 机制下的当事人自主性高。ADR 机制种类繁多，几乎没有固定的模式，但是都有一个显著的特点就是程序都十分灵活。当事人可视其争议的具体情况来选择合适的解决方案和程序。因此处理纠纷方便快捷，费用低廉。ADR 程序中的当事人具有高度的自主性。从纠纷解决者与当事人之间的关系看，包括仲裁在内的 ADR 机制的构造是水平式的或平等的。中立第三人并不是行使司法职权的裁判者（法官），当事人的自主处分权和合意较之诉讼而言具有更重要的决定意义，因而被称为更彻底的新当事人主义。

第二，ADR 机制下的当事人能够自觉履行。虽然通过适用 ADR 程序所达成的协议、裁断不具有法律约束力，但由于 ADR 程序完全是在双方当事人友好协商、互谅互让的基础上达成的，所以一般易于得到双方当事人的承认和自觉执行。

另外，在司法实践中，通过 ADR 方式达成的协议也并非绝对没有法律效力。如 2002 年 9 月《最高人民法院关于审理涉及人民调解协议的民事案件的若干规定》中规定：经人民调解委员会调解达成的、有民事权利义务内容，并由双方当事人签字或者盖章的调解协议，具有民事合同性质。当事人应当按照约定履行自己的义务，不得擅自变更或者解除调解协议。这种将调解协议赋予合同性质的法律规定，一方面减轻了法官审理的负担，另一方面也有利于限制当事人随意反悔，培养他们重合同、守信用的法治精神。可以预见，随着ADR机制的不断完善化和精细化，各种非诉讼纠纷解决协议和裁断很可能逐渐具有一定的法律效力，令其拥有法律强制的坚强后盾，使得诚信逐渐成为社会生活的主流。

第三，ADR机制解决纠纷具有非对抗性。ADR机制是以妥协而非对抗的方式来解决纠纷的，和诉讼程序中那种双方唇枪舌剑、针锋相对的对抗方式比较起来，这种平和对话的方式更有利于维护双方之间长久存在的经贸交往和人际关系。

第四，ADR 机制解决纠纷具有非法律化的特点。非法律化是指无需严格适用实体法规定，在法律规定的基本原则框架内，可以有较大的灵活运用和交易的空间。这样会将法律的滞后性减少到最小，当人们需要处理一些新颖的民事纠纷（如随着互联网业务的发展而出现的大量的电子商务纠纷、新形式的知识产权纠纷等）时，ADR 机制就能够迅速提供一种或多种适应社会和科学技术发展变化的解决程序。

ADR 并不是一种封闭的体系，而是一种开放的、发展的体系。随着社会生活的发展，纠纷种类的增多，人们将会发明创造越来越多的ADR方式。在这个意义上，我国的人民调解及其他非诉讼纠纷解决方式，都符合这些基本特征，可以被涵盖在 ADR 的范畴之内。

3. ADR机制的主要模式

（1）协商和解

协商和解，是指争议双方当事人在自愿基础上，自行进行磋商或谈判，在互谅互让基础上达成解决争议的协议。协商和解解决争议，具有当事人自愿自觉遵守所达成的协议，程序简便，形式灵活，节省时间和费用以及有利于以后继续贸易合作等优点。各国法律都规定双方当事人应首先通过协商和解办法解决争议。但协商和解解决争议也可能发生难以达成和解协议或者达成协议很有可能一方不遵守和解协议的情况。

（2）调解

调解，是指在第三人介入下，通过第三人劝说，促使争议双方在自愿基础上互谅互让，达成协议，以解决争议。

根据第三人身份不同可分为民间调解、仲裁调解和法庭调解，但仲裁调解属于仲裁解决方式，法庭调解属于诉讼解决方式，此处的调解主要是指民间调解。民间调解是指在仲裁机构、法院或者国家机关以外的第三者主持进行的调解，调解人可以是组织或个人。调解人一般是具有解决国际贸易的法律知识和专业知识，而且能够坚持公平原则，容易获得当事人的信任，消除当事人之间的误解和隔阂。

（3）小型审理

该模式是ADR机制的新发展，实质上是一种模拟诉讼的调解方式。它的最大作用就是解决那些涉及面较大、混合着法律和事实的复杂纠纷，如产品责任纠纷和反垄断纠纷等。通常由当事人双方各指派一名高级行政长官组成专门小组，并共同推选一名首席调解员。各方当事人所指定的行政长官一般只代表各方当事人的利益，轮流以口头或书面方式提出自己的意见，如同法院公开审理一样，只不过形式更简单。

（4）律师或中立专家的联合磋商（早期审理评议）

这种模式是由一个独立的第三人，可以是一名律师或技术专家，听取争议双方的意见，提出自己的观点，帮助双方解决争端，经常被用于当纠纷一方或者双方想向一个有经验的个人咨询自己在有关案件中所处的优势或劣势的建议。

（5）简易陪审团审判

它通过民事陪审团的介入促进在司法审判中解决争议。目前，简易陪审团审判在美国是相当普通的实践。在这种解决争议的模式中，陪审团在任何官方听证会举行之前，听取各方当事人的简要陈述，并作出一个建议性的裁决。该裁决可能会构成当事人进行谈判磋商的基础，从而使当事人免于陷入冗繁费时的法院诉讼。

（6）国际商事仲裁

仲裁也称公断，由双方当事人协议将争议提交给仲裁员，由仲裁员断定双方的争议并作出具有约束力的仲裁裁决。仲裁员通常都属于当事人争议领域的专家、权威人士，仲裁员在仲裁时应遵守仲裁规则进行仲裁。仲裁规则主要是规定如何进行仲裁的程序和做法，其中包括如何提出仲裁申请、如何进行答辩、如何指定仲裁员、怎样进行仲裁审理、如何作出仲裁裁决以及裁决的效力等内容。仲裁规则的作用主要是为当事人和仲裁员提供一套进行仲裁的行动准则，以便在仲裁时有所遵循。

国际货物贸易中当事人之间纠纷的仲裁属于国际商事仲裁，是对国际或具有涉外因素的商事纠纷进行的仲裁。国际商事仲裁是解决国际货物贸易最重要的途径。

与其他解决纠纷的途径相比，国际商事仲裁具有如下特点：第一，当事人自主性较大，对仲裁方式的选择、仲裁地点、仲裁机构、仲裁员、仲裁程序、仲裁所适用的法律等，当事人都可以自由作出决定；第二，程序灵活、迅速及时、收费较低；第三，具有必要的强制性，这体现在仲裁协议的强制性、仲裁裁决的强制性；第四，有利于保持当事人之间的关系，并可协调不同法律之间的冲突。在当事人协商不能解决纠纷时，各国都允许并鼓励当事人利用国际商事仲裁来解决纠纷，很多国际货物买卖合同都订有仲裁条款。

三、国际商事仲裁机构及仲裁规则

（一）联合国国际贸易法委员会及其仲裁规则

联合国国际贸易法委员会的仲裁规则是供双方当事人自愿选择使用的，它在任何国家都不具有普遍的法律约束力。凡愿意采用该项仲裁规则的当事人，可在合同中以书面方式订立如下的仲裁条款："由于本合同而发生的或与本合同有关的任何争端、争议或要求，或由此而引起的任何违约、终止、失效，应按目前有效的联合国国际贸易法委员会仲裁规则予以解决。"

按照该规则，仲裁员人数由双方当事人事先约定。如双方未约定选任一名独任仲裁员，则应指定三名仲裁员。如双方同意指定一名独任仲裁员，该仲裁员的国籍应不同于双方当事人国籍。如需指定三名仲裁员，则由双方当事人各指定一名仲裁员，然后由被指定两名仲裁员指定第三名仲裁员，并由其担任首席仲裁员（Presiding arbitrator）。首席仲裁员国籍应当不同于双方当事人国籍。这是国际仲裁习惯做法，目的是保证独任仲裁员和首席仲裁员的中立性。

（二）国际商会仲裁院及仲裁规则

国际商会仲裁院是处理国际商事争议的仲裁机构。但仲裁院本身并不直接处理争议案件，主要任务是保证该院所制定的仲裁规则和调解规则的适用、指定仲裁员或确认当事人所指定的仲裁员、决定对仲裁员的异议是否正当及批准仲裁裁决形式等。

该仲裁院仲裁规则规定，如果愿意采用该规则并向该仲裁院提起仲裁的当事人，可以使用下列仲裁条款："一切有关本合同所发生的争议须根据国际商会的调解和仲裁规则，由依照这些规则指定的一名或一名以上的仲裁员作出最终的解决。"

争议当事人可以直接向设在巴黎的国际商会仲裁院秘书处提出仲裁，也可以通过申诉人所在国的国际商会国别委员会（National Committee）转交该院秘书处。

（三）外国仲裁机构及其仲裁规则

许多国家都有常设的对外贸易仲裁机构，有的是全国性的仲裁机构，如英国伦敦仲裁院、美国仲裁协会、瑞典斯德哥尔摩商会仲裁院、瑞士苏黎世商会仲裁院、日本商事仲裁协会等。有的是设立在特定行业内的专业性的仲裁机构，如伦敦油籽协会、伦敦谷物贸易协会、伦敦羊毛终点市场协会、伦敦黄麻协会等行业协会所设立的仲裁机构。特定行业内的专业性仲裁机构的仲裁员在处理争议案件时，可直接适用该行业的有关惯例。

（四）中国国际经济贸易仲裁委员会及其仲裁规则

中国国际经济贸易仲裁委员会（China International Economic and Trade Arbitration Commission，简称 CIETAC），是一个民间性常设仲裁机构，地点设在北京，并在深圳、上海等地设立分会。中国国际经济贸易仲裁委员会已在国际上赢得了良好的声誉，越来越多的中外当事人都愿意订立在该会仲裁的条款。

中国国际经济贸易仲裁委员会与分会适用统一的仲裁规则，采用统一的仲裁员名单，它们所作出的裁决都具有终局性。分会的设立只是为了便于就近处理有关国际经贸仲裁案件。

中国国际经济贸易仲裁有一个显著特点，就是采用调解与仲裁相结合的做法，尽可能推动双方当事人通过协商调解来解决纠纷。但仲裁委员会的调解是在双方自愿基础上，不是强制性的；调解也并不是仲裁的必经程序，不是任何案件都必须先进行调解才能进行仲裁审理。

我国经贸仲裁委员会的仲裁规则，反映了当前国际商事仲裁的习惯做法。现行的仲裁规则是 2002 仲裁规则。该规则第二章“仲裁程序”里规定了仲裁申请、答辩、仲裁庭组成、审理、裁决等内容；第三章是对简易程序的规定。

第二节　国际商事仲裁

一、仲裁协议的含义及内容

（一）仲裁协议的含义

1．仲裁协议的含义

各国仲裁法和仲裁机构的仲裁规则都规定，当事人如果要采用仲裁方式解决他们之间的争议，必须签订书面仲裁协议。仲裁协议是双方当事人在纠纷产生之前或纠纷产生之后所达成的表示愿意把他们之间可能发生或已经发生的争议交付仲裁机构解决的一种书面协议，仲裁协议是仲裁机构以及仲裁员受理争议案件的依据。

2. 仲裁协议的作用

仲裁协议的作用如下：第一，双方当事人均须受仲裁协议的约束，发生的争议，必须以仲裁方式解决，不能向法院起诉；第二，仲裁员和仲裁庭依据仲裁协议取得对有关争议案件的管辖权；第三，排除法院对有关争议案件的管辖权，只要双方当事人订立了仲裁协议，他们就不能把有关争议案件提交法院处理。一方违反仲裁协议，把他们之间的争议向法院提起诉讼，对方可根据仲裁协议要求法院停止诉讼程序，把有关争议案件提交仲裁庭或仲裁员审理。

3. 仲裁协议的类型

仲裁协议主要包括合同中的仲裁条款和合同外的提交仲裁的协议。

仲裁条款是指双方当事人在争议发生之前订立的，表示愿意把将来可能发生的争议提交仲裁解决的协议，包含在国际货物买卖合同中，通常称之为仲裁条款（Arbitration Clause）。

提交仲裁的协议，是指由双方当事人在争议发生之后订立的，表示同意把已经发生的争议交付仲裁解决的协议，这种协议是与国际货物买卖合同分别订立的，是独立于货物买卖合同的一个协议，通常称之为提交仲裁的协议（Submission）。

两种仲裁协议在法律上具有同等效力。只要合同中订有仲裁条款，日后发生争议时，当事人就可据此提起仲裁，而不须另外再签订提交仲裁的协议。

（二）仲裁协议的内容

仲裁协议内容应尽可能明确、具体、完整，一般来讲，仲裁协议应包括如下内容：

1. 请求仲裁的意思表示

请求仲裁的意思表示是仲裁协议的首要内容。当事人在表达请求仲裁的意思表示时需要注意四个问题：

第一，仲裁协议中当事人请求仲裁的意思表示要明确。请求仲裁的意思表示不明确的仲裁协议无法判断当事人的真实意思，仲裁机构也无法受理当事人的仲裁申请。申请仲裁的意思表示明确，最主要是要求通过该意思表示，可以得出当事人排除司法管辖而选择仲裁解决争议的结论。

对这个要求，英国早在 1856 年斯科特诉艾费里案中就确立了这项判例规则，也就是这个案件的判词所说的：仲裁协议中必须包含有当事人不寻求通过诉讼解决纠纷的意图。那么根据这个要求，我们平常所看得到的一些约定，比如约定“因本合同引起的争议由双方协商解决，协商不成的，提交某仲裁机构仲裁或者向法院起诉”等，这样一些约定就是请求仲裁的意思表示不明确的约定。

第二，请求仲裁的意思表示必须是双方当事人共同的意思表示，而不是一方当事人的意思表示。不能证明是双方当事人的意思表示的仲裁协议是无效的。

第三，请求仲裁的意思表示必须是双方当事人的真实意思表示，即不存在当事人被胁迫、欺诈等而订立仲裁协议的情况，否则仲裁协议无效。

第四，请求仲裁的意思表示必须是双方当事人自己的意思表示，而不是任何其他人的意思表示。如上级主管部门不能代替当事人订立仲裁协议。

2．仲裁事项

仲裁事项即提交仲裁的具体争议事项，如买卖合同是否有效成立，或者卖方交付的货物是否相符，或者买方要求损害赔偿的数额如何确定等。

争议事项能否提交仲裁，意味着仲裁庭对该争议事项有无仲裁权，而仲裁协议中有无明确的仲裁事项，意味着仲裁庭行使仲裁权的范围，即仲裁庭只能在仲裁协议确定的仲裁事项的范围内进行仲裁。超出这一范围进行的仲裁即仲裁庭超越仲裁权所作出的仲裁裁决，经一方当事人的申请，法院可以不予执行或撤销其裁决。因此，在仲裁实践中，仲裁事项也往往成为仲裁协议不可缺少的内容之一，成为仲裁协议的关键。

仲裁事项的范围决定仲裁权的行使范围。由于仲裁协议既包括了争议发生前，双方当事人在合同中订立的仲裁条款，又包括争议发生后，双方当事人订立的专门的仲裁协议。因此，仲裁事项也可划分为未来可能性争议事项和现实已发生的争议事项。仲裁事项即提交仲裁解决的争议内容，当事人提交仲裁解决的事项必须具有可仲裁性。

3．仲裁机构

仲裁有机构仲裁与临时仲裁之分。仲裁机构从广义的意义上来说，既包括仲裁委员会或仲裁院，又包括仲裁庭。所以，仲裁法律或仲裁规则对在不同条件下仲裁协议的要求是不同的。仲裁机构是仲裁协议的实质要件之一。

在机构仲裁条件下，作为仲裁协议内容之一的仲裁机构是指常设仲裁机构，一般称为仲裁委员会，它是一种固定性的仲裁组织，有自己的名称、住所和章程，有必要的财产，有自己的办事机构和仲裁规则，有聘任的仲裁员。

在临时仲裁条件下，仲裁机构则是指临时仲裁机构，即临时仲裁庭，它是由双方当事人直接指定仲裁员组成临时仲裁庭，对案件的裁决终结后即自行解散。

在国际商事仲裁实践中，机构仲裁与临时仲裁都是被承认的仲裁方式，机构仲裁以较规范的仲裁规则，成熟、稳定的专家仲裁队伍以及良好的程序管理服务为其优势，而临时仲裁则以灵活的方式、快速的进程以及较低的费用为其特点。两种不同的仲裁形式在仲裁解决纠纷的过程中发挥着共同的作用。但是，相比较而言，机构仲裁被更广泛地采用，仲裁实践中绝大多数案件也是由常设仲裁机构进行审理的。

我国只承认机构仲裁，不承认临时仲裁。在仲裁实践中，如果对仲裁机构的选择不明确或不准确，只要能从仲裁协议的文字上推定或判断出当事人的选择，或者从一方当事人的行为选择上推定或判断出当事人的意愿，应认为该仲裁协议有效。

当然，并非所有国家的仲裁法都要求仲裁协议或仲裁条款必须具备以上条件。在目前各国大力支持仲裁的大环境下，有些国家对仲裁协议的生效要件逐步放宽了要求。

应指出的是，大多数国家的仲裁法和仲裁规则都要求仲裁协议应采取书面形式。1958 年《承认和执行外国仲裁裁决的公约》（以下简称为《纽约公约》）对仲裁协议的唯一要求就是仲裁协议应当是书面的，并以此作为缔约国和地区承认和执行仲裁裁决的主要条件之一。

关于主合同无效时，仲裁协议是否仍属有效的问题，《联合国国际贸易法委员会仲裁规则》第 21 条规定，合同中的仲裁条款将被视同独立于该合同其他条款的一种协议，仲裁庭有权据此决定合同的存在和效力，并规定，当仲裁庭作出主合同无效的裁决时，并不影响仲裁条款的法律效力。

二、仲裁协议的最新发展

在国际商事仲裁中，各国或地区一般都要求仲裁协议必须具备书面形式。

《纽约公约》专门就仲裁协议书面形式作出规定："书面协定者，为当事人所签订或在互换函电中所载明之契约仲裁条款或仲裁协定。"其条文所称"函电"，当时仅仅包括了信件、电报和电传。

《电子商务示范法》第 7 条（2）款在仲裁协议的"书面"要求方面较之《纽约公约》有新的突破，表现在：第一，书面的仲裁协议包括了通过能够"提供协议记录的其他电讯手段"订立的仲裁协议；第二，双方提交仲裁文件和不对仲裁管辖提出异议的行为可以作为认定双方之间存在书面的仲裁协议的依据。

联合国国际贸易法委员会仲裁工作组第 32 届会议讨论了"书面形式"的仲裁协议和电子商务的问题。工作组普遍认为，为了促进电子商务运用于国际贸易并让当事人自行商定在电子商务领域中使用仲裁手段，《纽约公约》第 2 条（2）款应解释为包括《电子商务示范法》第 2 条界定的电子通信手段。于是，在符合公约所确立的支持仲裁精神的前提下，国际上对"书面形式"作了扩大的理解，这主要表现在以下几个方面：

（一）不存在双方当事人签署的书面协议

例如，合同是通过某一经纪人缔结的，经纪人发出了表明双方已同意的内容的合同文本，其中包括了仲裁条款，但当事人双方并没有任何直接的书面联系；又如，载有仲裁条款的合同是在当时一方提议的合同文案的基础上形成的，而另一方并未以书面形式明示接受，但另一方在后来的通信、发票或信用证上提及该合同；再如，在口头协议中提到一系列书面条款，这些书面条款是标准形式的，其中含有仲裁协议。

按照传统的理解，“书面”常常意味着签字。现在的国际仲裁实践已不要求仲裁协议必须经各方当事人签署，一些国家的立法也明确规定这一点。如英国《1996 年仲裁法》第 5 条规定，仲裁协议以书面形式达成，无论当事人签字与否。

（二）通过推定认定仲裁协议的成立

例如，按照《纽约公约》，仲裁协议可由当事人以互换通讯的方式达成。互换往往意味着一来一往，一方当事人发出要约，另一方当事人作出承诺。也就是说，默示接受仲裁协议是不可行的。

但最近的司法及仲裁实践表明，一方当事人发出了包含仲裁条款的要约，另一方当事人未作答复但履行了合同，视为接受了仲裁协议。又如，相同的当事双方在交易过程中订立了一系列的合同，以往的合同载入有效的仲裁协议，但所涉的合同并没有签字的书面凭证，或没有就该合同交换过书面意见。再如，提单上以提及方式包含该租船合同的条款以及含有仲裁条款的提单没有经过发货人或随后的提单持有人签字。

在立法上，受到《电子商务示范法》的影响，无论是英美国家，还是大陆法系国家，越来越多的国家规定，在诉讼或仲裁程序中，对案件的实体问题进行讨论，即可弥补仲裁协议形式上的任何缺陷。也有一些国家这样规定，在诉讼或仲裁程序的文件交换中，一方声称存在仲裁协议，另一方在回复中没有提出异议，仲裁协议即成立。

（三）只要有书面证据证实，口头形式也可达成仲裁协议

这一变化，使口头形式的仲裁协议与书面形式的仲裁协议之间的区别缩小了，有助于《纽约公约》扩大适用范围。如英国《1996 年仲裁法》、我国香港特区《仲裁（修订）条例》（2000 年）都规定，仲裁协议有书面证据证实，即被视为具备书面形式。

（四）“书面形式”的其他表现

基于技术的最新发展，国际上对“书面”的解释也相应扩大，即“书面”

不等于“书写”，刻录于有形介质或储存在电子或其他介质上，能以可感知的形式重新恢复的信息，都被认为具备书面形式，不但是电子邮件，甚至录音，都可能被认为具备书面形式。如英国《1996年仲裁法》、我国香港特区《仲裁（修订）条例》（2000年）及美国2000年《统一仲裁法》等，包括1996年联合国《电子商务示范法》在内，都是如此。

一些立法虽然不是专门的仲裁立法，但对“书面形式”也作了扩大解释，电子信息在法律上被视为与纸质文书功能等同。仲裁协议也是一种合同，如果解决了普通合同的形式问题，实际上也是解决了仲裁协议的形式问题。

（五）在确认仲裁协议效力时“尽量使其有效原则”得到广泛承认

采用这一原则的典型是瑞士1987年《关于国际私法的联邦法》，该法第178条规定了数种可适用于仲裁协议的法律，只要符合其中之一，仲裁协议即是有效的。司法实践中，在认定仲裁协议效力时，跨国法律观念也得到应用。法国法院在Khoms EI Mergeb v. Dalico一案中认为，仲裁协议受到当事人的共同意愿支配，而没有必要适用某一特定国家的法律。仲裁实践中，也有仲裁员适用国际贸易惯例和需要的客观标准及当事人公平合理的期望与共同意愿等主观标准，作为确定仲裁协议有效的依据。正如一位仲裁法专家所言，仲裁协议的内容可以很简单，只要反映了当事人的仲裁意愿即可，重要的是出现了“仲裁（arbitration）”两个字。

第三节 国际商事仲裁程序

根据《中国国际经济贸易仲裁委员会仲裁规则（2000）》规定，我国国际经济贸易仲裁委员会的仲裁程序如下：

一、仲裁申请、答辩、反请求

申请人提出仲裁申请时应提交仲裁申请书。仲裁申请书应写明申请人和被申请人的名称和住所、申请人所依据的仲裁协议、案情和争议要点以及申请人的请求及所依据的事实和理由等。

仲裁委员会收到申请人的仲裁申请书后，经审查认为申请仲裁手续已完备，应立即向被申请人发出仲裁通知，并将申请人的仲裁申请书连同仲裁委员会的仲裁规则、仲裁员名册和仲裁费用表一并发送给被申请人，同时也将仲裁通知、仲裁规则、仲裁员名册和仲裁费用表发送给申请人。

申请人和被申请人应各自在收到仲裁通知之日起20天内在仲裁委员会仲裁员名册中各自选定一名仲裁员，或者委托仲裁委员会主任指定。被申请人应在收到仲裁通知之日起 45 天内向仲裁委员会秘书局提交答辩书和有关证明文件。被申请人如有反请求，最迟应在收到仲裁通知之日起 60 天内以书面形式提交仲裁委员会。仲裁庭认为有正当理由的，可以适当延长此期限。

当事人申请财产保全，仲裁委员会应当将当事人的申请提交被申请人住所地或其财产所在地的人民法院作出裁定。

二、仲裁庭的组成

1. 仲裁员的指定

双方当事人应当各自在仲裁委员会仲裁员名册中选定一名仲裁员或者委托仲裁委员会主任指定。第三名仲裁员由双方当事人共同选定或者共同委托仲裁委员会主任指定。如果双方当事人在被申请人收到仲裁通知之日起 20 天内未能共同选定或者共同委托仲裁委员会主任指定第三名仲裁员，则由仲裁委员会主任指定。第三名仲裁员担任首席仲裁员。首席仲裁员与被选定或者被指定的两名仲裁员组成仲裁庭，共同审理案件。

双方当事人可以在仲裁委员会仲裁员名册中共同选定或者共同委托仲裁委员会主任指定一名仲裁员作为独任仲裁员，单独审理案件。

2. 仲裁员的回避

被选定或者被指定的仲裁员，与案件有个人利害关系的，应当自行向仲裁委员会披露并请求回避。当事人对被选定或者被指定的仲裁员的公正性和独立性产生具有正当理由的怀疑时，可以书面向仲裁委员会提出要求该仲裁员回避的请求，但应说明提出回避请求所依据的具体事实和理由，并举证。仲裁员是否回避，由仲裁委员会主任作出决定。

3. 选定仲裁员应注意的问题

机构仲裁一般都有自己独立的仲裁规则，其规则都会规定简易的仲裁程序以及仲裁庭的特殊构成，如在争议数额低于多少并且当事人未约定仲裁庭的组成人员时，仲裁庭会依据自身的规则确定一名仲裁员来进行审理。当然这种简易的程序以及规定一个仲裁员组成仲裁庭的规则并非一成不变的，在具体案件审理的过程中，若发生了仲裁规则规定的情况，还可以转换成三人仲裁庭。

临时仲裁则完全依据当事人合同的约定，约定临时仲裁的合同一般对仲裁员的组成也作了特殊的约定。在具体案件办理的过程中，双方也不得违反这一约定，否则即使作出裁决，也有被撤销或被拒绝承认或执行的风险。

所以，作为合同签署的双方，在合同签订的过程中就必须考虑到仲裁员构成时的难易以及可能性。例如，若对仲裁员人数要求过多或要求过于严格，届时是否能找到这样的仲裁员，还有即使找到了，这样的人是否同意成为仲裁员也是问题；而条件过于宽松则可能适合的人多但是胜任的人少，更有可能选定的人能力有限。

总之，临时仲裁的前提是双方的约定，而临时仲裁的程序和仲裁的进行也均可以根据当事人的约定，所以，当事人订立合同时应当十分慎重。

三、审理

1．开庭的时间、地点

仲裁庭应当开庭审理案件。但经双方当事人申请或者征得双方当事人同意，仲裁庭也认为不必开庭审理的，仲裁庭可以只依据书面文件进行审理并作出裁决。仲裁案件第一次开庭审理的日期，应于开庭前 30 天通知双方当事人。当事人有正当理由的，可以请求延期，但必须在开庭前 12 天以书面形式向秘书局提出；是否延期，由仲裁庭决定。

当事人约定了仲裁地点的，仲裁案件的审理应当在约定的地点进行。

2．开庭审理是否公开

仲裁庭开庭审理案件不公开进行，如果双方当事人要求公开审理，由仲裁庭作出是否公开审理的决定。

不公开审理的案件，双方当事人及其仲裁代理人、证人、仲裁员、仲裁庭咨询的专家和指定的鉴定人、仲裁委员会秘书局的有关人员，均不得对外界透露案件实体和程序进行的情况。

3．审理程序

当事人应当对其申请、答辩和反请求所依据的事实提出证据。仲裁庭认为必要时，可以自行调查事实，收集证据。

仲裁庭可以就案件中的专门问题向专家咨询或者指定鉴定人进行鉴定。当事人提出的证据由仲裁庭审定，专家报告和鉴定报告由仲裁庭决定是否采纳。

仲裁庭开庭审理时，一方当事人不出席，仲裁庭可以进行缺席审理和作出缺席裁决。

当事人在仲裁庭之外自行达成和解的，可以请求仲裁庭根据其和解协议的内容作出裁决书结案，也可以申请撤销案件。

仲裁庭可以按照其认为适当的方式进行调解。仲裁庭在进行调解的过程中，任何一方当事人提出终止调解或仲裁庭认为已无调解成功的可能时，应停止调解。

四、裁决

仲裁庭应当在组庭之日起 9 个月内作出仲裁裁决书。仲裁庭应当根据事实，依照法律和合同规定，参考国际惯例，并遵循公平、合理原则，独立、公正地作出裁决。

仲裁庭在其作出的仲裁裁决中，应当写明仲裁请求、争议事实、裁决理由、裁决结果、仲裁费用的负担、裁决的日期和地点。当事人协议不愿写明争议事实和裁决理由的，以及按照双方当事人和解协议的内容作出裁决的，可以不写明争议事实和裁决理由。作出裁决书的日期，即为仲裁裁决发生法律效力的日期。

仲裁裁决是终局的，对双方当事人均有约束力。任何一方当事人均不得向法院起诉，也不得向其他任何机构提出变更仲裁裁决的请求。当事人应当依照仲裁裁决书写明的期限自动履行裁决；仲裁裁决书未写明期限的，应当立即履行。一方当事人不履行的，另一方当事人可以根据中国法律的规定，向中国法院申请执行；或者根据 1958 年《承认和执行外国仲裁裁决的公约》或者中国缔结或参加的其他国际条约，向外国有管辖权的法院申请执行。

第四节 国际仲裁裁决的承认与执行

仲裁裁决后，需要双方当事人执行仲裁裁决。多数国家法律都规定，如果败诉一方在本国或在本国有财产，而败诉方拒不履行仲裁裁决，申诉方可以向本国法院申请强制执行，这就是仲裁裁决在本国的执行，仲裁裁决在本国执行相对容易得多。但如果败诉一方在外国，拒不履行仲裁裁决，申诉人就需要向外国法院申请强制执行，这就是仲裁裁决在国外的承认与执行问题。

仲裁裁决在国外的承认与执行比较复杂，涉及双方当事人的切身利益和两国间的利害关系。许多国家的法律都规定了执行外国仲裁裁决的限制条件，如要求以互惠为条件等。

为了便于仲裁裁决在国外的承认和执行，解决各国在承认和执行外国仲裁裁决问题上所存在的分歧，国际上曾先后缔结过三个有关承认和执行外国仲裁裁决的国际公约，其中最重要的是 1958 年在纽约缔结的《承认和执行外国仲裁裁决的公约》。我国于 1986 年参加了该公约。我国加入该公约时明确声明：我国只在互惠基础上对另一缔约国作出的仲裁裁决的承认与执行适用该公约，并仅对契约性和非契约性商事关系所引起的争议适用该公约。

一、《承认和执行外国仲裁裁决的公约》

1958 年 6 月 10 日在纽约召开的联合国国际商业仲裁会议上签署的《承认和执行外国仲裁裁决的公约》（the New York Convention on the Recognition and

Enforcement of Foreign Arbitral Awards）（以下简称《纽约公约》）。自诞生之日以来，《纽约公约》不仅被认为是有史以来国际私法领域内最为成功的一部国际公约，而且也是国际商事仲裁这一在国际贸易和投资中广泛使用的争议解决方式得到迅猛发展的基石。

《纽约公约》所取得的巨大成就，使我们面对这样一种境况：尽管是各个国家造就了国际法，各国的法院又代表着国家的主权，但这些法院的判决并未能在国际范围内得到广为承认和执行。正如几位著名的评论家所言，《纽约公约》是“国际仲裁大厦赖以存在的最重要的擎天玉柱”，是“整个商法史上最为有效的国际立法”。该公约不仅极大地促进了仲裁裁决在世界范围内的执行，而且还带来了起草者在 1958 年所无法预见的结果，即对国家仲裁法产生了重大影响。

1.《纽约公约》的产生及影响

随着国际贸易与经济合作在全球范围的广泛开展，国际商事争议随之增多，世界各国普遍把仲裁作为解决国际商事争议的一种有效方式，纷纷修改或指定仲裁法，专门规定国际商事仲裁的有关问题，设立常设仲裁机构，受理或专门受理国际商事仲裁案件。调整国际商事仲裁的规范，在每一个设有国际商事仲裁机构的国家的法律中均有一定规定，每一个国际商事仲裁机构自身也都有自己的仲裁程序规则，但却彼此常有差异。在仲裁协议、仲裁程序以及仲裁裁决的承认与执行方面，各国往往各行其是，给当事人带来不便，也不利于国际商事仲裁的健康发展。

有鉴于此，国际社会试图重新订立一部统一各国有关裁决的承认和执行的多边国际公约。由于第二次世界大战的干扰，这一工作一直处于停滞状态。战后，创立新的国际公约的条件已经成熟，一方面国际经济秩序的混乱已造成对和平的威胁；另一方面，仲裁作为解决国际贸易争议的机制已得到普遍承认。这两个方面的因素促成制定新的关于国际商事仲裁公约的动议重新提上日程。

国际商会向联合国经济及社会理事会提出了《执行国际仲裁裁决公约草案》，经社理事会修改了该草案，并提交给 1958 年 5 月 20 日至 6 月 10 日在纽约联合国总部举行的为期三周的联合国国际商事仲裁会议审议。1958 年 6 月 10 日，《纽约公约》被正式通过。该公约依其第 12 条的规定于 1959 年 6 月 7 日起生效。

该公约生效时，首批有三个国家批准，而当时国际贸易几乎完全由发达国家控制。在随后的几十年里，世界发生了巨大变化，40 亿人卷入了世界经济贸易的大潮中，上百份批准书及扩展适用通知已经交存联合国秘书长。截至 1999 年 5 月 31 日，已有 148 个国家和地区加入或扩展使用该公约，而且数字每年都在继续增加。况且《纽约公约》的规定反映了当前国际上对承认与执行外国仲裁裁决的主要实践，对各国立法实践及其他有关公约的影响较大，成为当前有关承认和执行外国仲裁裁决最有影响的国际公约。

2.《纽约公约》的特点

《纽约公约》具有显著的特点，主要表现在以下几个方面：

（1）仲裁地法适用的限制。国际商会公约草案与联合国经社理事会公约草案之间的根本分歧最终在 1958 年《纽约公约》里以折中方式调和。一方面，公约的标题定为“承认和执行外国仲裁裁决”，其中“外国裁决”在公约第 1 条（1）款中作出规定；另一方面，根据公约第 5 条（1）款 4 项的规定，如果当事人对仲裁庭的组成或仲裁程序已达成协议时，那么仲裁举行地的仲裁法不必考虑。

（2）拓宽了公约的适用范围。《纽约公约》将其适用范围扩展到任何其他国家内作出的仲裁裁决，不再对当事人限以在“缔约国之一的管辖权之下的人”。《纽约公约》明确规定，在非缔约国领土上作出的仲裁裁决和一国不认为请求其承认和执行的裁决是本国裁决的裁决也可适用公约。

（3）拓宽了仲裁裁决的执行条件。如证明义务的对象由请求执行裁决的一方转向请求拒绝执行裁决的一方当事人。根据《纽约公约》第 4 条的规定，请求执行的一方当事人只有提供仲裁协议和裁决的义务；而请求拒绝承认与执行裁决的当事人则负有证明拒绝执行的理由存在的义务，否则裁决仍予执行。

3.《纽约公约》的基本框架

由于《纽约公约》对推动国际商事仲裁和国际经济贸易的发展起着非常重要的作用，正确理解公约的具体规定就变得格外必要，可以说公约取得的巨大成功很大一部分要归功于公约自身的框架和条文。例如，对于申请强制执行的当事人来说，很容易按公约去操作。当事人只需去请求执行，并仅需提交仲裁裁决和仲裁协议。除非被申请执行人能证明存在公约第 5 条中的拒绝执行的限制性理由之一，或法院认为执行该裁决将违反东道国的公共秩序，申请人即可取得强制执行的许可。

《纽约公约》共 16 条，前 7 条是关于实体方面的规定，后 9 条是关于程序及其他方面的规定。第 1 条规定了公约的适用范围及成员国保留的条件；第 2 条规定了裁决作出前的诉讼，也就是我们常说的仲裁前程序；第 3 条规定了裁决后程序及要求；第 4 条是裁决作出后，权利人申请承认和执行的形式要求；第 5 条是被执行人拒绝承认与执行可依据的理由；第 6 条是关于申请撤销仲裁裁决期间的执行问题；第 7 条是有关“更优惠权利条款”① 及已撤销裁决的执行问题；第 8 条至第 16 条是有关签署、加入、生效、保留等程序性问题的规定。

二、国际商事仲裁裁决的承认与执行

在国际商事仲裁中，由于仲裁是贸易双方或贸易各方共同选择的争议解决办法，为了维系自身的国际声誉或保持长期的贸易关系，大多数经过仲裁且合法作出的仲裁裁决均为当事人所遵守并可以得到自动履行。

但是，不予承认与执行国际仲裁裁决的情形也大有存在，原因也多种多样，比如仲裁被执行人一方滥用法律程序权利以拖延执行，或认为仲裁程序及所依据的法律不符合规定，或仲裁被执行人一方无力承担仲裁裁决规定的责任或已申请破产，或是仲裁被执行人一方无视仲裁裁决书效力而不予执行裁决。

面对不予承认与执行的情形，有权申请执行的一方除了对被执行一方施加商业上或其他方面的压力以促使其履行裁决外，还可依据《纽约公约》及被执行人或财产所在地的法律，通过求助于法院采取各种强制手段迫使败诉方履行裁决义务。

（一）承认和执行外国仲裁裁决的程序

1958 年《纽约公约》第 3 条规定：“各缔约国应承认仲裁裁决具有拘束力，并依援引裁决地之程序规则及下列各条所载条件执行之，承认或执行适用本公约之仲裁裁决时，不得较承认或执行本国仲裁裁决附加之过苛条件或征收过多之费用。”从以上规定可以看出，《纽约公约》规定关于公约适用范围内的裁决之执行的程序规则适用被请求执行国的法律，但要求各国依自己的程序规则执行公约裁决时，不应较执行国内裁决附加更苛刻的条件或征收过高的费用。

在承认和执行裁决的程序上，各国有关承认和执行外国仲裁裁决的方式有着不同的规定。综观各国立法，这些方式大致有以下四种：

第一，将外国裁决当作外国判决，一般只审查裁决是否违反了法院地的法律原则，如无此情形即发给执行令予以执行，如意大利、西班牙、瑞士和墨西哥等国。

第二，将外国裁决视为本国裁决，按执行本国裁决的程序予以执行，如法国、德国、日本、希腊和比利时等国。

第三，将外国裁决作为合同之债，使之转化为一个判决，再按执行本国判决的程序执行，但也仅是对裁决所构成的新契约进行形式上的审查，如一些普

① 《纽约公约》为达到使仲裁裁决被最大限度地承认或执行的目的，在规定了执行条件、拒绝执行的有限理由及延缓执行的条件后，还设立了一个“更优惠权利条款”机制，给予执行申请人援引较公约更为优惠的适用于执行地国的其他条约或国内法关于执行裁决的规定，以执行其胜诉裁决的权利。

通法国家。

第四，区分《纽约公约》适用范围内的裁决和其他外国裁决，对前者适用简便程序，如英国、美国、瑞典、印度、澳大利亚、新西兰等。

（二）承认和执行外国仲裁裁决的条件

关于承认和执行外国仲裁裁决的条件，在许多方面与外国法院判决的承认和执行有类似之处，因而在某些双边司法协助条约或多边国际条约中，甚至将两者一并作出规定，或作类推适用的规定，但两者之间还是存在着某些重要的区别，而且各国的要求也不尽相同。

1. 根据申请，拒绝承认执行外国仲裁裁决的情形

《纽约公约》以排除的方式规定了承认和执行外国仲裁裁决的条件。如果被请求承认和执行的外国裁决具有下列情形时，被请求承认和执行的机关可以依据仲裁裁决的执行义务人的请求和证明，拒绝承认和执行外国仲裁裁决：

第一，仲裁协议无效。

第二，未给予适当通知或未能提出申辩。根据《纽约公约》第5条（1）款2项的规定，如果对作为裁决执行对象的当事人未曾给予有关指定仲裁员或者进行仲裁程序的适当通知，或者作为裁决执行对象的当事人由于其他情况未能提出申辩，则可拒绝承认和执行该项裁决。被申请人拒绝参加仲裁或者在仲裁中持不积极的态度，则认为被申请人是有意放弃其陈述案情的机会。在适当通知后，照常进行的缺席仲裁并不妨碍裁决的效力。至于当事人未能在仲裁过程中提出申辩，应该是指由于该当事人自身的过失以外的原因而使他未能提出申辩。

第三，仲裁庭超越权限。

第四，仲裁庭的组成和仲裁程序不当。

第五，裁决不具有约束力或已被撤销、停止执行。

2. 主管机构主动拒绝承认和证明外国裁决的情形

根据《纽约公约》第5条（2）款的规定，如果被请求承认和执行外国仲裁裁决的国家的主管机关，认为按照该国法律，有下列情形的，可以主动予以拒绝承认和证明：第一，裁决的事项属于不可裁决事项。第二，承认或执行裁决违反该国公共政策。

三、国外仲裁裁决在我国的承认与执行

根据1986年12月2日全国人民代表大会常务委员会《关于我国加入〈承认和执行外国仲裁裁决的公约〉的决定》、1987年4月10日最高人民法院《关于执行我国加入的〈承认和执行外国仲裁裁决的公约〉的通知》，以及我国民

事诉讼法的有关规定，我国承认和执行外国仲裁裁决的现行法律制度包括以下内容：

1．依据我国法律执行外国仲裁裁决

根据《民事诉讼法》第269条的规定，外国仲裁裁决可以在中国直接申请承认和执行，当事人可以直接向被执行人财产所在地或法定住所地的中级人民法院申请承认和执行外国仲裁机构作出的裁决，人民法院依照我国缔结或者参加的国际条约或协议办理；在没有可适用的国际条约或协议的情况下，人民法院也可根据互惠原则决定是否予以承认和执行。

2．依据《纽约公约》来承认和执行外国仲裁裁决

根据《纽约公约》的规定，缔约国和非缔约国的仲裁裁决都可依公约规定的条件和程序予以承认和执行，但是任何一个国家在加入公约时都可以声明，该公约的规定仅适用于缔约国，这就是“互惠保留”。

3．我国的商事保留声明

所谓商事保留，是指我国只承认和执行对属于契约性和非契约性商事法律关系争议作成的仲裁裁决。

我国加入该公约时作出了“互惠保留”声明。我国仅对在另一缔约国领土内作成的仲裁裁决的承认和执行适用该公约。根据我国加入该公约时所作的“商事保留”声明，我国仅对按照我国法律属于契约性和非契约性商事法律关系引起的争议适用该公约。

契约性和非契约性商事法律关系，通常是指由于合同、侵权或者根据有关法律规定而产生的经济上的权利义务关系，例如货物买卖、财产租赁、工程承包、加工承揽、技术转让、合资经营、合作经营、勘探开发自然资源、保险、信贷、劳务、代理、咨询服务和海上、民用航空、铁路、公路的客货运输以及产品责任、环境污染、海上事故和所有权争议等，但不包括外国投资者与东道国政府之间的争端。

4．我国受理的程序和法院

根据《纽约公约》第4条的规定，申请我国法院承认和执行在另一缔约国领土内作出的仲裁裁决，是由仲裁裁决的一方当事人提出的。对于当事人的申请，应由我国下列地点的中级人民法院受理：被执行人为自然人的，为其户籍所在地或者居所地；被执行人为法人的，为其主要办事机构所在地；被执行人在我国无住所、居所或者主要办事机构，但其财产在中国境内的，为其财产所在地。

5．我国关于管辖法院的司法解释

2002年3月1日起施行的最高人民法院《关于涉外民商事案件诉讼管辖

若干问题的规定》这一司法解释对管辖法院作了新的规定。根据该规定的第1条，第一审涉外民商事案件由下列人民法院管辖：（一）国务院批准设立的经济技术开发区人民法院；（二）省会、自治区首府、直辖市所在地的中级人民法院；（三）经济特区、计划单列市中级人民法院；（四）最高人民法院指定的其他中级人民法院；（五）高级人民法院。上述中级人民法院的区域管辖范围由所在地的高级人民法院确定。

6. 我国关于受案范围的司法解释

该规定第3条适用如下案件：（一）涉外合同和侵权纠纷案件；（二）信用证纠纷案件；（三）申请撤销、承认与强制执行国际仲裁裁决的案件；（四）审查有关涉外民商事仲裁条款效力的案件；（五）申请承认和强制执行外国法院民商事判决、裁定的案件。

此外，我国有管辖权的人民法院接到一方当事人的申请后，应对申请承认和执行的仲裁裁决进行审查，如果认为不具有《纽约公约》第5条（1）、（2）两款所列的情形，应当裁定承认其效力，并且依照我国法律规定的程序执行。如果认定具有第5条（2）款所列的情形之一，或者根据被执行人提供的证据证明具有第5条（1）款所列的情形之一的，应当裁定驳回申请，拒绝承认和执行。申请我国法院承认及执行的仲裁裁决，仅限于《纽约公约》对我国生效后在另一缔约国领土内作出的仲裁裁决。该项申请应当在我国《民事诉讼法》第219条规定的申请执行期限内提出。

第十八章　国际贸易合同的法律适用

第一节　国际贸易合同的法律适用

一、国际贸易合同法律适用的概述

国际贸易合同的双方当事人如果发生了争议或纠纷，往往要向法院提起诉讼或向仲裁机构提交仲裁。当事人提起的诉讼或仲裁，有可能在本国，也可能在外国。受理案件的法院或仲裁机构审理案件时，有可能依据本国法律，也可能依据外国法律，或者依据国际公约或国际惯例。那么，面对一个具体案件时，法院或仲裁机构究竟应按照什么法律来审理案件以解决当事人之间的争议或纠纷？这就应该归属于国际贸易合同的法律适用问题。

国际贸易合同的法律适用，是一个非常复杂的问题。首先，国际贸易合同是营业地位于不同国家的当事人签订的，其签订地和履行地又可能在其他国家，至少涉及两个或两个以上国家的法律。不同国家的法律规定又不相同，适用结果也必然不同。此外，当事人营业地所在的国家又可能缔结或参加了国际贸易公约，或认可国际贸易惯例的适用。所以，国际贸易合同适用的法律范围比较广泛。

我国《民法通则》第 142 条规定，中华人民共和国缔结或者参加的国际条约同中华人民共和国的民事法律有不同规定的，适用国际条约的规定，但中华人民共和国声明保留的条款除外。中华人民共和国法律和中华人民共和国缔结或者参加的国际条约没有规定的，可以适用国际惯例。我国 2011 年 4 月 1 日正式实施的《中华人民共和国涉外民事关系法律适用法》（以下简称《法律适用法》）第 41 条规定，当事人可以协议选择合同适用的法律。当事人没有选择的，适用履行义务最能体现该合同特征的一方当事人经常居所地法律或者其他与该合同有最密切联系的法律。可见，国际贸易合同的法律适用问题，也是我国国内立法的重要内容之一。

二、国际贸易合同所适用的法律渊源

（一）各国国内立法

各国国内对外贸易立法，主要包括一个国家所制定的有关调整本国对外贸易方面的法律、法规、条例、规章、办法、决议以及法令等规范性法律文件。如英国虽是著名的"判例法"国家，但也有许多制定法，如《1979 年货物销售法》。再如美国，制定了调整货物买卖法律关系的《统一商法典》。欧洲大陆一些国家一般都制定有商法典，如法国和德国的商法典等。发达国家的这些国内立法，通常既适用于国内货物买卖，也适用于国际货物买卖。所以，这些国家的有关国际货物买卖的国内立法，也是国际货物买卖法的另一渊源。

此外，司法判例在英美法系国家也是很重要的国内法律渊源，高级法院的司法判决对下级法院具有约束力，起到了法律的作用。

（二）调整国际货物买卖合同的国际公约

1．1980 年《联合国国际货物买卖合同公约》

（1）《买卖合同公约》的通过

《联合国国际货物买卖合同公约》（United Nations Convention on Contracts of International Sales of Goods，也被简称为《买卖合同公约》或 CISG）是联合国国际贸易法委员会在 1964 年两个海牙公约，即《国际货物买卖统一法公约》和《国际货物买卖合同成立统一法公约》基础上制定的。1980 年 3 月在由 62 个国家代表参加的维也纳外交会议上通过。按照公约第 99 条的规定，公约在有 10 个国家批准之日起 12 个月后生效。自 1988 年 1 月 1 日起，公约对包括我国在内的 11 个成员国生效。截至 2005 年加入该公约的国家已有近 70 个。

（2）我国对《买卖合同公约》的保留

我国在核准加入该公约时，对其第 1 条（1）款 b 项和第 11 条的规定作了保留。

加入公约当时，根据我国当时有效的《涉外经济合同法》第 7 条和第 32 条规定，涉外经济合同需以书面方式订立，其转让、变更和解除，均需采用书面方式才有效。又根据我国司法实践，合同适用的法律，无论是当事人自由选择的法律，还是人民法院按照最密切联系原则确定的法律，都是指该国现行的实体法，而不包括冲突规范和程序法。

据此，我国在签署和批准该公约时针对如下两项规定提出了保留：第一，《公约》第 1 条（1）款 b 项的规定，即如果货物销售合同的当事人一方或双方的营业地在一个非缔约国的境内，而根据该国的国际私法规则合同应适用某一缔约国的法律，那么上述合同仍应受《公约》的支配。第二，《公约》第 11 条的规定，即买卖合同无需书面形式订立。这两项规定对我国不适用。

（3）我国执行公约要注意的问题

1987 年我国原对外经济贸易部（现商务部）发布了《关于执行（联合国国际货物买卖合同公约）应注意的几个问题》，其主要内容如下：

我国政府已于 1986 年 12 月 11 日正式核准了《买卖合同公约》。鉴于参加公约的国家已经超过 10 个，公约于 1988 年 1 月 1 日起生效。为了便于我国对外经济贸易公司正确执行公约，现将应注意的几个问题通知如下：

第一，目前已经参加公约的国家除中国外，还有美国、意大利、赞比亚、阿根廷、匈牙利、埃及、叙利亚、法国和莱索托等国家。我国政府既已加入公约，也就承担了执行公约的义务，因此，根据公约第 1 条（1）款的规定，自 1988 年 1 月 1 日起我国各公司与上述国家（匈牙利除外）的公司达成的货物买卖合同如不另作法律选择，则合同规定事项将自动适用公约的有关规定，发生纠纷或诉讼亦须依据公约处理。所以各公司对一般的货物买卖合同应考虑适用公约，但公司亦可根据交易的性质、产品的特性以及国别等具体因素，与外商达成与公约条文不一致的合同条款，或在合同中明确排除适用公约，转而选择某一国的国内法为合同适用法律。

第二，公约只适用于货物的买卖。公约采用了排除方法对货物的范围作了规定（见公约第 2、3 条）。凡不在公约第 2、3 条排除的范围内的货物均属公约适用的范围。

第三，公约并未对解决合同纠纷的所有法律都作出规定。我国贸易公司应根据具体交易情况，对公约未予规定的问题，或在合同中作出明确规定，或选择某一国国内法管辖合同。

第四，中国和匈牙利之间的协定贸易虽属货物买卖，但目前不适用公约，仍适用中国与匈牙利 1962 年签订的《交货共同条件》。

第五，公约对合同订立的程序以及买卖双方的权利义务作了规定。这些规定与我国现行法律及公司的习惯做法有许多不一致的地方，请各公司注意。

从上述规定可以看出，该通知完整地规定了公约在中国的适用，并具体罗列出自动适用、改变适用和排除适用的情形和条件。

2. 1974 年《联合国国际货物买卖时效期限公约》

为了改变国际货物买卖中的时效期限因各国规定不同所造成的不统一的状态，1974 年 6 月 12 日，在纽约联合国总部召开的外交会议上，订立了由联合国国际贸易法委员会起草的《联合国国际货物买卖时效期限公约》（United Nations Convention on the Limitation Period in the International Sale of Goods，简称《时效公约》），是规定与国际货物买卖合同有关的权利消灭期限的实体法公约。

《时效公约》共 4 部分 46 条，主要内容是对时效期限的定义、期间、起算和计算、停止和延长以及时效期限届满的后果等作了具体规定。该公约将时效期限统一规定为 4 年，在 4 年内，买卖双方皆可就国际货物买卖合同的任何争议提起诉讼，超过时效，仲裁机构和法院不得接受已过时效期限的请求权，也不得对判决予以承认和执行。

《时效公约》的适用范围，在其第 1 条至第 6 条作了规定，基本与 1980 年《买卖合同公约》适用范围相吻合。为使 1974 年《时效公约》与《买卖合同公约》相配套，在 1980 年联合国在维也纳外交会议上缔结《买卖合同公约》的同时，还通过了《关于修正<联合国国际货物买卖时效期限公约>的议定书》。《时效公约》与 1980 年《修正〈时效公约〉议定书》于 1988 年 8 月 1 日生效，截至 2005 年上半年，前者有 25 个参加国，后者有 18 个参加国。

虽然我国未参加《时效公约》，但《合同法》第 129 条规定，因国际货物买卖合同和技术进出口合同争议提起诉讼或申请仲裁的期限为 4 年，自当事人知道或者应当知道其权利受到侵害之日起计算。因其他合同争议提起诉讼或者申请仲裁的期限，依照有关法律的规定。这就使得在国际货物买卖时效期限问题上，我国的规定与《时效公约》的规定是一致的。

3．1986 年《国际货物销售合同法律适用公约》

（1）该公约的通过及框架

1986 年《国际货物销售合同法律适用公约》（Convention on the Law Applicable to Contracts for the International Sale of Goods，以下简称《法律适用公约》），由海牙国际私法协会主持制定，1986 年 12 月 22 日通过，并已经正式生效，是一项解决各国货物买卖法律冲突的统一冲突法公约。该公约共 4 章 31 条。主要包括：第 1 章是公约的适用范围（第 1 至 6 条）；第 2 章是适用的法律（第 7 至 13 条）；第 3 章是一般规定（第 14 至 24 条）；第 4 章是最后条款（第 25 至 31 条）。

（2）该公约与《买卖合同公约》的衔接

为了与《买卖合同公约》相配套和衔接，该公约也适用于当事人营业地位于不同国家的销售合同。如果当事人有一个以上营业地，也是应以与合同及合同履行关系最密切的那一个营业地为营业地。但应注意当事人签订合同前或订立合同时所知道或所考虑过的种种情况。如果当事人没有营业地，则以其习惯居所地为其营业地。《法律适用公约》所调整的买卖种类，也基本上与《买卖合同公约》的规定相同，即不适用于某些具有特殊性质的买卖合同。

《法律适用公约》第 7 条（1）款规定，销售合同受当事人选择的法律管辖。

当事人的选择协议必须是明示的或者从合同的规定和当事人的行为整体来看可以明显地推断出来。这种选择可以仅限于合同的某一部分。第2款规定，当事人可在任何时候约定，其销售合同全部或部分适用原来所没规定的法律，而不管原来适用的法律是不是由当事人所选择，销售合同订立后，当事人对适用法律的任何变更不得有损于合同在形式上的有效性或第三人的权利。

（3）该公约适用的合同

考虑到与1980年《买卖合同公约》的配套和衔接关系，《法律适用公约》第1条规定，本公约适用于当事人营业地位于不同国家的国际货物销售合同。如果当事人有一个以上营业地，也是应以与合同及合同履行关系最密切的那一个营业地为营业地。但应注意当事人签订合同前或订立合同时所知道或所考虑过的种种情况。如果当事人没有营业地，则以其习惯居所地为其营业地。该公约第2条规定的不适用的货物买卖的种类，也基本上与《买卖合同公约》相同，即不适用于某些具有特殊性质的买卖合同。

（4）该公约规定的法律适用问题

《法律适用公约》第5条规定，本公约不确定下列事项所适用的法律：第一，当事人的行为能力或由于当事人无行为能力而导致合同无效的后果。第二，关于某一代理人是否能约束某一本人，或某一机构是否能约束某一公司或法人团体或非社团组织的问题。第三，所有权的转移，但第12条明确提到的问题应受本公约指定的适用法律管辖。第四，销售对当事人以外的任何人的效力。第五，仲裁协议或法院选择协议，尽管这种协议包含在销售合同之中。

第7条规定，国际货物销售合同应受当事人选择的法律支配。这种选择必须是明示的或者能从合同条款和当事人行为中得到体现，即不排除默示方式。合同当事人可以约定将合同的一部分或全部置于他们选择的法律支配之下，并且可以随时改变已经作出的这种选择而使之受另一法律的支配。

如果当事人没有选择法律，根据第8条规定，合同应适用卖方营业地的法律，但在下列情况下，应适用买方营业地的法律：第一，合同谈判在买方国家进行，并由当事人当场签订。第二，合同约定卖方应该在买方国家履行其义务。第三，合同主要是根据买方提出的条件通过投标而缔结的。除了以上各种情况外，合同应适用与之有最密切联系的国家的法律。

第12条规定，合同所适用的法律具体管辖以下事项：第一，合同的解释。第二，各方的权利义务和合同履行。第三，买方能成为由货物产生的产品、成果和收入的权利人的时间。第四，买方对货物承担风险的时刻。第五，对货物保留所有权的条款在各当事人之间的效力和后果。第六，不履行合同的后果，包括可以获得赔偿的损失的种类，但以不妨碍法院地诉讼法的适用为限。第七，消灭义务的各种方式，如时效和诉讼期限。第八，合同无效或撤销的后果。

第 13 条还规定，若无明示条款作出相反规定，则对检查的方式和程序的规定，运用货物检验地国的法律。

（三）国际贸易惯例

许多国家立法中明文规定了国际惯例的效力，《买卖合同公约》也充分肯定了国际惯例对贸易当事人的约束力。国际贸易惯例，也被称为国际商务惯例或国际经贸惯例，是指在某一地区或某一领域（行业）里从事国际贸易活动的人们在长期的国际贸易实践中所广泛接受和经常遵循的习惯做法或方法，并在与法律不抵触时作为判断争议的规范。作为国际贸易惯例的习惯做法，具有较为明确和固定的内容，成文的国际贸易惯例则是由国际经济或商业组织根据长期贸易实践而制定的行为规则，如国际商会制定的《国际贸易术语解释通则》等，在国际贸易中起着重要作用。

一般说来，国际贸易惯例都具有三个基本条件：一是贸易惯例必须是在一定范围内被人们一贯地、经常地和反复地采用。二是贸易惯例的内容必须是明确肯定的。三是贸易惯例必须是在一定范围内众所周知的，被公认具有普遍约束力。

常见的国际贸易惯例很多，如《国际贸易术语解释通则》、《跟单信用证统一惯例》、《托收统一规则》、《国际保付代理惯例规则》、《见索即付保函统一规则》等。有关贸易术语的国际贸易惯例还有《1932 年华沙—牛津规则》、《1941 年美国对外贸易定义（修订本）》等。国际惯例是国际法的一个重要渊源。上述惯例在国际贸易中均得到普遍遵守，是从事国际贸易的人员所必须熟知的重要内容。

（四）交货共同条件

1. 交货共同条件的含义

交货共同条件（general condition of delivery），也称为交货一般条件，是指国家间为了发展对外贸易，由缔约国的对外贸易部门根据两国政府签订的贸易协定的精神和原则，把国际货物买卖合同中对双方当事人权利与义务带有共同性的各种条款集中起来，使之标准化、规范化和成文化，用条约形式加以固定而签订的文件。它是条约性的法律，具有统一性和强制性法律规范的性质，可以适用于多次具体交易。有了交货共同条件，在签订国际货物买卖合同时，就无需逐条另行协商规定，从而可以简化合同内容，缩短合同的谈判和签订时间，避免重大遗漏或不妥，并可减少争议或便于解决争议，以适应日益发展的国际贸易的需要。

2. 交货共同条件的类型

交货共同条件按照其制定的主体不同，可以归结为三种类型：第一，国家政府间通过条约或协定方式制定的，此类交货共同条件是国家之间缔结的公约，对各缔约国具有当然的约束力。第二，大企业或同业公会以及经济贸易协会制定的特定货物买卖的标准格式合同。第三，国际经济组织制定的特定货物交货共同条件。后两类交货共同条件对合同当事人不具有当然的约束力，仅供当事人订立合同时参考或选择适用。我国同波兰、匈牙利、罗马尼亚、蒙古、越南和古巴等很多国家，先后都以双边条约形式缔结了《交货共同条件》，就属于第一类。

3．交货共同条件的内容

交货共同条件的主要内容，通常包括：第一，合同的订立，又包括合同的内容、方式、生效、修改和补充。第二，交货地点和运输方法，如海上、航空、铁路、公路、江河或邮寄等。第三，交货期限、货物数量和品种质量、包装和标志。第四，延期交货、提前交货和罚则。第五，交货通知。第六，支付办法。第七，对货物数量和品种质量的争议和索赔。第八，仲裁等。

三、我国法院审理国际贸易合同案件的法律适用

我国关于国际合同法律适用的规定，主要体现在 2011 年实施的《法律适用法》、《民法通则》、《合同法》、1988 年《最高人民法院关于贯彻执行〈中华人民共和国民法通则〉若干问题的意见（试行）》（以下简称《民通意见》）和 2007 年实施的《最高人民法院关于审理涉外民事或商事合同纠纷案件法律适用若干问题的规定》（以下简称《2007 年规定》）等相关立法和法律文件中。

根据《民法通则》、《法律适用法》以及我国商务部《关于执行〈联合国国际货物买卖合同公约〉应注意的几个问题》的明确规定，即“货物买卖合同如不另作法律选择，则合同规定事项将自动适用公约的有关规定，发生纠纷或诉讼亦须依据公约处理”。我国法院或仲裁机构审理国际贸易合同案件时，首先是依据贸易合同当事人所协议选择的法律，如《中国深圳对外贸易货物出口合同》第 15 条法律适用条款的规定：“本合同之签订地、或发生争议时货物所在地在中华人民共和国境内或被诉人为中国法人的，适用中华人民共和国法律，除此规定外，适用《联合国国际货物买卖合同公约》。”

如果当事人没有协议选择适用的法律，也没有明确排除《买卖合同公约》的适用，而双方当事人所在国家又都参加了《买卖合同公约》，按照缔约国优先适用国际公约的义务，法院或仲裁机构应按照国际公约的规定来审理案件。

如果国际贸易公约不能适用，法院或仲裁机构应根据国内法的冲突法规范来确定该合同应适用的法律，如按照《法律适用法》第 41 条规定，适用履行

义务最能体现该合同特征的一方当事人经常居所地法律或者其他与该合同有最密切联系的法律。

第二节　意思自治原则

一、意思自治原则的含义

所谓意思自治原则（the doctrine of the autonomy of the parties），是国际私法上确定合同适用法律的一项基本原则，即当事人通过协议自行选择合同所适用的法律。按照契约自由的原则，当事人既然可以自由订立契约，当然也有权选择契约适用的法律。这一原则最早由法国著名法学家杜默兰于16世纪首创，他指出，在契约关系中，应该适用当事人自主选择的习惯法。

意思自治原则在18世纪被许多国家所接受。例如，早在1760年英国法院在审理罗宾森诉布兰（Robinson v. Bland）案中，法官首次将意思自治原则引入英国判例当中。美国大法官也于1825年在Wayman v. Southard案中，首次将该原则引入美国判例。1865年《意大利民法典》第25条就明确规定，因契约发生之债，双方当事人有共同国籍的，适用其本国法；没有共同国籍时，适用缔约地法。但任何情况下，如果当事人另有意思表示，则遵从当事人的选择。

我国《法律适用法》第41条规定，“当事人可以协议选择合同适用的法律”。我国《民法通则》和《合同法》等都有类似规定。这些规定表明，我国和世界上大多数国家一样，在立法上也确立了意思自治原则，即当事人可以通过协议选择合同所适用的法律。因为当事人在契约中选择了所适用的法律，所以，意思自治原则有利于当事人预见法律行为的后果，也有利于争议的顺利解决。①

二、当事人协议选择法律的适用范围

当事人选择法律的适用范围，是指当事人协议选择的法律，可以用来解决合同的哪些争议。或者说，合同哪些方面的争议可以由当事人选择出来的法律来解决。

1．分割论与单一论

关于国际合同的法律适用，从各国的理论和实践来看，主要有两种分歧，即分割论和单一论。所谓分割论，是指将合同分割为几个不同的方面，分别适用不同国家的法律。比如，将合同分割为合同的形式、合同的履行、当事人的

① 赵相林：《国际私法》，中国政法大学出版社，2011年版，第259页。

缔约能力、合同的解释和撤销等方面。这一理论可以追溯到13世纪的巴托鲁斯所创立的法则区别说时代。该学说认为，合同的形式适用合同缔结地法，合同的效力适用合同履行地法，当事人的缔约能力应适用当事人的住所地法。分割论这一理论为许多国家立法和实践所沿用①。

所谓单一论，是指将合同看作一个整体，统一适用一个国家的法律。采取这一观点的国家或学者认为，将合同分割为若干方面受不同国家法律支配，往往给法院带来很大麻烦，也不符合当事人的正当期望。虽然从保护当事人期望出发，应当适用各自的住所地法，因为每个当事人都希望适用自己国家的法律。但当事人的期望应针对整个合同，并非仅仅针对自己的义务。因此合同只能作为一个整体受一个国家法律的支配。目前欧洲国家大都采用这一做法，1980年欧共体签署的《罗马国际合同义务法律适用公约》以及1985年海牙《国际货物买卖合同法律适用公约》都采用了单一论的做法。

2. 我国相关法律规定

我国《法律适用法》第41条规定，当事人可以协议选择合同适用的法律。《合同法》第126条规定，涉外合同的当事人可以选择处理合同争议所适用的法律。但是，当事人协议选择的法律可以适用于合同的哪些方面，《合同法》第126条所规定的“合同争议”究竟是指哪些争议，《2007年规定》第2条对此有了明确规定，“本规定所称合同争议包括合同的订立、合同的效力、合同的履行、合同的变更和转让、合同的终止以及违约责任等争议”。所以，当事人选择的法律应用来解决这些争议。

根据《合同法》第126条和《2007年规定》第2条的规定，可以看出，我国也采用了分割论的法律适用理论，而且，当事人通过意思自治所选择出来的法律，只能适用于“合同的订立、合同的效力、合同的履行、合同的变更和转让、合同的终止以及违约责任等争议”。至于当事人缔约能力方面，《法律适用法》第12条明确规定，“自然人的民事行为能力，适用经常居所地法律”，而不适用当事人协议选择的法律。此外，关于国际合同的形式问题，也不适用当事人协议选择的法律，而适用法律行为地法律，通常是合同缔结地的法律。

三、当事人协议选择法律的方式

当事人选择法律的方式，通常有明示选择和默示选择两种方式。

---

① 1875年美国最高法院亨特法官在斯科德诉芝加哥联众银行案(Scudder v. Union National Bank of Chicago)中就认为，有关合同的解释及其合法性问题适用合同缔结地法，有关合同的履行则适用合同履行地法。此外，1928年《布斯塔曼特法典》也是将合同分为诸多不同的方面分别规定法律适用问题。

1．法律适用的明示选择

明示选择是指合同当事人在缔约时或争议发生之后，以文字或者言词明确作出选择合同准据法的意思表示。最常见的做法，就是当事人在国际贸易合同中列入了“法律适用条款”或“法律选择条款”，或通过标准合同作出统一约定。

由于明示选择透明度强，对当事人选择法律的意思表示容易确定，大多数国家的立法都采用明示选择法律的方式。我国《法律适用法》第3条规定，“当事人依照法律规定可以明示选择涉外民事关系适用的法律”。《2007年规定》第3条和第4条（2）款规定，“当事人选择或者变更选择合同争议应适用的法律，应当以明示的方式进行”。我国和大多数国家一样，都规定了明示选择法律的方式。

2．法律适用的默示选择

默示选择是指当事人在合同中没有明确选择合同的准据法的情况下，由法官根据当事人缔约行为或者一些因素来推定当事人已默示同意该合同受某一特定国家法律的支配。世界各国对默示选择的态度有所不同，如我国、秘鲁和土耳其等国家不承认任何形式的默示选择，而英国、法国、德国和瑞士等国家则承认默示选择，由法官通过当事人的缔约行为或其他一些因素来推定当事人的选法意图，如有的国家根据当事人合同中的管辖权条款推定当事人所选择的法律，理由是“选择了法官就选择了法律”。在英国的判例中法官甚至根据当事人的合同是用英文书写的，因而推定当事人有选择英国法律的意图。显然，默示选择并不一定是当事人的真实意图，但很有可能是法官的意图，甚至可以说是法官在选择法律。①

3．我国司法实践

我国司法实践中经常遇到这样的情形，即当事人之间并没有预先对法律适用进行选择，原告起诉时依据的法律为某国法律，而被告对法律适用未提出异议，也以某国法律进行答辩。此时，应如何确定法律适用？②《2007年规定》第4条（2）款规定，“当事人未选择合同争议应适用的法律，但均援引同一国家或者地区的法律且未提出法律适用异议的，应当视为当事人已经就合同争议应适用的法律作出选择”。

4．《买卖合同公约》关于当事人的默示选择

《买卖合同公约》第9条规定了当事人选择国际惯例的明示和默示的两种

①赵相林：《国际私法》，中国政法大学出版社，2011年版，第260页。

②最高人民法院负责人就《最高院关于审理涉外民事或商事合同纠纷案件法律适用若干问题的规定》答记者问，人民法院报，2007年8月7日。

方式。该公约第 9 条（1）款规定，双方当事人业已同意的任何惯例和他们之间确立的任何习惯做法，对双方当事人均有约束力。这一规定，简明概括了明示选择国际惯例的方法，也是判断国际惯例是否有效的判断方法。“业已同意”，是指明示同意，包括口头、书面或其他形式。

该公约第 9 条（2）款规定，“除非另有协议，双方当事人应视为已默示地同意对他们的合同或合同的订立适用双方当事人已知道或理应知道的惯例，而这种惯例，在国际贸易上，已为有关特定贸易所涉同类合同的当事人所广泛知道并为他们所经常遵守”。

这一规定，概括了默示推定当事人选择国际惯例的方法，同时也规定了默示推定当事人所选择的国际惯例应具备的三个条件，即当事人知道该惯例、同类贸易合同当事人广泛知道的惯例和广泛遵守的惯例。

四、当事人协议选择法律的限制

当事人选择法律的限制，主要涉及两个方面问题：第一，当事人选择的法律是否可以包含程序规范和冲突规范；第二，当事人选择的法律是否应该与合同有着某种客观上的联系。对此，世界各国做法颇为不一。

（一）当事人选择的法律是否包含冲突法律和程序法律

我们知道，按照法律规范的使用用途，通常可以把一个国家制定的法律规范分为实体规范、程序规范和冲突规范（如“当事人可以协议选择合同适用的法律”和“侵权责任适用侵权行为地法律”等）。当事人通过协议选择了某个国家的法律，是指该国所制定的全国法律规范，还是某一部分的法律规范，世界各国对此态度有所不同。

关于程序规范的选择，国际各国比较统一。各国法院所进行的诉讼程序，均适用本国诉讼程序法律规范，即使涉外民商事案件也适用法院地国的诉讼程序法律。当事人协议选择外国法律时，世界各国都认为不包括外国的程序法律。也可以说，不允许当事人选择适用外国程序法律。

关于冲突规范的选择，国际上差别较大。有的国家认为，当事人所选择的某国法律可以包含该国制定的冲突法律规范。这种做法很容易产生反致现象，如当事人选择了某国法律，但根据该国冲突规范，该案件应适用法院地法律或合同缔结地法律等。有的国家认为，当事人所选择的某国法律是指该国的实体法，不包含冲突规范，这种做法就不会产生反致现象。

我国《法律适用法》第 9 条规定，涉外民事关系适用的外国法律，不包括该国的法律适用法。《民通意见》第 178 条（2）款规定，人民法院在审理涉外民事关系案件时，应当按照《民法通则》第 8 章的规定来确定应适用的实体法。

《2007 年规定》第 1 条规定，涉外民事或商事合同应适用的法律，是指有关国家或地区的实体法，不包括冲突法和程序法。这些规定表明，我国法律直接或间接规定了适用外国法律时是指适用外国的实体法律，而不是适用外国的冲突法律（即法律适用法）和程序法律。按照我国的规定，在我国审理涉外民商事案件，不会产生反致现象。也可以说，我国是反对反致制度的，在司法实践中我国法院不采用反致的做法。所以，国际贸易合同当事人协议选择外国法律时应选择外国实体法，不应选择外国的程序法律或冲突法律。当然，当事人选择的实体法，除了某国或某地区制定的实体法律之外，还可以包括国际公约和国际惯例中的实体法律规范。

（二）当事人选择的法律是否应该与合同有着某种客观上的联系

当事人协议选择合同适用的法律时，被选择的法律是否应该与合同有着某种客观上的联系。国际法学界对此有两种不同主张，分别是主观论和客观论。这两种理论是确定国际合同法律适用的重要方法。

主观论认为，当事人协议选择的法律，应是由当事人完全自主选择出来的，不应受其他任何因素的限制。主观论最早是由法国著名法学家杜摩兰提出的，他认为根据契约自由原则，当事人既然有权根据自己的意志来创设自己的权利义务，当然有权决定适用于他们合同的法律。由于这一方法符合资本主义商品经济发展的需要，一经提出就受到许多国家和学者的赞同和接受。20 世纪 40 年代以来所诞生的一系列有关国际民商事交往的国际公约，如 1955 年《国际有体动产买卖法律适用公约》、1980 年欧共体《罗马国际合同义务法律适用公约》、1985 年海牙《国际货物买卖合同法律适用公约》等，都无一例外采用了主观理论。

客观论认为，当事人协议选择的法律，应该与该合同存在一定的客观联系，合同的成立和效力总是与一定的场所相联系，最适合于合同的法律应该就是合同被“场所化”（localization）了的地方的法律。凡是将合同的法律适用与场所相联系的观点均可归类于客观论。“场所化”的标准，是指合同相关因素与某一国家发生有联系，如合同缔结地、合同履行地、当事人住所地或居所地、物之所在地、与合同有最密切联系地以及法院地或仲裁地等。

我国《法律适用法》、《民法通则》、《合同法》以及《2007 年规定》等相关立法和法律文件，都没有要求当事人协议选择的法律必须是与合同有某种实际联系的国家的法律，由此可见，在当事人选择法律问题上，我国相关立法与主观论相一致。

五、当事人协议选择法律的时间

对于选择法律的时间，多数国家不加严格限制。一般认为既可以在合同订立当时选择，也可以在合同订立之后选择，甚至允许变更原来所选择的法律。[①]我国《2007年规定》第4条规定，当事人在一审法庭辩论终结前通过协议一致，选择或者变更选择合同争议应适用的法律的，人民法院应予准许。可见，我国允许当事人选择法律的时间还是很长的，从合同签订时起，一直到法庭辩论终结前，当事人均可以协议选择合同所适用的法律。

《2007年规定》对选择法律的时间有所放宽，考虑的是司法实践中经常发生当事人在一审开庭过程中才作选择。有的时候当事人在庭审辩论阶段对已选择的法律适用问题进行激烈的对抗，经过辩论之后当事人有可能对法律适用达成共识，从而会一致同意适用某一国家或地区的法律。[②]所以，《2007年规定》规定当事人选择或者变更选择合同适用法律的截止时间确定为"一审法庭辩论终结前"，这样既尊重了当事人的权利，也有利于案件的审理。

六、当事人选择外国法律的查明

1. 国际上查明外国法的做法

当事人协议选择了外国法律，如何查明外国法律的内容。目前，外国法查明主要有法官（法院）依职权查明和当事人提供等方法。由于各国对外国法的性质存在不同认定，因而外国法的查明也采取不同的做法，大致有如下三种做法：第一，当事人举证证明外国法内容。第二，法官依职权查明外国法内容，无需当事人举证。第三，法官依职权查明外国法内容，但当事人亦负有协助的义务。

2. 我国关于外国法的查明

我国《民通意见》第193条规定了外国法的查明有五种途径，即"由当事人提供；由与我国订立司法协助协定的缔约对方的中央机关提供；由我国驻该国使领馆提供；由该国驻我国使馆提供；由中外法律专家提供。通过以上途径仍不能查明的，适用中华人民共和国法律"。该规定强调的是当事人与人民法院在外国法查明方面均有义务。

《2007年规定》第9条规定，当事人选择或者变更选择合同争议应适用的

①最高人民法院有关负责人就《最高院关于审理涉外民事或商事合同纠纷案件法律适用若干问题的规定》答记者问，人民法院报，2007年8月7日。

②最高人民法院有关负责人就《最高院关于审理涉外民事或商事合同纠纷案件法律适用若干问题的规定》答记者问，人民法院报，2007年8月7日。

法律为外国法律时，由当事人提供或者证明该外国法律的相关内容。人民法院根据最密切联系原则确定合同争议应适用的法律为外国法律时，可以依职权查明该外国法律，亦可以要求当事人提供或者证明该外国法律的内容。

《法律适用法》第10条规定，当事人选择适用外国法律的，应当提供该国法律。

根据以上规定，可以看出，我国采用的是国际上的第三种做法，但与第三种做法又不完全相同。不同之处在于对当事人协议选择或者变更选择的外国法以及依最密切联系原则确定的外国法的查明作了区别对待。区别对待的原因如下：第一，与法官相比，当事人自愿选择外国法律时，应该是更早地关心和接触了外国法，如当事人在签订合同前了解收集外国法资料并对法律风险进行评估等。当事人协议选择了外国法，应认为当事人已经在某一外国法环境下对交易的法律风险进行了预测，所以，当事人有能力也有义务提供其自愿选择的外国法。第二，当事人未协议选择法律适用时，法院依最密切联系原则确定适用某外国法，实际上是法院选择法律的结果，外国法查明义务由法院和当事人共同承担比较合理。

随着社会进步以及法律文化交流的不断开展，外国法查明途径已不再仅限于《民通意见》第193条规定的五种途径，实际上法律规定本身也很难穷尽所有查明途径。在上述五种查明途径之外，当事人或人民法院完全可以通过其他合适途径查明外国法内容。如果采用了各种途径，外国法律还是查明不着，或者该外国法律没有规定的，根据《法律适用法》第10条规定，应适用我国法律。

七、当事人选择复合法域国家的法律

法域（law district）是法律区域的简称，是指一个主权国家或地区享有的立法权、司法权和行政权的具有自己独特法律制度的特定地域。[①]世界上的国家可以分为单一法域国家和多法域国家。大多数国家都是单一法域国家，即其领土和法域范围一致。多法域国家是指因为政治历史等原因，其境内存在两个以上法域，也被称为复合法域国家等，如美国、英国、加拿大、澳大利亚和我

① 学者们对法域一词还有不同的解释，有学者认为，法域是指一个具有独特法律制度的地区；还有学者认为，法律有效管辖的范围即为法域。

国[1]。我国的复合法域是由于1997年香港回归和1999年澳门回归，以及近年大陆和台湾地区的和平统一而形成的。复合法域国家内，因不同法域的法律制度不同而发生的冲突，被称为区际法律冲突。

国际贸易合同当事人协议选择的法律，如果属于复合法域国家的法律，因其国内法律不统一，那么究竟是指美国的哪个法域的法律，对此，国际上做法不同。我国《民通意见》第192条规定，依法应当适用的外国法律，如果该外国不同地区实施不同的法律的，依据该国法律关于调整国内法律冲突的规定，确定应适用的法律。该国法律未作规定的，直接适用与该民事关系有最密切联系的地区的法律。但是，我国2011年实施的《法律适用法》第6条规定，涉外民事关系适用外国法律，该国不同区域实施不同法律的，适用与该涉外民事关系有最密切联系区域的法律。根据我国最新立法规定，如果当事人协议选择了多法域国家的法律，应该是直接适用与国际合同关系有最密切联系的法域的法律。

八、当事人选择的外国法律不得损害我国社会公共利益

当事人协议选择的法律，如果在适用时被发现与我国社会公共利益相抵触，这就涉及到了法院地国的公共秩序保留问题。对此，《法律适用法》第5条规定，外国法律的适用将损害中华人民共和国社会公共利益的，适用中华人民共和国法律。《民法通则》第150条规定，依照本章规定适用外国法律或者国际惯例的，不得违背中华人民共和国的社会公共利益。《2007年规定》第7条也规定，适用外国法律违反中华人民共和国社会公共利益的，该外国法律不予适用，而应当适用中华人民共和国法律。这些规定说明，当事人协议选择的外国法律，不得违背我国（即法院地国家）的公共利益，否则将不被适用。

此外，如果当事人为了规避某种法律而故意选择适用外国法时，《民通意见》第194条规定，当事人规避我国强制性或者禁止性法律规范的行为，不发

---

① 从历史上来看，复合法域国家的成因大致包括：①国家的联合，即两个以上国家结合，原国家各自的法律在很大程度上予以保留而形成新国家内部法律的不统一，如美利坚合众国。②国家的合并，如大不列颠及北爱尔兰联合王国。③国家的复活，是指一国被数个国家瓜分，分别受制于各国的法制，在复活时被瓜分的各地区仍保留被占领时的法制而形成复合法域国家，如第一次世界大战结束时的波兰。④国家的兼并，也称征服或占领，是指一国以武力占领他国领土，取得主权，由于被兼并地区保留其原属国法律，使得兼并国在一个时期内成为复合法域国家，如第二次世界大战期间的德国和意大利。⑤国家领土的割让，是指一国领土依条约转移给他国，原则上割让地原来的法律不被废除，使得接受割让地的国家成为复合法域国家，如普法战争后德国依《法兰克福私法》对原属法国的阿尔萨斯和洛林的割让。⑥国家领土的回归，是指一国领土由于他国的侵占、割让或租借而一度被他国治理，后来该国对其恢复行使主权而形成复合法域国家。⑦分裂国家的统一，是指一国由于某种原因分裂，当该国家再次实现统一时原分裂地区继续保持现有的法律制度。

生适用外国法律的效力。《2007 年规定》第 6 条也规定，当事人规避中华人民共和国法律、行政法规的强制性规定的行为，不发生适用外国法律的效力，该合同争议应当适用中华人民共和国法律。

第三节　最密切联系原则

一、最密切联系原则的含义

如果国际合同当事人没有协议选择合同适用的法律，国际上很多国家立法都规定采用最密切联系原则来确定合同所适用的法律。如我国《法律适用法》第 41 条规定，当事人可以协议选择合同适用的法律。当事人没有选择的，适用履行义务最能体现该合同特征的一方当事人经常居所地法律或者其他与该合同有最密切联系的法律。《2007 年规定》第 5 条规定，当事人未选择合同争议应适用的法律的，适用与合同有最密切联系的国家或者地区的法律。这些规定表明，最密切联系原则作为意思自治原则的一个补充，在立法上得到了确认。

所谓最密切联系原则（theory of the most significant relationship），也称最真实联系原则（theory of the most real connection）、最强联系原则（theory of the most strongest connection），是指合同当事人没有选择法律或选择无效情况下，由法院法官综合分析与合同或当事人有关的各种因素，推断出与案件有最密切联系的地方的法律予以适用的一项原则。最密切联系原则，被评价为“20 世纪最富有创意、最有价值和最实用的国际私法理论”。但由于最密切联系原则没有确切的限定的内容，如何确定最密切联系地，成为世界各国关注的焦点。

二、最密切联系地的确定方法

在最密切联系原则的具体运用过程中，美国采用了合同要素分析法，大陆法系国家采用特征履行方法来确定合同争议所要适用的法律。

所谓合同要素分析法，是指法官通过对合同各种要素进行“量”与“质”的综合分析来确定合同的准据法。所谓特征履行方法（approach of characteristic performance），是指法院法官按照合同的特征性履行来确定合同的准据法，是指法院法官根据合同的特殊性质，以合同何方履行的义务最能体现合同特性为依据，来确定合同应适用的法律。

所谓特征履行，是指双务合同中能体现合同特征的一方当事人的履行。双务合同中，一方当事人的履行义务常常体现为支付价款等金钱履行，金钱履行义务比较简单，且为合同的共性义务。另一方义务常常体现为非金钱履行，非金钱履行义务比较复杂，不同类型合同的非金钱履行义务也各不相同，如卖方义务、运输人义务和保险人义务等，这些人的履行构成了合同的特征履行。特征履行方法是确定最密切联系地的方法，最密切联系地即特征履行地。各国立法与实践中主要是以特征履行人的住所或者惯常居所地或者特征履行人营业所所在地作为特征履行地。

三、我国确定最密切联系地法律的方法

在决定最密切联系地问题上，我国也采取了大陆法系颇为流行的特征履行方法。《法律适用法》第 41 条规定，当事人没有选择的，适用履行义务最能体现该合同特征的一方当事人经常居所地法律或者其他与该合同有最密切联系的法律。《2007 年规定》第 5 条规定，如果当事人没有选择合同适用的法律，人民法院应根据合同的特殊性质，以及某一方当事人履行的义务最能体现合同的本质特性等因素，确定与合同有最密切联系的国家或者地区的法律作为合同的准据法。

关于特征履行地的确认，我国法律基本上采取了住所所在地。《2007 年规定》第 5 条规定，买卖合同，适用合同订立时卖方住所地法律。如果合同是在买方住所地谈判并订立的，或者合同明确规定卖方须在买方住所地履行交货义务的，适用买方住所地法。所以，国际合同当事人没有选择法律时，我国法院法官应根据该项规定，适用卖方住所地法律。但以下两种情况下则适用买方住所地法律：第一，在买方住所地谈判并订立合同的。第二，合同明确规定卖方须在买方住所地履行交货义务的。

关于住所的确定，《最高人民法院关于适用〈中华人民共和国民事诉讼法〉若干问题的意见》第 4 条规定，“公民的住所地是指公民的户籍所在地，法人的住所地是指法人的主要营业地或者主要办事机构所在地”。《民通意见》第 183 条规定，“当事人的住所不明或者不能确定的，以其经常居住地为住所。当事人有几个住所的，以与产生纠纷的民事关系有最密切联系的住所为住所”。《民通意见》第 185 条规定，“当事人有两个以上营业所的，应以与产生纠纷的民事关系有最密切联系的营业所为准；当事人没有营业所的，以其住所或者经常居住地为准”。以上规定的“住所”含义非常明确，适用于自然人或企业。①

需要注意的是，我国《法律适用法》已经不再采用“住所”这一概念，其很多条款都采用了“经常居所地”。与住所相比，在当今社会人员流动频繁而

①最高人民法院有关负责人就《最高院关于审理涉外民事或商事合同纠纷案件法律适用若干问题的规定》答记者问，人民法院报，2007 年 8 月 7 日。

快速的情况下，经常居所地与当事人的联系更为紧密，而且认定简便，易于操作。《法律适用法》第 20 条还规定，依照本法适用经常居所地法律，自然人经常居所地不明的，适用其现在居所地法律。另外，《法律适用法》第 14 条规定，法人及其分支机构的民事权利能力、民事行为能力、组织机构、股东权利义务等事项，适用登记地法律。法人的主营业地与登记地不一致的，可以适用主营业地法律。法人的经常居所地，为其主营业地。

第十九章 国际贸易争端的解决

第一节 国际贸易争端解决概述

一、国际贸易争端及其解决

1. 国际贸易争端的含义及产生

各国经济发展使得国家与国家之间的经济联系日益密切，市场竞争也日益激烈，国家之间的贸易磨擦也随之增加，不可避免地产生了大量的国家之间的贸易争端。这些贸易争端如果不能有效得到解决，必将影响国际贸易的发展，甚至引发国际大战，那么，已有的那些国际贸易规则也将失去其应有的意义。

2. WTO 争端解决机制的产生

世界贸易组织与世界银行、国际货币基金组织一起并称为当今世界经济体制的三大支柱。世界主要贸易国都是 WTO 的成员，其成员之间的贸易额占全球国际贸易额的绝大部分，而为这样一个全球性贸易组织的安全运作提供可靠保障的是其争端解决机制。

WTO 的争端解决机制是在《关税和贸易总协定》（GATT）的基础上发展起来的。GATT 只是一个临时性的多边贸易协定，并没有专门的争端解决机构和系统的争端解决规定，它关于争端解决的规定主要集中在第 22 和 23 条。随着国际贸易保护主义和大国经济霸权主义的盛行，GATT 在处理争端方面显得软弱无力，被称为“一只没有牙齿的老虎”。

针对 GATT 存在的问题，乌拉圭谈判把争端解决机制列入谈判的重要议题，旨在原 GATT 的基础上建立一个行之有效的争端解决机制，并且能规定保障裁决执行的强有力措施，达成了《关于争端解决规则与程序的谅解》（Understanding on Rules and Procedures Governing the Settlement of Disputes）。它由 27 条正文和 4 个附件组成，其基本内容包括：适用范围和实施、机构设置及其职能、解决途径、工作程序与规则、裁决的效力和执行、最不发达国家的待遇等。

自世界贸易组织成立以来，WTO 贸易争端解决机制发挥着越来越重要的作用。世界贸易组织总理事会作为争端解决机构（DSB），处理就 WTO 协议而产生的任何争端。根据世界贸易组织成员的承诺，在发生贸易争端时，当事各方不应采取单边行动对抗，而是通过争端解决机制寻求救济并遵守其规则及所作出的裁决。WTO《关于争端解决规则与程序的谅解》（以下简称《谅解》）是 WTO 关于争端解决的基本法律文件。与 GATT 相比，WTO 争端解决机制更具强制性和约束力。迄今为止，WTO 已经受理了几百个贸易争端。

二、WTO 争端解决机制的原则

1．鼓励成员通过双边磋商解决贸易争端

根据《谅解》规定，争端当事方的双边磋商是 WTO 争端解决的第一步，也是必经一步。即使争端进入专家组程序后，当事方仍可通过双边磋商解决争端。WTO 鼓励争端当事方通过双边磋商达成相互满意的解决方案。当然，这种解决方案不得违反 WTO 有关规定，也不得损害第三方利益。

2．以保证 WTO 规则有效实施为优先目标

争端解决机制的目的是使争端得到积极有效的解决。争端各方可通过磋商，寻求均可接受并与 WTO 有关协定或协议相一致的解决办法。在未能达成各方满意的解决办法时，争端解决机制的首要目标是确保成员撤销被认定违反 WTO 有关协定或协议的措施。如该措施暂时未能撤销，应申诉方要求，被诉方应进行补偿谈判，但补偿只能作为一项临时性措施加以援用。在规定时间内未能达成满意的补偿方案，经争端解决机构授权，申诉方可采取报复措施。

3．严格规定争端解决的时限

迅速解决争端是 WTO 争端解决机制的一项重要原则。为此，争端解决程序的各个环节均被规定了严格、明确的时间表。这既有利于及时纠正成员违反 WTO 协定或协议的行为，使受害方得到及时救济，也有助于增强各成员对多边争端解决机制的信心。

4．实行“反向协商一致”的决策原则

WTO 争端解决机制引入“反向协商一致”的决策原则。在争端解决机构审议专家组报告或上诉机构报告时，只要不是所有参加方都反对，则视为通过，从而排除了败诉方单方面阻挠报告通过的可能。

5．禁止未经授权的单边报复

WTO 要求争端当事方应按照《谅解》规定，妥善解决争端，禁止采取任何单边的、未经授权的报复性措施。

6．允许交叉报复

如果成员在某一领域的措施被裁定违反 WTO 协定或协议，且该成员未在合理期限内纠正，经争端解决机构授权，利益受损成员可以进行报复。报复应

优先在被裁定违反WTO协定或协议的措施相同领域内进行，即“平行报复”；如果平行报复不可行，报复可以在同一协定或协议下跨领域进行，即“跨领域报复”；如仍不可行，报复可以跨协定或协议进行，即“跨协议报复”。

例如，某成员对农产品进口实施数量限制的措施，违反了GATT1994关于普遍取消数量限制的规定，经争端解决机构授权，利益受损害的成员应优先考虑针对从该成员进口农产品进行报复；如不可行，亦可在其他产品的进口方面进行报复；如仍不可行，则可在其他任何协定或协议所辖领域进行报复。

三、WTO争端解决机制的管辖范围

《谅解》第1条对WTO争端解决机制的管辖范围作了详细规定：

第一，WTO争端解决机制，适用于各成员根据WTO各项协定、协议（包括《谅解》）所提起的争端。

第二，特别规则优先原则。《谅解》附录2列出了所有含有特别规则和程序的协议，如《实施卫生与植物卫生措施协议》、《纺织品与服装协议》、《技术性贸易壁垒协议》、《反倾销协议》、《海关估价协议》、《补贴与反补贴措施协议》、《服务贸易总协定》及有关附件等。《谅解》并不排斥上述协定或协议中特别规则和程序的适用，而且在特别规则与一般规则发生冲突时，特别规则具有优先适用的效力。

第三，对适用规则的协调。当某一争端的解决涉及多个协定或协议，且这些协定或协议的争端解决规则和程序相互冲突时，争端各当事方应在专家组成立后的20天内，就适用的规则及程序达成一致。如不能达成一致，争端解决机构主席应与争端各方进行协商，在任一争端当事方提出请求后的10天内，决定应该遵循的规则及程序。争端解决机构主席在协调时应遵守“尽可能采用特别规则和程序”的指导原则。

第二节 WTO争端解决基本程序

WTO争端解决的基本程序包括磋商、专家组审理、上诉机构审理、裁决的执行及监督等。除基本程序外，在当事方自愿基础上，也可采用仲裁、斡旋、调解和调停等方式解决争端。

一、磋商

《谅解》规定，一成员方向另一成员方提出磋商要求后，被要求方应在接到请求后的10天内作出答复。如同意举行磋商，则磋商应在接到请求后30

天内开始。

如果被要求方在接到请求后10天内没有作出反应，或在30天内或相互同意的其他时间内未进行磋商，则要求进行磋商的成员方可以直接向争端解决机构要求成立专家组。

如果在接到磋商请求之日后60天内磋商未能解决争端，要求磋商方（申诉方）可以请求设立专家组。在紧急情况下（如涉及易变质货物），各成员方应在接到请求之日后10天内进行磋商。如果在接到请求之日后20天内磋商未能解决争端，则申诉方可以请求成立专家组。

要求磋商的成员方应向争端解决机构、有关理事会和委员会通知其磋商请求。磋商情况应保密，且不得损害任何一方在争端解决后续程序中的权利。

如果第三方认为与拟举行的磋商有实质性贸易利益关系，可在争端解决机构散发该磋商请求后10天内，将加入磋商的意愿通知各磋商成员方和争端解决机构。若磋商成员方认为该第三方要求参与磋商的理由充分，应允许其参加磋商。如加入磋商的请求被拒绝，则第三方可根据有关规定向磋商成员方另行提出直接磋商请求。

二、专家组审理争端

（一）专家组的成立和授权

如果磋商没有结果或经斡旋、调解和调停仍未解决，投诉方可以请求成立专家组。由于WTO争端解决机制实行“反向协商一致”原则，争端解决机构有关会议一致反对成立专家组的可能性很小，因此专家组经请求即能设立，这就使得GATT机制下专家组设立经常被拖延的问题迎刃而解。如果一个以上成员就同一事项请求成立专家组，则尽可能由一个专家组审查这些申诉。若成立一个以上专家组审查与同一事项有关的各种申诉，则各专家组应尽可能由相同人士组成，各专家组的审理进度也应进行协调。

专家组通常由3人组成，专家组的成员不论是否是政府官员，均以个人身份工作，不代表任何政府或组织。《谅解》第8条规定，除非争端当事方有令人信服的理由，否则不得反对秘书处向他们提出的专家组成员人选。第8条(3)款还规定，当事方和有利益关系的第三方公民不得担任与该争端有关的专家组成员。在专家组的组成方面，WTO还考虑到了发展中国家的特别利益。《谅解》规定，当争端发生在发展中成员与发达成员之间时，如发展中成员提出请求，相应的专家组至少应有一人来自发展中成员方。

《谅解》第7条（1）款规定了专家组的职权范围，即根据争端各方所援引协定或协议的规定，对申诉方的请求予以审查，并提交调查报告，以协助争端解决机构提出建议或作出裁决。

（二）专家组的审理程序

在案件审理过程中，专家组要调查案件相关事实，对引起争议的措施是否违反相关协定或协议作出客观评价，就争端的解决提出建议。

专家组一旦设立，一般应在6个月内完成全部工作，并提交最终报告。如专家组认为不能如期提交报告，则应书面通知争端解决机构，说明延误的原因和提交报告的预期时间，但最长不得超过9个月。通常情况下，专家组首先听取争端各方陈述和答辩意见。然后，专家组将报告初稿的叙述部分（事实和理由）散发给争端各方。

在专家组规定时间内，争端各方应提交书面意见。待收到各方书面意见后，专家组应在调查、取证基础上完成一份中期报告，并向争端各方散发，再听取争端各方意见和评议。中期报告内容应包括叙述部分、调查结果和结论。争端各方可以书面要求专家组在提交最终报告前对中期报告进行审查。如有此要求，专家组应与争端各方举行进一步会谈。如专家组在规定时间内未收到争端各方对中期报告的意见，则中期报告应视为专家组最终报告，并迅速散发给各成员方。

为完成最终报告，专家组有权从其认为适当的任何个人或机构获取资料和专门意见。专家组在向成员方管辖的个人或机构索取资料和意见前，应通知该成员方政府。对于争端中涉及的科学或技术方面的问题，专家组可以设立专家评审组，并要求其提供书面咨询报告。

（三）专家组报告的通过

《谅解》第16条规定，为使各成员有足够时间审议专家组最终报告，只有在报告散发给各成员方20天后，争端解决机构方可考虑审议通过。对报告有反对意见的成员方，应至少在召开审议报告会议10天前，提交供散发的书面反对理由。在最终报告散发给各成员方60天内，除非争端当事方正式通知争端解决机构其上诉决定，或争端解决机构经协商一致决定不通过该报告，否则该报告应在争端解决机构会议上予以通过。

三、上诉机构审理

上诉机构的设立，是WTO较之GATT在争端解决机制方面的又一创新，使当事方有进一步申诉案情的权利，并使WTO争端解决机制更具准确性与公正性。

《谅解》第17条规定，争端解决机构设立常设上诉机构，受理对专家组最终报告的上诉。常设上诉机构由7人组成，通常由其中3人共同审理上诉案件。

为保证上诉机构的权威性和公正性，其成员应是法律、国际贸易和WTO协定或协议方面的公认权威，并具有广泛代表性。上诉机构成员不得从属于任何政府，也不得参与审议可能对其有直接或间接利益冲突的争端。上诉机构只审理专家组报告所涉及的法律问题和专家组所作的法律解释。上诉机构可以维持、修改或推翻专家组的结论。

上诉机构的审议，自争端一方提起上诉之日起到上诉机构散发其报告之日止，一般不得超过60天。如遇有紧急情况，上诉机构应尽可能缩短这一期限。上诉机构如认为不能在60天内提交报告，则应将延迟的原因及提交报告的预期时间书面通知争端解决机构，但最长不得超过90天。争端解决机构应在上诉机构报告散发后30天内通过该报告，除非争端解决机构经协商一致决定不予通过。

四、争端解决机制对发展中国家的特殊规定

为了照顾发展中国家，争端解决机制对发展中国家作了如下特殊规定：

第一，尽量采取斡旋、调停和调解等外交方法，解决涉及发展中成员的争端。

第二，要求专家小组报告明确说明已对发展中国家成员给予差别待遇和更优惠待遇的规定进行了考虑。

第三，在审查针对发展中国家成员的投诉时，专家小组应给予发展中国家充分时间来准备和陈述其答辩，并至少配备一名来自发展中成员的专家组成专家小组。

第四，在发展中国家成员与发达国家成员之间发生争端时，如果该发展中国家成员提出请求的话，则该专家组至少应包括一名来自发展中国家的专家。

第五，在审核对发展中国家成员的投诉时，该专家组应给予发展中国家成员以足够的时间来准备和提交有关的论据。

第六，若存在一个或一个以上当事方是发展中国家成员，专家组报告应明确写明业已考虑到对发展中国家成员更优惠待遇的规定，这些规定是各自有关协议的组成部分。

第七，对于置于争端解决项下的措施，应特别关心影响发展中国家成员利益的各个方面，秘书处还可能需要向发展中国家成员就争端解决提供其他的法律咨询与帮助。

第八，如果任何一个发展中国家成员提出如此请求，则秘书处应从WTO技术合作司选派合格的法律专家，该专家应以确保秘书处持续公正的方式帮助该发展中国家成员。

第九，对在争端的所有阶段，对最不发达成员的特殊情况予以特别考虑，保持应有的节制，如果发现利益的损害与丧失是发展中成员采取措施导致的，有关方面（投诉方）应适当“节制”依规定的补偿或授权中止实施减让或其他义务。可见，争端解决机制非常重视对发展中国家的保护。

五、争端解决机构裁决的执行及其监督

专家组报告或上诉机构报告一经通过，其建议和裁决即对争端各当事方有约束力，争端当事方应无条件接受。《谅解》第 21 条规定，在专家组或上诉机构报告通过后 30 天内举行的争端解决机构会议上，有关成员应将执行争端解决机构建议和裁决的意愿通知该机构。该建议和裁决应迅速执行，如不能迅速执行，则应确定一个合理的执行期限。“合理期限”由有关成员提议，并经争端解决机构批准；如未获批准，由争端各方在建议和裁决通过后 45 天内协商确定期限；如经协商也无法确定，由争端各方聘请仲裁员确定。

如果被诉方的措施被认定违反了 WTO 有关规定，且未在合理期限内执行争端解决机构的建议和裁决，则被诉方应申诉方请求，必须在合理期限届满前与申诉方进行补偿谈判。补偿是指被诉方在贸易机会、市场准入等方面给予申诉方相当于其所受损失的减让。根据《谅解》第 22 条（1）款规定，补偿只是一种临时措施，即只有当被诉方未在合理期限内执行争端解决机构的建议和裁决时，方可采用。如果给予补偿，应与 WTO 有关协定或协议一致。

如果双方未能就补偿问题达成一致，申诉方可以要求对被诉方进行报复，即中止对被诉方承担的减让或其他义务。争端解决机构应在合理期限届满后 30 天内给予相应授权，除非争端解决机构经协商一致拒绝授权。根据所涉及的不同范围，报复可分为平行报复、跨部门报复和跨协议报复三种。被诉方可以就报复水平的适当性问题提请争端解决机构进行仲裁。报复措施也是临时性的，出现下列情况时报复措施应终止：第一，被认定违反 WTO 有关协定或协议的措施已被撤销；第二，被诉方对申诉方所受的利益损害提供了解决办法；第三，争端当事各方达成了相互满意的解决办法。

争端解决机构应监督已通过的建议和裁决的执行情况。在建议和裁决通过后，任何成员都可随时向争端解决机构提出与执行有关的问题，以监督建议和裁决的执行。除非争端解决机构另有决定，在确定了执行的合理期限 6 个月后，争端解决机构应将建议和裁决的执行问题列入会议议程，并进行审议，直至该问题解决。在争端解决机构每一次会议召开的 10 天前，有关成员应向争端解决机构提交一份关于执行建议和裁决的书面报告。

我国入世后与他国发生的贸易争端，如关于农产品、纺织品以及一些出口加工半成品方面的反倾销问题，可以积极利用世贸组织的争端解决机制解决。在利用争端解决机制时，我国应充分利用《谅解》对发展中国家的优惠规定。

附　录

附录一　国际贸易法案例选编

1．甲公司发盘给乙公司：供应500台拖拉机，100马力，每台3500美元CIF香港，订立合同两个月后装船，不可撤销即期信用证付款，请电复。乙公司收到发盘后立即复电：接受贵方发盘，合同订立后立即装船。但甲公司既未答复，也未装船，为此，双方发生争议。

2．我国甲公司向国外出售一批农产品C—514，于7月17日向国外乙公司发盘：C—514农产品300吨，即期装船，不可撤销即期信用证付款，每吨900美元CIF鹿特丹，7月25日前答复有效。国外乙公司于7月22日复电：接受贵方7月17日电，C—514农产品300吨，即期装船，不可撤销即期信用证付款，每吨900美元CIF鹿特丹，除通常的装运单据之外，要求提供产地证、植物检疫证明书、适合海洋运输的良好包装。我国甲公司于7月25日复电如下：贵方22日电，十分抱歉，由于国际市场价格发生变化，收到贵方接受电报以前，我方已另行售出。双方就合同是否成立发生争议。

3．甲公司出售一台仪表设备，向乙公司发盘如下：兹确认出售一台仪表设备，预付5000英镑后交货。乙公司复电：确认贵方来电，我方购买一台仪表设备，各项条件依贵方的条件，我方已经汇交贵方开户银行5000英镑，该款在贵方交货前由贵行代贵方保管，请确认自本电之日起30天内交货。但甲公司既未答复，也未交货，为此双方发生争议。

4．甲公司于2月17日上午用航空信件寄出一份实盘给乙公司，发盘中注明"不可撤销"，规定乙公司在2月25前答复有效。甲公司于2月17日下午又用电报给乙公司发出撤回通知，该通知于2月18日上午送达乙公司，乙公司于2月19日收到甲公司航空邮寄的实盘。由于乙公司考虑价格十分有利，于是立即发出接受电报。双方就合同是否成立发生争议。

5．甲公司与乙公司之间有长期供货协议：甲公司必须在收到乙公司订单后两个星期内答复，如果甲公司在两星期内未予答复，则视为已接受订单。2月1日甲公司收到乙公司订购1000套服装的订单，2月25日甲公司通知乙公司无法供应1000套服装。乙公司要求甲公司承担违约责任，甲公司认为合同未成立，谈不上违约，为此双方发生争议。

6．甲公司与乙公司签订一份为期两年的供货合同，规定：一切更改或终止均以书面通知为准；甲公司应分批供货，每月供应1000打。当甲公司按规定供应第一批货物后，乙公司口头通知甲公司更改货物的规格，否则拒收。甲公司按乙公司口头更改的规格供应了第二批货物和第三批货物，乙公司照收无误，并按时付清每一批货款。但当甲公司按更改的规格供应第四批货物时，乙公司拒收，理由是甲公司供应的货物规格与双方签订的书面合同不符，乙公司口头更改的规格应属无效。为此，双方发生争议。

7. 甲公司于 5 月 5 日用电报向乙公司发出要约：中国松香一级 100 吨，每吨 500 美元，FOB 香港，合同订立后一个月装船，5 月 12 日前电复有效。乙公司 5 月 8 日电复：中国松香一级 100 吨，每吨 500 美元，FOB 香港，合同订立后一个月装船，我接受。但贵方能否同意合同订立后立即装船（或者：我方希望合同订立后立即装船）？甲公司未答复，也一直未装船，双方发生了争议。

8. 甲欲出售自己的农场，向乙报价 1000 英镑，乙要求以 900 英镑成交，甲要求考虑两天再答复。两天后，甲告知乙不同意 900 英镑的成交价格，乙又要求以 1000 英镑成交，甲仍不同意。为此，甲乙双方发生了争议。

9. 甲乙两公司签订一项出售茶叶的买卖合同，交货地为甲公司的仓库，数量为 1000 公斤，总值 2500 美元，乙公司应于 10 月到甲公司的仓库提取货物。甲方于 10 月 1 日将提货单交给乙方，乙方也付清了货款，但乙方在 10 月一直未能提货，于是，甲方将货物转往另一存放地点。当乙方于 11 月 10 日前来提货时，发现因与牛皮存放在一起，致使 10%发生串味，失去了使用价值。甲乙双方就 10%的串味损失发生了争议。

10. 中国甲方向国外出售丝苗大米，合同规定，从 2 月份开始，每月 1000 吨，分 10 批交货。中国卖方从 2 月份开始交货，但第 5 批大米品质发霉，不适合人类食用，买方以此为由，宣告以后各批均撤销。双方因此发生了争议。

11. 有一份产地交货合同，出售新鲜荔枝 10 吨，总值 150 万美元，合同规定买方必须在 5 月 25 日至 31 日派冷藏集装箱车到产地接运货物。卖方多次催促买方派车，但直至 6 月 8 日仍未派车，卖方只好将荔枝以 100 万美元的价格卖给了新的买方。为此，卖方与原来的买方发生了争议。

12. 日本甲公司向中国香港乙公司出售一批电视机，乙公司又把该批货物转手卖给泰国丙公司。电视机运到中国香港后，乙公司发现电视机质量有问题，但急于向丙公司交货，就把电视机转船运往泰国。丙公司发现电视机的质量不符后，将电视机退回给中国香港乙公司，乙公司又把电视机退给日本甲公司，遭到甲公司的拒绝。为此，甲乙双方发生争议。

13. 一份出售成套设备的买卖合同，合同规定分 5 批交货，但第 3 批货物品质有严重的质量缺陷，达不到合同规定的指标。买方因此拒收货物，并宣称全部合同无效。买卖双方发生争议。

14. 一份买卖精密仪器配件的合同规定，买方应按照配件制造的进度预付货款。买方非常关心配件的质量，因为一旦质量有问题，买方将有重大的损失。合同签订后，根据可靠消息，卖方供应的配件质量不稳定，于是买方通知卖方中止预付货款。卖方立即提出了书面保证，并由其银行提供了担保，要求买方预付货款，遭到买方的拒绝。为此，双方发生了争议。

15. 一份成本、保险费加运费合同，出售机床200台，货物运到目的港后，买方发现有部分零件生锈，认为是存仓太久的仓底货，要求卖方降低价格25%，但卖方不同意，要求用全新的零件换回已交付的生锈零件，但买方又不同意，坚持降低价格。为此，双方发生了争议。

16. 一份成本、保险费加运费合同订于1月，买卖1000吨一级大米，每吨200美元，6月交货，订立合同时二级大米的价格是每吨150美元。卖方6月实际交付的是二级大米，假定有下列三种情况：第一，交付货物时市场价格没有发生变化，一级大米仍为每吨200美元，二级大米仍为150美元；第二，交付货物时市场价格下跌，一级大米每吨100美元，二级大米每吨75美元；第三，交付货物时市场价格上涨，一级大米每吨400美元，二级大米每吨300美元。请问在上述三种情况下，对买方来说，要求降低价格与要求损害赔偿两种补救措施，哪一种更有利？

17. 某合同规定，卖方应于12月1日以前交付机床100台，总值50万美元。7月1日，卖方通知买方：因为市场价格上涨，机床供不应求，除非买方支付60万美元，否则不交货。买方不同意卖方的要求，坚持仍按照合同价格付款。买方曾于卖方通知后向另一供应商询价，拟进行替代交易，另一供应商可以在12月1日前交付货物，价格为56万美元，但买方没有进行替代交易。等到12月底，买方不得已从另一供应商处以62万美元的价格进行了替代交易，并向卖方要求赔偿损失。买卖双方就赔偿数额发生了争议。

18. 我国的某一外贸公司从国外购买一批设备，合同采用的是“CIF大连”这一贸易术语。国外卖方按照合同及信用证所规定的装船时间，在规定的装运港将货物装船完毕，并取得符合信用证的单据。但是，载运货物的船舶起航后几天内就触礁沉没。事后，我国外贸公司立即通知银行停止对外付款。当国外卖方凭着单据在信用证规定的时间内到银行要求付款，银行声称已接到买方停止付款的通知，拒绝向卖方付款，为此买卖双方以及卖方与银行之间都发生了争议。买方认为CIF是到岸价格，货物不能运到，买方就有权不付款；银行认为他应按照买方的指示进行付款或不付款，不然，一旦买方拒绝付款赎单，银行将遭受损失。

19. 我国的某一外贸公司以“FOB 大连”出口 200 包纺织品，装船时经双方当事人认可的检验机构检验，货物符合合同规定，装船后，我方外贸公司在第 3 天向国外的买方发出了装船通知，但是载运的船舶在起航后 10 个小时左右遭遇了恶劣天气，致使 200 包纺织品全部被海水浸湿。买方因为在第 3 天接到通知，未能及时办理保险，无法从保险公司得到补偿，于是要求我外贸公司承担责任。我方认为，货物被海水浸湿，这是风险造成的损失，不是我方责任造成的，风险在越过船舷时就已经转移，损失理应由买方自己承担。

20. 甲公司为了争取国外市场，先把 500 辆拖拉机装上船舶甲板上，运往国外。随后与乙公司签订 100 辆拖拉机的买卖合同，采用 CIF 术语，并约定在目的港由船长负责把 100 辆拖拉机分拨给买方。但在运输途中，因为遭受恶劣天气，为了避免船舶的沉没，船长下令把 100 辆拖拉机推进海里，以减轻船舶的载重量，避免了船舶和剩余拖拉机沉没的危险。到达目的港后，乙公司前来接收货物时，甲公司声称，卖给乙公司的 100 辆拖拉机全部沉入海底，这是乙公司应承担的运输风险所造成的损失，剩下的拖拉机都不是卖给乙公司的。为此，双方发生了争议。

21. 我国某外贸公司与外商按照 CIF 伦敦、即期信用证方式付款达成交易，买卖合同和信用证均规定禁止转船运输。我方在信用证的有效期内将货物装上直驶目的港伦敦的班轮，并以直达提单议付了货款。载运船舶驶离我国途经某港时，船公司为了接载其他货物，擅自将我方托运的货物卸下，换装其他船舶继续运往伦敦。由于中途耽搁，加上换装的船舶设备陈旧，致使货物比正常达到时间晚了两个月，影响了买方对货物的转售。买方认为，买卖合同规定禁止转船，虽然我方提交的是直达提单，但货物实际上被转船运输，这是一种违约行为，也是一种弄虚作假的欺骗行为，要求我外贸公司承担责任。我方认为，船舶是我方租订的，而且船公司又是我国的，对我国船公司擅自将货物转船给国外买方造成的损失，我方应对买方负责。

22. 甲公司与乙公司达成协议：FOB 大连，6 月 1 日至 10 日装船。甲乙各自履行了合同规定的义务，但乙公司指派的船舶在驶往大连的途中绕航，6 月 12 日到达大连港，货物在 6 月 11 日因仓库着火而被烧毁。甲乙双方就火灾损失发生了争议。

附录二《联合国国际货物买卖合同公约》

本公约各缔约国，铭记联合国大会第六届特别会议通过的关于建立新的国际经济秩序的各项决议的广泛目标，考虑到在平等互利基础上发展国际贸易是促进各国间友好关系的一个重要因素，认为采用照顾到不同的社会、经济和法律制度的国际货物销售合同统一规则，将有助于减少国际贸易的法律障碍，促进国际贸易的发展，兹协议如下：

第一部分　适用范围和总则

第一章　适用范围

第一条　（1）本公约适用于营业地在不同国家当事人之间所订立的货物销售合同：（a）如果这些国家是缔约国；（b）或如果国际私法规则导致某一缔约国的法律。

（2）当事人营业地在不同国家的事实，如果从合同或订立合同前任何时候或订立合同时，当事人之间的任何交易或当事人透露的情报均看不出，应不予考虑。

（3）在确定本公约的适用时，当事人的国籍和当事人或合同的民事或商业性质，应不予考虑。

第二条　本公约不适用于以下的销售：（a）购供私人、家人或家庭使用的货物的销售，除非卖方在订立合同前任何时候或订立合同时不知道而且没有理由知道货物是购供任何这种使用；（b）经由拍卖的销售；（c）根据法律执行令状或其他的销售；（d）公债、股票、投资证券、流通票据或货币的销售；（e）船舶、船只、气垫船或飞机的销售；（f）电力的销售。

第三条　（1）供应尚待制造或生产的货物的合同应视为销售合同。除非订购货物的当事人保证供应这种制造或生产所需的大部分重要的材料。

（2）本公约不适用于供应货物一方的绝大部分义务在于供应劳力或其他服务的合同。

第四条　本公约只适用于销售合同的订立和卖方与买方因此种合同而产生的权利和义务。特别是，本公约除非另有明文规定，与以下事项无关：（a）

合同的效力，或其任何条款的效力，或任何惯例的效力；（b）合同对所售货物所有权可能产生的影响。

第五条　本公约不适用于卖方对于货物对任何人所造成的死亡或伤害的责任。

第六条　双方当事人可以不适用，或在第十二条的条件下，减损本公约的任何规定或改变其效力。

第二章　总则

第七条　（1）在解释本公约时，应考虑到本公约的国际性质和促进其适用的统一以及在国际贸易上遵守诚信的需要。

（2）凡本公约未明确解决的属于本公约范围的问题，应按照本公约所依据的一般原则来解决，在没有一般原则的情况下，则应按照国际私法规定适用的法律来解决。

第八条　（1）为本公约的目的，一方当事人所作的声明和其他行为，应依照他的意旨解释，如果另一方当事人已知道或者不可能不知道此一意旨。

（2）如果上一款的规定不适用，当事人所作的声明和其他行为，应按照一个与另一方当事人同等资格、通情达理的人处于相同情况中，应有的理解来解释。

（3）在确定一方当事人意旨或一个通情达理的人应有的理解时，应适当考虑到与事实有关的一切情况，包括谈判情形、当事人之间确立的任何习惯做法、惯例和当事人其后的任何行为。

第九条（1）双方当事人业已同意的任何惯例和他们之间确立的任何习惯做法，对双方当事人均有约束力。

（2）除非另有协议，双方当事人应视为已默示地同意对他们的合同或合同的订立适用双方当事人已知道或理应知道的惯例，而这种惯例，在国际贸易上，已为有关特定贸易所涉同类合同的当事人所广泛知道并为他们所经常遵守。

第十条　为本公约的目的：（a）如果当事人有一个以上的营业地，则以与合同及合同的履行关系最密切的营业地为其营业地，但要考虑到双方当事人在订立合同前任何时候或订立合同时所知道或所设想的情况；（b）如果当事人没有营业地，则以其惯常居住地为准。

第十一条　销售合同无须以书面订立或书面证明，在形式方面也不受任何其他条件的限制。销售合同可以用包括人证在内的任何方法证明。

第十二条　本公约第十一条、第二十九条或第二部分准许销售合同或其更改或根据协议终止，或者任何发价、接受或其他意旨表示的，以书面以外任何形式作出的任何规定不适用。如果任何一方当事人的营业地是在已按照本公约第九十六条作出了声明的一个缔约国内，各当事人不得减损本条或改变其约束力。

第十三条 为本公约的目的，“书面”包括电报和电传。

第二部分 合同的订立

第十四条 （1）向一个或一个以上特定的人提出的订立合同的建议，如果十分确定并且表明发价人在得到接受时承受约束的意旨，即构成发价。一个建议如果写明货物并且明示或默示规定数量和价格或规定如何确定数量和价格，即为十分确定。

（2）非向一个或一个以上特定的人提出的建议，仅应视为邀请作出发价，除非提出建议的人明确地表示相反的意向。

第十五条 （1）发价于送达被发价人时生效。

（2）一项发价，即使是不可撤销的，得予撤回，如果撤回通知于发价送达被发价人之前或同时，送达被发价人。

第十六条 （1）在未订立合同之前，发价得予撤销，撤销通知于被发价人发出接受通知之前送达被发价人。

（2）但在下列情况下，发价不得撤销：（a）发价写明接受发价的期限或以其他方式表示发价是不可撤销的；或（b）被发价人有理由信赖该项发价是不可撤销的，而且被发价人已本着对该项发价的信赖行事。

第十七条 一项发价，即使是不可撤销的，也于拒绝通知送达发价人时终止。

第十八条 （1）被发价人声明或作出其他行为表示同意一项发价，即是接受。缄默或不行为本身不等于接受。

（2）接受发价于表示同意的通知送达发价人时生效。如果表示同意的通知在发价人所规定的时间内，如未规定时间，在一段合理的时间内，未曾送达发价人，接受就成为无效，但需适当地考虑到交易的情况，包括发价人所使用的通讯方法的迅速程度。对口头发价必须立即接受，但情况有别者不在此限。

（3）但是，如果根据该发价或依照当事人之间确立的习惯作法或惯例，被发价人可以作出某种行为，例如与发运货物或支付价款有关的行为，来表示同意，而无须向发价人发出通知，则接受于该项行为作出时生效，但该行为必须在上一款所规定的期限内作出。

第十九条 （1）对发价表示接受但载有添加、限制或其他更改的答复，即为拒绝该项发价并构成还价。

（2）但是，对发价表示接受但载有添加或不同条件的答复，如果所载的添加或不同条件在实质上并不变更该项发价的条件，除发价人在不过分迟延的期间内以口头或书面通知反对其间的差异外，仍构成接受。如果发价人不作出这种反对，合同的条件就以该项发价的条件以及接受通知内所载的更改为准。

（3）有关货物价格、付款、货物质量和数量、交货地点和时间、一方当事人对另一方当事人的赔偿责任范围或解决争端等的添加或不同条件，均视为在实质上变更发价的条件。

第二十条 （1）发价人在电报或信件内规定的接受期限，从电报交发时刻或信上载明的发信日期起算，如信上未载明发信日期，则从信封上所载的日期起算。发价人以电话、电传或其他快速通讯方法规定的接受期间，从发价送达被发价人时起算。

（2）在计算接受期限时，接受期限内的正式假日或非营业日应计算在内。但是，如果接受通知在接受期限的最后一天未能送到发价人地址，因为那天在发价人营业地是正式假日或非营业日，则接受期间应顺延至下一个营业日。

第二十一条 （1）逾期接受仍有接受的效力，如果发价人毫不迟延地用口头或书面将此种意见通知被发价人。

（2）如果载有逾期接受的信件或其他书面文件表明，它是在传递正常、能及时送达发价人的情况下寄发的，则该项逾期接受具有接受的效力，除非发价人毫不迟延地用口头或书面通知被发价人：他认为他的发价已经失效。

第二十二条 接受得予撤回，如果撤回通知于接受原应生效之前或同时送达发价人。

第二十三条 合同于按照本公约规定对发价的接受生效时订立。

第二十四条 为本公约本部分的目的，发价、接受声明或任何其他意旨表示“送达”对方，是指用口头通知对方或通过任何其他方法送交对方本人，或其营业地或通讯地址，如无营业地或通信地址，则送交对方惯常居住地。

第三部分 货物销售

第一章 总则

第二十五条 一方当事人违反合同的结果，如使另一方当事人蒙受损害，以致于实际上剥夺了他根据合同规定有权期待得到的东西，即为根本违反合同，除非违反合同一方并不预知而且一个同等资格、通情达理的人处于相同情况中也没有理由预知会发生这种结果。

第二十六条 宣告合同无效的声明，必须向另一方当事人发出通知，方始有效。

第二十七条 除非公约本部分另有明文规定，当事人按照本部分的规定，以适合情况的方法发出任何通知、要求或其他通知后，这种通知如在传递上发生耽搁或错误，或者未能到达，并不使该当事人丧失依靠该项通知的权利。

第二十八条 如果按照本公约的规定，一方当事人有权要求另一方当事人履行某一义务，法院没有义务作出判决，要求具体履行此一义务，除非法院依照其本身的法律对不属本公约范围的类似销售合同愿意这样做。

第二十九条 （1）合同只需双方当事人协议，就可更改或终止。

（2）规定任何更改或根据协议终止必须以书面作出的书面合同，不得以任何其他方式更改或根据协议终止。但是，一方当事人的行为，如经另一方寄以信赖，就不得坚持此项规定。

第二章 卖方的义务

第三十条 卖方必须按照合同和本公约的规定，交付货物，移交一切与货物有关的单据并转移货物所有权。

第一节 交付货物和移交单据

第三十一条 如果卖方没有义务要在任何其他特定地点交付货物，他的交货义务如下：（a）如果销售合同涉及到货物的运输，卖方应把货物移交给第一承运人，以运交给买方；（b）在不属于上一款规定的情况下，如果合同指的是特定货物或从特定存货中提取的或尚待制造或生产的未经特定化的货物，而双方当事人在订立合同时已知道这些货物是在某一特定地点，或将在某一特定地点制造或生产，卖方应在该地点把货物交给买方处置；（c）在其他情况下，卖方应在他订立合同时的营业地把货物交给买方处置。

第三十二条 （1）如果卖方按照合同或本公约的规定将货物交付给承运人，但货物没有以货物上加标记、或以装运单据或其他方式清楚地注明有关合同，卖方必须向买方发出列明货物的发货通知。

（2）如果卖方有义务安排货物的运输，他必须订立必要的合同，以按照通常运输条件，用适合情况的运输工具，把货物运到指定地点。

（3）如果卖方没有义务对货物的运输办理保险，他必须在买方提出要求时，向买方提供一切现有的必要资料，使他能够办理这种保险。

第三十三条 卖方必须按以下规定的日期交付货物：（a）如果合同规定有日期，或从合同可以确定日期，应在该日期交货；（b）如果合同规定有一段时间，或从合同可以确定一段时间，除非情况表明应由买方选定一个日期外，应在该段时间内任何时候交货；或者（c）在其他情况下，应在订立合同后一段合理时间内交货。

第三十四条 如果卖方有义务移交与货物有关的单据，他必须按照合同所规定的时间、地点和方式移交这些单据。如果卖方在那个时间以前已移交这些单据，他可以在那个时间到达前纠正单据中任何不符合同规定的情形，此一权利的行使不得使买方遭受不合理的不便或承担不合理的开支。但是，买方保留本公约所规定的要求损害赔偿的任何权利。

第二节 货物相符与第三方要求

第三十五条 （1）卖方交付的货物必须与合同所规定的数量、质量和规格相符，并须按照合同所规定的方式装箱或包装。

（2）除双方当事人业已另有协议外，货物除非符合以下规定，否则即为与合同不符：（a）货物适用于同一规格货物通常使用的目的；（b）货物适用于订立合同时曾明示或默示地通知卖方的任何特定目的，除非情况表明买方并不依赖卖方的技能和判断力，或者这种依赖对他是不合理的；（c）货物的质量与卖方向买方提供的货物样品或样式相同；（d）货物按照同类货物通用的方式装箱或包装，如果没有此种通用方式，则按照足以保全和保护货物的方式装箱或包装。

（3）如果买方在订立合同时知道或者不可能不知道货物不符合同，卖方就无须按上一款（a）至（d）项负有此种不符合同的责任。

第三十六条 （1）卖方应按照合同和本公约的规定，对风险转移到买方时所存在的任何不符合同情形，负有责任，即使这种不符合同情形在该时间后方始明显。

（2）卖方对在上一款所述时间后发生的任何不符合同情形，也应负有责任。如果这种不符合同情形是由于卖方违反他的某种义务所致，包括违反关于在一段时间内货物将继续适用于其通常使用的目的或某种特定目的，或将保持某种特定质量或性质的任何保证。

第三十七条 如果卖方在交货日期前交付货物，他可以在那个日期到达前，交付任何缺漏部分或补足所交付货物的不足数量，或交付用以替换所交付不符合同规定的货物，或对所交付货物中任何不符合同规定的情形作出补救，这一权利的行使不得使买方遭受不合理的不便或承担不合理的开支。但是，买方保留本公约所规定的要求损害赔偿的任何权利。

第三十八条 （1）买方必须在按情况实际可行的最短时间内检验货物或由他人检验货物。

（2）如果合同涉及到货物的运输，检验可推迟到货物到达目的地后进行。

（3）如果货物在运输途中改运或买方须再发运货物，没有合理机会加以检验，而卖方在订立合同时已知道或理应知道这种改运或再发运的可能性，检验可推迟到货物到达新的目的地后进行。

第三十九条 （1）买方对货物不符合同，必须在发现或理应发现不符情形后一段合理时间内通知卖方，说明不符合同情形的性质，否则就丧失声称货物不符合同的权利。

（2）无论任何，如果买方不在实际收到货物之日起2年内将货物不符合同情形通知卖方，他就丧失声称货物不符合同的权利，除非这一时限与合同规定的保证期限不符。

第四十条 如果货物不符合同规定指的是卖方已知道或不可能不知道而又没有告知买方的一些事实，则卖方无权援引第三十八条和第三十九条的规定。

第四十一条 卖方所交付的货物，必须是第三方不能提出任何权利或要求的货物，除非买方同意在这种权利或要求的条件下，收取货物。但是，如果这种权利或要求是以工业产权或知识产权为基础的，卖方的义务应按照第四十二条的规定。

第四十二条 （1）卖方所交付的货物，必须是第三方不能根据工业产权或其他知识产权主张任何权利或要求的货物，但以卖方在订立合同时已知道或不可能不知道的权利或要求为限，而且这种权利或要求根据以下国家的法律是以工业产权或其他知识产权为基础的：（a）如果双方当事人在订立合同时预期货物将在某一国境内转售或做其他使用，则根据货物将在其境内转售或做其他使用的国家的法律；或者（b）在任何情况下，根据买方营业地所在国家的法律。

（2）卖方在上一款中的义务不适用于以下情况：（a）买方在订立合同时已知道或不可能不知道此项权利或要求；或者（b）此项权利或要求的发生，是由于卖方按照买方所提供的技术图样、图案、程式或其他规格。

第四十三条 （1）买方如果不在已知道或理应知道第三方的权利或要求后一段合理时间内，将此一权利或要求的性质通知卖方，就丧失了援引第四十一条或第四十二条规定的权利。

（2）卖方如果知道第三方的权利或要求以及此一权利或要求的性质，就无权援引上一款的规定。

第四十四条 尽管有第三十九条第（1）款和第四十三条第（1）款的规定，买方如果对他未发出所需的通知具备合理的理由，仍可按照第五十条规定减低价格，或要求利润损失以外的损害赔偿。

第三节 卖方违反合同的补救办法

第四十五条 （1）如果卖方不履行他在合同和本公约中的任何义务，买方可以：（a）行使第四十六条至第五十二条所规定的权利；（b）按照第七十四条至第七十七条的规定，要求损害赔偿。

（2）买方可能享有的要求损害赔偿的任何权利，不因他行使采取其他补救办法的权利而丧失。

（3）如果买方对违反合同采取某种补救办法，法律或仲裁庭不得给予卖方宽限期。

第四十六条 （1）买方可以要求卖方履行义务，除非买方已采取与此要求相抵触的某种补救办法。

（2）如果货物不符合同，买方只有在此种不符合同情形构成根本违反合同时，才可以要求交付替代货物，而且关于替代货物的要求，必须与依照第三十九条发出的通知同时提出，或者在该项通知发出后一段合理时间内提出。

（3）如果货物不符合同，买方可以要求卖方通过修理对不符合同之处作出补救，除非他考虑了所有情况后，认为这样做是不合理的。修理的要求必须与依照第三十九条发出的通知同时提出，或者在该项通知发出后一段合理时间内提出。

第四十七条 （1）买方可以规定一段合理时限的额外时间，让卖方履行其义务。

（2）除非买方收到卖方的通知，声称他将不在所规定的时间内履行义务，买方在这段时间内不得对违反合同采取任何补救办法。但是，买方并不因此丧失他对迟延履行义务可能享有的要求损害赔偿的任何权利。

第四十八条 （1）在第四十九条的条件下，卖方即使在交货日期之后，仍可自付费用，对任何不履行义务作出补救，但这种补救不得造成不合理的迟延，也不得使买方遭受不合理的不便，或无法确定卖方是否将偿付买方预付的费用。但是，买方保留本公约所规定的要求损害赔偿的任何权利。

（2）如果卖方要求买方表明他是否接受卖方履行义务，而买方不在一段合理时间内对此要求作出答复，则卖方可以按其要求中所指明的时间履行义务。买方不得在该段时间内采取与卖方履行义务相抵触的任何补救办法。

（3）卖方表明他将在某一特定时间内履行义务的通知，应视为包括根据上一款规定要买方表明决定的要求在内。

（4）卖方按照本条第（2）款和第（3）款作出的要求和通知，必须在买方收到后，始生效力。

第四十九条 （1）买方在以下情况下可以宣告合同无效：（a）卖方不履行其在合同或本公约中的任何义务，等于根本违反合同；或（b）如果发生不交货的情况，卖方不在买方按照第四十七条第（1）款规定的额外时间内交付货物，或卖方声明他将不在所规定的时间内交付货物。

（2）但是，如果卖方已交付货物，买方就丧失了宣告合同无效的权利，除非：（a）对于迟延交货，他在知道交货后一段合理时间内这样做。（b）对于迟延交货以外的任何违反合同的事情：（一）他在已知道或理应知道这种违反合同后一段合理时间内这样做；或（二）他在买方按照第四十七条第（1）款规定的任何额外时间满期后，或在卖方声明他将不在这一额外时间内履行义务后一段合理时间内这样做；或（三）他在卖方按照第四十八条第（2）款指明的任何额外时间满期后，或在买方声明他将不接受卖方履行义务后一段合理时间内这样做。

第五十条 如果货物不符合同，不论价款是否已付，买方都可以减低价格，减价按实际交付的货物在交货时的价值与符合合同的货物在当时的价值两者之间的比例计算。但是，如果卖方按照第三十七条或第四十八条的规定对任何不履行义务作出补救，或者买方拒绝接受卖方按照该两条的规定履行义务，则买方不得减低价格。

第五十一条 （1）如果卖方只交付一部分货物，或者交付的货物中只有一部分符合合同规定，第四十六条至第五十条的规定，适用于缺漏部分及不符合同规定部分的货物。

（2）买方只有在完全不交付货物或不按照合同规定交付货物等于根本违反合同时，才可以宣告整个合同无效。

第五十二条 （1）如果卖方在规定的日期前交付货物，买方可以收取货物，也可以拒绝收取货物。

（2）如果卖方交付的货物数量大于合同规定的数量，买方可以收取也可以拒绝收取多交部分的货物。如果买方收取多交部分货物的全部或一部分，他必须按合同价格付款。

第三章 买方的义务

第五十三条 买方必须按照合同和本公约规定支付货物价款和收取货物。

第一节 支付价款

第五十四条 买方支付价款的义务包括根据合同或任何有关法律和规章规定的步骤和手续，以便支付价款。

第五十五条 如果合同已有效地订立，但没有明示或默示地规定价格或规定如何确定价格，在没有任何相反表示的情况下，双方当事人应视为已默示地引用订立合同时此种货物在有关贸易的类似情况下销售的通常价格。

第五十六条 如果价格是按货物的重量规定的，如有疑问，应按净重确定。

第五十七条 （1）如果买方没有义务在任何特定地点支付价款，他必须在以下地点向卖方支付价款：（a）卖方的营业地；或者（b）如凭移交货物或单据支付价款则为移交货物或单据的地点。

（2）卖方必须承担因其营业地在订立合同后发生变动而增加的支付方面的有关费用。

第五十八条 （1）如果买方没有义务在任何其他特定时间内支付价款，他必须于卖方按照合同和本公约规定将货物或控制货物处置权的单据交给买方处置时支付价款。卖方可以支付价款作为移交货物或单据的条件。

（2）如果合同涉及到货物的运输，卖方可以在支付价款后方可把货物或控制货物处置权的单据移交给买方作为发运货物的条件。

（3）买方在未有机会检验货物前，无义务支付价款，除非这种机会与双方当事人议定的交货或支付程序相抵触。

第五十九条 买方必须按合同和本公约规定的日期或从合同和本公约可以确定的日期支付价款，而无需卖方提出任何要求或办理任何手续。

第二节 收取货物

第六十条 买方收取货物的义务如下：（a）采取一切理应采取的行动，以期卖方能够交付货物；和（b）接收货物。

第三节 买方违反合同的补救办法

第六十一条 （1）如果买方不履行他在合同和本公约中的任何义务，卖方可以：（a）行使第六十二条至第六十五条所规定的权利；（b）按照第七十四条和第七十七条的规定，要求损害赔偿。

（2）卖方可能享有的要求损害赔偿的任何权利，不因他行使采取其他补救办法的权利而丧失。

（3）如果卖方对违反合同采取某种补救办法，法院或仲裁庭不得给予买方宽限期。

第六十二条 卖方可以要求买方支付价款、收取货物或履行其他义务，除非卖方已采取与此一要求相抵触的某种补救办法。

第六十三条 （1）卖方可以规定一段合理时限的额外时间，让买方履行义务。

（2）除非卖方收到买方的通知，声称他将不在所规定的时间内履行义务，卖方不得在这段时间内对违反合同采取任何补救办法。但是，卖方并不因此丧失他对迟延履行义务可能享有的要求损害赔偿的任何权利。

第六十四条 （1）卖方在以下情况下可以宣告合同无效：（a）买方不履行其在合同或本公约中的任何义务，等于根本违反合同；或（b）买方不在卖方按照第六十三条第（1）款规定的额外时间内履行支付价款的义务或收取货物，或买方声明他不在所规定的时间内这样做。

（2）但是，如果买方已支付价款，卖方就丧失宣告合同无效的权利，除非：（a）对于买方迟延履行义务，他在知道买方履行义务前这样做；或者（b）对于买方迟延履行义务以外的任何违反合同事情：（一）他在已知道或理应知道这种违反合同后一段合理时间内这样做；或（二）他在卖方按照第六十三条第（1）款规定的任何额外时间期满后或在买方声明他将不在这一额外时间内履行义务后一段合理时间内这样做。

第六十五条 （1）如果买方应根据合同规定订明货物的形状、大小或其他特征，而他在议定的日期或在收到卖方的要求后一段合理时间内没有订明这些规格，则卖方在不损害其可能享有的任何其他权利的情况下，可以依照他所知的买方的要求，自己订明规格。

（2）如果卖方自己订明规格，也必须把订明规格的细节通知买方，而且必须规定一段合理时间，让买方可以在该段时间内订出不同的规格。如果买方在收到这种通知后没有在该段时间内这样做，卖方所定的规格就具有约束力。

第四章 风险转移

第六十六条 货物在风险转移到买方承担后遗失或损坏，买方支付价款的义务并不解除，除非这种遗失或损害是由于卖方的行为或不行为所造成。

第六十七条 （1）如果销售合同涉及到货物的运输，但卖方没有义务在某一特定地点交付货物，自货物按照销售合同交付给第一承运人以转交给买方时起，风险就转移到买方承担。如果卖方有义务在某一特定地点把货物交付给承运人，在货物于该地点交付给承运人以前，风险不转移到买方承担。卖方受权保留控制货物处置权的单据，并不影响风险的转移。

（2）但是，在货物以货物上加标志、或以装运单据、或向买方发出通知或其他方式清楚地注明有关合同以前，风险不转移到买方承担。

第六十八条 对于在运输途中销售的货物，从订立合同时起，风险就转移到买方承担。但是，如果情况表明有此需要，从货物交付给签发载有运输合同单据的承运人时起，风险就由买方承担。尽管如此，如果卖方在订立合同时已知道或理应知道货物已经遗失或损坏，而他又不将这一事实告知买方，则这种遗失或损坏应由卖方负责。

第六十九条 （1）在不属于第六十七条和第六十八条规定的情况下，从买方接收货物时起，或如果买方不在适当时间内这样做，则从货物交给他处置但他不收取货物从而违反合同时起，风险转移到买方承担。

（2）但是，如果买方有义务在卖方营业地以外的某一地点接收货物，当交货时间已到而买方知道货物已在该地点交给他处置时，风险方始转移。

（3）如果合同指的是当时未加识别的货物，则这些货物在未清楚注明有关合同以前，不得视为已交给买方处置。

第七十条 如果卖方已根本违反合同，第六十七条、第六十八条和第六十九条的规定，不损害买方因此种违反合同而可以采取的各种补救办法。

第五章 卖方和买方义务的一般规定

第一节 预期违反合同和分批交货合同

第七十一条 （1）如果订立合同后，另一方当事人由于下列原因显然将不履行其大部分重要义务，一方当事人可以中止履行义务：（a）他履行义务的能力或他的信用有严重缺陷；或（b）他在准备履行合同或履行合同中的行为。

（2）如果卖方在上一款所述的理由明显化以前已将货物发运，他可以阻止将货物交付给买方，即使买方持有其有权获得货物的单据。本款规定只与买方和卖方间对货物的权利有关。

（3）中止履行义务的一方当事人不论是在货物发运前还是发运后，都必须立即通知另一方当事人，如经另一方当事人对履行义务提供充分保证，则他必须继续履行义务。

第七十二条 （1）如果在履行合同日期之前，明显看出一方当事人将根本违反合同，另一方当事人可以宣告合同无效。

（2）如果时间许可，打算宣告合同无效的一方当事人必须向另一方当事人发出合理的通知，使他可以对履行义务提供充分保证。

（3）如果另一方当事人已声明他将不履行其义务，则上一款的规定不适用。

第七十三条 （1）对于分批交付货物的合同，如果一方当事人不履行对任何一批货物的义务，便对该批货物构成根本违反合同，则另一方当事人可以宣告合同对该批货物无效。

（2）如果一方当事人不履行对任何一批货物的义务，使另一方当事人有充分理由断定对今后各批货物将会发生根本违反合同，该另一方当事人可以在一段合理时间内宣告合同今后无效。

（3）买方宣告合同对任何一批货物的交付为无效时，可以同时宣告合同对已交付的或今后交付的各批货物均为无效，如果各批货物是互相依存的，不能单独用于双方当事人在订立合同时所设想的目的。

第二节 损害赔偿

第七十四条 一方当事人违反合同应负的损害赔偿额，应与另一方当事人因他违反合同而遭受的包括利润在内的损失额相等。这种损害赔偿不得超过违反合同一方在订立合同时，依照他当时已知道或理应知道的事实和情况，对违反合同预料到或理应预料到的可能损失。

第七十五条 如果合同被宣告无效，而在宣告无效后一段合理时间内，买方已以合理方式购买替代货物，或者卖方已以合理方式把货物转卖，则要求损害赔偿的一方可以取得合同价格和替代货物交易价格之间的差额以及按照第七十四条规定可以取得的任何其他损害赔偿。

第七十六条 （1）如果合同被宣告无效，而货物又有时价，要求损害赔偿的一方，如果没有根据第七十五条规定进行购买或转卖，则可以取得合同规定的价格和宣告合同无效时的时价之间的差额以及按照第七十四条规定可以取得的任何其他损害赔偿。但是，如果要求损害赔偿的一方在接收货物之后宣告合同无效，则应适用接收货物时的时价，而不适用宣告合同无效时的时价。

（2）为上一款的目的，时价指原应交付货物地点的现行价格，如果该地点没有时价，则指另一合理替代地点的价格，但应适当地考虑货物运费的差额。

第七十七条 声称另一方违反合同的一方，必须按情况采取合理措施，减轻由于该另一方违反合同而引起的损失，包括利润方面的损失。如果他不采取这种措施，违反合同一方可以要求从损害赔偿中扣除原可以减轻的损失数额。

第三节 利息

第七十八条 如果一方当事人没有支付价款或任何其他拖欠金额，另一方当事人有权对这些款额收取利息，但不妨碍要求按照第七十四条规定可以取得的损害赔偿。

第四节 免责

第七十九条 （1）当事人对不履行义务，不负责任，如果他能证明此种不履行义务，是由于某种非他所能控制的障碍，而且对于这种障碍，没有理由预期他在订立合同时能考虑到或能避免或克服它或它的后果。

（2）如果当事人不履行义务是由于他所雇佣履行合同的全部或一部分规定的第三方不履行义务所致，该当事人只有在以下情况下才能免除责任：（a）他按照上一款规定应免除责任，和（b）假如该款的规定也适用于他所雇佣的人，这个人也同样会免除责任。

（3）本条所规定的免责对障碍存在的期间有效。

（4）不履行义务的一方必须将障碍及其对他履行义务能力的影响通知另一

方。如果该项通知在不履行义务的一方已知道或理应知道此一障碍后一段合理时间内仍未为另一方收到，则他对由于另一方未收到通知而造成的损害应负赔偿责任。

(5)本条规定不妨碍任何一方行使本公约规定的要求损害赔偿以外的任何权利。

第八十条　一方当事人因其行为或不行为而使得另一方当事人不履行义务时，不得声称该另一方当事人不履行义务。

第五节　宣告合同无效的效果

第八十一条　(1)宣告合同无效解除了双方在合同中的义务，但应负责的任何损害赔偿仍应负责。宣告合同无效不影响合同中关于解决争端的任何规定，也不影响合同中关于双方在宣告合同无效后权利和义务的任何其他规定。

(2)已全部或局部履行合同的一方，可以要求另一方归还他按照合同供应的货物或支付的价款。如果双方都须归还，他们必须同时这样做。

第八十二条　(1)如果买方不可能按实际收到货物的原状归还货物，他就丧失宣告合同无效或要求卖方交付替代货物的权利。

(2)上一款的规定不适用于以下情况：(a)如果不可能归还货物或不可能按实际收到货物原状归还货物，并非由于买方的行为或不行为所造成；或者(b)如果货物或其中一部分的毁灭或变坏，是由于按照第三十八条规定进行检验所致；或着(c)如果货物或其中一部分，在买方发现或理应发现与合同不符以前，已为买方在正常营业过程中售出，或在正常使用过程中消费或改变。

第八十三条　买方虽然依第八十二条规定丧失宣告合同无效或要求卖方交付替代货物的权利，但是根据合同和本公约规定，他仍保有采取一切其他补救办法的权利。

第八十四条　(1)如果卖方有义务归还价款，他必须同时从支付价款之日起支付价款利息。

(2)在以下情况下，买方必须向卖方说明他从货物或其中一部分得到的一切利益：(a)如果他必须归还货物或其中一部分；或者(b)如果他不可能归还全部或其中一部分，或不可能按实际收到货物的原状归还全部或一部分货物，但他已宣告合同无效或已要求卖方交付替代货物。

第六节　保全货物

第八十五条　如果买方推迟收取货物，或在支付价款和交付货物应同时履行时，买方没有支付价款，而卖方仍拥有这些货物或仍能控制这些货物的处置权，卖方必须按情况采取合理措施，以保全货物。他有权保有这些货物，直至买方把他所付的合理费用偿还给他为止。

第八十六条 （1）如果买方已收到货物，但打算行使合同或本公约规定的任何权利，把货物退回，他必须按情况采取措施，以保全货物。他有权保有这些货物，直至卖方把他所付的合理费用偿还给他为止。

（2）如果发运给买方的货物已到达目的地，并交给买方处置，而买方行使退货权利，则买方必须代表卖方收取货物，除非他这样做需要支付价款而且会使他遭受不合理的不便或需要承担不合理的费用。如果卖方或受权代表他掌管货物的人也在目的地，则此一规定不适用。如果买方根据本款规定收取货物，他的权利和义务与上一款所规定的相同。

第八十七条 有义务采取措施以保全货物的一方当事人，可以把货物寄放在第三方的仓库，由另一方当事人担负费用，但该项费用必须合理。

第八十八条 （1）如果另一方当事人在收取货物或收回货物或支付价款或保全货物费用方面有不合理的迟延，按照第八十五条或第八十六条规定有义务保全货物的一方当事人，可以采取任何适当办法，把货物出售，但必须事前向另一方当事人发出合理的意向通知。

（2）如果货物易于迅速变坏，或者货物的保全牵涉到不合理的费用，则按照第八十五条或第八十六条规定有义务保全货物的一方当事人，必须采取合理措施，把货物出售。在可能的范围内，他必须把出售货物的打算通知另一方当事人。

（3）出售货物的一方当事人，有权从销售所得收入中扣回为保全货物和销售货物而付的合理费用。他必须向另一方当事人说明所余款项。

第八十九条 兹指定联合国秘书长为本公约保管人。

第九十条 本公约不优于业已缔结或可以缔结并载有与属于本公约范围内事项有关的条款的任何国际协定，但以双方当事人的营业地均在这种协定的缔约国内为限。

第九十一条 （1）本公约在联合国国际货物销售合同会议闭幕会议上开放签字，并在纽约联合国总部继续开放签字，直至1981年9月30日为止。

（2）本公约须经签字国批准、接受或核准。

（3）本公约从开放签字之日起开放给所有非签字国加入。

（4）批准书、接受书、核准书和加入书应送交联合国秘书长存放。

第九十二条 （1）缔约国可在签字、批准、接受、核准或加入时声明他不受本公约第二部分的约束或不受本公约第三部分的约束。

（2）按照上一款规定就本公约第二部分或第三部分作出声明的缔约国，在该声明适用的部分所规定事项上，不得视为本公约第一条第（1）款范围内的缔约国。

第九十三条 （1）如果缔约国具有两个或两个以上的领土单位，而依照该国宪法规定、各领土单位对本公约所规定的事项适用不同的法律制度，则该国得在签字、批准、接受、核准或加入时声明本公约适用于该国全部领土单位或仅适用于其中的一个或数个领土单位，并且可以随时提出另一声明来修改其所作的声明。

（2）此种声明应通知保管人，并且明确地说明适用本公约的领土单位。

（3）如果根据按本条作出的声明，本公约适用于缔约国的一个或数个但不是全部领土单位，而且一方当事人的营业地位于该缔约国内，则为本公约的目的，该营业地除非位于本公约适用的领土单位内，否则视为不在缔约国内。

（4）如果缔约国没有按照本条第（1）款作出声明，则本公约适用于该国所有领土单位。

第九十四条 （1）对属于本公约范围的事项具有相同或非常近似的法律规则的两个或两个以上的缔约国，可随时声明本公约不适用于营业地在这些缔约国内的当事人之间的销售合同，也不适用于这些合同的订立。此种声明可联合作出，也可以相互单方面声明的方式作出。

（2）对属于本公约范围的事项具有与一个或一个以上非缔约国相同或非常近似的法律规则的缔约国，可随时声明本公约不适用于营业地在这些非缔约国内的当事人之间的销售合同，也不适用于这些合同的订立。

（3）作为根据上一款所作声明对象的国家如果后来成为缔约国，这项声明从本公约对该新缔约国生效之日起，具有根据第（1）款所作声明的效力，但以该新缔约国加入这项声明，或作出相互单方面声明为限。

第九十五条 任何国家在交存其批准书、接受书、核准书或加入书时，可声明它不受本公约第一条第（1）款（b）项的约束。

第九十六条 本国法律规定销售合同必须以书面订立或书面证明的缔约国，可以随时按照第十二条的规定，声明本公约第十一条、第二十九条或第二部分准许销售合同或其更改或根据协议终止，或者任何发价、接受或其它意旨表示得以书面以外任何形式作出的任何规定不适用，如果任何一方当事人的营业地是在该缔约国内。

第九十七条 （1）根据本公约规定在签字时作出的声明，须在批准、接受或核准时加以确认。

（2）声明和声明的确认，应以书面提出，并应正式通知保管人。

（3）声明在本公约对有关国家开始生效时同时生效。但是，保管人于此种生效后收到正式通知的声明，应于保管人收到声明之日起6个月后的第1个月第1天生效。根据第九十四条规定作出的相互单方面声明，应于保管人收到最后一份声明之日起 6 个月后的第 1 个月第 1 天生效。

(4)根据本公约规定作出声明的任何国家可以随时用书面正式通知保管人撤回该项声明。此种撤回于保管人收到通知之日起 6 个月后的第 1 个月第 1 天生效。

(5)撤回根据第九十四条作出的声明，自撤回生效之日起，就会使另一国家根据该条所作的任何相互声明失效。

第九十八条 除本公约明文许可的保留外，不得作任何保留。

第九十九条 (1)在本条第(6)款规定的条件下，本公约在第十件批准书、接受书、核准书或加入书、包括载有根据第九十二条规定作出的声明的文书交存之日起 12 月后的第 1 个月第 1 天生效。

(2)在本条第(6)款规定的条件下，对于在第 10 件批准书、接受书、核准书或加入书交存后才批准、接受、核准或加入本公约的国家，本公约在该国交存其批准书、接受书、核准车或加入书之日起 12 个月后的第 1 个月第 1 天对该国生效，但不适用的部分除外。

(3)批准、接受、核准或加入本公约的国家，如果是 1964 年 7 月 1 日牙签订的《关于国际货物销售合同的订立统一法公约》(《1964 年海牙订立合同公约》)和 1964 年 7 月 1 日在海牙签订的《关于国际货物销售统一法的公约》(《1964 年海牙货物销售公约》)中一项或两项公约的缔约国。应按情况同时通知荷兰政府声明退出《1964 年海牙货物销售公约》或《1964 年海牙订立合同公约》)或退出该两项公约。

(4)凡为《1964 年海牙货物销售公约》缔约国并批准、接受、核准或加入本公约和根据第九十二条规定声明或业已声明不受本公约第二部分约束的国家，应于批准、接受、核准或加入时通知荷兰政府声明退出《1964 年海牙货物销售公约》。

(5)凡为《1964 年海牙订立合同公约》缔约国并批准、接受、核准或加入本公约和根据第九十二条规定声明或业已声明不受本公约第三部分约束的国家，应于批准、接受、核准或加入时通知荷兰政府声明退出《1964 年海牙订立合同公约》。

(6)为本条的目的，《1964 年海牙订立合同公约》或《1964 年海牙货物销售公约》的缔约国的批准、接受、核准或加入本公约，应在这些国家按照规定退出该两项公约生效后方始生效。本公约保管人应与 1964 年两公约的保管人荷兰政府进行协商，以确保在这方面进行必要的协调。

第一百条 (1)本公约适用于合同的订立，只要订立该合同的建议是在本公约对第一条第(1)款(a)项所指缔约国或第一条第(1)款(b)项所指缔约国生效之日或其后作出的。

（2）本公约只适用于在它对第一条第（1）款（a）项所指缔约国或第一条第（1）款（b）项所指缔约国生效之日或其后订立的合同。

第一百零一条　（1）缔约国可以用书面正式通知保管人声明退出本公约，或本公约第二部分或第三部分。

（2）退出于保管人收到通知 12 个月后的第 1 个月第 1 天起生效。凡通知内订明一段退出生效的更长时间，则退出于保管人收到通知后该段更长时间满时起生效。1980 年 4 月 11 日订于维也纳看见，正本 1 份，其阿拉伯文本、中文本、英文本、法文本、俄文本和西班牙文本都具有同等效力。

下列全权代表，经各自政府正式授权，在本公约上签字，以资证明。

附录三 《国际贸易术语解释通则》

（INCOTERMS2010）2011年1月1日起生效

前 言

全球化经济为商业活动进人世界各地市场提供了前所未有的广阔途径。货物正以更大数量、更多种类在更多国家销售。但是，随着全球贸易量的增大与复杂程度的提高，买卖合同起草不当引起误解和高成本纠纷的可能性也随之增加。

国际贸易术语解释通则，是一套国际商会（Icc）关于国内外贸易术语使用的通则，旨在便利全球贸易活动。在买卖合同中使用国际贸易术语解释通则2010中的的术语可以明确当事方各自义务，并减少法律纠纷风险。

自1936年国际商会创立国际贸易术语解释通则以来，这套全球普遍接受的合同标准不断定期更新以适应国际贸易的发展。国际贸易术语解释通则2010考虑了无关税区的不断扩大，商业交易中电子信息使用的增加，货物运输中对安全问题的进一步关注以及运输方式的变化。国际贸易术语解释通则2010更新并整合与“交货”相关的规则，将术语总数由原来的13条减至11条，并对所有规则做出更加简洁、明确的陈述。同时，国际贸易术语解释通则2010首次在贸易术语中对买方与卖方不使用有性别差别的称谓。

国际商会商业法律与惯例委员会成员来自世界各地不同贸易领域，其丰富的专业知识保证国际贸易术语解释通则2010足以满足全球商界的需要。

引 言

国际贸易术语解释通则（Incoterms），是一套由三个字母组成的、反映货物买卖合同中商业实务的贸易术语。国际贸易术语解释通则主要描述了货物由卖方交付给买方过程中所涉及的工作、成本和风险。

一、如何使用国际贸易术语解释通则2010的术语

1．在买卖合同中写入国际贸易术语解释通则2010术语

如果想在合同中使用国际贸易术语解释通则 2010，应在合同中用类似词句作出明确表示，如“所选用的国际贸易术语，包括指定地点，并标明国际贸

易术语解释通则 2010”。

2．选择合适的国际贸易术语

对国际贸易术语的选择应适合于货物性质和运输方式，首先是考虑合同各方是否想给卖方或买方增加额外的义务，如安排运输或保险的义务等。每个术语的“使用说明”对选择术语十分有用。无论选择何种术语，买卖双方均应清楚，对其合同的解释很可能会受到所使用港口或地点特有的惯例的影响。

3．尽可能对地点和港口作出详细说明

只有合同各方写明港口或地点，所选用的国际贸易术语才能发挥作用。而对港口或地点写得尽量确切，就更能凸显国际贸易术语的作用。

准确表述的范例如下：

“FCA 38 Cours Albert ler, Paris, France Incoterms 2010”

在贸易术语 Ex Works（EXW，工厂交货），Free Carrier（FCA，货交承运人），Delivered at Terminal（DAT，运输终端交货），Delivered at Place（DAP，目的地交货），Delivered Duty Paid （DDP，完税后交货），Free Alongside Ship（FAS，边交货），Free on Board（FOB，船上交货）中，指定地点是交货地点和风险从卖方转移到买方的地点。在贸易术语 Carriage Paid To（CPT，运费付至），Carriage and Insurance Paid To（CIP，运费、保险费付至）中，Cost and Freight（CFR，成本加运费）和 Cost, Insurance and Freight（CIF，成本、保险费加运费），指定地点与交货地点有别。在这四个贸易术语中，指定地点是目的地，其运费已经支付。如能在指明地点或目的地内明确该地点或目的地内确定的点，将更有助于避免疑问或争议。

4．切记国际贸易术语并没有给你一个完整的买卖合同

国际贸易术语确实规定了买卖合同中哪方有安排运输、保险的义务，卖方何时向买方交货以及各方应当支付的费用，但国际贸易术语没有说明应付价格或支付方式，它也没有涉及货物所有权的转让或违约后果。这些问题通常依据买卖合同的明确约定或合同的适用法处理。合同各方应当清楚强制适用的本地法可能推翻买卖合同的任何条款，包括所选择的国际贸易术语在内。

二、国际贸易术语解释通则 2010 的主要特点

1．两个新增加术语 DAT（运输终端交货）和 DAP（目的地交货）取代了国际贸易术语解释通则 2000 中的 DAF（边境交货），DES（目的港船上交货），DEQ（目的港码头交货）和 DDU（未完税交货）。

国际贸易术语由原来的 13 个减至 11 个。该变化是通过使用两个可适用于任何运输模式的新术语：即 DAT（运输终端交货）和 DAP（目的地交货），取

代国际贸易术语解释通则 2000 中的 DAF（边境交货）、DES（目的港船上交货）、DEQ（目的港码头交货）和 DDU（未完税交货）来实现的。

在这两个新增术语中，交货都在指定目的地发生。使用 DAT 时，货物已从到达的运输工具卸下，交由买方处置（与以前的 DEQ 术语相同）。使用 DAP 时，货物同样交由买方处置，但需做好卸货准备（与以前的 DAF、DES 和 DDU 术语相同）。

新术语使得国际贸易术语解释通则 2000 的 DES 与 DEQ 成为多余。DAT 中的指定终端很可能是港口，因此该术语可完全适用于国际贸易术解释通则 2000 DEQ 适用的场合。

同样，DAP 中抵达的运输工具很可能是船只，指定地点也很可能是港口，因此，DAP 可完全适用于国际贸易术语解释通则 2000 DES 适用的场合。这两个新术语和先前的术语一样，是“交货”型，由卖方承担将货物交至指定目的地的所有费用（除与进口清关相关的费用外，如有的话）和风险。

2．国际贸易术语解释通则 2010 中 11 个术语的分类

适用于任何单一运输方式或多种运输方式的术语

EXW （EX Works）工厂交货

FCA （Free Carrier）货交承运人

CPT （Carriage Paid To）运费付至

CIP （Carriage and Insurance Paid to）运费、保险费付至

DAT （Delivered At Terminal）运输终端交货

DAP （Delivered At Place）目的地交货

DDP （Delivered Duty Paid）完税后交货

适用于海运和内河水运的术语

FAS （Free Alongside Ship）船边交货

FOB （Free On Board）船上交货

CFR （Cost and Freight）成本加运费

CIF （Cost, Insurance and Freight）成本、保险加运费

一、EXW

（EX Works 工厂交货）

该术语可适用于任何运输方式，也可适用于多种运输方式。它适合国内贸易，而 FCA 一般则更适合国际贸易。

“工厂交货”是指当卖方在其所在地或其它指定地点（如工厂、车间或仓库等）将货物交由买方处置时，即完成交货。卖方不需将货物装上任何前来接收货物的运输工具，需要清关时，卖方也无需办理出口清关手续。

特别建议双方在指定交货地范围内尽可能明确具体交货地点，因为在货物到达交货地点之前的所有费用和风险都由卖方承担。买方则需承担自此指定交货地的约定地点（如有的话）收取货物所产生的全部费用和风险。

EXW（工厂交货）术语代表卖方最低义务，使用时需注意以下问题：

a）卖方对买方没有装货的义务，即使实际上卖方也许更方便这样做。如果卖方装货，也是由买方承担相关风险和费用。当卖方更方便装货物时，FCA一般更合适，因为该术语要求卖方承担装货义务，以及与此相关的风险和费用。

b）以 EXW 为基础购买出口产品的买方需要注意，卖方只有在买方要求时，才有义务协助办理出口，即卖方无义务安排出口通关。因此，在买方不能直接或间接地办理出口清关手续时，不建议使用该术语。

c）买方仅有限度地承担向卖方提供货物出口相关信息的责任。但是，卖方则可能出于缴税或申报等目的，需要这方面的信息。

买卖双方义务

A 卖方义务	**B 买方义务**
A1 卖方一般义务	**B1 买方一般义务**
卖方必须提供符合买卖合同约定的货物和商业发票，以及合同可能要求的其他与合同相符的证据。 A1—A10 中所指的任何单证在双方约定或符合惯例的情况下，可以是同等作用的电子记录或程序。	B1 买方必须按照买卖合同约定支付价款。 B1—B10 中所指的任何单证在双方约定或符合惯例的情况下，可以是同等作用的电子记录或程序。
A2 许可证、授权、安检通关和其他手续	**B2 许可证、授权、安检通关和其他手续**
如适用时，经买方要求，并承担风险和费用，卖方必须协助买方取得出口许可或出口相关货物所需的其他官方授权。 如适用时，经买方要求，并承担风险和费用，卖方必须提供其所掌握的该项货物安检通关所需的任何信息。	如适用时，应由买方自负风险和费用，取得进出口许可或其他官方授权，办理相关货物的海关手续。
A3 运输合同与保险合同	**B3 运输合同与保险合同**
a）运输合同 卖方对买方无订立运输合同的义务。	**a）运输合同** 买方对卖方无订立运输合同的义务。

b）保险合同 卖方对买方无订立保险合同的义务。但应买方要求并由其承担风险和费用（如有的话），卖方必须向买方提供后者取得保险所需的信息。	**b）保险合同** 买方对卖方无订立保险合同的义务。
A4 交货	**B4 收取货物**
卖方必须在指定的交付地点或该地点内的约定点（如有的话），以将未置于任何接收货物的运输工具上的货物交由买方处置的方式交货。若在指定交货地没有约定点，且有几个点可供使用时，卖方可选择最适合于其目的的点。 卖方必须在约定日期或期限内交货。	当卖方行为与 A4、A7 相符时，买方必须收取货物。
A5 风险转移	**B5 风险转移**
除按照 B5 的灭失或损坏情况外，卖方承担按照 A4 完成交货前货物灭失或损坏的一切风险。	买方承担按照 A4 交货时起货物灭失或损坏的一切风险。 如果买方未能按照 B7 给予卖方通知，则买方必须从约定的交货日期或交货期限届满之日起，承担货物灭失或损坏的一切风险，但以该项货物已清楚地确定为合同项下之货物者为限。
A6 费用划分	**B6 费用划分**
卖方必须支付按照 A4 完成交货前与货物相关的一切费用，但按照 B6 应由买方支付的费用除外。	买方必须支付 a）自按照 A4 交货时起与货物相关的一切费用； b）由于其未收取已处于可由其处置状态货物或未按照 B7 发出相关通知而产生的额外费用，但以该项货物已清楚地确定为合同项下之货物者为限； c）如使用时，货物出口应交纳的一切关税、税款和其他费用及办理海关手续的费用；及 d）对卖方按照 A2 提供协助时产生的一切花销和费用的补偿。

A7 通知买方	B7 通知卖方
卖方必须给予买方其收取货物所需的任何通知。	当有权决定在约定期限内的时间和/或在指定地点内的接收点时，买方必须向卖方发出充分的通知。
A8 交货凭证	**B8 交货证据**
卖方对买方无义务。	买方必须向卖方提供其已收取货物的相关凭证。
A9 查对—包装—标记	**B9 货物检验**
卖方必须支付为了按照 A4 进行交货，所需要进行的查对费用（如查对质量、丈量、过磅、点数的费用）。 除非在特定贸易中，某类货物的销售通常不需包装，卖方必须自付费用包装货物。 除非买方在签订合同前已通知卖方特殊包装要求，卖方可以用适合该货物运输的方式对货物进行包装。包装应做适当标记。	买方必须支付任何强制性装船前检验费用，包括出口国有关机构强制进行的检验费用。
A10 协助提供信息及相关费用	**B10 协助提供信息及相关费用**
如适用时，应买方要求并由其承担风险和费用，卖方必须及时向买方提供或协助其取得相关货物出口和/或进口、和/或将货物运输到最终目的地所需要的任何文件和信息，包括安全相关信息。	买方必须及时告知卖方任何安全信息要求，以便卖方遵守 A10 的规定。 买方必须偿付卖方按照 A10 向买方提供或协助其取得文件和信息时所发生的所有花销和费用。

二、FCA

（Free Carrier 货交承运人）

该术语可适用于任何运输方式，也可适用于多种运输方式。

“货交承运人”是指卖方在卖方所在地或其他指定地点将货物交给买方指定的承运人或其他人。由于风险在交货地点转移至买方，特别建议双方尽可能清楚地写明指定交货地内的交付点。

如果双方希望在卖方所在地交货，则应当将卖方所在地址明确为指定交货地。如果双方希望在其他地点交货，则必须确定不同的特定交货地点。

如适用时，FCA 要求卖方办理货物出口清关手续。但卖方无义务办理进口清关，支付任何进口税或办理任何进口海关手续。

买卖双方义务

A 卖方义务	B 买方义务
A1 卖方一般义务	**B1 买方一般义务**
卖方必须提供符合买卖合同约定的货物和商业发票，以及合同可能要求的其他与合同相符的证据。 A1—A10 中所指的任何单证在双方约定或符合惯例的情况下，可以是同等作用的电子记录或程序。	买方必须按照买卖合同约定支付价款。 B1—B10 中所指的任何单证在双方约定或符合惯例的情况下，可以是同等作用的电子记录或程序。
A2 许可证、授权、安检通关和其他手续	**B2 许可证、授权、安检通关和其他手续**
如适用时，卖方必须自负风险和费用，取得所有的出口许可或其他官方授权，办理货物出口所需的一切海关手续。	如适用时，应由买方自负风险和费用，取得所有进口许可或其他官方授权，办理货物进口和从他国过境运输所需的一切海关手续。
A3 运输合同与保险合同	**B3 运输合同与保险合同**
a）运输合同 卖方对买方无订立运输合同的义务。但若买方要求，或依商业实践，且买方未适时作出相反指示，卖方可以按照通常条件签订运输合同，由买方负担风险和费用。 在以上两种情形下，卖方都可以拒绝签订运输合同，如予拒绝，卖方应立即通知买方。 **b）保险合同** 卖方对买方无订立保险合同的义务。但应买方要求并由其承担风险和费用（如有的话），卖方必须向买方提供后者取得保险所需信息。	**a）运输合同** 除了卖方按照 A3a）订立运输合同的情形外，买方必须自付费用订立自指定的交货地点起运货物的运输合同。 **b）保险合同** 买方对卖方无订立保险合同的义务。

A4 交货	B4 收取货物
卖方必须在约定的交货日期或期限内，在指定地点或指定地点的约定点（如有约定），将货物交付给买方指定的承运人或其他人。 以下情况，完成交货： a）若指定的地点是卖方所在地，则当货物被装上买方提供的运输工具时； b）在任何其他情况下，则当货物虽仍处于卖方的运输工具上，但已准备好卸载，并已交由承运人或买方指定的其他人处置时。 如果买方未按照 B7 d）明确指定交货地点内特定的交付点，且有数个交付点可供使用时，卖方则有权选择最合适其目的的交货点。 除非买方另行通知，卖方可采取符合货物数量和/或性质需要的方式将货物交付运输。	当货物按照 A4 交付时，买方必须收取。
A5 风险转移	**B5 风险转移**
除按照 B5 灭失或损坏情况外，卖方承担按照 A4 完成交货前货物灭失或损坏的一切风险。	买方承担自按照 A4 交货时起货物灭失或损坏的一切风险。如果 a）买方未按照 B7 规定通知 A4 项下的指定承运人或其他人，或发出通知；或 b)按照 A4 指定的承运人或其他人未在约定的时间接管货物；则买方承担货物灭失或损坏的一切风险： （1）自约定日期起，若无约定日期的，则 （2）自卖方在约定期限内按照 A7 通知的日期起；或若没有通知日期的，则 （3）自任何约定交货期限届满之日起。 但以该项货物已清楚地确定为合同项下之货物者为限。

A6 费用划分	B6 费用划分
a）按照 A4 完成交货前与货物相关的一切费用，但按照 B6 应由买方支付的费用除外；及 b）如适用时，货物出口所需海关手续费用，出口应交纳的一切关税、税款和其他费用。	买方必须支付 a）自按照 A4 规定交货时起与货物有关的一切费用，如适用时，A6 b）中出口所需的海关手续费用，及出口应交纳的一切关税、税款和其他费用除外； b）由于以下原因之一发生的任何额外的费用：（1）买方未能指定 A4 项下承运人或其他人，或 （2）买方指定的 A4 项下承运人或其他人未接管货物，或 （3）买方未能按照 B7 给予卖方相应的通知，但以该项货物已清楚地确定为合同项下之货物者为限；及 c）如适用时，货物进口应交纳的一切关税、税款和其他费用，及办理进口海关手续的费用和从他国过境运输的费用。
A7 通知买方	**B7 通知卖方**
由买方承担风险和费用，卖方必须就其已经按照 A4 交货或买方指定的承运人或其他人未在约定时间内收取货物的情况给予买方充分的通知。	买方必须通知卖方以下内容： a）按照 A4 所指定的承运人或其他人的姓名，以便卖方有足够时间按照该条款交货； b）如适用时，在约定的交付期限内所选择的由指定的承运人或其他人收取货物的时间； c）指定人使用的运输方式；及 d）指定地点内的交货点。
A8 交货凭证	**B8 交货凭证**
卖方必须自付费用向买方提供已按照 A4 交货的通常单据。 应买方要求并由其承担风险和费用，卖方必须协助买方取得运输凭证。	买方必须接受按照 A8 提供的交货凭证。

A9 查对—包装—标记	B9 货物检验
卖方必须支付为了按照A4进行交货，所需进行的查对费用（如查对货物质量、丈量、过磅、点数的费用），以及出口国有关机构强制进行的装运前检验所产生的费用。 除非在特定的贸易中，某类货物的销售通常不需包装，卖方必须自付费用包装货物。除非买方在签订合同前已通知卖方特殊包装要求，卖方可以用适合该货物运输的方式对货物进行包装。包装应做适当标记。	买方必须支付任何强制性装运前检验费用，但出口国有关机构强制进行的检验除外。
A10 协助提供信息及相关费用	**B10 协助提供信息及相关费用**
如适用时，应买方要求并由其承担风险和费用，卖方必须及时向买方提供或协助其取得相关货物进口和/或将货物运输到最终目的地所需要的任何文件和信息，包括安全相关信息。 卖方必须偿付买方按照B10提供或协助取得文件和信息时所发生的所有花销和费用。	买方必须及时告知卖方任何安全信息要求，以便卖方遵守A10的规定。 买方必须偿付卖方按照A10向买方提供或协助其取得文件和信息时所发生的所有花销和费用。如适用时，应卖方要求并由其承担风险和费用，买方必须及时向卖方提供或协助其取得货物运输和出口及从他国过境运输所需要的任何文件和信息，包括安全相关信息。

三、CPT

（Carriage Paid To 运费付至）

该术语可适用于任何运输方式，也可适用于多种运输方式。

“运费付至”是指卖方将货物在双方约定地点（如果双方已经约定了地点）交给卖方指定的承运人或其他人。卖方必须签订运输合同并支付将货物运至指定目的地所需的费用。

在使用CPT、CIP、CFR或CIF术语时，当卖方将货物交付给承运人时，而不是当货物到达目的地时，即完成交货。

由于风险转移和费用转移的地点不同，该术语有两个关键点。特别建议双方尽可能确切地在合同中明确交货地点（风险在这里转移至买方），以及指定的目的地（卖方必须签订运输合同运到该目的地）。如果运输到约定目的地涉及多个承运人，且双方不能就交货点达成一致时，可以推定：当卖方在某个完全由其选择、且买方不能控制的点将货物交付给第一承运人时，风险转移至买方。如双方希望风险晚些转移的话（例如在某海港或机场转移），则需要在其买卖合同中订明。

由于卖方需承担将货物运至目的地具体地点的费用，特别建议双方尽可能确切地在指定目的地内明确该点。建议卖方取得完全符合该选择的运输合同。如果卖方按照运输合同在指定的目的地卸货发生了费用，除非双方另有约定，卖方无权向买方要求偿付。

如适用时，CPT 要求卖方办理货物的出口清关手续。但是卖方无义务办理进口清关，支付任何进口税或办理进口相关的任何海关手续。

买卖方双方义务

A 卖方义务	**B 买方义务**
A1 卖方一般义务	**B1 买方一般义务**
卖方必须提供符合买卖合同约定的货物和商业发票，以及合同可能要求的其他与合同相符的证据。 A1—A10 中所指的任何单证在双方约定或符合惯例的情况下，可以是同等作用的电子记录或程序。	B1—B10 中所指的任何单证在双方约定或符合惯例的情况下，可以是同等作用的电子记录或程序。
A2 许可证、授权、安检通关和其他手续费	**B2 许可证、授权、安检通关和其他手续费**
如适用时，卖方必须自负风险和费用，取得所有的出口许可或其他官方授权，办理货物出口和交货前从他国过境运输所需的一切海关手续。	如适用时，应由买方自负风险和费用，取得所有的进口许可或其他官方授权，办理货物进口和从他国过境运输所需要的一切海关手续。
A3 运输合同与保险合同	**B3 运输合同与保险合同**
a）运输合同 卖方必须签订或取得运输合同，将货物自交货地内的约定交货点（如有的话）运送至指定目的地或该目的地的交付点（如有约定）。 必须按照通常条件订立合同，由卖方支付费用，经由通常航线和习惯方式运送货物。	**a）运输合同** 买方对卖方无订立运输合同的义务。 **b）保险合同** 买方对卖方无订立保险合同的义务。但应卖方要求，买方必须向卖方提供其取得保险所需信息。

如果双方没有约定特别的点或该点不能由惯例确定，卖方则可选择最适合其目的的交货点和指定目的地内的交货点。 **b）保险合同** 卖方对买方无订立保险合同的义务。但应买方要求并由其承担风险和费用（如有的话），卖方必须向买方提供后者取得保险所需的信息。	
A4 交货	**B4 收取货物**
卖方必须在约定日期或期限内，以将货物交给按照 A3 签订的合同承运人方式交货。	当货物按照 A4 交付时，买方必须收取，并在指定目的地自承运人收取货物。
A5 风险转移	**B5 风险转移**
除按照 B5 的灭失或损坏情况外，卖方承担按照 A4 完成交货前货物灭失或损坏的一切风险。	买方承担按照 A4 交付时起货物灭失或损坏的一切风险。 如买方未能按照 B7 规定给予卖方通知，则买方必须从约定的交货日期或交货期限届满之日起，承担货物灭失或损坏的一切风险，但以该货物已清楚地确定为合同项下之货物者为限。
A6 费用划分	**B6 费用划分**
卖方必须支付 a）按照 A4 完成交货前与货物相关的一切费用，但按照 B6 应由买方支付的费用除外； b）按照 A3 a）所发生的运费和其他一切费用，包括根据运输合同规定应由卖方支付的装货费和在目的地的卸货费用；及 c）如适用时，货物出口所需海关手续费用，出口应交纳的一切关税、税款和其他费用，以及按照运输合同规定，由卖方支付的货物从他国过境运输的费用。	在不与 A3 a）冲突的情况下，买方必须支付 a）自按照 A4 交货时起，与货物相关的一切费用，如适用时，按照 A6 c）为出口所需的海关手续费用，及出口应交纳的一切关税、税款和其他费用除外； b）货物在运输途中直至到达约定目的地位置的一切费用，按照运输合同该费用应由卖方支付的除外； c）卸货费，除非根据运输合同该项费用应由卖方支付； d）如买方未按照 B7 发出通知，则自约定发货之日或约定发货期限届满之日起，

	所发生的一切额外费用，但以该货物已清楚地确定为合同项下之货物者为限；及 e）如适用时，货物进口应交纳的一切关税、税款和其他费用，及办理进口海关手续的费用和从他国过境运输费用，除非该费用已包括在运输合同中。
A7 通知买方	**B7 通知卖方**
卖方必须向买方发出已按照A4交货的通知。 卖方必须向买方发出任何所需通知，以便买方采取收取货物通常所需要的措施。	当有权决定发送时间和/或指定目的地或目的地内收取货物的点时，买方必须向卖方发出充分的通知。
A8 交货凭证	**B8 交货凭证**
依惯例或应买方要求，卖方必须承担费用，向买方提供其按照A3订立的运输合同通常的运输凭证。此项运输凭证必须载明合同中的货物，且其签发日期应在约定运输期限内。 如已约定或依惯例，此项凭证也必须能使买方在指定目的地向承运人索取货物，并能使买方在货物运输途中以向下家买方转让或通知承运人方式出售货物。 当此类运输凭证以可转让形式签发、且有数份正本时，则必须将整套正本凭证提交给买方。	如果凭证与合同相符的话，买方则必须接受按照A8提供的运输凭证。
A9 查对—包装—标记	**B9 货物检验**
卖方必须支付为了按照A4进行交货，所需要进行的查对费用（如查对质量、丈量、过磅、点数的费用），以及出口国有关机构强制进行的装运前检验所发生的费用。 除非在特定贸易中，某类货物的销售通常不需要包装，卖方必须自付费用包装货物。除非买方在签订合同签已通知卖方特殊包装要求，卖方可以适合该货物运输的方式对货物进行包装。包装应做适当标记。	买方必须支付任何强制性装运前检验费用，但出口国有关机构强制进行的检验除外。

A10 协助提供信息及相关费用	B10 协助提供信息及相关费用
如适用时，应买方要求并由其承担风险和费用，卖方必须及时向买方提供或协助其取得相关货物进口和/或将货物运输到最终目的地所需要的任何文件和信息，包括安全相关信息。 卖方必须偿付买方按照 B10 提供或协助取得文件和信息是所发生的所有花销和费用。	买方必须及时告知卖方任何安全信息要求，以便卖方遵守 A10 的规定。 如适用时，应卖方要求并由其承担风险和费用，买方必须及时向卖方提供或协助其取得货物运输和出口及从他国过境运输所需要的任何文件和信息，包括安全相关信息。

四、CIP

（Carriage And Insurance Paid To 运费和保险费付至）

该术语可适用于各种运输方式，也可适用于多种运输方式。

“运费和保险费付至”是指卖方将货物在双方约定地点（如双方已经约定了地点）交给其指定的承运人或其他人。卖方必须签订运输合同并支付将货物运至指定目的地的所需费用。

卖方还必须为买方在运输途中货物的灭失或损坏风险签订保险合同。买方应注意到，CIP 只要求卖方投保最低险别。如果买方需要更多保险保护的话，则需与卖方明确就此达成协议，或者自行做出额外的保险安排。

在使用 CPT、CIP、CFR 或 CIF 术语时，当卖方将货物交付给承运人时，而不是当货物到达目的地时，即完成交货。

由于风险转移和费用转移的地点不同，该术语有两个关键点。特别建议双方尽可能确切地在合同中明确交货地点（风险在这里转移至买方），以及指定目的地（卖方必须签订运输合同运到该目的地）。如果运输到约定目的地涉及多个承运人，且双方不能就特定的交货地点达成一致，可以推定：当卖方在某个完全由其选择、且买方不能控制的点将货物交付给第一承运人时，风险转移至买方。如双方希望风险晚些转移的话（例如在某海港或机场转移），则需要在其买卖合同中订明。

由于卖方需承担将货物运至目的地具体地点的费用，特别建议双方尽可能确切地在指定目的地内明确该点。建议卖方取得完全符合该选择的运输合同。如果卖方按照运输合同在指定的目的地内卸货发生了费用，除非双方另有约定，卖方无权向买方要求偿付。

如适用时，CIP 要求卖方办理货物的出口清关手续。但是卖方无义务办理进口清关，支付任何进口税或办理进口相关的任何海关手续。

买卖双方义务

A 卖方义务	B 买方义务
A1 卖方一般义务	**B1 买方一般义务**
卖方必须提供符合买卖合同约定的货物和商业发票，以及合同可能要求的其他与合同相符的证据。A1—A10 中所指的任何单证在双方约定或符合惯例的情况下，可以是同等作用的电子记录或程序。	买方必须按照买卖合同约定支付价款。 B1—B10 中所指的任何单证在双方约定或符合惯例的情况下，可以是同等作用的电子记录或程序。
A2 许可证、授权、安检通关和其他手续	**B2 许可证、授权、安检通关和其他手续**
如适用时，卖方必须自负风险和费用，取得所有的出口许可或其他官方授权，办理货物出口和交货前从他国过境运输所需的一切海关手续。	如适用时，应由买方自负风险和费用，取得所有的进口许可或其他官方授权，办理货物进口和从他国过境运输所需的一切海关手续。
A3 运输合同和保险合同	**B3 运输合同和保险合同**
a）运输合同 卖方必须签订或取得运输合同，将货物自交货地内的约定交货点（如有的话）运送至指定目的地或该目的地的交付点（如有约定）。 必须按照通常条件订立合同，由卖方支付费用，经由通常航线和习惯方式运送货物。如果上方没有约定特别的点或该点不能由惯例确定，卖方则可选择最适合其目的的交货点和指定目的地内的交货点。 **b）保险合同** 卖方必须自付费用取得货物保险。该保险需至少符合《协会货物保险条款》（Institute Cargo Clauses, LMA/IUA）“条款（C）”（Clauses C）或类似条款的最低险别。 保险合同应与信誉良好的承保人或保险公司订立。应使买方或其他对货物有可保利益者有权直接向保险公司索赔。 当买方要求且能够提供卖方所需的信息时，卖方应办理任何附加险别，由买方承	**a）运输合同** 买方对卖方无订立运输合同的义务。 **b）保险合同** 买方对卖方无订立保险合同的义务。但应卖方要求，买方必须向卖方提供后者应买方按照 A3 b）要求其购买附加险所需信息。

担费用，如果能够办理，诸如办理《协会货物保险条款》（Institute Cargo Clauses, LMA/IUA）“条款（A）或（B）”（Clauses A or B）或类似条款的险别，也可同时或单独办理《协会战争险条款》（Institute War Clauses）和/或《协会罢工险条款》（Institute Strikes Clauses, LMA/IUA）或其他类似条款的险别。 保险最低金额是合同规定价格另加 10%（即 110%），并采用合同货币。 保险期间为货物自 A4 和 A5 规定的交货点起，至少到指定目的地止。 卖方应向买方提供保单或其他保险证据。 此外，应买方要求并由买方承担风险和费用（如有的话），卖方必须向买方提供后者取得附加险所需信息。	
A4 交货	**B4 收取货物**
卖方必须在约定日期或期限内，以将货物交给按照 A3 签订的合同承运人方式交货。	当货物按照 A4 交付时，买方必须收取，并在指定目的地自承运人收取货物。
A5 风险转移	**B5 风险转移**
除按照 B5 的灭失或损坏情况外，卖方承担按照 A4 完成交货前货物灭失或损坏的一切风险。	买方必须承担按照 A4 交货时起货物灭失或损坏的一切风险。 如买方未按照 B7 通知卖方，则自约定的交货日期或交货期限届满之日起，买方承担货物灭失或损坏的一切风险，但以该货物已经清楚地确定为合同项下之货物者为限。
A6 费用划分	**B6 费用划分**
卖方必须支付 a）按照 A4 完成交货前与货物相关的一切费用，但按照 B6 应由买方支付的费用除外； b）按照 A3 a）所发生的运费和其他一切费用，包括根据运输合同规定由卖方支付的	在不与 A3 a）冲突的情况下，买方必须支付 a）自按照 A4 交货时起，与货物相关的一切费用，如使用时，按照 A6 d）为出口所需的海关手续费用，及出口应交纳的一切关税、税款和其他费用除外；

装货费和在目的地的卸货费； c）根据 A3 b）发生的保险费用；及 d）如适用时，货物出口所需海关手续费用，出口应交纳的一切关税、税款和其他费用，以及按照运输合同规定，由卖方支付的货物从他国过境运输的费用。	b）货物在运输途中直至到达约定目的地为止的一切费用，按照运输合同该费用应由卖方支付的除外； c）卸货费，除非根据运输合同该项费用应由卖方支付； d）如买方为按照 B7 发出通知，则自约定发货之日或约定发货期限届满之日起，所发生的一切额外费用，但以该货物已清楚地确定为合同项下之货物者为限； e）如适用时，货物进口应交纳的一切关税、税款和其他费用，及办理进口海关手续对策费用和从他国过境运输费用，除非该项费用已包括在运输合同中；及 f）应买方要求，按照 A3 和 B3 取得附加险别所发生的费用。
A7 通知买方	**B7 通知卖方**
卖方必须向买方发出已按照 A4 交货通知。卖方必须向买方发出所需通知，以便买方采取收取货物通常所需要的措施。	当有权决定发货时间和/或指定目的地或目的地内收取货物的点时，买方必须向卖方发出充分通知。
A8 交货凭证	**B8 交货凭证、运输单据或有同等作用的电子讯息**
依惯例或应买方要求，卖方必须承担费用，向买方提供按照 A3 订立的运输合同通常的运输凭证。 此项运输凭证必须载明合同中的货物，且其签发日期应在约定运输期限内。 如已约定或依惯例，此项凭证也必须能使买方在指定目的地内向承运人索取货物，并能使买方在货物运输途中以向下家买方转让或通知承运人方式出售货物。 当此类运输凭证以可转让形式签发、且有数份正本时，则必须将整套正本凭证提交给买方。	如果凭证和合同相符的话，买方必须接受按照 A8 提供的运输凭证。

A9 查对—包装—标记	B9 货物检验
卖方必须支付为了按照 A4 进行交货，所需要进行的查对费用（如查对质量、丈量、过磅、点数的费用），以及出口国有关机构强制进行的装运前检验所发生的费用。 除非在特定贸易中，某类货物的销售通常不需包装，卖方必须自付费用包装货物。 除非买方在签订合同前已通知卖方特殊包装要求，卖方可以适合该货物运输的方式对货物进行包装。包装应做适当标记。	买方必须支付任何强制性装船前检验费用，但出口国有关机构强制进行的检验除外。
A10 协助提供信息及相关费用	**B10 协助提供信息及相关费用**
如适用时，应买方要求并由其承担风险和费用，卖方必须及时向买方提供或协助其取得相关货物进口和/或将货物运输到最终目的地所需要的任何文件和信息，包括 安全相关信息。 卖方必须偿付买方按照 B10 提供或协助取得文件和信息时发生的所有花销和费用。	买方必须及时告知卖方任何安全信息，以便卖方遵守 A10 的规定。 买方必须偿付卖方按照 A10 向买方提供或协助其取得文件和信息时发生的所有花费和费用。 如适用时，应卖方要求并由其承担风险和费用，买方必须及时向卖方提供或协助其取得货物运输和出口及从他国过境运输所需要的任何文件和信息，包括安全相关信息。

五、DAT

（Delivered At Terminal 运输终端交货）

该术语可适用于任何运输方式，也可适用于多种运输方式。

“运输终端交货”是指当卖方在指定港口或目的地的指定运输终端将货物从抵达的载货运输工具上卸下，交由买方处置时，即为交货。

“运输终端”意味着任何地点，而不论该地点是否有遮盖，例如码头、仓库、集装箱堆积场或公路、铁路、空运货站。卖方承担将货物送至指定港口或目的地的运输终端并将其卸下的一切风险。

由于卖方承担在特地地点交货前的风险，特别建议双方尽可能确切地约定运输终端，或如果可能的话，在约定港口或目的地的运输终端内的特定的点。

建议卖方取得完全符合该选择的运输合同。

此外，如果双方希望由卖方承担由运输终端至另一地点间运送和受理货物的风险和费用，则应当使用 DAP 或 DDP 术语。

如适用时，DAT 要求卖方办理出口清关手续。但卖方无义务办理进口清关、支付任何进口税或办理任何进口海关手续。

买卖双方义务

A 卖方义务	**B 买方义务**
A1 卖方一般义务	**B1 买方一般义务**
卖方必须提供符合买卖合同约定的货物和商业发票，以及合同可能要求的其他与合同相符的证据。 A1—A10 中所指的任何单证在双方约定或符合惯例的情况下，可以是同等作用的电子记录或程序。	买方必须按照买卖合同约定支付价款。 B1—B10 中所指的任何单证在双方约定或符合惯例的情况下，可以是同等作用的电子记录或程序。
A2 许可证、授权、安检通关和其他手续	**B2 许可证、授权、安检通关和其他手续**
如适用时，卖方必须自负风险和费用，取得所有的出口许可和其他官方授权，办理货物出口和交货前从他国过境运输所需的一切海关手续。	如适用时，买方必须自负风险和费用，取得所有进口许可或其他官方授权，办理货物进口的一切海关手续。
A3 运输合同与保险合同	**B3 运输合同与保险合同**
a）运输合同 卖方必须自付费用签订运输合同，将货物运至约定港口或目的地的指定运输终端。 如未约定特定的运输终端或该终端不能由惯例确定，卖方则可在约定港口或目的地，选择最适合其目的的运输终端。 **b）保险合同** 卖方对买方无订立保险合同的义务。但应买方要求并由其承担风险和费用（如有的话），卖方必须向买方提供后者取得保险所需信息。	**a）运输合同** 买方对卖方无订立运输合同的义务。 **b）保险合同** 买方对卖方无订立保险合同的义务。但应卖方要求，买方必须向卖方提供取得保险所需信息。

A4 交货	B4 收取货物
卖方必须在约定日期或期限内，以在A3 a）指定港口或目的地运输终端，将货物从抵达的运输工具上卸下，并交由买方处置的方式交货。	当货物按照A4交付时，买方必须收取。
A5 风险转移	**B5 风险转移**
除按照B5的灭失或损坏情况外，卖方承担按照A4完成交货前货物灭失或损坏的一切风险。	买方承担按照A4交货时货物灭失或损坏的一切风险。如果 a）买方未按照B2履行义务，则承担因此造成的货物灭失或损坏的一切风险；或 b）买方未按照B7通知卖方，则自约定的交货日期或交货期限届满之日起，买方承担货物灭失或损坏的一切风险。但以该货物已清楚地确定为合同项下之货物者为限。
A6 费用划分	**B6 费用划分**
卖方必须支付 a）A3 a）发生的费用，以及按照A4交货前与货物相关的一切费用，但按照B6应由买方支付的费用除外；及 b)如适用时，在按照A4交货前发生的、货物出口所需海关手续费用，出口应交纳的一切关税、税款和其他费用，以及货物从他国过境运输的费用。	买方必须支付 a）自按照A4完成交货之时起，与货物相关的一切费用； b）买方未按照B2履行其义务或未按照B7发出通知导致卖方发生的任何额外费用，但以该货物已清楚地确定为合同项下之货物者未限；及 c）如适用时，办理进口海关手续的费用，以及进口需交纳的所有关税、税款和其他费用。
A7 通知买方	**B7 通知卖方**
卖方必须向买方发出所需通知，以便买方采取收取货物通常所需要的措施。	当有权决定在约定期间内的具体时间和/或指定运输终端内的收取货物的点时，买方必须向卖方发出充分的通知。
A8 交货凭证	**B8 交货证据**
卖方必须自付费用，向买方提供凭证，以确保买方能够按照A4/B4收取货物。	买方必须接受按照A8提供的交货凭证。

A9 查对—包装—标记	B9 货物检验
卖方必须支付为了按照 A4 进行交货，所需要进行的查对费用（如查对质量、丈量、过磅、点数的费用），以及出口国有关机构强制进行的装运前检验所发生的费用。 除非在特定贸易中，某类货物的销售通常不需包装，卖方必须自付费用包装货物。 除非买方在签订合同前已通知卖方特殊包装要求，卖方可以适合该货物玉树的方式对货物进行包装。包装应做适当标记。	买方必须支付任何强制性装船前检验费用，但出口国有关机构强制进行的检验除外。
A10 协助提供信息及相关费用	**B10 协助提供信息及相关费用**
如适用时，应买方要求并由其承担风险和费用，卖方必须及时向买方提供或协助其取得相关货物进口和/或将货物运输到最终目的地所需要的任何文件和信息，包括安全相关信息。 卖方必须偿付买方按照 B10 提供或协助取得文件和信息时所发生的所有花销和费用。	买方必须及时告知卖方任何安全信息要求，以便卖方符合 A10 的规定。 买方必须偿付卖方按照 A10 向卖方提供或协助其取得文件和信息时所发生的所有花销和费用。 如适用时，应卖方要求并由其承担风险和费用，买方必须及时向卖方提供或协助其取得货物运输和出口及从他国过境运输所需要的任何文件和信息，包括安全相关信息。

六、DAP

（Delivered At Place 目的地交货）

该术语可适用于任何运输方式，也可适用于多种运输方式。

“目的地交货”是指当卖方在指定目的地将仍处于抵达的运输工具之上，且已作好卸载准备的货物交由买方处置时，即为交货。卖方承担将货物运送到指定地点的一切风险。

由于卖方承担在特定地点交货前的风险，特别建议双方尽可能清楚地约定指定目的地内的交货点。建议卖方取得完全符合该选择的运输合同。如果卖方按照运输合同在目的地发生了卸货费用，除非双方另有约定，卖方无权向买方要求偿付。

如适用时，DAP 要求卖方办理出口清关手续。但是卖方无义务办理进口清关、支付任何进口税或办理任何进口海关手续。如果双方希望卖方办理进口清关、支付所有进口关税，并办理所有进口海关手续，则应当使用 DDP 术语。

买卖双方义务

A 卖方义务	B 买方义务
A1 卖方一般义务	**B1 买方一般义务**
卖方必须提供符合买卖合同约定的货物和商业发票，以及合同可能要求的其他与合同相符的证据。A1—A10 中所指的任何单证在双方约定或符合惯例的情况下，可以是同等作用的电子记录或程序。	买方必须按照买卖合同约定支付价款。 B1—B10 中所指的任何单证在双方约定或符合惯例的情况下，可以是同等作用的电子记录或程序。
A2 许可证、授权、安检通关和其他手续	**B2 许可证、授权、安检通关和其他手续**
如适用时，卖方必须自付风险和费用，取得所有的出口许可和其他官方授权，办理货物出口和交货前从他国过境运输所需的一切海关手续。	如适用时，买方必须自付风险和费用，取得所有进口许可或其他官方授权，办理货物进口的一切海关手续。
A3 运输合同与保险合同	**B3 运输合同与保险合同**
a）运输合同 卖方必须自付费用签订运输合同，将货物运至指定目的地或指定地内的约定的点（如有的话）。 如未约定特定的点或该点不能由惯例确定，卖方则可在指定目的地内选择最适合其目的的交货点。 **b）保险合同** 卖方对买方无订立保险合同的义务。但应买方要求并由其承担风险和费用（如有的话），卖方必须向买方提供后者取得保险所需的信息。	**a）运输合同** 买方对卖方无订立运输合同的义务。 **b）保险合同** 买方对卖方无订立保险合同的义务。但应卖方要求，买方必须向卖方提供取得保险所需信息。
A4 交货	**B4 收取货物**
卖方必须在约定日期或期限内，在约定的地点（如有的话）或指定目的地，以将仍处于抵达的运输工具之上、且已做好卸载准备的货物交由买方处置的方式交货。	当货物按照 A4 交付时，买方必须收取。

A5 风险转移	B5 风险转移
除按照 B5 的灭失或损坏情况外，卖方承担按照 A4 完成交货前货物灭失或损坏的一切风险。	买方承担按照 A4 交货时起货物灭失或损坏的一切风险。 如果 a）买方未按照 B2 履行义务，则承担因此造成的货物灭失或损坏的一切风险；或 b）买方未按照 B7 通知卖方，则自约定的交货日期或交货期限届满之日起，买方承担货物灭失或损坏的一切风险。 但以该货物已清楚地确定为合同项下之货物者为限。
A6 费用划分	**B6 费用划分**
卖方必须支付 a）因 A3 a）发生的费用，以及按照 A4 交货前与货物相关的一切分页，但按照 B6 应由买方支付的费用除外； b）运输合同中规定的应由卖方支付的在目的地卸货的任何费用；及 c）如适用时，在按照 A4 交货前发生的货物出口所需海关手续费用，出口应交纳的一切关税、税款和其他费用，以及货物从他国过境运输的费用。	买方必须支付 a）自按照 A4 交货时起与货物相关的一切费用； b）在指定目的地从到达的运输工具上，为收取货物所必须支付的一切卸货费用，但运输合同规定该费用由卖方承担者除外； c）买方未按照 B2 履行义务或未按照 B7 发出通知导致卖方发生的任何额外费用，但以该货物已清楚地确定为合同项下之货物者为限；及 d）如适用时，办理进口海关手续的费用，以及进口需交纳的所有关税、税款和其他费用。
A7 通知买方	**B7 通知卖方**
卖方必须向买方发出所需通知，以便买方采取收取货物通常所需要的措施。	当有权决定在约定期间内的具体时间和/或指定目的地内的收取货物的点时，买方必须向卖方发出充分的通知。
A8 交货凭证	**B8 交货证据**
卖方必须自付费用，向买方提供凭证，以确保买方能够按照 A4/B4 收取货物。	买方必须接受按照 A8 提供的交货凭证。

A9 查对—包装—标记	B9 货物检验
卖方必须支付为了按照A4进行交货，所需要进行的查对费用(如查对质量、丈量、过磅、点数的费用)，以及出口国有关机构强制进行的装运前检验所发生的费用。 除非在特定贸易中，某类货物的销售通常不需包装，卖方必须自付费用包装货物。除非买方在签订合同前已通知卖方特殊包装要求，卖方可以适合该货物运输的方式对货物进行包装。包装应做适当标记。	买方必须支付任何强制性装船前检验费用，但出口国有关机构强制进行的检验除外。
A10 协助提供信息及相关费用	**B10 协助提供信息及相关费用**
如适用时，应买方要求并由其承担风险和费用，卖方必须及时向买方提供或协助其取得相关货物进口和/或将货物运输到最终目的地所需要的任何文件和信息，包括安全相关信息。 卖方必须偿付买方按照B10提供或协助取得文件和信息时发生的所有花销和费用。	买方必须及时告知卖方任何安全信息要求，以便卖方遵守A10的规定。 买方必须偿付卖方按照A10向买方提供或协助其取得文件和信息时发生的所有花销和费用。 如适用时，应卖方要求并由其承担风险和费用，买方必须及时提供或协助其取得货物运输和出口及从他国过境运输所需要的任何文件和信息，包括安全相关信息。

七、DDP

(Delivered Duty Paid 完税后交货)

该术语可适用于任何运输方式，也可适用于多种运输方式。

“完税后交货”是指当卖方在指定目的地将仍处于抵达的运输工具上，但已完成进口清关，且已做好卸载准备的货物交由买方处置时，即为交货。卖方承担将货物运至目的地的一切风险和费用，并且有义务完成货物出口和进口清关，支付所有出口和进口的关税和办理所有海关手续。

DDP代表卖方的最大责任。

由于卖方承担在特定地点交货前的风险和费用，特别建议双方尽可能清楚地约定在指定目的地内的交货点。建议卖方取得完全符合该选择的运输合同。如果按照运输合同卖方在目的地发生了卸货费用，除非双方另有约定，卖方无权向买方索要。

如卖方不能直接或间接地完成进口清关，则特别建议双方不使用DDP。

如双方希望买方承担所有进口清关的风险和费用，则应使用DAP术语。

除非买卖合同中另行明确规定，任何增值税或其它应付的进口税款由卖方承担。

买卖双方义务

A 卖方义务	B 买方义务
A1 卖方一般义务	**B1 买方一般义务**
卖方必须提供符合买卖合同约定的货物和商业发票，以及合同可能要求的其它与合同相符的证据。A1—A10 中所指的任何单证在双方约定或符合惯例的情况下，可以是同等作用的电子记录或程序。	买方必须按照买卖合同约定支付价款。 B1—B10 中所指的任何单证在双方约定或符合惯例的情况下，可以是同等作用的电子记录或程序。
A2 许可证、授权、安检通关和其他手续	**B2 许可证、授权、安检通关和其他手续**
如适用时，卖方必须自负风险和费用，取得所有的进口许可和其他官方授权，办理货物出口、从他国过境运输和进口所需的一切海关手续。	如适用时，应卖方要求并由其承担风险和费用，买方必须协助卖方取得货物进口所需所有进口许可或其他官方授权。
A3 运输合同与保险合同	**B3 运输合同与保险合同**
a）运输合同 卖方必须自付费用签订运输合同，将货物运至指定目的地或指定目的地内的约定的点（如有约定）。 如未约定特定的交付点或该交付点不能由惯例确定，卖方则可在指定目的地内选择最适合其目的的交货点。 **b）保险合同** 卖方对买方无订立保险合同的义务。但应买方要求并由其承担风险和费用（如有的话），卖方必须向买方提供后者取得保险所需的信息。	**a）运输合同** 买方对卖方无订立运输合同的义务。 **b）保险合同** 买方对卖方无订立保险合同的义务。但应卖方要求，买方必须向卖方提供取得保险所需信息。
A4 交货	**B4 收取货物**
卖方必须在约定日期或期限内，在约定的地点（如有的话）或指定目的地， 以将仍处于抵达的运输工具上、且已做好卸载准备的货物交由买方处置的方式交货。	当货物按照 A4 交付时，买方必须收取。

A5 风险转移	B5 风险转移
除按照 B5 的灭失或损坏情况外，卖方承担按照 A4 完成交货前货物灭失或损坏的一切风险。	买方承担按照 A4 交货时起货物灭失或损坏的一切风险。如果 a）买方未按照 B2 履行义务，则承担因此造成的货物灭失或损坏的一切风险；或 b）买方未按照 B7 通知卖方，则自约定的货物日期或交货期限届满之日起，买方承担货物灭失或损坏的一切风险。 但以该货物已清楚地确定为合同项下之货物者为限。
A6 费用划分	**B6 费用划分**
a）除 A3a）发生的费用，以及按照 A4 交货前与货物相关的一切费用，但按照 B6 应由买方支付的费用除外； b）运输合同中规定的应由卖方支付的在目的地卸货的任何费用；及 c）如适用时，在按照 A4 交货前发生的，货物进出口所需海关手续费用，出口和进口应交纳的一切关税、税款和其他费用，以及货物从他国过境运输的费用。	买方必须支付 a）自按照 A4 交货时起与货物相关的一切费用； b）在指定目的地从到达的运输工具上，为收取货物所必须支付的一切卸货费用，但运输合同规定该费用由卖方承担者除外；及 c）买方未按照 B2 履行义务或未按照 B7 发出通知导致卖方产生的任何额外费用，但以该货物已清楚地确定为合同项下之货物者为限。
A7 通知买方	**B7 通知卖方**
卖方必须向买方发出所需通知，以便买方采取收取货物通常所需要的措施。	当有权决定在约定期间内的具体时间和/或指定目的地内收取货物的点时，买方必须向卖方发出充分的通知。
A8 交货凭证	**B8 交货凭证**
卖方必须自付费用，向买方提供凭证，以确保买方能够按照 A4/B4 收取货物。	买方必须接受按照 A8 提供的交货凭证。
A9 查对—包装—标记	**A9 货物检验**
卖方必须支付为了按照 A4 进行交货，所需要进行的查对费用（如查对质量、丈量、过磅、点数的费用），以及进出口国有关机构强制进行的装运前检验所发生的费用。	买方对卖方不承担义务支付任何进出口国有关机构装运前强制进行的检验费用。

A10 协助提供信息及相关费用	A10 协助提供信息及相关费用
如适用时，应买方要求并由其承担风险和费用，卖方必须及时向买方提供或协助其取得自指定目的地将货物运输到最终目的地所需要的任何文件和信息，包括安全相关信息。 卖方必须偿付买方按照 B10 提供或协助取得文件和信息时所发生的所有花销和费用。	买方必须及时告知卖方任何安全信息要求，以便卖方遵守 A10 的规定。 买方必须偿付卖方按照 A10 向买方提供或协助其取得文件和信息时产生的所有花销和费用。 如适用时，应卖方要求并由其承担风险和费用，买方必须及时向卖方提供或协助其取得货物运输、进出口以及从他国过境运输所需要的任何文件和信息，包括安全相关信息。

八、FAS

(Free Alongside Ship 船边交货)

该术语仅用于海运或内河水运。

“船边交货”是指当卖方在指定的装运港将货物交到买方指定的船边（例如，置于码头或驳船上）时，即为交货。货物灭失或损坏的风险在货物交到船边时发生转移，同时买方承担自那时起的一切费用。

由于卖方承担在特定地点交货前的风险和费用，而且这些费用和相关作业费可能因各港口惯例不同而变化，特别建议双方尽可能清楚地约定指定装运港内的装货点。

卖方应将货物运至船边或取得已经这样交运的货物。此处使用的“取得”一词适用于商品贸易中常见的交易链中的多层销售（链式销售）。

当货物装在集装箱里时，卖方通常将货物在集装箱码头移交给承运人，而非交到船边。这时，FAS 术语不适合，而应当使用 FCA 术语。

如适用时，FAS 要求卖方办理出口清关手续。但卖方无义务办理进口清关、支付任何进口税或办理任何进口海关手续。

买卖双方义务

A 卖方义务	B 买方义务
A1 卖方一般义务	**B1 买方一般义务**
卖方必须提供符合买卖合同约定的货物和商业发票，以及合同可能要求的其他与合同相符的证据。 A1—A10 中所指的任何单证在双方约	买方必须按照合同约定支付价款。 B1—B10 中所指的任何单证在双方约定或符合惯例的情况下，可以是同等作用的电子记录或程序。

定或符合惯例的情况下，可以是同等作用的电子记录或程序。	
A2 许可证、授权、安检通关和其他手续	**B2 许可证、授权、安检通关和其他手续**
如适用时，卖方必须自负风险和费用，取得所有的出口许可或其他官方授权，办理货物出口所需的一切海关手续。	如适用时，应由买方自负风险和费用，取得所有进口许可或其他官方授权，办理货物进口和从他国过境运输所需的一切海关手续。
A3 运输合同与保险合同	**B3 运输合同与保险合同**
a）运输合同 卖方对买方无订立运输合同的义务。 但若买方要求，或是依商业实践，且买方未适时作出相反指示，卖方可以按照通常条件签订运输合同，由买方负担风险和费用。 在以上两种情形下，卖方都可拒绝签订运输合同，如予拒绝，卖方应立即通知买方。 **b）保险合同** 卖方对买方无订立保险合同的义务。 但应买方要求并由其承担风险和费用（如有的话），卖方必须向买方提供后者取得保险所需信息。	**a）运输合同** 除了卖方按照 A3a）签订运输合同情形外，买方必须自付费用签订自指定的装运港起运货物的运输合同。 **b）保险合同** 买方对卖方无订立保险合同的义务。
A4 交货	**B4 收取货物**
卖方必须在买方指定的装运港内的装船点（如有的话），以将货物置于买方指定的船舶旁边，或以取得已经在船边交付的货物的方式交货。 在其中任何情形下，卖方都必须在约定日期或期限内，按照该港的习惯方式交货。 如果买方没有指定特定的装货地点，卖方则可在指定装运港选择最适合其目的的装货点。 如果双方已同意交货应当在一段时间内进行，买方则在该期限内选择日期。	当货物按照 A4 交付时，买方必须收取。

A5 风险转移	**B5 风险转移**
除按照 B5 的灭失损坏情况外，卖方承担按照 A4 完成交货前货物灭失或损坏的一切风险。	买方承担按照 A4 交货时起货物灭失或损坏的一切风险。如果 a）买方未按照 B7 发出通知；或 b）买方指定的船舶未准时到达，或未收取货物，或早于 B7 通知的时间停止装货； 则买方自约定交货日期或约定期限届满之日起承担所有货物灭失或损坏的一切风险，但以该货物已清楚地确定为合同项下之货物者为限。
A6 费用划分	**B6 费用划分**
卖方必须支付 a)按照 A4 交货前与货物相关的一切费用，但按照 B6 应由买方支付的费用除外；及 b）如适用时，货物出口所需海关手续费用，以及出口应交纳的一切关税、税款和其他费用。	买方必须支付 a）自按照 A4 交货之时起与货物相关的一切费用，如适用时，A6b）中为出口所需的海关手续费用，及出口应交纳的一切关税、税款和其他费用除外； b）由于以下原因之一发生的任何额外费用： （1）买方未能按照 B7 发出相应的通知，或 （2）买方指定的船舶未准时到达，未能收取货物或早于 B7 通知的时间停止装货，但以该货物已清楚地确定为合同项下之货物者为限；及 c）如适用时，货物进口应交纳的一切关税、税款和其他费用，及办理进口货物海关手续的费用和从他国过境运输的费用。
A7 通知买方	**B7 通知卖方**
由买方承担风险和费用，卖方必须就其已经按照 A4 交货或船舶未在约定时间内收取货物给予买方充分的通知。	买方必须就船舶名称、装船点和其在约定期间内选择的交货时间（如需要时）向卖方发出充分的通知。
A8 交货凭证	**B8 交货证据**
卖方必须自付费用向买方提供已按照 A4 交货的通常证据。	买方必须接受按照 A8 提供的交货凭证。

除非上述证据是运输凭证，否则，应买方要求并由其承担风险和费用，卖方必须协助买方取得运输凭证。	
A9 查对—包装—标记	**B9 货物检验**
卖方必须支付为了按照 A4 进行交货，所需要进行的查对费用（如查对质量、丈量、过磅、点数的费用），以及出口国有关机构强制进行的装运前检验所发生的费用。 除非在特定贸易中，某类货物的销售通常不需要包装，卖方必须自付费用包装货物。 除非买方在签订合同前已通知卖方特殊包装要求，卖方可以适合该货物运输的方式对货物进行包装。包装应做适当标记。	买方必须支付任何强制性装船前检验费用，但出口国有关机构强制进行的检验费用除外。
A10 协助提供信息及相关费用	**B10 协助提供信息及相关费用**
如适用时，应买方要求并由其承担风险和费用，卖方必须及时向买方提供或协助其取得相关货物进口和/或将货物运输到最终目的地所需要的任何文件和信息，包括安全相关信息。 卖方必须偿付买方按照 B10 提供或协助取得文件和信息时所发生的所有花销和费用。	买方必须及时告知卖方任何安全信息要求，以便卖方遵守 A10 的规定。 买方必须偿付卖方按照 A10 向买方提供或协助其取得文件和信息时发生的所有花销和费用。 如适用时，应卖方要求并由其承担风险和费用，买方必须及时向卖方提供或协助其取得货物运输和出口及他国过境运输所需要的任何文件和信息，包括安全相关信息。

九、FOB

（Free On Board 船上交货）

该术语仅用于海运或内河水运.

“船上交货”是指卖方以在指定装运港将货物装上买方指定的船舶或通过取得已交付至船上货物的方式交货。货物灭失或损坏的风险在货物交到船上时转移，同时买方承担自那时起的一切费用。

卖方应将货物在船上交付或者取得已在船上交付的货物。此处使用的“取得”一词适用于商品贸易中常见的交易链中的多层销售（链式销售）。

FOB 可能不适合于货物在上船前已经交给承运人的情况，例如用集装箱运输的货物通常是在集装箱码头交货。在此类情况下，应当使用 FCA 术语。

如适用时，FOB 要求卖方出口清关。但卖方无义务办理进口清关、支付任何进口税或办理任何进口海关手续。

买卖双方义务

A 卖方义务	B 买方义务
A1 卖方一般义务	**B1 买方一般义务**
卖方必须提供符合买卖合同约定的货物和商业发票,以及合同可能要求的其他与合同相符的证据。 A1—A10 中所指的任何单证在双方约定或符合惯例的情况下,可以是同等作用的电子记录或程序。	买方必须按照买卖合同约定支付价款。 B1—B10 中所指的任何单证在双方约定或符合惯例的情况下,可以是同等作用的电子记录或程序。
A2 许可证、授权、安检通关和其他手续	**B2 许可证、授权、安检通关和其他手续**
如适用时，卖方必须自负风险和费用，取得所有的出口许可或其他官方授权,办理货物出口所需的一切海关手续。	如适用时，应由买方自负风险和费用，取得所有进口许可或其他官方授权,办理货物进口和从他国过境运输所需的一切海关手续。
A3 运输合同与保险合同	**B3 运输合同与保险合同**
a）运输合同 卖方对买方无订立运输合同的义务。 但若买方要求，或依商业实践，且买方未适时作出相反指示,卖方可以按照通常条件签订运输合同，由买方负担风险和费用。 在以上两种情形下,卖方都可以拒绝签订运输合同，如予拒绝，卖方应立即通知买方。 **b）保险合同** 卖方对买方无订立保险合同的义务。但应买方要求并由其承担风险和费用(如有的话)，卖方必须向买方提供后者取得保险所需的信息。	**a）运输合同** 除了卖方按照 A3a）订立了运输合同情形外,买方必须自付费用订立自指定的地点起运货物的运输合同。 **b）保险合同** 买方对卖方无订立保险合同的义务。

A4 交货	B4 收取货物
卖方必须在指定的装运港内的装船点（如有的话），以将货物置于买方指定的船舶之上方式，或以取得已在船上交付的货物的方式交货。 在其中任何情形下，卖方都必须在约定日期或期限内，按照该港的习惯方式交货。 如果买方没有指定特定的装货点，卖方则可在指定装运港选择最适合其目的的装货点。	当货物按照 A4 交付时，买方必须收取。
A5 风险转移	**B5 风险转移**
除按照 B5 的灭失或损坏情况外，卖方承担按照 A4 完成交货前货物灭失或损坏的一切风险。	买方承担按照 A4 交货时起货物灭失或损坏的一切风险。 如果 a）买方未按照 B7 通知指定的船舶名称；或 b）买方指定的船舶未准时到达导致卖方未能按 A4 履行义务，或该船舶不能够装载该货物，或早于 B7 通知的时间停止装货； 买方则按下列情况承担货物灭失或损坏的一切风险： 1.自约定之日起，或如没有约定日期的， 2.自卖方在约定期限内按照 A7 通知的日期起，或如没有通知日期的， 3.自任何约定交货期限届满之日起。 但以该货物清楚地确定为合同项下之货物者为限。
A6 费用划分	**B6 费用划分**
卖方必须支付 a）按照 A4 完成交货前与货物相关的一切费用，但按照 B6 应由买方支付的费用除外；及 b）如适用时，货物出口所需海关手续费	买方必须支付 a）自按照 A4 交货之时起与货物相关的一切费用，如适用时，按照 A6 b）出口所需海关手续的费用，及出口应交纳的一切关税、税款和其他费用除外；

用，以及出口应交纳的一切关税、税款和其他费用。	b）由于以下原因之一发生的任何额外费用： 1.买方未能按照 B7 给予卖方相应的通知，或 2.买方指定的船舶未准时到达，不能装载货物或早于 B7 通知的时间停止装货， 但以该货物已清楚地确定为合同项下之货物者为限；及 c）如适用时，货物进口应交纳的一切关税、税款和其他费用，及办理进口海关手续的费用和从他国过境运输的费用。
A7 通知买方	**B7 通知卖方**
有买方承担风险和费用，卖方必须就其已经按照 A4 交货或船舶未在约定时间内收取货物给予买方充分的通知。	买方必须就船舶名称、装船点和其他在约定期限内选择的交货时间（如需要时），向卖方发出充分的通知。
A8 交货凭证	**B8 交货凭证**
卖方必须自付费用向买方提供已按照 A4 交货的通常证据。 除非上述证据是运输凭证，否则，应买方要求并由其承担风险和费用，卖方必须协助买方取得运输凭证。	买方必须接受按照 A8 提供的交货凭证。
A9 查对—包装—标记	**B9 货物检验**
卖方必须支付为了按照 A4 进行交货，所需要进行的查对费用（如查对质量、丈量、过磅、点数的费用），以及出口国有关机构强制进行的装运前检验所发生的费用。 除非在特定贸易中，某类货物的销售通常不需要包装，卖方必须自付费用包装货物。 除非买方在签订合同前已通知卖方特殊包装需求，卖方可以适合该货物运输的方式对货物进行包装。包装应做适当标记。	买方必须支付任何强制性装船前检验费用，但出口国有关机构强制进行的检验除外。

A10 协助提供信息及相关费用	B10 协助提供信息及相关费用
如适用时，应买方要求并由其承担风险和费用，卖方必须及时向买方提供或协助其取得相关货物进口和/或将货物运输到最终目的地所需要的任何文件和信息，包括安全相关信息。 卖方必须偿付买方按照 B10 提供或协助取得文件和信息时所发生的所有花销和费用。	买方必须及时告知卖方任何安全信息要求，以便卖方遵守 A10 的规定。 买方必须偿付卖方按照 A10 向买方提供或协助其取得文件和信息时所发生的所有花销和费用。 如适用时，应卖方要求并由其承担风险和费用，买方必须及时向卖方提供或协助其取得货物运输和出口及从他国过境所需要的任何文件和信息，包括安全相关信息。

十、CFR

（Cost And Freight 成本加运费）

该术语仅用于海运或内河水运。

“成本加运费”是指卖方在船上交货或以取得已经这样交付的货物方式交货。货物灭失或损坏的风险在货物交到船上时转移。卖方必须签订合同，并支付必要的成本和运费，将货物运至指定的目的港。

当使用 CPT、CIP、CFR 或者 CIF 是，卖方按照所选择术语规定的方式将货物交付给承运人时，即完成其交货义务，而不是货物到达目的地之时。

由于风险转移和费用转移的地点不同，该术语有两个关键点。虽然合同通常都会指定目的港，但不一定都会指定装运港，而这里是风险转移至买方的地方。如果装运港对买方具有特殊意义，特别建议双方在合同中尽可能准确地指定装运港。

由于卖方要承担将货物运至目的地具体地点的费用，特别建议双方应尽可能地确切地指定目的港内明确地点。建议卖方取得完全符合该选择的运输合同。如果卖方按照运输合同在目的港交付点发生了卸货费用，则除非双方事先另有约定，卖方无权向买方要求补偿该项费用。

卖方需要将货物在船上交货，或以取得已经这样交付运往目的港的货物方式交货。此外，卖方还需签订一份运输合同，或者取得一份这样的合同。此处使用的“取得”一词适用于商品贸易中常见的交易链中多层销售（链式销售）。

CFR 可能不适合于货物在上船前已经交给承运人的情况，例如用集装箱运输的货物通常是在集装箱码头交货。在此类情况下，应当使用 CPT 术语。

如适用时，CFR 要求卖方办理出口清关。但卖方无义务办理进口清关、支付任何进口税或办理任何进口海关手续。

买卖双方义务

A 卖方义务	B 买方义务
A1 卖方一般义务	**B1 买方一般义务**
卖方必须提供符合买卖合同约定的货物和商业发票，以及合同可能要求的其他与合同相符的证据。 A1—A10 中所指的任何单证在双方约定或符合惯例的情况下，可以是同等作用的电子记录或程序。	买方必须按照买卖合同约定支付价款。 B1—B10 中所指的任何单证在双方约定或符合惯例的情况下，可以是同等作用的电子记录或程序。
A2 许可证、授权、安检通关和其他手续	**B2 许可证、授权、安检通关和其他手续**
如适用时，卖方必须自负风险和费用，取得所有的出口许可或其他官方授权，办理货物出口所需的一切海关手续。	如适用时，应由买方自负风险和费用，取得所有的进口许可或其他官方授权，办理货物进口和从他国过境运输所需要的一切海关手续。
A3 运输合同与保险合同	**B3 运输合同与保险合同**
a）运输合同 卖方必须签订或取得运输合同，将货物自交货地内的约定交货点（如有的话）运送至指定目的港或该目的港的交付点（如有约定）。 必须按照通常条件订立合同，由卖方支付费用，经由通常航线，由通常用来运输该类商品的船舶运输。 **b）保险合同** 卖方对买方无订立保险合同的义务。 但应买方要求并由其承担风险和费用（如有的话），卖方必须向买方提供后者取得保险所需信息。	**a）运输合同** 买方对卖方无订立运输合同的义务。 **b）保险合同** 买方对卖方无订立保险合同的义务。但应卖方要求，买方必须向卖方提供取得保险所需信息。
A4 交货	**B4 收取货物**
卖方必须以将货物装上船，或者以取得已装船货物的方式交货。 在其中任何情况下，卖方都必须在约定日	当货物按照 A4 交付时，买方必须收取，并在指定的目的港自承运人收取货物。

期或期限内，按照该港的习惯方式交货。	
A5 风险转移	**B5 风险转移**
除按照 B5 的灭失或损坏情况外，卖方承担按照 A4 完成交货前货物灭失或损坏的一切风险。	买方承担按照 A4 交货时起货物灭失或损坏的一切风险。 如买方未按照 B7 通知卖方，则买方从约定的交货日期或交货期限届满之日起，承担货物灭失或损坏的一切风险，但以该货物已清楚地确定为合同项下之货物者为限。
A6 费用划分	**B6 费用划分**
卖方必须支付 a)按照 A4 完成交货前与货物相关的一切费用，但按照 B6 应由买方支付的费用除外； b）按照 A3 a）所发生的将货物装上船的运费和其他一切费用，包括将货物装上船和根据运输合同规定的由卖方支付的在约定卸载港的卸货费；及 c）如适用时，货物出口所需海关手续费用，出口应交纳的一切关税、税款和其他费用，以及按照运输合同规定，由卖方支付的货物从他国过境运输的费用。	在不与 A3 a）冲突的情况下，买方必须支付 a）自按照 A4 交货时起与货物相关的一切费用，如适用时，按照 A6 c）为出口所需的海关手续费用，及出口应交纳的一切关税、税款和其他费用除外； b）货物在运输途中直至到达约定目的港为止的一切费用，按照运输合同该费用应由卖方支付者的除外； c）包括驳运费和码头费在内的卸货费，除非根据运输合同该费用应由卖方支付者外； d）如买方未按照 B7 发出通知，则自约定运输之日或约定运输期限届满之日起，所发生的一切额外费用，但以该货物已清楚地确定为合同项下之货物者为限；及 e）如适用时，货物进口应交纳的一切关税、税款和其他费用，及办理进口海关手续的费用和从他国过境运输费用，除非该费用已包括在运输合同中。
A7 通知买方	**B7 通知卖方**
卖方必须向买方发出所需通知，以便买方采取收取货物通常所需要的措施。	当有权决定货物运输时间和/或指定目的港内收取货物点时，买方必须向卖方发出充分的通知。

A8 交货凭证	B8 交货凭证
卖方必须自付费用，不得延迟地向买方提供到约定目的港的通常的运输凭证。 此运输凭证必须载明合同中的货物，且其签发日期应在约定运输期限内，并使买方能在指定目的港向承运人索取货物。同时，除非另有约定，该项凭证应能使买方在货物运输途中以向下家买方转让或通知承运人的方式出售货物。 当此类运输凭证以可转让形式签发并有数份正本时，则必须将整套正本凭证提交给买方。	如果凭证与合同相符的话，买方必须接受按照 A8 提交的运输凭证。
A9 查对—包装—标记	**B9 货物检验**
卖方必须支付为了按照 A4 进行交货，所需要进行的查对费用（如查对质量、丈量、过磅、点数的费用），以及出口国有关机构强制进行的装运前检验所发生的费用。 除非在特定贸易中，某类货物的销售通常不需要包装，卖方必须自付费用包装货物。 除非买方在签订合同已通知卖方特殊包装要求，卖方可以适合货物运输的方式对货物进行包装。包装应做适当标记。	买方必须支付任何强制性装船前检验费用，但出口国有关机构强制进行的检验除外。
A10 协助提供信息及相关费用	**B10 协助提供信息及相关费用**
如适用时，应买方要求并由其承担风险和费用，卖方必须及时向买方提供或协助其取得相关货物进口和/或将货物运输到最终目的地所需要的任何文件和信息，包括安全相关信息。 卖方必须偿付买方按照 B10 提供或协助取得文件和信息是所发生的所有花销和费用。	买方必须及时告知卖方任何安全信息要求，以便卖方遵守 A10 的规定。 买方必须偿付卖方按照 A10 向买方提供或协助其取得文件和信息时所发生的所有花销和费用。 如适用时，应卖方要求并由其承担风险和费用，买方必须及时向卖方提供或协助其取得货物运输和出口及从他国过境所需要的任何文件和信息，包括安全相关信息。

十一、CIF

（Cost，Insurance and Freight 成本、保险费加运费）

该术语仅用于海运或内河水运。

“成本、保险费加运费”是指卖方在船上交货或以取得已这样交付的货物方式交货。货物灭失或损坏的风险在货物交到船上时转移。卖方必须签订合同，并交付必要的成本和运费，以将货物运至指定的目的港。

卖方还要为买方在运输途中货物的灭失或损坏风险办理保险。买方应注意到，在 CIF 下卖方仅需投保最低险别。如买方需要更多保险保护的话，则需与卖方明确达成协议，或者自行做出额外的保险安排。

当使用 CPT，CIP，CFR 或者 CIF 时，卖方按照所选择的术语规定的方式将货物交付给承运人时，即完成交货义务，而不是货物到达目的地之时。

由于风险转移和费用转移的地点不同，该术语有两个关键点。虽然合同通常都会指定目的港，但不一定都会指定装运港，而这里是风险转移至买方的地方。如果装运港对买方具有特殊意义，特别建议双方在合同中尽可能准确地指定装运港。

由于卖方需承担将货物运送至目的地具体地点的费用，特别建议双方应尽可能确切地在指定目的港内明确该点。建议卖方取得完全符合该选择的运输合同。如果卖方按照运输合同在目的港发生了卸货费用，则除非双方事先另有约定，卖方无权向买方要求补偿该项费用。

卖方需要将货物在船上交货，或以取得已经这样交付运往目的港的货物方式交货。此外，卖方还需签订一份运输合同，或者取得一份这样的合同。此处使用的“取得”一词适用于商品贸易中常见的交易链中的多层销售（链式销售）。

CIF 可能不适合于货物在上船前已经交给承运人的情况，例如用集装箱运输的货物通常是在集装箱码头交货。在此类情况下，应当使用 CIP 术语。

如适用时，CIF 要求卖方办理出口清关。但卖方无义务办理进口清关、支付任何进口税或办理任何进口海关手续。

买卖双方义务

A 卖方义务	B 买方义务
A1 卖方一般义务	**B1 买方一般义务**
卖方必须提供符合买卖合同约定的货物和商业发票，以及合同可能要求的其	买方必须按照买卖合同约定支付价款。 B1—B10 中所指的任何单证在双方约定或

他与合同相符的证据。 A1—A10 中所指的任何单证在双方约定或符合惯例的情况下，可以是同等作用的电子记录或程序。	符合惯例的情况下，可以是同等作用的电子记录或程序。
A2 许可证、授权、安检通关和其他手续	**B2 许可证、授权、安检通关和其他手续**
如适用时，卖方必须自负风险和费用，取得所有的出口许可或其他官方授权，办理货物出口所需的一切海关手续。	如适用时，应由买方自负风险和费用，取得所有的进口许可或其他官方授权，办理货物进口和从他国过境运输所需要的一切海关手续。
A3 运输合同与保险合同	**B3 运输合同和保险合同**
a）运输合同 卖方必须签订或取得运输合同，将货物自交货地内的约定交货点（如有的话）运送至指定目的港或该目的港的交付点（如有约定）。 必须按照通常条件订立合同，由卖方支付费用，经由通常航线，由通常用来运输该类商品的船舶运输。 **b）保险合同** 卖方必须自付费用取得货物保险。该保险需至少符合《协会货物保险条款》（Institute Cargo Clauses, LMA/IUA）“条款（C）”（Clauses C ）或类似条款的最低险别。 保险合同应与信誉良好的承保人或保险公司订立。应使买方或其他对货物有可保利益者有权直接向保险人索赔。 当买方要求且能够提供卖方所需的信息时，卖方应办理任何附加险别，由买方承担费用， 如果能够办理，诸如办理《协会货物保险条款》（Institute Cargo Clauses, LMA/IUA）“条款（A）或（B）”（Clauses A or B）或类似条款的险别，	**a）运输合同** 买方对卖方无订立运输合同的义务。 **b）保险合同** 买方对卖方无订立保险合同的义务。但应卖方要求，买方必须向卖方提供后者应买方按照 A3 b）要求其购买附加险所需信息。

也可同时或单独办理《协会战争险条款》（Institute War Clauses）和/或《协会罢工险条款》（Institute Strikes Clauses, LMA/IUA）或其他类似条款的险别。 保险最低金额是合同规定价格另加10%（即110%），并采用合同货币。 保险期间为货物自A4和A5规定的交货点起，至少到指定目的地止。 卖方应向买方提供保单或其他保险证据。 此外，应买方要求并由买方承担风险和费用（如有的话），卖方必须向买方提供后者取得附加险所需信息。	
A4 交货	**B4 收取货物**
卖方必须以将货物装上船，或以取得已经这样交付的货物的方式交货。 在其中任何情况，卖方都必须在约定日期或期限内、按照该港的习惯方式交货。	当货物按照A4交付时，买方必须收取，并在指定的目的港自承运人收取货物。
A5 风险转移	**B5 风险转移**
除按照B5的灭失或损坏情况外，卖方承担按照A4完成交货前货物灭失或损坏的一切风险。	买方必须承担按照A4交货时起货物灭失或损坏的一切风险。 如买方未按照B7通知卖方，则自约定的交货日期或交货期限届满之日起，买方承担货物灭失或损坏的一切风险，但以该货物已经清楚地确定为合同项下之货物者为限。
A6 费用划分	**B6 费用划分**
卖方必须支付 a)按照A4完成交货前与货物相关的一切费用，但按照B6应由买方支付的费用除外； b）按照A3 a）所发生的运费和其他一	在不与A3 a）冲突的情况下，买方必须支付 a）自按照A4交货时起，与货物相关的一切费用，如适用时，按照A6 d）为出口所需的海关手续费用，及出口应交纳的一切

切费用，包括将货物装上船和根据运输合同规定由卖方支付的和在约定卸载港的卸货费； c）根据 A3 b）规定所发生的保险费用；及 d）如适用时，货物出口所需海关手续费用，出口应交纳的一切关税、税款和其他费用，以及按照运输合同规定，由卖方支付的货物从他国过境运输的费用。	关税、税款和其他费用除外； b）货物在运输途中直至到达目的港为止的一切费用，按照运输合同该费用应由卖方支付的除外； c）包括驳运费和码头费在内的卸货费，除非根据运输合同该费用应由卖方支付者外； d）如买方未按照 B7 发出通知，则自约定发货之日或约定发货期限届满之日起，所发生的一切额外费用，但以该货物已清楚地确定为合同项下之货物者为限；及 e）如适用时，货物进口应交纳的一切关税、税款和其他费用，及办理进口海关手续的费用和从他国过境运输的费用，除非该项费用已包括在运输合同中；及 f）按照 A3 b）和 B3 b），应卖方要求办理附加险所产生的费用。
A7 通知买方	**B7 通知卖方**
卖方必须向买方发出所需通知，以便买方采取收取货物通常所需要的措施。	当有权决定发货时间和/或指定目的地或目的地内收取货物的点时，买方必须向卖方发出充分通知。
A8 交货凭证	**B8 交货凭证**
卖方必须自付费用，不得延迟地向买方提供到约定目的港的通常的运输凭证。 此运输凭证必须载明合同中的货物，且其签发日期应在约定运输期限内，并使买方能在指定目的港向承运人索取货物。 同时，除非另有约定，该项凭证应能使买方在货物运输途中以向下家买方转让或通知承运人的方式出售货物。 当此类运输凭证以可转让形式签发并有数份正本时，则必须将整套正本凭证提交给买方。	如果凭证与合同相符的话，买方必须接受按照 A8 提交的运输凭证。

A9 查对—包装—标记	B9 货物检验
卖方必须支付为了按照A4进行交货，所需要进行的查对费用（如查对质量、丈量、过磅、点数的费用），以及出口国有关机构强制进行的装运前检验所发生的费用。 除非在特定贸易中，某类货物的销售通常不需要包装，卖方必须自付费用包装货物。 除非买方在签订合同已通知卖方特殊包装要求，卖方可以适合货物运输的方式对货物进行包装。包装应做适当标记。	买方必须支付任何强制性装船前检验费用，但出口国有关机构强制进行的检验除外。
A10 协助提供信息及相关费用	**B10 协助提供信息及相关费用**
如适用时，应买方要求并由其承担风险和费用，卖方必须及时向买方提供或协助其取得相关货物进口和/或将货物运输到最终目的地所需要的任何文件和信息，包括安全相关信息。 卖方必须偿付买方按照B10提供或协助取得文件和信息时所发生的所有花销和费用。	买方必须及时告知卖方任何安全信息要求，以便卖方遵守A10的规定。 买方必须偿付卖方按照A10向买方提供或协助其取得文件和信息时所发生的所有花销和费用。 如适用时，应卖方要求并由其承担风险和费用，买方必须及时向卖方提供或协助其取得货物运输和出口及从他国过境所需要的任何文件和信息，包括安全相关信息。

附录四 《跟单信用证统一惯例》

（UCP600，2006年修订）

第一条 UCP的适用范围

《跟单信用证统一惯例——2007年修订本，国际商会第600号出版物》（简称“UCP”）乃一套规则，适用于所有的其文本中明确表明受本惯例约束的跟单信用证（下称信用证）（在其可适用的范围内，包括备用信用证）。除非信用证明确修改或排除，本惯例各条文对信用证所有当事人均具有约束力。

第二条 定义

就本惯例而言：

通知行指应开证行的要求通知信用证的银行。

申请人指要求开立信用证的一方。

银行工作日指银行在其履行受本惯例约束的行为的地点通常开业的一天。

受益人指接受信用证并享受其利益的一方。

相符交单指与信用证条款、本惯例的相关适用条款以及国际标准银行实务一致的交单。

保兑指保兑行在开证行承诺之外做出的承付或议付相符交单的确定承诺。

保兑行指根据开证行的授权或要求对信用证加具保兑的银行。

信用证指一项不可撤销的安排，无论其名称或描述如何，该项安排构成开证行对相符交单予以承付的确定承诺。

承付指：

a 如果信用证为即期付款信用证，则即期付款。

b 如果信用证为延期付款信用证，则承诺延期付款并在承诺到期日付款。

c 如果信用证为承兑信用证，则承兑受益人开出的汇票并在汇票到期日付款。

开证行指应申请人要求或者代表自己开出信用证的银行。

议付指指定银行在相符交单下，在其应获偿付的银行工作日当天或之前向受益人预付或者同意预付款项，从而购买汇票（其付款人为指定银行以外的其他银行）及/或单据的行为。

指定银行指信用证可在其处兑用的银行，如信用证可在任一银行兑用，则任何银行均为指定银行。

交单指向开证行或指定银行提交信用证项下单据的行为，或指按此方式提交的单据。

交单人指实施交单行为的受益人、银行或其他人。

第三条 解释

就本惯例而言：

如情形适用，单数词形包含复数含义，复数词形包含单数含义。

信用证是不可撤销的，即使未如此表明。

单据签字可用手签、摹样签字、穿孔签字、印戳、符号或任何其他机械或电子的证实方法为之。

诸如单据须履行法定手续、签证、证明等类似要求，可由单据上任何看似满足该要求的签字、标记、印戳或标签来满足。

一家银行在不同国家的分支机构被视为不同的银行。

用诸如“第一流的”、“著名的”、“合格的”、“独立的”、“正式的”、“有资格的”或“本地的”等词语描述单据的出单人时，允许除受益人之外的任何人出具该单据。

除非要求在单据中使用，否则诸如“迅速地”、“立刻地”或“尽快地”等词语将被不予理会。

“在或大概在（on or about）”或类似用语将被视为规定事件发生在指定日期的前后五个日历日之间，起讫日期计算在内。

“至（to）”、“直至（until、till）”、“从……开始（from）”及“在……之间（between）”等词用于确定发运日期时包含提及的日期，使用“在……之前（before）”及“在……之后（after）”时则不包含提及的日期。

“从……开始（from）”及“在……之后（after）”等词用于确定到期日时不包含提及的日期。

“前半月”及“后半月”分别指一个月的第一日到第十五日及第十六日到该月的最后一日，起讫日期计算在内。

一个月的“开始（beginning）”、“中间（middle）”及“末尾（end）”分别指第一到第十日、第十一日到第二十日及第二十一日到该月的最后一日，起讫日期计算在内。

第四条 信用证与合同

a 就其性质而言，信用证与可能作为其开立基础的销售合同或其他合同是相互独立的交易，即使信用证中含有对此类合同的任何援引，银行也与该合同无关，且不受其约束。因此，银行关于承付、议付或履行信用证项下其他义务的承诺，不受申请人基于与开证行或与受益人之间的关系而产生的任何请求或抗辩的影响。

受益人在任何情况下不得利用银行之间或申请人与开证行之间的合同关系。

b 开证行应劝阻申请人试图将基础合同、形式发票等文件作为信用证组成部分的做法。

第五条　单据与货物、服务或履约行为

银行处理的是单据，而不是单据可能涉及的货物、服务或履约行为。

第六条　兑用方式、截止日和交单地点

a 信用证必须规定可在其处兑用的银行，或是否可在任一银行兑用。规定在指定银行兑用的信用证同时也可以在开证行兑用。

b 信用证必须规定其是以即期付款、延期付款、承兑还是议付的方式兑用。

c 信用证不得开成凭以申请人为付款人的汇票兑用。

d i 信用证必须定一个交单的截止日。规定的承付或议付的截止日将被视为交单的截止日。

ii 可在其处兑用信用证的银行所在地即为交单地点。可在任一银行兑用的信用证其交单地点为任一银行所在地。除规定的交单地点外，开证行所在地也是交单地点。

e 除非如第二十九条 a 款规定的情形，否则受益人或者代表受益人的交单应在截止日当天或之前完成。

第七条　开证行责任

a 只要规定的单据提交给指定银行或开证行，并且构成相符交单，则开证行必须承付，如果信用证为以下情形之一：

i 信用证规定由开证行即期付款，延期付款或承兑；

ii 信用证规定由指定银行即期付款但其未付款；

iii 信用证规定由指定银行延期付款但其未承诺延期付款，或虽已承诺延期付款，但未在到期日付款；

iv 信用证规定由指定银行承兑，但其未承兑以其为付款人的汇票，或虽然承兑了汇票，但未在到期日付款。

v 信用证规定由指定银行议付但其未议付。

b 开证行自开立信用证之时起即不可撤销地承担承付责任。

c 指定银行承付或议付相符交单并将单据转给开证行之后，开证行即承担偿付该指定银行的责任。对承兑或延期付款信用证下相符交单金额的偿付应在到期日办理，无论指定银行是否在到期日之前预付或购买了单据。开证行偿付指定银行的责任独立于开证行对受益人的责任。

第八条 保兑行责任

a 要把规定的单据提交给保兑行，或提交给其他任何指定银行，并且构成相符交单，保兑行必须：

i 承付，如果信用证为以下情形之一：

a）信用证规定由保兑行即期付款、延期付款或承兑；

b）信用证规定由另一指定银行延期付款，但其未付款；

c）信用证规定由另一指定银行延期付款，但其未承诺延期付款，或虽已承诺延期付款但未在到期日付款；

d）信用证规定由另一指定银行承兑，但其未承兑以其为付款人的汇票，或虽已承兑汇票但未在到期日付款；

e）信用证规定由另一指定银行议付，但其未议付。

ii 无追索权地议付，如果信用证规定由保兑行议付。

b 保兑行自对信用证加具保兑之时起即不可撤销地承担承付或议付的责任。

c 其他指定银行承付或议付相符交单并将单据转往保兑行之后，保兑行即承担偿付该指定银行的责任。对承兑或延期付款信用证下相符交单金额的偿付应在到期日办理，无论指定银行是否在到期日之前预付或购买了单据。保兑行偿付指定银行的责任独立于保兑行对受益人的责任。

d 如果开证行授权或要求一银行对信用证加具保兑，而其并不准备照办，则其必须毫不延误地通知开证行，并可通知此信用证而不加保兑。

第九条 信用证及其修改的通知

a 信用证及其任何修改可以经由通知行通知给受益人。非保兑行的通知行通知信用证及修改时不承担承付或议付的责任。

b 通知行通知信用证或修改的行为表示其已确信信用证或修改的表面真实性，而且其通知准确地反映了其收到的信用证或修改的条款。

c 通知行可以通过另一银行（“第二通知行”）向受益人通知信用证及修改。第二通知行通知信用证或修改的行为表明其已确信收到的通知的表面真实性，并且其通知准确地反映了收到的信用证或修改的条款。

d 经由通知行或第二通知行通知信用证的银行必须经由同一银行通知其后的任何修改。

e 如一银行被要求通知信用证或修改但其决定不予通知，则应毫不延误地告知自其处收到信用证、修改或通知的银行。

f 如一银行被要求通知信用证或修改但其不能确信信用证、修改或通知的表面真实性，则应毫不延误地通知看似从其处收到指示的银行。如果通知行或第二通知行决定仍然通知信用证或修改，则应告知受益人或第二通知行其不能确信信用证、修改或通知的表面真实性。

第十条 修改

a 除第三十八条别有规定者外，未经开证行、保兑行（如有的话）及受益人同意，信用证既不得修改，也不得撤销。

b 开证行自发出修改之时起，即不可撤销地受其约束。保兑行可将其保兑扩展至修改，并自通知该修改时，即不可撤销地受其约束。但是，保兑行可以选择将修改通知受益人而不对其加具保兑。若然如此，其必须毫不延误地将此告知开证行，并在其给受益人的通知中告知受益人。

c 在受益人告知通知修改的银行其接受该修改之前，原信用证（或含有先前被接受的修改的信用证）的条款对受益人仍然有效。受益人应提供接受或拒绝修改的通知。如果受益人未能给予通知，当交单与信用证以及尚未表示接受的修改的要求一致时，即视为受益人已作出接受修改的通知，并且从此时起，该信用证被修改。

d 通知修改的银行应将任何接受或拒绝的通知转告发出修改的银行。

e 对同一修改的内容不允许部分接受，部分接受将被视为拒绝修改的通知。

f 修改中关于除非受益人在某一时间内拒绝修改否则修改生效的规定应被不予理会。

第十一条 电讯传输的和预先通知的信用证和修改

a 以经证实的电讯方式发出的信用证或信用证修改即被视为有效的信用证或修改文据，任何后续的邮寄确认书应被不予理会。

如电讯声明“详情后告”（或类似用语）或声明以邮寄确认书为有效信用证或修改，则该电讯不被视为有效信用证或修改。开证行必须随即不迟延地开立有效信用证或修改，其条款不得与该电讯矛盾。

b 开证行只有在准备开立有效信用证或作出有效修改时，才可以发出关于开立或修改信用证的初步通知（预先通知）。开证行作出该预先通知，即不可撤销地保证不迟延地开立或修改信用证，且其条款不能与预先通知相矛盾。

第十二条 指定

a 除非指定银行为保兑行，对于承付或议付的授权并不赋予指定银行承付或议付的义务，除非该指定银行明确表示同意并且告知受益人。

b 开证行指定一银行承兑汇票或做出延期付款承诺，即为授权该指定银行预付或购买其已承兑的汇票或已做出的延期付款承诺。

c 非保兑行的指定银行收到或审核并转递单据的行为并不使其承担承付或议付的责任，也不构成其承付或议付的行为。

第十三条　银行之间的偿付安排

a 如果信用证规定指定银行（索偿行）向另一方（偿付行）获取偿付时，必须同时规定该偿付是否按信用证开立时有效的 ICC 银行间偿付规则进行。

b 如果信用证没有规定偿付遵守 ICC 银行间偿付规则，则按照以下规定：

i 开证行必须给予偿付行有关偿付的授权，授权应符合信用证关于兑用方式的规定，且不应设定截止日。

ii 开证行不应要求索偿行向偿付行提供与信用证条款相符的证明。

iii 如果偿付行未按信用证条款见索即偿，开证行将承担利息损失以及产生的任何其他费用。

iv 偿付行的费用应由开证行承担。然而，如果此项费用由受益人承担，开证行有责任在信用证及偿付授权中注明。如果偿付行的费用由受益人承担，该费用应在偿付时从付给索偿行的金额中扣取。如果偿付未发生，偿付行的费用仍由开证行负担。

c 如果偿付行未能见索即偿，开证行不能免除偿付责任。

第十四条　单据审核标准

a 按指定行事的指定银行、保兑行（如果有的话）及开证行须审核交单，并仅基于单据本身确定其是否在表面上构成相符交单。

b 按指定行事的指定银行、保兑行（如有的话）及开证行各有从交单次日起的至多五个银行工作日用以确定交单是否相符。这一期限不因在交单日当天或之后信用证截止日或最迟交单日届至而受到缩减或影响。

c 如果单据中包含一份或多份受第十九、二十、二十一、二十二、二十三、二十四或二十五条规制的正本运输单据，则须由受益人或其代表在不迟于本惯例所指的发运日之后的二十一个日历日内交单，但是在任何情况下都不得迟于信用证的截止日。

d 单据中的数据，在与信用证、单据本身以及国际标准银行实务参照解读时，无须与该单据本身中的数据、其他要求的单据或信用证中的数据等同一致、但不得矛盾。

e 除商业发票外，其他单据中的货物、服务或履约行为的描述，如果有的话，可使用与信用证中的描述不矛盾的概括性用语。

f 如果信用证要求提交运输单据、保险单据或者商业发票之外的单据，却未规定出单人或其数据内容，则只要提交的单据内容看似满足所要求单据的功能，且其他方面符合第十四条 d 款，银行将接受该单据。

g 提交的非信用证所要求的单据将被不予理会，并可被退还给交单人。

h 如果信用证含有一项条件，但未规定用以表明该条件得到满足的单据，银行将视为未作规定并不予理会。

i 单据日期可以早于信用证的开立日期，但不得晚于交单日期。

j 当受益人和申请人的地址出现在任何规定的单据中时，无须与信用证或其他规定单据中所载相同，但必须与信用证中规定的相应地址同在一国。联络细节（传真、电话、电子邮件及类似细节）作为受益人和申请人地址的一部分时将被不予理会。然而，如果申请人的地址和联络细节为第十九、二十、二十一、二十二、二十三、二十四或二十五条规定的运输单据上的收货人或通知方细节的一部分时，应与信用证规定的相同。

k 在任何单据中注明的托运人或发货人无须为信用证的受益人。

l 运输单据可以由任何人出具，无须为承运人、船东、船长或租船人，只要其符合第十九、二十、二十一、二十二、二十三或二十四条的要求。

第十五条　相符交单

a 当开证行确定交单相符时，必须承付。

b 当保兑行确定交单相符时，必须承付或者议付并将单据转递给开证行。

c 当指定银行确定交单相符并承付或议付时，必须将单据转递给保兑行或开证行。

第十六条　不符单据、放弃及通知

a 当按照指定行事的指定银行、保兑行（如有的话）或者开证行确定交单不符时，可以拒绝承付或议付。

b 当开证行确定交单不符时，可以自行决定联系申请人放弃不符点。然而这并不能延长第十四条 b 款所指的期限。

c 当按照指定行事的指定银行、保兑行（如有的话）或开证行决定拒绝承付或议付时，必须给予交单人一份单独的拒付通知。

该通知必须声明：

i 银行拒绝承付或议付；及

ii 银行拒绝承付或者议付所依据的每一个不符点；及

iii a）银行留存单据听候交单人的进一步指示；或者

b）开证行留存单据直到其从申请人处接到放弃不符点的通知并同意接受该放弃，或者其同意接受对不符点的放弃之前从交单人处收到其进一步指示；或者

c）银行将退回单据；或者

d）银行将按之前从交单人处获得的指示处理。

d 第十六条 c 款要求的通知必须以电讯方式，如不可能，则以其他快捷方式，在不迟于自交单之翌日起第五个银行工作日结束前发出。

e 按照指定行事的指定银行、保兑行（如有的话）或开证行在按照第十六条 c 款 iii 项 a）或 b）发出了通知后，可以在任何时候将单据退还交单人。

f 如果开证行或保兑行未能按照本条行事，则无权宣称交单不符。

g 当开证行拒绝承付或保兑行拒绝承付或者议付，并且按照本条发出了拒付通知后，有权要求返还已偿付的款项及利息。

第十七条　正本单据及副本

a 信用证规定的每一种单据须至少提交一份正本。

b 银行应将任何带有看似出单人的原始签名、标记、印戳或标签的单据视为正本单据，除非单据本身表明其非正本。

c 除非单据本身另有说明，在以下情况下，银行也将其视为正本单据：

i 单据看似由出单人手写、打字、穿孔或盖章；或者

ii 单据看似使用出单人的原始信纸出具；或者

iii 单据声明其为正本单据，除非该声明看似不适用于提交的单据。

d 如果信用证要求提交单据的副本，提交正本或副本均可。

e 如果信用证使用诸如“一式两份（in duplicate）”、“两份（in two fold）”、“两套（in two copies）”等用语要求提交多份单据，则提交至少一份正本，其余使用副本即可满足要求，除非单据本身另有说明。

第十八条　商业发票

a 商业发票：

i 必须看似由受益人出具（第三十八条规定的情形除外）；

ii 必须出具成以申请人为抬头（第三十八条 g 款规定的情形除外）；

iii 必须与信用证的货币相同；且

iv 无须签名

b 按指定行事的指定银行、保兑行（如有的话）或开证行可以接受金额大于信用证允许金额的商业发票，其决定对有关各方均有约束力，只要该银行对超过信用证允许金额的部分未作承付或者议付。

c 商业发票上的货物、服务或履约行为的描述应该与信用证中的描述一致。

第十九条　涵盖至少两种不同运输方式的运输单据

a 涵盖至少两种不同运输方式的运输单据（多式或联合运输单据），无论名称如何，必须看似：

i 表明承运人名称并由以下人员签署：

*承运人或其具名代理人，或

*船长或其具名代理人。

承运人、船长或代理人的任何签字，必须标明其承运人、船长或代理人的

身份。

代理人签字必须表明其代表承运人还是船长签字。

ii 通过以下方式表明货物已经在信用证规定的地点发送、接管或已装运。

*事先印就的文字，或者

*表明货物已经被发送、接管或装船日期的印戳或批注。

运输单据的出具日期将被视为发送、接管或装运的日期，也即发运的日期。然而如单据以印戳或批注的方式表明了发送、接管或装船日期，该日期将被视为发运日期。

iii 表明信用证规定的发送、接管或发运地点，以及最终目的地，即使：

a）该运输单据另外还载明了一个不同的发送、接管或发运地点或最终目的地，或者，

b）该运输单据载有“预期的”或类似的关于船只、装货港或卸货港的限定语。

iv 为惟一的正本运输单据，或者，如果出具为多份正本，则为运输单据中表明的全套单据。

v 载有承运条款和条件，或提示承运条款和条件参见别处（简式/背面空白的运输单据）。银行将不审核承运条款和条件的内容。

vi 未表明受租船合同约束。

b 就本条而言，转运指在从信用证规定的发送、接管或者发运地点最终目的地的运输过程中从某一运输工具上卸下货物并装上另一运输工具的行为（无论其是否为不同的运输方式）。

c i 运输单据可以表明货物将要或可能被转运，只要全程运输由同一运输单据涵盖。

ii 即使信用证禁止转运，注明将要或者可能发生转运的运输单据仍可接受。

第二十条　单据

a 提单，无论名称如何，必须看似：

i 表明承运人名称，并由下列人员签署：

*承运人或其具名代理人，或者

*船长或其具名代理人。

承运人、船长或代理人的任何签字必须标明其承运人、船长或代理人的身份。

代理人的任何签字必须标明其代表承运人还是船长签字。

ii 通过以下方式表明货物已在信用证规定的装货港装上具名船只：

*预先印就的文字，或

*已装船批注注明货物的装运日期。

提单的出具日期将被视为发运日期，除非提单载有表明发运日期的已装船批注，此时已装船批注中显示的日期将被视为发运日期。

如果提单载有“预期船只”或类似的关于船名的限定语，则需以已装船批注明确发运日期以及实际船名。

iii 表明货物从信用证规定的装货港发运至卸货港。

如果提单没有表明信用证规定的装货港为装货港，或者其载有“预期的”或类似的关于装货港的限定语，则需以已装船批注表明信用证规定的装货港、发运日期以及实际船名。即使提单以事先印就的文字表明了货物已装载或装运于具名船只，本规定仍适用。

iv 为惟一的正本提单，或如果以多份正本出具，为提单中表明的全套正本。

v 载有承运条款和条件，或提示承运条款和条件参见别外（简式/背面空白的提单）。银行将不审核承运条款和条件的内容。

vi 未表明受租船合同约束。

b 就本条而言，转运系指在信用证规定的装货港到卸货港之间的运输过程中，将货物从一船卸下再装上另一船的行为。

c i 提单可以表明货物将要或可能被转运，只要全程运输由同一提单涵盖。

ii 即使信用证禁止转运，注明将要或可能发生转运的提单仍可接受，只要其表明货物由集装箱、拖车或子船运输。

d 提单中声明承运人保留转运权利的条款将被不予理会。

第二十一条　不可转让的海运单

a 不可转让的海运单，无论名称如何，必须看似：

i 表明承运人名称并由下列人员签署：

*承运人或其具名代理人，或者

*船长或其具名代理人。

承运人、船长或代理人的任何签字必须标明其承运人、船长或代理人的身份。

代理签字必须标明其代表承运人还是船长签字。

ii 通过以下方式表明货物已在信用证规定的装货港装上具名船只：

*预先印就的文字，或者

*已装船批注表明货物的装运日期。

不可转让海运单的出具日期将被视为发运日期，除非其上带有已装船批注注明的发运日期，此时已装船批注注明的日期将被视为发运日期。

如果不可转让海运单载有“预期船只”或类似的关于船名的限定语，则需要以已装船批注表明发运日期和实际船名。

iii 表明货物从信用证规定的装货港发运至卸货港。

如果不可转让海运单未以信用证规定的装货港为装货港，或者如果其载有“预期的”或类似的关于装货港的限定语，则需要以已装船批注表明信用证规定的装货港、发运日期和船只。即使不可转让海运单以预先印就的文字表明货物已由具名船只装载或装运，本规定也适用。

iv 为惟一的正本不可转让海运单，或如果以多份正本出具，为海运单上注明的全套正本。

v 载有承运条款的条件，或提示承运条款和条件参见别处（简式/背面空白的海运单）。银行将不审核承运条款和条件的内容。

vi 未注明受租船合同约束。

b 就本条而言，转运系指在信用证规定的装货港到卸货港之间的运输过程中，将货物从一船卸下并装上另一船的行为。

c i 不可转让海运单可以注明货物将要或可能被转运，只要全程运输由同一海运单涵盖。

ii 即使信用证禁止转运，注明转运将要或可能发生的不可转让的海运单仍可接受，只要其表明货物装于集装箱、拖船或子船中运输。

d 不可转让的海运单中声明承运人保留转运权利的条款将被不予理会。

第二十二条　租船合同提单

a 表明其受租船合同约束的提单（租船合同提单），无论名称如何，必须看似：

i 由以下人员签署：

*船长或其具名代理人，或

*船东或其具名代理人，或

*租船人或其具名代理人。

船长、船东、租船人或代理人的任何签字必须标明其船长、船东、租船人或代理人的身份。

代理人签字必须表明其代表船长、船东还是租船人签字。

代理人代表船东或租船人签字时必须注明船东或租船人的名称。

ii 通过以下方式表明货物已在信用证规定的装货港装上具名船只：

*预先印就的文字，或者

*已装船批注注明货物的装运日期

租船合同提单的出具日期将被视为发运日期，除非租船合同提单载有已装船批注注明发运日期，此时已装船批注上注明的日期将被视为发运日期。

iii 表明货物从信用证规定的装货港发运至卸货港。卸货港也可显示为信用证规定的港口范围或地理区域。

iv 为唯一的正本租船合同提单，或如以多份正本出具，为租船合同提单注明的全套正本。

b 银行将不审核租船合同，即使信用证要求提交租船合同。

第二十三条 空运单据

a 空运单据，无论名称如何，必须看似：

i 表明承运人名称，并由以下人员签署：

*承运人，或

*承运人的具名代理人。

承运人或其代理人的任何签字必须标明其承运人或代理人的身份。

代理人签字必须表明其代表承运人签字。

ii 表明货物已被收妥待运。

iii 表明出具日期。该日期将被视为发运日期，除非空运单据载有专门批注注明实际发运日期，此时批注中的日期将被视为发运日期。

空运单据中其他与航班号和航班日期相关的信息将不被用来确定发运日期。

iv 表明信用证规定的起飞机场和目的地机场。

v 为开给发货人或托运人的正本，即使信用证规定提交全套正本。

vi 载有承运条款和条件，或提示条款和条件参见别处。银行将不审核承运条款和条件的内容。

b 就本条而言，转运是指在信用证规定的起飞机场到目的地机场的运输过程中，将货物从一飞机卸下再装上另一飞机的行为。

c i 空运单据可以注明货物将要或可能转运，只要全程运输由同一空运单据涵盖。

ii 即使信用证禁止转运，注明将要或可能发生转运的空运单据仍可接受。

第二十四条 公路、铁路或内陆水运单据

a 公路、铁路或内陆水运单据，无论名称如何，必须看似：

i 表明承运人名称，并且

*由承运人或其具名代理人签署，或者

*由承运人或其具名代理人以签字、印戳或批注表明货物收讫。

承运人或其具名代理人的收货签字、印戳或批注必须标明其承运人或代理人的身份。

代理人的收货签字、印戳或批注必须标明代理人代表承运人签字或行事。

如果铁路运输单据没有指明承运人，可以接受铁路运输公司的任何签字或印戳作为承运人签署单据的证据。

ii 表明货物的信用规定地点的发运日期，或者收讫待运或待发送的日期。运输单据的出具日期将被视为发运日期，除非运输单据上盖有带日期的收货印戳，或注明了收货日期或发运日期。

iii 表明信用证规定的发运地及目的地。

b i 公路运输单据必须看似为开给发货人或托运人的正本，或没有任何标记表明单据开给何人。

ii 注明“第二联”的铁路运输单据将被作为正本接受。

iii 无论是否注明正本字样，铁路或内陆水运单据都被作为正本接受。

c 如运输单据上未注明出具的正本数量，提交的份数即视为全套正本。

d 就本条而言，转运是指在信用证规定的发运、发送或运送的地点到目的地之间的运输过程中，在同一运输方式中从一运输工具卸下再装上另一运输工具的行为。

e i 只要全程运输由同一运输单据涵盖，公路、铁路或内陆水运单据可以注明货物将要或可能被转运。

ii 即使信用证禁止转运，注明将要或可能发生转运的公路、铁路或内陆水运单据仍可接受。

第二十五条 快递收据、邮政收据或投邮证明

a 证明货物收讫待运的快递收据，无论名称如何，必须看似：

i 表明快递机构的名称，并在信用证规定的货物发运地点由该具名快递机构盖章或签字；并且

ii 表明取件或收件的日期或类似词语，该日期将被视为发运日期。

b 如果要求显示快递费用付讫或预付，快递机构出具的表明快递费由收货人以外的一方支付的运输单据可以满足该项要求。

c 证明货物收讫待运的邮政收据或投邮证明，无论名称如何，必须看似在信用证规定的货物发运地点盖章或签署并注明日期。该日期将被视为发运日期。

第二十六条 “货装舱面”、“托运人装载和计数”、“内容据托运人报称”及运费之外的费用

a 运输单据不得表明货物装于或者将装于舱面。声明货物可能被装于舱面的运输单据条款可以接受。

b 载有诸如“托运人装载和计数”或“内容据托运人报称”条款的运输单

据可以接受。

c 运输单据上可以以印戳或其他方法提及运费之外的费用。

第二十七条 清洁运输单据

银行只接受清洁运输单据，清洁运输单据指未载有明确宣称货物或包装有缺陷的条款或批注的运输单据。“清洁”一词并不需要在运输单据上出现，即使信用证要求运输单据为“清洁已装船”的。

第二十八条 保险单据及保险范围

a 保险单据，例如保险单或预约保险项下的保险证明书或者声明书，必须看似由保险公司或承保人或其代理人或代表出具并签署。

代理人或代表的签字必须表明其代表保险公司或承保人签字。

b 如果保险单据表明其以多份正本出具，所有正本均须提交。

c 暂保单将不被接受。

d 可以接受保险单代替预约保险项下的保险证明书或声明书。

e 保险单据日期不得晚于发运日期，除非保险单据表明保险责任不迟于发运日生效。

f i 保险单据必须表明投保金额并以与信用证相同的货币表示。

ii 信用证对于投保金额为货物价值、发票金额或类似金额的某一比例的要求，将被视为对最低保额的要求。

如果信用证对投保金额未作规定，投保金额须至少为货物的 CIF 或 CIP 价格的百分之一百一十。

如果从单据中不能确定 CIF 或者 CIP 价格，投保金额必须基于要求承付或议付的金额，或者基于发票上显示的货物总值来计算，两者之中取金额较高者。

iii 保险单据须表明承保的风险区间至少涵盖从信用证规定的货物接管地或发运地开始到卸货地或最终目的地为止。

g 信用证应规定所需投保的险别及附加险（如有的话）。如果信用证使用诸如“通常风险”或“惯常风险”等含义不确切的用语，则无论是否有漏保之风险，保险单据将被照样接受。

h 当信用证规定投保“一切险”时，如保险单据载有任何“一切险”批注或条款，无论是否有“一切险”标题，均将被接受，即使其声明任何风险除外。

i 保险单据可以援引任何除外条款。

j 保险单据可以注明受免赔率或免赔额（减除额）约束。

第二十九条 截止日或最迟交单日的顺延

a 如果信用证的截止日或最迟交单日适逢接受交单的银行非因第三十六条所述原因而歇业，则截止日或最迟交单日，视何者适用，将顺延至其重新开业的第一个银行工作日。

b 如果在顺延后的第一个银行工作日交单，指定银行必须在其致开证行或保兑行的面函中声明交单是在根据第二十九条 a 款顺延的期限内提交的。

c 最迟发运日不因第二十九条 a 款规定的原因而顺延。

第三十条 信用证金额、数量与单价的伸缩度

a“约”或“大约”用于信用证金额或信用证规定的数量或单价时，应解释为允许有关金额或数量或单价有不超过百分之十的增减幅度。

b 在信用证未以包装单位件数或货物自身件数的方式规定货物数量时，货物数量允许有百分之五的增减幅度，只要总支取金额不超过信用证金额。

c 如果信用证规定了货物数量，而该数量已全部发运，及如果信用证规定了单价，而该单价又未降低，或当第三十条 b 款不适用时，则即使不允许部分装运，也允许支取的金额有百分之五的减幅。若信用证规定有特定的增减幅度或使用第三十条 a 款提到的用语限定数量，则该减幅不适用。

第三十一条 部分支款或部分发运

a 允许部分支款或部分发运。

b 表明使用同一运输工具并经由同次航程运输的数套运输单据在同一次提交时，只要显示相同目的地，将不视为部分发运，即使运输单据上表明的发运日期不同或装货港、接管地或发运地点不同。如果交单由数套运输单据构成，其中最晚的一个发运日将被视为发运日。

含有一套或数套运输单据的交单，如果表明在同一种运输方式下经由数件运输工具运输，即使运输工具在同一天出发运往同一目的地，仍将被视为部分发运。

c 含有一份以上快递收据、邮政收据或投邮证明的交单，如果单据看似由同一快递或邮政机构在同一地点和日期加盖印戳或签字并且表明同一目的地，将不视为部分发运。

第三十二条 分期支款或分期发运

如信用证规定在指定的时间段内分期支款或分期发运，任何一期未按信用证规定期限支取或发运时，信用证对该期及以后各期均告失效。

第三十三条 交单时间

银行在其营业时间外无接受交单的义务。

第三十四条 关于单据有效性的免责

银行对任何单据的形式、充分性、准确性、内容真实性，虚假性或法律效力，或对单据中规定或添加的一般或特殊条件，概不负责；银行对任何单据所代表的货物、服务或其他履约行为的描述、数量、重量、品质、状况、包装、

交付、价值或其存在与否，或对发货人、承运人、货运代理人、收货人、货物的保险人或其他任何人的诚信与否、作为或不作为、清偿能力、履约或资信状况，也概不负责。

第三十五条　关于信息传递和翻译的免责

当报文、信件或单据按照信用证的要求传输或发送时，或当信用证未作指示，银行自行选择传送服务时，银行对报文传输或信件或单据的递送过程中发生的延误、中途遗失、残缺或其他错误产生的后果，概不负责。

如果指定银行确定交单相符并将单据发往开证行或保兑行，无论指定银行是否已经承付或议付，开证行或保兑行必须承付或议付，或偿付指定银行，即使单据在指定银行送往开证行或保兑行的途中，或保兑行送往开证行的途中丢失。

银行对技术术语的翻译或解释上的错误，不负责任，并可不加翻译地传送信用证条款。

第三十六条　不可抗力

银行对由于天灾、暴动、骚乱、叛乱、战争、恐怖主义行为或任何罢工、停工或其无法控制的任何其他原因导致的营业中断的后果，概不负责。

银行恢复营业时，对于在营业中断期间已逾期的信用证，不再进行承付或议付。

第三十七条　关于被指示方行为的免责

a 为了执行申请人的指示，银行利用其他银行的服务，其费用和风险由申请人承担。

b 即使银行自行选择了其他银行，如果发出的指示未被执行，开证行或通知行对此亦不负责。

c 指示另一银行提供服务的银行有责任负担被指示方因执行指示而发生的任何佣金、手续费、成本或开支（“费用”）。

如果信用证规定费用由受益人负担，而该费用未能收取或从信用证款项中扣除，开证行依然承担支付此费用的责任。信用证或其修改不应规定向受益人的通知以通知行或第二通知行收到其费用为条件。

d 外国法律和惯例加诸于银行的一切义务和责任，申请人应受其约束，并就此对银行负补偿之责。

第三十八条　可转让信用证

a 银行无办理信用证转让的义务，除非其明确同意。

b 就本条而言：

可转让信用证系指特别注明“可转让（transferable）”字样的信用证。可转让信用证可应受益人（第一受益人）的要求转为全部或部分由另一受益人（第二受益人）兑用。

转让行系指办理信用证转让的指定银行，或当信用证规定可在任一银行兑用时，指开证行特别如此授权并实际办理转让的银行。开证行也可担任转让行。

已转让信用证指已由转让行转为可由第二受益人兑用的信用证。

c 除非转让时另有约定，有关转让的所有费用（诸如佣金、手续费，成本或开支）须由第一受益人支付。

d 只要信用证允许部分支款或部分发运，信用证可以分部分地转让给数名第二受益人。

已转让信用证不得应第二受益人的要求转让给任何其后受益人。第一受益人不视为其后受益人。

e 任何转让要求须说明是否允许及在何条件下允许将修改通知第二受益人。已转让信用证须明确说明该项条件。

f 如果信用证转让给数名第二受益人，其中一名或多名第二受益人对信用证修改的拒绝并不影响其他第二受益人接受修改。对接受者而言该已转让信用证即被相应修改，而对拒绝改的第二受益人而言，该信用证未被修改。

g 已转让信用证须准确转载原证条款，包括保兑（如果有的话），但下列项目除外：

——信用证金额，

——规定的任何单价，

——截止日，

——交单期限，或

——最迟发运日或发运期间。

以上任何一项或全部均可减少或缩短。

必须投保的保险比例可以增加，以达到原信用证或本惯例规定的保险金额。

可用第一受益人的名称替换原证中的开证申请人名称。

如果原证特别要求开证申请人名称应在除发票以外的任何单据出现时，已转让信用证必须反映该项要求。

h 第一受益人有权以自己的发票和汇票（如有的话）替换第二受益人的发票和汇票，其金额不得超过原信用证的金额。经过替换后，第一受益人可在原信用证项下支取自己发票与第二受益人发票间的差价（如有的话）。

i 如果第一受益人应提交其自己的发票和汇票（如有的话），但未能在第一次要求时照办，或第一受益人提交的发票导致了第二受益人的交单中本不存在的不符点，而其未能在第一次要求时修正，转让行有权将从第二受益人处收到的单据照交开证行，并不再对第一受益人承担责任。

j 在要求转让时，第一受益人可以要求在信用证转让后的兑用地点，在原信用证的截止日之前（包括截止日），对第二受益人承付或议付。本规定并不损害第一受益人在第三十八条 h 款下的权利。

k 第二受益人或代表第二受益人的交单必须交给转让行。

第三十九条　款项让渡

信用证未注明可转让，并不影响受益人根据所适用的法律规定，将该信用证项下其可能有权或可能将成为有权获得的款项让渡给他人的权利。本条只涉及款项的让渡，而不涉及在信用证项下进行履行行为的权利让渡。

附录五 中华人民共和国对外贸易法

第一章 总 则

第一条 为了扩大对外开放，发展对外贸易，维护对外贸易秩序，保护对外贸易经营者的合法权益，促进社会主义市场经济的健康发展，制定本法。

第二条 本法适用于对外贸易以及与对外贸易有关的知识产权保护。

本法所称对外贸易，是指货物进出口、技术进出口和国际服务贸易。

第三条 国务院对外贸易主管部门依照本法主管全国对外贸易工作。

第四条 国家实行统一的对外贸易制度，鼓励发展对外贸易，维护公平、自由的对外贸易秩序。

第五条 中华人民共和国根据平等互利的原则，促进和发展同其他国家和地区的贸易关系，缔结或者参加关税同盟协定、自由贸易区协定等区域经济贸易协定，参加区域经济组织。

第六条 中华人民共和国在对外贸易方面根据所缔结或者参加的国际条约、协定，给予其他缔约方、参加方最惠国待遇、国民待遇等待遇，或者根据互惠、对等原则给予对方最惠国待遇、国民待遇等待遇。

第七条 任何国家或者地区在贸易方面对中华人民共和国采取歧视性的禁止、限制或者其他类似措施的，中华人民共和国可以根据实际情况对该国家或者该地区采取相应的措施。

第二章 对外贸易经营者

第八条 本法所称对外贸易经营者，是指依法办理工商登记或者其他执业手续，依照本法和其他有关法律、行政法规的规定从事对外贸易经营活动的法人、其他组织或者个人。

第九条 从事货物进出口或者技术进出口的对外贸易经营者，应当向国务院对外贸易主管部门或者其委托的机构办理备案登记，但是法律、行政法规和国务院对外贸易主管部门规定不需要备案登记的除外。备案登记的具体办法由国务院对外贸易主管部门规定。对外贸易经营者未按照规定办理备案登记的，海关不予办理进出口货物的报关验放手续。

第十条 从事国际服务贸易，应当遵守本法和其他有关法律、行政法规的规定。

从事对外工程承包或者对外劳务合作的单位，应当具备相应的资质或者资格。具体办法由国务院规定。

第十一条 国家可以对部分货物的进出口实行国营贸易管理。实行国营贸易管理货物的进出口业务只能由经授权的企业经营，但是国家允许部分数量的国营贸易管理货物的进出口业务由非授权企业经营的除外。实行国营贸易管理的货物和经授权经营企业的目录，由国务院对外贸易主管部门会同国务院其他有关部门确定、调整并公布。

违反本条第一款规定，擅自进出口实行国营贸易管理的货物的，海关不予放行。

第十二条 对外贸易经营者可以接受他人的委托，在经营范围内代为办理对外贸易业务。

第十三条 对外贸易经营者应当按照国务院对外贸易主管部门或者国务院其他有关部门依法作出的规定，向有关部门提交与其对外贸易经营活动有关的文件及资料。有关部门应当为提供者保守商业秘密。

第三章 货物进出口与技术进出口

第十四条 国家准许货物与技术的自由进出口。但是法律、行政法规另有规定的除外。

第十五条 国务院对外贸易主管部门基于监测进出口情况的需要，可以对部分自由进出口的货物实行进出口自动许可并公布其目录。

实行自动许可的进出口货物，收货人、发货人在办理海关报关手续前提出自动许可申请的，国务院对外贸易主管部门或者其委托的机构应当予以许可；未办理自动许可手续的，海关不予放行。

进出口属于自由进出口的技术，应当向国务院对外贸易主管部门或者其委托的机构办理合同备案登记。

第十六条 国家基于下列原因，可以限制或者禁止有关货物、技术的进口或者出口：

（一）为维护国家安全、社会公共利益或者公共道德，需要限制或者禁止进口或者出口的；

（二）为保护人的健康或者安全，保护动物、植物的生命或者健康，保护环境，需要限制或者禁止进口或者出口的；

（三）为实施与黄金或者白银进出口有关的措施，需要限制或者禁止进口或者出口的；

（四）国内供应短缺或者为有效保护可能用竭的自然资源，需要限制或者禁止出口的；

（五）输往国家或者地区的市场容量有限，需要限制出口的；

（六）出口经营秩序出现严重混乱，需要限制出口的；

（七）为建立或者加快建立国内特定产业，需要限制进口的；

（八）对任何形式的农业、牧业、渔业产品有必要限制进口的；

（九）为保障国家国际金融地位和国际收支平衡，需要限制进口的；

（十）依照法律、行政法规的规定，其他需要限制或者禁止进口或者出口的；

（十一）根据我国缔结或者参加的国际条约、协定的规定，其他需要限制或者禁止进口或者出口的。

第十七条　国家对与裂变、聚变物质或者衍生此类物质的物质有关的货物、技术进出口，以及与武器、弹药或者其他军用物资有关的进出口，可以采取任何必要的措施，维护国家安全。

在战时或者为维护国际和平与安全，国家在货物、技术进出口方面可以采取任何必要的措施。

第十八条　国务院对外贸易主管部门会同国务院其他有关部门，依照本法第十六条和第十七条的规定，制定、调整并公布限制或者禁止进出口的货物、技术目录。

国务院对外贸易主管部门或者由其会同国务院其他有关部门，经国务院批准，可以在本法第十六条和第十七条规定的范围内，临时决定限制或者禁止前款规定目录以外的特定货物、技术的进口或者出口。

第十九条　国家对限制进口或者出口的货物，实行配额、许可证等方式管理；对限制进口或者出口的技术，实行许可证管理。

实行配额、许可证管理的货物、技术，应当按照国务院规定，经国务院对外贸易主管部门或者经其会同国务院其他有关部门许可，方可进口或者出口。

国家对部分进口货物可以实行关税配额管理。

第二十条　进出口货物配额、关税配额，由国务院对外贸易主管部门或者国务院其他有关部门在各自的职责范围内，按照公开、公平、公正和效益的原则进行分配。具体办法由国务院规定。

第二十一条　国家实行统一的商品合格评定制度，根据有关法律、行政法规的规定，对进出口商品进行认证、检验、检疫。

第二十二条　国家对进出口货物进行原产地管理。具体办法由国务院规定。

第二十三条　对文物和野生动物、植物及其产品等，其他法律、行政法规有禁止或者限制进出口规定的，依照有关法律、行政法规的规定执行。

第四章　国际服务贸易

第二十四条　中华人民共和国在国际服务贸易方面根据所缔结或者参加的国际条约、协定中所作的承诺，给予其他缔约方、参加方市场准入和国民待遇。

第二十五条　国务院对外贸易主管部门和国务院其他有关部门，依照本法和其他有关法律、行政法规的规定，对国际服务贸易进行管理。

第二十六条　国家基于下列原因，可以限制或者禁止有关的国际服务贸易：

（一）为维护国家安全、社会公共利益或者公共道德，需要限制或者禁止的；

（二）为保护人的健康或者安全，保护动物、植物的生命或者健康，保护环境，需要限制或者禁止的；

（三）为建立或者加快建立国内特定服务产业，需要限制的；

（四）为保障国家外汇收支平衡，需要限制的；

（五）依照法律、行政法规的规定，其他需要限制或者禁止的；

（六）根据我国缔结或者参加的国际条约、协定的规定，其他需要限制或者禁止的。

第二十七条　国家对与军事有关的国际服务贸易，以及与裂变、聚变物质或者衍生此类物质的物质有关的国际服务贸易，可以采取任何必要的措施，维护国家安全。

在战时或者为维护国际和平与安全，国家在国际服务贸易方面可以采取任何必要的措施。

第二十八条　国务院对外贸易主管部门会同国务院其他有关部门，依照本法第二十六条、第二十七条和其他有关法律、行政法规的规定，制定、调整并公布国际服务贸易市场准入目录。

第五章　与对外贸易有关的知识产权保护

第二十九条　国家依照有关知识产权的法律、行政法规，保护与对外贸易有关的知识产权。

进口货物侵犯知识产权，并危害对外贸易秩序的，国务院对外贸易主管部门可以采取在一定期限内禁止侵权人生产、销售的有关货物进口等措施。

第三十条　知识产权权利人有阻止被许可人对许可合同中的知识产权的有效性提出质疑、进行强制性一揽子许可、在许可合同中规定排他性返授条件等行为之一，并危害对外贸易公平竞争秩序的，国务院对外贸易主管部门可以采取必要的措施消除危害。

第三十一条　其他国家或者地区在知识产权保护方面未给予中华人民共和国的法人、其他组织或者个人国民待遇，或者不能对来源于中华人民共和国的货物、技术或者服务提供充分有效的知识产权保护的，国务院对外贸易主管部门可以依照本法和其他有关法律、行政法规的规定，并根据中华人民共和国缔结或者参加的国际条约、协定，对与该国家或者该地区的贸易采取必要的措施。

第六章　对外贸易秩序

第三十二条　在对外贸易经营活动中，不得违反有关反垄断的法律、行政法规的规定实施垄断行为。

在对外贸易经营活动中实施垄断行为，危害市场公平竞争的，依照有关反垄断的法律、行政法规的规定处理。有前款违法行为，并危害对外贸易秩序的，国务院对外贸易主管部门可以采取必要的措施消除危害。

第三十三条　在对外贸易经营活动中，不得实施以不正当的低价销售商品、串通投标、发布虚假广告、进行商业贿赂等不正当竞争行为。

在对外贸易经营活动中实施不正当竞争行为的，依照有关反不正当竞争的法律、行政法规的规定处理。

有前款违法行为，并危害对外贸易秩序的，国务院对外贸易主管部门可以采取禁止该经营者有关货物、技术进出口等措施消除危害。

第三十四条　在对外贸易活动中，不得有下列行为：

（一）伪造、变造进出口货物原产地标记，伪造、变造或者买卖进出口货物原产地证书、进出口许可证、进出口配额证明或者其他进出口证明文件；

（二）骗取出口退税；

（三）走私；

（四）逃避法律、行政法规规定的认证、检验、检疫；

（五）违反法律、行政法规规定的其他行为。

第三十五条　对外贸易经营者在对外贸易经营活动中，应当遵守国家有关外汇管理的规定。

第三十六条　违反本法规定，危害对外贸易秩序的，国务院对外贸易主管部门可以向社会公告。

第七章 对外贸易调查

第三十七条 为了维护对外贸易秩序，国务院对外贸易主管部门可以自行或者会同国务院其他有关部门，依照法律、行政法规的规定对下列事项进行调查：

（一）货物进出口、技术进出口、国际服务贸易对国内产业及其竞争力的影响；

（二）有关国家或者地区的贸易壁垒；

（三）为确定是否应当依法采取反倾销、反补贴或者保障措施等对外贸易救济措施，需要调查的事项；

（四）规避对外贸易救济措施的行为；

（五）对外贸易中有关国家安全利益的事项；

（六）为执行本法第七条、第二十九条第二款、第三十条、第三十一条、第三十二条第三款、第三十三条第三款的规定，需要调查的事项；

（七）其他影响对外贸易秩序，需要调查的事项。

第三十八条 启动对外贸易调查，由国务院对外贸易主管部门发布公告。

调查可以采取书面问卷、召开听证会、实地调查、委托调查等方式进行。

国务院对外贸易主管部门根据调查结果，提出调查报告或者作出处理裁定，并发布公告。

第三十九条 有关单位和个人应当对对外贸易调查给予配合、协助。

国务院对外贸易主管部门和国务院其他有关部门及其工作人员进行对外贸易调查，对知悉的国家秘密和商业秘密负有保密义务。

第八章 对外贸易救济

第四十条 国家根据对外贸易调查结果，可以采取适当的对外贸易救济措施。

第四十一条 其他国家或者地区的产品以低于正常价值的倾销方式进入我国市场，对已建立的国内产业造成实质损害或者产生实质损害威胁，或者对建立国内产业造成实质阻碍的，国家可以采取反倾销措施，消除或者减轻这种损害或者损害的威胁或者阻碍。

第四十二条 其他国家或者地区的产品以低于正常价值出口至第三国市场，对我国已建立的国内产业造成实质损害或者产生实质损害威胁，或者对我国建立国内产业造成实质阻碍的，应国内产业的申请，国务院对外贸易主管部门可以与该第三国政府进行磋商，要求其采取适当的措施。

第四十三条 进口的产品直接或者间接地接受出口国家或者地区给予的

任何形式的专向性补贴，对已建立的国内产业造成实质损害或者产生实质损害威胁，或者对建立国内产业造成实质阻碍的，国家可以采取反补贴措施，消除或者减轻这种损害或者损害的威胁或者阻碍。

第四十四条 因进口产品数量大量增加，对生产同类产品或者与其直接竞争的产品的国内产业造成严重损害或者严重损害威胁的，国家可以采取必要的保障措施，消除或者减轻这种损害或者损害的威胁，并可以对该产业提供必要的支持。

第四十五条 因其他国家或者地区的服务提供者向我国提供的服务增加，对提供同类服务或者与其直接竞争的服务的国内产业造成损害或者产生损害威胁的，国家可以采取必要的救济措施，消除或者减轻这种损害或者损害的威胁。

第四十六条 因第三国限制进口而导致某种产品进入我国市场的数量大量增加，对已建立的国内产业造成损害或者产生损害威胁，或者对建立国内产业造成阻碍的，国家可以采取必要的救济措施，限制该产品进口。

第四十七条 与中华人民共和国缔结或者共同参加经济贸易条约、协定的国家或者地区，违反条约、协定的规定，使中华人民共和国根据该条约、协定享有的利益丧失或者受损，或者阻碍条约、协定目标实现的，中华人民共和国政府有权要求有关国家或者地区政府采取适当的补救措施，并可以根据有关条约、协定中止或者终止履行相关义务。

第四十八条 国务院对外贸易主管部门依照本法和其他有关法律的规定，进行对外贸易的双边或者多边磋商、谈判和争端的解决。

第四十九条 国务院对外贸易主管部门和国务院其他有关部门应当建立货物进出口、技术进出口和国际服务贸易的预警应急机制，应对对外贸易中的突发和异常情况，维护国家经济安全。

第五十条 国家对规避本法规定的对外贸易救济措施的行为，可以采取必要的反规避措施。

第九章 对外贸易促进

第五十一条 国家制定对外贸易发展战略，建立和完善对外贸易促进机制。

第五十二条 国家根据对外贸易发展的需要，建立和完善为对外贸易服务的金融机构，设立对外贸易发展基金、风险基金。

第五十三条 国家通过进出口信贷、出口信用保险、出口退税及其他促进对外贸易的方式，发展对外贸易。

第五十四条 国家建立对外贸易公共信息服务体系，向对外贸易经营者和其他社会公众提供信息服务。

第五十五条　国家采取措施鼓励对外贸易经营者开拓国际市场，采取对外投资、对外工程承包和对外劳务合作等多种形式，发展对外贸易。

第五十六条　对外贸易经营者可以依法成立和参加有关协会、商会。

有关协会、商会应当遵守法律、行政法规，按照章程对其成员提供与对外贸易有关的生产、营销、信息、培训等方面的服务，发挥协调和自律作用，依法提出有关对外贸易救济措施的申请，维护成员和行业的利益，向政府有关部门反映成员有关对外贸易的建议，开展对外贸易促进活动。

第五十七条　中国国际贸易促进组织按照章程开展对外联系，举办展览，提供信息、咨询服务和其他对外贸易促进活动。

第五十八条　国家扶持和促进中小企业开展对外贸易。

第五十九条　国家扶持和促进民族自治地方和经济不发达地区发展对外贸易。

第十章　法律责任

第六十条　违反本法第十一条规定，未经授权擅自进出口实行国营贸易管理的货物的，国务院对外贸易主管部门或者国务院其他有关部门可以处五万元以下罚款；情节严重的，可以自行政处罚决定生效之日起三年内，不受理违法行为人从事国营贸易管理货物进出口业务的申请，或者撤销已给予其从事其他国营贸易管理货物进出口的授权。

第六十一条　进出口属于禁止进出口的货物的，或者未经许可擅自进出口属于限制进出口的货物的，由海关依照有关法律、行政法规的规定处理、处罚；构成犯罪的，依法追究刑事责任。

进出口属于禁止进出口的技术的，或者未经许可擅自进出口属于限制进出口的技术的，依照有关法律、行政法规的规定处理、处罚；法律、行政法规没有规定的，由国务院对外贸易主管部门责令改正，没收违法所得，并处违法所得一倍以上五倍以下罚款，没有违法所得或者违法所得不足一万元的，处一万元以上五万元以下罚款；构成犯罪的，依法追究刑事责任。

自前两款规定的行政处罚决定生效之日或者刑事处罚判决生效之日起，国务院对外贸易主管部门或者国务院其他有关部门可以在三年内不受理违法行为人提出的进出口配额或者许可证的申请，或者禁止违法行为人在一年以上三年以下的期限内从事有关货物或者技术的进出口经营活动。

第六十二条　从事属于禁止的国际服务贸易的，或者未经许可擅自从事属于限制的国际服务贸易的，依照有关法律、行政法规的规定处罚；法律、行政法规没有规定的，由国务院对外贸易主管部门责令改正，没收违法所得，并处违法所得一倍以上五倍以下罚款，没有违法所得或者违法所得不足一万元的，处一万元以上五万元以下罚款；构成犯罪的，依法追究刑事责任。

国务院对外贸易主管部门可以禁止违法行为人自前款规定的行政处罚决定生效之日或者刑事处罚判决生效之日起一年以上三年以下的期限内从事有关的国际服务贸易经营活动。

第六十三条 违反本法第三十四条规定，依照有关法律、行政法规的规定处罚；构成犯罪的，依法追究刑事责任。

国务院对外贸易主管部门可以禁止违法行为人自前款规定的行政处罚决定生效之日或者刑事处罚判决生效之日起一年以上三年以下的期限内从事有关的对外贸易经营活动。

第六十四条 依照本法第六十一条至第六十三条规定被禁止从事有关对外贸易经营活动的，在禁止期限内，海关根据国务院对外贸易主管部门依法作出的禁止决定，对该对外贸易经营者的有关进出口货物不予办理报关验放手续，外汇管理部门或者外汇指定银行不予办理有关结汇、售汇手续。

第六十五条 依照本法负责对外贸易管理工作的部门的工作人员玩忽职守、徇私舞弊或者滥用职权，构成犯罪的，依法追究刑事责任；尚不构成犯罪的，依法给予行政处分。

依照本法负责对外贸易管理工作的部门的工作人员利用职务上的便利，索取他人财物，或者非法收受他人财物为他人谋取利益，构成犯罪的，依法追究刑事责任；尚不构成犯罪的，依法给予行政处分。

第六十六条 对外贸易经营活动当事人对依照本法负责对外贸易管理工作的部门作出的具体行政行为不服的，可以依法申请行政复议或者向人民法院提起行政诉讼。

第十一章 附则

第六十七条 与军品、裂变和聚变物质或者衍生此类物质的物质有关的对外贸易管理以及文化产品的进出口管理，法律、行政法规另有规定的，依照其规定。

第六十八条 国家对边境地区与接壤国家边境地区之间的贸易以及边民互市贸易，采取灵活措施，给予优惠和便利。具体办法由国务院规定。

第六十九条 中华人民共和国的单独关税区不适用本法。

第七十条 本法自 2004 年 7 月 1 日起施行

附录六　中华人民共和国海关法

（1987 年 1 月 22 日，第六届全国人民代表大会常务委员会第十九次会议通过　2000 年 7 月 8 日，第九届全国人民代表大会常务委员会第十六次会议《关于修改〈中华人民共和国海关法〉的决定》修正）

第一章　总　则

第一条　为了维护国家的主权和利益，加强海关监督管理，促进对外经济贸易和科技文化交往，保障社会主义现代化建设，特制定本法。

第二条　中华人民共和国海关是国家的进出关境（以下简称进出境）监督管理机关。海关依照本法和其他有关法律、行政法规，监管进出境的运输工具、货物、行李物品、邮递物品和其他物品（以下简称进出境运输工具、货物、物品），征收关税和其他税、费，查缉走私，并编制海关统计和办理其他海关业务。

第三条　国务院设立海关总署，统一管理全国海关。

国家在对外开放的口岸和海关监管业务集中的地点设立海关。海关的隶属关系，不受行政区划的限制。

海关依法独立行使职权，向海关总署负责。

第四条　国家在海关总署设立专门侦查走私犯罪的公安机构，配备专职缉私警察，负责对其管辖的走私犯罪案件的侦查、拘留、执行逮捕、预审。

海关侦查走私犯罪公安机构履行侦查、拘留、执行逮捕、预审职责，应当按照《中华人民共和国刑事诉讼法》的规定办理。

海关侦查走私犯罪公安机构根据国家有关规定，可以设立分支机构。各分支机构办理其管辖的走私犯罪案件，应当依法向有管辖权的人民检察院移送起诉。

地方各级公安机关应当配合海关侦查走私犯罪公安机构依法履行职责。

第五条　国家实行联合缉私、统一处理、综合治理的缉私体制。海关负责组织、协调、管理查缉走私工作。有关规定由国务院另行制定。

各有关行政执法部门查获的走私案件，应当给予行政处罚的，移送海关依法处理；涉嫌犯罪的，应当移送海关侦查走私犯罪公安机构、地方公安机关依据案件管辖分工和法定程序办理。

第六条 海关可以行使下列权力：

（一）检查进出境运输工具，查验进出境货物、物品；对违反本法或者其他有关法律、行政法规的，可以扣留。

（二）查阅进出境人员的证件；查问违反本法或者其他有关法律、行政法规的嫌疑人，调查其违法行为。

（三）查阅、复制与进出境运输工具、货物、物品有关的合同、发票、帐册、单据、记录、文件、业务函电、录音录像制品和其他资料；对其中与违反本法或者其他有关法律、行政法规的进出境运输工具、货物、物品有牵连的，可以扣留。

（四）在海关监管区和海关附近沿海沿边规定地区，检查有走私嫌疑的运输工具和有藏匿走私货物、物品嫌疑的场所，检查走私嫌疑人的身体；对有走私嫌疑的运输工具、货物、物品和走私犯罪嫌疑人，经直属海关关长或者其授权的隶属海关关长批准，可以扣留；对走私犯罪嫌疑人，扣留时间不超过二十四小时，在特殊情况下可以延长至四十八小时。

在海关监管区和海关附近沿海沿边规定地区以外，海关在调查走私案件时，对有走私嫌疑的运输工具和除公民住处以外的有藏匿走私货物、物品嫌疑的场所，经直属海关关长或者其授权的隶属海关关长批准，可以进行检查，有关当事人应当到场；当事人未到场的，在有见证人在场的情况下，可以径行检查；对其中有证据证明有走私嫌疑的运输工具、货物、物品，可以扣留。

海关附近沿海沿边规定地区的范围，由海关总署和国务院公安部门会同有关省级人民政府确定。

（五）在调查走私案件时，经直属海关关长或者其授权的隶属海关关长批准，可以查询案件涉嫌单位和涉嫌人员在金融机构、邮政企业的存款、汇款。

（六）进出境运输工具或者个人违抗海关监管逃逸的，海关可以连续追至海关监管区和海关附近沿海沿边规定地区以外，将其带回处理。

（七）海关为履行职责，可以配备武器。海关工作人员佩带和使用武器的规则，由海关总署会同国务院公安部门制定，报国务院批准。

（八）法律、行政法规规定由海关行使的其他权力。

第七条 各地方、各部门应当支持海关依法行使职权，不得非法干预海关的执法活动。

第八条 进出境运输工具、货物、物品，必须通过设立海关的地点进境或者出境。在特殊情况下，需要经过未设立海关的地点临时进境或者出境的，必须经国务院或者国务院授权的机关批准，并依照本法规定办理海关手续。

第九条 进出口货物，除另有规定的外，可以由进出口货物收发货人自行办理报关纳税手续，也可以由进出口货物收发货人委托海关准予注册登记的报关企业办理报关纳税手续。

进出境物品的所有人可以自行办理报关纳税手续，也可以委托他人办理报关纳税手续。

第十条 报关企业接受进出口货物收发货人的委托，以委托人的名义办理报关手续的，应当向海关提交由委托人签署的授权委托书，遵守本法对委托人的各项规定。

报关企业接受进出口货物收发货人的委托，以自己的名义办理报关手续的，应当承担与收发货人相同的法律责任。

委托人委托报关企业办理报关手续的，应当向报关企业提供所委托报关事项的真实情况；报关企业接受委托人的委托办理报关手续的，应当对委托人所提供情况的真实性进行合理审查。

第十一条 进出口货物收发货人、报关企业办理报关手续，必须依法经海关注册登记。报关人员必须依法取得报关从业资格。未依法经海关注册登记的企业和未依法取得报关从业资格的人员，不得从事报关业务。

报关企业和报关人员不得非法代理他人报关，或者超出其业务范围进行报关活动。

第十二条 海关依法执行职务，有关单位和个人应当如实回答询问，并予以配合，任何单位和个人不得阻挠。

海关执行职务受到暴力抗拒时，执行有关任务的公安机关和人民武装警察部队应当予以协助。

第十三条 海关建立对违反本法规定逃避海关监管行为的举报制度。

任何单位和个人均有权对违反本法规定逃避海关监管的行为进行举报。

海关对举报或者协助查获违反本法案件的有功单位和个人，应当给予精神的或者物质的奖励。

海关应当为举报人保密。

第二章 进出境运输工具

第十四条 进出境运输工具到达或者驶离设立海关的地点时，运输工具负责人应当向海关如实申报，交验单证，并接受海关监管和检查。

停留在设立海关的地点的进出境运输工具，未经海关同意，不得擅自驶离。

进出境运输工具从一个设立海关的地点驶往另一个设立海关的地点的，应当符合海关监管要求，办理海关手续，未办结海关手续的，不得改驶境外。

第十五条 进境运输工具在进境以后向海关申报以前，出境运输工具在办结海关手续以后出境以前，应当按照交通主管机关规定的路线行进；交通主管机关没有规定的，由海关指定。

第十六条　进出境船舶、火车、航空器到达和驶离时间、停留地点、停留期间更换地点以及装卸货物、物品时间，运输工具负责人或者有关交通运输部门应当事先通知海关。

第十七条　运输工具装卸进出境货物、物品或者上下进出境旅客，应当接受海关监管。

货物、物品装卸完毕，运输工具负责人应当向海关递交反映实际装卸情况的交接单据和记录。

上下进出境运输工具的人员携带物品的，应当向海关如实申报，并接受海关检查。

第十八条　海关检查进出境运输工具时，运输工具负责人应当到场，并根据海关的要求开启舱室、房间、车门；有走私嫌疑的，并应当开拆可能藏匿走私货物、物品的部位，搬移货物、物料。

海关根据工作需要，可以派员随运输工具执行职务，运输工具负责人应当提供方便。

第十九条　进境的境外运输工具和出境的境内运输工具，未向海关办理手续并缴纳关税，不得转让或者移作他用。

第二十条　进出境船舶和航空器兼营境内客、货运输，需经海关同意，并应当符合海关监管要求。

进出境运输工具改营境内运输，需向海关办理手续。

第二十一条　沿海运输船舶、渔船和从事海上作业的特种船舶，未经海关同意，不得载运或者换取、买卖、转让进出境货物、物品。

第二十二条　进出境船舶和航空器，由于不可抗力的原因，被迫在未设立海关的地点停泊、降落或者抛掷、起卸货物、物品，运输工具负责人应当立即报告附近海关。

第三章　进出境货物

第二十三条　进口货物自进境起到办结海关手续止，出口货物自向海关申报起到出境止，过境、转运和通运货物自进境起到出境止，应当接受海关监管。

第二十四条　进口货物的收货人、出口货物的发货人应当向海关如实申报，交验进出口许可证件和有关单证。国家限制进出口的货物，没有进出口许可证件的，不予放行，具体处理办法由国务院规定。

进口货物的收货人应当自运输工具申报进境之日起十四日内，出口货物的发货人除海关特准的外应当在货物运抵海关监管区后、装货的二十四小时以前，向海关申报。

进口货物的收货人超过前款规定期限向海关申报的，由海关征收滞报金。

第二十五条　办理进出口货物的海关申报手续，应当采用纸质报关单和电子数据报关单的形式。

第二十六条　海关接受申报后，报关单证及其内容不得修改或者撤销；确有正当理由的，经海关同意，方可修改或者撤销。

第二十七条　进口货物的收货人经海关同意，可以在申报前查看货物或者提取货样。需要依法检疫的货物，应当在检疫合格后提取货样。

第二十八条　进出口货物应当接受海关查验。海关查验货物时，进口货物的收货人、出口货物的发货人应当到场，并负责搬移货物，开拆和重封货物的包装。海关认为必要时，可以径行开验、复验或者提取货样。

经收发货人申请，海关总署批准，其进出口货物可以免验。

第二十九条　除海关特准的外，进出口货物在收发货人缴清税款或者提供担保后，由海关签印放行。

第三十条　进口货物的收货人自运输工具申报进境之日起超过三个月未向海关申报的，其进口货物由海关提取依法变卖处理，所得价款在扣除运输、装卸、储存等费用和税款后，尚有余款的，自货物依法变卖之日起一年内，经收货人申请，予以发还；其中属于国家对进口有限制性规定，应当提交许可证件而不能提供的，不予发还。逾期无人申请或者不予发还的，上缴国库。

确属误卸或者溢卸的进境货物，经海关审定，由原运输工具负责人或者货物的收发货人自该运输工具卸货之日起三个月内，办理退运或者进口手续；必要时，经海关批准，可以延期三个月。逾期未办手续的，由海关按前款规定处理。

前两款所列货物不宜长期保存的，海关可以根据实际情况提前处理。

收货人或者货物所有人声明放弃的进口货物，由海关提取依法变卖处理；所得价款在扣除运输、装卸、储存等费用后，上缴国库。

第三十一条　经海关批准暂时进口或者暂时出口的货物，应当在六个月内复运出境或者复运进境；在特殊情况下，经海关同意，可以延期。

第三十二条　经营保税货物的储存、加工、装配、展示、运输、寄售业务和经营免税商店，应当符合海关监管要求，经海关批准，并办理注册手续。

保税货物的转让、转移以及进出保税场所，应当向海关办理有关手续，接受海关监管和查验。

第三十三条　企业从事加工贸易，应当持有关批准文件和加工贸易合同向海关备案，加工贸易制成品单位耗料量由海关按照有关规定核定。

加工贸易制成品应当在规定的期限内复出口。其中使用的进口料件，属于国家规定准予保税的，应当向海关办理核销手续；属于先征收税款的，依法向海关办理退税手续。

加工贸易保税进口料件或者制成品因故转为内销的，海关凭准予内销的批准文件，对保税的进口料件依法征税；属于国家对进口有限制性规定的，还应当向海关提交进口许可证件。

第三十四条　经国务院批准在中华人民共和国境内设立的保税区等海关特殊监管区域，由海关按照国家有关规定实施监管。

第三十五条　进口货物应当由收货人在货物的进境地海关办理海关手续，出口货物应当由发货人在货物的出境地海关办理海关手续。

经收发货人申请，海关同意，进口货物的收货人可以在设有海关的指运地、出口货物的发货人可以在设有海关的启运地办理海关手续。上述货物的转关运输，应当符合海关监管要求；必要时，海关可以派员押运。

经电缆、管道或者其他特殊方式输送进出境的货物，经营单位应当定期向指定的海关申报和办理海关手续。

第三十六条　过境、转运和通运货物，运输工具负责人应当向进境地海关如实申报，并应当在规定期限内运输出境。

海关认为必要时，可以查验过境、转运和通运货物。

第三十七条　海关监管货物，未经海关许可，不得开拆、提取、交付、发运、调换、改装、抵押、质押、留置、转让、更换标记、移作他用或者进行其他处置。

海关加施的封志，任何人不得擅自开启或者损毁。

人民法院判决、裁定或者有关行政执法部门决定处理海关监管货物的，应当责令当事人办结海关手续。

第三十八条　经营海关监管货物仓储业务的企业，应当经海关注册，并按照海关规定，办理收存、交付手续。

在海关监管区外存放海关监管货物，应当经海关同意，并接受海关监管。

违反前两款规定或者在保管海关监管货物期间造成海关监管货物损毁或者灭失的，除不可抗力外，对海关监管货物负有保管义务的人应当承担相应的纳税义务和法律责任。

第三十九条　进出境集装箱的监管办法、打捞进出境货物和沉船的监管办法、边境小额贸易进出口货物的监管办法，以及本法未具体列明的其他进出境货物的监管办法，由海关总署或者由海关总署会同国务院有关部门另行制定。

第四十条　国家对进出境货物、物品有禁止性或者限制性规定的，海关依据法律、行政法规、国务院的规定或者国务院有关部门依据法律、行政法规的授权作出的规定实施监管。具体监管办法由海关总署制定。

第四十一条　进出口货物的原产地按照国家有关原产地规则的规定确定。

第四十二条　进出口货物的商品归类按照国家有关商品归类的规定确定。

海关可以要求进出口货物的收发货人提供确定商品归类所需的有关资料；必要时，海关可以组织化验、检验，并将海关认定的化验、检验结果作为商品归类的依据。

第四十三条　海关可以根据对外贸易经营者提出的书面申请，对拟作进口或者出口的货物预先作出商品归类等行政裁定。

进口或者出口相同货物，应当适用相同的商品归类行政裁定。

海关对所作出的商品归类等行政裁定，应当予以公布。

第四十四条　海关依照法律、行政法规的规定，对与进出境货物有关的知识产权实施保护。

需要向海关申报知识产权状况的，进出口货物收发货人及其代理人应当按照国家规定向海关如实申报有关知识产权状况，并提交合法使用有关知识产权的证明文件。

第四十五条　自进出口货物放行之日起三年内或者在保税货物、减免税进口货物的海关监管期限内及其后的三年内，海关可以对与进出口货物直接有关的企业、单位的会计帐簿、会计凭证、报关单证以及其他有关资料和有关进出口货物实施稽查。具体办法由国务院规定。

第四章　进出境物品

第四十六条　个人携带进出境的行李物品、邮寄进出境的物品，应当以自用、合理数量为限，并接受海关监管。

第四十七条　进出境物品的所有人应当向海关如实申报，并接受海关查验。

海关加施的封志，任何人不得擅自开启或者损毁。

第四十八条　进出境邮袋的装卸、转运和过境，应当接受海关监管。邮政企业应当向海关递交邮件路单。

邮政企业应当将开拆及封发国际邮袋的时间事先通知海关，海关应当按时派员到场监管查验。

第四十九条　邮运进出境的物品，经海关查验放行后，有关经营单位方可投递或者交付。

第五十条　经海关登记准予暂时免税进境或者暂时免税出境的物品，应当由本人复带出境或者复带进境。

过境人员未经海关批准，不得将其所带物品留在境内。

第五十一条　进出境物品所有人声明放弃的物品、在海关规定期限内未办理海关手续或者无人认领的物品，以及无法投递又无法退回的进境邮递物品，由海关依照本法第三十条的规定处理。

第五十二条　享有外交特权和豁免的外国机构或者人员的公务用品或者自用物品进出境，依照有关法律、行政法规的规定办理。

第五章　关　税

第五十三条　准许进出口的货物、进出境物品，由海关依法征收关税。

第五十四条　进口货物的收货人、出口货物的发货人、进出境物品的所有人，是关税的纳税义务人。

第五十五条　进出口货物的完税价格，由海关以该货物的成交价格为基础审查确定。成交价格不能确定时，完税价格由海关依法估定。

进口货物的完税价格包括货物的货价、货物运抵中华人民共和国境内输入地点起卸前的运输及其相关费用、保险费；出口货物的完税价格包括货物的货价、货物运至中华人民共和国境内输出地点装载前的运输及其相关费用、保险费，但是其中包含的出口关税税额，应当予以扣除。

进出境物品的完税价格，由海关依法确定。

第五十六条　下列进出口货物、进出境物品，减征或者免征关税：

（一）无商业价值的广告品和货样；

（二）外国政府、国际组织无偿赠送的物资；

（三）在海关放行前遭受损坏或者损失的货物；

（四）规定数额以内的物品；

（五）法律规定减征、免征关税的其他货物、物品；

（六）中华人民共和国缔结或者参加的国际条约规定减征、免征关税的货物、物品。

第五十七条　特定地区、特定企业或者有特定用途的进出口货物，可以减征或者免征关税。特定减税或者免税的范围和办法由国务院规定。

依照前款规定减征或者免征关税进口的货物，只能用于特定地区、特定企业或者特定用途，未经海关核准并补缴关税，不得移作他用。

第五十八条　本法第五十六条、第五十七条第一款规定范围以外的临时减征或者免征关税，由国务院决定。

第五十九条　经海关批准暂时进口或者暂时出口的货物，以及特准进口的保税货物，在货物收发货人向海关缴纳相当于税款的保证金或者提供担保后，准予暂时免纳关税。

第六十条　进出口货物的纳税义务人，应当自海关填发税款缴款书之日起十五日内缴纳税款；逾期缴纳的，由海关征收滞纳金。纳税义务人、担保人超过三个月仍未缴纳的，经直属海关关长或者其授权的隶属海关关长批准，海关可以采取下列强制措施：

（一）书面通知其开户银行或者其他金融机构从其存款中扣缴税款；

（二）将应税货物依法变卖，以变卖所得抵缴税款；

（三）扣留并依法变卖其价值相当于应纳税款的货物或者其他财产，以变卖所得抵缴税款。

海关采取强制措施时，对前款所列纳税义务人、担保人未缴纳的滞纳金同时强制执行。

进出境物品的纳税义务人，应当在物品放行前缴纳税款。

第六十一条　进出口货物的纳税义务人在规定的纳税期限内有明显的转移、藏匿其应税货物以及其他财产迹象的，海关可以责令纳税义务人提供担保；纳税义务人不能提供纳税担保的，经直属海关关长或者其授权的隶属海关关长批准，海关可以采取下列税收保全措施：

（一）书面通知纳税义务人开户银行或者其他金融机构暂停支付纳税义务人相当于应纳税款的存款；

（二）扣留纳税义务人价值相当于应纳税款的货物或者其他财产。

纳税义务人在规定的纳税期限内缴纳税款的，海关必须立即解除税收保全措施；期限届满仍未缴纳税款的，经直属海关关长或者其授权的隶属海关关长批准，海关可以书面通知纳税义务人开户银行或者其他金融机构从其暂停支付的存款中扣缴税款，或者依法变卖所扣留的货物或者其他财产，以变卖所得抵缴税款。

采取税收保全措施不当，或者纳税义务人在规定期限内已缴纳税款，海关未立即解除税收保全措施，致使纳税义务人的合法权益受到损失的，海关应当依法承担赔偿责任。

第六十二条　进出口货物、进出境物品放行后，海关发现少征或者漏征税款，应当自缴纳税款或者货物、物品放行之日起一年内，向纳税义务人补征。因纳税义务人违反规定而造成的少征或者漏征，海关在三年以内可以追征。

第六十三条　海关多征的税款，海关发现后应当立即退还；纳税义务人自缴纳税款之日起一年内，可以要求海关退还。

第六十四条　纳税义务人同海关发生纳税争议时，应当缴纳税款，并可以依法申请行政复议；对复议决定仍不服的，可以依法向人民法院提起诉讼。

第六十五条　进口环节海关代征税的征收管理，适用关税征收管理的规定。

第六章　海关事务担保

第六十六条　在确定货物的商品归类、估价和提供有效报关单证或者办结其他海关手续前，收发货人要求放行货物的，海关应当在其提供与其依法应当履行的法律义务相适应的担保后放行。法律、行政法规规定可以免除担保的除外。

法律、行政法规对履行海关义务的担保另有规定的，从其规定。

国家对进出境货物、物品有限制性规定，应当提供许可证件而不能提供的，以及法律、行政法规规定不得担保的其他情形，海关不得办理担保放行。

第六十七条　具有履行海关事务担保能力的法人、其他组织或者公民，可以成为担保人。法律规定不得为担保人的除外。

第六十八条　担保人可以以下列财产、权利提供担保：

（一）人民币、可自由兑换货币；

（二）汇票、本票、支票、债券、存单；

（三）银行或者非银行金融机构的保函；

（四）海关依法认可的其他财产、权利。

第六十九条　担保人应当在担保期限内承担担保责任。担保人履行担保责任的，不免除被担保人应当办理有关海关手续的义务。

第七十条　海关事务担保管理办法，由国务院规定。

第七章　执法监督

第七十一条　海关履行职责，必须遵守法律，维护国家利益，依照法定职权和法定程序严格执法，接受监督。

第七十二条　海关工作人员必须秉公执法，廉洁自律，忠于职守，文明服务，不得有下列行为：

（一）包庇、纵容走私或者与他人串通进行走私；

（二）非法限制他人人身自由，非法检查他人身体、住所或者场所，非法检查、扣留进出境运输工具、货物、物品；

（三）利用职权为自己或者他人谋取私利；

（四）索取、收受贿赂；

（五）泄露国家秘密、商业秘密和海关工作秘密；

（六）滥用职权，故意刁难，拖延监管、查验；

（七）购买、私分、占用没收的走私货物、物品；

（八）参与或者变相参与营利性经营活动；

（九）违反法定程序或者超越权限执行职务；

（十）其他违法行为。

第七十三条 海关应当根据依法履行职责的需要，加强队伍建设，使海关工作人员具有良好的政治、业务素质。

海关专业人员应当具有法律和相关专业知识，符合海关规定的专业岗位任职要求。

海关招收工作人员应当按照国家规定，公开考试，严格考核，择优录用。

海关应当有计划地对其工作人员进行政治思想、法制、海关业务培训和考核。海关工作人员必须定期接受培训和考核，经考核不合格的，不得继续上岗执行职务。

第七十四条 海关总署应当实行海关关长定期交流制度。

海关关长定期向上一级海关述职，如实陈述其执行职务情况。海关总署应当定期对直属海关关长进行考核，直属海关应当定期对隶属海关关长进行考核。

第七十五条 海关及其工作人员的行政执法活动，依法接受监察机关的监督；缉私警察进行侦查活动，依法接受人民检察院的监督。

第七十六条 审计机构依法对海关的财政收支进行审计监督，对海关办理的与国家财政收支有关的事项，有权进行专项审计调查。

第七十七条 上级海关应当对下级海关的执法活动依法进行监督。上级海关认为下级海关作出的处理或者决定不适当的，可以依法予以变更或者撤销。

第七十八条 海关应当依照本法和其他有关法律、行政法规的规定，建立健全内部监督制度，对其工作人员执行法律、行政法规和遵守纪律的情况，进行监督检查。

第七十九条 海关内部负责审单、查验、放行、稽查和调查等主要岗位的职责权限应当明确，并相互分离、相互制约。

第八十条 任何单位和个人均有权对海关及其工作人员的违法、违纪行为进行控告、检举。收到控告、检举的机关有权处理的，应当依法按照职责分工及时查处。收到控告、检举的机关和负责查处的机关应当为控告人、检举人保密。

第八十一条 海关工作人员在调查处理违法案件时，遇有下列情形之一的，应当回避：

（一）是本案的当事人或者是当事人的近亲属；

（二）本人或者其近亲属与本案有利害关系；

（三）与本案当事人有其他关系，可能影响案件公正处理的。

第八章　法律责任

第八十二条　违反本法及有关法律、行政法规，逃避海关监管，偷逃应纳税款、逃避国家有关进出境的禁止性或者限制性管理，有下列情形之一的，是走私行为：

（一）运输、携带、邮寄国家禁止或者限制进出境货物、物品或者依法应当缴纳税款的货物、物品进出境的；

（二）未经海关许可并且未缴纳应纳税款、交验有关许可证件，擅自将保税货物、特定减免税货物以及其他海关监管货物、物品、进境的境外运输工具，在境内销售的；

（三）有逃避海关监管，构成走私的其他行为的。

有前款所列行为之一，尚不构成犯罪的，由海关没收走私货物、物品及违法所得，可以并处罚款；专门或者多次用于掩护走私的货物、物品，专门或者多次用于走私的运输工具，予以没收，藏匿走私货物、物品的特制设备，责令拆毁或者没收。

有第一款所列行为之一，构成犯罪的，依法追究刑事责任。

第八十三条　有下列行为之一的，按走私行为论处，依照本法第八十二条的规定处罚：

（一）直接向走私人非法收购走私进口的货物、物品的；

（二）在内海、领海、界河、界湖，船舶及所载人员运输、收购、贩卖国家禁止或者限制进出境的货物、物品，或者运输、收购、贩卖依法应当缴纳税款的货物，没有合法证明的。

第八十四条　伪造、变造、买卖海关单证，与走私人通谋为走私人提供贷款、资金、帐号、发票、证明、海关单证，与走私人通谋为走私人提供运输、保管、邮寄或者其他方便，构成犯罪的，依法追究刑事责任；尚不构成犯罪的，由海关没收违法所得，并处罚款。

第八十五条　个人携带、邮寄超过合理数量的自用物品进出境，未依法向海关申报的，责令补缴关税，可以处以罚款。

第八十六条　违反本法规定有下列行为之一的，可以处以罚款，有违法所得的，没收违法所得：

（一）运输工具不经设立海关的地点进出境的；

（二）不将进出境运输工具到达的时间、停留的地点或者更换的地点通知海关的；

（三）进出口货物、物品或者过境、转运、通运货物向海关申报不实的；

（四）不按照规定接受海关对进出境运输工具、货物、物品进行检查、查验的；

（五）进出境运输工具未经海关同意，擅自装卸进出境货物、物品或者上下进出境旅客的；

（六）在设立海关的地点停留的进出境运输工具未经海关同意，擅自驶离的；

（七）进出境运输工具从一个设立海关的地点驶往另一个设立海关的地点，尚未办结海关手续又未经海关批准，中途擅自改驶境外或者境内未设立海关的地点的；

（八）进出境运输工具，未经海关同意，擅自兼营或者改营境内运输的；

（九）由于不可抗力的原因，进出境船舶和航空器被迫在未设立海关的地点停泊、降落或者在境内抛掷、起卸货物、物品，无正当理由，不向附近海关报告的；

（十）未经海关许可，擅自将海关监管货物开拆、提取、交付、发运、调换、改装、抵押、质押、留置、转让、更换标记、移作他用或者进行其他处置的；

（十一）擅自开启或者损毁海关封志的；

（十二）经营海关监管货物的运输、储存、加工等业务，有关货物灭失或者有关记录不真实，不能提供正当理由的；

（十三）有违反海关监管规定的其他行为的。

第八十七条　海关准予从事有关业务的企业，违反本法有关规定的，由海关责令改正，可以给予警告，暂停其从事有关业务，直至撤销注册。

第八十八条　未经海关注册登记和未取得报关从业资格从事报关业务的，由海关予以取缔，没收违法所得，可以并处罚款。

第八十九条　报关企业、报关人员非法代理他人报关或者超出其业务范围进行报关活动的，由海关责令改正，处以罚款，暂停其执业；情节严重的，撤销其报关注册登记、取消其报关从业资格。

第九十条　进出口货物收发货人、报关企业、报关人员向海关工作人员行贿的，由海关撤销其报关注册登记，取消其报关从业资格，并处以罚款；构成犯罪的，依法追究刑事责任，并不得重新注册登记为报关企业和取得报关从业资格证书。

第九十一条 违反本法规定进出口侵犯中华人民共和国法律、行政法规保护的知识产权的货物的，由海关依法没收侵权货物，并处以罚款；构成犯罪的，依法追究刑事责任。

第九十二条 海关依法扣留的货物、物品、运输工具，在人民法院判决或者海关处罚决定作出之前，不得处理。但是，危险品或者鲜活、易腐、易失效等不宜长期保存的货物、物品以及所有人申请先行变卖的货物、物品、运输工具，经直属海关关长或者其授权的隶属海关关长批准，可以先行依法变卖，变卖所得价款由海关保存，并通知其所有人。

人民法院判决没收或者海关决定没收的走私货物、物品、违法所得、走私运输工具、特制设备，由海关依法统一处理，所得价款和海关决定处以的罚款，全部上缴中央国库。

第九十三条 当事人逾期不履行海关的处罚决定又不申请复议或者向人民法院提起诉讼的，作出处罚决定的海关可以将其保证金抵缴或者将其被扣留的货物、物品、运输工具依法变价抵缴，也可以申请人民法院强制执行。

第九十四条 海关在查验进出境货物、物品时，损坏被查验的货物、物品的，应当赔偿实际损失。

第九十五条 海关违法扣留货物、物品、运输工具，致使当事人的合法权益受到损失的，应当依法承担赔偿责任。

第九十六条 海关工作人员有本法第七十二条所列行为之一的，依法给予行政处分；有违法所得的，依法没收违法所得；构成犯罪的，依法追究刑事责任。

第九十七条 海关的财政收支违反法律、行政法规规定的，由审计机关以及有关部门依照法律、行政法规的规定作出处理；对直接负责的主管人员和其他直接责任人员，依法给予行政处分；构成犯罪的，依法追究刑事责任。

第九十八条 未按照本法规定为控告人、检举人、举报人保密的，对直接负责的主管人员和其他直接责任人员，由所在单位或者有关单位依法给予行政处分。

第九十九条 海关工作人员在调查处理违法案件时，未按照本法规定进行回避的，对直接负责的主管人员和其他直接责任人员，依法给予行政处分。

第九章 附 则

第一百条 本法下列用语的含义：

直属海关，是指直接由海关总署领导，负责管理一定区域范围内的海关业务的海关；隶属海关，是指由直属海关领导，负责办理具体海关业务的海关。

进出境运输工具，是指用以载运人员、货物、物品进出境的各种船舶、车辆、航空器和驮畜。

过境、转运和通运货物，是指由境外启运、通过中国境内继续运往境外的货物。其中，通过境内陆路运输的，称过境货物；在境内设立海关的地点换装运输工具，而不通过境内陆路运输的，称转运货物；由船舶、航空器载运进境并由原装运输工具载运出境的，称通运货物。

海关监管货物，是指本法第二十三条所列的进出口货物，过境、转运、通运货物，特定减免税货物，以及暂时进出口货物、保税货物和其他尚未办结海关手续的进出境货物。

保税货物，是指经海关批准未办理纳税手续进境，在境内储存、加工、装配后复运出境的货物。

海关监管区，是指设立海关的港口、车站、机场、国界孔道、国际邮件互换局（交换站）和其他有海关监管业务的场所，以及虽未设立海关，但是经国务院批准的进出境地点。

第一百零一条 经济特区等特定地区同境内其他地区之间往来的运输工具、货物、物品的监管办法，由国务院另行规定。

第一百零二条 本法自 1987 年 7 月 1 日起施行。1951 年 4 月 18 日中央人民政府公布的《中华人民共和国暂行海关法》同时废止。

附录七

United Nations Convention on Contracts for the International Sale of Goods

THE STATES PARTIES TO THIS CONVENTION, BEARING IN MIND the broad objectives in the resolutions adopted by the sixth special session of the General Assembly of the United Nations on the establishment of a New International Economic Order, CONSIDERING that the development of international trade on the basis of equality and mutual benefit is an important element in promoting friendly relations among States, BEING OF THE OPINION that the adoption of uniform rules which govern contracts for the international sale of goods and take into account the different social, economic and legal systems would contribute to the removal of legal barriers in international trade and promote the development of international trade, HAVE DECREED as follows:

PARTI SPHERE OF APPLICATION AND GENERAL PROVISIONS

Chapter I SPHERE OF APPLICATION

Article 1

(1) This Convention applies to contracts of sale of goods between parties whose places of business are in different States:

(a) when the States are Contracting States; or

(b) when the rules of private international law lead to the application of the law of a Contracting State.

(2) The fact that the parties have their places of business in different States is to be disregarded whenever this fact does not appear either from the contract or from any dealings between, or from information disclosed by, the parties at any time before or at the conclusion of the contract.

(3) Neither the nationality of the parties nor the civil or commercial character of the parties or of the contract is to be taken into consideration in determining the application of this Convention.

Article 2

This Convention does not apply to sales:

(a) of goods bought for personal, family or household use, unless the seller, at any time before or at the conclusion of the contract, neither knew nor ought to have known that the goods were bought for any such use;

(b) by auction;

(c) on execution or otherwise by authority of law;

(d) of stocks, shares, investment securities, negotiable instruments or money;

(e) of ships, vessels, hovercraft or aircraft;

(f) of electricity.

Article 3

(1)Contracts for the supply of goods to be manufactured or produced are to be considered sales unless the party who orders the goods undertakes to supply a substantial part of the materials necessary for such manufacture or production.

(2) This Convention does not apply to contracts in which the preponderant part of the obligations of the party who furnishes the goods consists in the supply of labour or other services.

Article 4

This Convention governs only the formation of the contract of sale and the rights and obligations of the seller and the buyer arising from such a contract. In particular, except as otherwise expressly provided in this Convention, it is not concerned with:

(a) the validity of the contract or of any of its provisions or of any usage;

(b) the effect which the contract may have on the property in the goods sold.

Article 5

This Convention does not apply to the liability of the seller for death or personal injury caused by the goods to any person.

Article 6

The parties may exclude the application of this Convention or, subject to article 12, derogate from or vary the effect of any of its provisions.

Chapter II GENERAL PROVISIONS

Article 7

(1) In the interpretation of this Convention, regard is to be had to its international character and to the need to promote uniformity in its application and the observance of good faith in international trade.

(2) Questions concerning matters governed by this Convention which are not expressly settled in it are to be settled in conformity with the general principles on

which it is based or, in the absence of such principles, in conformity with the law applicable by virtue of the rules of private international law.

Article 8

(1) For the purposes of this Convention statements made by and other conduct of a party are to be interpreted according to his intent where the other party knew or could not have been unaware what that intent was.

(2) If the preceding paragraph is not applicable, statements made by and other conduct of a party are to be interpreted according to the understanding that a reasonable person of the same kind as the other party would have had in the same circumstances.

(3) In determining the intent of a party or the understanding a reasonable person would have had, due consideration is to be given to all relevant circumstances of the case including the negotiations, any practices which the parties have established between themselves, usages and any subsequent conduct of the parties.

Article 9

(1) The parties are bound by any usage to which they have agreed and by any practices which they have established between themselves.

(2) The parties are considered, unless otherwise agreed, to have impliedly made applicable to their contract or its formation a usage of which the parties knew or ought to have known and which in international trade is widely known to, and regularly observed by, parties to contracts of the type involved in the particular trade concerned.

Article 10

For the purposes of this Convention:

(a) if a party has more than one place of business, the place of business is that which has the closest relationship to the contract and its performance, having regard to the circumstances known to or contemplated by the parties at any time before or at the conclusion of the contract;

(b) if a party does not have a place of business, reference is to be made to his habitual residence.

Article 11

A contract of sale need not be concluded in or evidenced by writing and is not subject to any other requirement as to form. It may be proved by any means, including witnesses.

Article 12

Any provision of article 11, article 29 or Part II of this Convention that allows a contract of sale or its modification or termination by agreement or any offer, acceptance or other indication of intention to be made in any form other than in writing does not apply where any party has his place of business in a Contracting State which has made a declaration under article 96 of this Convention. The parties may not derogate from or vary the effect or this article.

Article 13

For the purposes of this Convention "writing" includes telegram and telex.

PART II FORMATION OF THE CONTRACT

Article 14

(1) A proposal for concluding a contract addressed to one or more specific persons constitutes an offer if it is sufficiently definite and indicates the intention of the offeror to be bound in case of acceptance. A proposal is sufficiently definite if it indicates the goods and expressly or implicitly fixes or makes provision for determining the quantity and the price.

(2) A proposal other than one addressed to one or more specific persons is to be considered merely as an invitation to make offers, unless the contrary is clearly indicated by the person making the proposal.

Article 15

(1) An offer becomes effective when it reaches the offeree.

(2) An offer, even if it is irrevocable, may be withdrawn if the withdrawal reaches the offeree before or at the same time as the offer.

Article 16

(1) Until a contract is concluded an offer may be revoked if the revocation reaches the offeree before he has dispatched an acceptance.

(2) However, an offer cannot be revoked:

(a) if it indicates, whether by stating a fixed time for acceptance or otherwise, that it is irrevocable; or

(b) if it was reasonable for the offeree to rely on the offer as being irrevocable and the offeree has acted in reliance on the offer.

Article 17

An offer, even if it is irrevocable, is terminated when a rejection reaches the offeror.

Article 18

（1）A statement made by or other conduct of the offeree indicating assent to an offer is an acceptance. Silence or inactivity does not in itself amount to acceptance.

（2）An acceptance of an offer becomes effective at the moment the indication of assent reaches the offeror. An acceptance is not effective if the indication of assent does not reach the offeror within the time he has fixed or, if no time is fixed, within a reasonable time, due account being taken of the circumstances of the transaction, including the rapidity of the means of communication employed by the offeror. An oral offer must be accepted immediately unless the circumstances indicate otherwise.

（3）However, if, by virtue of the offer or as a result of practices which the parties have established between themselves or of usage, the offeree may indicate assent by performing an act, such as one relating to the dispatch of the goods or payment of the price, without notice to the offeror, the acceptance is effective at the moment the act is performed, provided that the act is performed within the period of time laid down in the preceding paragraph.

Article 19

（1）A reply to an offer which purports to be an acceptance but contains additions, limitations or other modifications is a rejection of the offer and constitutes a counter-offer.

（2）However, a reply to an offer which purports to be an acceptance but contains additional or different terms which do not materially alter the terms of the offer constitutes an acceptance, unless the offeror, without undue delay, objects orally to the discrepancy or dispatches a notice to that effect. If he does not so object, the terms of the contract are the terms of the offer with the modifications contained in the acceptance.

（3）Additional or different terms relating, among other things, to the price, payment, quality and quantity of the goods, place and time of delivery, extent of one party's liability to the other or the settlement of disputes are considered to alter the terms of the offer materially.

Article 20

（1）A period of time for acceptance fixed by the offeror in a telegram or a letter begins to run from the moment the telegram is handed in for dispatch or from the date shown on the letter or, if no such date is shown, from the date shown on the envelope. A period of time for acceptance fixed by the offeror by telephone, telex or other means of instantaneous communication, begins to run from the moment that the offer reaches the offeree.

(2) Official holidays or non-business days occurring during the period for acceptance are included in calculating the period. However, if a notice of acceptance cannot be delivered at the address of the offeror on the last day of the period because that day falls on an official holiday or a non-business day at the place of business of the offeror, the period is extended until the first business day which follows.

Article 21

(1) A late acceptance is nevertheless effective as an acceptance if without delay the offeror orally so informs the offeree or dispatches a notice to that effect.

(2) If a letter or other writing containing a late acceptance shows that it has been sent in such circumstances that if its transmission had been normal it would have reached the offeror in due time, the late acceptance is effective as an acceptance unless, without delay, the offeror orally informs the offeree that he considers his offer as having lapsed or dispatches a notice to that effect.

Article 22

An acceptance may be withdrawn if the withdrawal reaches the offeror before or at the same time as the acceptance would have become effective.

Article 23

A contract is concluded at the moment when an acceptance of an offer becomes effective in accordance with the provisions of this Convention.

Article 24

For the purposes of this Part of the Convention, an offer, declaration of acceptance or any other indication of intention "reaches" the addressee when it is made orally to him or delivered by any other means to him personally, to his place of business or mailing address or, if he does not have a place of business or mailing address, to his habitual residence.

PART III SALE OF GOODS

Chapter I GENERAL PROVISIONS

Article 25

A breach of contract committed by one of the parties is fundamental if it results in such detriment to the other party as substantially to deprive him of what he is entitled to expect under the contract, unless the party in breach did not foresee and a reasonable person of the same kind in the same circumstances would not have foreseen such a result.

Article 26

A declaration of avoidance of the contract is effective only if made by notice to the other party.

Article 27

Unless otherwise expressly provided in this Part of the Convention, if any notice, request or other communication is given or made by a party in accordance with this Part and by means appropriate in the circumstances, a delay or error in the transmission of the communication or its failure to arrive does not deprive that party of the right to rely on the communication.

Article 28

If, in accordance with the provisions of this Convention, one party is entitled to require performance of any obligation by the other party, a court is not bound to enter a judgement for specific performance unless the court would do so under its own law in respect of similar contracts of sale not governed by this Convention.

Article 29

(1) A contract may be modified or terminated by the mere agreement of the parties.

(2) A contract in writing which contains a provision requiring any modification or termination by agreement to be in writing may not be otherwise modified or terminated by agreement. However, a party may be precluded by his conduct from asserting such a provision to the extent that the other party has relied on that conduct.

Chapter II OBLIGATIONS OF THE SELLER

Article 30

The seller must deliver the goods, hand over any documents relating to them and transfer the property in the goods, as required by the contract and this Convention.

Section I. Delivery of the goods and handing over of documents

Article 31

If the seller is not bound to deliver the goods at any other particular place, his obligation to deliver consists:

(a) if the contract of sale involves carriage of the goods - in handing the goods over to the first carrier for transmission to the buyer;

(b) if, in cases not within the preceding subparagraph, the contract relates to specific goods, or unidentified goods to be drawn from a specific stock or to be manufactured or produced, and at the time of the conclusion of the contract the parties knew that the goods were at, or were to be manufactured or produced at, a particular place - in placing the goods at the buyer's disposal at that place;

(c) in other cases - in placing the goods at the buyer's disposal at the place where the seller had his place of business at the time of the conclusion of the contract.

Article 32

(1) If the seller, in accordance with the contract or this Convention, hands the goods over to a carrier and if the goods are not clearly identified to the contract by markings on the goods, by shipping documents or otherwise, the seller must give the buyer notice of the consignment specifying the goods.

(2) If the seller is bound to arrange for carriage of the goods, he must make such contracts as are necessary for carriage to the place fixed by means of transportation appropriate in the circumstances and according to the usual terms for such transportation.

(3) If the seller is not bound to effect insurance in respect of the carriage of the goods, he must, at the buyer's request, provide him with all available information necessary to enable him to effect such insurance.

Article 33

The seller must deliver the goods:

(a) if a date is fixed by or determinable from the contract, on that date;

(b) if a period of time is fixed by or determinable from the contract, at any time within that period unless circumstances indicate that the buyer is to choose a date; or

(c) in any other case, within a reasonable time after the conclusion of the contract.

Article 34

If the seller is bound to hand over documents relating to the goods, he must hand them over at the time and place and in the form required by the contract. If the seller has handed over documents before that time, he may, up to that time, cure any lack of conformity in the documents, if the exercise of this right does not cause the buyer unreasonable inconvenience or unreasonable expense. However, the buyer retains any right to claim damages as provided for in this Convention.

Section II. Conformity of the goods and third party claims

Article 35

(1) The seller must deliver goods which are of the quantity, quality and description required by the contract and which are contained or packaged in the manner required by the contract.

(2) Except where the parties have agreed otherwise, the goods do not conform with the contract unless they:

(a) are fit for the purposes for which goods of the same description would ordinarily be used;

(b) are fit for any particular purpose expressly or impliedly made known to the seller at the time of the conclusion of the contract, except where the circumstances show that the buyer did not rely, or that it was unreasonable for him to rely, on the seller's skill and judgement;

(c) possess the qualities of goods which the seller has held out to the buyer as a sample or model;

(d) are contained or packaged in the manner usual for such goods or, where there is no such manner, in a manner adequate to preserve and protect the goods.

(3) The seller is not liable under subparagraphs (a) to (d) of the preceding paragraph for any lack of conformity of the goods if at the time of the conclusion of the contract the buyer knew or could not have been unaware of such lack of conformity.

Article 36

(1) The seller is liable in accordance with the contract and this Convention for any lack of conformity which exists at the time when the risk passes to the buyer, even though the lack of conformity becomes apparent only after that time.

(2) The seller is also liable for any lack of conformity which occurs after the time indicated in the preceding paragraph and which is due to a breach of any of his obligations, including a breach of any guarantee that for a period of time the goods will remain fit for their ordinary purpose or for some particular purpose or will retain specified qualities or characteristics.

Article 37

If the seller has delivered goods before the date for delivery, he may, up to that date, deliver any missing part or make up any deficiency in the quantity of the goods delivered, or deliver goods in replacement of any non-conforming goods delivered or remedy any lack of conformity in the goods delivered, provided that the exercise of this right does not cause the buyer unreasonable inconvenience or unreasonable expense. However, the buyer retains any right to claim damages as provided for in this Convention.

Article 38

(1) The buyer must examine the goods, or cause them to be examined, within as short a period as is practicable in the circumstances.

(2)If the contract involves carriage of the goods, examination may be deferred until after the goods have arrived at their destination.

(3) If the goods are redirected in transit or redispatched by the buyer without a reasonable opportunity for examination by him and at the time of the conclusion of the contract the seller knew or ought to have known of the possibility of such redirection or redispatch, examination may be deferred until after the goods have arrived at the new destination.

Article 39

(1) The buyer loses the right to rely on a lack of conformity of the goods if he does not give notice to the seller specifying the nature of the lack of conformity within a reasonable time after he has discovered it or ought to have discovered it.

(2)In any event, the buyer loses the right to rely on a lack of conformity of the goods if he does not give the seller notice thereof at the latest within a period of two years from the date on which the goods were actually handed over to the buyer, unless this time-limit is inconsistent with a contractual period of guarantee.

Article 40

The seller is not entitled to rely on the provisions of articles 38 and 39 if the lack of conformity relates to facts of which he knew or could not have been unaware and which he did not disclose to the buyer.

Article 41

The seller must deliver goods which are free from any right or claim of a third party, unless the buyer agreed to take the goods subject to that right or claim. However, if such right or claim is based on industrial property or other intellectual property, the seller's obligation is governed by article 42.

Article 42

（1）The seller must deliver goods which are free from any right or claim of a third party based on industrial property or other intellectual property, of which at the time of the conclusion of the contract the seller knew or could not have been unaware, provided that the right or claim is based on industrial property or other intellectual property:

（a）under the law of the State where the goods will be resold or otherwise used, if it was contemplated by the parties at the time of the conclusion of the contract that the goods would be resold or otherwise used in that State; or

（b）in any other case, under the law of the State where the buyer has his place of business.

（2）The obligation of the seller under the preceding paragraph does not extend to cases where:

（a）at the time of the conclusion of the contract the buyer knew or could not have been unaware of the right or claim; or

（b）the right or claim results from the seller's compliance with technical drawings, designs, formulae or other such specifications furnished by the buyer.

Article 43

（1)The buyer loses the right to rely on the provisions of article 41 or article 42 if he does not give notice to the seller specifying the nature of the right or claim of the third party within a reasonable time after he has become aware or ought to have become aware of the right or claim.

（2）The seller is not entitled to rely on the provisions of the preceding paragraph if he knew of the right or claim of the third party and the nature of it.

Article 44

Notwithstanding the provisions of paragraph （1）of article 39 and paragraph （1）of article 43, the buyer may reduce the price in accordance with article 50 or claim damages, except for loss of profit, if he has a reasonable excuse for his failure to give the required notice.

Section III. Remedies for breach of contract by the seller

Article 45

（1）If the seller fails to perform any of his obligations under the contract or this Convention, the buyer may:

（a）exercise the rights provided in articles 46 to 52;

（b）claim damages as provided in articles 74 to 77.

（2）The buyer is not deprived of any right he may have to claim damages by exercising his right to other remedies.

（3）No period of grace may be granted to the seller by a court or arbitral tribunal when the buyer resorts to a remedy for breach of contract.

Article 46

（1）The buyer may require performance by the seller of his obligations unless the buyer has resorted to a remedy which is inconsistent with this requirement.

（2）If the goods do not conform with the contract, the buyer may require delivery of substitute goods only if the lack of conformity constitutes a fundamental breach of contract and a request for substitute goods is made either in conjunction with notice given under article 39 or within a reasonable time thereafter.

（3）If the goods do not conform with the contract, the buyer may require the seller to remedy the lack of conformity by repair, unless this is unreasonable having regard to all the circumstances. A request for repair must be made either in conjunction with notice given under article 39 or within a reasonable time thereafter.

Article 47

（1）The buyer may fix an additional period of time of reasonable length for performance by the seller of his obligations.

（2）Unless the buyer has received notice from the seller that he will not perform within the period so fixed, the buyer may not, during that period, resort to any remedy for breach of contract. However, the buyer is not deprived thereby of any right he may have to claim damages for delay in performance.

Article 48

（1）Subject to article 49, the seller may, even after the date for delivery, remedy at his own expense any failure to perform his obligations, if he can do so without unreasonable delay and without causing the buyer unreasonable inconvenience or uncertainty of reimbursement by the seller of expenses advanced by the buyer. However, the buyer retains any right to claim damages as provided for in this Convention.

（2）If the seller requests the buyer to make known whether he will accept performance and the buyer does not comply with the request within a reasonable time, the seller may perform within the time indicated in his request. The buyer may not, during that period of time, resort to any remedy which is inconsistent with performance by the seller.

(3) A notice by the seller that he will perform within a specified period of time is assumed to include a request, under the preceding paragraph, that the buyer make known his decision.

(4) A request or notice by the seller under paragraph (2) or (3) of this article is not effective unless received by the buyer.

Article 49

(1) The buyer may declare the contract avoided:

(a) if the failure by the seller to perform any of his obligations under the contract or this Convention amounts to a fundamental breach of contract; or

(b) in case of non-delivery, if the seller does not deliver the goods within the additional period of time fixed by the buyer in accordance with paragraph (1) of article 47 or declares that he will not deliver within the period so fixed.

(2) However, in cases where the seller has delivered the goods, the buyer loses the right to declare the contract avoided unless he does so:

(a) in respect of late delivery, within a reasonable time after he has become aware that delivery has been made;

(b) in respect of any breach other than late delivery, within a reasonable time:

(i) after he knew or ought to have known of the breach;

(ii) after the expiration of any additional period of time fixed by the buyer in accordance with paragraph (1) of article 47, or after the seller has declared that he will not perform his obligations within such an additional period; or

(iii) after the expiration of any additional period of time indicated by the seller in accordance with paragraph (2) of article 48, or after the buyer has declared that he will not accept performance.

Article 50

If the goods do not conform with the contract and whether or not the price has already been paid, the buyer may reduce the price in the same proportion as the value that the goods actually delivered had at the time of the delivery bears to the value that conforming goods would have had at that time. However, if the seller remedies any failure to perform his obligations in accordance with article 37 or article 48 or if the buyer refuses to accept performance by the seller in accordance with those articles, the buyer may not reduce the price.

Article 51

(1) If the seller delivers only a part of the goods or if only a part of the goods delivered is in conformity with the contract, articles 46 to 50 apply in respect of the part which is missing or which does not conform.

(2) The buyer may declare the contract avoided in its entirety only if the failure to make delivery completely or in conformity with the contract amounts to a fundamental breach of the contract.

Article 52

(1) If the seller delivers the goods before the date fixed, the buyer may take delivery or refuse to take delivery.

(2) If the seller delivers a quantity of goods greater than that provided for in the contract, the buyer may take delivery or refuse to take delivery of the excess quantity. If the buyer takes delivery of all or part of the excess quantity, he must pay for it at the contract rate.

Chapter III OBLIGATIONS OF THE BUYER

Article 53

The buyer must pay the price for the goods and take delivery of them as required by the contract and this Convention.

Section I. Payment of the price

Article 54

The buyer's obligation to pay the price includes taking such steps and complying with such formalities as may be required under the contract or any laws and regulations to enable payment to be made.

Article 55

Where a contract has been validly concluded but does not expressly or implicitly fix or make provision for determining the price, the parties are considered, in the absence of any indication to the contrary, to have impliedly made reference to the price generally charged at the time of the conclusion of the contract for such goods sold under comparable circumstances in the trade concerned.

Article 56

If the price is fixed according to the weight of the goods, in case of doubt it is to be determined by the net weight.

Article 57

（1）If the buyer is not bound to pay the price at any other particular place, he must pay it to the seller:

（a）at the seller's place of business; or

（b）if the payment is to be made against the handing over of the goods or of documents, at the place where the handing over takes place.

（2）The seller must bear any increases in the expenses incidental to payment which is caused by a change in his place of business subsequent to the conclusion of the contract.

Article 58

（1）If the buyer is not bound to pay the price at any other specific time, he must pay it when the seller places either the goods or documents controlling their disposition at the buyer's disposal in accordance with the contract and this Convention. The seller may make such payment a condition for handing over the goods or documents.

（2）If the contract involves carriage of the goods, the seller may dispatch the goods on terms whereby the goods, or documents controlling their disposition, will not be handed over to the buyer except against payment of the price.

（3）The buyer is not bound to pay the price until he has had an opportunity to examine the goods, unless the procedures for delivery or payment agreed upon by the parties are inconsistent with his having such an opportunity.

Article 59

The buyer must pay the price on the date fixed by or determinable from the contract and this Convention without the need for any request or compliance with any formality on the part of the seller.

Section II. Taking delivery

Article 60

The buyer's obligation to take delivery consists:

（a）in doing all the acts which could reasonably be expected of him in order to enable the seller to make delivery; and

（b）in taking over the goods.

Section III. Remedies for breach of contract by the buyer

Article 61

（1）If the buyer fails to perform any of his obligations under the contract or this Convention, the seller may:

（a）exercise the rights provided in articles 62 to 65;

（b）claim damages as provided in articles 74 to 77.

（2）The seller is not deprived of any right he may have to claim damages by exercising his right to other remedies.

（3）No period of grace may be granted to the buyer by a court or arbitral tribunal when the seller resorts to a remedy for breach of contract.

Article 62

The seller may require the buyer to pay the price, take delivery or perform his other obligations, unless the seller has resorted to a remedy which is inconsistent with this requirement.

Article 63

（1）The seller may fix an additional period of time of reasonable length for performance by the buyer of his obligations.

（2）Unless the seller has received notice from the buyer that he will not perform within the period so fixed, the seller may not, during that period, resort to any remedy for breach of contract. However, the seller is not deprived thereby of any right he may have to claim damages for delay in performance.

Article 64

（1）The seller may declare the contract avoided:

（a）if the failure by the buyer to perform any of his obligations under the contract or this Convention amounts to a fundamental breach of contract; or

（b）if the buyer does not, within the additional period of time fixed by the seller in accordance with paragraph （1）of article 63, perform his obligation to pay the price or take delivery of the goods, or if he declares that he will not do so within the period so fixed.

（2）However, in cases where the buyer has paid the price, the seller loses the right to declare the contract avoided unless he does so:

（a）in respect of late performance by the buyer, before the seller has become aware that performance has been rendered; or

（b）in respect of any breach other than late performance by the buyer, within a reasonable time:

（i）after the seller knew or ought to have known of the breach; or

（ii）after the expiration of any additional period of time fixed by the seller in accordance with paragraph （1）of article 63, or after the buyer has declared that he will not perform his obligations within such an additional period.

Article 65

（1)If under the contract the buyer is to specify the form, measurement or other features of the goods and he fails to make such specification either on the date agreed upon or within a reasonable time after receipt of a request from the seller, the seller may, without prejudice to any other rights he may have, make the specification himself in accordance with the requirements of the buyer that may be known to him.

（2）If the seller makes the specification himself, he must inform the buyer of the details thereof and must fix a reasonable time within which the buyer may make a different specification. If, after receipt of such a communication, the buyer fails to do so within the time so fixed, the specification made by the seller is binding.

Chapter IV PASSING OF RISK

Article 66

Loss of or damage to the goods after the risk has passed to the buyer does not discharge him from his obligation to pay the price, unless the loss or damage is due to an act or omission of the seller.

Article 67

（1）If the contract of sale involves carriage of the goods and the seller is not bound to hand them over at a particular place, the risk passes to the buyer when the goods are handed over to the first carrier for transmission to the buyer in accordance with the contract of sale. If the seller is bound to hand the goods over to a carrier at a particular place, the risk does not pass to the buyer until the goods are handed over to the carrier at that place. The fact that the seller is authorized to retain documents controlling the disposition of the goods does not affect the passage of the risk.

（2）Nevertheless, the risk does not pass to the buyer until the goods are clearly identified to the contract, whether by markings on the goods, by shipping documents, by notice given to the buyer or otherwise.

Article 68

The risk in respect of goods sold in transit passes to the buyer from the time of the conclusion of the contract. However, if the circumstances so indicate, the risk is assumed by the buyer from the time the goods were handed over to the carrier who issued the documents embodying the contract of carriage. Nevertheless, if at the time of the conclusion of the contract of sale the seller knew or ought to have known that the goods had been lost or damaged and did not disclose this to the buyer, the loss or damage is at the risk of the seller.

Article 69

(1) In cases not within articles 67 and 68, the risk passes to the buyer when he takes over the goods or, if he does not do so in due time, from the time when the goods are placed at his disposal and he commits a breach of contract by failing to take delivery.

(2) However, if the buyer is bound to take over the goods at a place other than a place of business of the seller, the risk passes when delivery is due and the buyer is aware of the fact that the goods are placed at his disposal at that place.

(3) If the contract relates to goods not then identified, the goods are considered not to be placed at the disposal of the buyer until they are clearly identified to the contract.

Article 70

If the seller has committed a fundamental breach of contract, articles 67, 68 and 69 do not impair the remedies available to the buyer on account of the breach.

Chapter V PROVISIONS COMMON TO THE OBLIGATIONS OF THE SELLER AND OF THE BUYER

Section I. Anticipatory breach and instalment contracts

Article 71

(1) A party may suspend the performance of his obligations if, after the conclusion of the contract, it becomes apparent that the other party will not perform a substantial part of his obligations as a result of:

(a) a serious deficiency in his ability to perform or in his creditworthiness; or

(b) his conduct in preparing to perform or in performing the contract.

(2) If the seller has already dispatched the goods before the grounds described in the preceding paragraph become evident, he may prevent the handing over of the goods to the buyer even though the buyer holds a document which entitles him to obtain them. The present paragraph relates only to the rights in the goods as between the buyer and the seller.

(3) A party suspending performance, whether before or after dispatch of the goods, must immediately give notice of the suspension to the other party and must continue with performance if the other party provides adequate assurance of his

performance.

Article 72

(1) If prior to the date for performance of the contract it is clear that one of the parties will commit a fundamental breach of contract, the other party may declare the contract avoided.

(2) If time allows, the party intending to declare the contract avoided must give reasonable notice to the other party in order to permit him to provide adequate assurance of his performance.

(3) The requirements of the preceding paragraph do not apply if the other party has declared that he will not perform his obligations.

Article 73

(1) In the case of a contract for delivery of goods by instalments, if the failure of one party to perform any of his obligations in respect of any instalment constitutes a fundamental breach of contract with respect to that instalment, the other party may declare the contract avoided with respect to that instalment.

(2) If one party's failure to perform any of his obligations in respect of any instalment gives the other party good grounds to conclude that a fundamental breach of contract will occur with respect to future instalments, he may declare the contract avoided for the future, provided that he does so within a reasonable time.

(3) A buyer who declares the contract avoided in respect of any delivery may, at the same time, declare it avoided in respect of deliveries already made or of future deliveries if, by reason of their interdependence, those deliveries could not be used for the purpose contemplated by the parties at the time of the conclusion of the contract.

Section II. Damages

Article 74

Damages for breach of contract by one party consist of a sum equal to the loss, including loss of profit, suffered by the other party as a consequence of the breach. Such damages may not exceed the loss which the party in breach foresaw or ought to have foreseen at the time of the conclusion of the contract, in the light of the facts and matters of which he then knew or ought to have known, as a possible consequence of the breach of contract.

Article 75

If the contract is avoided and if, in a reasonable manner and within a reasonable time after avoidance, the buyer has bought goods in replacement or the seller has resold the goods, the party claiming damages may recover the difference between the contract price and the price in the substitute transaction as well as any further damages recoverable under article 74.

Article 76

(1) If the contract is avoided and there is a current price for the goods, the party claiming damages may, if he has not made a purchase or resale under article 75, recover the difference between the price fixed by the contract and the current price at the time of avoidance as well as any further damages recoverable under article 74. If, however, the party claiming damages has avoided the contract after taking over the goods, the current price at the time of such taking over shall be applied instead of the current price at the time of avoidance.

(2) For the purposes of the preceding paragraph, the current price is the price prevailing at the place where delivery of the goods should have been made or, if there is no current price at that place, the price at such other place as serves as a reasonable substitute, making due allowance for differences in the cost of transporting the goods.

Article 77

A party who relies on a breach of contract must take such measures as are reasonable in the circumstances to mitigate the loss, including loss of profit, resulting from the breach. If he fails to take such measures, the party in breach may claim a reduction in the damages in the amount by which the loss should have been mitigated.

Section III. Interest

Article 78

If a party fails to pay the price or any other sum that is in arrears, the other party is entitled to interest on it, without prejudice to any claim for damages recoverable under article 74.

Section IV. Exemptions

Article 79

(1) A party is not liable for a failure to perform any of his obligations if he proves that the failure was due to an impediment beyond his control and that he could not reasonably be expected to have taken the impediment into account at the time of the conclusion of the contract or to have avoided or overcome it or its

consequences.

(2) If the party's failure is due to the failure by a third person whom he has engaged to perform the whole or a part of the contract, that party is exempt from liability only if:

(a) he is exempt under the preceding paragraph; and

(b) the person whom he has so engaged would be so exempt if the provisions of that paragraph were applied to him.

(3) The exemption provided by this article has effect for the period during which the impediment exists.

(4) The party who fails to perform must give notice to the other party of the impediment and its effect on his ability to perform. If the notice is not received by the other party within a reasonable time after the party who fails to perform knew or ought to have known of the impediment, he is liable for damages resulting from such non-receipt.

(5) Nothing in this article prevents either party from exercising any right other than to claim damages under this Convention.

Article 80

A party may not rely on a failure of the other party to perform, to the extent that such failure was caused by the first party's act or omission.

Section V. Effects of avoidance

Article 81

(1) Avoidance of the contract releases both parties from their obligations under it, subject to any damages which may be due. Avoidance does not affect any provision of the contract for the settlement of disputes or any other provision of the contract governing the rights and obligations of the parties consequent upon the avoidance of the contract.

(2) A party who has performed the contract either wholly or in part may claim restitution from the other party of whatever the first party has supplied or paid under the contract. If both parties are bound to make restitution, they must do so concurrently.

Article 82

(1) The buyer loses the right to declare the contract avoided or to require the seller to deliver substitute goods if it is impossible for him to make restitution of the goods substantially in the condition in which he received them.

(2) The preceding paragraph does not apply:

(a) if the impossibility of making restitution of the goods or of making restitution of the goods substantially in the condition in which the buyer received them is not due to his act or omission;

(b) if the goods or part of the goods have perished or deteriorated as a result of the examination provided for in article 38; or

(c) if the goods or part of the goods have been sold in the normal course of business or have been consumed or transformed by the buyer in the course of normal use before he discovered or ought to have discovered the lack of conformity.

Article 83

A buyer who has lost the right to declare the contract avoided or to require the seller to deliver substitute goods in accordance with article 82 retains all other remedies under the contract and this Convention.

Article 84

(1) If the seller is bound to refund the price, he must also pay interest on it, from the date on which the price was paid.

(2) The buyer must account to the seller for all benefits which he has derived from the goods or part of them:

(a) if he must make restitution of the goods or part of them; or

(b) if it is impossible for him to make restitution of all or part of the goods or to make restitution of all or part of the goods substantially in the condition in which he received them, but he has nevertheless declared the contract avoided or required the seller to deliver substitute goods.

Section VI. Preservation of the goods

Article 85

If the buyer is in delay in taking delivery of the goods or, where payment of the price and delivery of the goods are to be made concurrently, if he fails to pay the price, and the seller is either in possession of the goods or otherwise able to control their disposition, the seller must take such steps as are reasonable in the circumstances to preserve them. He is entitled to retain them until he has been reimbursed his reasonable expenses by the buyer.

Article 86

(1) If the buyer has received the goods and intends to exercise any right under

the contract or this Convention to reject them, he must take such steps to preserve them as are reasonable in the circumstances. He is entitled to retain them until he has been reimbursed his reasonable expenses by the seller.

(2) If goods dispatched to the buyer have been placed at his disposal at their destination and he exercises the right to reject them, he must take possession of them on behalf of the seller, provided that this can be done without payment of the price and without unreasonable inconvenience or unreasonable expense. This provision does not apply if the seller or a person authorized to take charge of the goods on his behalf is present at the destination. If the buyer takes possession of the goods under this paragraph, his rights and obligations are governed by the preceding paragraph.

Article 87

A party who is bound to take steps to preserve the goods may deposit them in a warehouse of a third person at the expense of the other party provided that the expense incurred is not unreasonable.

Article 88

(1) A party who is bound to preserve the goods in accordance with article 85 or 86 may sell them by any appropriate means if there has been an unreasonable delay by the other party in taking possession of the goods or in taking them back or in paying the price or the cost of preservation, provided that reasonable notice of the intention to sell has been given to the other party.

(2) If the goods are subject to rapid deterioration or their preservation would involve unreasonable expense, a party who is bound to preserve the goods in accordance with article 85 or 86 must take reasonable measures to sell them. To the extent possible he must give notice to the other party of his intention to sell.

(3) A party selling the goods has the right to retain out of the proceeds of sale an amount equal to the reasonable expenses of preserving the goods and of selling them. He must account to the other party for the balance.

PART IV FINAL PROVISIONS

Article 89

The Secretary-General of the United Nations is hereby designated as the depositary for this Convention.

Article 90

This Convention does not prevail over any international agreement which has already been or may be entered into and which contains provisions concerning the matters governed by this Convention, provided that the parties have their places of business in States parties to such agreement.

Article 91

(1) This Convention is open for signature at the concluding meeting of the United Nations Conference on Contracts for the International Sale of Goods and will remain open for signature by all States at the Headquarters of the United Nations, New York until 30 September 1981.

(2) This Convention is subject to ratification, acceptance or approval by the signatory States.

(3)This Convention is open for accession by all States which are not signatory States as from the date it is open for signature.

(4) Instruments of ratification, acceptance, approval and accession are to be deposited with the Secretary-General of the United Nations.

Article 92

(1) A Contracting State may declare at the time of signature, ratification, acceptance, approval or accession that it will not be bound by Part II of this Convention or that it will not be bound by Part III of this Convention.

(2) A Contracting State which makes a declaration in accordance with the preceding paragraph in respect of Part II or Part III of this Convention is not to be considered a Contracting State within paragraph (1) of article 1 of this Convention in respect of matters governed by the Part to which the declaration applies.

Article 93

(1) If a Contracting State has two or more territorial units in which, according to its constitution, different systems of law are applicable in relation to the matters dealt with in this Convention, it may, at the time of signature, ratification, acceptance, approval or accession, declare that this Convention is to extend to all its territorial units or only to one or more of them, and may amend its declaration by submitting another declaration at any time.

(2) These declarations are to be notified to the depositary and are to state expressly the territorial units to which the Convention extends.

(3) If, by virtue of a declaration under this article, this Convention extends to one or more but not all of the territorial units of a Contracting State, and if the place of business of a party is located in that State, this place of business, for the purposes

of this Convention, is considered not to be in a Contracting State, unless it is in a territorial unit to which the Convention extends.

（4）If a Contracting State makes no declaration under paragraph （1）of this article, the Convention is to extend to all territorial units of that State.

Article 94

（1）Two or more Contracting States which have the same or closely related legal rules on matters governed by this Convention may at any time declare that the Convention is not to apply to contracts of sale or to their formation where the parties have their places of business in those States. Such declarations may be made jointly or by reciprocal unilateral declarations.

（2）A Contracting State which has the same or closely related legal rules on matters governed by this Convention as one or more non-Contracting States may at any time declare that the Convention is not to apply to contracts of sale or to their formation where the parties have their places of business in those States.

（3）If a State which is the object of a declaration under the preceding paragraph subsequently becomes a Contracting State, the declaration made will, as from the date on which the Convention enters into force in respect of the new Contracting State, have the effect of a declaration made under paragraph （1），provided that the new Contracting State joins in such declaration or makes a reciprocal unilateral declaration.

Article 95

Any State may declare at the time of the deposit of its instrument of ratification, acceptance, approval or accession that it will not be bound by subparagraph （1）（b）of article 1 of this Convention.

Article 96

A Contracting State whose legislation requires contracts of sale to be concluded in or evidenced by writing may at any time make a declaration in accordance with article 12 that any provision of article 11, article 29, or Part II of this Convention, that allows a contract of sale or its modification or termination by agreement or any offer, acceptance, or other indication of intention to be made in any form other than in writing, does not apply where any party has his place of business in that State.

Article 97

（1）Declarations made under this Convention at the time of signature are subject to confirmation upon ratification, acceptance or approval.

(2) Declarations and confirmations of declarations are to be in writing and be formally notified to the depositary.

(3) A declaration takes effect simultaneously with the entry into force of this Convention in respect of the State concerned. However, a declaration of which the depositary receives formal notification after such entry into force takes effect on the first day of the month following the expiration of six months after the date of its receipt by the depositary.

Reciprocal unilateral declarations under article 94 take effect on the first day of the month following the expiration of six months after the receipt of the latest declaration by the depositary.

(4) Any State which makes a declaration under this Convention may withdraw it at any time by a formal notification in writing addressed to the depositary. Such withdrawal is to take effect on the first day of the month following the expiration of six months after the date of the receipt of the notification by the depositary.

(5) A withdrawal of a declaration made under article 94 renders inoperative, as from the date on which the withdrawal takes effect, any reciprocal declaration made by another State under that article.

Article 98

No reservations are permitted except those expressly authorized in this Convention.

Article 99

(1) This Convention enters into force, subject to the provisions of paragraph (6) of this article, on the first day of the month following the expiration of twelve months after the date of deposit of the tenth instrument of ratification, acceptance, approval or accession, including an instrument which contains a declaration made under article 92.

(2) When a State ratifies, accepts, approves or accedes to this Convention after the deposit of the tenth instrument of ratification, acceptance, approval or accession, this Convention, with the exception of the Part excluded, enters into force in respect of that State, subject to the provisions of paragraph (6) of this article, on the first day of the month following the expiration of twelve months after the date of the deposit of its instrument of ratification, acceptance, approval or accession.

（3）A State which ratifies, accepts, approves or accedes to this Convention and is a party to either or both the Convention relating to a Uniform Law on the Formation of Contracts for the International Sale of Goods done at The Hague on 1 July 1964 （1964 Hague Formation Convention） and the Convention relating to a Uniform Law on the International Sale of Goods done at The Hague on 1 July 1964 （1964 Hague Sales Convention） shall at the same time denounce, as the case may be, either or both the 1964 Hague Sales Convention and the 1964 Hague Formation Convention by notifying the Government of the Netherlands to that effect.

（4）A State party to the 1964 Hague Sales Convention which ratifies, accepts, approves or accedes to the present Convention and declares or has declared under article 52 that it will not be bound by Part II of this Convention shall at the time of ratification, acceptance, approval or accession denounce the 1964 Hague Sales Convention by notifying the Government of the Netherlands to that effect.

（5）A State party to the 1964 Hague Formation Convention which ratifies, accepts, approves or accedes to the present Convention and declares or has declared under article 92 that it will not be bound by Part III of this Convention shall at the time of ratification, acceptance, approval or accession denounce the 1964 Hague Formation Convention by notifying the Government of the Netherlands to that effect.

（6）For the purpose of this article, ratifications, acceptances, approvals and accessions in respect of this Convention by States parties to the 1964 Hague Formation Convention or to the 1964 Hague Sales Convention shall not be effective until such denunciations as may be required on the part of those States in respect of the latter two Conventions have themselves become effective. The depositary of this Convention shall consult with the Government of the Netherlands, as the depositary of the 1964 Conventions, so as to ensure necessary co-ordination in this respect.

Article 100

（1）This Convention applies to the formation of a contract only when the proposal for concluding the contract is made on or after the date when the Convention enters into force in respect of the Contracting States referred to in subparagraph （1）（a）or the Contracting State referred to in subparagraph （1）（b）of article 1.

（2）This Convention applies only to contracts concluded on or after the date when the Convention enters into force in respect of the Contracting States referred to in subparagraph （1)(a)or the Contracting State referred to in subparagraph （1）(b）of article 1.

Article 101

(1) A Contracting State may denounce this Convention, or Part II or Part III of the Convention, by a formal notification in writing addressed to the depositary.

(2) The denunciation takes effect on the first day of the month following the expiration of twelve months after the notification is received by the depositary. Where a longer period for the denunciation to take effect is specified in the notification, the denunciation takes effect upon the expiration of such longer period after the notification is received by the depositary. DONE at Vienna, this day of eleventh day of April, one thousand nine hundred and eighty, in a single original, of which the Arabic, Chinese, English, French, Russian and Spanish texts are equally authentic.

IN WITNESS WHEREOF the undersigned plenipotentiaries, being duly authorized by their respective Governments, have signed this Convention.

参考文献

1．国际商会中国国家委员会编．2000年国际贸易术语解释通则．北京：中信出版社，2000.

2．黎孝先主编．国际贸易实务（第三版）．北京：对外经济贸易大学出版社，2000.

3．冯大同主编．国际商法．北京：对外贸易教育出版社，1991.

4．冯大同编著．国际贸易法．北京：北京大学出版社，1995.

5．冯大同主编．国际货物买卖法．北京：对外贸易教育出版社，1993.

6．王传丽主编．国际贸易法．北京：法律出版社，2003.

7．赵承璧．国际贸易统一法．北京：法律出版社，1998.

8．钟建华著．国际货物买卖合同中的法律问题．北京：人民法院出版社，1995.

9．杨良宜著．国际货物买卖．北京：中国政法大学出版社，1999.

10．司玉琢等编著．海商法详论．大连：大连海事大学出版社，1995.

11．徐炳著．买卖法．北京：经济出版社，1991.

12．张玉卿，姜韧，姜凤纹编著．联合国国际货物销售合同公约释义．沈阳：辽宁人民出版社，1988.

13．国际统一私法协会．国际商事合同通则．北京：法律出版社，1996.

14．宣增益主编．世界贸易组织法律教程．北京：中信出版社，2003.

15．屈广清主编．国际私法导论．北京：法律出版社，2003.

16．郭寿康，韩立余著．国际贸易法．北京：中国人民大学出版社，2000.

17．赵承璧著．国际货物买卖合同．北京：中国对外经济贸易大学出版社，2001.

18．杨良宜著．信用证．北京：中国政法大学出版社，1998.

19．石玉川，徐进亮，李贞主编．国际结算惯例及案例．中国对外经济贸易大学出版社，1998.

20．侯铁珊主编．国际贸易实务．大连：大连理工大学出版社，1998.

21．吕红军主编．国际货物贸易实务．中国对外经济贸易大学出版社，2002.

22．王传丽主编．国际贸易法．北京：中国政法大学出版社，2003.

23．陈安主编．国际经济法．北京：法律出版社，2006.

24．国际商会编写，中国国际商会组织翻译．国际贸易术语解释通则2010．北京：中国民主法制出版社，2011．

25．杜涛著．国际经济贸易中的国际私法问题．武汉：武汉大学出版社，2005．

26．余劲松，吴志攀主编．国际经济法（第三版）．北京：北京大学出版社，2009．